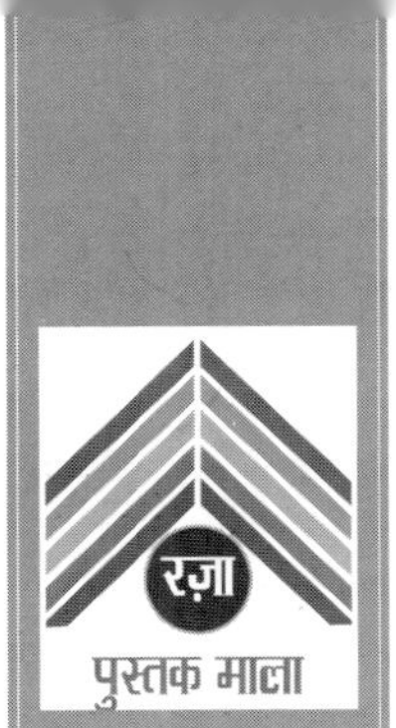

निरखे वही नज़र

कला-लेख

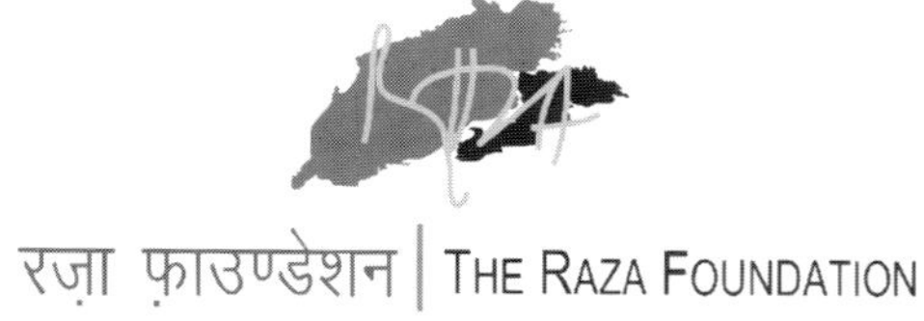
रज़ा फ़ाउण्डेशन | THE RAZA FOUNDATION

निरखे वही नज़र

गुलाममोहम्मद शेख

गुजराती से अनुवाद
किरन सिंह

ज्योत्स्ना मिलन
कुन्दन माली
बँसीधर

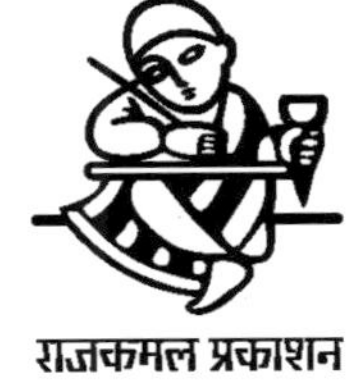

राजकमल प्रकाशन

रज़ा पुस्तक माला : कला | अनुवाद
प्रधान सम्पादक : अशोक वाजपेयी | सम्पादक : पीयूष दईया
आकल्पन : नौशिल महेता | पुन:संयोजन : ललिता, बड़ोदरा
राजकमल प्रकाशन प्रा.लि. और रज़ा फ़ाउण्डेशन का सह-प्रकाशन

ISBN : 978-93-90971-13-8

मूल्य : ₹1000

पहला संस्करण : 2021

प्रकाशक : राजकमल प्रकाशन प्रा. लि.
1-बी, नेताजी सुभाष मार्ग, दरियागंज
नई दिल्ली-110 002

शाखाएँ : अशोक राजपथ, साइंस कॉलेज के सामने, पटना-800 006
पहली मंजिल, दरबारी बिल्डिंग, महात्मा गांधी मार्ग, प्रयागराज-211 001
36 ए, शेक्सपियर सरणी, कोलकाता-700 017

वेबसाइट : www.rajkamalprakashan.com
ई-मेल : info@rajkamalprakashan.com

मुद्रक : यश प्रिंटोग्राफिक्स
ग्रेटर नोएडा-210 310 (उत्तर प्रदेश)

NIRKHE VAHI NAZAR
by Gulammohammed Sheikh
Translated by Kiran Singh and others

कला की पढ़ाई के प्रेरणा–स्रोत रविशंकर रावल; मातृसंस्था फेकल्टी ऑफ फाईन आर्ट्स, महाराजा सयाजी राव यूनिवर्सिटी, वडोदरा; नयी कला–शिक्षा के प्रणेता सर्वश्री मार्कण्ड भट्ट, नारायण श्रीधर बेन्द्रे, शंखो चौधरी, के.जी. सुब्रह्मण्यन् और वी.आर. आम्बेरकर; आनन्द कुमारस्वामी से लेकर रोबर्ट स्केल्टन, स्टुअर्ट केरी वेल्च, जोह्न बर्जर और ब्रजेन गोस्वामी जैसे कला–मर्मज्ञ और इस पुस्तक में समायी हुई कलाकृतियों के आस्वाद की संगिनी नीलिमा को यह ग्रन्थ समर्पित।

आमुख

कलाओं में भारतीय आधुनिकता के एक मूर्धन्य सैयद हैदर रज़ा एक अथक और अनोखे चित्रकार तो थे ही उनकी अन्य कलाओं में भी गहरी दिलचस्पी थी। विशेषतः कविता और विचार में। वे हिन्दी को अपनी मातृभाषा मानते थे और हालाँकि उनका फ्रेंच और अँग्रेज़ी का ज्ञान और उन पर अधिकार गहरा था, वे, फ्रांस में साठ वर्ष बिताने के बाद भी, हिन्दी में रमे रहे। यह आकस्मिक नहीं है कि अपने कला-जीवन के उत्तरार्द्ध में उनके सभी चित्रों के शीर्षक हिन्दी में होते थे। वे संसार के श्रेष्ठ चित्रकारों में, २०-२१वीं सदियों में, शायद अकेले हैं जिन्होंने अपने सौ से अधिक चित्रों में देवनागरी में संस्कृत, हिन्दी और उर्दू कविता में पंक्तियाँ अंकित कीं। बरसों तक मैं जब उनके साथ कुछ समय पेरिस में बिताने जाता था तो उनके इसरार पर अपने साथ नवप्रकाशित हिन्दी कविता की पुस्तकें ले जाता था : उनके पुस्तक-संग्रह में, जो अब दिल्ली स्थित रज़ा अभिलेखागार का एक हिस्सा है, हिन्दी कविता का एक बड़ा संग्रह शामिल था।

रज़ा की एक चिन्ता यह भी थी कि हिन्दी में कई विषयों में अच्छी पुस्तकों की कमी है। विशेषतः कलाओं और विचार आदि को लेकर। वे चाहते थे कि हमें कुछ पहल करनी चाहिए। २०१६ में साढ़े चौरानबे वर्ष की आयु में उनकी मृत्यु के बाद रज़ा फ़ाउण्डेशन ने उनकी इच्छा का सम्मान करते हुए हिन्दी में कुछ नयी क़िस्म की पुस्तकें प्रकाशित करने की पहल रज़ा पुस्तक माला के रूप में की है, जिनमें कुछ अप्राप्य पूर्व प्रकाशित पुस्तकों का पुनर्प्रकाशन भी शामिल है। उनमें गाँधी, संस्कृति-चिन्तन, संवाद, भारतीय भाषाओं से विशेषतः कला-चिन्तन के हिन्दी अनुवाद, कविता आदि की पुस्तकें शामिल की जा रही हैं।

इस समय भारतीय-कला जगत् में जो मूर्धन्य सक्रिय हैं उनमें गुलाममोहम्मद शेख

ऊँचा स्थान रखते हैं। वे कला–मूर्धन्य होने के साथ–साथ गुजराती में एक बहुमान्य कवि और कला–चिन्तक भी हैं। बरसों उन्होंने वडोदरा विश्वविद्यालय के कलासंकाय में कला–इतिहास का लोकप्रिय और प्रभावशील अध्यापन भी किया है। इसलिए भी उनकी दृष्टि गहरे इतिहास–बोध में रसी–पगी है। इस पुस्तक में उन्होंने एक बड़े वितान पर गहरा विचार किया है। कला के बारे में गुलाम शेख के लेखक में चित्रकार–मन, कवि–मन और इतिहासकार सब एकमेक हैं और इस रसायन से जो अन्तर्दृष्टि वे रचते हैं वह हमें कला के इतिहास, स्वयं कला और उसके विभिन्न पहलुओं पर, कई मूर्धन्य कलाकारों पर साफ़ दिमाग़ और खुली नज़र से सोचने की उत्तेजना देती है। परम्परा, आधुनिकता, भारतीय बहुलता, सृजन–प्रकिया, जीवन, यात्रा, कला से आशा आदि के बारे में यह ऐसी नज़र है जो निरखती है और उस निरखन को हम आत्मसात् कर स्वयं अपनी नज़र गढ़ें इसके लिए उत्साहित करती है। कला पर इस अनूठी पुस्तक को हिन्दी अनुवाद में रज़ा फ़ाउण्डेशन उत्साहपूर्वक प्रस्तुत करने में प्रसन्नता महसूस कर रहा है।

अशोक वाजपेयी
नयी दिल्ली

दृश्य-कला पर लिखते हुए

१९५५ में जब मैं सुरेन्द्रनगर से बड़ौदा चित्र-कला पढ़ने के लिए आया तब मेरी मुलाकात सुरेशभाई जोशी से हुई और उन्हीं के संसर्ग के कारण भोगीलाल गांधी से भी मुलाकात हुई। भोगीभाई ने अपनी नयी पत्रिका 'मानव' (जो बाद में 'विश्वमानव' नाम से प्रकाशित हुई) में जब सुरेशभाई को कविता के आस्वाद के बारे में लिखने के लिए आमन्त्रित किया तब मुझे भी दृश्य-कला के बारे में लिखने के लिए कहा। वैसे तो उनके कहने पर रविशंकर रावल ने 'हरता फरता र.म.रा.' के नाम से एक शृंखला शुरू की थी, लेकिन मुझसे उनकी अपेक्षाएँ कुछ अलग थीं। सुरेशभाई की तरह मुझमें 'आस्वाद' करवाने की न हिम्मत थी और न ही तैयारी। (लेकिन आगे चलकर मेरा मन तो आस्वादमूलक गतिविधियों में ही लगा) इसलिए मैंने शुरुआत की कलाकारों का परिचय देकर मगर उसके बाद यह कला के इतिहास के हर तबके के लेखों की श्रेणी बन गयी।

मैं सितम्बर १९६३ में इंग्लैण्ड के लिए रवाना हुआ तब तक प्रागैतिहासिक काल से लेकर पुनरुत्थान काल तक की वह शृंखला चालू रही। 'कुमार' पत्रिका का कला-दर्शन कई दशकों से पाठकों को परिचित था पर वह साहित्यिक दृष्टिकोण से प्रेरित था। उसमें विषय-वर्णन भरपूर पर चित्र के गुणधर्म या उसके अन्तस्तत्व की न ही चर्चा, और न ही विश्लेषण या मूल्यांकन। हमारे प्राध्यापक मार्कण्ड भट्ट ने 'रूपप्रद कला' नाम की पुस्तक लिखी थी, जिसमें उन्होंने कला के इतिहास और सौन्दर्यशास्त्र के कुछ पहलुओं को शामिल किया था। लेकिन इन कुछ अपवादों के अलावा कला विषयक लेखन बहुत कम ही हुआ है। इस सम्बन्ध में वर्तमान गतिविधियों की टिप्पणी करते हुए 'विश्वमानव' पत्रिका में छपे लेख में मैंने अपना असन्तोष थोड़े आक्रोश के साथ व्यक्त भी किया था और कुछ राधेश्याम शर्मा की सम्पादित पत्रिका 'युवक' में छपे लेख में। इससे रविशंकर रावल थोड़े चिढ़ गये थे और 'हरता फरता र.म.रा.' में उन्होंने मेरी आलोचना कड़े स्वरों में की। उनके द्वारा की गयी आलोचना का मेरा विस्तृत प्रत्युत्तर भोगीलाल गांधी ने आगामी अंक में प्रकाशित किया था।

सुरेशभाई ने 'क्षितिज' पत्रिका के सम्पादन की जिम्मेदारी अपने हाथ में ली तब कला के लिए दूसरा रास्ता खुल गया। यहाँ भी 'विश्वमानव' पत्रिका की तरह चित्र प्रकाशित करने का प्रावधान कम था। ख़र्च कम करने के लिए 'विश्वमानव' पत्रिका, कला के इतिहास से सम्बन्धित लेखों को, जिसमें चित्र का होना अनिवार्य हुआ करता था, चित्र के रेखांकनों से काम चला लेती थी। लेकिन मुझे 'क्षितिज' के लिए दूसरा तरीक़ा सूझा। मित्रों और बड़े कलाकारों से लीनो (लीयम) पर हाथ से कटाई करवाकर उसकी मौलिक छाप छपवाकर मुखपृष्ठ पर रखी। विश्व के प्रसिद्ध कलाकारों के साथ के कुछ संवाद और सिनेमा से नाता लगाने के लिये लूई बुन्वेल का स्क्रीनप्ले 'अन्दालुसियन कुत्ता' का अनुवाद भी किया और अन्त में १९६३ में दृश्य-कला पर केन्द्रित विशेषांक का सम्पादन किया।

कला के बारे में गुजराती में लिखना जितना आकर्षक था उतना ही मुश्किल। एक तो कला के मुहावरे का अभाव था इसलिए सब कुछ नये सिरे से करना था। अँग्रेज़ी में उत्तम लेखन देखने पर मन में अकसर सवाल उठता था कि गुजराती में ऐसा क्यों नहीं है? अँग्रेज़ी में उपयोग में लायी जाने वाली संज्ञाओं का गुजराती में कोई विकल्प नहीं होने के कारण कला के मुहावरे को और संज्ञाओं को अभिव्यक्ति योग्य बनाने की चुनौती मेरे सामने थी। इस का प्रमाण 'विश्वमानव' में छपे लेखों में किये गये कच्चे-पक्के प्रयोगों में ज़ाहिर हैं। साहित्य पढ़ते समय सुरेश जोशी का गद्य अँग्रेज़ी के समकक्ष लगता था, तब मुझे भी वैसा करने की उचंग उठती थी, लेकिन अनुभव कम था। साथ ही साधनों की कमी हुआ करती थी इसलिए इन सबके बावजूद मैं कुछ लिख भी पाया तो सिर्फ़ मेरी धुन की वजह से।

१९६३-६६ में इंग्लैण्ड में होने की वजह से मैं कला पर कम लिख पा रहा था लेकिन मेरा साक्षात्कार हुआ नये सिनेमा से, वहाँ मैंने जो फ़िल्में देखी उसी के सन्दर्भ में मैंने सुरेशभाई को पत्र लिखे जिसमें से कुछ पत्रों को उन्होंने 'क्षितिज' में प्रकाशित किया। वहाँ से वापस लौटकर 'क्षितिज' की अनुगामी पत्रिका 'सम्पुट' में *गोदार* पर लिखने की हिम्मत की और उसके बाद समयान्तर पर उसमें लेख छपते रहे। आख़िरकार भोगीलाल गांधी ने 'ज्ञानगंगोत्री' जैसा महत्त्वाकांक्षी अभियान शुरू किया जिसमें उन्होंने दृश्य-कला पर ग्रन्थ तैयार करने की प्रतिज्ञा ली। बहुत समय के बाद, (१९९६ में) उनके ख़राब स्वास्थ्य के दौरान, तीसवाँ यानी कि अन्तिम ग्रन्थ 'दृश्य-कला' को जब उनके हाथों में थमाया, वह पल मैं भूल नहीं पाता।

इंग्लैण्ड में रहने के दौरान, मैंने विक्टोरिया एण्ड अल्बर्ट म्यूज़ियम के क्यूरेटर और भारतीय कला के कुशल अध्ययनकर्ता रॉबर्ट स्केल्टन के मार्गदर्शन के तहत रॉयल कॉलेज ऑफ़ आर्ट में अध्ययन के भाग स्वरूप 'कोटा की चित्र-कला' पर अँग्रेज़ी में निबन्ध लिखा था। उन्होंने ही मेरा परिचय भारतीय चित्र-कला का रसपूर्ण दर्शन करवाने वाले विशेषज्ञ स्टुअर्ट केरी वेल्च से करवाया। उनके साथ लगातार हो रहे पत्र-व्यवहार के कारण और उनके लेखन के माध्यम से भारतीय (और ईरानी) हाथ-चित्र देखने-परखने के अनेक अवसर मिले। फिलिप

रो'सन जैसे अँग्रेज़ी कलाविद् की पुस्तकों के माध्यम से दूसरी नयी दिशा मिली। मार्क्सवादी दृष्टिकोण से कला को परखने वाले जोह्न बर्जर के तेज़ाबी धारदार लेखन से रूढ़ विचारों की भ्रमणायें भी टूटी।

बड़ौदा में कला का इतिहास पढ़ाते समय बहुत सारे विषयों को पढ़ाने का अवसर मिला था जिसके अन्तर्गत भारतीय और पश्चिमी कला के अलावा चीनी, जापानी और इस्लामी कला के साथ भारतीय सौन्दर्यशास्त्र को भी पढ़ाना था। और इसका परिणाम यह हुआ कि मेरी चारों ओर देखने की दृष्टि और रुझान दोनों ही बढ़े। इन सबके अलावा काफ़ी सामग्री फेकल्टी ऑफ़ फाइन आर्ट्स की समृद्ध लाइब्रेरी को छान मारते हुए हाथ लगी और बाक़ी को मैंने इधर-उधर घूमकर विश्व के कला-संग्रहों से खोजा। आगे चलकर आनन्द कुमारस्वामी की बीजरूप पुस्तकों में झाँकने का भी मौक़ा मिला और संयोग कुछ ऐसा हुआ कि उन्हीं की शताब्दी के अवसर पर एक परिसंवाद की जिम्मेवारी मिली। इस परिसंवाद में मुझे भारतीय कला को परखने वाले निपुण विद्वानों से मिलने का मौक़ा मिला था, उनमें से ब्रजेन गोस्वामी और रमानाथ मिश्र से अन्तरंगता बढ़ी। इन सब तत्त्वों के कारण चित्र-कला को या समग्र कला को स्वयं ही परखने की वृत्ति का विकास हुआ। इसी तरह मैंने १९७० के बाद कच्ची-पक्की अँग्रेज़ी में लिखना भी शुरू किया।

गुजराती में जो लिखा और प्रकाशित हुआ वह कुछ साहित्यिक मित्रों तक सीमित रहा, क्योंकि गुजरात में या गुजराती में कला का आस्वाद करने की हवा अभी तक पैठी नहीं है। विश्वविद्यालय में पढ़ाते समय गुजराती विद्यार्थियों के लिए गुजराती में ही कला का इतिहास पहुँचाने का परिश्रम भी वांछित परिणाम नहीं ला पाया। यह कड़वा सत्य स्वीकार करने में हमें झिझक नहीं होनी चाहिए कि आज भी दृश्य-कला पर संशोधन करके चित्र के मर्म तक पहुँचने वाले मर्मज्ञ उँगलियों पर गिने जा सकें, उतने भी नहीं होंगे।

इस ग्रन्थ को तैयार करने के लिए, मेरे नये-पुराने सभी लेखों को इकट्ठा करने की, सभी की नक़ल बनवाकर उसे व्यवस्थित क्रम में लगाने की जिम्मेदारी पीयूष ठक्कर ने ली थी। इस काम के अलावा भी उसने बड़ी ही प्रतिबद्धता के साथ लेखों के चयन और संकलन के दौरान ज़रूरी सुझाव दिये और चित्रों के शीर्षकों को कई बार सुधारकर उसे क्षतिहीन रूप से कम्प्यूटर पर रखने का काम भी किया। शिरीष पंचाल और जयदेव शुक्ल ने चयन संकलन में सक्रिय हिस्सेदारी ली और प्रूफ़ पढ़ने के अलावा ब्योरेवार शब्दसूची तैयार करने में अपना क़ीमती समय लगाया। नौशील मेहता ने मुम्बई में रहकर या बड़ौदा आकर सारी सामग्री—लेखों और चित्रों—को ब्योरेवार व्यवस्थित करने का कष्ट तो उठाया ही, पर उसके साथ-साथ मेरे अस्त-व्यस्त रवैये को सहते हुए प्रूफ़-सुधार के कई तबकों पर ख़ुद ही कम्प्यूटर पर टंकण की जिम्मेदारी भी उठायी। छपने वाली चित्रों की अस्पष्टता को सुधारकर सुश्लिष्ठ रूप देने के लिये ईलेश व्यास और अज़रा खान का आभार। ग्रन्थ की तैयारी के अनेक चरणों में नीलू

उसके अन्दर-बाहर झाँकती रही है। इनके अलावा अन्य मित्र जो इसमें सहभागी हुए उनके नाम यदि रह गये हों, कहना होगा कि वे सब यदि साथ न होते तो यह पुस्तक कैसी होती या सम्भव बनी भी होती कि नहीं, उसकी कल्पना भी मुश्किल है।

—गुलाममोहम्मद शेख

०१ जुलाई, २०१५

हिन्दी संस्करण के मौक़े पर

'निरखे वही नज़र' के मूल गुजराती संस्करण में मौलिक लेखों के साथ-साथ कुछ अँग्रेज़ी से अनूदित लेखों को भी शामिल किया गया था। ये सभी अनूदित लेख यहाँ हटा दिये गये हैं और गुजराती पुस्तक छपने के बाद लिखे गये तीन नये लेखों को जोड़ा गया है। ये हैं :

१. 'सृष्टि का बहुरंगी वेश, के.जी. सुब्रह्मण्यन् की कला-यात्रा'; २. 'सुलगती उँगलियाँ, जेराम पटेल' और 'दिल्लू-दिलरुबा, मृणालिनी मुखर्जी (१९४९-२०१५)'।

यह भी बताना ज़रूरी है कि 'भेरू' का अनुवाद (दिवंगत) ज्योत्स्ना मिलन ने किया था, जो 'पूर्वग्रह' (२०१४) में छपा था। 'मरुभूमि की संगम-कला, शेखावाटी के भीत्ति चित्र' का अनुवाद कुन्दन माली ने किया था, जो पीयूष दईया सम्पादित 'लोक' (२००२) में छपा था। 'भावक का चित्र-जगत्' मूल अँग्रेज़ी में लिखा गया था जिसका गुजराती अनुवाद शिरीष पंचाल ने किया था। इन सभी लेखकों और अनुवादकों के हम आभारी हैं। 'मित्र को पत्र' मैंने हिन्दी में लिखा था क्योंकि स्वामीनाथन के साथ मेरी बातचीत ज़्यादातर हिन्दी में ही होती थी।

दृश्य-कला पर गुजराती में लिखने के दौरान कई बार भाषायी समस्याओं को झेलना पड़ा था क्योंकि जो पारिभाषिक शब्द और संज्ञाएँ अँग्रेज़ी में मौजूद हैं उनके विकल्प गुजराती में नहीं थे। नये शब्दों को बनाने के मन्थन का सिलसिला १९५८ से शुरू हुआ जो अब भी जारी है। इस वक़्त हिन्दी अनुवाद पढ़ते हुए महसूस हुआ कि हिन्दी का भी वही हाल है। आशा है पाठक कुछ नये शब्दों को निभा लेंगे और लेखकगण दृश्य-कला की नयी परिभाषा रचने के प्रयास में प्रवृत्त होंगे। सुश्री किरन सिंह ने अनुवाद करते वक़्त मेरी इन कठिनाइयों को झेला है और बड़ी ज़हमत के साथ मूल पाठ के क़रीब रहने की कोशिश की है इसलिये मैं उनका अत्यन्त ऋणी हूँ पर कहीं-कहीं

दख़लन्दाज़ी करने पर क्षमा-प्रार्थी भी हूँ।

मेरे युवा-मित्र पीयूष ठक्कर ने हिन्दी संस्करण के आयोजन में काफ़ी हाथ बँटाया है।

पीयूष दईया ने मेरे बार-बार प्रूफ़ देखने की ज़िद को अपूर्व धीरज के साथ सह लिया है उसका आभार कैसे व्यक्त करूँ? अशोक जी ने पिछले दो-तीन सालों के दौरान कुछ मन्थर गति से चलती हुई प्रकाशन की प्रक्रिया को देखा है पर पूरे विश्वास के साथ। रज़ा पुस्तक माला में इस पुस्तक के शामिल होने पर रज़ा साहब को भी सादर याद करता हूँ।

—गुलाममोहम्मद शेख

२७ जुलाई, २०१९

क्रम

भारतीय चित्र-परम्परा : पूर्व भूमिका

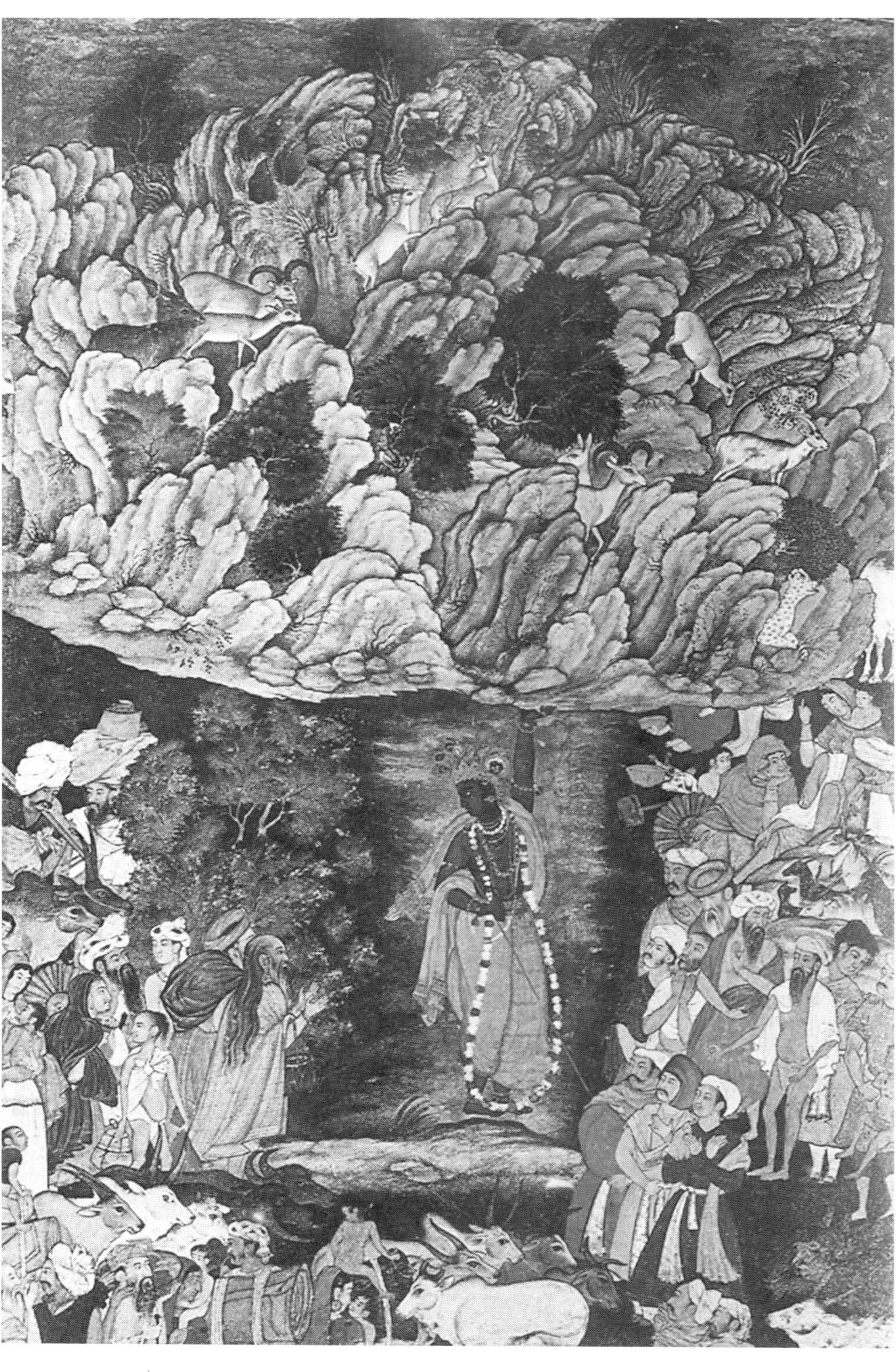

भारतीय चित्र-परम्परा का कलेवर बहुमुखी चेतना से गढ़ा गया है; उसे एक ढाँचे में बाँधने का काम कठिन ही नहीं अपितु अर्थहीन ही होगा। यहाँ प्रदेश, पड़ोसी और विदेशी संस्कृतियों की धाराएँ एक साथ बहती रही हैं और उनके लगातार संयोग, समागम और संघर्ष में परम्परा विकसित और पुष्ट हुई है। भौगोलिक दृष्टि से देखा जाय तो यहाँ विश्व के अनेक भूखण्डों की आबोहवा विद्यमान है। हिमालय के बर्फ़ीले शिखर और कच्छ एवं राजस्थान का सपाट रेगिस्तान, केरल की प्रशान्त खाई, बंगाल के सुन्दरवन के प्रगाढ़ जंगल, विंध्य-अरावली के पहाड़ों की दीवारें, महानदियों और लम्बे सागर तट के प्रदेशों में ध्रुव प्रदेश से लेकर विषुववृत्त रेखा तक के पर्यावरण की व्याप्ति है। यहाँ उत्तर-दक्षिण के इण्डो-आर्यन और द्रविड़ रूप में, पूर्व में और हिमालय की गोद में मंगोल शरीर रचना एवं चारों ओर फैले हुए आदिवासी समुदायों में अद्भुत नृवंशीय वैविध्य मेरा हुआ है और साथ ही इन सबके सम्मिश्रण में एक अद्भुत देहवैभव भी समाया हुआ है। यू-ए-चीह (कुशाण), यूनानी (ग्रीक), रोमन और हूण, मध्य एशिया के मंगोल-तुर्की, अफ्रीकी, अफ़गानी, ईरानी और अरब के साथ अँग्रेज़, फ्रेंच, वलन्दा और अन्य यूरोपीय प्रजा के समागम से यहाँ उनके समन्वित रूप प्रकट हुए हैं जिनके सूक्ष्म अंश लोगों की शरीर रचनाओं और संस्कारों में अभी भी देखे जा सकते हैं। धार्मिक परम्पराओं में, जिस तरह हिन्दू, बौद्ध, जैन और आजीवक जैसी परम्पराओं की जड़ें और अवान्तर शाखाएँ एक-दूसरे में गुँथती गयीं, उसी तरह इस्लामी, यहूदी, पारसी और जनपद एवं अरण्यपथ की आदिम जातियों के अनेक अनामी समूहों और सम्प्रदायों का भी उनमें सिंचन होता रहा है। इन तमाम धाराओं के साहचर्य-समागम ने एक-दूसरे को अपूर्व अन्तर्तेज से भर दिया है, परिणामस्वरूप इसमें से सहस्त्र झरने फूट निकले हैं।

मिस्कीन, ***गोवर्धनधारी कृष्ण*** *(हरिवंश पोथी का एक पृष्ठ), मुग़ल, १५८५ ई.*

सौजन्य : भारत कला भवन, बनारस हिन्दू विश्वविद्यालय, वाराणसी

इस तरह का पर्यावरणीय, नृवंशीय और धर्म विचार-आचारों का सह-अस्तित्व विश्व के अन्य प्रदेशों में शायद ही पाया जाता हो। लेकिन एक ही उपखण्ड में, सदियों से, और आज तक उसका जीवित रहना एक असाधारण और विरल घटना है। इसलिए इतिहास यहाँ संग्रह-स्थानों में या पुस्तकों में सिमट कर नहीं रह गया। यह कोई आश्चर्यजनक बात नहीं है कि मध्यभारत, बंगाल या नागभूमि आदि प्रदेशों का जनजीवन 'प्रागैतिहासिक काल' का दर्शन करवाता है, कांचीपुरम और चिदम्बरम में पल्लव-चोळ और संगम युग की 'प्रशिष्ट' संस्कृति आँखों में बस जाती है, आमेर और उदयपुर की गलियों में मध्ययुग का समय आज के समय के साथ सटकर बहता हुआ दिखायी देता है। उत्तर में वाराणसी के रामायण या पण्डवानी से महाकाव्यों की प्रच्छन्न परम्पराओं को ठीक छूकर मुग़ल रस्म-रिवाजों की ख़ुशबू मिलती है या फिर लखनऊ और हैदराबाद में नवाबी और मुम्बई और कलकत्ता में अँग्रेज़ जीवनशैली जस-की-तस दिखायी देती है, तो ये सब उसी परम्परा के वैविध्य और वैभव की देन है। और कहीं ऐसे में हमें विदेश में लुप्त हुई संस्कार धाराएँ यहाँ संरक्षित मिल जायें तो वह भी अचम्भे की बात नहीं। माना जाता है कि सिकन्दर की सेना के कुछ बचे हुए सैनिकों के वंशज हिमालय की तलहटी में बसते हैं जिनकी जीवनशैली में अनन्य रीतियाँ हैं। इसीलिए इस उपखण्ड में घूमते हुए अनेक स्थल-काल में एक ही साथ विचरण करने का अनोखा अनुभव होता है। यदि सैकड़ों सालों का इतिहास इस प्रकार लगातार जीवन्त रह सके तो समय को परखने की विभावना का स्वरूप एकदम अलग होगा। यदि अनेक स्थलविशेष और समयावधियों और सहोपस्थिति लोकचेतना में बुन जाय तो भूतकाल की संरचना गत-विगत रूप से नहीं अपितु वर्तमान के साथ लगातार सन्धान करने वाली गतिविधि बन जायेगी। हमारी चैतन्यशील कला-पद्धति के सृजन में भी इस दृष्टिकोण का गहरा प्रभाव है।

१९वीं सदी में शुरू हुई 'भारतीयता' की खोज से पता चलता है कि परम्परा के अपार वैविध्य और विपुलता के समग्र रूप को प्राप्त करना और उसे आलेखित करना कितना दुष्कर है। पश्चिमी संस्कृति, सभ्यता और शासन के साथ और बरक्स हमारे आमने-सामने के संवाद और संघर्ष ने हमें अपने आपको बाहर से देखने के रास्ते दिखाये, जिससे 'स्व' और 'इतर' की चेतना तीव्र हुई और उसी से इतिहास की पुन:संरचना का आरम्भ हुआ। उस समय के एकमात्र विश्वसनीय यूरोपीय नमूनों के आधार पर प्राचीन, मध्य और आधुनिक युगों का क्रमानुसार रचे गये श्रृंखलाबद्ध इतिहास के साथ 'भारतीयता' की सातत्य-सूत्रता स्थापित करने के ध्येय का भी इसमें समावेश किया गया। परिणामस्वरूप, रैखिक ढंग से विकसित, सत्ता के उतार-चढ़ाव वाली और उसका अनुसरण करने वाली या फिर उसे प्रतिबिम्बित करने वाली संस्कार परम्परा का इतिहास मिला। जो इतिहास प्राप्त हुआ वह या तो मौर्य, गुप्त, मुग़ल और ब्रिटिश काल के प्रशिष्ट रूप में या प्राचीन, मध्ययुगीन और आधुनिक कालों में या फिर हिन्दू, बौद्ध, जैन, इस्लामी रूपों में विभाजित किया गया था। कला के इतिहास के बारे में, इस प्रकार के दृष्टिकोण की पुष्टि आनन्द कुमारस्वामी से लेकर बेंजामिन रोलेंड तक में

मिली। इसका कारण स्पष्ट है : संस्कृति का बाहुल्य और बहुरंगेपन का एहसास नवकल्पित 'राष्ट्र' के अखण्ड सार्वभौमत्व की विभावना के साथ सुसंगत नहीं था, इसलिए 'भारतीयता' की खोज एकात्मकता की खोज में परिणत हुई। एकात्मकता के उस पूर्वनियत दृष्टिकोण ने संस्कार परम्परा का साधारणीकरण कर निष्कर्ष निकाले गये जो कुछ इस तरह थे :

जिए जा रहे जीवन के बदले में मूलगामी धार्मिक मनोवृत्ति और अध्यात्म की आराधना के आदर्शों को भारतीयता की आधारभूत नींव माना गया (अर्थात्, ऐहिक और धर्मेतर दृष्टिकोण गौण मान लिये गये); चिरन्तन समय से चली आ रही परिकल्पना (और ऐतिहासिक परिवर्तन के प्रति पूर्वग्रह); प्रत्यक्ष, सांसारिक यथार्थ की तुलना में काल्पनिक, आदर्शवादी विश्व की ओर झुकाव; सामूहिक चिन्तन और आचार के प्रभाव के कारण वैयक्तिक विचार या मनोवृत्ति के प्रति उदासीनता जैसे समीकरण और विचारधारा 'भारतीयता' के पर्याय बने और उससे ठीक विपरीत बाक़ी की सारी विचारधारा 'पश्चिम' के पल्ले बाँध दी गयी। पूर्व-पश्चिम को दो छोर के रूप में विलग करके व्याख्यायित करने का यह 'व्यावहारिक' दृष्टिकोण परम्परा की, विशेष रूप से सर्जनात्मक कला परम्परा की संकीर्णता को सरलीकृत करके सीमित बनाने में सफल रहा है। इस प्रक्रिया में दोनों ही एक-दूसरे के श्वेत-श्याम प्रतिरूप के रूप में नज़र आने के कारण एक-दूसरे की समानताओं से वंचित रहे, विरोधाभास को बहलाकर प्रस्तुत करने के कारण दोनों के स्वरूप एक-दूसरे से थोड़े टेढ़े, थोड़े खण्डित प्रस्तुत हुए।

जवाहरलाल नेहरू ने हमारी परम्परा के लिए इतिहास के मिटते, फिर से लिखे जाते और आगे-पीछे, ऊपर-नीचे कर, एकसाथ पढ़े जाते प्रकरणों जैसी बार-बार उपयोग में लायी जाने वाली पाण्डुलिपि का रूपक प्रयुक्त किया था। वह रूपक साहित्य-कला सर्जन की प्रक्रिया के लिए यथोचित लगता है क्योंकि उसमें इतिहास के आर-पार देखने की प्रक्रिया अन्तर्निहित है। जैसे शिबी राजा की कहानी जातक और कथासरित्सागर में भी मिलती है, खजुराहो के जैन और शैव मन्दिरों में मूर्ति विधान अदल-बदल होता-सा दीखता है, वैसे ही 'हिन्दू' जीवन वृक्ष और 'इस्लामी' 'वकवक' या बोलने वाला पेड़, कामधेनु और बुराक या अप्सरा और परी एक-दूसरे में पिरोकर सामूहिक आस्वाद का भाजन बनते हैं। कथासरित्सागर में बावड़ी की तरह अनेक स्तरों पर रची गयी कहानी की रचना रीति में पाठक एक कहानी से पैदा होने वाली दूसरी और उसमें से उद्भूत तीसरी कहानी में और इस प्रकार अनेक कहानियों में एक ही साथ आगे-पीछे आवागमन कर सकते हैं। उसी प्रकार अजन्ता की दीवार पर बने चित्रों में दो या तीन जातक एक ही दीवार पर आलेखित होने के कारण और उनके बीच किसी ढाँचे की सीमा रेखा नहीं होने के कारण सभी एक साथ उभरते दिखायी देते हैं। उसमें दर्शक कहानियों के अनेक अवकाश-कालखण्डों में एक साथ प्रवेश कर सकते हैं। ऐसी परम्परा को पाने के लिए सीध पर चलने वाला इतिहास या उतार-चढ़ाव को आलेखित करने वाला इतिहास अधूरा ही नहीं बल्कि अप्रस्तुत बन जाता है। उसे अनेक स्तर, प्रकार और अनेक तरीक़ों से परखा जाना

चाहिए। कला प्रवृत्ति को यदि सामाजिक, राजकीय, सांस्कृतिक, भौगोलिक, ऐतिहासिक आदि कारकों की प्रस्फुटन करने वाली प्रक्रिया मानें तो शायद उसे समझा जा सकता है। इसके लिये अन्दर या बाहर के, तत्कालीन समय के और आज के सभी मापदण्ड और उपकरण उपकारक सिद्ध होंगे। धर्म या सत्ताकारण जैसे किसी भी एक मापदण्ड से एक या फिर किसी विशिष्ट परिप्रेक्ष्य को ही परखा जा सकता है।

परम्परा के समग्रावलोकन में पहले तो उसके घटक-रूपों की सहोदरता-सगोत्रता और स्वतन्त्रता का अनुमान लगाना ज़रूरी है। इस समानता-विभिन्नता की जुगलबन्दी उत्तर-दक्षिण के एवं पड़ोसी और सुदूर प्रदेशों में प्रकट होती दिखायी देती है। सिन्ध और कच्छ या गुजरात और राजस्थान या कर्नाटक और केरल के सन्धि प्रदेशों में अदल-बदल हो सके ऐसे संस्कार देखने को मिलते हैं। इस बात से हम सब अवगत हैं कि मीराबाई के पद गुजराती पाठ्यपुस्तक में अग्रस्थान पर मिलते हैं या फिर मुल्तानी काफ़ी को कच्छ में भी गाया जाता है। इस बात से भी आश्चर्य नहीं होना चाहिए कि केरलवासी कश्मीर में और गुजराती तमिलनाडु या मिज़ोरम में अपरिचित या 'विदेशी' जैसा अनुभव करें। सन्धि-प्रदेशों में भाषा के आधार पर संस्कारों का विभाजन करना मुश्किल है। कर्नाटक के चर्म-चित्रों की कथा मराठी कथाकार करते हैं और धारवाड़ जैसे कर्नाटक के भीमसेन जोशी, मल्लिकार्जुन मंसूर जब उत्तर हिन्दुस्तानी संगीत की साधना करते हैं तब किस प्रदेश के नाम से उनकी पहचान करवायेंगे? एक ही प्रदेश के नागरी, जनपदी और आरण्यक प्रजा की परम्पराओं और संस्कार में समानता एवं अन्तर के स्पष्ट और सूक्ष्म प्रकार के निर्देश हमें उनकी सरलीकृत व्याख्या करने से रोकते हैं। इस सबके बावजूद, जैसा कि ऊपर बताया गया है, विभिन्नता को विभाजकता का पर्याय मानकर शासकीय दृष्टिकोण कई बार इस तरह की परम्पराओं के सह-अस्तित्व का सरलीकरण करके सभी को एकात्मकता के मिथ्या ढाँचे में ढाल देती है तब सांस्कृतिक और ऐतिहासिक सत्य ढँक जाता है। कभी-कभी एक व्यापक और प्रभावशाली परम्परा को केन्द्र में रखकर अन्य परम्पराओं को उसके घटक के रूप में समाविष्ट कर लेने का दृष्टिकोण भी आम है। इन सबकी वजह से परम्परा की बहुलता दब जाती है और आदर्श-कनिष्ठ के भेद स्थापित होते हैं। नागरी प्रजा की लिखित सभ्यता ने इतिहास को सिन्धु या गंगा की खाई, दिल्ली की सल्तनत या कावेरी के किनारों में केन्द्रित करके आलेखित किया था और इसी वजह से अरुणाचल, मिज़ोरम और जिसे नागभूमि कहा जाता है ऐसे प्रदेशों की गतिविधियों को उसमें स्थान नहीं मिलता है। इस प्रकार नागरी परम्पराएँ 'प्रशिष्ट' पद प्राप्त करती हैं और जनपदी या आरण्यक प्राकृत या पिछड़ी श्रेणी में गिनी जाती हैं। प्राचीन, मध्ययुगीन और आधुनिक कालों में या सत्ताकारण के 'सुवर्ण' और 'अन्धेरे युगों' के ढाँचे में वे फिट नहीं बैठतीं इसलिए वे 'अनैतिहासिक' के टोकरे में डाल दी जाती हैं। हम यह बात अच्छी तरह जानते हैं कि अतिदुष्कर काल में भी चैतन्यशील सृजन-कार्य हो सकता है और दूसरी ओर श्रीमन्त या 'विकसित' समाज सुसंस्कृत समाज हो, ऐसा ज़रूरी नहीं है। यूरोप की मध्ययुगीन 'अन्धेरे

युग' के ठेठ तलहटी की ग्राम्य प्रजा ने अभूतपूर्व ऊर्जावान सृजन कार्य किया था, विकसित स्वीडन या स्विट्‌जरलैण्ड से आर्थिक रूप से कंगाल कोलम्बिया या ग्वाटेमाला ने अद्‌भुत संस्कार परम्पराएँ खड़ी की हैं। यहाँ इस बात की ओर ध्यानाकर्षित करने की आवश्यकता नहीं होगी कि 'पिछड़े' माने जाने वाले समाज ने तथाकथित सभ्य समाज की तरह विश्व-युद्धों में एक-दूसरे को नष्ट नहीं किया।

लिखित और मौखिक साहित्य की एवं 'मार्गी' और 'देशी' कलापरम्परा का वर्णभेद और विशेषरूप से आध्यात्मिक और ऐहिक दृष्टिकोण का भेद परम्परा की समग्रता के सत्य को पाने में बाधक बन जाता है। जब आध्यात्मिकता के पूर्वनियत आदर्श परम्परा के ऐहिक पहलुओं को नज़रअन्दाज़ करते हैं या उसका तिरस्कार करते हैं तब नीतिमत्ता की पूर्वाभिगम वेदी पर ऐतिहासिक सत्य के खण्डित होने की सम्भावना खड़ी हो जाती है। जड़ से ही खोखली सम्पूर्ण नीतिमत्ता को चुनौती देने वाली कला-चेतना के बहुविध रूप पाने के लिए अध्यात्म के साथ ऐहिक की आराधना को भी जाँचना-परखना ज़रूरी है, वह फिर चाहे खजुराहो-कोणार्क के काम शिल्प में प्रकट हुई हो या फिर जीवन रीति का आलेखन करने वाली चित्र-परम्पराओं में। अजन्ता में वेस्सान्तर जातक का लोभी ब्राह्मण, 'चन्दायन' में शोक्यों की मारा-मारी, राजपूत परम्परा में जोगी, भोगी और नागरिक के सांसारिक और 'विकृत' रूप, देवों की तरह दानवों का संवेदनशील निरूपण, पहाड़ी चित्रों में सन्तों की ठट्‌ठा या मुग़ल में हिंसाचार का दारुण दर्शन आदि परम्परा के ऐहिक को उजागर करने के दृष्टिकोण पर प्रकाश डालते हैं।

इसी सन्दर्भ में सनातन काल की कल्पना का आरोपण भी कला के अभ्यास के लिए लाभदायक प्रतीत नहीं होता। कालातीत मूल्यों का 'अति प्राचीन' काल में हुआ प्रस्थापन और उन मूल्यों की 'सदाकाल' प्रचलन होने की सोच जिस तरह कुछ लोगों को आकर्षित करती है उसी तरह दूसरों को वह 'भारतीय मनोवृत्ति' को 'अपरिवर्तनशील' या 'अनैतिहासिक' ढाँचे में बैठाने के लिए प्रेरित करती है। यह भी सम्भव है कि परम्परा में गहरे पैठे या कुछ घटकों के द्वारा सँजोये हुए कुछ मूल्य निश्चित कारणों से कम मात्रा में मिले हों या फिर धीरे-धीरे बदले हों जो कालातीत महसूस होते हों। इस प्रकार का साम्य प्रागैतिहासिक लोथल के खिलौने और सौराष्ट्र के ग्राम्य क्षेत्रों के 'घण्टीघोड़ा' (बच्चों को खेलने के लिए हाथ से चलाने वाली गाड़ी) में देखने को मिलता है। लेकिन जब परिवर्तन की गतिविधियों ने 'सनातन' कहे जाने वाले मूल्यों को भी बदलते परिप्रेक्ष्य में अवलोकन करने का मौक़ा दिया है तब उसके 'मूल' और 'हाल' के स्वरूपों की भेद रेखाएँ साक्षात् होती हैं। इस प्रकार, यदि हम सनातन और कालदर्शी के ध्रुवीकरण को सिर्फ़ आधारभूत गिनने की बजाय दोनों दृष्टिकोणों को प्रभावक-पूरक घटकों के रूप में स्वीकार करेंगे तब हमें परम्परा के मर्म तक पहुँचने का मौक़ा मिल सकेगा। वैसे भी 'ऐतिहासिक' और 'सनातन' मूल्य हमेशा विरोधाभासी नहीं होते, परम्परा

यही सिखाती हैं और विरोधाभासी हों तब भी उनका सह–अस्तित्व घर्षण ही पैदा करेगा या फिर विभाजन की ओर ही ले जायेगा ऐसा मानने में पूर्वग्रह संशय के दोष को ही देखा जा सकता है।

ऐसा ही एक मुद्दा वैयक्तिक विचार या दृष्टिकोण के अभाव का है। आनन्द कुमारस्वामी से लेकर सेलेम्बस शिवराममूर्ति जैसे विद्वानों ने भारतीय परम्परा में कलाकार के गुमनाम रहने में वैयक्तिक अहम् के विलोपन को आदर्श माना है। इसी कारण कला के सृजन में विशेष रूप से धर्म–आधारित देवमूर्तियों में योग और साधना के आदर्शों को सर्वोपरि और मूलगामी मानना शुरू हुआ है जो आज फिर से पुनर्विचार का विषय बना हुआ है। यह बात सही है कि हमें कई स्थानों पर कलाकारों के नाम देखने को नहीं मिलते लेकिन इसके पीछे यह भी कारण हो सकता है कि ये प्रवृत्तियाँ वैयक्तिक न होकर सामूहिक हुआ करती थीं। शिल्प का संयोजनकार्य, विशाल मन्दिर और प्रासाद खड़े करने का कार्य और उन पर चित्रकारी का काम किसी कला–समूह या मण्डलियों के द्वारा किया जाता था और अकसर यह काम सामूहिक रूप से ही किया जाता था। इसलिए यहाँ यह उल्लेख मिलना अस्वाभाविक लगता है कि इस शिल्प समुच्चय कार्य में किस मूर्ति को किसने तराशा था या फिर इस चित्रकारी में कौन–सी आकृति किस चित्रकार के द्वारा बनायी गयी थी। पिछले कुछ वर्षों में हुए शोध ने वैयक्तिक अहं के अभाव के आदर्शवाली विचारधारा को अर्धसत्य साबित किया है। शिल्पी कुणिक और अजन्ता के पड़ोस में स्थित घटोत्कच गुफा के आलेख में अन्य कलाकारों के नामों के उल्लेख से भी विद्वान अनजान नहीं हैं। रमानाथ मिश्र ने मध्य–प्रदेश में मध्यकालीन मन्दिरों में संगतराशों, कला–मण्डलियों के द्वारा बनायी गयी अपने समूह की स्पष्ट निशानियों और शिल्पकारों के नक़्क़ाशे हुए सैकड़ों नामों को पढ़ा है। डॉ. एस. सेट्टर ने होयसळ–चालुक्यकाल के शिल्पकार और वास्तुकार के लगभग साढ़े चार सौ नाम और उनके सांसारिक जीवन के बारे में कुछ तथ्य उजागर किये हैं। मुग़ल–राजस्थानी–पहाड़ी पोथी चित्रकारों के असंख्य नाम भी उपलब्ध हैं। इन तथ्यों को देखने के बाद सवाल उठता है कि फिर इस परम्परा को अनामी क्यों गिना जाना चाहिए?

विद्वानों ने कलाकारों के नाम और उनके उपनामों से या फिर उनके पारम्परिक व्यवसाय से निष्कर्ष निकाला है कि शिल्प–काम, संग तराशने का काम, इमारत बनाने का काम और चित्रकारी का काम जिन कलाकारों और कारीगरों के हाथ में था वे ज़्यादातर शूद्र या समाज के निम्न वर्ग के थे। अर्थात् जो मन्दिर बने, जिन मूर्तियों को घड़ा गया वे हाथ उच्च वर्ग के पुजारियों के नहीं थे। इतना ही नहीं शूद्र कलाकार के लिए तो उस देवमूर्ति की प्राण प्रतिष्ठा करने के बाद उसके दर्शन भी दुर्लभ थे। यहाँ यह भी कूटप्रश्न है कि शूद्र शिल्पकार के लिए शिल्प–काम करने के लिए योग और साधना का दृष्टिकोण क्या अभिप्रेत होगा या फिर आश्रयदाता उच्चवर्ग ने उन्हें ऐसी छूट दे रखी होगी?

ग़ौर करने की दूसरी बात यह भी है कि परम्परा में यह बात हमेशा सही सिद्ध नहीं हुई है कि कलाकार जिस धर्म का शिल्प–काम करता था या चित्र बनाता था वह उसी धर्म का पालन करता हो। जैन लोग ब्राह्मणों से पूजा करवाते हैं और चित्र–शिल्प–निर्माण की सामग्री और प्रक्रिया में हिंसा का अंश या अन्देशा होने के कारण यह काम जैनेतर कारीगरों से करवाने का प्रचलन है। हमें यह भी बात ज्ञात है कि अकबर और जहाँगीर के दरबार में कई हिन्दू चित्रकार हुआ करते थे और १७वीं सदी के मेवाड़ के अभूतपूर्व भागवतपुराण और रामायण का सृजक साहिबदीन था।

यहाँ यह सवाल उठना स्वाभाविक है कि इन सबके बावजूद पारम्परिक देवमूर्तियों में और धर्म से सम्बन्धित चित्रों में प्रखर और सूक्ष्मातिसूक्ष्म धर्मानुभूति का दर्शन या अनुभूति कैसे हो पाती है। इस सन्दर्भ में, आश्रयदाता और आश्रित वर्ग के बीच जटिल संवाद की भूमिका उजागर होती है। शायद यहाँ यह कहना अनुचित नहीं होगा कि मात्र लेने–देने की बजाय हरेक पवित्र तत्त्व के प्रति आस्था कलाकार को किसी भी धर्म की आकृति और उसमें निहित दैवी सत्व को प्रस्तुत करने या निखारने के लिए प्रेरित करती होगी। हालाँकि इन सबमें सर्जक–चेतना की ताक़त भी उतनी ही प्रभावपूर्ण रहती होगी। माना जाता है कि देव–कल्पना और मूर्तिविधान की व्याख्या उच्च वर्ग ने की थी और निम्न कारीगर वर्ग ने उसे रूप या आकार दिया था। लेकिन देव को दर्शनीय रूप देने वाले, उसे आकार देने वाले हाथ उस व्याख्या के सूक्ष्म संकेतों से अनभिज्ञ रहे होंगे, यह कहना ग़लत होगा, क्योंकि रची गयी और स्वीकार की गयी उस मूर्ति में आरोपित अध्यात्म दर्शन मात्र उच्चवर्ग की जागीर नहीं गिनी जा सकती। इससे विपरीत, इस बात की सम्भावना को भी यहाँ नकारा नहीं जा सकता कि मूर्ति विधान की शाब्दिक कल्पना का प्रकट प्रतिमा–रूप सम्पूर्ण रूप से कलाकार के हाथ–आँख–चित्त के आधार पर रचा हुआ होने के कारण अध्यात्म का रूपान्तर नये अर्थ–घटन या विचलन में भी फलित हो सकता है। चैतन्य से परिप्लावित हमारे शिल्प सृजन में जो ऋत का आविष्कार है उसके परिमाण बहुलक्षी हैं। शायद, जनपद के प्रजापति कारीगर ने भीगी मिट्टी के पिण्ड में प्राण डालने की परम्परा विकसित की थी इसीलिए तो वह तब भी काम आयी जब उसने मिट्टी की जगह पत्थर का उपयोग करना शुरू किया। इस कुशलता के कारण उसने पत्थर को चर्मसतह से भी ज़्यादा चेतनामय बनाने का गूढ़ नुस्ख़ा बनाया और उसमें अपूर्व सिद्धि हासिल की। चेतना का वह खुला आकाश दर्शक या भक्त के लिए आकृति में अनेक भावों को आरोपित करने में सक्षम था।

ऐसा माना जाता है कि भारतीय परम्परा में यथार्थवादी दर्शन वाले दृष्टिकोण के लिए कोई स्थान नहीं है। इसलिए उसके स्वरूप और उद्देश्य को 'आदर्शवादी' या प्रतीकलक्षी या अलंकारिक दृष्टिकोण वाला गिना जाता है। यह बात सही है कि परम्परा ने यूरोप के ग्रीक–रोमन या पुनरुत्थानकाल के यथार्थ को आराध्य नहीं माना है। (गान्धार और मुग़लकाल में इन

दृष्टिकोणों का परिचय पाने के बावजूद परम्परा ने उन्हें समग्र रूप से स्वीकार नहीं किया था।) यहाँ मनुष्याकृति मूलतः युवा स्वरूप में प्रस्तुत हुई है इसलिए वृद्धावस्था, बाल्यावस्था, शारीरिक अपंगता, दरिद्रता, द्वेष, दुःख और विशेष रूप से करुण और वीभत्स जैसे भाव उसमें कम ही देखने को मिलते हैं।

सोलहवीं सदी के बाद व्यक्ति विशेष की यथार्थ छबि चित्रित होने लगी पर भूदृश्य, स्थान-विशेष, पदार्थ चित्र जैसे प्रकार के प्रति उदासीनता या उनका अभाव उसके जाने-पहचाने लक्षण हैं। हमारे पास अशोक या चन्द्रगुप्त, वाल्मीकि या व्यास, मीराबाई, तुलसी, भरत या वात्स्यायन की तस्वीरें नहीं हैं फिर भी यथार्थ न होने का मतलब यथार्थविरोधी है ऐसा मन्तव्य यथार्थ की पुनर्व्याख्या करने के लिए प्रेरित करता है। इस प्राण-प्रश्न का उत्तर कैसे पाया जा सकता है कि कौन-सा कलाकार जीवनदर्शन से विमुख होकर चित्र बनाता होगा? जीवनदर्शन को पाने और व्यक्त करने के तरीक़े चाक्षुष न हों ऐसा हो सकता है लेकिन साथ-साथ यह भी सम्भव है कि वे 'अवास्तविक' न भी हों। परम्परा में कड़वे या अप्रिय अंश रुचिकर या शृंगारपूर्ण स्वरूपों की तुलना में या तो कम दिखायी देते हैं या लिखित इतिहास में थोड़े कम प्रस्तुत किये गये हैं। नये शोध अध्ययनों ने क्रूर हिंसा के चित्र हमारे सामने रखे हैं जिनमें मुग़ल हम्ज़ानामा के युद्ध के दृश्य या बीकानेर के चित्रकार गंगाराम के चित्र 'क्रोधित पति के द्वारा बेवफ़ा पत्नी की निर्मम हत्या' की भी बात की जा सकती है। बसावन के दुर्बल अश्व या मौत की चौकठ पर बैठे दरबारी इनायतख़ाँ का चित्र यथार्थवाद को उच्च आदर्श के रूप में स्थापित करता है। अजन्ता में बने चित्रों का पूर्ण व्यापार जिए जा रहे जीवन को मूर्त करने के लिए उपयोग में लाया गया है। इन सबके बावजूद यथार्थवादी दृष्टि से भारतीय चित्र-कला में दूर-नज़दीक की छबि के परिप्रेक्ष्यवादी प्रमाणभेद की महिमा नहीं मिलती, मुखाभिनय के नाटकीय विन्यास नहीं हैं, रंग-रचना दिखायी देने वाले स्वरूप के अनुरूप नहीं है, घनत्व और गहराई का, प्रकाश और परछाईं का आलेखन नहीं है। विश्व के अनेक देशों की, विशेष रूप से चीन, जापान, ईरान, मिस्र, अफ्रीका, दक्षिण अमेरिका के उपखण्डों की, यहाँ तक कि यूरोप के मध्यकाल की कला के लिए भी यही कहा जा सकता है।

यथार्थवादी दृष्टिकोण हमारी और इन परम्पराओं में क्यों नहीं फैल पाया यह बात वैकल्पिक दर्शन को व्याख्यायित करने से स्पष्ट हो सकती है। सर्वप्रथम, यथार्थ की व्याख्या करना ज़रूरी है। ग्रीक-रोमनकाल में मानव केन्द्रित सृजन की महिमा स्थापित हुई थी, उसी के सन्दर्भ से दिखायी देने वाली दुनिया के प्रमाण और परिमाण आराध्य बन गये। पुनरुत्थानकाल में चित्र-कला के माध्यम के रूप में तैल-चित्र की खोज हुई। परिणामस्वरूप, ऐसी सुविधा प्राप्त हुई जिससे आकृति को सरलता से भ्रमणात्मक घन स्वरूप में दिखाया जाना सम्भव हो पाया। जोह्न बर्जर के अनुसार पुनरुत्थान काल में विश्व को स्थूल सामग्री के रूप में चित्रित किया जाने लगा। इसके पीछे पन्द्रहवीं सदी में उपनिवेशवादी व्यापार के कारण यूरोप की सम्पत्ति

में आयी समृद्धि से फैला भौतिकवादी दृष्टिकोण जिम्मेदार था। इसने सम्पत्ति के आधार पर विश्व को ख़रीदा जा सके और उसे क़ीमती साजो-सामान में परिवर्तित किया जा सके, ऐसे दृष्टिकोण को प्रश्रय दिया। इस सम्पत्ति में ज़मीन-जायदाद, देश-विदेश से इकट्ठा किया हुआ साज-सज्जा का सामान, खाद्य-पदार्थ, नौकर-चाकर, भोगने लायक स्त्रियाँ—काल्पनिक या वास्तविक—सभी चीज़ों को शामिल किया जा सकता है। इन सभी स्थूल चीज़ों को साक्षात् स्वरूप में दिखाने वाला चित्र रसास्वादन और ख़रीद-फरोख़्त का साधन बन गया। उस काल में बने चित्रों में ख़रीदने के पदार्थों की दी गयी सूची में भोग सम्पत्ति का आलेखन होने लगा क्योंकि चित्र के माध्यम से इस युग का धनिक अपने बैठकखण्ड में या शयनखण्ड में उसे बार-बार भोगने या दूसरों को दिखाने के लिए उत्सुक था। तैल माध्यम के कारण दीवार पर टँगाये जाने वाले चित्रों में स्थूलता को चित्रित कर पाना सम्भव हो पाया। यहाँ बर्जर के एक महत्त्वपूर्ण तर्क से इस बात की पुष्टि भी हो जाती है कि गेईन्सबरो के द्वारा बनाये गये चित्र 'रॉबर्ट एण्ड्रूज और पत्नी' में प्रकृति की लीला का आनन्द दिखाने के बहाने धनिक जोड़े की धन-सम्पत्ति का प्रदर्शन ही ज़्यादा था। इसके अलावा चित्रित विश्व अब एक क्षण या स्थल पर स्थिर बनी दृष्टि से जड़ीभूत होकर, सुनहरे पानी चढ़े हुए बक्से में एक पदार्थ के रूप में सामने आया जो नये संग्रहकर्ता के लिए बिलकुल अनुकूल था। जिन कलाकारों ने यथार्थ के आधार पर श्रेष्ठ चित्रों को बनाया उन्हें इस प्रकार की चुनौतियों का सामना करना ही था और मर्यादाओं को लाँघकर भगीरथ कार्य करना था।

यूरोप की आबोहवा में विकट ठण्ड होने के कारण विश्व, घर और बाहर की दुनिया में बँट जाता है। वहाँ गर्मियों में भी लोगों के घरों के खिड़की-दरवाज़े कम ही खुले देखने को मिलते हैं। इसलिए दिखायी देने वाली दुनिया या तो खिड़की या दरवाज़े से देखने में या बाहर जाकर भूदृश्य का आनन्द उठाने या घर के अन्दर रखी चीज़ों का अवलोकन करने के उपक्रम में सीमित रहती है। परिणामस्वरूप, अन्दर के अवकाश में खिड़की से आने वाले प्रकाश की मदद से या दीये की मदद से छाया-प्रकाश में ही विश्व का अवलोकन करने की ग्रन्थि बँध गयी। हक़ीक़त में कोई भी वास्तविक चेहरा या पदार्थ छाया-प्रकाश से अंकित नहीं होता। इसलिए जब यूरोपीय प्रजा के छाया-प्रकाश वाले चेहरे वाले चित्रों को देखने की आदी चीनी प्रजा ने जब चीन में आयी यूरोपीय प्रजा को देखा तब उनके चेहरे एक ओर हल्के प्रकाश वाले और दूसरी ओर गहरे नहीं होने पर बड़ा आश्चर्य महसूस किया। 'वास्तववादी' चित्रकारी का प्रभाव बढ़ने के पहले 'मध्ययुगीन' लघुचित्रों के उस्ताद निकोलस हिलियार्ड ने इंग्लैण्ड की रानी इलिज़ाबेथ का व्यक्ति चित्र बनाने के लिए उनको महल के बाहर खुले प्रकाश में इसलिए बिठाया कि चेहरे को परछाईं से मुक्त, निष्कलंक रूप में दिखाया जा सके। छाया-प्रकाश के प्रभाव के कारण चित्र में स्वरूप की विभावना भी आगे-पीछे होने वाले अवकाश (स्पेस) के रूप में व्याख्यायित हुई और अवकाश खिड़की-दरवाज़े जैसे चौकोर और समकोण सीमा-रेखाओं के अन्दर आयोजित होने लगा। इस प्रकार स्वरूप भी फ्रेम की पूर्व नियत

सीमा-रेखाओं के द्वारा व्याख्यायित हुआ इसलिए रूप के घटकों की, दायें-बायें विभागों की, स्थूल-सूक्ष्म केन्द्रों की पृथक्करणीय और रसकीय चर्चा चौकोर-समकोण ढाँचे की परिधि में रहकर की जाने लगी।

उष्ण वातावरण वाले प्रदेशों में अन्दर-बाहर के अवकाश में आवागमन स्वाभाविक होने के कारण घर के अन्दर और बाहर के विरोधाभासी विश्व की कल्पना सुसंगत नहीं थी। लम्बे समय तक और लगातार प्रकाश में रहने के कारण दुनिया को प्रकाश में देखना सामान्य बात होने की वजह से परछाईं की क्षण-भंगुरता के यथार्थ को मूलगामी गिनने की विभावना के लिए भी कोई स्थान नहीं था। पूर्वी, विशेष रूप से भारतीय, चित्रकारी में दृष्ट विश्व को प्रकट करने का ध्येय सर्वोपरि होने के कारण आकृति को छिपा दे या विगलित कर दे ऐसी परछाईं जैसे उपकरण का आधार नहीं लिया गया है। परछाईं के साथ जुड़े काले रंग का उपयोग बहुत कम ही—रात्रि के आलेखन में भी—उपयोग में लाया जाता है। अत: रात्रि के दृश्यों में भी सब कुछ दृष्टिमान ही रहता है।

इसके अलावा चित्र के विश्व को स्थूल-अमूर्त के बीच की सन्दिग्धता में समाहित होने की दृष्टि के कारण दुनिया को पदार्थ के रूप में पाने की और आलेखित करने की प्रवृत्ति को कोई आधार नहीं मिला। कुछ लोगों का मानना है कि इसके पीछे विश्व को माया या लीला स्वरूप में देखने की विभावना भी कारणभूत हो सकती है। गान्धार युग या मुग़ल काल में स्थूल यथार्थ के प्रयोग हुए थे, उनका भी परिणाम समयान्तर में स्थूलता के विलोपन में ही हुआ या फिर स्थूल-अमूर्त की जुगलबन्दी के दायरे में ही परिमित रहे। विशेष रूप से, स्वरूप के आयोजन और बनावट की प्रक्रियाएँ यहाँ अलग स्वरूप धारण करती है। दीवार पर बनाये जाने वाले भित्तिचित्रों में और वींटाचित्र (वेल-चित्र scroll) में पूर्व नियत सीमारेखा या ढाँचे की विभावना नहीं होने के कारण चित्र का अवकाश आयोजन किसी भी आकृति के चारों ओर फैलते आकार-विश्व को रचने में परिणत हुई। अर्थात् स्वरूप का विकास नियत केन्द्र के आधार पर न होकर किसी एक बिन्दु के अन्दर से बाहर होने वाले विस्तार में हुआ जिससे चित्राकृति अन्दर से बाहर की ओर विकसित होती रहे और चित्र सीमा-रेखाओं के बिना लगातार चारों दिशाओं में फैलता रहे। मेवाड़ के पोथी-चित्रों के समकोण घाट से 'भींचतीं जातीं' आकृतियाँ मानो हाँसिये में धँस जाती हैं। हम्ज़ानामा की चित्र-शृंखला में आकृतियाँ हरेक कोने से प्रवेश करती हुई या निकलती हुई आगे या पीछे के अवकाश को चिह्नित करती हैं। यदि मनुष्य के शरीर का ही उदाहरण लें तो उसकी सीमा रेखाओं में शीर्ष-पाद या दायें-बायें पहलू के सन्तुलन में स्वरूप को देखने की बजाय यहाँ चर्माणुओं के आन्तरिक संकलन में स्वरूप की विभावना बनती है, इसलिए डिटेल (detail) के आलेख में गतिमानता का महत्त्व बढ़ता है और गतिमानता की प्रक्रिया में स्वरूप का पिण्ड बँधता है।

यथार्थपरक चित्र में जैसे गहराई और दूरी दिखायी जाती है वैसा यहाँ अभिप्रेत नहीं है। इसी

वजह से कुछ लोगों को भारतीय चित्र सिर्फ़ चौड़ाई-लम्बाई के बीच रहने वाले 'द्विपरिणामी' लगते हैं। लेकिन इसका मतलब यह नहीं कि इनमें तीसरा परिमाण नहीं है। यहाँ तराशी जा रही या रेखांकित हो रही आकृति की विभावना में स्पर्श-जन्यता की अनुभूति को ऐसे तीव्र रूप से बहलाई जाती है कि आकृति मानो चित्र के बाहर निकलकर नया परिमाण जोड़ती है। अवकाश सतह के ऊपर उभरता हुआ होने की वजह से परिप्रेक्ष्य यहाँ दूरी को प्रमाणित करने के लिए नहीं बल्कि उसके ठीक विपरीत भावकलक्षी गति करता हुआ महसूस होता है। इसी कारण अजन्ता के भित्तिचित्र देखते वक़्त हम अपने आपको आकृतियों से घिरा हुआ अनुभव करते हैं। जब मुग़ल और पहाड़ी चित्रों में दूरी के परिणाम को समाविष्ट किया गया, तब अवकाश नीचे से ऊपर की ओर धीरे-धीरे खुलता यानी कि आगे की ओर उभरता हुआ दिखायी दिया था। इसमें दर्शक या भावक अपनी दृष्टि को एक क्षण या स्थान पर स्थिर करके दुनिया को देख या प्राप्त नहीं करता अपितु आकारों के साथ गति करते हुए पाता है। जिस प्रकार दीवार पर बने चित्रों को पूर्ण रूप से देखने के लिए ख़ुद चलना पड़ता है उसी तरह मुग़ल या राजस्थानी चित्र देखते समय चित्र में बने किसी पात्र के साथ गति करनी पड़ती है। सृष्टि का निरीक्षण और आलेखन करने की प्रक्रिया में कलाकार गति का निर्देश करता है जो निरीक्षण के 'वास्तविक' नियम के अनुरूप है। एक ही बिन्दु से देखा हुआ कोई पदार्थ या आकृति आँख या चित्र को समग्रतया ग्राह्य नहीं हो सकता। सामने से दिखायी देने वाले पहाड़ में उसके पृष्ठ भाग की कल्पना पहाड़ को अनेक बिन्दु से किये गये निरीक्षण के कारण ही हो सकती है। भारतीय कलाकार आकृति को बार-बार रेखान्वित करके उसकी पैनी धार को इस तरह स्पन्दित करता है कि दर्शक चित्र में अर्धरूप में दिखायी देने वाली आकृति को पूर्ण करने के लिए प्रवृत्त हो जाता है। इसके अलावा वह गति के साथ सृष्टि का निरीक्षण करता हुआ चित्र की आकृतियों को अनेक बिन्दुओं से आलेखित करता है। इनमें वह मनुष्याकृतियों को सम्मुख खड़े होकर, इमारतों को भिन्न-भिन्न कोण से, पेड़ों को मानो घटा में रहकर, कुण्ड या गलियारों के आकारों को बहुत ऊपर से और इस प्रकार घूमती दृष्टि द्वारा सृष्टि को कभी सामने हाथों से छूकर, कभी अन्दर-बाहर विहार करके, ज़्यादातर, मनुष्य की आँख से तो कभी किसी विहंग दृष्टि से निरख रहा हो ऐसे निरूपित करता है। चित्र की समग्रता को पाने के लिए दर्शक को अवकाश में ऐसी गति करनी रही है।

अन्दर से बाहर प्रस्फुटित होने वाले स्वरूपाकार की विभावना की जड़ें काफ़ी गहरी हैं और उसे शिल्प स्थापत्य आदि प्रकारों में भी देखा जा सकता है। खजुराहो या ऐसे मन्दिरों की रचना में इष्ट मूर्ति के चारों ओर गर्भगृह, उसके चारों ओर की दीवारों पर गतिमय शिल्पाकारों में देव-देवी लीला, मनुष्य लीला और शिखर पर लघु शिखरों का मधुमक्खी के छत्ते जैसा पुंज आदि व्यापकता के सिद्धान्त के कारण प्रकट होता हो उस तरह फलता-फूलता रहता है। शिल्प में भी एक-दूसरे से सटाकर, एक-दूसरे से प्रस्फुटित होने वाले और स्थापत्य के ढाँचे में जोड़ने और पूर्ति कर पाने की सदा गुंजाइश बनी रही है। यहाँ स्थापत्य की कल्पना (जंघा-

शीर्ष ऐसे घटकों के नाम होने के बावजूद) मानो उगती वनस्पति की तरह विस्तरित होने की है। वटवृक्ष का रूपक उसके लिये एकदम उचित है। बीच से फैलता वृक्ष का तना अपनी शाखाओं को ज़मीन में डालकर नयी-नयी जड़ें बनाता है तब अन्दर से बाहर होने वाले स्वरूप की गति किसी भी पूर्व नियत सीमा-रेखा को प्रतिमान नहीं बनने देती। प्रतिमा सृजन में स्टेला क्रेमरिश के द्वारा सूचित प्राणतत्त्व का प्रस्फुटन ऐसे ही स्वरूप के अन्दर-बाहर होने वाली गति का निर्देश करता है। देह की कल्पना अन्दर से संचालित प्राण के आधार पर होने के भरपूर संकेत और प्रमाण भारतीय शिल्प में मौजूद हैं। शिल्पदेह सतह पर उत्कट स्पर्शजन्य रूप से उभरकर आता है तो उसमें उसी भावकलक्षी गति को ही देखा जा सकता है। मिट्टी में पिण्ड-पर-पिण्ड लगाकर स्वरूप गड़ना तो सम्भव हो सकता है लेकिन पत्थरों में उसे तराशा जाय और तब भी उसे सँजोया जा सके तो यह एक आश्चर्यजनक घटना है। ऐसे में ऐसा अनुभव होता है मानो आकृति अन्दर से स्वयंभू प्राणान्वित तो थी ही, पर शिल्पी ने पत्थर को तराशकर मात्र आवरण ही उतारे हैं।

ऐसी प्रक्रिया में विवरण (डिटेल) का प्रमाण बढ़ सकता है, जोड़ और विकेन्द्रीयता सिद्धान्त के रूप में प्रकट होती है, सीमारेखा नहीं होने के कारण भावक या दर्शक को चारों ओर से प्रवेश करने का अवकाश प्राप्त होता है, जिस प्रकार आकृति भावक की ओर गति करती है उसी तरह भावक से भी उसी गति की अपेक्षा रहती है। यहाँ शिल्प में मनुष्य के चेहरे से नाटकीय भाव का प्राकट्य नहीं होता अथवा अत्यन्त सूक्ष्म होता है; और कई चित्रों में तो चेहरा सामने न होकर टेढ़ा (प्रोफाइल में) होता है। इस सम्बन्ध में भी विचार करना ज़रूरी है। यथार्थपरक चेहरे में आकृति भावक के लिए ज़्यादा जगह नहीं छोड़ती; वहाँ कलाकार चेहरे को जितना भरा जा सके उतने भावों से भर देता है। इसके अलावा वह मानो भावक के कन्धे पर बैठकर उस चेहरे को किस कोने से और किस क्षण पकड़ लिया वह भी सूचित करता है। लेकिन हल्के मुख अभिनय वाले भारतीय आकृति विधान में भावक शिल्प या चित्र की मुख-मुद्रा में निजी भावों को आरोपित करने का अवकाश पाता है। टेढ़े बने चेहरे के पीछे के चेहरे की कल्पना करके उसे पूर्ण करने का अवसर उसे मिलता है। छाउ नृत्य में मुखौटा पहने हुए कलाकार स्थिर मुद्रा में, अंकित चेहरे में देहाभिनय के माध्यम से जब नयी-नयी भाव मुद्राएँ उभारने का निर्देश करता है तब भावक की नज़र का एकात्म्य उसे सम्पूर्ण करता है। इस प्रकार उन दोनों का मिलन जिस बिन्दु पर होता है उसी तरह चित्र में भावक प्रवृत्त होकर उसके लिये खोलकर रखे चित्र के अवकाश में भावारोपण करता है और तब रसानुभूति सम्भव होती है।

पहाड़ी क़लम के रचित शाँग्री रामायण में पल में दृष्ट और अदृष्ट हो जाने वाले सुवर्णमृग का पीछा करते हुए राम का चित्र है, उसमें रंगावकाश की अपूर्व आयोजना मारीच के द्वारा रची माया को दृष्टिगोचर करवाती है। यहाँ सुवर्णमृग ऐसे सुनहरे वरख से बनाया है जिसका रंग

प्रच्छद सरसों जैसे पीले रंग में एकाकार हो जाता है। हाथ में स्थिर पकड़े हुए चित्र में सुनहरा वरख जब चमकता नहीं है, तब मृग प्रच्छद पीले रंग में घुलकर मानो अदृश्य हो जाता है और हाथ हिलने पर वरख चमक उठता है और मृग दमक उठता है। इस तरह जब भावक को राम को हो रही स्वर्ण मृग की दृष्ट-अदृष्ट होती माया का साक्षात्कार होता है तो चमत्कृति होती है। अकबरनामा में फतेहपुर सीकरी का निर्माण कार्य निरखते हुए अकबर का चित्र है उसमें काम करने वाले मज़दूर, संगतराश, इंजीनियर सभी की शरीररचना ठीक नीचे की आकृति से लेकर ऊपर खड़े हुए अकबर तक एक समान है। जब भावक नीचे से शुरू करते हुए चित्र को 'पढ़' रहा होता है और हरेक आकृति के सम्मुख गति करता है तब हरेक आकृति का प्रमाण एक जैसा होने पर भी विचित्र नहीं लगता। जहाँगीरकाल के 'शेख फूल का आवास' वाले चित्र में गलियारे में गड्ढा खोद रहे मस्त फ़क़ीर को देख रहा मानव समुदाय रहस्य के कौतुक का वर्तुल रच रहे हों या फिर अबुल हसन के 'चिनार वृक्ष' के चित्र के अवकाश को उस पर घूम रही गिलहरियाँ खोलकर रख देती हों—इन चित्रों में भावक को अवकाश के रसानुभव में उद्यत कराने का ही उपक्रम है। परम्परा ने जिन भावकों के लिये चित्र रचे हैं वे ऐसे संकेतों से परिचित होंगे, यदि हमारे पास ये संकेत नहीं हैं तो हमें उन्हें प्राप्त करना होगा और उन्हें अपनी समझ में शामिल करना होगा।

यहाँ ऐसा कहना ग़लत न होगा कि परम्परा ने जिसे मुखाभिनय में गर्भित रखा उसे देह-मुद्राओं में उभारा। यहाँ यह सब गति के रूप में उद्भवित हुआ। एक गति देह के अवलोकन द्वारा, नृत्यनाट्य, कठपुतली के खेल वग़ैरह के माध्यम से आयी और दूसरी कलाकार के हाथ की तूलिका के स्पर्श या उसकी घिसाहट से आयी। इसमें देह के अंगोपांगों, मुख-हस्त-पाद की उच्चावचता भी दरकिनार कर दी गयी और देहाकार से कितना और कैसा कहा जा सकता है उसके अभूतपूर्व परिमाण प्रकट हुए। देहविन्यास के जो परिमाण विकसित हुए वे कुछ निश्चित मुद्राओं के रूप में व्याख्यायित हुए। जिस प्रकार नृत्य में सांकेतिक भाषा रची गयी उसी तरह चित्र में अंगाकारों के उपमा और रूपक मीनाक्षी, सिंहकटि आदि रचे गये लेकिन निर्देश सूक्ष्म रूप से सांकेतिक हुए। वहीं यष्टि के गठन और अंकन में प्रादेशिक के अलावा व्यावसायिक और निजी विलक्षणताएँ ध्वनित होकर उभर आयीं। लोकाचार में अंगाभिनय में कुछ हाथ से, कुछ पैर से, कुछ कमर या कन्धे से अभिव्यक्त किया जाता है; जैसे कि बोझ को कन्धे पर उठाने वाले, सर पर उठाकर ले जाने वाले या फिर हाथ से खींचने वाले के विन्यास भिन्न-भिन्न होंगे। ये विन्यास कहीं अतिशयोक्तिपूर्वक, कहीं कोमल संवेदन के भाव में और कहीं व्यंग्य से व्यक्त हुए होंगे। देखने वाले भावक द्वारा उन्हें परखा गया होगा और थोड़ा-बहुत बाक़ी रह गया होगा वह उसने जोड़ लिया होगा। देहाकारों की विविधा ने जिन रूपों को प्रकट किया उसकी लीला न्यारी है। शिल्प में पल्लव युग की तन्वंगी पार्वती एलिफन्टा में गजगामिनी-सा रूप लेने लगी या फिर चित्र में तंजोर के गोलमटोल हृष्ट-पुष्ट कृष्ण कांगड़ा में इकहरे बने—इन सब में हर प्रदेश के देहलालित्य के विभिन्न आदर्शों की

अभिव्यक्ति। इस्सरदा भागवतपोथी के पात्र पैरों को सीधे तानकर ऐसे खड़े हैं जैसे ऊपर के अंगों से ही काम लेना हैं, जिसमें मध्यभारत में प्रसिद्ध एकपात्री पण्डवानी नाट्य का प्रभाव स्पष्ट रूप से होता है या फिर 'मीठाराम' भागवत में सभी आकृतियाँ अंगों को उछालकर दौड़-धाम करती हैं जिससे किसी जोश से भरपूर जाति या कौम के आसार नज़र आते हैं। कई बार रूपक रचना मनुष्य देह और प्रकृति रूपों के विन्यासों की अदला-बदली करती है। जयपुर और जहाँगीरी कला के पात्रों की तरह वृक्ष भी ऐसे सौजन्यशील लगते हैं मानो अदब दिखाते हुए कुर्निश बजा रहे हों। देवगढ़ कला के भारी-भरकम देहपुंज बैठे घाट के राजा के ही नहीं अपितु पटरानियों, पनिहारियों; यहाँ तक गाय-भैंस, पेड़-पौधों के भी हैं। बसोली में कहीं से अपने गाँव वापस लौट रहे अस्त-व्यस्त मूढ़ नायक, उसके पीछे टेढ़ा-मेढ़ा फैला हुआ पेड़ और आश्चर्य में डूबी नायिका, अवाक् बनी सीधी खड़ी लता की तरह—ऐसा सबल, सक्षम और अद्‌भुत देहाभिनय का खेल मुखाभिनय की कमी को भुला देता है।

जैसी देहाकार की गतिशीलता वैसी ही रंगायोजन की लीला भी। जहाँ अनेक चित्रों के प्रमुख पात्र का देहवर्ण घनश्याम हो—जिसे नील की झाँईं से आकार दिया गया हो—जहाँ वसन्त में विश्व को पुष्परंग से प्राप्त करने की काव्य-परम्परा हो, वहाँ ऐसा सम्भव है कि रंग को पदार्थ या व्यक्ति के चर्मरूप से आलेखित करने का उपक्रम कम ही रहा हो। सामान्यरूप से, हालाँकि, मनुष्याकृतियों, पशु-पक्षी और वनस्पतियाँ ऐसे रंग में बनाये गये हैं जैसे वे दिखती हैं लेकिन परिवेश नये-नये और झिलमिलाते रंग से रँगा गया होने के कारण परिचित रंग की आकृतियाँ भी उसकी झांईं से परिवर्तित हो वैसी ही रंगछाया धरती हैं।

मेवाड़ी नीलदेही कृष्ण सुनहरे पीत प्रच्छद में अग्न्यासुर का आचमन करते हैं तब नील इतना घुट के गहरा हो जाता है मानो कि धूप में ताक़ते हुए जिस तरह पीले रंग का प्रतिस्पर्धी नीला रंग टिमटिमाता रहता है वैसे ही वह बार-बार ध्वनित होता रहता है। मीठाराम भागवत के नीले जल में जब वह नीलदेह घुलमिल जाता है तब भावक को भी, गोपियों जैसा कृष्ण को खो देने का भ्रम होता है। सुनहरा पीला प्रच्छद जहाँ बसोली नायिका के ग़ौर वर्ण को हल्की-नीली झांईं से श्रृंगारित करता है तो वही रंग कैकेयी-मन्थरा के संवाद की पार्श्व भूमिका में अलग भाव प्रकट करता है। इस रंग-लीला में कोई पूर्व नियत शर्त नहीं है; इसलिए मेवाड़ में कृष्ण झिलमिलाते, चिलमिलाते हुए पीले परिवेश में हैं तो मालवा क़लम में अग्निशमन शीत लगें ऐसे हरित प्रच्छद में विहरण करते हैं। रंग के जटिल अर्थों में एक और एक मिलकर दो होता हो ऐसा कोई हल नहीं है और न ही निरा स्वैर विहार, लेकिन उसके कुछ निश्चित प्रयोजन निश्चित हैं। एक, उसमें रस-भाव को प्रकट करने वाली चमत्कृति का आदर्श और दूसरा, रंगायोजन में गन्ध, स्वाद, स्पर्श की ध्वनि पैदा करने की अपेक्षा। हरेक रंग की छाया किसी फल या फूल, क़ीमती पत्थर या धातु, खाद्यान्न की ख़ुशबू या जिह्वास्पर्श जैसे अन्य इन्द्रियों के संकेत का निर्देश करती है। हालाँकि, इन संकेतों को स्थूल अर्थ में मात्र तुलना के लिए अर्थ नहीं घटाने की

चेतावनी भी है। चम्बा क़लम के सुदामाचरित की शृंखला में प्रच्छद सिन्दूर जैसा लाल हो तो उसका स्थूल अर्थ निकालने में अनर्थ होने की सम्भावना है। जैसे संगीत में कहीं-कहीं सुरों का ही आस्वादन करते हैं ठीक उसी तरह रंगों को भी रसरूप मानना ही इष्ट है।

भारतीय परम्परा चित्र को मात्र चित्र या शिल्प को मात्र शिल्प के रूप में 'शुद्ध' रसास्वादन की बात नकारती है, फिर भी चित्रतत्त्व की अद्वितीयता का विरोध भी नहीं करती। 'विष्णुधर्मोत्तर पुराण' का प्रसिद्ध संवाद भावक को एक कला पाने के लिए दूसरी अर्थात् चित्र-कला को पाने के लिए नृत्य की कला को परखने का निर्देश करता है, जिसमें रसास्वादन की प्रक्रिया के कई सूचितार्थ संचित हैं। एक तो चित्र का आधार लिखित या बोली 'साहित्य' पर अवलम्बित था। शिल्प और स्थापत्य तराशने या गढ़े जाने के बाद सामान्य रूप से ऊपर से चित्रित हुआ करता था। (यह विश्व की कई परम्पराओं में देखने को मिलता है, आज हम उखड़े हुए रंग के नीचे के शिल्पाकार के पत्थर की सतह का 'शुद्ध' आनन्द उठाते हैं जो शायद ही साध्य या अभिप्रेत था।) संगीत को चित्रित करने की दुर्लभ 'रागमाला' परम्परा में काव्य और संगीत की धाराएँ एक-दूसरे में गुँथी हुई हैं। पारम्परिक दृष्टि से इन सबमें से कोई भी एक तत्त्व या पहलू को निकालने से आस्वाद की मात्रा बढ़ती नहीं है, इसके विपरीत घटती है। परम्परा दिखाती है कि जब एक कला दूसरी कला में पिरौती है तो दोनों ही समृद्ध होती हैं। चित्र तत्त्व का मूल कविता, कहानी, शिल्प या संगीत के सान्निध्य या अवलम्बन से उलझ जाता है ऐसा दृष्टिकोण उन्नीसवीं-बीसवीं सदी की 'शुद्ध' या अलगाववादी विचारधारा का द्योतक सिद्ध होता है।

कला में चित्रशिल्प 'शुद्ध' हों और 'उपयोगी' उपकरणों या पदार्थों में सृजनशीलता और कारीगरी का भेद भी अपेक्षित नहीं था। जैसा और जितना सृजनऋत दीवारों पर या पोथीचित्रों में प्रकट होता था वैसी ही सृजनशीलता रोज़मर्रा के उपयोग के, बर्तनों जैसे पात्रों में, पदार्थों में और खेल के पात्रों में भी भरी हुई थी। पहनावे के कपड़ों में, लाखकाम से रँगे हुए लकड़ी के पालनों में और मिट्टी के खिलौनों पर चित्रित आकारों में इस परम्परा ने बहुत कुछ प्रस्तुत किया है जिसमें प्रासाद-मन्दिरों की चित्रकारी की ध्वनि-प्रतिध्वनि को परखा जा सकता है। यहाँ ऐसा कोई भेद नहीं कि मनुष्याकृति ऊँचे स्थान पर हो और अन्य सुशोभनीय आकार नीचे, तथाकथित पदार्थों में मनुष्याकृतियों का आलेखन फूलपत्ते या भौमितिक आकारों जितना ही प्रभावशाली और सुश्लिष्ट होता है। कला और अन्य प्रकारों के बीच परम्परा असमता का भेद रखने की बात नहीं करती। इस सन्दर्भ में श्रीनाथजी के शृंगार का उदाहरण सर्वोचित है। इस इष्ट मूर्ति में ख़ुद देव का जीवन्त रूप होने की मान्यता होने के कारण उन्हें समयोचित वेश परिधान करवाया जाता है, और उन्हें अनुरूप परोसे हुए पकवान के रंग-रूप की और उनके आस-पास प्रतिमा के पीछे की पृष्ठभूमि के महाचित्र को प्रतिध्वनित कर सके वैसे ही वनस्पति, फल-फूल से सजावट की जाती है। जहाँ दृश्य के साथ गन्ध, स्वाद और स्पर्श के

संवेदन का साहचर्य अर्जित हो ऐसे देव की 'झाँकी' को अपूर्व लीला में परिवर्तित कर दे ऐसी प्रचुरता का परम्परा गौरव करती है। इसमें पहनावा, खाद्यान्न और फूल-फल की सजावट में शिल्प और चित्र के रसांशों को प्रस्तारित करने का दृष्टिकोण है जिसमें कला का रोज़मर्रा की प्रवृत्तियों और उपयोग के उपकरणों के साथ सम्बन्ध स्थापित होता है। ऐसा भी निर्देशित होता है कि रसोई की कला का मर्म चित्र स्वरूप के साथ उसी तरह स्पन्दित हो।

कला के विभिन्न स्तरों पर फैलने के लिए विभिन्न माध्यमों और दृष्टिकोणों का आदान-प्रदान होता रहा जिससे परम्परा पुष्ट हुई और किसी विपत्तिकाल में जब चित्र शिल्प बनाना रुक गया तब अन्य प्रकारों में वह जीवन्त रही। इन कारणों से प्रशिष्ट और देशी, शहरी और जनपदी कला के बीच सेतु रचे गये और एक की लाक्षणिकता दूसरे में घुलमिल गयी। कला समुदायों या मण्डलियों में व्यक्ति को एक से ज़्यादा कला या कारीगरी में कुशलता हासिल होगी। एक कलाकार के हाजिर नहीं रह पाने पर काम अटकता नहीं, चित्रकारी करने वाला कलाकार जब टंकन करता या चित्र से विपरीत काम करता तब स्वाभाविक रूप से एक प्रकार की ख़ासियत दूसरे में प्रवेश कर जाने की सम्भावना बढ़ जाया करती। जैन या पश्चिम भारतीय माने जाने वाले चित्रों में विन्यास और रंग-लीला जड़ाऊ या क़ीमती पत्थरों के गहने जैसी है, जिसमें जवाहरात जड़ने वालों के हाथ का जादू देखा जा सकता है।

परम्परा चित्र, शिल्प या स्थापत्य चिरस्थायी रहे ऐसी कल्पना को आदर्श के रूप में प्रस्तुत नहीं करती। चित्र का वक़्त बीतने पर जर्जरित होकर या घिसकर स्वाभाविक रूप से नष्ट होना अनिष्ट नहीं माना जाता था। जिस तरह नाटक बार-बार मंचित किया जाता है, नृत्य को अनेक बार प्रस्तुत किया जाता है या फिर खेलने के लिए बना खिलौना तोड़ने या टूटने के लिए ही बनता है, जिससे कि फिर से नया बनाया जा सके, उसी तरह चित्र में भी उसी तरह की भूमिका गर्भित है। जीर्णोद्धार की प्रक्रिया में भी यह सत्य छिपा हुआ है। आज भी बौद्ध-जैन मन्दिरों में पुराने चित्रों पर नये बनते ही रहते हैं। भोज या ताड़पत्र पर या काग़ज़ पर बने पोथी-चित्र घिस जायें तब उन पर नये चित्रों को बनाने या फिर जर्जरित शिल्प को बदलने में पुराना गँवा देने के शोक का कारण नहीं रहता। कलाकृति के कायम न बने रहने में वह ख़रीद का सामान नहीं बनती और अतिप्रियता के भाव से बच जाती है पर उसको जीवन्त हस्ती में देखना भी प्रचलित था। पाबुजी या देवनारायण का पट (फड़) जब घिस जाता तो उसे उपयोग में लाने वाले भोपा लोग उसे नदी में विसर्जित करके अन्त्येष्टि करके नया पट चित्रित करवाते। जब पट चित्रित हो रहा होता तब कोई भी उस पर पैर रखकर घूम-फिर सकता पर जब वह पूरा हो जाता और पाबुजी की आँख की पुतलियाँ चित्रित होतीं तब (अर्थात् उसमें प्राण का हीरा डाला जाता) पट पवित्र बनकर जीवन्त होता और उसके बाद उसकी अवहेलना करने की कोई हरकत नहीं कर सकता।

आज इस बात पर पुनर्विचार करने की ज़रूरत लगती है कि कुछ लोगों को परम्परा के प्रचलन

में पुनरावर्तन का 'दोष' दिखायी देता है। अनेक कलाकार-कारीगर व्यवसायगत रूप से पीढ़ी-दर-पीढ़ी काम करते चले तो कलाकृति मानो साँचे में ढालकर बनायी गयी लगे। लेकिन साँचे में ढली आकृति को यान्त्रिक रूप में दुहराना या उसमें कुछ सत्वशील जोड़कर उसे पुनर्जीवित करना कलाकार की दृष्टि की कंगालियत या काबिलियत पर निर्भर करता है। लेकिन यहाँ यह भी याद रखना ज़रूरी है कि पुनरावर्तन, पुनर्ध्वनि या अनुरणन सृजनात्मकता के अन्तरंग हिस्से थे। जैसे गीत में ध्रुव पंक्ति, राग में सम, उसी तरह चित्रशिल्प में पुनर्चित्रित आकारों की शृंखला मूल को फिर से ध्वनित करने के लिए रची जाती थी और इसलिए ऐसा कम ही देखने को मिलता है कि पुराना चित्र फिर से चित्रित हो तब वह पुराने की सिर्फ़ नक़ल हो। हाँ, कहानी या रंगायोजन में सामान्य रूप बना रहे लेकिन चित्रित करने की तराह में और ढाँचे की रचना में चित्रकार नया रूप डालकर चित्राकार को बहलाये तो उसका भी स्वागत होता था। इस प्रक्रिया में क्रमानुसार नये तत्त्व और परिमाणों का प्रवेश होता रहता तब परम्परा सूक्ष्म रूप में परिवर्तित होती रहती। संगीत में राग के स्वरूप को बनाये रखकर शैली को नये-नये ढंग से पीढ़ी-दर-पीढ़ी बदलकर देखने का चलन कहाँ नहीं है ? बेग़म अख़्तर या गंगुबाई हंगल के द्वारा पचास वर्षों के दौरान अलग-अलग समय गायी गयी चीज़ों में बदलती हुई तराह का प्रतिबिम्ब देखने को मिलता है उसी तरह अलग-अलग समय चित्रित हुए पट या एक ही विषय के पोथी-चित्रों में कलाकार की अपनी तराहें आलोकित हुई देखी जा सकती है।

पुनरावर्तन के 'दोष' के मुद्दे की तरह एक ऐसा भी मत प्रवर्तित है कि परम्परा में कलाकार को अपना निजी दृष्टिकोण अभिव्यक्त करने की स्वतन्त्रता नहीं थी और जो रचा उसे आश्रयदाता ने सूचित किया या स्वीकार किया गया वही था। यह बात सच है कि आश्रयदाता समाज ने जो कुछ माँगा उससे विपरीत तो कलाकार प्रस्तुत नहीं कर सकता था लेकिन कला की प्रक्रिया में बहुल परिमाण होने के कारण सृजन की संवेदना अलग-अलग सन्दर्भ और अर्थ पैदा कर सकती हैं। कलाकार सत्ताशील समाज या सामन्ती राज प्रथा का खुला विरोध नहीं कर सकता, लेकिन हम यह भी जानते हैं कि अदना-सा कलाकार भी समाज या सत्ता के दम्भ को खोलकर रख देने के नुस्ख़े पैदा करने में निपुण होता है। गुजरात के लोक-नाट्य-रूप 'भवाई' का नट बातों-ही-बातों में आश्रयदाता की उपस्थिति में ही मज़ाकिया तौर आज़मा कर अच्छे-अच्छों पर तीर तान लेता है। तो कभी-कभी समाज का असली रूप दिखाने में ही काफ़ी कुछ कह दिया जाता है। (स्पेन के चित्रकार गोया ने भद्दे दिखते राज परिवार की आत्मश्लाघा का असली चेहरा जैसा का तैसा आलेखित करके उसकी मज़ाक उड़ाई थी और वलान्दा फ्रांज होल्स ने अनाथाश्रम के अधिष्ठाताओं के गर्विष्ठ चेहरों में छिपे दयामाया के दम्भ को खुला कर दिया था। सत्ता के मद में अन्धों को सूक्ष्म और स्थूल के बीच का भेद महसूस नहीं होता लेकिन कलाकार जानता है यह औरों को दिखाई देता है।) कुछ बातें जानबूझकर अतिशयोक्तिपूर्ण रूप से कही जाती हैं कि वर्णन प्रशस्ति को इतना पार कर जाये कि ख़ुशामद मज़ाक़ का रूप धारण कर ले। इसे समय की शीशी पर बैठकर मुल्ला से

धर्मपुस्तक ले रहा जहाँगीर इंग्लैण्ड और ईरान के राजाओं को इन्तज़ार करवा रहा है, उस चित्र में दिखता है। कलाकार विचित्र हाथी-घोड़ों की भेंट-सौगात लिये खड़ा है इसमें भी ख़ुशामद के इनाम की कड़वी सी ध्वनि है। मुहम्मद शाह रंगीले के चित्र में भावहीन चेहरे की यथार्थता व्यापक शून्यता या ख़ालीपन की ओर इशारा करती है। शेखावाटी के भित्तिचित्रों में सेठानियों को जैसी दिखती वैसी मोटी बनायी है है या फिर धारदार दाढ़ी पर कंगी करते हुए शूरवीर के पीछे मरियल जानवर बनाया है—इन सबमें द्वारा दर्शक-भावक को उल्टा-सा देखने का न्यौता है।

फिर से एक बात ध्यान रखने की ज़रूरत है कि आश्रयदाता और आश्रित कलाकार के बीच मान-मर्यादा और स्वतन्त्रता की लक्ष्मण रेखा बनाये रखने की एक अलिखित शर्त थी। कलाकार के हाथ में सृजन का जो शस्त्र था उसकी बहुस्तरीय अर्थ रचना में गूढ़ संकेत निर्देश हों इससे आश्रयदाता अनजान हों ऐसा नहीं हो सकता। इसलिए जब उसे मुक्त होकर चित्रित करने की स्वतन्त्रता न हो तब वह उल्टा करने में उद्यत हो सकता था। इसके अलावा, इस बात का भी उत्तर पाना आसान नहीं है कि हमारी कला की चैतन्यशीलता आँखों में बस जाय ऐसी सशक्त थी तो फिर क्या दासत्व ऐसा सृजन पैदा कर सकता है?

चित्र-कला

समग्र परम्परा के सृजन-बोध का कोई एक स्वरूप नहीं हो सकता इसलिए विभिन्न रचनाओं की आस्वाद प्रक्रिया भी अलग ही होगी। अजन्ता या पद्मनाभपुरम, भीमबैठका, मुग़ल या कालीघाट की चित्र-परम्परा के उद्‌भव एक जैसे नहीं हैं। इसमें सामंजस्य की जगह विभिन्नता ज़्यादा प्रभावशाली है इसलिए हरेक को पाने के लिए अलग दृष्टिकोण अपनाना ज़रूरी है। इसके बावजूद हमने जिस साधारणीकरण का आधार परम्परा के कुछ स्वरूप के मूल्यांकन के लिए लिया वह काम आ सकता है। हालाँकि सभी मूल्यांकन बची हुई रचनाओं के आधार पर ही होता है, लेकिन यह देखना भी ज़रूरी है कि परम्परा में हरेक रचना उसकी समकालीन या पूर्व कृति के कुछ अंश संचित करती है इसलिए अंश पर से समग्र की कल्पना बिलकुल बेकार तो नहीं मानी जायेगी। हमने आरम्भ में चर्चा की थी कि समग्र को ऐतिहासिकता के एक सूत्र से जोड़ना सम्भव नहीं है इसलिए यह प्राण-प्रश्न बन जाता है कि परम्परा के मर्म को पाने के लिए कौन-सा दृष्टिकोण अपनाना चाहिए। परम्परा को जीवन्त रखने की महाशक्ति धर्माश्रय से मिली, लेकिन यह मात्र धर्मपरिधि में ही सीमित रही न थी। आकार रचना की दृष्टि से वह मनुष्य रूप को हमेशा आगे रखती है लेकिन यह भी स्वीकार करना पड़ेगा कि वह दूसरे रूपों को उखाड़ फेंकती नहीं। इस बात से कोई भी अनजान नहीं है कि मुग़ल, पहाड़ी और राजस्थानी कोटा या किशनगढ़ की क़लमों में भूमि-दृश्यों का ख़ूब गौरव रहा है।

इनमें यथार्थ को आराध्य नहीं माना गया लेकिन यह भी नहीं कहा जा सकता कि इनमें दिखायी देने वाली दुनिया का दर्शन टाला गया है। इससे विपरीत इन तराहों में यथार्थ के पश्चिमेतर वैकल्पिक रूप भी प्रकट हुए हैं। नाथद्वारा की परम्परा में हरेक गोस्वामी का चेहरा छबिवत् सटीक दिखायी दे या फिर कोटा के या अन्तकाल के मेवाड़ के भूमि दृश्यों में प्रदेश की अनोखी विशिष्टताएँ उड़कर आँखों में आ बसें तो उसमें कोरी आँख के जादू को ही सीधे-सीधे आलेखने की ही करामत है।

परम्परा की बहुलता को पाने के लिए विषयवस्तु का विवरण काम लग सकता है। चित्र-प्रणालियों में जातक और बुद्ध जीवनकथा, भागवतपुराण—विशेषरूप से दशमस्कन्ध और कृष्ण-लीला, रामायण और महाभारत की मूल या अवान्तर कथाएँ, देवीमाहात्म्य, शिवपुराण, अष्टसहस्रिका प्रज्ञापारमिता, कल्पसूत्र, महापुराण, कालकाचार्यकथा जैसा धर्म साहित्य; कथासरित्सागर, हम्ज़ानामा जैसी पुराण कथाएँ, पंचतन्त्र और उसका फारसी रूप अन्वार-ई-सुहैली जैसी नीतिकथाएँ और बाबरनामा जैसी आत्म-कथा, अकबरनामा, तुज़ुक-ई-जहाँगीरी जैसे इतिहास-ग्रन्थों ने चित्रकथाओं को विषय वस्तु दी हैं। काव्य-सर्जन के क्षेत्र में गीतगोविन्द, सतसई और (निज़ामी का) खम्सा (पंचगीत) कई बार चित्रित हुए हैं। चन्दायन, मिरगावत, चौरपंचाशिका जैसे काव्य कथानक में प्रेम कथाएँ बुनी गयी हैं। न्यामतनामा में रसोई के पकवानों का जो वर्णन है उसी का चित्रांकन किया गया है, ज्योतिष, तन्त्रवाद के ग्रन्थों में मर्त्यलोक-देवलोक के नक़्शे या ध्यान की परम्परा को आलोकित करने वाले चक्र और यन्त्रचित्रों में भौमितिक या अन्य रंगप्रमेयों की महिमा है। जो ग्रन्थस्थ नहीं हो पायीं ऐसी बोलियों की कथाओं में ढोला-मारू, पाबुजी या मनसा जैसी प्रादेशिक कथाएँ भी काफ़ी मात्रा में चित्रित हुई हैं। यहाँ यह भी जानना ज़रूरी है कि बने हुए चित्रशिल्पों की विषयवस्तुओं में कालिदास, बाण या भवभूति, कबीर या मीराबाई की कृतियों का समावेश नहीं होता। आज जो हमें परम्परा का अन्तरंग हिस्सा लगता है वैसा काफ़ी साहित्य या तो कलाकार के दृश्याकार के लिए अभिप्रेत नहीं था या फिर उसका अस्तित्व उसकी सृजन की परिधि में नहीं था। तुलसी रामायण या भगवद्गीता यत्र-तत्र या फिर देर से चित्रित हुए हैं। उन्नीसवीं सदी में रवि वर्मा जैसे कलाकार को परम्परा की जो व्याख्या मिली उसमें यह सब कुछ समाविष्ट हुआ था, लेकिन उससे पूर्वकाल के ऐसे प्रमाण कम या नहीं के बराबर हैं। जिन्हें ग्रन्थों में शामिल नहीं किया जा सकता ऐसी विषय रचनाओं में शिकार के प्रसंग, दरबार के दृश्य, यात्रा वर्णन, व्यक्ति विशेष की छबियों को रखा जा सकता है।

चित्र-कला के बारे में जो भी साहित्य बचा है उसमें विष्णुधर्मोत्तर पुराण के 'चित्रसूत्र' (ईस्वी सन् ५००-६००) में और यशोधर द्वारा रचित कामसूत्र की टीका 'जयमंगला' में 'षडंग' (ईस्वी सन् ११००) की चर्चा है और चित्र के गुण-दोष का विवरण भी है। इनके अलावा साहित्यग्रन्थों के चित्रवर्णनों को भी इसके अन्तर्गत लिया जा सकता है। चित्रचर्चा चित्रप्रवृत्ति

में निहित या समाई हुई होगी इसलिए ऐसा संग्रहित नहीं हो पाया है या फिर नष्ट हो गया है। शिल्प में, प्रतिमालक्षण में तालमान और मूर्तिविधान का विस्तृत वर्णन है लेकिन चित्र के बारे में साहित्य परम्परा के बाहुल्य की तुलना में वह बहुत कम ही कहा जायेगा। चित्रकार कैसा होना चाहिए उसकी चर्चा चित्रसूत्र में की गयी है : जो वायु की गति-सी चंचलता, अग्नि की ज्वाला के कम्पन, धुएँ के बादल, पताका की फहराने, सोये हुए को चेतनावन्त और मरे हुए को अचेतन तथा ऊँचे-नीचे प्रदेशों को भिन्न दिखा सके वही सच्चा कलाकार होता है। उसमें गतिमयता और चैतन्य का उल्लेख परम्परा के साथ ठीक बैठता है। रूपभेद, प्रमाण, भाव और लावण्ययोजना तथा सादृश्य और वर्णिकाभंग जैसे 'षडंग' में सादृश्य को मूल्यवान् माना गया है और उसी के आधार पर दिखायी देने वाली दुनिया के दर्शन की विभावना को चित्र-परम्परा ने कैसे मूर्त किया है इसे परखा जा सकता है। चन्द्रमुख में दोनों ही समान नहीं होने के बावजूद चन्द्र के गुण मुख पर आरोपित किये गये हैं जिसमें सादृश्य को परखने का संकेत है। वर्णिकाभंग में रंग और तूलिका से होने वाली प्रक्रिया से उद्‌भवित प्रकारों का निर्देश देखा जा सकता है।

माध्यमों के अन्तर्गत दीवार, कपड़े या काग़ज़ पर जिन रंगों को आज़माया गया वे मूलतः जल आधारित थे। लकड़ी पर लाख-चित्रकारी की परम्परा थी लेकिन पश्चिम के सम्पर्क से पहले यानी कि अठारहवीं सदी से पूर्व हमें यह जानकारी नहीं मिलती कि तैल-चित्र की कोई रचना हुई होगी। दीवारों पर चित्रित करने की शैलियों में मुख्य सामग्री में मिट्टी और चूना और उसकी भीगी और सूखी सतह पर 'फ्रेस्को' और 'सेको' कही जाने वाली पद्धतियाँ और गोंद या चिकनाहट वाले पदार्थ मिश्रित रंग का मिश्रण यानी 'टेम्पेरा' नामक तरीक़ों का उपयोग हुआ था। वींटाचित्र को कपड़े और काग़ज़ पर, पोथी और हाथ-चित्र को भोजपत्र, ताड़पत्र या गत्ते जैसे काग़ज़ पर बनाया जाता था। भित्तिचित्रों के माध्यम में 'वज्रलेप' जैसे जटिल प्रयोग का भी उल्लेख देखने को मिलता है लेकिन परीक्षण के अभाव से उसका प्रमाण स्थापित करना मुश्किल है। अजन्ता में चट्टान की सतह पर मूलरूप से मिट्टी की दो परतें हैं जिसमें वनस्पतियों के रेशे, चावल के छिलके, घास, जीवन्त पदार्थ, शिला का बुरादा या बालू आदि शामिल हैं। रंग के परीक्षण से पता चलता है कि उसमें चर्बी से बनने वाला सरेश जैसा चिकना पदार्थ है। लाल, पीला, हरा और सफ़ेद प्रादेशिक चट्टान से और काला काजल से बनाया गया है; नीला लापीस लाझूली जैसा रंग आयात किया गया होगा। चित्र चूने की भीगी सतह पर, गोंद रहित रंग के बिना नहीं हुए होने के कारण उसे फ्रेस्को कहना उचित नहीं है, इस पद्धति को टेम्पेरा प्रकार कहा जा सकता है। चित्रप्रकार में मिट्टी की तहों की दीवार पर चूने के एकाध पतले अस्तर पर रंगों के पतले लेप हुए हैं, जिसमें पहले गेरू के लाल रंग से बार-बार रेखांकन हुए होने के निर्देश हैं, उस पर रंग भरकर ऊपर कत्थई या काले रंग की रेखा खींची गयी है। रेखा को बार-बार खींचे जाने के कारण सीमारेखा में गहरी झांईं दिखायी देती है इसलिए आकृति किनारी पर घनीभूत होती है। इसके अलावा रंग-रचना में सफ़ेद का विनियोग नये-नये

आवर्तन पैदा करता है। कहीं-कहीं सफ़ेद के लेप पर आकृति रेखान्वित हुई है वहाँ या फिर किनारी पर सफ़ेद की घिसाहट दिखती है वह प्रदेश सतह से हल्का उभरा हुआ नज़र आता है। परिणामस्वरूप स्पर्शजन्यता की मात्रा तीव्र स्वरूप धारण करती है।

भित्तिचित्रों के अन्य माध्यमों में जयपुरी फ्रेस्को प्रकार की पद्धति को राजस्थान की इमारतों में आज़माया गया है। इस 'अराईश' प्रकार में दीवार पर चूने की सतहों में संगमरमर का बुरादा, नदी की बारीक़ बालू और ईंट का बुरादा आदि चीज़ों का उपयोग किया जाता है और चित्र के लिए तैयार की जाने वाली सतह पर लगाये जाने वाले चूना, दही और गुड़ आदि को मिलाकर बनाये गये मिश्रण के अस्तर से लीपा जाता है और बार-बार पानी छिड़ककर उसे भीगा रखा जाता है। इस पर खड़क के -mineral- रंग लगाये जाते हैं, उसके बाद उसे पहले सादे पत्थर से दबाया जाता है और फिर अकीक से घिसकर नारियल के पानी के लेप से चिकना बनाया जाता है तब रंग मिश्रण में घुल जाता है। आख़िरकार, सम्पूर्ण 'चित्र' की (और दीवार की) सतह घिसे हुए संगमरमर जैसी चिकनी बन जाती है। भीगी सतह पर चित्र बनाने की इस पद्धति को सचमुच में फ्रेस्को कहा जा सकता है, जिसमें रंग के अन्दर कोई भी गोंद या चिकना पदार्थ मिलाया नहीं जाता। इस प्रकार में काबिलियत के अतिरिक्त मेहनत भी ज़्यादा होती है इसलिये उसका उपयोग बहुत कम होता है।

ताड़पत्र या भोजपत्र पर चिकनाहट वाले पदार्थ में मिलाये हुए रंगों का उपयोग होता है, रंग गाढ़ा होने के कारण इन्हें एक या दो तहों में उपयोग में लाया जाता है; सामान्य रूप से इनमें रंग मिलाये नहीं जाते, जिसकी वजह से हल्की-गहरी झांईं इसमें नहीं उठती। जैन परम्परा में ताड़पत्र की जगह काग़ज़ का उपयोग होने लगा तब भी रंग-पद्धति शायद क्वचित् ही बदली। मुग़ल-काल में कला-कारीगरी को बढ़ावा देने के लिए 'कारखाने' की रचना हुई जिसमें काग़ज़ और रंग तैयार करने की नयी पद्धतियाँ आज़माई गयीं जिसका दूरगामी और मूलगामी प्रभाव उत्तरकाल के पोथी और हाथ-चित्रों की रचना पर पड़ा। चित्र बनाने के 'गत्ते' जैसी 'वसली' को पतले, हाथ से बनाये काग़ज़ों की परतों को एक के ऊपर एक चिपकाकर बनाया जाता था और उस पर गोंद या सरेश जैसे पदार्थ में घुले पानी के अस्तर पर, सफ़ेद रंग के अस्तर के दो-तीन 'हाथ' लगाकर सतह को तैयार किया जाता था। उस पर गेरू के रंग से बारीक़ रेखांकन होता था, उसे सुधारने के लिए कई बार ऊपर सफ़ेद अस्तर का पारदर्शी 'हाथ' लगाकर उसे सुरेख किया जाता था और क्रमानुसार तहों में रंग भरे जाने की वज़ह से उसकी रंग-सतह और भी गहरी हो जाती थी और आख़िरकार घनी रेखाएँ और छोटे-छोटे बिन्दु जैसी पद्धति से किनारियों को उभारा जाता था। चित्र पूरा होने के बाद उसे चिकनी सतह पर उलटा रखकर ज़ोर देकर 'अकीक' घिसने से वह एकदम चिकना हो जाता। इसमें कभी मोती मालायें उभारने के लिए गोल, सफ़ेद रंग के बड़े बूँदे रखे जाते थे या वर्क के अथवा सुनहरे रंग से आख़री सिंगार होता था। सरेश वाले सुनहरे बुरादे को तूलिका/ब्रश से लगाया

जाता था और वर्क को मात्र चिकनाहट से चित्रित भाग पर दाब दिया जाता और सूखने के बाद जिस भाग में वर्क चिपक नहीं पाया हो उसे झाड़ लिया जाता था।

रंगों में प्रदेश–प्रदेश की मिट्टी और चट्टानों से प्राप्त हिरमिच या गेरू, राई जैसा पीला रामरज, हरा हरताल, सफ़ेद या नीला और कोयले का काला मुख्य रंग थे जिसमें सीसे से प्राप्त किया हुआ सिन्दूर, पारे से प्राप्त किया खुलता लाल हिंगुर, लाख के किरम जन्तु से प्राप्त किरमिजी के अलावा चट्टान के ताँबे का हरा रंग और अर्धधातु का ज़हरी द्रव्य का पीला और वनस्पति से निकाला हुआ आलता और नील आदि रंग भी मिले। राजस्थान में गाय को आम के फूल खिलाकर गौमूत्र से 'गौगुली' नाम से जाना जाता पीला रंग प्राप्त किया जाता था। रंगों की सामग्री दवा में, भोजन आदि में उपयोग में लाये जाने के कारण रंग वैद्य, हकीम और पन्सारी की हाट पर तैयार किये जाते थे और धीरे–धीरे वे एक–दूसरे में घुलमिल गये जिससे बहुरंगी रंग–रचना की परम्परा शुरू हुई। इसमें अलग–अलग प्रदेश की चट्टान की जरा–सी अलग झांईं पर या द्रव्य, बुरादा और अन्य सामग्री में नयी–नयी आजमाइश के कारण निश्चित रंग–पद्धतियाँ अस्तित्व में आयीं। 'कल्पसूत्र' और 'महापुराण' में गहरे नीले या लाल के ऊपर सुनहरे आकार या अक्षर और मोती जैसे बेदाग़ सफ़ेद की रुचि की जगह 'वसन्त विलास' में अर्धधातु वाले पीलेपन का प्रमाण बढ़ता हुआ लगता है या फिर 'चन्दायन' (चण्डीगढ़ संग्रह) में लाख जैसा गहरा लाल और सफ़ेद के वर्णिकाभंग जो भावइंगित करते हैं उसके सामने मेवाड़ के साहिबदीन 'भागवत' में दहकता हिंगुर और गौगुली की 'पिवड़ी' का गहरा हल्दी जैसा पीला और तोते जैसा हरा नयी ही आभा प्रकट करता है। सल्तनत 'चन्दायन' नाम से जानी जाती पोथी में हलके पीले, गुलाबी, जामुनी और पथरीले हरे में मेवाड़ की उष्णरंगी हवा की तुलना में ठण्डक की लहर फैलती हुई लगती है। ऐसा ही सफ़ेद प्रच्छदवाली मुग़ल क़लम में देखने को मिलता है लेकिन मिलाये हुए रंगों की झांईं उस शीतलता को अलग ही स्वरूप प्रदान करती है। पद्मनाभपुरम और मट्टान्चेरी के भित्तिचित्रों में चट्टान के हरे–नीले और दमकते धातुरंगी आकारों की रचना स्थायी भाव जैसी लगती है तो मालवा के नीले–भूखरे और लाल, राखोड़ी (राख जैसा रंग) सफ़ेद की लीला संचारी के कितने स्वरूप हो सकते हैं उसे चिह्नित करती है।

यहाँ शायद यह भी बात प्रस्तुत होगी कि काग़ज़ से लेकर रंग और तूलिका बनाने का सारा काम कलाकार ख़ुद अपने हाथों से किया करते थे। हाथ से बनाये पतले काग़ज़ की परतों को चिपकाने, चट्टान के टुकड़ों से रंग को खरल में घिसने, कपड़े से छानकर, निचोड़कर और सुखाकर गोली बनाकर रखने, वर्क लगाने और अकीक को घिसने में विशिष्ट कारीगरी और कौशल की आवश्यकता होती थी। रंगों का अन्य उपयोग दवा–दारू, खाने–पीने और रँगरेज़ी में होने के कारण चट्टान के बुरादे और रसायनों को किसी व्यावसायिक निपुण व्यक्ति की देखरेख में बनवाया जाता था। कलाकार को यह भी देखना पड़ता था कि रासायनिक रंग

काग़ज़ या गोंद के अस्तर के अनुरूप है कि नहीं। यदि ज़हरी रंग का उपयोग किया जाता था तो ऐसा अस्तर लगाया जाता था जिससे काग़ज़ गले नहीं और फिर रंग का लेप दवाई के लेप की तरह बहुत ही सँभालकर किया जाता था। मिठाई में रंग घोलने या उस पर वर्क लगाने की विद्या की सीखन भी जानकारी में शामिल थी। मोटी परतों को लगाते हुए वह कहीं उखड़ न जाय इसलिए पानी और सरेश का प्रमाण सही ढंग में बनाये रखने का काम भी कलाकार के कौशल में शामिल था।

तूलिका भी कलाकार, कारीगर का ही बनाना था। उसमें से एक प्रकार आज भी राजस्थान में प्रचलित है। तूलिका के चिकने बाल गिलहरी के बच्चे की पूँछ से निकाले जाते थे। सामान्यत: वे बाल मुड़े होने के कारण तूलिका भी टेढ़ी बनती थी। इस टेढ़ेपन से रेखांकन में विशिष्ट प्रकार की सुविधा मिलती थी; सीधी रखने पर तीक्ष्ण धार की रेखा बनायी जा सकती थी और टेढ़ी दबाने पर किनारी पर हल्की-हल्की झांईं निकल आती थी और तूलिका की घिसाहट से अनोखे रूप बनते वह हरेक चित्रकार को अलग-अलग आकृतियों की विविध गति दर्शाने के काम आते थे। रंगों को सामान्य रूप से सुखाकर गोली बनाकर रखा जाता था और ज़रूरत पड़ने पर सीप में थोड़े से अंश को गलाकर चित्र के लिए उपयोग में लाया जाता था।

काग़ज़, कपड़े पर बने चित्रों में गोंद या सरेश या कुछ 'स्वादिष्ट' रंगों को कीड़े खा न जायें इसलिए उसमें कीटनाशक पदार्थों को मिलाया जाता था। ज़्यादातर चित्रपोथियों को कपड़े में लपेटकर रखा जाता था और समय-समय पर उसे खोलकर देखा जाता था जिससे उसे हवा-प्रकाश मिले और उसे जन्तुओं ने कोई नुकसान तो नहीं पहुँचाया उसकी जानकारी भी मिल जाय।

भित्तिचित्र

चित्र-परम्परा को मुख्यत: तीन भागों में बाँटा जा सकता है। एक भित्तिचित्र, दूसरा वींटा (scroll—जो लपेटा जाता है) एवं पिछवाई और तीसरा पोथी या हाथ में पकड़ने वाले चित्र। जो इनमें बैठते नहीं उन्हें अलग से देखा जा सकता है।

भित्तिचित्र के अन्तर्गत मध्य-प्रदेश में भोपाल के पास चम्बल नदी के बीहड़ों के चट्टान के प्रदेश भीमबैठका के आदिकाल के लाल, सफ़ेद, हरे रेखांकनों के साथ साम्प्रत समय के आदिप्रदेशों या ग्राम्य प्रदेशों में चूने या सफ़ेद मिट्टी से और गेरू से होने वाले परिवेशीय चित्रों की परम्परा को शामिल किया जा सकता है। अजन्ता, सित्तनिवासल, बाघ, बृहदेश्वर, लेपाक्षी, अल्ची, मट्टान्चेरी और पद्मनाभपुरम के प्रासाद, मन्दिर, चैत्य और विहारों की 'प्रशिष्ट' मानी जाने वाली शैलियाँ भी उतनी ही व्यापक और प्रभावशाली गिनी जाती है। राजस्थान के शेखावाटी प्रदेश के सेठों की हवेलियों में, बड़ौदा के तांबेकरवाड़ा में या खेड़ा ज़िले के

रिहायशी घरों में देशी और मार्गी के बीच लोकधर्मी परम्पराएँ हैं, उसके नमूने उपखण्ड के अन्य कोने में भी मिलते हैं। ऐसी प्राचीन, देसी, प्रशिष्ट और लोकिक शैलियाँ एक-दूसरे से अलग होकर नहीं चलीं बल्कि सभी एक-दूसरे में गुँथकर चली और विकसित हुई; साथ ही नाम देखकर अलग करने का अभिगम रखने वालों के लिए समस्यारूप बन सके ऐसे अनेक मिश्र रूप उनमें से प्रकट हुए हैं। गुजरात में चान्दोद के काशीविश्वनाथ मन्दिर या राजस्थान में परशुरामपुरा की छतरी की रेखान्वित बनावट में देश्य और प्रशिष्ट दोनों ही आपस में गुँथे हुए हैं, चम्बा और बूँदी-कोटा के महलों में बारीक़ हाथ-चित्रों की शैली को यथावत् अपनाया गया है, आन्ध्र में कपड़े की रँगारी क़लमकारी और भित्तिचित्र एक-दूसरे में घुले नज़र आयें तो इसमें कोई आश्चर्य की बात नहीं है।

भीमबैठका जैसे आदिप्रदेशों के विशाल चट्टानों के नीचे के आश्रय स्थानों में समय-समय पर रहने वाली भटकते जनसमुदायों ने लिपि के पूर्वरूप जैसे सांकेतिक आकारों में पडछ (पृष्ठभूमि) को रँगे बिना भरपूर आलेखन किया है जिसमें मूलत: शिकार के दृश्यों और बसते, बिछड़ते जन-जीवन का सहज चित्रण है। इन चित्रों में सामान्य रूप से ऐसे जानवरों की आकृतियाँ हैं जिन पर उनका जीवन निर्भर था। यहाँ अलग-अलग समय पर अलग-अलग समुदायों ने एक ही आश्रय-स्थान का उपयोग किया होगा परिणामस्वरूप चित्र एक-दूसरे पर और कहीं एक के बाद एक आलेखित हुए हैं। इस सन्दर्भ में नेहरू की लिखी और मिटती जाती पाण्डुलिपियों की बात आदिकाल में सिद्ध होती नज़र आती है। इसमें चित्र का एक निश्चित बिन्दु नहीं होने के कारण विस्तार के लक्षण और गुण स्पष्ट रूप से उभरकर आते हैं। डॉ. वाकणकर के संशोधनों ने भीमबैठका और उस तरह की कलावीथियों को प्रकारों में और उत्क्रान्ति के चरणों में क्रमबद्ध किया है। यहाँ यूरोप की अल्तामीरा और लास्को जैसी गुफाओं जैसी विशाल आकृतियाँ नहीं हैं लेकिन आदिजीवन की गतिविधियों का सुरेख निदर्शन उतना ही प्रभावशाली है। इसके अलावा उसमें प्रकृति के अनुरूप और भौमितिक या सांकेतिक जैसे विभिन्न स्वरूपों को देखना हो तो वह भी सम्भव है। कुछ लोगों को उसमें इतिहास या उत्क्रान्ति का भी अतिक्रमण करने वाली स्वैर-विहारी, मुक्त चेतना आलोकित होती हुई दिखायी देती है। कई लोगों को उस कालातीत सृजनात्मकता का छोर आधुनिक काल की मुक्तछन्दी कला विभावना के साथ बाँधना भी अच्छा लगता है। एक बात तो स्पष्ट है कि लिपि के उदय से पहले या बोली के आरम्भकाल में मनुष्य ने अपने अस्तित्व की जो निश्चित निशानियाँ छोड़ दी थीं उसमें जीवाकार की चेतना झलकती दिखायी देती है और वर्तमान को भी प्रभावित करने वाली ताज़गी है।

इस या इसके जैसी चेतना का आविष्कार लोक रीतियों में सैकड़ों सालों तक जीवित रहा जिसके प्रमाण मध्य-प्रदेश, उड़ीसा, गुजरात और महाराष्ट्र में मिलते हैं और वैसी ही ऊर्जा अनेक आदि और ग्राम्य प्रदेशों में परिवेशीय चित्रकारी में प्रतिबिम्बित हुई है। इनमें ज़्यादातर

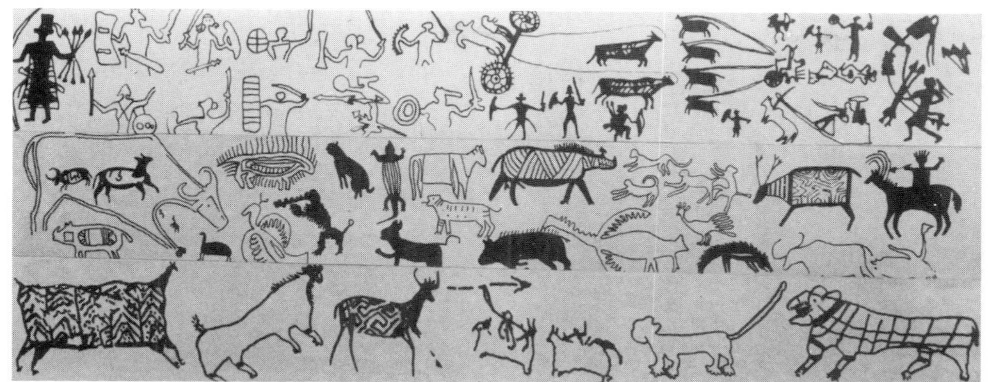

भीमबेटका, *मध्य प्रदेश, भित्तिचित्र, १००० ई. के पश्चात्*

सौजन्य : आर्कियोलॉजिकल सर्वे ऑफ़ इण्डिया, नयी दिल्ली

घर और झोंपड़ी की दीवारों पर, आँगन में और चौराहे चौपाल पर चित्र बनाये जाते हैं। उसका मुख्य हेतु मानवीय परिवेश को जीवित रूपों की दृश्य-ऊर्जा से परिप्लावित रखने का है। यहाँ कोरा अर्थात् आसुरी के आवास जैसा अशुभ माना जाता है इसलिए सब कुछ जीवित, शुभाकृतियों से भर देने का उपक्रम है। चित्र बनाने के बाद उसे प्राणान्वित करने की परम्पराएँ भी उल्लेखनीय मानी जायेंगी। छोटा उदेपुर क्षेत्र में पिठोरा देव की सवारी चित्रित करने के बाद 'बड़वा' (Shaman) पिठोरे का आह्वान करता हुआ गाता जाता है और हरेक आकृति की किनारी को तलवार की धार से अंकित करके उसमें छिपे हुए जीव को बाहर निकालता है। बिहार के मधुबनी में दूल्हा-दुलहन की मधुरजनी के लिए रचित कोहबर में शुभाकृतियाँ जोड़े पर रक्षा की छाँव रखती हैं। उड़ीसा में ग्राम्य नारी गारे की दीवार पर आकृतियाँ बनाकर उसमें प्राण डालती हैं या काठियावाड़ में पानियारे (पानी के मटकों की रखने के जगह) पर सर्प का चौक चित्रित करती हैं या नव विवाहित घर के बाहर हाथ के थापे लगाते हैं—इन सबमें वैसा ही प्राण का आह्वान है। दक्षिण देश में अभी भी गृहलक्ष्मी मुट्ठी में सफ़ेद मिट्टी का बुरादा लेकर उँगलियों के बीच से दोहरी या तिहरी धार बनाकर 'कळम' बनाती है जिसमें प्रतिदिन शुभ को आमन्त्रित करने का सन्देश अन्तर्निहित है। गुजरात में रंगोली या बंगाल में अल्पना में भी उसी तरह के उद्देश्य और निर्देश हैं। भूमि चित्रण के प्रकारों में केरल में अन्न धान्य से विशाल आकृति-विधान होते हैं, जिसमें से काफ़ी कुछ प्राचीन परम्पराओं की जड़ों की ओर ले जाता है। इस कालातीत तत्त्व काल में जाते-जाते जीवन में इतना गहरे पैठ गया कि उसका रोज़मर्रा जीवन में कर्मकला के रूप में आविष्कार हुआ और वह जीवन्त रह पाया। यह जीवित रहना प्रक्रिया में सँजोया गया होने की वजह से 'कळम' या अल्पना, कृति या बिकाऊ चीज़ नहीं बनती। उसका जीवित रहना भी रोज़ मिटाये जाने में या फिर से आलेखित करने में बसा रहा है। इन आलेखों में ध्यानयन्त्र, सर्प, बिन्दु जैसे अनेक संस्कार रूपों की परम्परा है।

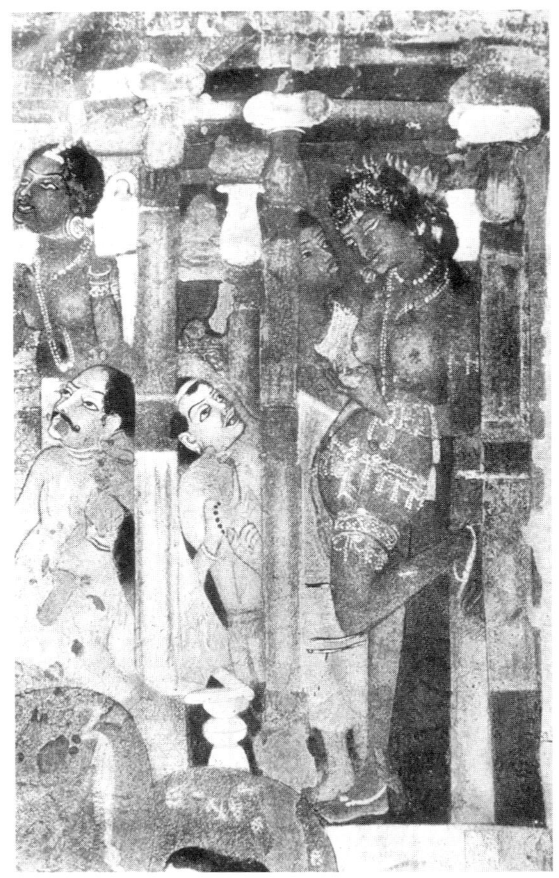

***बुद्धजन्म के दृश्य में खड़ी राजकुमारी**, अजन्ता, दूसरी गुफा, भित्तिचित्र, ६०० ई.*

सौजन्य : आर्कियोलॉजिकल सर्वे ऑफ़ इण्डिया, नयी दिल्ली

महाराष्ट्र के औरंगाबाद से लगभग ४५ मील दूर और छह सौ गज लम्बी धनुष्याकार पहाड़ी में ईस्वी सन् १८१९ में मद्रास सेना के कुछ अफ़सरों ने गुफायें देखीं तब से पड़ोस के 'अजींठा' गाँव के नाम पर से उस स्थान को अजन्ता के नाम से जाना जाने लगा। सातवीं सदी में चीनी यात्री ह्यूएन सांग ने उस जगह की मुलाकात ली थी। उसके दो शताब्दी बाद अर्थात् लगभग एक हज़ार वर्ष तक वह नाम भारतीय संस्कृति में मिटा हुआ रहा और आज भी उसके मूल नाम का सच्चा सुराग़ नहीं मिलता। जिस तरह आज इस बात का अन्दाज़ा लगा पाना मुश्किल है कि कबीर और मीराबाई, कालिदास या भास की रचनाओं से परिचित होंगे कि नहीं उसी तरह बसावन, साहिबद्दीन या नयनसुख अजन्ता को जानते होंगे ऐसा कोई प्रमाण हमारे पास नहीं है। ढाई सौ फुट ऊँची पहाड़ी में घाटी जैसी वाघोरा नाम की नदी फ़िलहाल बहती है इसलिए शायद व्याघ्रपुरी जैसे नाम की कल्पना भी आगे की गयी है। ऐसे भी लेख प्राप्त हुए हैं जिसमें ह्यूएन सांग ने 'अचल' नाम के साधु का उल्लेख किया है जो छब्बीसवीं गुफा के शिलालेख के मुताबिक़ वहाँ का निवासी होगा। वाकाटक वंश के राजा हरिषेण के बौद्ध अमात्य वराह्देव ने (ईस्वी सन् ४७५–५००) में बौद्ध संघ को सोलहवीं और उसके बाद मण्डलेश कुमार ने सत्रहवीं गुफा का उत्कीर्णन करवाकर दान में दी थीं ऐसे अभिलेख मिले हैं। सबसे पुरानी गुफा दस और नौ ईस्वी सन् पूर्व की तीसरी सदी से ईस्वी सन् की पहली सदी तक या सातवाहन काल में रखी जा सकती है और बाक़ी की छठी और सातवीं में होने के बारे में कई मत–मतान्तर प्रवर्तित हैं। इसी के अन्तर्गत गुफाओं के उत्कीर्णन की समय–मर्यादा के बारे में गहरा संशोधन करने वाले डॉ. वोल्टर स्पीन्क का मानना है कि कला प्रवृत्ति का वह काल अत्यन्त छोटा था। इसमें ९, १०,

१९, २६ और २९ चैत्य हैं और बाक़ी के विहार या संघाराम हैं, जो मूलतः साधुओं के निवास-स्थान हुआ करते थे। प्राचीन वाणिज्य केन्द्र भरूच और प्रतिष्ठान के बीच में स्थित यह स्थान वाणिज्य मार्ग का केन्द्र होना चाहिए और वहाँ से गुज़रते हुए कारवों के श्रेष्ठियों ने गुफाओं के उत्कीर्णन के लिए दान दिया होगा।

यहाँ लगभग सभी गुफाओं में चित्र होंगे उसका प्रमाण अवशेषों से मिलता है, लेकिन १, २ और १६, १७ में चित्र अच्छी तरह से सुरक्षित रह पाये हैं। १ और २ नीचे वाले भाग में होने के कारण वाघोरा नदी की बाढ़ ने दीवार के नीचे के भाग के चित्रों को नष्ट कर दिया होगा, जो १६, १७ गुफा के ऊपर होने से ऐसा नहीं हुआ। सबसे ज़्यादा नुकसान सबसे पुरानी गुफा ९ और १० का, उन्नीसवीं सदी में उसके खोजे जाने के बाद वहाँ आने वाले सैलानियों ने किया है। पुरातत्त्व विभाग ने उसकी देखरेख की जिम्मेवारी ली उससे पहले पर्यटक वहाँ तापने के लिए आग जलाया करते थे और उस पर अपने नाम गोंदकर प्राचीनतम विरासत को लगभग नेस्तनाबूद कर दिया है। यह भी दुर्भाग्य माना जायेगा कि दो बार (आर.गिल के ग्रुप के द्वारा ईस्वी सन् १८४९-५५ के दौरान और जे.जे. स्कूल ऑफ़ आर्ट्स के प्राचार्य जोह्न ग्रिफिथ्स के नेतृत्व में ईस्वी सन् १८७२ और १८८५ के दौरान) अजन्ता की नक़लें बनायी गयीं जो अलग-अलग समय पर आग लग जाने से नष्ट हो गयीं। इसलिए उन्नीसवीं सदी की शुरुआत में छबिकरण न होने की वजह से मूल चित्र कैसी हालत में थे यह जानना मुश्किल है; हालाँकि ईस्वी सन् १८९६ में ग्रिफिथ्स ने दो ग्रन्थ प्रकाशित करवाये थे जिसमें थोड़ा-बहुत संगृहीत है। आख़िर में १९१०-११ में लेडी हेरिंगहम के नेतृत्व में नन्दलाल बसु और सैयद अहमद आदि ने प्रतिलिपियाँ बनायी जिसमें काफ़ी सुरक्षित रह पाया है।

अजन्ता की गुफाओं की हरेक सतह, फ़र्श को छोड़कर, दिखायी देते हरेक स्थान, स्तम्भ और शिल्पों पर चित्रकारी हुई थी जिसमें से आज भी कुछ अंश बचे हुए हैं। सातवाहन काल में हीनयान के प्रभाव के कारण बुद्ध को मनुष्य के रूप में बनाना वर्जित था इसलिए स्तूप, पदचिह्न, बोधि वृक्ष जैसे प्रतीकों के माध्यम से बुद्ध की हाजिरी दिखायी गयी है। उत्तरकाल में वाकाटक और चालुक्य समय में महायान के प्रचलन के कारण मनुष्यरूप प्रयोजित हुआ। कई गुफाओं का चित्रण अलग-अलग समय पर होने के कारण प्रतीकात्मकता और मनुष्यरूप का वैविध्य एक ही गुफा में देखने को मिलता है, जो कालभेद के परिणामस्वरूप है। चित्रों की तरह शिल्प का प्रमाण यहाँ काफ़ी मिलता है जिसमें उन्नीसवीं गुफा के बाहर नागयुगल और छब्बीसवीं में बुद्ध के परिनिर्वाण का शिल्प बेहद प्रभावशाली है। स्थापत्य में, जिस प्रकार पूर्वकाल में काष्ठ के ढाँचे को तराशा जाता था उसी तरह चट्टान को भी तराशा गया हो ऐसा प्रतीत होता है। और उन्नीसवीं गुफा के चैत्य के प्रवेश-द्वार पर घोड़े की नाल जैसे आकार में वातायन और गवाक्ष की रचना की गयी है। सामान्यतः विहार चौकोर कमरे जैसे हैं जिसके चारों ओर ध्यान के लिए कोठरियाँ बनायी गयी हैं। और उसी के अन्तिम भाग में

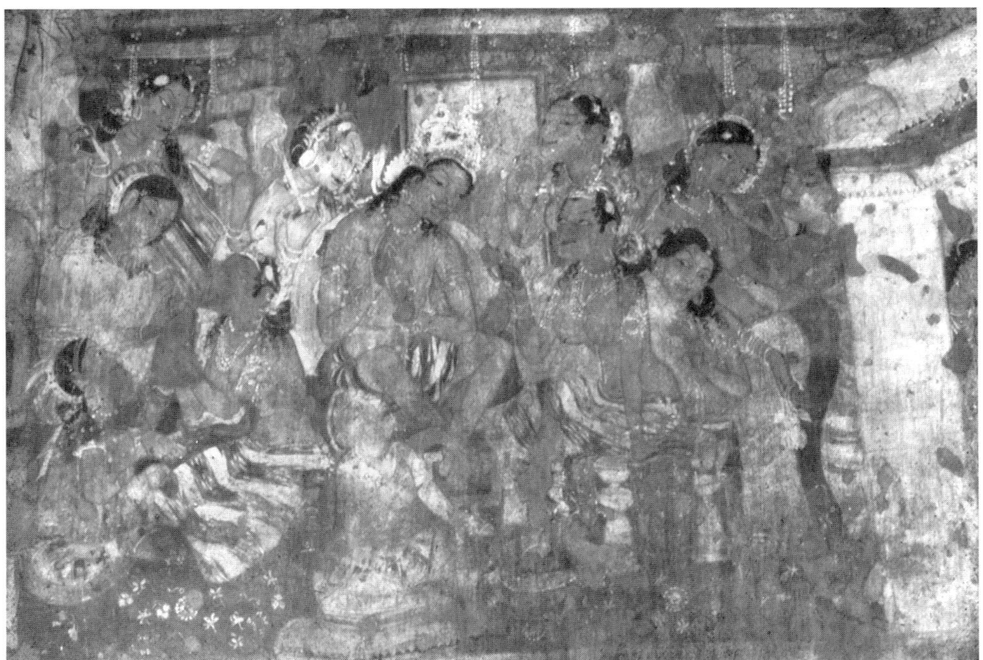

*अन्तःपुर में राजा महाजनक, **महाजनक जातक,** अजन्ता, पहली गुफा, भित्तिचित्र, ७वीं शती ई.*
सौजन्य : आर्कियोलॉजिकल सर्वे ऑफ़ इण्डिया, नयी दिल्ली

बुद्ध-मूर्ति अथवा स्तूपाकार वाला अलग विभाग है।

अजन्ता की चित्रकारी का मुख्य स्वरूप कथा-चित्र का है जिसमें विशेष रूप से बुद्ध के पूर्वजन्म की कथाएँ यानी कि जातक कथाएँ चित्रित हुई हैं। महाजनक, विधुरपण्डित, वेस्सान्तर, हंस, महाकपि, षड्दन्त, चम्पेय्य, शिबी और सिंहलअवदान आदि जातक इनमें शामिल हैं। इनके अलावा बुद्धजीवन से सम्बन्धित बोधिवृक्ष के नीचे ध्यानमग्न बुद्ध और मार के हमले के, नन्द के साथ के संघर्ष, धर्मचक्र प्रवर्तन और यशोधरा एवं राहुल समक्ष बुद्ध की उपस्थिति के प्रसंग हैं। मुख्य रूप से दीवारों पर कथा-चित्र हैं और दर्पण में मुख देख रही श्याम सुन्दरी और बुद्ध-यशोधरा जैसे कुछ थोड़े प्रसंग स्तम्भ पर चित्रित किये गये हैं। छत पर चक्राकार और चौरस घटकों की आलंकारिक रचनाएँ, प्रवेश-द्वार पर पुनरावर्तित रूप से ध्यानस्थ बुद्धाकृति या मिथुन आकृतियाँ हैं। विहार के अन्तिम द्वार पर कथानकों के बीच में एक दीवार पर जीवनचक्र है और बोधिसत्व पद्मपाणि एवं अवलोकितेश्वर के विख्यात स्वरूप बुन लिये गये हैं। चित्र में एक तो समयाधीन और दूसरी भिन्न-भिन्न कला मण्डलियों की विशेषता दर्शाती तराहों को देखा जा सकता है। नौवीं और दसवीं गुफा के अवशेषों में बनाये आकारों की रचना इतनी सुगठित है कि साँची के अर्धमूर्त शिल्पों की याद ताज़ा करवाती हैं और पहली

एवं दूसरी गुफा में वाकाटक वंश के समय की गुप्तयुगीन सृजन-संकल्पना के प्रचलन से प्रभावित सन्तुलित भावयोजन का प्रदर्शन दिखायी देता है। पहली गुफा के प्रवेश-द्वार के पीछे की दीवार पर राजसभा में विदेशियों—विवादास्पद विषय का—(पुलकेशिन द्वितीय के दरबार में ईरान के शाह खुसरो के ambassador) चित्र बनाया हुआ है, जिसके आकार बनाने की शुरुआत और शैली में आवेग और अलंकारिता दिखायी देती है वह उत्तर-चालुक्य काल परम्परा का प्रदर्शन करती है। पहली और दूसरी गुफा के महाजनक और दूसरी गुफा के विधुरपण्डित की आयोजना में कला घराना की सगोत्रता दिखायी देती है, जिसकी तुलना सत्रह के सिंहलअवदान के साथ की जा सकती है किन्तु उसे निश्चित रूप से साबित करना मुश्किल है। हालाँकि दूसरी गुफा में विहार के कमरे और पार्श्व मूर्ति के बीच एक कमरे जितना अवकाश है वहाँ मार के आक्रमण का चित्र बनाया गया है जिसमें मारकन्या और आसपास की स्त्रियों की आकृतियों में लावण्य की छटा किसी विशिष्ट कलाकार के ही हाथ की देन लगती है।

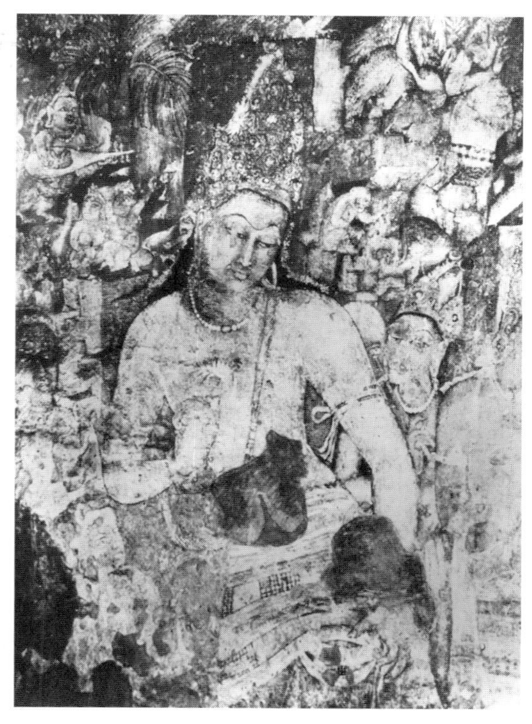

पद्मपाणि, *अजन्ता, पहली गुफा, भित्तिचित्र, ७वीं शती ई.*

सौजन्य : आर्कियोलॉजिकल सर्वे ऑफ़ इण्डिया, नयी दिल्ली

वैसे तो अलग-अलग 'हाथ' देखने और उन्हें अलग करने का अजन्ता रीति लगभग असम्भव बना देती है। जहाँ तीनों कथानक एक ही साथ, नयी नयी गतियों से और एक के ऊपर एक चित्रित हुए हों तब हाथ और चित्त का सामंजस्य देखना ही श्रेयस्कर है; उनको अलग करने से चित्र के ऋत को हानि पहुँचने का जोखिम है। यही बात कथानक और स्वतन्त्र पात्रों के सामंजस्य के साथ भी है। जिस प्रकार कहानी कविता या स्तुति में सरक आती है उसी तरह जैसे ही महाजनक जातक पूरा होता है तो महारूप बोधिसत्व पद्मपाणि प्रकट होते हैं। जिस प्रकार नाम-जप या स्मरण किया जाता है उसी तरह ध्यानस्थ बुद्ध जाप की तरह अनेक रूप से चित्रित किये गये हैं (और बुद्ध सहस्त्र रूप में प्रकट हुए हों ऐसा साक्षात्कार भी)। जैसे-जैसे कहानी खुलती जाती है, बार-बार चित्रित हुआ नायक चित्र की गति की दिशा का सूचन करता है। कई बार दो प्रसंगों के बीच बनी आकृति दोनों को जोड़ देती है। जैसे भावक गुफा

में दाख़िल होते ही कहानी बताती चलती है वैसे ही वह गति करता है और एक जातक दूसरे का दरवाज़ा खोलता है जो तीसरे में खुलता है तब बावड़ी के अनेक विभागों को एक ही साथ आरपार देखने की अनुभूति होती है। इसमें गति कभी दायें से बायें, ऊपर से नीचे या नीचे से ऊपर, घुमावों पर होती है, जिसमें भावक चाहे उस कहानी में प्रवेश कर सकता है और मनपसन्द रास्ते से एक या दो जातक में एक साथ गति कर सकता है। आकृतियों के क़द के अनुसार भावक को एक निश्चित दूरी से निरखने का निर्देश मिलता है उस तरह वह आगे-पीछे होता है, इस क्रिया में मानो आकृतियाँ ही उसकी गति का संचालन करती हैं और जाने-अनजाने ही भावक जातक लीला की सृष्टि में एकरूप हो जाता है।

जैसा कि पहले कहा गया है वैसे यहाँ दूरी का अभाव है। भावक की दृष्टि किसी काल्पनिक क्षितिज पर विलीन नहीं होती : छोटी-बड़ी आकृतियों को परिप्रेक्ष्य के सिद्धान्त के अनुसार नहीं बनाया गया है इसलिए सब कुछ दीवार की सतह के बाहर गति करता हुआ लगता है। अगर कोई आकृति बिलकुल सम्मुख न हो तो भावक को उसे पाने के लिए उद्यम करना पड़ता है। ऐसे तो पूजामूर्तियों में देवदृष्टि भावक की आँख को सीधा बींधती है जबकि अवलोकितेश्वर और पद्मपाणि के मुख-भाव और दृष्टि अन्तर्मुखी है। सैकड़ों मनुष्याकृतियों से खचित विहार का अवकाश स्थूल अर्थ में भीड़ को सादृश्य करता है लेकिन सूक्ष्म रूप से उसमें समग्र संसार की जीवन लीला को आलेखित करने का ही उपक्रम है। कला धर्मादेश के अनुसार संसार को माया रूप में चित्रित करते हुए उसे साक्षात् भी करती है। उसी में ही उसकी जटिलता भी निहित है। यहाँ मनुष्याकृतियों से लेकर प्रासादों, मण्डप, गवाक्ष, जंगल की चट्टानें, पेड़ सब कुछ मानो आँखों से छू सकें ऐसे चित्रित हुआ है। जैसा कि रिचर्ड लेनोय ने कहा है कि कलाकार ने अँधेरे कमरे में टिमटिमाते दीये की ज्योति का अनुसरण करते हुए, दीवार को मनुष्य के शरीर के नाप से आलोकित कर दिया है जिससे भावक चित्रसृष्टि को मात्र आँख से नहीं समग्र देह से चलकर ही पा सकता है।

सत्रहवीं गुफा के प्रवेश-द्वार पर मिथुन चित्र हैं जिसमें शुभ की आराधना देखी जा सकती है। पड़ोस की दीवार पर अभ्रपुंज में गन्धर्व और अप्सराएँ हैं, ऐसा किन्नर युगल जिसका नीचे का शरीर पक्षी का है और इन सबके समानान्तर वेस्सान्तर जातक की कहानी बहती चलती है। बायीं ओर 'नलगिरीदमन' में हाहाकार मचाता हुआ मत्त नलगिरी हस्ति और त्रस्त, चिन्तित लोक समुदाय घरों के झरोखों से झुकता हुआ दिखायी देता है। आगे बढ़ने पर, बुद्ध की करुणामय छाया में ढले हुए महापशु की विशाल आकृति ऋजुभाव से संवेदित है। अजन्ता के कलाकार ने हिरन, हंस और चींटी जैसे पशु-पक्षी और जन्तु बारीक़ी से और समभाव से निरूपित किये हैं, जिसमें हिरन की आँखों में कोमलता साक्षात् हुई है। उसका सबसे गहरा समभाव हस्ति के स्वरूप के प्रति है जो कई बार व्यक्त हुआ है। इतने विशालकाय शरीर के स्वरूप को कमनीय घुमावों में आलेखित करके उसने हस्ति को गरिमा और ऋजुता प्रदान की

है जिसमें बुद्ध के पूर्वजन्म के षड्दन्त और हस्ति जातक के और माता मायादेवी को स्वप्न में जिस रूप में दिखायी दिये उन श्वेत हस्ति के संस्कार संचित हुए हैं। हस्ति का ऐसा करुणा से भरा हुआ, ऋजु संवेदन से भरपूर आलेखन विश्व-कला में विलक्षण है। वैसी ही अद्‌भुत देहछटा विधुरपण्डित जातक के पंचफेन से विभूषित नागराज के श्याम स्वरूप में देखने को मिलती है। यहाँ नागअंग की स्निग्ध मांसलता और उनका डोलना भी मनुष्य के रूप में ढाला गया है। अन्य आकृतियों में प्रादेशिक नृवंशीय वैविध्य, व्यवसायगत साहसिक मुद्राओं में—तीरन्दाज़, कारीगर और शिकारियों के देह रूपों में अंकित हुआ है, लेकिन जो सबसे ज़्यादा आँखों में बस जाता है वह है स्त्री-पुरुष के युवा देहवैभव का गौरव। इसमें रोज़मर्रा के जीवन के सत्व-स्वरूप विलक्षण छटाएँ तो हैं ही लेकिन उसके साथ नृत्य-नाट्यभंगिमाओं के संकेत भी गुँथे हुए हैं, विशेष रूप से श्रृंगारतत्त्व के आरोपण में। इसलिए सुन्दर स्त्रियाँ यहाँ असीम लावण्य से रसिक रतिभाव से विलसती दिखती हैं : उनकी निमीलित पलकों के नयन की अदाएँ, पीन पयोधर और किसी भी तरह के क्षोभ के बिना उभारी गयी जंघा-भंगिमाएँ आह्लादपूर्वक आलेखित हुई हैं जो कालिदास और अन्य संस्कृत-प्राकृत काव्यों की उपमाओं और रूपकों की याद दिलाते हैं। पुरुष देह भी उसी प्रचुर श्रृंगार भाव से आलेखित किये गये हैं। इनके अलावा सिंहलअवदान की राक्षसनियाँ, उदारचरित वेस्सान्तर के बच्चों को ख़रीदने वाला लोभी ब्राह्मण और एक ऐसा चित्रण है जो मानवभक्षी राजा के जातक की याद दिलाता है पर जिसकी पहचान नहीं हुई है जिसमें एक थाल में कटे हुए सिर श्रृंगार से विपरीत पल्ले के विश्व को आलोकित करता है। यह सब निरन्तरता और सातत्य के सिद्धान्त के आधार पर विहार की समस्त दीवारों पर आलेखित होने के कारण इनको छबियों के टुकड़ों-टुकड़ों में देखने से उसकी समग्रता का अन्दाज़ा नहीं लगाया जा सकता; चित्रों के समक्ष खड़े रहकर, गति करते हुए उन्हें पाने की कोशिश करने से ही उसमें निहित चेतनामय सृष्टि का ठोस अनुभव होता है।

अजन्ता की विहार-वीथियों में फैली हुई चित्र-परम्परा कला-समुदायों और कला-मण्डलियों द्वारा चारों ओर फैली होंगी। छठी सदी के उत्तरकाल के या उसके बाद बने और कुछ-कुछ बचे हुए (लेकिन फ़िलहाल बिलकुल नष्ट होने की कगार पर खड़े) पश्चिम मालवा के धार प्रदेश की बाघ गुफाओं के चित्रों में उसका सीधा-सीधा प्रतिबिम्ब देखने को मिलता है। अजन्ता की परम्परा का अनुसरण करते हुए रूढ़िगत रूप धारण करने से इनमें ढीलापन आ गया है। तमिलनाडु के सित्तनिवासल (इ.स. ८५०) की जैन गुफाओं में अजन्ता रीति थोड़ी सी ध्वनित हुई दिखायी देती है, हालाँकि आकृतियाँ खुली-खुली, विशाल और जाज्वल्य से भरपूर हैं। कमल तालाब के दृश्य में पुष्पों-पत्रों का व्याप भी प्रभावशाली है। इलोरा के कैलाश मन्दिर में चित्रों के अवशेष बचे हैं उनमें अजन्ता की चालुक्यकाल की आकृतियों जैसी तेज़ी से किये गये आलेखन का असर है और तिरछे चेहरे से बाहर निकली हुई दूसरी आँख चित्रित करने की, उत्तरकाल की जैन पोथी-चित्रों की शैली में बुनी और प्रयोग में लायी गयी तराह का प्रमाण दीखता है। उत्तर में बाघ के बाद अजन्ता रीति का प्रसारण मध्य एशिया के—

विशेषत: अफ़ग़ानिस्तान के बामियान क्षेत्र के विराट बुद्धों की पृष्ठभूमि में या उज़्बेकिस्तान में समरकन्द के पास मिले प्राचीन आफ्रासियाब में देखा जा सकता है। यहाँ अजन्ता की असली, लयबद्ध मुद्राओं में नया जोश आकृत हुआ दिखायी देता है। अलग-अलग प्रदेश की देहयष्टि में परिवर्तित होने वाली इस परम्परा के सूत्र चीन की दुनहुआँग की गुफाओं के चित्रों में बँधते मिलते हैं तब मानो ये आकृतियाँ बवण्डर की तीव्र गति से घूमने लगती हैं। दक्षिण में कर्नाटक के बादामी (ईस्वी सन् ५७८) में और तंजोर के राजराजेश्वर मन्दिर (ईस्वी सन् ११वीं सदी के आरम्भकाल) के अवशेषों में अजन्ता से विपरीत प्रादेशिक देहाकार और आयोजन खिल उठे दिखायी देते हैं, लेकिन श्रीलंका के सिगिरिया के चित्रों में अजन्ता की रीति प्रादेशिक रूप-रचना में रिसकर प्रतिबिम्बित और चेतान्वित हुई है।

हिमालय प्रदेश के सिक्किम, भूटान, लद्दाख और कश्मीर में एवं पड़ोस के तिब्बत और नेपाल में भित्तिचित्र की जो परम्पराएँ छठी शताब्दी के बाद फैली होंगी उनमें उत्तरकाल के नमूनों से बुद्धादेश के साथ अजन्ता की रीतियाँ पहुँचने के संकेत मिलते हैं। लद्दाख के अल्ची प्रदेश के मन्दिर के मण्डप में मिट्टी से गढ़े बुद्ध की विशाल शिल्प देह पर जातक की कथायें अंकित हैं जिसे प्रादेशिक विलक्षणता के अन्तर्गत ही रखा जा सकता है। सल्तनत काल के दौरान महलों में जो चित्र बने थे उन्हें फ़िरोज़शाह तुग़लक ने निकलवा दिया था। विजयनगर साम्राज्य के आख़िरी चरण में आन्ध्र के अनन्तपुर ज़िले के लेपाक्षी के मन्दिर (ईस्वी सन् सोलहवीं सदी का मध्यभाग) के रंगमण्डप की छत पर किरातार्जुनीय और शिवकथा के चित्र में प्रादेशिक रूप फले-फूले हैं। दाढ़ीवाले ऋषिपात्र, प्रचुर केशावली और स्थानीय वेशभूषा में आलेखित नारीपात्र और शिकार के दृश्यों में देहाकारों की हलन-चलन तो विशिष्ट है ही लेकिन आलेखन में हवा के स्पर्श से वस्त्र, वृक्ष और भूमि के आकार लयाकार में चलित हुए हैं जो बहुत ही रोचक है। इसमें खुले हाथ की चित्रकारी का खुलापन है। पात्रों की आँखें अजन्ता की अर्धबन्द आँखों की तुलना में खुलकर विशाल हुई हैं। कर्नाटक के श्रवणबेलगोला के जैन मठ (ईस्वी सन् अठारहवीं सदी) में नयी तराह उभरकर आती है। यहाँ कथा अलग-अलग पट्टों में लाल और सफ़ेद रंग के सन्तुलन में चित्रित हुई है।

केरल के सैकड़ों मन्दिरों में व्याप्त प्रादेशिक रीतियाँ सबसे विलक्षण हैं। यहाँ देहाकार अलंकारों से खचित और

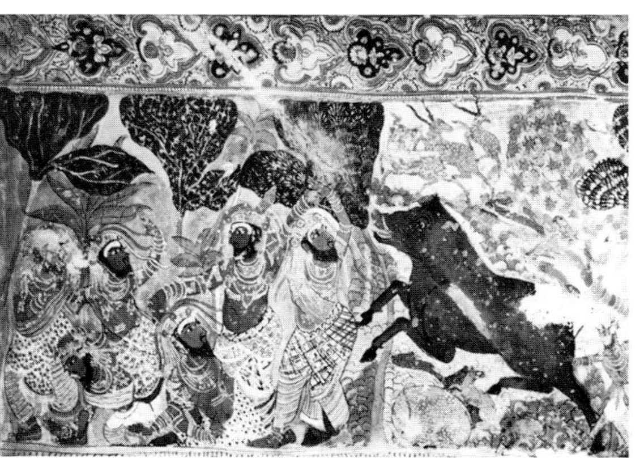

किरातार्जुनीय का दृश्य, *लेपाक्षी, आन्ध्र प्रदेश, भित्तिचित्र, मध्य १६वीं शती ई.*

सौजन्य : आर्कियोलॉजिकल सर्वे ऑफ़ इण्डिया, नयी दिल्ली

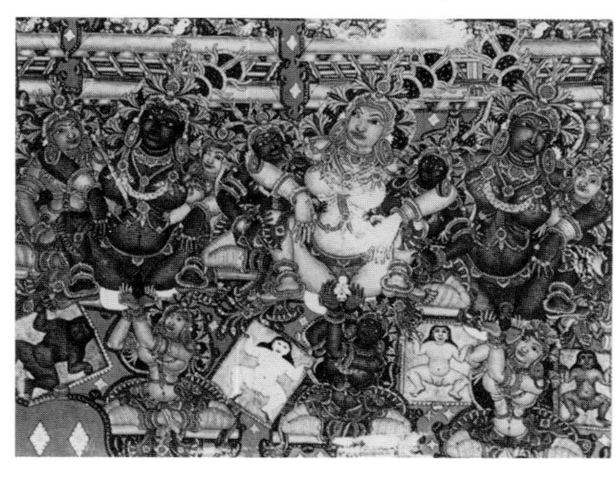

प्रसव समय पर दशरथ की तीन रानियाँ, *रामायण, मट्टानचेरी, कोचीन, भित्तिचित्र, १७वीं शती ई.*
सौजन्य : आर्कियोलॉजिकल सर्वे ऑफ़ इण्डिया, नयी दिल्ली

कथकली, भागवतम या मोहिनीअट्टम जैसे नृत्यनाट्य रूपों के अभिनय और श्रृंगार रीतियों के आधार पर रचे गये हैं जिनको देखने पर अभूतपूर्व जाज्वल्य से भरी देह-छटाएँ नज़र आती हैं। इनको दूसरी तरह से देखने पर समग्र चित्र मानो प्रचुर आलंकारिता का रूपक बन जाता है। अलंकारों से खचित मांसल देहवाले नर पात्र वीर रूप से गर्वान्वित, और नारी पात्र उभरे हुए अंग-उपांगों से श्रृंगारदेही रूप धारण करते हैं। इसमें हरेपन और नीलेपन के चर्मरंग से भूषित आकृतियाँ किनारी पर बनी गहरी झांईं से आगे की ओर उभरकर आती हुई घनी एवं अनोखी आभा पैदा करती हैं। कोचीन के वलन्दा महल के रूप में जाने जाते मट्टानचेरी में रामायण के कथा-चित्र हैं जिसमें दशरथ की पटरानियों की प्रसूति का आलेखन भारतीय परम्परा में बेजोड़ गिना जा सकता है। उसमें गौरवान्वित रानियाँ पुत्रों को जन्म देती हैं जिसमें नारी देह और चरित्र की अपूर्व महिमा प्रकट हुई है। उसी महल में अन्य स्थान पर कृष्ण-गोपियों की रतिलीला और शिवमोहिनी के संयोग का असाधारण चित्रण हुआ है। विष्णु के मोहिनी रूप के साथ आभोगित शिव की आभा, वृषभ पर बैठी हुई पार्वती निरख रही हैं जिसमें अनेक जटिल संकेत पढ़े जा सकते हैं। इसके अलावा तिरुवनन्तपुरम के पास पद्मनाभपुरम के प्रासाद में उसी तरह के दक्षिण देश की दृश्य-लीला की अस्खलिन ऊर्जा को उजागर करने वाले चित्र हैं।

मुग़ल काल के दौरान या उससे पहले राजस्थान, मध्य-प्रदेश, गुजरात और पहाड़ों में पोथी-चित्र और हाथ-चित्रों की जो परम्परा प्रवर्तित थी वैसी ही चित्रकारी राजमहलों में और अन्य स्थानों में दीवारों पर भी हुई। इसमें तत्सम्बन्धित प्रादेशिक क़लम की शैली जैसा ही बारीक़ आलेखन हुआ। इसलिए भित्तिचित्र की परम्परा हमेशा दूर से ही देखी जा सकती है ऐसा सामान्यीकरण किया नहीं जा सकता। बूँदी, कोटा, उदयपुर, चम्बा आदि रजवाड़ों में संरक्षित चित्रों को देखकर यह सिद्ध होता है कि पोथी और दीवार चित्रित करने वाले का कला घराना समान जैसा ही था। इस चित्रकारी में पोथी-चित्र को दीवार पर चिपकाया हो या मढ़ा हो ऐसा उपक्रम नहीं था, लेकिन चित्रकारी को दीवार पर बहाने का उद्यम था जिससे भावक उसकी ओर खिंचता हुआ उसके नज़दीक जाकर कोने किनारे की बारीकियों के विवरण को ढूँढने की कोशिश करता रहे। बड़ौदा के ताम्बेकरवाड़ा में भी इसे देखा जा सकता है। दक्षिण में चेट्टीनाड में या श्रीरंगपट्टण के टीपू के महल दरियादौलत में जो चित्र हैं वहाँ प्रादेशिक क़लम इसी प्रकार

खिली होगी।

भित्तिचित्र की परम्परा समग्र उपखण्ड में छा गयी, फैली और कई जगह जीर्णोद्धार प्रवृत्ति में नये-नये स्वरूपों में जीवन्त रही। मन्दिरों, प्रासादों के अलावा हवेलियों, आवास-स्थानों, समाधि-स्थानों की छतरियों आदि में उसके विविध रूप प्रकट हुए हैं। इसमें प्रशिष्ट और जनपदी कही जाने वाली रीतियाँ और संवेदनाएँ एक-दूसरे में घुलमिल गयीं। छोटे गाँवों के मन्दिरों में, उदाहरण के लिए गुजरात में चान्दोद के काशीविश्वनाथ या भीलापुरा के शिव मन्दिर या राजस्थान के परशुरामपुरा जैसी मरणोत्तर छत्री के गुम्मटों में रामायण, महाभारत के चक्राकार कथा रूपों, देवता-देवियों की प्रतिमाओं के साथ निरूपित हुए हैं। यहाँ यह आलेखन, खुले हाथ का, थोड़ा सरल, ज़्यादा स्वाभाविक, गतिमान और प्रादेशिक बोली के दृश्य रूप जैसा त्वरित हुआ है। इसमें बदलते समय की रीतियाँ, स्थितियाँ अपनायी गयी हैं, और बोली की प्रादेशिक कथाएँ महाकथाओं में गूँथ ली गयी हैं और पात्र स्थानिक परिवेश या पहनावे में प्रस्तुत हुए हैं। साथ ही यहाँ उन विषयों का बेझिझक आलेखन किया गया है जिन्हें प्रशिष्ट में स्थान न मिले। रावण की विजय के लिए अहिरावण-महिरावण ने यज्ञ किया था उसे मण्डप पर बैठकर भ्रष्ट करते हुए हनुमान का चित्र चान्दोद के गुम्मट में है जिसकी प्रशिष्ट परिवेश के अन्तर्गत कल्पना करना भी मुश्किल है। पात्रों में केरल देश में राम को नाम्बुद्री लड़ाकू की तरह, चान्दोद या बड़ौदा के कमाटी बाग़ के कामनाथ महादेव के मन्दिर में देशी रजवाड़े परिवार के मूँछवाले कुँवर की तरह दिखाया है और दशानन रावण के लश्कर में सैनिकों को बन्दूकधारी और फिरंगी लिबास में बनाया है। इन आकृतियों को उनके नाम-लेखन के साथ चित्रित किया है जैसे कि भवाई-खेल में प्रवेश करते हुए पात्र अपना परिचय देते हैं।

निवास-स्थान की हवेलियाँ राजस्थान के जयपुर के पास के शेखावाटी क्षेत्र के दर्जन से ज़्यादा गाँवों और शहरों में अभी तक चित्रित होती रही है। गुजरात के खेड़ा और भरूच ज़िले के सोजित्रा तथा गजेरा जैसे गाँवों के श्रीमन्त घरों में से भी चित्रों के प्रमाण मिले हैं। शेखावाटी में नवलगढ़, लछमणगढ़, फतेहपुर, मण्डावा, चूरू, झुंझुनू जैसे गाँवों की मूल रूप से वणिक सेठों की हवेलियों में कोई दीवार चित्र से ख़ाली नहीं है। बाहर-अन्दर, दरवाज़ों-झरोखों, छत पर, कठघरे पर सभी जगह पर चित्रिंत हवेलियों वाली गलियों से गुज़रते हुए ऐसा लगता है मानो कहानी की चित्रनगरी में पहुँचे हों। कहा जाता है कि विक्रम सम्वत् के छियानवे साल में पड़े अकाल में कारीगरों को रोज़ी-रोटी देने के लिए सेठों ने हवेलियों को चित्रित करवाया और चित्रकारों ने भी उतने ही लगन से चित्रित किया कि पूरे स्वातन्त्र्यकाल तक चलता रहा। इसमें अनेक शैलियाँ एक ही साथ आज़मायी गयी हैं जिनमें जयपुर, जोधपुर क़लम की तराहों के साथ रवि वर्मा के छपे हुए चित्रों की पद्धतियाँ एक साथ मिली हुई हैं। विषयवस्तु में देवी-देवता, रामायण-महाभारत के प्रसंग, गणगौर या कृष्ण के साथ रास में घूमने वाली गोपियों के साथ-साथ सिलाई मशीन पर कपड़ा सी रही औरत या रेलगाड़ी में भरे हुए लोग, इसके

अलाव हवाई जहाज़, ग्रामोफ़ोन, टेलीफ़ोन आदि सब चीज़ें शामिल। लेकिन सबसे ज़्यादा झुकाव तो प्रादेशिक वस्तुओं और कहानियों की ओर ही है : या तो ढोलामारू या मुमल की बात या राजा-रजवाड़ों के राव महाराव की। हवेलियों के रास्ते से गुज़रते हुए तीन-तीन मंज़िल की हवेलियों पर दौड़ते हुए हाथी-घोड़े दिखते हैं, कहीं सचमुच की खिड़की होती है तो कहीं चित्रित, कहीं पलटनें तो कहीं रेलगाड़ी के डब्बे आँगन की चारों दीवार पर मिलते हैं। यह सब कुछ देखने वाला बच्चा पैदा होते ही चित्र को जीवन में गहराई से उतारना शुरू कर देता होगा और सैलानी चित्र-नगरी की बातों को दन्तकथा की तरह फैलाते होंगे। हालाँकि, आख़िरी दशक से यहाँ श्रेष्ठी व्यापार के कारण दूसरी जगह पर रहते हुए होने के कारण हवेलियों की देखभाल नहीं हो रही है अत: चित्र उखड़ रहे हैं, नष्ट होते जा रहे हैं और कहीं-कहीं उन्हें तोड़कर नये, चित्रों के बिना कोरे, घर भी बँधने लगे हैं।

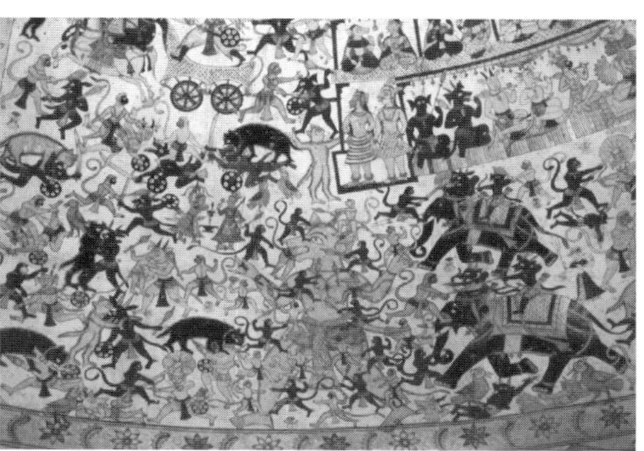

रामायण, मृतक की छतरी की छत पर चित्र, परशुरामपुरा, राजस्थान, भित्तिचित्र, १९/२०वीं शती ई.

तस्वीर : लेखक

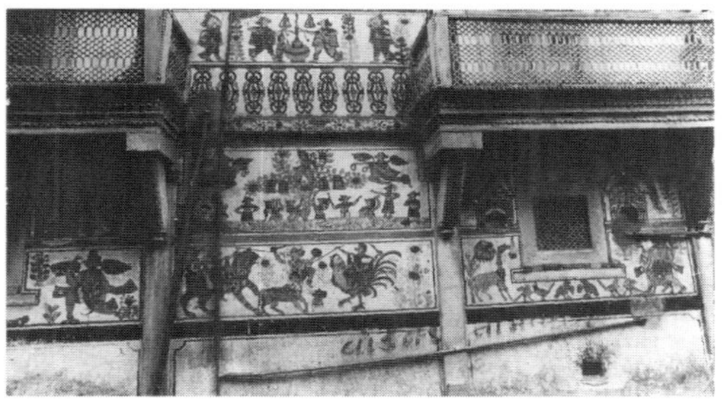

***त्र्यम्बकलाल दवे की हवेली,** सोजीत्रा, गुजरात, भित्तिचित्र, १९/२०वीं शती ई.*

तस्वीर : रणजीत कॉन्ट्रैक्टर

भित्तिचित्र की कथा सम्पूर्ण परिवेश की है, जिसमें चित्र बिकाऊ चीज़ नहीं बनते, जो चित्र बाहर की दीवारों पर है उन्हें सब देखते हैं इसलिए वह किसी घर के मालिक की सम्पत्ति बनकर नहीं रह जाते। शेखावाटी की गलियों में चित्रकारी दोनों तरफ़ हैं, उसे देखने के लिए गली को दो बार पार करना पड़ता है। तीनों मंज़िलों पर चित्रों को चलते हुए, घोड़े, ऊँट या हाथी पर बैठे हुए या सामने की हवेली से देखे जाते होंगे। इन चित्रों को चलते हुए अर्थात् समग्र देह से पाया जाता है, मात्र आँख से नहीं। अजन्ता की तरह ही यहाँ भी चित्र भावक को चलता कर देता है। गुम्मट में चक्राकार चित्रित रामायण की कथा को पाने के लिए भावकों को गोल-गोल घूमकर मानो प्रदक्षिणा करते हुए देखना ज़रूरी हो जाता है। नीचे से, झरोखे से और छत से देखने पर आँख को एक ही चित्र अलग दिखायी देता है। रहने वाले लोगों को चित्र चलते-फिरते, खाते-पीते, उठते-बैठते मिलता होगा और अलग-अलग सँजोगों में, मन:स्थितियों में चित्र में जिस तरह भाव आरोपित

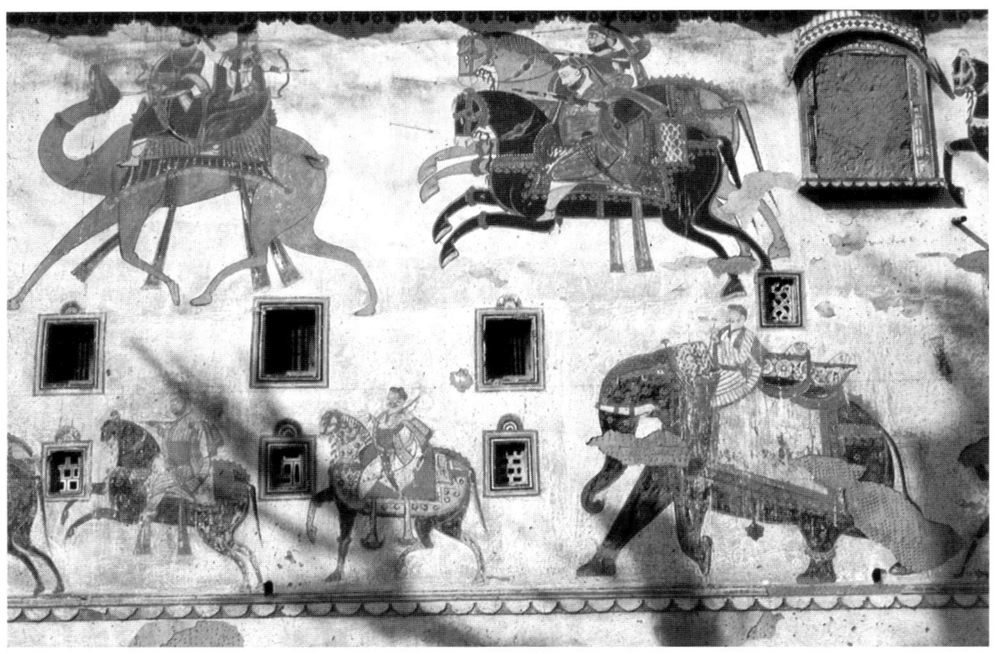

***शेखावाटी**, राजस्थान, भित्तिचित्र, २०वीं शती ई.* *तस्वीर : लेखक*

होते होंगे, उसी तरह उसकी तासीर भी बदलती होगी। इसके अलावा ऐसा भी लगता होगा कि घर और बाहर का सम्पूर्ण संसार चित्र के द्वारा घर में मानो भर दिया हो जिसमें रेलगाड़ी चलती हो, हवाई जहाज़ उड़ते हों, मल्लकुश्ती होती हो और फिरंगी को सन्तरी भी बना दिया जाता हो। ख़ुद का घर है, जो चाहे बनवा लो : शेखावाटी में तो बाहर की दीवारों पर भी भोगचित्र भी हैं। साथ ही, यहाँ महाचित्रों की गम्भीरता की जगह हल्का-फुल्कापन और हास-परिहास का माहौल है। पौराणिक के साथ-साथ रोज़मर्रा जीवन की घटनायें निर्बन्ध और खुले सिरे की भी बन्धन रहित जिसमें जितना चाहो जोड़ा जाय, जैसे कि शिव-पार्वती की बरात में गणेश भी शामिल हो वैसा। हवेली की कतारें एक-दूसरे घरों के साथ जुड़ती हैं वहाँ दो कहानी के छोर एक-दूसरे के साथ जुड़ जाते हैं। कुछ दीवारों पर ढोलामारू की कहानी में दरवाज़ों पर उछलता हुआ ढोला ऊँट भगाता है और नीचे के खिड़की-दरवाज़े पर पीछा करते हुए सैनिक धंस रहे हैं।

पटचित्र, वींटाचित्र, पिछवाई

वींटाचित्र या पटचित्र की परम्परा मूल रूप से कथा-चित्र की है जो भित्तिचित्र से उतरकर आया हो ऐसा अनुमान प्रतीतिकर लगता है। यहाँ दीवार मानो कपड़े या काग़ज़ की बनी है

और भावक के चलने की बजाय, चित्र आगे बढ़ता है, धीरे-धीरे खुलता जाता है, सामने बिछाया जाता है या तम्बू की तरह गाड़ा जाता है। प्राचीनकाल में यमपट्ट की परम्परा प्रचलित होने के उल्लेख मिलते हैं, पर नमूने नहीं हैं लेकिन साँची के तोरण पर तराशी कथा के अन्त में छल्ले से बने हैं जो वींटा (छल्ला) के आकार के हों ऐसा संकेत मिलता है। पुराने वींटा ज़्यादा-से-ज़्यादा सत्रहवीं या अठारहवीं सदी के मिले हैं लेकिन संग्रहकर्ताओं ने विशेष रूप से जिसे संरक्षित रखा है वह उन्नीसवीं या बीसवीं सदी के हैं। बंगाल, बिहार में विशेष रूप से मेदिनीपुर क्षेत्र में जादूपटों की परम्परा अभी भी जीवित है, जो फुट-दो-फुट चौड़े और दस-बीस फुट लम्बे खड़े रखे जाते हैं, जिसमें कहानी ऊपर से नीचे अलग-अलग खानों में या प्रवाही अवकाश में चित्रित की जाती है। परम्परा ऐसी है कि 'पटुआ' के नाम से जाना जाता चित्रकार-कथाकार पट को धीरे-धीरे खोलता हुआ प्रसंगों को उँगली से दिखाते हुए, गाते हुए कथा करता चलता है। राजस्थान में पाबुजी और देवनारायण के पट तीन-चार फुट चौड़े और दस-बीस फुट लम्बे-मोटे कैनवास जैसे कपड़े पर चित्रित किये जाते हैं जिसे दोनों कोने से कसकर तम्बू की तरह लगाया जाता है और कथाकार-नर्तक-नट भोपा-भोपी (नट और नटी) सामने खड़े होकर नाचते-गाते कथा सुनाते हैं। इसमें बायीं ओर के ऊपर के कोने में गणेश को बिठाते हैं और पाबुजी या देवनारायण और उनके साथी पात्रों की विशाल आकृतियाँ और उनके इर्द-गिर्द प्रसंग एक-दूसरे में गुँथे हुए आलेखित होते हैं। आन्ध्र और तेलंगाना में एक-डेढ़ गज जितने चौड़े और दस-बीस फुट लम्बे, खड़े पट में कहानी टेढ़े पट्टों में आगे बढ़ती है। महाराष्ट्र की 'चित्रकथी' में हरेक प्रसंग के लिए अलग ही चित्र होता है उसका ढेर लेकर कथाकार एक-एक चित्र को दिखाते हुए कथा करता है। गुजरात में गरोड़ा जाति पटचित्र बनाया करती थी और कथा भी किया करती थी जो परम्परा फ़िलहाल लुप्त हो गयी है।

बंगाल पटों में दुर्गा, मनसा माता, चैतन्य, कृष्ण लीला या रामायण-महाभारत की कथाएँ होती हैं जिसका निश्चित भावक वर्ग भी है। औरों के लिए बाढ़ बर्बादी के, दहेज के दूषण के, लम्पट और खाऊ अफ़सरों के और निःशस्त्रीकरण और इन्दिरा गांधी की हत्या के भी। सन्थाल प्रजा के लिए सृष्टि के सृजन की उनकी कथा अलग रूप से चित्रित होती है और कही जाती है, जिसमें सन्थाल को छू जाये ऐसे आदि आकारों की लीला है। कहा जाता है कि यदि मुस्लिम प्रेक्षक हों तो सत्यनारायण के पट पर सत्तपीर (सच्चेपीर) की कथा भी कही जाती है। विलक्षण पट है चक्षुदान का जिसमें पटुआ टेढ़े मुँहवाले स्त्री-पुरुष को पुतलियों के बिना बनाते हैं और कहीं मृत्यु हो जाय तब वहाँ जाकर उनमें पुतलियाँ बनाते हैं जिससे मृतात्मा को मुक्ति मिले।

चित्र-रचना में आड़े-खड़े खानों में या प्रवाही अवकाश में कहानी-प्रसंग बिछाये जाते हैं, जिसमें आकृतियाँ छोटी-बड़ी होती हैं, नायक-नायिका बार-बार आते हैं। एक ही पट में कई बार दो तराहें भी हो सकती हैं और कही जाती कहानी में भी वैसा ही। कहानी ऊँचे स्वर में गाकर सुनाते हैं जिसे भावक चित्र के साथ जोड़कर साक्षात् करता है। कहा जाता है कि बंगाल-बिहार

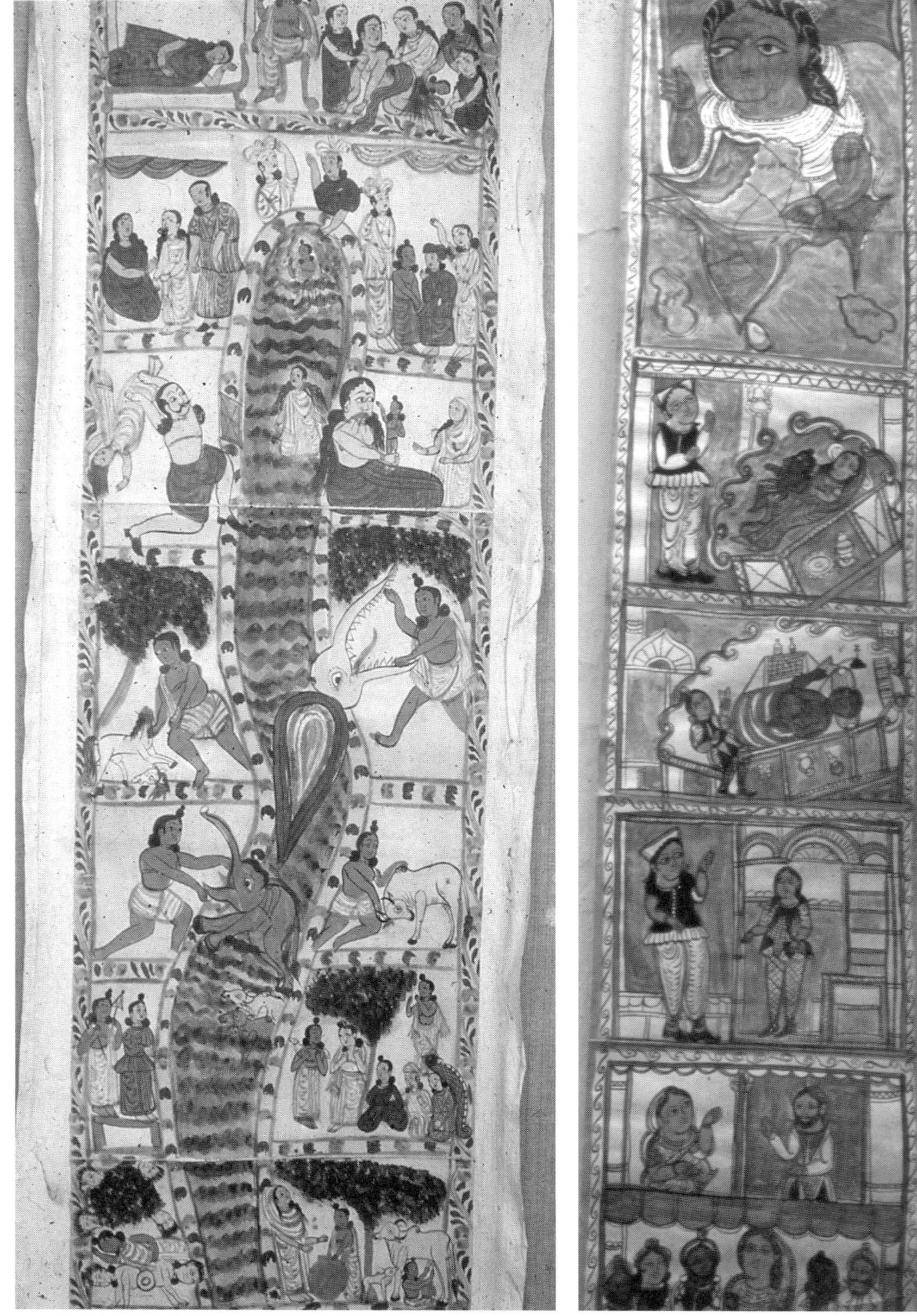

में यह परम्परा काफ़ी व्यापक थी मगर अब कुछ ही प्रदेशों में देखने को मिलती है। ऐसा भी कहा जाता है कि पटुआ जाति हिन्दू-मुस्लिम दोनों ही धर्मों का पालन करती है और कलाकार दो-दो नाम भी रखते हैं। अब सुना है कि वर्तमान में प्रचलित साम्प्रदायिक वातावरण ने उसमें दरारें पैदा कर दी हैं।

गाँव के सींव या धुरे पर या गाँव के बीच में चौपाल पर पाबुजी या देवनारायण के फड की कहानी शाम को शुरू होती है जिसमें भोपा कथा करता है और भोपी हाथ में दीया लेकर नाचती-गाती है और दूसरा एक साथी भोपा की कथा में सुर देता है। भोपी गायी जाने वाली कहानी के भाग को नाचते-नाचते हाथ के दीये के उजाले में दिखाती है। फड काफी लम्बा और ढेरों कहानियाँ इसलिए महीने तक चलने के बावजूद भी पूरी नहीं होतीं। उन्हें पूरी भी नहीं की जाती क्योंकि माना जाता है कि इससे भोपा मर जाता है। इसलिए कहानी पूरी होने से पहले भोपा फड उठाकर दूसरी जगह चला जाता है। फड में मूल रूप से लाल रंग, काली लकीरें और पीला, हरा, नीला रंग लकीरों में भरा हुआ। इसमें प्रसंगों की रचना ऊपर-नीचे, गोलाकार और अनेक प्रकार से की जाती है। अलग-अलग अंशों को जोड़ने की छूट होती है पर आयोजन में कहानी के प्रवाह

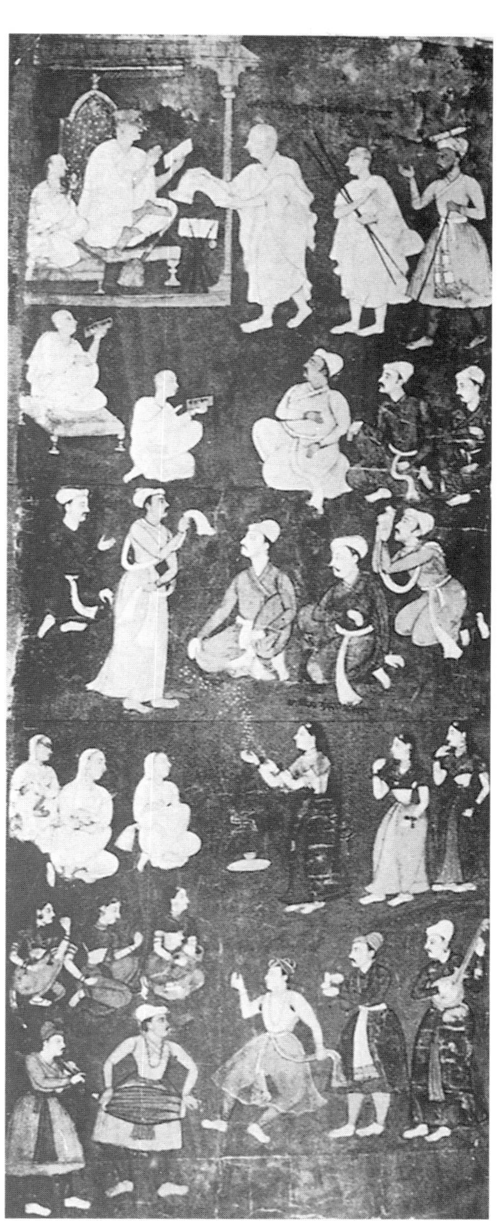

*उस्ताद शालिवाहन, **विज्ञप्तिपत्र**, मुग़ल, आगरा, १६२० ई.*

सौजन्य : एल. डी. संग्रहालय, अहमदाबाद

***कृष्णलीला**, मिदनापुर, बंगाल, काग़ज़ पर जलरंग, २०वीं शती ई.*

सौजन्य : शिल्प संग्रहालय, नयी दिल्ली

*अजित चित्रकार, **इन्दिरा गाँधी पट**, मिदनापुर, बंगाल, काग़ज़ पर जलरंग, १९८४ ई.*

सौजन्य : चित्रकला विभाग, कला संकाय, बड़ौदा

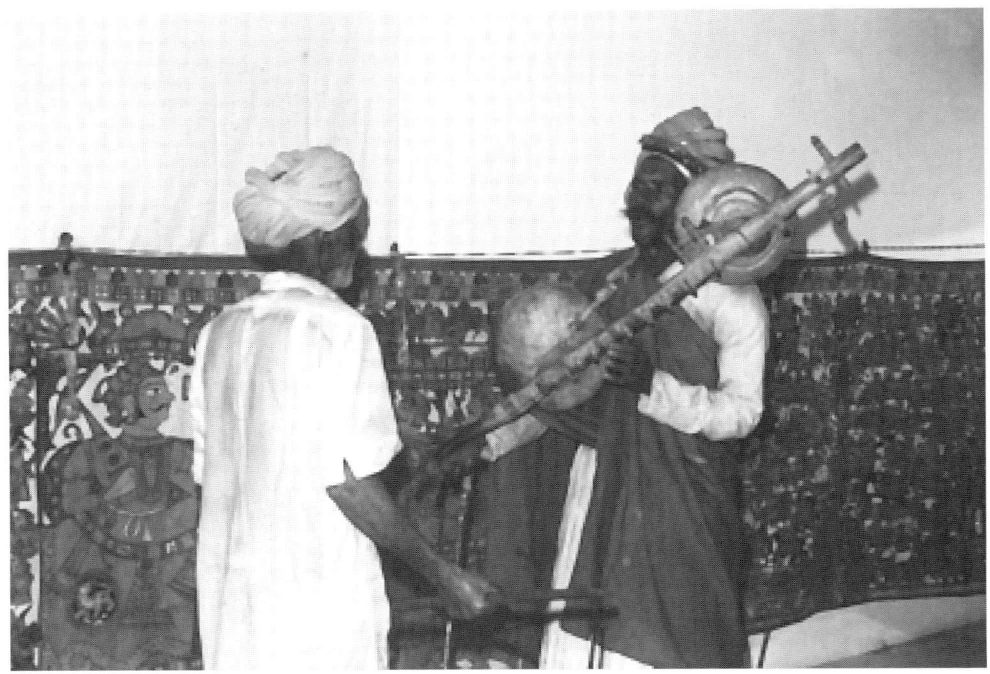

दोनों तस्वीरें : ***पाबुजी के फड़ के साथ कथा करते भोपा,*** *राजस्थान, साम्प्रत समय*

सौजन्य : ज्योतीन्द्र जैन, नयी दिल्ली

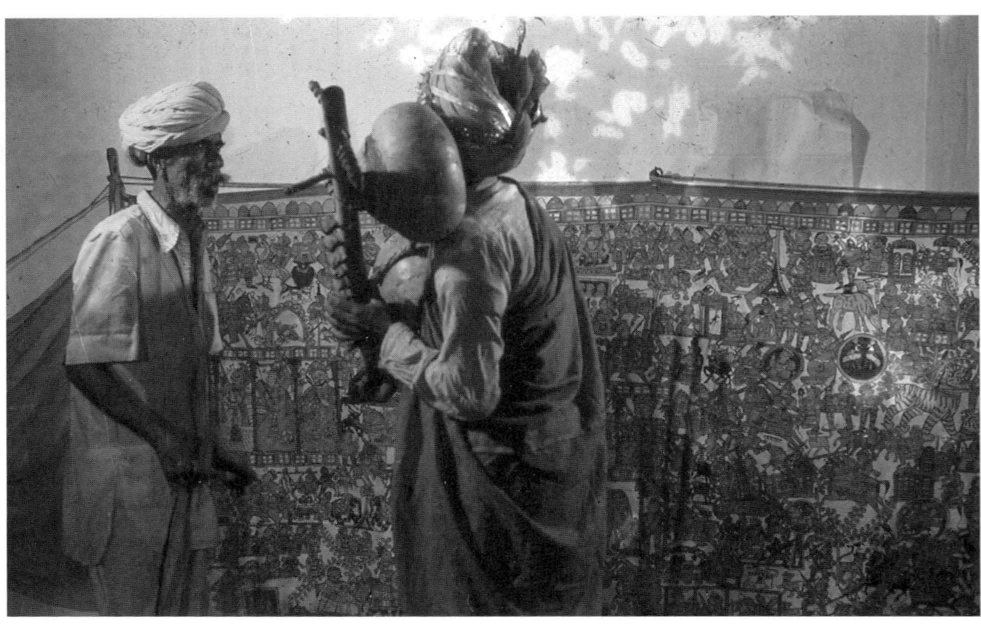

को बहते रखने की शर्त भी।

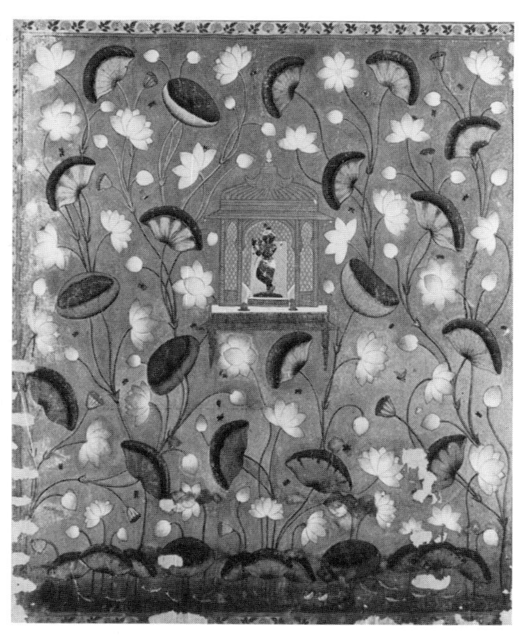

कमल की पिछवाई, नाथद्वारा, राजस्थान, कपड़े पर जलरंग, प्रारम्भिक २०वीं शती ई. सौजन्य : अमित अम्बालाल, अहमदाबाद

चित्रकथी में अलग-अलग चौरस, समकोण और चित्रांशों में अनोखी रेखारीति है। गोल-गोल लयान्वित बहिर्रेखा, पूरे चेहरे पर फैल जाय उतनी विशाल आँख और हरेक आकृति एक-दूसरे के साथ बुनी हुई-गुँथी हुई। चौड़े, शक्तिशाली देह और रुआबदार चेहरों से चित्रों में भरी हुई ताक़त। वैसे ही या फिर उससे मिलती-जुलती आकार रचना कर्नाटक के चर्म चित्रों में भी है— लेकिन देह की मुद्राओं में थोड़ा अन्तर भी। इसमें रंग पतले होते हैं जो काली बहुरेखाओं में पारदर्शी दिखते हैं। एक-एक पात्र के आकारों में कटे हुए चर्म पट को ठीक तरह से लकड़ी पर लगाकर उजाले के सामने रखकर दिखाये जाते हैं और साथ में उसकी कथा गायी जाती है। इसमें मनुष्य के आकार को हाथ, पैर या गले या फिर हाथी की सूँड या बन्दर की पूँछ को जहाँ से जोड़ा गया हो उधर से हिलाया जाता है। तेलंगाना के चित्रित विशाल पट में प्रभावक रंग-लीला आकृतियों की गतिमयता को बहलाती है। जो जानकारी प्राप्त है उसके अनुसार वहाँ अलग-अलग जाति के लिए अलग-अलग पट चित्रित किये जाते थे जिसमें हरेक की विशिष्ट मान्यताओं और परम्पराओं को गूँथ लिया जाता था। आन्ध्र के उपरान्त अन्य दक्षिण के प्रदेशों में भी चर्म-चित्रों की परम्परा प्रचलन में थी लेकिन फ़िलहाल वह लुप्तप्राय स्थिति में है।

कथा-चित्र के वींटा का परिवेश छोटे गाँवों का होता है। इसके अलावा विलक्षण नागरी शैली में 'विज्ञप्तिपत्र' की परम्परा को रखा जा सकता है। चतुर्मास बिताने के लिए जैन-मुनि के लिए चित्रित निमन्त्रण-पत्रिका जैसा यह 'पत्र', लगभग एक फुट चौड़ा, लम्बाई में तीस-चालीस फुट या उससे भी लम्बा होने की वजह से उसे वींटे की तरह लपेटा जाता है। इसमें जैन-मुनि की यात्रा की शुरुआत से लेकर यजमान के स्थान तक पहुँचने को यात्रा के रूप में चित्रित किया जाता था। यह कोई नक़्शा नहीं पर नक़्शे की पद्धति को अपनाते हुए इसमें यात्रा के दौरान रास्ते में आने वाले पवित्र स्थानों के अलावा ग्रामीण क्षेत्र, लोक व्यवहार, भौगोलिक प्रदेश आदि का क्रमानुसार आलेखन किया जाता था और मुनि भी उसमें संचरण करते हुए

दिखायी देते थे या फिर मुनि के कोई विशिष्ट कार्य या प्रसंग को भी समा लिया जाता था। एक अर्थ में, उसे खुलते हुए जीवन पट का यात्रा-चित्र भी कहा जा सकता है जिसके द्वारा भावक भी मुनि के साथ यात्रा करने की अनुभूति करता है। उस्ताद शालिवाहन के द्वारा मुग़ल शैली में चित्रित विज्ञप्तिपत्र (ईस्वी सन् १६१०) में जहाँगीर के दरबार का आलेखन है। स्थूल अर्थ में जो वींटा कहा न जा सके ऐसा कोटा शैली में बना दस फुट चौड़ा और चौदह फुट लम्बा एक पट है जिसमें राजा रामसिंह दूसरे की कोटा से दिल्ली की यात्रा को बारीक़ी से चित्रित किया गया है। नाथद्वारा की हवेली के समग्र क्षेत्र को आलेखित करने वाले मानचित्रों में हरेक घर को अन्दर-बाहर से चित्रित दिखाया गया है जिसमें भावक बार-बार घूमकर उसके अवकाश (space) के कोने कोने का छान लेने का मज़ा ले सकता है। बौद्ध मन्दिरों में लटकाये जाने वाले रेशम या सूती कपड़े के दो-तीन फुट या उससे भी बड़े 'टाँका' ध्वज की तरह हिलते-डुलते, फड़फड़ाते रहते हैं, जिसमें कहानी के अंश कम होते हैं, लेकिन उन्हें सामान्य रूप से वींटे के रूप में लपेटकर सुरक्षित रखा जाता है।

वींटा या पट जैसे आकार या प्रकार में समा न पाये ऐसी परम्परा पिछवाई की है। राजस्थान में कृष्ण रूप श्रीनाथजी की देव प्रतिमा के आसपास की दीवारों को घेरते हुए, कपड़े के विशाल चित्रों में कृष्ण-लीला चित्रित की जाती है या फिर कढ़ाई, जरी-काम या पैबन्द-काम जैसे प्रकार में भी पिछवाई बनायी जाती है। इनको मूर्ति के पीछे रखे जाने के कारण से शायद उन्हें पिछवाई कहा गया। यही परम्परा कोटा, किशनगढ़ और दक्षिण के कृष्ण रूप के अन्य भक्ति केन्द्रों में भी प्रचलित रही है। यहाँ मन्दिर की जगह हवेली में हमेशा हाजिर देव का निवास होने के कारण मूर्ति को सुबह, दोपहर, शाम और रात को नियत क्रम से उठाकर, नहलाकर, खाना खिलाने और सुलाने का उपक्रम होता है। जिसमें ऋतु के अनुसार वेश-परिधान किया जाता है। ठण्डियों में गर्म और गर्मी में पतले कशीदाकारी किये हुए वस्त्र और पगड़ी या मुकुट पहनाये जाते हैं। सामने तकिया वाला बिछौना बिछाया जाता है, पान के बीड़े रखे जाते हैं, भिन्न-भिन्न प्रकार के भोजन परोसे जाते हैं, फूल-पत्तों की सजावट करते समय हर बार प्रसंग और समय के अनुरूप कृष्ण-लीला की पिछवाई को रखा जाता है। गुलाबी गणगौर के समय परिधान, पुष्प और पकवान सब कुछ गुलाबी, शरदपूनम में चाँदनी के सफ़ेद की महिमा, वसन्तोत्सव में सब कुछ टेशू के रंग जैसा रँगा जाता है। ऐसे दर्शन की 'झाँकी' भक्त या भावक करता है उसके रस भाव को आलोकित करने वाली चित्र-झाँकी का दूसरा नाम है पिछवाई। सारी इन्द्रियों को रसमय करने वाला शृंगार-विश्व जब पिछवाई में परिणत होता है तभी प्रेमलक्षणा भक्ति चित्र के माध्यम से अद्भुत रस की पराकाष्ठा पर पहुँचती है। इसमें देव के हरेक शृंगार रूप को चित्रित किया जाता है जिसके केन्द्र में श्रीनाथजी की गोवर्धनधारी श्याम प्रतिमा और किनारी के चारों ओर अनोखे दृश्यों वाला प्रकार ज़्यादा प्रचलित है। अन्य आयोजन में रासलीला, दाणलीला (कृष्ण ने गोपियों से जकात लेने के लिए लीला की थी उसे दाणलीला कहते हैं), अन्नकूट जैसे 'दर्शनों' के अलावा व्रज दर्शन के

विराट नक़्शे जैसी व्यापकता के साथ-साथ विशाल क़द की आकृतियाँ विशेष ध्यानाकर्षित करती हैं। कुछ चित्रकारी में, पूजा में व्यस्त गोस्वामियों की छबियाँ भी होती हैं। बड़ौदा संग्रहालय में संगृहीत किशनगढ़ क़लम की पिछवाई में गोपियों का चेहरा-मोहरा और परिधान भावरस से परिष्कृत है, जिसमें पिछवाई के मर्म के समान लक्षण मूर्त हो उठे हैं।

पुष्टिमार्ग में 'चित्रसेवा' की महिमा होने के कारण हरेक भक्त श्रीनाथजी की चित्र प्रतिमा रखता है, विशाल भक्त समुदाय की माँग पूरी करने के लिए प्रतिमा रूप की शृंखला रची गयी जिसमें ऊपर बतायी गयी पिछवाई के विशिष्ठ लक्षणों वाली शैली को अपनाया गया। छपे हुए चित्रों के ज़माने में हाथ से बनाये जाने वाले चित्रों को तेज़ी से बनाया जाने लगा मानो दोनों में प्रतिस्पर्धा हो रही हो। हाथ की करामात के कारण छपे हुए चित्रों के विपरीत हरेक चित्र में सूक्ष्म रूप से बदलाव भी आता था। उन कड़ी तेज़ी से होने वाले आलेखनों में ऊर्जा और निपुणता दोनों घुल-मिल गये और पुनरावर्तन की परम्परा को नये प्रकार का जोश मिला।

पोथी-चित्र और हाथ-चित्र

चित्र के सभी प्रकारों में से सबसे ज़्यादा प्रसिद्ध पोथी-चित्र या हाथ-चित्र परम्परा है। आधुनिक पुस्तक के आकार वाले ये चित्र सामान्य रूप से लगभग १२ और ७ इंच के हुआ करते हैं। ऐसा सामान्यत: माना जाता है कि इनका उद्‌भव उपखण्ड के उत्तर भाग में हुआ। विशेष रूप से राजस्थान, मालवा, उत्तर प्रदेश और पंजाब-हिमाचल की पहाड़ियों में ये चित्र बने लेकिन ये दूसरी जगह भी पाये जाते हैं। नाप में छोटे या बड़े लेकिन थे उतने ही प्रवर्तित। इनके पहले पोथियों का चित्रण भोजपत्र और ताड़पत्र पर हुआ करता था, जिसका आकार लगभग तीन-चार इंच चौड़ा और दस-बारह इंच लम्बे पट्टे जैसा हुआ करता था। बीच में या कोने में बने हुए दो या तीन सुराख़ों में खुली डोरी से बँधे हुए उन आड़े चित्रों में लेखन और चित्र एक-दूसरे के पास-पास किया जाता था। हाथ-चित्रों का मुग़ल और राजपूत शैली या नाम के आधार पर विभाजन करना एक प्रचलित है जिसमें मुग़ल का आकार खड़ा और राजपूत का आड़ा तथा मुग़ल में ग़ैर-धार्मिक (ऐतिहासिक) और दरबारी तथा राजपूत में धर्माधारी और लोकधर्मी दृष्टिकोण प्रस्तुत किये जाते हैं। यह विभाजन कुछ हद तक सही है लेकिन इसे नियम की तरह मानना उचित नहीं होगा। हम यह जानते हैं कि मुग़लकाल में हरिवंश, योगवासिष्ठ, रामायण और महाभारत चित्रित किये गये थे तथा राजपूत राजस्थान में रजवाड़ों, राजदरबारों, शिकारों के ढेरों चित्र बनाये गये इसलिए इस प्रकार का विभाजन ग़लतफ़हमी भी पैदा कर सकता है। चित्रकार और शैलियाँ पहले राजस्थान और अन्य प्रदेशों से मुग़ल परिवेश में गये और वहाँ से फिर राजस्थान में और पहाड़ों में फैले और विषयवस्तु,

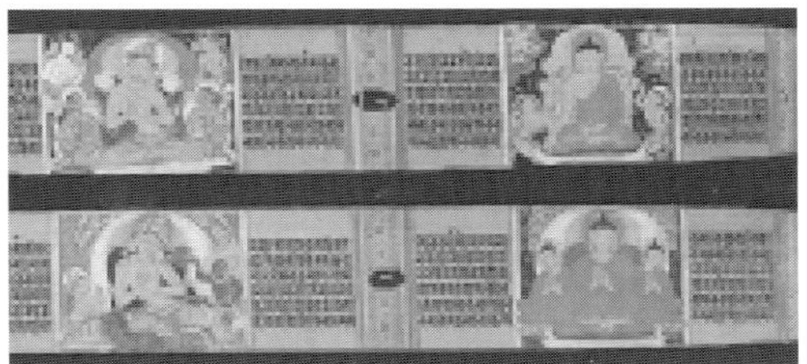

*अष्टसहस्त्रिका **प्रज्ञापारमिता पोथी**, नालन्दा, ताड़पत्र, १०७३ ई.*

सौजन्य : एशिया सोसायटी, न्यूयॉर्क, अमेरिका

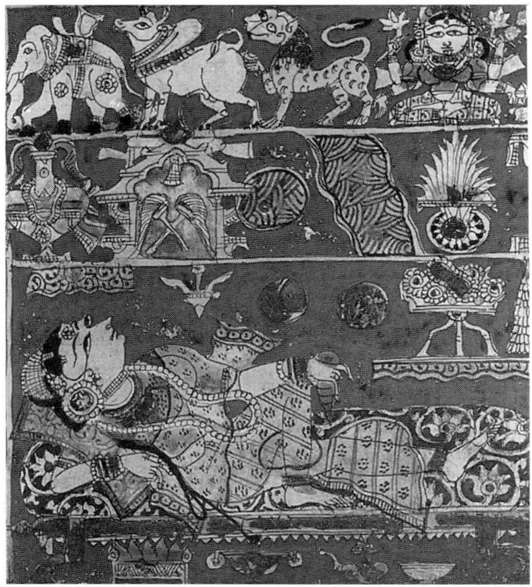

*त्रिशला के स्वप्न, **कल्पसूत्र**, पश्चिम भारतीय क़लम, काग़ज़ पर जलरंग, १४०० ई.*

सौजन्य : श्री जैसलमेर ज्ञान भण्डार, जैसलमेर

आयोजन, रंग-आयोजन आदि सभी में वे समा गये। कई घरानों के बीच ऐसा आदान-प्रदान हुआ है कि जिसे हम जयपुर और 'लोकप्रिय मुग़ल' शैलियों के नाम से पहचानते हैं, उनके बीच भेद करना मुश्किल हो जाता है।

इन चित्रों की शैलियों को प्रदेश के नाम पर नामाभिधान करने की परम्परा भी काफ़ी व्यापक है। इसलिए ऐसा मत प्रचलन में आया कि मानों काँगड़ा या बीकानेर जैसे प्रदेश में यह शैली पैदा हुई होगी और वहीं सीमित रही होगी। नये संशोधनों से पता चला है कि ऐसे निष्कर्ष कई बार भ्रामक साबित होते हैं। चूँकि उन दिनों चित्रों को दहेज में दिया जाता था इसलिए हमें वे जहाँ से मिले उस स्थान को उसका उद्भव स्थान या कर्मभूमि नहीं माना जा सकता। दख्खन के युद्ध में औरंगजेब के साथ बीकानेर राजघराने के जुड़े होने के कारण वहाँ के चित्रकार भी दख्खन पहुँचे थे और उन्होंने वहाँ के स्थानीय तरीक़ों को आत्मसात् किया था। यह तरीक़ा बीकानेर शैली में घुलमिल गया है। हमने आगे देखा था कि जैन प्रजा अपनी रचनाएँ जैनेतर कलाकारों के द्वारा तैयार करवाती थी। मूलरूप से चित्रकार और चित्र से जुड़ी गतिविधियाँ एक स्थान पर स्थापित या केन्द्रित नहीं होती थीं इसलिए प्रदेश के अनुसार हमेशा शैली के नाम लाभदायक नहीं हो सकते। डॉ. ब्रजेन गोस्वामी ने संगीत में प्रचलित घराने की मिसाल के मुताबिक़ चित्रकार-घराने के विकल्प का सुझाव दिया है जिस पर विचार किया जा सकता है। यहाँ यह बात भी अप्रस्तुत नहीं मानी जा सकती कि समग्र कला प्रवृत्ति मुख्य रूप से पुरुष-केन्द्री थी। हालाँकि जनपदी परम्पराएँ स्त्रियों के हाथों बनी हुई थीं। एक मुग़ल चित्र में गलियारे में बिठायी गयी स्त्री को आलेखित करती हुई दिखायी है परन्तु यह उदाहरण भी विरल है।

पूर्वप्रदेश में पाल-सेन काल में, भोजपत्र और ताड़पत्र पर और फिर उसी आकार में काग़ज़ पर बौद्ध पोथियाँ चित्रित हुईं, जिसमें अष्टसहस्त्रिका प्रज्ञापारमिता मुख्य है। इन सबमें अजन्ता की उत्तरकालीन शैलियों के अलावा हिमालय प्रदेश से होकर आयी हुई चीनी आकार-रचना का प्रभाव दिखता है। इनमें देह-मुद्राएँ भारतीय तालमान और प्रतिमा लक्षणों की तरह सुरक्षित हैं लेकिन आकृतियों के छोर के तेज़ मोड़ और गोलाकारों में मध्य एशियाई और चीनी अलंकृति के सगोत्र सम्बन्ध है। बाद में यह सब कुछ नेपाल और तिब्बत की चित्र-परम्पराओं में सुगठित और सुस्पष्ट हुआ। पश्चिम देश में मुख्य रूप से, गुजरात, राजस्थान और उत्तर प्रदेश में जैन चित्रकारी प्रचलित थी जिसमें श्वेताम्बर, दिगम्बर सम्प्रदायों के कल्पसूत्र-महापुराण और अन्य में कालकाचार्य कथा आलेखित हुई। इन आड़े बने पोथी-चित्रों में चित्र और लेखन एक-दूसरे के पास-पास हुआ करता था और बीच में डोरी से बाँधने के लिए छेद होता था और वहीं हाशिये की तरह ख़ाली जगह बनी होती थी। लेखन मुख्य रूप से काली या लाल स्याही में बाँस (नेतर) से बनी क़लम से किया जाता था जिसमें मेहनत और हुनर दोनों चित्रकारी में घुल-मिल गये। हरेक अक्षर पूर्व नियत चौखटे में सुग्रथित था जो चित्र के लिये बने चौखटे को प्रतिबिम्बित करता था। लेखन की तरह चित्र भी ठीक उसी तरह 'पढ़ा' जा सकता था और यहाँ आकारों को ऊपर-नीचे, दायें-बायें ऐसे बिठाया जाता था मानो उन्हें गिनकर बनाया हो (आकार मिलेजुले नहीं और न ही रंगों का मिश्रण।) महावीर की माता त्रिशला के शय्याधीन अवस्था के चित्रण में, ऊपर के अवकाश में बनाये गये स्वप्न के चौदह रत्नों को इतने सुस्पष्ट रूप से चित्रित किया गया है कि हम उन्हें आसानी से परख सकते हैं। गर्भ रूप के स्थानान्तरण, तीर्थंकरों की कठिन तपस्या, नेमीनाथ की बारात या गर्दभशीला को सबक सिखाने के लिए दिल्ली के शाह की सेना लेने जाते हुए या फिर कुएँ से गेंद निकालते हुए कालकाचार्य के चित्रों में ऐसा द्विदर्शी सृजन हुआ है मानो कि तूलिका और लेखनी एक-दूसरे से प्रतिस्पर्धा कर रहे हों। जो लिखा जाता था वह अच्छा और त्वरित होता था और ठीक उसी तरह चित्राकार भी तेज़ मोड़वाले और घुमावदार हुआ करते थे। देह रचना ऐसी होती थी कि आड़े या पौने हिस्से के बराबर सम्मुख रूप में धड़ हुआ करता था और दोनों आड़े पैरों में, विशेष रूप से आड़े मुख में त्वरित रेखांकन की तेज़ी। एक आँख वाले चेहरे की विरूपता को मिटाने के लिए दूसरी आँख आड़े चेहरे के बाहर खींचकर चेहरे को पूर्ण किया जाता था। यहाँ चित्राकार की देहगति और चित्र

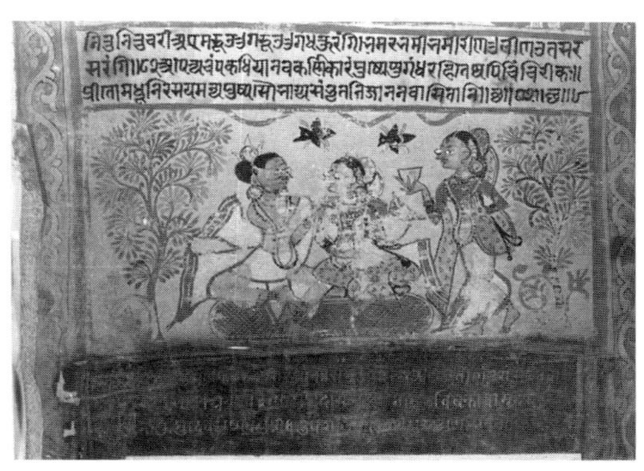

वसन्तविलास, *कपड़े पर जलरंग, १४५१ ई.*

सौजन्य : फ्रियर गैलरी ऑफ़ आर्ट, वाशिंगटन, अमेरिका

बनाने की गति जब एकरूप हो जाती तब गतिमयता का अनोखा सामंजस्य रच जाता था। पट का आकार छोटा होने के कारण आकृतियाँ भी सीमित हुआ करती थीं इसलिए मुख्य पात्र बड़े और पूरे होते थे और परिवेश, सांकेतिक आकारों के अंग जैसे कि नाटक में पाये जाते हैं : महल, मुण्डेर, मेहराब, जंगल, पेड़, पक्षी या पशु के आकार सांकेतिक रूप में पर मनुष्य पात्र की तरह ऊर्जावान। रंग सपाट और उज्ज्वल, लाल, लापीस का नीला या सुनहरे वरक के तेज़ में आकृतियाँ गहनों में जड़ाऊ की तरह अलंकृत दिखायी देतीं। ताड़पत्र का रंग अलग होने के कारण उस पर सफ़ेद रंग का विनियोग आवश्यकता के अनुसार किया जाता था जिससे आकार अलंकृति में से उभार आता था। पालम से मिले महापुराण (ईस्वी सन् १५४०) और देवशा का पाळो (अहमदाबाद) के कल्पसूत्र-कालकाचार्य कथा (ईस्वी सन् १४७५) के पृष्ठों में रंग-लीला और देह-विन्यास का जादू चकित कर दे ऐसा प्रभावक है है। बड़ौदा के नरसिंहजी की पोळ (मोहल्ले) में स्थित ज्ञान भण्डार में संगृहीत जौनपुर के कल्पसूत्र (ईस्वी सन् १४६५) में गतिमयता और अलंकारलीला का अद्‌भुत संगम है।

बारहवीं सदी से काग़ज़ के उपयोग के प्रमाण मिलते हैं लेकिन पुरानी पोथियों में इस्वी सन १३४० में बने 'कल्पसूत्र' की पोथी को गिना जा सकता है। वाणिज्य के लिए क़ीमती पत्थर लापीस लाज़ूली की तरह काग़ज़ को भी आयात किया जाता होगा। इसके बावजूद ईस्वी सन् १४५० तक ताड़पत्र के प्रचलन के बारे में उल्लेख मिलते हैं। समग्र उत्तर प्रदेश में पोथी-चित्रों की जो भिन्न-भिन्न परम्पराएँ अस्तित्व में थीं उन्हें देखते हुए यह कहा जा सकता है कि पन्द्रहवीं सदी से सोलहवीं सदी के मध्यभाग में काग़ज़ और रंग सुलभ होने लगे होंगे। जहाँ एक ओर कल्पसूत्र, कालकाचार्यकथा चित्रित हो रही थी तो वहीं दूसरी ओर अहमदाबाद में 'वसन्त विलास' (ईस्वी सन् १४५१) और 'रतिरहस्य' एवं 'राजप्रश्नीयसूत्र' जैसी धर्मेतर रचनाएँ भी रची जा रही थीं। जहाँ एक ओर 'बालगोपालस्तुति' और 'संग्रहणीसूत्र' (मातर) चित्रित हुए तो वहीं उत्तर देश में कुतबनरचित 'मिरगावत' और मौलाना दाउद के द्वारा अवधी भाषा और फारसी लिपि में लिखित 'चन्दायन' के तीनों चित्रण अलग-अलग शैलियों में रचित हुए। सल्तनत शैली की विविधता में निज़ामी के 'खम्सा' (पंचगीत) से लेकर 'हम्ज़ानामा' और 'सिकन्दरनामा' की कहानियों की पोथियाँ रची गयीं तो दूसरी ओर माण्डु में 'न्यामतनामा' जैसी व्यंजनों की पोथी तैयार की गयी। उसी के साथ भागवत की

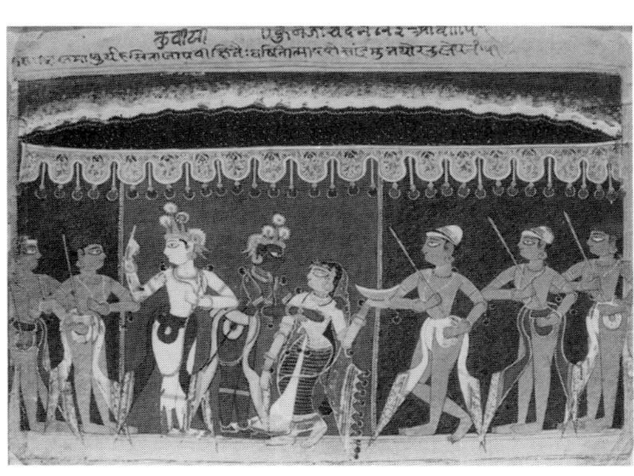

कुब्जा और कृष्ण, *ईस्सरदा भागवतपुराण, उत्तर प्रदेश, काग़ज़ पर जलरंग, १६वीं शती ई.*

सौजन्य : गोपी कृष्ण कनोरिया संग्रह, पटना

कृष्णकथा की पोथियों में 'नाना' या 'मीठाराम' जैसे नामवाली पोथियाँ भी प्रसिद्ध है और उसके बाद 'ईस्सरदा' नाम की भागवत पोथी चित्रित हुई। 'आरण्यकपर्व' की पोथी भी सोलहवीं सदी के आरम्भकाल में रची गयी। 'चौरपंचाशिका' जैसा प्रेम-काव्य रचा गया और उसकी चित्र शृंखला में उस काल की विशिष्ट रीतियाँ प्रतिबिम्बित हुईं, साथ-ही-साथ उत्तरकाल की राजस्थानी चित्र चेतना का पिण्ड भी इन्हीं परम्पराओं से दृढ़ रूप में बँधा। यह सब कुछ मुग़ल चित्रकारी के पहले हुआ और इनमें मध्यकालीन रीतियों की जीवन्तता और प्रभावकता का प्रमाण मिलता है।

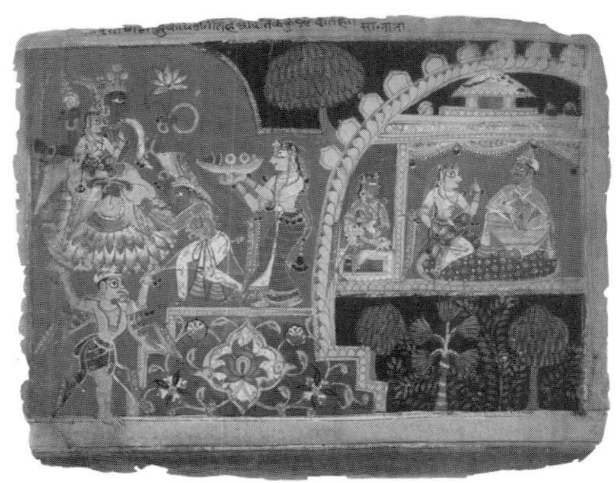

नाना अथवा मीठाराम, ***कृष्ण और सत्यभामा का आगमन****, भागवतपुराण-दशमस्कन्ध, मेवाड़, काग़ज़ पर जलरंग, पूर्वार्ध १६वीं शती ई.*

सौजन्य : सान डिएगो कला संग्रहालय, सान डिएगो, अमेरिका

इन चित्रों में इतना आदान-प्रदान हुआ है कि धर्म-धर्मेतर रीतियों को अलग करना मुश्किल है। जहाँ तक रीतियों को जोड़ने की बात है तो 'वसन्त विलास', 'संग्रहणीसूत्र' और 'बालगोपालस्तुति' में सगोत्रता देखी जा सकती है। चण्डीगढ़ की 'चन्दायन' पोथी, 'चौरपंचाशिका' और 'मीठाराम' भागवत के साथ 'मिरगावत' के देश्य का सल्तनत समय के 'चन्दायन' तथा 'हम्ज़ानामा' और 'सिकन्दरनामा' के साथ छोर बँधता है। इसके अलावा पूर्व में उड़ीसा में पटचित्र बनाये गये और ताड़पत्र को तीक्ष्ण निहाने से कुरेदकर अन्दर काला रंग भर कर आकार देने की गतिविधि का आरम्भ हुआ। इस समय मुग़ल कला का उद्‌भव हो चुका था, लेकिन उसका प्रभाव इतना दूरगामी नहीं हुआ था।

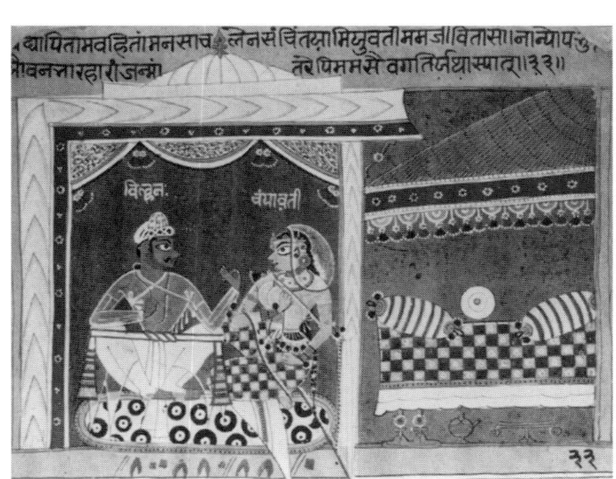

बिल्हण और चम्पावती, *चौरपंचाशिका, उत्तर प्रदेश, काग़ज़ पर जलरंग, मध्य १६वीं शती ई.*

सौजन्य : एन. सी. मेहता संग्रह, एल. डी. संग्रहालय, अहमदाबाद

'वसन्त विलास' और 'बालगोपालस्तुति' जैसी पोथियों की चित्रकारी में पूर्वकाल

और समकालीन कल्पसूत्रों की रचना-रीति से कुछ हल्कापन दिखायी देता है—प्रचुरता कम होती है पर रंग वैविध्य और श्रृंगार की मात्रा बढ़ती है। दोनों ही में प्रादेशिक देह-रचना को गतिमयता में गूँथ लिया है। 'वसन्त विलास' में रति-राग के सख्य-भाव को ऐसे उभारा है जिसमें प्रेम का डंक देने वाली मधुमक्खी की आकृति रूपक की तरह, डंक के क़द जितनी बड़ी है। 'संग्रहणीसूत्र' में वेशभूषा और देह के आकारों को वणिक समाज के समकालीन परिवेश में देखा हो ऐसे संकेत मिलते हैं। 'आरण्यक पर्व' की संक्षिप्त आवृत्ति और 'मिरगावत', 'चन्दायन' और 'हम्ज़ानामा' एवं 'सिकन्दरनामा' में नाट्य परम्परा का देह-विन्यास उभर कर आता है। ऐसा ही 'खम्सा' के लिए भी कहा जा सकता है जबकि 'न्यामतनामा' में इसका अभाव है। वहाँ आराम का माहौल है। 'चौरपंचाशिका' में युगल संवाद जैसी रचना है। नायक-नायिका बिल्हण और चम्पावती जिस कमरे में एक-दूसरे के सामने बैठे हुए हैं, उसके परिवेश में खिलते हुए विशाल कमल, तकिया, जलपात्र और तोरण पर झूलते हुए फूल या फिर गाँठ लगे हुए पर्दे आलम्बन विभाव जैसे रतिरूपक हैं। विशालाक्षी उन्नतस्तना चम्पावती की शुक-नासिका और रौबदार बैठक से नायिका-लक्षण सूचित होते हैं। यहाँ यह सब कुछ मानो बुलन्द बानी में कहा जा रहा हो ऐसे खिले हुए स्वरूप में चित्रित हुआ है जिसे तत्कालीन काव्य या समाज की संवेदना के सन्दर्भों के साथ जोड़ा जा सकता है।

'मीठाराम' भागवत की आकृतियाँ खड़ी हुईं होने पर भी मानो कि चंचलता की पर्याय जैसी आन्तरिक ऊर्जा से ठनक रही हों। देह का यह विचलित वेग युद्धगामी या उड़ते पात्रों में वीररूप दिखाता है। रंग-योजना में हिंगुल, हल्दी जैसा पीला और काग़ज़ की हल्की लालिमा वाले रंग के ऊपर सफ़ेद रंग की लकीरें लेप जैसी परतों में की गयी हैं। रंग का यह मोटापन आकृति को विलक्षण उभार देता है। 'इस्सरदा भागवत' की आकृतियों में पण्डवानी जैसे वाचिक अभिनयप्रकार में खड़े-खड़े कथा कही जा रही हो इस प्रकार शरीर के ऊपर के हिस्से की मुद्राएँ चलित दिखायी गयी हैं और पैर ज़मीन में गड़े हुए हैं। इस शैली में नागरी सौष्ठव और आकृतियाँ लम्बदेही अन्दाज़ में अत्यधिक रौबदार लगती हैं। 'चन्दायन' की चण्डीगढ़ पोथी (उसके अन्य रूपों की तरह) खड़े आकार की है। इसलिए ये उपर्युक्त एवं सभी पोथियों से भिन्न है। इसमें कथा इस प्रकार आलेखित हुई है कि तीन-चार आड़े पट पर पढ़ी जा सके और लगभग हरेक पट में 'कहत कबीर' जैसा मौलाना दाऊद का धर्म पोथी पढ़ने वाला कवि पात्र कथाकार की भाँति हाजिर है। हालाँकि चित्रित कहानी को धार्मिक भाव से ज़्यादा लेना-देना नहीं दिखता लेकिन नयी शोध से निकला है कि इसमें सूफी भाव का प्रभाव भी है। इसमें लौरिक, चन्दा और मैना का प्रणय त्रिकोण है जिसमें लड़ाई के अलावा सौतों की मारामारी और श्रृंगार रस का साज़ोसामान काफ़ी मात्रा में दिखाया है। इसमें आड़े कथापट छोटे-बड़े होते हैं और आकृतियाँ या रूपाकारों में एक-दूसरे में प्रवेश कर सकें इतनी चौड़ाई भी है। एक चित्र में नीचे के पट पर बुझे हुए दीये की धुएँ की लकीर कहानी के अन्य प्रसंग को पार करते हुए ऊपर बढ़ती है। रंगों में लाख जैसे गहरे लाल और सफ़ेद की लीला कथा को बहलाती है।

‘चन्दायन’ का तीसरा प्रकार अलग तरह से चित्रित हुआ है (मुम्बई के छत्रपति शिवाजी महाराज वास्तु संग्रहालय की संग्रह पोथी में) : इसमें पीले, हरे, जामुनी, नीले की हल्की झाईं में फ़ारसी लिपि जैसी घुमावदार सजावट के आवर्तन हैं और आकृतियाँ थोड़ी अक्कड़ या देह संकुचित मुद्रा में बनायी गयी हैं। इसमें हमें ईरानी कला की रंग-लीला मिली होने के संकेत मिलते हैं; ठीक वैसे ही रंग और सजावट ‘न्यामतनामा’ में भी हैं, लेकिन ‘हम्ज़ानामा’ और ‘सिकन्दरनामा’ की रंग-रचनाओं में ऐसा कोई निर्देश नहीं।‘सल्तनत’ शैली के इस ‘चन्दायन’ में वीरगति के स्थान पर थोड़ा विनोद का भाव भी जोड़ा गया है।

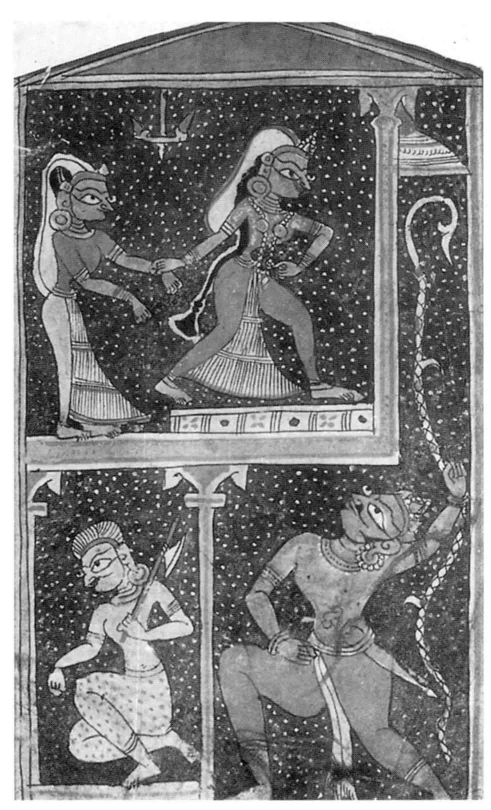

***नायिका की मेडी/ मंज़िल पर रस्सी फेंकता नायक**, चन्दायन, उत्तर प्रदेश, काग़ज़ पर जलरंग, १४५०-७५ ई.*

सौजन्य : भारत कला भवन, बनारस हिन्दू विश्वविद्यालय, वाराणसी

राजकीय स्तर पर घमासान और उथल-पुथल के इस युग में विविध शैलियों की इस चित्रकारी का सुर ऊर्जावान और जीवनमुखी है जिसमें से काफ़ी कुछ व्यापक लोकाश्रय के आधार पर रचा गया होगा क्योंकि इसमें कहीं प्रादेशिक और कहीं ठेठ देशज, कहीं शहरी तो कहीं देश्य यह सब सर्जन की सामग्री के रूप में आया है। इसमें अजन्ता की नियमावली या जैन-पोथीचित्रों की प्रथा के बन्धन मानो टूटे हैं और सुर मानो बुलन्द हुए हैं : जोधपुर क्षेत्र के माँगनिया या लंगा गायक देशी अन्दाज़ में भैरवी बुन लें या कुमार गन्धर्व मालवा की लोकगायकी प्रशिष्ठ घराने में पिरो लें तब चमत्कार की लहरें उठती हैं वैसी ही इन चित्रों की तराहों में उभर आती दिखती हैं।

सोलहवीं सदी के मध्य भाग तक की परम्पराएँ बोलियों की तरह लोक-परिवेश की परम्पराएँ थीं जो मुग़ल काल में राज-परिवेश में परिवर्तित होती हैं और लिखित भाषा के संस्कार के कारण अजन्ता की तरह पुन:परिष्कृत होती हैं। अकबर को जो देश की बहुरंगी विविधता का दर्शन हुआ उसको उसने राज दरबार में लाकर समन्वय के रूप में विकसित करने का प्रयास

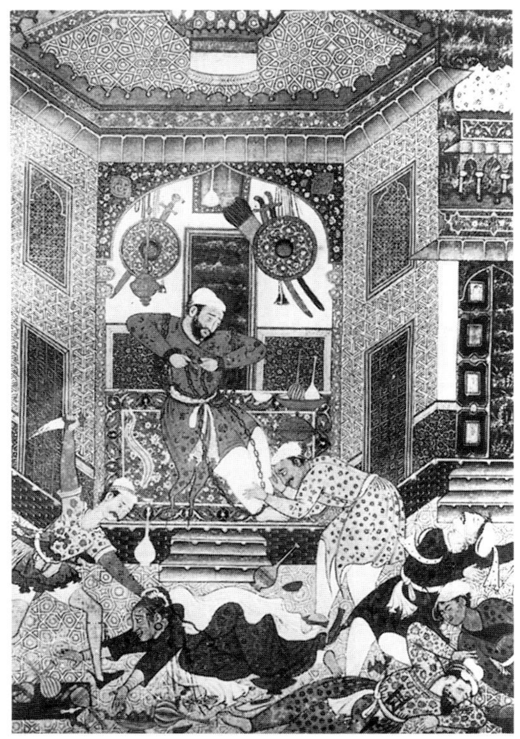

***हम्ज़ा को छुड़ाने के लिए द्रोही नौकरानी की हत्या करता उमर**, हम्ज़ानामा, मुग़ल, कपड़े पर जलरंग, १५६२–७७ ई.*

सौजन्य : म्यूज़ियम ऑफ़ ऐप्लाइड आर्ट्स, विएना, ऑस्ट्रिया

किया। नन्द ग्वालियरी, हैदर कश्मीरी और भीमजी गुजराती कुछ ऐसे चित्रकारों के नाम राजपोथी के चित्रों के हाशिये में या ग्रन्थपाल के हाथों लिखे हुए मिलते हैं इससे यह स्पष्ट होता है कि ये कलाकार राज्याश्रय के आकर्षण से अलग–अलग प्रदेशों से दिल्ली और आगरा पहुँचे थे। शेरशाह के हमले से ईरान में शरण लेकर रहे हुमायूँ ने फिर सत्ता पाने के बाद शाह तहमास्प के राज कलाकार मीर सैयद अली और अब्दुस्समद को दिल्ली बुलवाया था। राजगद्दी प्राप्त करने के बाद हुमायूँ के द्वारा फिर से शुरू किये गये 'कारखानों' (कला–निर्माणशाला) में इन राज–कलाकारों के मार्गदर्शन में 'चौरपंचाशिका', 'चन्दायन' या 'कल्पसूत्र' जैसे दृश्य घराने के अनेक कलाकार आकर जुड़े। अकबरकाल में उन्हें 'उस्ताद' माना गया ऐसे समर्थ कलाकारों में बसावन, दसवन्त, मिस्कीन, फर्रूख चेला के अलावा खेमकरण, केशु, नान्हा, जगन्नाथ जैसे कलाकार थे जिन्होंने भारतीय कला में अनोखी सजग प्रयोग परम्परा का सृजन किया। इसी समय देशी कलाकारों ने ईरानी उस्तादों से सफावीद शैली की तालीम प्राप्त की। फिरंगी पादरियों ने शहन्शाह (अकबर) को बहुभाषी बाइबल भेंट में दी थी जिसमें यूरोपीय छापचित्र थे। इन्होंने इस बाइबल की आकृतियों से कुछ अंशों को आत्मसात् किया लेकिन मूलरूप से स्वयं की सूझबूझ से इन सभी का सविवेक विनियोग करने की परम्परा रची। एक ऐसा दृष्टिकोण भी पैदा हुआ कि इस आदान–प्रदान की प्रक्रिया में हरेक शैली का सत्व और ऋत बना रहे और चित्राकार गड़बड़ या त्रुटिपूर्ण भी न हों : सह–अस्तित्व की चित्र–साधना के इस साझीदार उद्यम का प्रथम और श्रेष्ठ परिणाम 'हम्ज़ानामा' नाम से प्रसिद्ध चित्रों की शृंखला में दिखता है। दो से ढाई फुट के कपड़े पर चौदह सौ चित्र पन्द्रह साल (ईस्वी सन् १५६२–१५७७) तक चित्रित हुए जिसमें लगभग सौ कलाकार, लेखपाल, वर्क और ज़िल्दबन्दी के कारीगर लगातार कार्यरत रहे। यदि उन्हें बिछाया जाय तो उन चित्रों का विस्तार एक क़िलोमीटर से भी ज़्यादा लम्बा होगा।

'हम्ज़ा' की कथा मुहम्मद पैगम्बर के चाचा से सम्बन्धित है और अर्धपुराकथाओं के अन्य पात्रों के साथ जुड़ी हुई है, जिसमें नायक के द्वारा देश-विदेश में किये गये पराक्रमों के वर्णन हैं, हालाँकि यह भारत के अलावा और कहीं चित्रित नहीं की गयी है। यह कथा अकबर को बड़ी पसन्द थी। यहाँ यह कहना ग़लत न होगा कि जवान शहन्शाह जैसे-जैसे फतेह करता गया उसके साथ-साथ वह भारत देश की बहुरंगी विविधता के दर्शन कर चकाचौंध हो गया, जिसका परोक्ष रूप से प्रतिबिम्ब इसमें दिखायी देता है। इसमें कहानी की कल्पना और यथार्थ एक-दूसरे में घुलमिल गये हैं और कलाकार ने हम्ज़ा को भारत के परिवेश में दृश्यदेह दिया है।

इसमें बड़ी मात्रा में ईरानी शैली की बारीकियाँ, यूरोपीय यथार्थ-दर्शिता के चुने हुए परिमाण और देश्य परम्परा की रंग-लीला तथा आकार गति एक साथ प्रकट हुए हैं। इसका परिणाम यह हुआ कि एक ही चित्र पर अनेक द्वारा साझेदारी करने का चलन शुरू हुआ। यहाँ यह बात विरोधाभासी लग सकती है लेकिन साथ-साथ काम करने से जो आविष्कार हुए उसमें वैयक्तिक चित्रकारी भी उतनी बढ़ी। इसमें यह भी हुआ जिसमें एक ही चित्र में एक कलाकार रेखांकन करता और दूसरा रंग भरता या फिर एक मनुष्याकृति बनाता, दूसरा भूमिदृश्य और तीसरा सजावट रचता। उन तीनों के नाम हाशिये पर लिखे जाते थे और बारीक़ी से देखने पर तीनों की अपनी अनोखी तराह भी नज़र आती है जैसे कि संगीत की संगत में होता है। हम्ज़ा चित्रों में अनेक हाथों की कलाकारी को पकड़कर रखने वाला कोई तत्त्व हो तो वह यही है : हरेक हाथ की दूसरे हाथ के साथ संगत। हालाँकि ऐसा दृष्टिकोण नहीं कि जिससे सिर्फ़ संवादी माधुर्य ही प्रकट हो। हम्ज़ा के युद्धचित्रों की तासीर हिंसा के निर्मम आलेखन में, केन्द्रोत्सारी, तिरछे आकारों के आयोजन में विशेष रूप से प्रकट होती है। इनमें ऐसा लगता है मानो कि ढाँचे में बँधा चित्र सारी सीमाएँ पार कर बाहर निकल जाता है इसलिए उससे पहले के और उसके बाद के चित्रों को साथ में देखने के सातत्यवाला दृष्टिकोण प्रकट होता है। दुर्भाग्य से आज मुश्किल से उसके दस प्रतिशत चित्र ही बच पाये हैं इसलिए उन्हें इस प्रकार के सातत्य में देख पाना सम्भव नहीं है।

बाबर और हुमायूँ दोनों ही कला रसिक थे। बाबर के परिवार में ही ईरानी कला के रसिक पूर्वज और चचेरे थे और कहा जाता है कि जब शेरशाह हुमायूँ के पीछे पड़ा था तब उस भागते हुमायूँ के काफ़िले में पुस्तकें भी भरी थीं। हुमायूँ के द्वारा प्रारम्भ की गयी कला-निर्माणशाला अकबरकाल में विकसित हुई, पुस्तक की कला के ऊँचे आदर्श रचे गये और साधे गये। पोथियाँ चित्रित हुईं जिसमें बाबर की आत्मकथा 'बाबरनामा', अकबर का चरित्र 'अकबरनामा' आदि का स्थान इतिहास कथाओं में है। यहीं, भारतीय परम्परा में ऐतिहासिकता के आलेखन का अध्याय जुड़ता है, पंचतन्त्र जैसी 'अन्वार-ई-सुहैली' की नीतिकथाएँ और अकबर के द्वारा अनूदित करवाये गये रामायण, महाभारत जिन्हें 'रज़्मनामा' के रूप में चित्रित किया गया। इनके अलावा 'हरिवंश' और 'योगवाशिष्ठ' भी चित्रित किये गये।

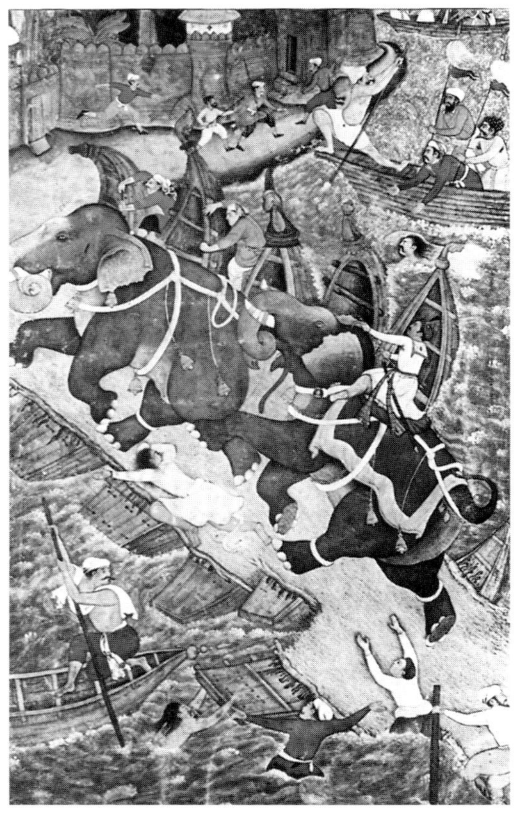

बसावन, ***पागल हाथी को वश में कर रहे अकबर*** *(अकबरनामा का एक पृष्ठ), मुग़ल, काग़ज़ पर जलरंग, १५९० ई.*

सौजन्य : विक्टोरिया एण्ड अल्बर्ट संग्रहालय, लन्दन, ग्रेट ब्रिटेन

जहाँगीर काल में चित्र की शैली में थोड़ा बदलाव आया। कहानी-चित्रों के स्थान पर अलग-अलग चित्रों ('मुरक्का' या अलबम) की ओर झुकाव बढ़ा। विशाल जनसमुदायों के आलेखन के बदले इक्का-दुक्का आकृति और विशेष व्यक्ति की छबि की ओर आकर्षण बढ़ा। इन सबमें जहाँगीर को विश्व विजेता दर्शाने वाले चित्रों के अलावा मौत के कगार पर बैठे दरबारी इनायत खान का चित्र विलक्षण और विरल है, क्योंकि भारतीय चित्रकारी में स्वाभाविक मृत्यु का आलेखन शायद ही हुआ है। जहाँगीर को पशु-पक्षी का संग्रह करने का शौक़ था जिसके प्रभाव से मन्सूर जैसे उस्ताद ने प्राणी संग्रहालय के ज़िब्रा और मोर-मोरनी को आलेखित किया; यह भी एक नये चित्र प्रकार की शुरुआत है। शाहजहाँ के समय में काफ़ी निर्माण काम हुआ है लेकिन चित्रकारी भी होती रही। औरंगजेब के समय में सामान्य रूप से माना जाता रहा है उससे विपरीत कई चित्र बनाये गये और उसमें औरंगजेब की छबियाँ भी बनायी गयीं। उसके बाद मुहम्मदशाह 'रंगीला' के शासनकाल के दौरान चित्र-प्रवृत्ति का काफ़ी विकास हुआ लेकिन उसका ऋत उड़ने लगा था। बहादुरशाह ज़फ़र और उसके शहजादों के चित्रों में ऐसा शून्यावकाश दिखायी देता है मानो मुग़ल कला का खोखला ढाँचा ही बचा रह गया है। दिल्ली और आगरा में दरबारियों और संलग्न परिवारों में जो मुग़ल शैली प्रवर्तित हुई वह बाहर के रजवाड़ों में भी फैली जिसे 'लोकप्रिय मुग़ल' नाम से जाना जाता है। इस प्रादेशिक मुग़ल प्रकारों में अवध में विशिष्ट शैली पैदा हुई जिसमें यूरोपीय शैली के परिप्रेक्ष्य के प्रभाव में दूरी को आलेखित करने के अनोखे प्रयत्न हुए। इसके अलावा मुग़ल पद्धति, रीतियाँ और भावालेखन का गहरा प्रभाव सत्रहवीं सदी के बाद राजस्थानी और पहाड़ी सृजन पर पड़ा जिसमें से नयी-नयी तराहें और क़लमें फूटी।

मुग़ल की समकालीन चित्र-पद्धति दक्षिण के बीजापुर, गोलकोंडा और अहमदनगर राज्यों में

प्रवर्तित हुई। वहाँ लेपाक्षी जैसी पूर्वकालीन चित्रकारी और ईरानी पोथी-चित्र की रीतियाँ संकलित हुईं जिससे मुग़ल से विलक्षण शैली का उद्‌भव हुआ। यहाँ एक ओर ईरानी शैली जैसी रंग-रचना का प्रभाव रहा तो साथ ही प्रादेशिक हल्के हाथ की ढिलाई भी आयी। मुग़ल छबि-चित्रों में बादशाह की देह तनी हुई और गम्भीर मुख-मुद्रा वाली हुआ करती थी, उनकी तुलना में यहाँ ज़रा नरमाई है। इब्राहीम आदिलशाह दूसरा संगीत प्रेमी था इसलिए उसके छबि-चित्रों में हाथ में करताल दी गयी है। मुग़ल में परिधान को ठीक से सँजोया जाता था, यहाँ बादशाह के जामे को हवा में उड़ता हुआ दिखाया है। इन क़लमों में अनोखी विविधता भी थी और भीगे-भीगे रंगों को एक-दूसरे में घोलकर बादलों से घिरा हुआ आकाश और रंगों को फैलाकर बनाने वाले 'मार्बलिंग' तरीक़े को भी आज़माया गया।

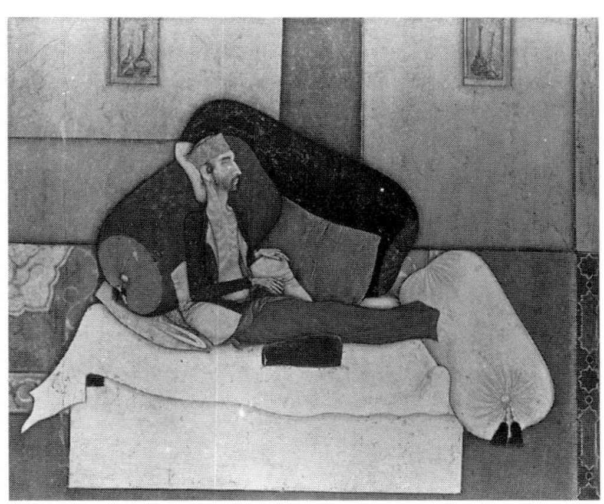

इनायत ख़ान का अन्त समय, *मुग़ल, काग़ज़ पर जलरंग, १६१८ ई.*
सौजन्य : बोडलाइन लाइब्रेरी, ऑक्सफ़ोर्ड, ग्रेट ब्रिटेन

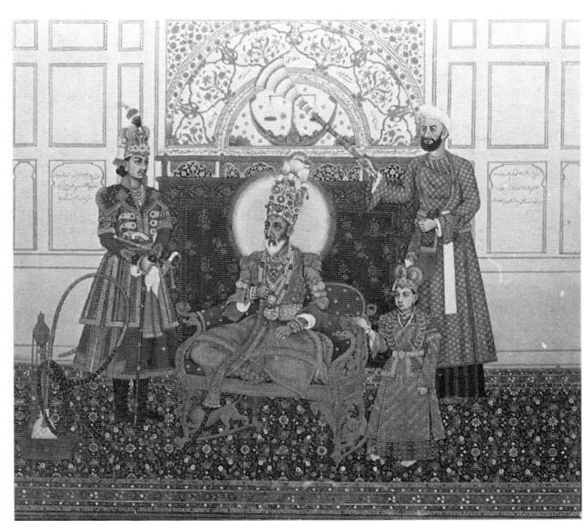

बहादुरशाह दूसरा, मुग़ल, *काग़ज़ पर जलरंग, १८३८ ई.*
सौजन्य : हार्वर्ड यूनिवर्सिटी आर्ट म्यूज़ियम, कैम्ब्रिज, मेसेच्युसेट्स, अमेरिका

मुग़ल शैली में जो भी प्रकट और साध्य हुआ उसमें जीवन और विश्व के प्रति एक विशिष्ट दृष्टिकोण था। उसमें दिखायी देने वाली दुनिया को आलेखित करने की तीव्र दृष्टि थी लेकिन उसमें हूबहू यूरोपीय यथार्थ आराध्य नहीं था। बारीकियों को बीनकर रूप-तन्तुओं से गूँथने की प्रक्रिया ईरानी रीति से निकली जो भारतीय संवेदना को सहोदर भाव से आयी होगी। सबसे ज़्यादा तो चित्र के मज़े की लगन और चित्र-रूप को पाने की तमन्ना मुग़ल रुचि के मूलाधार हैं। यहाँ राजा भी रसिक नागरिक की तरह सूक्ष्म और जटिल दृश्य-लीला का रसास्वादन करने के लिए उत्सुक था इसलिए उसने चित्रकारों को पहचाना और नवाजा। पोथी-चित्र सिर्फ़ एक ही व्यक्ति के आनन्द के लिए होने के कारण उसकी महत्ता और मूल्य एक अनोखे रसिक की रुचि के अनुरूप थे। हाथ-चित्र

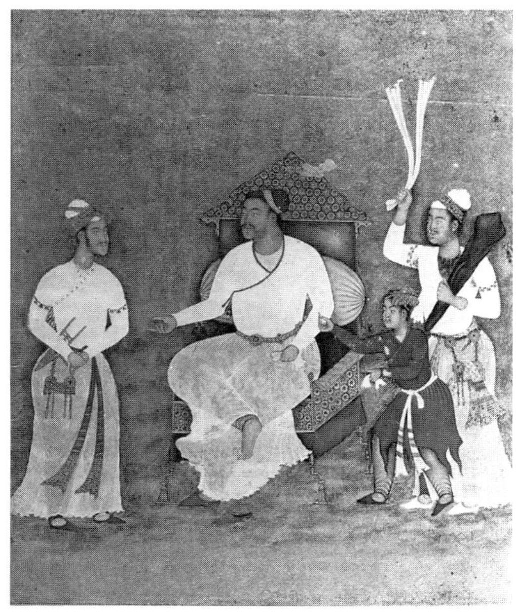

***गद्दीनशीन सुलतान मुर्तज़ा निज़ाम ख़ान**, अहमदनगर, काग़ज़ पर जलरंग, १५७५ ई.*
सौजन्य : बिब्लियोथेक नेशनल, पेरिस, फ्रांस

भी दुर्लभ हीरे के समान चीज़ थी जिसने जहाँगीर जैसे सुज्ञ रसिक को लुभाया होगा।

मुग़लकाल कला अभिरुचि के बारे में जब हम सोचते हैं तो हमारे सामने जो छबि खड़ी होती है उसमें हवादार, नक़्क़ाशीदार आवासों, संगमरमर के महलों, क़ीमती पत्थरों के जड़ाऊ काम, बाग़-बग़ीचे और फव्वारों के अनेक रूप सामने आते हैं। कसीदाकारी किये हुए जामे, मलमल के उपवस्त्र, मोतियों की माला, नीलम और माणिक जड़े हुए पात्र, तलवार की मूठ, विशिष्ट प्रकार के पेय, खाना-पीना और इत्र की ख़ुशबू भी इसमें शामिल हैं। चित्र-कला के सूक्ष्म दर्शन ने जो साध्य किया उसमें वे संस्कार अनोखे ढंग से मूर्त हो उठे। पतले काग़ज़ की परतों से बनायी जाने वाली वस्ली और सफ़ेद रंग के पतले अस्तर पर अस्तर की परतें तथा चित्र के पूर्ण हो जाने पर अकीक से घिसी गयी सतह पर संगमरमर, मोती और मलमल जैसी स्निग्धता समायी थी। कलाकार ने पहचान लिया था कि रंग की परतों के पार दिखायी देने वाले रेखांकन में पानी में पड़े हुए पदार्थ जैसी पारदर्शी झलक, नीले रंग की झांईं में इत्र की छाया वाला और हीरा-माणिक के प्रकाश से झिलमिलाता सूक्ष्म रूप अंकित हो तो वह रसिक-भावक की आँखों में बस जाय। चित्र को हाशिये से या लेखन से ऐसे सजाया था कि वह दुर्लभ पदार्थ की तरह अमूल्य बन जाता था। कलाकार ने मरते हुए इनायतखान को इतनी सूक्ष्मता और पैनी दृष्टि से आलेखित किया है कि रेखांकन और रंग दोनों ही माध्यमों में उसका मलमल में लिपटा हुआ अस्थिपिंजर का नुकीलापन एक भारी तकिये के नरम रूप में चुभ रहा हो। यहाँ मानो मौत से पहले की घड़ी साक्षात् हो रही है। मन्सूर ने जिस तरह मोर-मोरनी के जोड़े में पंख के नीचे छिपी हुई जीवन्त उष्मा के निर्देश किये हैं वैसी ही ज़ेब्रा की बहिर्रेखा और उसके पट्टों में प्रतिबिम्बित हुई है। उस समय के सुज्ञ रसिकों के आदर्श ऊँचे रहे होंगे इसलिए जैसे संगीतकार पारखी को देखकर गाता है और खिलता है उसी तरह चित्रकारी के उस्तादों ने माँगा उससे ज़्यादा रसान्वित चित्रण किया। जब इन आदर्शों का रंग फीका पड़ने लगा तब आलेखन में यान्त्रिकता आने लगी, चित्रकारी में हुनर तो रहा लेकिन सत्व इत्र की सुगन्ध की तरह उड़ गया।

अकबर के समय में कलाकारों में बसावन को उस्ताद माना गया है। उसकी तुलना इस्लामी परम्परा के आदर्श कलाकार मानी के साथ की गयी है। दसवन्त पालकी उठाने वाले कहार का लड़का था, (ऐसा उल्लेख मिलता है कि उसे मिर्गी के दौरे पड़ते थे और अन्त में आत्महत्या कर ली थी) उसने 'रज़्मनामा' जैसी अद्‌भुत विशिष्ट श्रृंखला में बहुत बड़ा योगदान दिया है और उसके रंग आयोजन के तरीक़े की जोड़ मिलनी मुश्किल है। माना जाता है, मिस्कीन प्राणियों की चित्रकारी, विशेष रूप से प्राणी-सृष्टि को परखने वाला सिद्धहस्त उस्ताद था। उसकी श्रेष्ठता 'अन्वार-ई-सुहैली' के जानवरों में प्राणसंचार के निर्देश देखने पर साबित हो जाती है। जब धर्मान्ध मुल्लाओं ने अकबर के चित्र-प्रेम की टीका की तब शहन्शाह ने जो कहा वह अर्थपूर्ण है : जब कलाकार चित्र के द्वारा जीवाकार को पाता है तब उसे मालिक के करम का साक्षात्कार होता है, इसलिए चित्र कलाकार को ईश्वर से दूर नहीं अपितु ईश्वर के नज़दीक ले आता है। जहाँगीर के समय की छबि-चित्रकारी में भी कलाकार व्यक्ति के बाह्य रूप से कहीं ज़्यादा उसके स्वभाव को, उसके प्राण को छूने के लिए उद्यत रहता है। यथार्थ के आदर्श में 'शायर का घर', 'बाज़ार में झगड़ा' या 'आत्महत्या' जैसे चित्रों को रखा जा सकता है। 'शायर का घर' में रोते हुए बच्चे, मोहल्ले में झाड़ू लगाती औरत के अलावा कंगालियत और बदहाली लगभग रेखांकन के रूप में बयान हुई है जिसमें जीवन दर्शन के

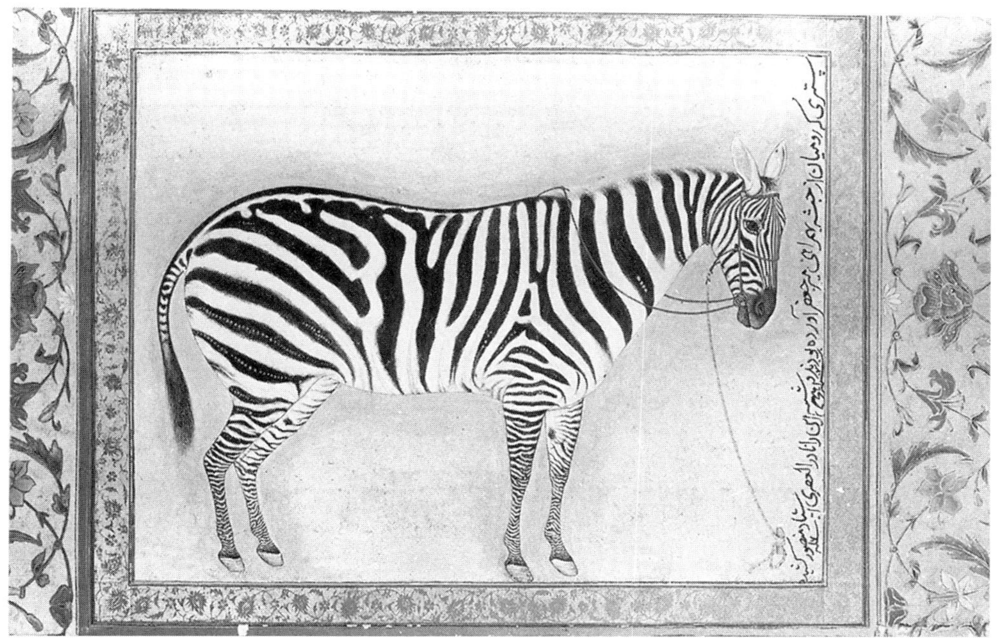

उस्ताद मन्सूर, ज़ीब्रा, *मुग़ल, काग़ज़ पर जलरंग, १६२१ ई.*

सौजन्य : विक्टोरिया एण्ड अल्बर्ट संग्रहालय, लन्दन, ग्रेट ब्रिटेन

साथ व्यंग्य का स्वर भी है। 'बाज़ार में झगड़ा' नामक चित्र में झगड़ने के लिए आमने-सामने खड़े दो लोग और आसपास के लोग, दुकानदार की मुद्राएँ सुरेख और चमकते हुए रंगों में आलेखित की गयी हैं। 'आत्महत्या' में रस्सी से लटकती देह, महालय की नक़्क़ाशी भरी इमारत और खुले रंगों में, करुणता की छाया भरी हुई है। इमारत की छत पर एकाकी मोर की आकृति में परम्परा को प्रिय ऐसी रूपक रचना तो है ही लेकिन साथ में नवजीवन का निर्देश भी देखा जा सकता है। इन सबसे एक बात स्पष्ट हो जाती है कि इन सबमें अंकित यथार्थ की रीति और तासीर एक जैसी नहीं है।

मुग़ल चित्रकारी में एक ही प्रकार का रंगायोजन देखने में सरलीकरण होने की सम्भावना है, लेकिन यहाँ रंगों के मिश्रण में सफ़ेद के जुड़ने के कारण और रंग-परत उभरने से आकृति में एक प्रकार की यथार्थता का उभार लाना सम्भव हो सका है। इस समय रेखांकन का सबसे ज़्यादा विकास हुआ और फलाफूला। बसावन के 'दुर्बल अश्व' में या 'मरते हुए इनायतखान' के रेखाचित्र में इसका प्रमाण देखा जा सकता है। उसी में से रंगचित्र और रेखांकन के बीच की हल्के रंग और स्पष्ट रेखाओं वाली 'नीम क़लम' जैसी तराह निकली। जहाँगीरी कलाकार बिशनदास ने 'शेख फूल का आवास' के परिवेश को उसी तराह में बनाया है। व्यक्ति विशेष की तरह स्थान-विशेष की विलक्षणताएँ कलाकार को भू-दृश्य की ओर खींच ले गयी। 'अकबरनामा' में भौगोलिक विविधता को बड़े ही आत्मीय ढंग से और बारीक़ी से आलेखित किया गया है।

राजस्थान में आमेर और बीकानेर जैसे रजवाड़ों के मुग़लों के साथ अन्तरंग सम्बन्ध थे : अकबर की शादी आमेर की राजकुमारी के साथ हुई थी और मानसिंह उनके दरबारी थे। बीकानेर का उल्लेख हम पहले कर ही चुके हैं। यहाँ जो चित्र शैलियों का उद्‌भव हुआ उनमें मुग़ल रीति ने काफ़ी गहराई तक प्रवेश किया लेकिन प्रादेशिकता, विषयवस्तु और विशेष रूप से रंग-रचना में बनी रही। राजस्थानी परम्परा में रंग के रूप क़ीमती पत्थर, माणिक और मोती की पारदर्शिता को नहीं बल्कि मानो फलफूलों की सतहें या रँगरेज़ी बाँधणी (टाई और डाई के द्वारा डिज़ाइन बनाने के लिए छोटे कंकड़ या चीज़ों को बाँधकर रंगे हुए कपड़े को बाँधणी कहा जाता है) की झलक को बहलाती है। आस्वाद यहाँ बेर या आम के रस या गूदा के चखने का है। आमेर (जयपुर) के कृष्ण और गोपी के विशाल आलेखनों में कृष्ण का नृत्य-रूप अभूतपूर्व संवेदना से रसा हुआ है। यहाँ रेखा की स्थिर एवं अस्खलित गति और स्वरूप के सौन्दर्य का निखार मानो प्रेमलक्षणा भक्ति के लाड़ और चाव से भरपूर आलेखित किया गया है। और पुरुष-नारी के सुभग संगम जैसा चेहरा मोहकता की पराकाष्ठा को पार कर जाता है। हम जयपुर घराने की सुर गायकी के प्रलम्ब आलाप के साथ इसकी तुलना कर सकते हैं। बीकानेर घराने में थोड़े प्रलम्ब रूप से, पतले बदन वाली और हल्के हाथ से बनी आकृति अपनी विशिष्ट मुद्रा प्रकट करती है। ऐसा माना जाता है कि दक्खन रीति के साथ के संगम ने उसमें नयी संवेदना डालकर इस घराने को और भी समृद्ध किया है। इसी शैली के कलाकार

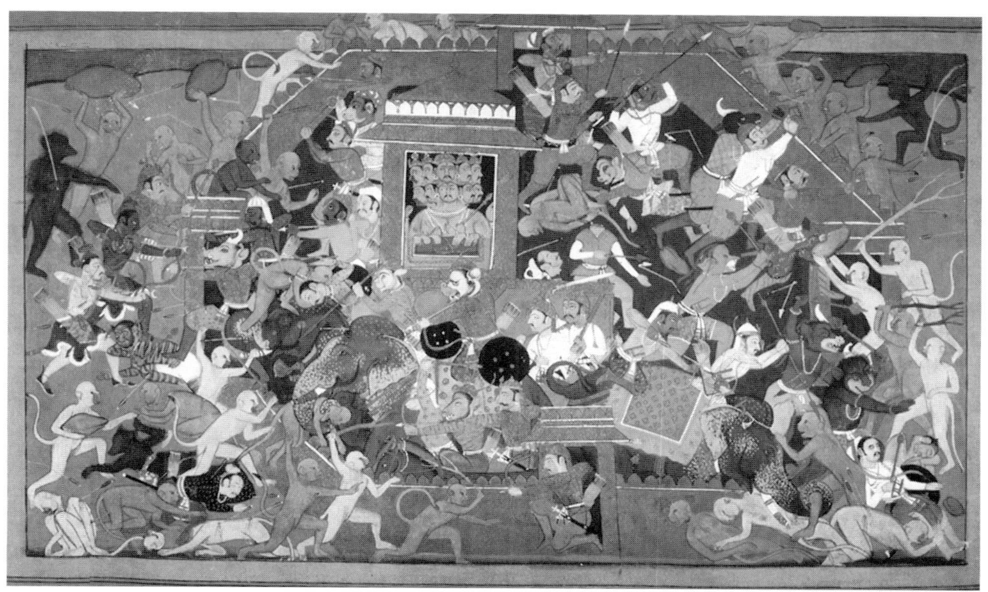

*साहिबदीन, **लंका पर चढ़ाई**, रामायण, मेवाड़, काग़ज़ पर जलरंग, १६५२ ई.*
सौजन्य : ब्रिटिश पुस्तकालय, लन्दन, ग्रेट ब्रिटेन

गंगाराम का बेवफ़ा पत्नी को मार डालने वाले पति का हिंसक चित्र राजस्थानी चित्रकारी का अज्ञात रूप प्रकट करता है। यहाँ यह भी सूचित होता है कि चमकदार रंगों की जगह गहरे-हल्के काले-कत्थई, भूखरे रंगों की झांईं में क्रूरता का आलेखन हुआ है। बन्द दरवाज़े के पीछे मरा हुआ प्रेमी, चीख़ती हुई पत्नी, बाहर शोर-शराबे से उठ जाने वाले पड़ोसी—कोई चौंक उठता हुआ, कोई सोचता हुआ और एक अधेड़ स्त्री घर का दरवाज़ा खटखटाते हुए भावक को विचलित, द्रवित करने के लिए सक्षम हैं। मारवाड़ घराने की जोधुपर शैली में मूँछोंवाले, दाढ़ीवाले और पगड़ीवाले गर्वीले राजपूत चेहरे के पैने, तीक्ष्ण आलेखन में थोड़ा तीख़ापन है और गोल-गोल उलझे हुए गुच्छेदार घुमाव के आवर्तनों में घुमराते हुए लयाकार हैं। पुरुष पात्रों की तुलना में छोटी लेकिन घाघरे के घेर के चन्द्राकार मोड़ पर झूमती स्त्रियाँ चित्र के तंग आयोजन को थोड़ा हल्का बना देती हैं।

सबसे अनोखी रीत मेवाड़ की है। यहाँ मुग़ल रीति के समकक्ष, 'मीठाराम भागवत' और 'चौरपंचाशिका' की सहोदर शैली से चंचल, चलित और ज़बरदस्त ऊर्जा से खचित रस-रूप से भरपूर, पुष्ट और शृंगार प्रचुर आकृतियाँ रची गयीं। 'चावण्ड रागमाला' (ईस्वी सन् १७वीं सदी के प्रारम्भ में) में रंग उछलकर आ रहे हों ऐसे झिलमिलाते हैं। उसके बाद के अनेक हाथ-चित्रों में रंग घट्ट होते जाते हैं और चौड़े, हींगुर के लाल हाशिये मेवाड़ की रीति का पर्याय बन जाते हैं। उस सदी के मध्यकाल में चित्रकार साहिबदीन और मनोहर के रामायण और

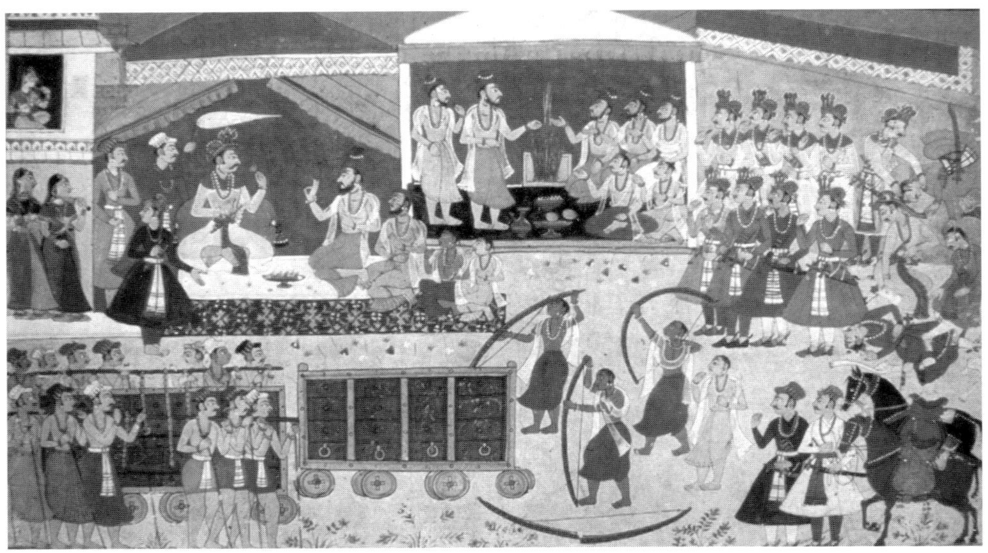

*मनोहर, **शिवधनुष तोड़ते राम,** रामायण, मेवाड़, काग़ज़ पर जलरंग, १६५० ई.*
सौजन्य : ब्रिटिश पुस्तकालय, लन्दन, ग्रेट ब्रिटेन

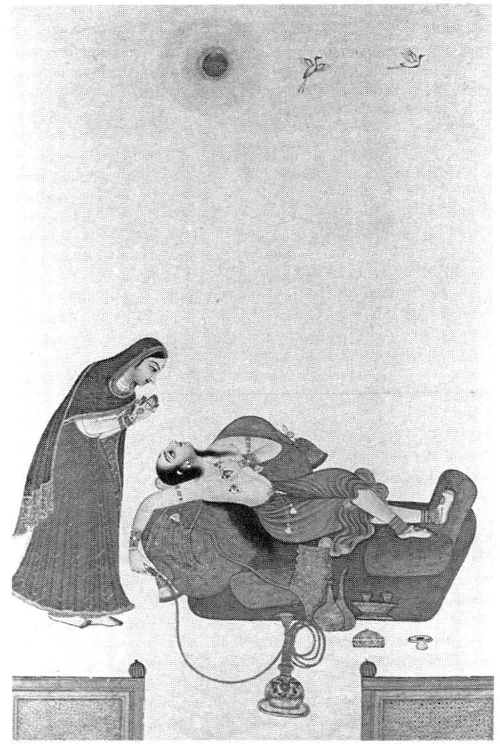

भागवत के पोथी–चित्रों में कथानक में सातत्य का परिमाण एक नयी चेतना की लहर फैलाता है। जिसमें शिव–धनुष को उठाते हुए, ऊँचा करते हुए और तोड़ते हुए राम या मनुष्य रूप में से विराट रूप धारण करने वाले परशुराम का तीन बार किया हुआ चित्रण प्रसंगों की क्षणिकता का अतिक्रम करता है और दृष्टि को अनेक समय में घुमाता है। मनोहर की रंग बनावट में भव्यता की आभा देखने को मिलती है पर साहिबदीन तो रंगायोजन के सारे बन्धन तोड़ डालता हैं। उसके विविध लाल रंगों में गाढ़ापन तो है ही लेकिन अन्दर से उतने ही सुर्ख़ भी हैं। पुणे के भाण्डारकर संग्रह के भागवत चित्रों में ऐसी जादुई रंगीन

***विरहिणी**, बूँदी, राजस्थान, काग़ज़ पर जलरंग, १८वीं शती ई. का अन्त*
सौजन्य : जोहन केनेथ गालब्रेथ संग्रह, अमेरिका

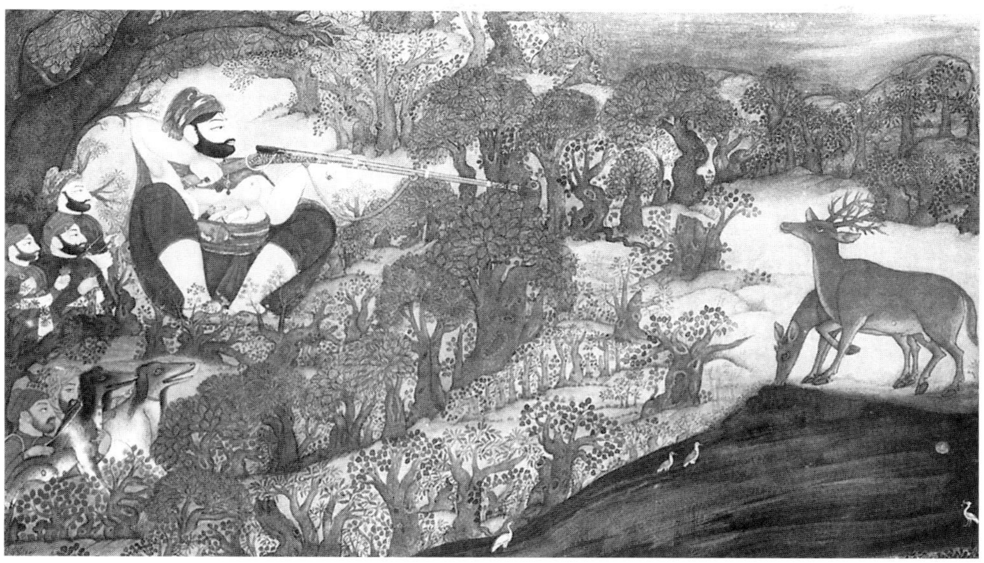

चोखा, ***रात में साबर का शिकार कर रहे गोकुलदास,*** *देवगढ़, राजस्थान, काग़ज़ पर जलरंग, १८११ ई.*
सौजन्य : नहारसिंह दूसरे, देवगढ़

रंगत देखने को मिलती है मानो किसी ने अपूर्व तेज भर दिया हो। ऋषि विभाण्डक का मृगी के साथ का प्रणय संवनन, स्नेह और विवाह का दुर्लभ चित्र मेवाड़ शैली के मुकुट की कलगी माना जायेगा। यहाँ मनुष्य और पशुयोनि के संयोग का आलेखन जितने सुकोमल भाव से हुआ है उसकी मिसाल मिलनी मुश्किल है। मेवाड़ के ठिकाने जैसे छोटे से रजवाड़े देवगढ़ ने भी चित्र क्षेत्र में नाम कमाया है। उसके प्रमुख कलाकार चोखा की नायिका की देहगरिमा की कोई जोड़ नहीं। पुष्ट, तनाववाली, छोटे क़द की लेकिन रति-राग का जोश उभारती हुई नयी-नयी रूपांगनाएँ बूँदी घराने की विलासपूर्ण सुन्दरियों की बराबरी कर सके ऐसी हैं। बूँदी में मेवाड़ के समान मुग़ल रीति का सीधा कोई प्रतिकार नहीं है। यहाँ यथार्थ के ऐसे पहलुओं का स्वीकार है जो आकृति के प्रादेशिक स्वरूप को पुष्ट करे और जिससे विश्व ऐसे शृंगारित हो मानो आँखों से ही नहीं, हाथ, मुख या नासिका से स्पर्श करने, ग्रहण करने और सूँघने के लिए रचा गया हो। श्वेत गलियारे या चाँदनी में धुली हुई अटारियाँ, रसपुष्ट देह से घन-वृक्षवाटिकाओं में विहार करती हुई सखी के हाथ से स्नान-तैलमर्दन के संयोग के लिए पुष्टांगी नायिका और उसकी रति-राग से महकती हुई देह (जिन्हें जाली खिसकाकर खिड़की की अटारी से नायक कन्हैया देख रहा है) बूँदी का कलाकार जिस प्रकार आलेखन करता है वैसा कहीं नहीं हुआ। उसी तरह का हल्के श्वेत आकाश-फलक को ताकती हुई, बिछौने में तड़पती विरहिणी के विप्रलम्भ शृंगार-दर्शन आलेखन भी विरल है। बूँदी में ही कृष्ण-राधा आपस में वेश बदलने की लीला का आह्लाद है ले रहे हैं जिसमें एक छोर पर कवि सूरदास साक्षी के समान बैठे हैं।

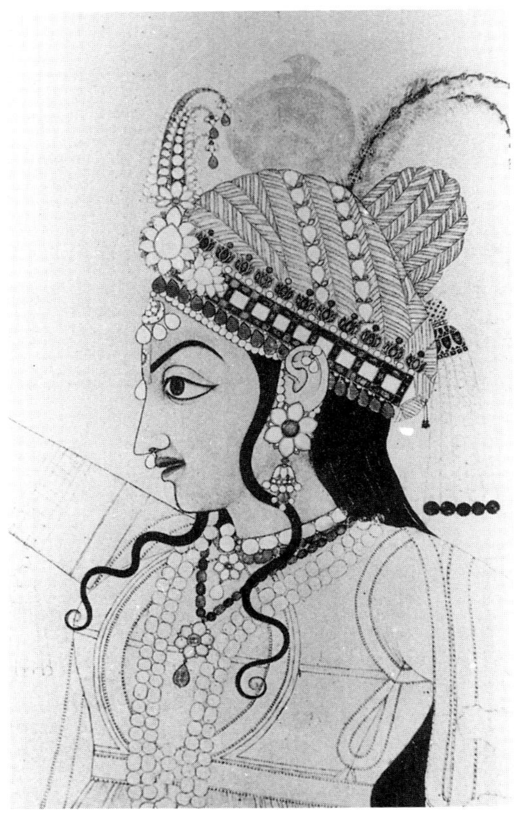

***कृष्ण के वेश में स्त्री,** जयपुर, काग़ज़ पर हल्के जलरंग के साथ रेखांकन, १८०० ई.*

सौजन्य : मेट्रोपॉलिटन म्यूज़ियम ऑफ़ आर्ट, न्यूयॉर्क, अमेरिका

कोटा शैली में मानो जंगल और जानवरों पर निछावर है, लेकिन इसका अर्थ यह नहीं है कि उसमें दूसरे विषय और पारम्परिक रीति के प्रमाण नहीं हैं। ऊँची खड़ी चट्टानों की शृंखलाबद्ध शिखरमाला में सूखे वृक्षवन में विहार करने वाले बाघ, शेर और हाथी का शिकार करने के लिए छिपे राज शिकारी कोटा की बारीक़ आँखों और सबल हाथों की पकड़ में आये हैं। हाथी से ज़्यादा वनराज और शेरनी का रेखांकन तुर्कमान और मेसोपोटेमिया के प्राचीन प्राणी रूपों की याद ताज़ा करवाते हैं। इनमें जाली की तरह गुँथे हुए पेड़ों की बनावट के बीच में अचानक जानवर दिख जाय और गुम हो जाय ऐसी शिकारी की आँखों में दिखती और न दिखती ऐसी लीला कोटा के चित्रों को अद्‌भुत रस से छलका देती है। कहीं ऊपर चढ़े हुए चन्द्र के उजाले में हो रहा जानवर-वध का यह राजाशाही खेल आदिकाल के शिकार की ओर संकेत करता है तो कहीं रंगों के बहलावे में और आकार-लीला के ऐहिक दृश्यों में परावास्तव के परिमाण जुड़ जाते हैं। अन्य शिकार दृश्यों में उत्तरकाल के मेवाड़ शैली के बड़े चित्र उतने ही प्रभावशाली हैं। यहाँ उदयपुर के पहाड़ी, घने वृक्षों से आच्छादित प्रदेश को कलाकार ने बढ़ते हुए यथार्थवादी दृष्टिकोण और रीति से आलेखित किया है। इन जंगलों में प्राणियों को छिपने की काफ़ी जगह मिल जाती थी इसलिए शिकारी का शिकार को देखते ही झपट्टा मारते हुए दिखाने का कारण कलाकारों को मिला जिसे उन्होंने उसी परिवेश में (मनोहर ने जिस तरह रामायण के निरूपण में किया था उसी तरह) जानवर को बार-बार निरूपित करके साकार किया। ऐसे एक शिकार दृश्य में पहाड़ी की चोटी पर दिखायी देते और फिर गोली से मार गिराये जाते चीते का—यह आया, यह गुम, यह फिर झलका, यह पकड़ा, यह गिरा, यह लड़खड़ाया और अब उलटा होकर खाई में लोट-पोट—ऐसा बारह-तेरह गतियों का आलेखन है। इसमें भावक शिकारी की आँख से और बाघ की गति-नियति में ख़ुद

को पिरोते हुए देखता है तब अद्‌भुत और करुण के संगम का साक्षात्कार होता है।

किशनगढ़ शैली की लीला सबसे न्यारी है। वहाँ के राजा सावन्तसिंह, नागरीदास के नाम से कृष्णभक्ति की कविताएँ लिखा करते थे जिसे राज कलाकार निहालसिंह ने अपूर्व भाव से सिद्ध किया है। यूरोपीय कही जा सके ऐसे परिप्रेक्ष्य के आलेखन की शैली परम्परा में घुलकर ऐसे सिद्ध हुई है, जिसमें दूरियों की सारी बारीकियाँ भावक के हाथों तक पहुँच सके उतनी स्पर्शजन्य बन गयी हैं। नर-नारी शरीर की शुक-नासिका, मीनाक्ष, शंख ग्रीवा, सिंहकटि जैसे उपमा-रूपक शास्त्रोक्त परम्परा के अनुसार उसी तरह के प्रेमरस-भक्ति से और सिद्धहस्त से आलोकित किये गये हैं या फिर जिसमें परम्परा की रूढ़ मर्यादाएँ विगलित हो चुकी हैं। यहाँ जयपुर जैसा सौष्ठव कृष्ण देह में देखने को नहीं मिलता लेकिन कोमल देह की कमनीयता है जो बेमिसाल है। जिसमें बणीठणी नाम की प्रेमिका को राधा के रूप में प्रस्तुत किया गया है और शृंगार से भरे हुए कृष्ण-राधा के मिलन-विरह के कोमल भाव-क्षणों का आलेखन है जिसमें किशनगढ़ शैली की अपनी तासीर नज़र आती है। यहाँ के विशाल भूमि-दृश्यों में विलास करती संवेदना, पश्चिमी प्रकार के परिप्रेक्ष्य को पलट देती है। यहाँ यह भी ध्यान देने की बात है कि सांप्रत अवध शैली में उसी तरह के परिप्रेक्ष्य का विनियोग दूरी की सूखी बारीकियों की भरमार में क्षीण हो जाता है।

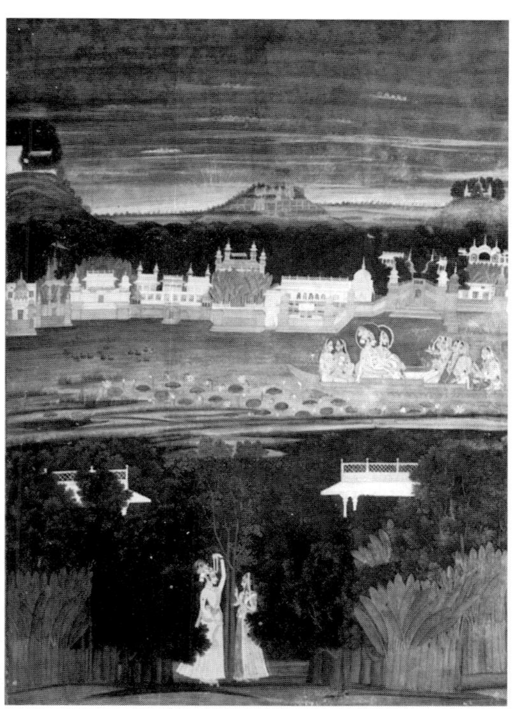

कृष्ण-राधा मिलन, *किशनगढ़, राजस्थान, काग़ज़ पर जलरंग, अन्तिम १८वीं शती ई.*
सौजन्य : राष्ट्रीय संग्रहालय, नयी दिल्ली

राजस्थान की अन्य शैलियों में सिरोही और मध्यदेश की परम्पराओं में मालवा, दतिया, बुन्देलखण्ड आदि को रखा जा सकता है। मालवा में अन्य शैलियों की तुलना में हल्का खुला अवकाश, कम आकृतियाँ और चित्रकारी के यथार्थ का दर्शन करवाने वाली रीति का अभाव ज़ाहिर है। कविता या संगीत के अनुरूप उस चित्र-भाषा में वही आधार थे। हालाँकि कथाओं का भी चित्रण हुआ और इसीलिए उसकी रचना रीति अलग नज़र आती है। विशेष रूप से, रागमाला के चित्रों में संगत को आलेखित करने की अनोखी रीतियों ने जो परिमाण प्रकट किये वे विश्व परम्परा में दुर्लभ ही हैं। वैसे तो

यहाँ राग-रागिनी के नर-नारी और पारिवारिक रूप प्रचलित थे और हरेक के परिवेश की भूमिका रची गयी थी जो कलाकार के काम आयी लेकिन सुरों को जो दृश्यदेह मिली उसमें रंग और आयोजन का उपयोग चित्र-रूप की चमत्कृति को पाने के लिए हुआ। इसलिए एक ही राग के अलग रंग या आयोजन से चित्र बने जिसमें चित्र के द्वारा संगीत का उदाहरण देने का आशय नहीं बल्कि स्वर को दृश्य रूप में प्रकट करने के आह्वान का प्रत्युत्तर था। इससे कलाकार को जो आकृति और रंग विहार का अवसर मिला वह उसे अभूतपूर्व आकार-लीला के लिए प्रेरित कर गया। इसलिए विषयवस्तु या राग से अपरिचित भावक भी मज़ा ले सके ऐसे चित्रों की सम्भावनाएँ बनीं।

मुग़लकाल में पहाड़ी इलाक़े जब मुग़लों के अधीन हो गये तब राजपुत्रों को मुग़ल दरबार में रखने की प्रथा अस्तित्व में आयी जिसके परिणामस्वरूप मुग़ल रीतियों ने इन पहाड़ों में प्रवेश किया। वैसे तो ये पहाड़ी संस्कार तलहटी के प्रभावों से दूरी के कारण मुक्त थे लेकिन आवागमन और शादी सम्बन्धों के कारण आदान-प्रदान हो रहा था। इन सब कारणों की वजह से शायद प्रादेशिक चित्रकारी कहीं मुग़ल प्रभाव से विकसित हुई तो कहीं अछूती रही जिससे मेवाड़ जैसी तासीर प्रकट हुई। काँगड़ा, नूरपुर, गुलेर, जम्मू आदि में मुग़ल क़लम की रीतियाँ नि:संकोच आज़मायी गयीं, जबकि बसोली, मानकोट, कुल्लू और मण्डी क़लमें उससे थोड़ी अपरिचित रहीं। हालाँकि यहाँ एक बात स्पष्ट करना ज़रूरी है कि कई संस्कारों ने जिस तरह राजस्थानी कलाकारों के सहयोग से मुग़ल चित्र-कला में प्रवेश किया था उसी तरह मुग़ल प्रकार भी अलग रूप से चारों ओर फैलकर प्रचलित हो चुके थे और घूमने फिरने वाला कलाकार न ही उनसे अपरिचित था और न ही उसको आत्मसात् करने में उसे अरुचि थी। इसलिए राज संस्कार से ही सब कुछ प्रवर्तित हुआ ऐसा मानना, अर्धसत्य की तरह है।

वैसे तो पहाड़ी कला की शुरुआत सत्रहवीं सदी के पूर्वकाल तक पहुँच सकती है

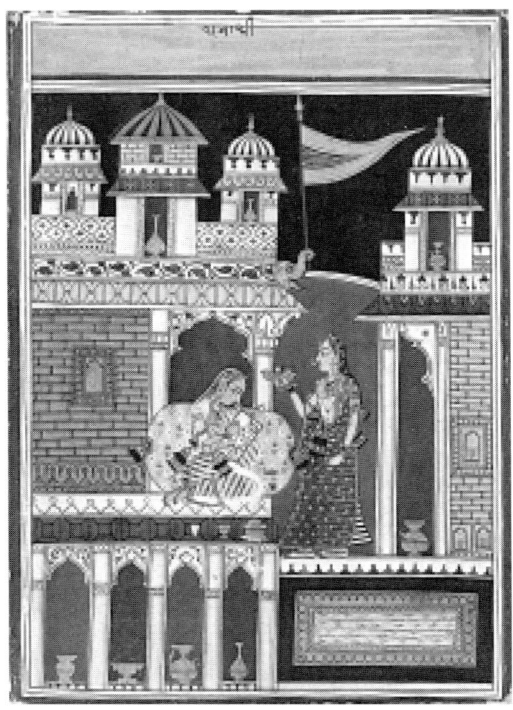

रागिणी धनाश्री, *मालवा, काग़ज़ पर जलरंग, १६७५-१७०० ई.*

सौजन्य : पॉल एफ. वॉल्टर कलेक्शन, न्यूयॉर्क, अमेरिका

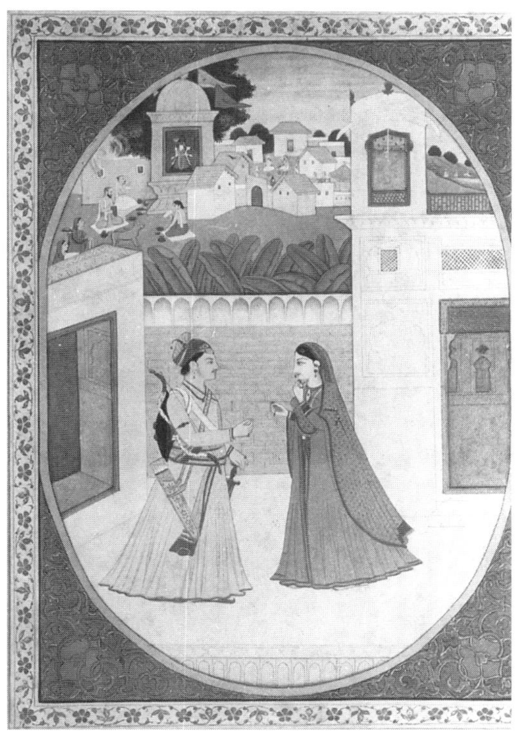

आश्विन मास, *बारामासा गुच्छ का एक पृष्ठ, पहाड़ी, काग़ज़ पर जलरंग, १८००-१८१० ई.*
सौजन्य : जगदीश एण्ड कमला मित्तल संग्रहालय, हैदराबाद

लेकिन मूलतः उसके मध्यकाल से लेकर उन्नीसवीं सदी तक काफ़ी मात्रा में प्रमाण प्राप्त होते हैं। इनमें बसोली कलाधारा में भानुदत्त की 'रसमंजरी' के नायिकाभेद जैसे चित्रों की शृंखला में पहाड़ी संवेदना ने अपनी विशिष्ट पहचान स्थापित की है। यहाँ रंग-रीति मेवाड़ की तरह सीमाओं को लाँघ जाती है, आकृतियाँ प्रादेशिक रूप-रचना या देहयष्टि में अलग अंग विन्यासों को प्रकट करती हैं और परिवेश सांकेतिक रूप से आलेखित किया गया है। यदि इसमें रंगरूपक ढूँढ़ने चलें तो भूमिप्रदेश गुंजे जैसे लाल रंग, सरसों के दाने जैसे पीले या पके सेव की झांईं और छाया से निरूपित हुआ है। सिर को लेकर नायक की पूरी यष्टि को घूँट भर में पी जाय ऐसी आँखों वाली नायिका, लता के तने जितनी पतली और रस से भरी। अलंकारों में नीलम जैसे ज़ेवर में या कृष्ण के मोरपंख में नीलपंखी जन्तु की जड़ी हुई पंख आसपास के रंग प्रच्छद को बहला देती हुई। भागवत चित्रों में धधकते हुए सुनहरे पीले रंग का फैलाव और कृष्ण का घनश्याम भूरा एक-दूसरे को रोशन करते हैं, घेरते हैं वहीं राजा किरपालपाल के छबि-चित्र में सफ़ेद परिधान के सामने यहीं रंग बिलकुल अलग रूप धारण करते हैं। चित्रकार माणकु के अभूतपूर्व 'गीतगोविन्द' की अदा में आँखों को चुँधिया देने वाले रंग आयोजन हैं। रागमाला में संगीत के हम क़दम और प्रतिस्पर्धा करने वाला चित्र सृजन है उसी प्रकार यहाँ काव्यभाव को आलोकित करने का उपक्रम है। इसमें सहजभाव से लीला-निरूपण है, विरह-मिलन, विप्रलम्भ-संयोग शृंगार की महिमा है लेकिन रंगाकार के अलौकिक चमत्कृति का जो तत्त्व है उसे और कहीं पाना मुश्किल है। पड़ोसी मानकोट में भी बसोली जैसी दृढ़ता और तीव्र रंगों से भरी संवेदना है। कुल्लू में मानो देश्य प्रभाव से आकार योजना सरल और प्रवाही लेकिन मुक्त हाथ से बनी हुई। उसी तरह मण्डी में नीले, भूखरे सफ़ेद की छाया में प्रादेशिक रूप-रचना का ज़बरदस्त प्रभाव है। इन सुदूर प्रदेशों की ग्राम्य-शहरी चेतना के संगम से विशिष्ट देहभंगिमाएँ और भव्य लयपूर्ण अदाएँ चित्रों में संकेतिक हुई हैं।

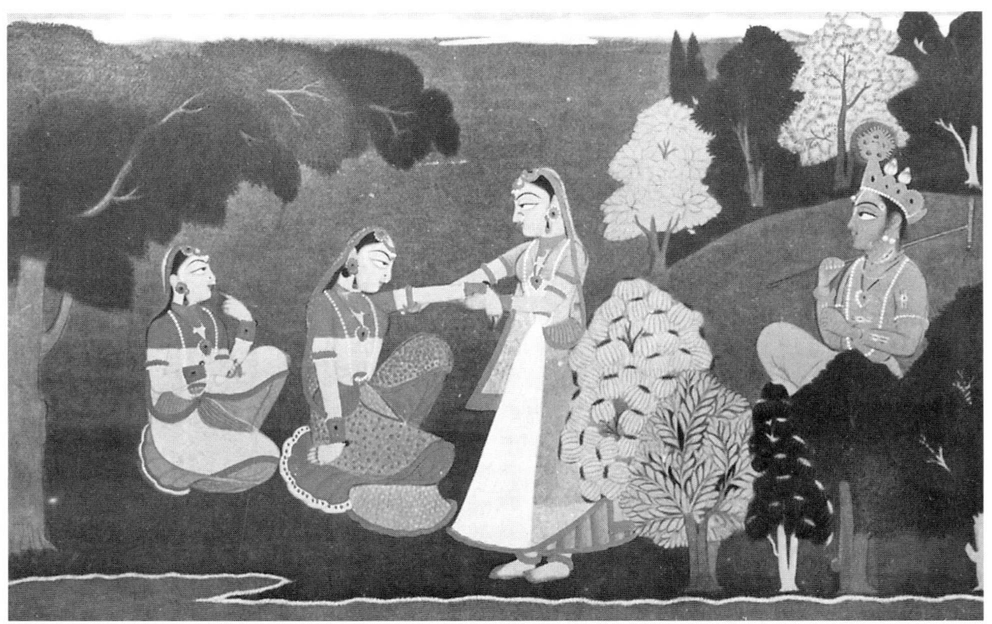

*माणकु, **सहेली का राधा से आग्रह,** गीतगोविन्द गुच्छ, बशोली, पहाड़ी, काग़ज़ पर जलरंग, १७३० ई.*
सौजन्य : राष्ट्रीय संग्रहालय, नयी दिल्ली

काँगड़ा और सहोदर गुलेर-नूरपुर में पहाड़ी परिवेश का आँखों देखा आविष्कार—प्रकृति को खुली आँखों से निरीक्षण करने के मुग़ल दृष्टिकोण के प्रभाव से उद्भवित हुआ होगा। हालाँकि तलहटी में प्रकृति का रूप कठोर तपन, आँधी या धूल में जैसा दिखता है ऐसा यहाँ नहीं है। राजस्थान या उत्तर प्रदेश की हरियाली और वनस्पति का हरापन सामान्यत: अलग-अलग रंग-झांई की धूल की परतों के नीचे ढँका होने के कारण जैसा दिखायी देता है उसके बदले पहाड़ों में बार-बार होने वाली बारिश के कारण सदा पल्लवित हरित रूप है—जिसका निर्देश पहाड़ों में घूमते हुए या पहाड़ी चित्रों को देखने से होता है। कलाकार ने इस प्रकार वातावरण में प्रवेश करके प्रादेशिक शीत-उष्ण हवा को देहानुभव से जैसे महसूस किया वैसे ही बनाया। उसी संवेदना ने आकृति को कोमल भाव से निरूपित करने की विशिष्ट रीति भी प्रकट की। जो पुरुषाकृति में हुआ वह नारी देह में आदर्श के रूप में बुना गया तब वह दृष्टिकोण रूप-रचना का अविभाज्य अंग बनकर चित्रकारी में सभी जगह, स्थूल और सूक्ष्म रूप से प्रवर्तित हुआ। इसलिए काँगड़ा, गुलेर या नूरपुर के लाक्षणिक मुखाकारों में नाजुकता के नर्म मर्मस्पर्शीय रूप निकले और फूल-पत्ते, बहता पानी, चट्टानों की धार और पशु-पक्षियों में भी ऐसे ही कोमल भाव आविष्कृत हुए। अजन्ता के कलाकार के प्रिय प्राणी हाथी की तरह पहाड़ी ग्वाले की गाय को कलाकार ने अपूर्व स्नेह संवेदना के साथ अंकित किया। राजस्थान में, विशेष रूप से नाथद्वारा की पिछवाइयों में ये गाय 'मस्तानी' (या मरकनी) (mischievious) लगती है तो

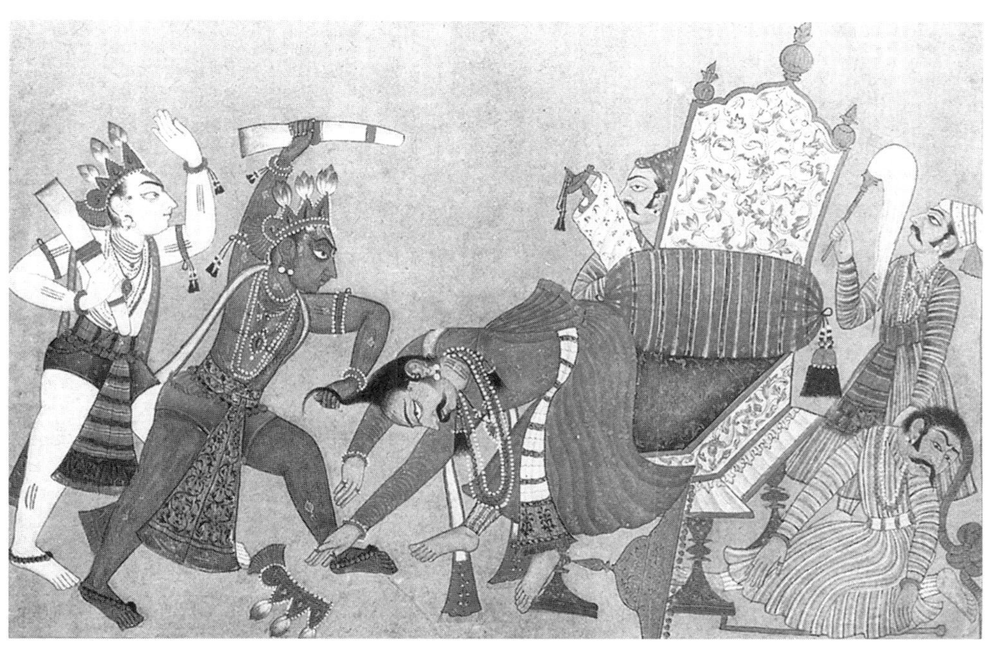

कंसवध, *भागवतपुराण दशम स्कन्ध, मानकोट, पहाडी, काग़ज़ पर जलरंग, १७०० ई.*
सौजन्य : चंडीगढ़ संग्रहालय, चंडीगढ़

यहाँ की छोटी गाय को मृदु भाव से उकेरा गया है।

कोमलता के चमत्कारिक रूप चित्रकार नयनसुख के 'गीत गोविन्द' की चित्रकारी में मूर्त हो उठे हैं। उसमें काले रंग का विनियोग मुलायम अंधकार के आलेखन में हुआ है। नीले-सफ़ेद रंग से बहती हुई नदी या नाले के शीतल स्पर्श और हल्के नारंगी या बादामी रंग से सुबह के आकाश की भीगी हवा ने यहाँ चित्र-रूप लिया है। कृष्ण-राधा के रूप भी ऐसे कोमल भाव से आलेखित किये गये हैं मानो श्वसित हों। उसमें भावावेगों को वाणी भी जुड़ी है, अनुभूतियाँ छलक उठीं हैं लेकिन चित्र-रूप के संयत और संयमित विनियोग के कारण चित्र आवेश या नखरों से दूर रहा। इसमें सिद्धहस्त से आलेखित बारीकियाँ, वर्णन की प्रचुरता के बदले रस भाव से छलकती होने के कारण रेखाओं के आरपार उमट उठती हैं। वृन्दावन के अंधकार में कृष्ण को पुकारती हुई राधा दोनों हाथ फैलाकर विरह का प्रमत्त भाव प्रकट करती है तब चित्र उसे भीगे-गहरे-काले-कत्थई घनवन में हीरे की तरह झिलमिलाती, स्पन्दित करता है। अन्य चित्र में जब अभिसारिका अंधकार में साँपिन पर पैर रख देती है तो साँपिन डसने के लिए उलटी होकर श्वेत पृष्ठ भाग से ऐसे मुड़ती है जैसे घनाकाश में स्पंदित बिजली झलकती हो। इसमें विरह के दोनों डंक भूमि और आकाश में, रूपक की तरह आलोकित हैं। कोमल अनुभूतियाँ काव्यात्मक चित्रों के अलावा दैनन्दिनी विषयों में भी व्यापक रूप में फैली हैं।

जम्मू के राजा बलवन्त सिंह खुले बदन तम्बू के बाहर बैठे पत्र लिखते हैं जिसमें कोमलता साकार होती है। चित्र-रसिक राजा संसारचन्द के छबि-चित्रण में भी वही मृदु स्नेह छाया की अनूठी पहचान। जम्मू की सिक्ख शैली का दूसरा पहलू गुलाबचन्द की तनी हुई, कठोर मुख-मुद्रा और बैठक के देहभाव में प्रकट होता है, पर इसको लेकर इस शैली का सरलीकरण नहीं हो सकता। गुलेर के विशाल रामायण के पृष्ठों में भित्तिचित्र जैसी व्यापकता है जो इस परम्परा के अनोखे रूप की ओर इशारा करती है।

पहाड़ी चेतना के आविष्कार में कलाकारों के योगदान के बारे में डॉ. ब्रजेन गोस्वामी ने गहरा चिन्तन और संशोधन किया है और पण्डित सेउ (या शिव) के घराने की जड़ें खोजकर उस क़लम का मूल्यांकन घराने के सिद्धान्त के आधार पर करने का सुझाव दिया है। सेउ के पुत्र माणकु और नयनसुख की शैली में ऐसे शोध की काफ़ी गुंजाइश है। अब जबकि पहाड़ी कलाकारों की नामों की बड़ी सूची प्रस्तुत हुई है तब सुदूर प्रदेश की परम्परा अनामी नहीं रहती लेकिन आधुनिक काल तक उसके छोर लम्बे होते और बँधते हैं। हमारे समय तक गढ़वाल के मोलाराम नाम कलाकार इस काम में प्रवृत्त रहे थे।

अकबर के समय में यूरोपीय मुद्रणकला आयी और उसके साथ तैल-रंगी चित्रों के प्रवर्तित होने के संकेत भी मिलते हैं। सत्रहवीं सदी में ऐसे चित्र-छापों का आयात होने लगा था जो अठारहवीं सदी में बढ़ा और साथ ही यूरोपीय कलाकार भी भारत आने लगे। टिली केटल, योहान्न झोफानी, उनके बाद चाचा-भतीजे टॉमस और विलियम डेनियल की जोड़ी ने अँग्रेज़ों और भारतीय राज परिवारों के छबि-चित्रों और आकर्षक स्थानों के भूमि दृश्य तैल-रंग में चित्रित किये। इसमें से जो लोकप्रिय बने, उन दृश्यों की हस्तमुद्रित छापों की आवृत्तियाँ भी हुईं। यूरोप में इन चित्रों ने भारत की छबि बनायी। अँग्रेज़ शासकों ने अपनी श्रेष्ठता दिखाने के लिए जिन चित्रों को बनवाया उनमें टीपू सुलतान की हार के अनेक चित्र थे जिनका इंग्लैण्ड में 'लोकप्रिय' होने का उल्लेख मिलता है। अठारहवीं सदी के अन्त और उसके बाद तैल-चित्र का प्रभावात्मक चित्र-काम और हस्तमुद्रित छाप का प्रचलन बढ़ा जिसका विपरीत प्रभाव पोथी और हाथ-चित्र की परम्परा पर पड़ा। वैसे भी मुग़ल और राजपूत रजवाड़े अब कला को आश्रय दे सकने में समर्थ नहीं रहे थे और गोरे मालिकों की संस्कृति के प्रभाव से तैल-चित्र और यथार्थ-चित्र की ओर आकर्षण बढ़ रहा था। यहाँ यह भी स्वीकार करना ज़रूरी है कि परम्परा ने भी आन्तरिक रूप से अपना सत्व धीरे-धीरे गँवाना शुरू कर दिया था क्योंकि परिवर्तन की हवा को परख कर वह उसे आत्मसात् नहीं कर पायी थी। जहाँ आश्रय था या ऐसी हवा फैली नहीं वहाँ परम्परा लम्बी टिक सकी अर्थात् ग्राम्य प्रदेश में प्रजा चित्र स्वयं ही अपने लिये बनाती थी इसलिए इसका प्रभाव वहाँ लगभग नहीं के बराबर ही हुआ। शेखावाटी जैसे प्रदेशों में परम्परा परिवर्तन को अपनी परिधि में समा पायी इसलिए वहाँ पूर्व प्रकार जीवित रह पाये जैसे जैन-पोथियाँ भिन्न-भिन्न कालों में नये परिवेश में चित्रित होती

रहीं और उस्ताद शालिवाहन ने मुग़ल रीति में विज्ञप्तिपत्र चित्रित किया। उसके बाद मेवाड़ में जैन-चित्र परिवर्तित प्रादेशिक शैली में बनते रहे फिर भी पोथी-चित्रों के आकार और रूप-रचना का मेल तैल-चित्र या हूबहू की यथार्थता को साध सके ऐसी कोई सम्भावना रह नहीं पायी इसलिए चित्र-प्रवृत्ति या तो स्थगित हुई या यान्त्रिक ढंग से पुनरावर्तित होती रही। आख़िर में पोथी और हाथ-चित्र राजस्थान और पहाड़ के अलग-अलग प्रदेशों में थोड़े-बहुत अंशों से जीवित बने रहे पर काल क्रमानुसार विलीन होते गये।

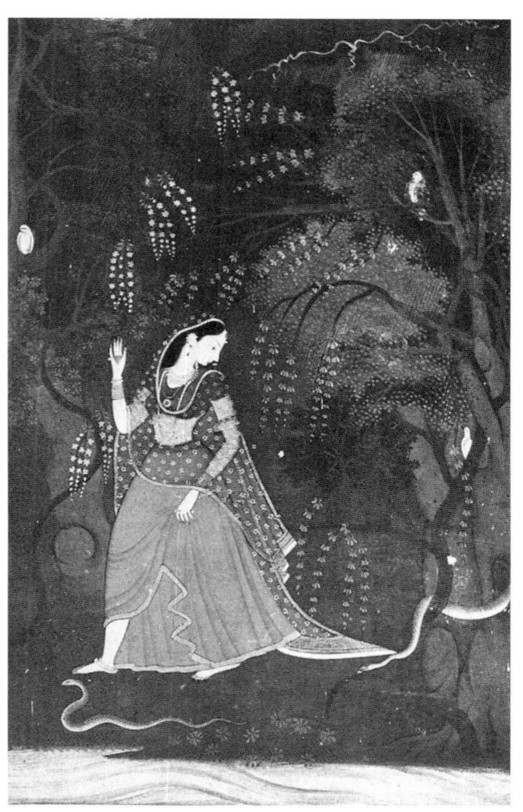

अभिसारिका, *गढ़वाल-काँगड़ा, काग़ज़ पर जलरंग, १७८० ई.*
सौजन्य : ब्रिटिश म्यूज़ियम, लन्दन, ग्रेट ब्रिटेन

पोथी या हाथ-चित्र के कलाकारों का आश्रय ख़त्म हो जाने के कारण उन्हें काफ़ी चुनौतियों का सामना करना पड़ा। वैसे तो यह कलाकार मुग़ल और राजपूत कलमों के यथार्थ से वंचित नहीं था लेकिन जिन विषयों का वह चित्रण कर रहा था उसकी माँग अब नहीं रही और आश्रयदाता की रुचि भी बदल गयी थी। पहले तो गोरे साहबों को हाथ-चित्रों में दिलचस्पी नहीं थी लेकिन कलाकार ने उनकी रुचि के अनुरूप 'विचित्रताओं' को आकर्षक रूप में चित्रित करने की कोशिश की जिनसे वे आकर्षित हुए। सती प्रथा, शरीर में धातु का हुक घुसाकर खम्भे पर लटकने का व्रत लेने वाले को उछालने की क्रूर प्रथाएँ, कीलों पर सोने वाले नागा साधु, मदारी और अलग-अलग जातियाँ या व्यवसायों के लोगों के 'विचित्र' परिधान वाले, जिसे 'फिरका' कहा जाता है, ऐसे आलेखन और चित्रों ने गोरे अफ़सरों और सैलानियों में एक नया आकर्षण पैदा किया। इस प्रकार के स्मृति-चित्र वे अपने घर इंग्लैण्ड में 'विचित्र' भारत का परिचय देने के लिए ले गये। यह सब ईस्ट इण्डिया कम्पनी के शासनकाल के दौरान हुआ इसलिए इस शैली का नाम भी 'कम्पनी शैली' दिया गया। धीरे-धीरे अँग्रेज़ों का अनुकरण करते हुए भारतीय भद्र वर्ग और बंगाल में जिन्हें 'बाबू' कहा जाता है ऐसे वर्गों में भी इन चित्रों की प्रशंसा होने लगी। इसी के साथ कुछ चित्रकार अँग्रेज़ कलाकारों के द्वारा शुरू की गयी लिथोग्राफ़ी जैसी पत्थर की

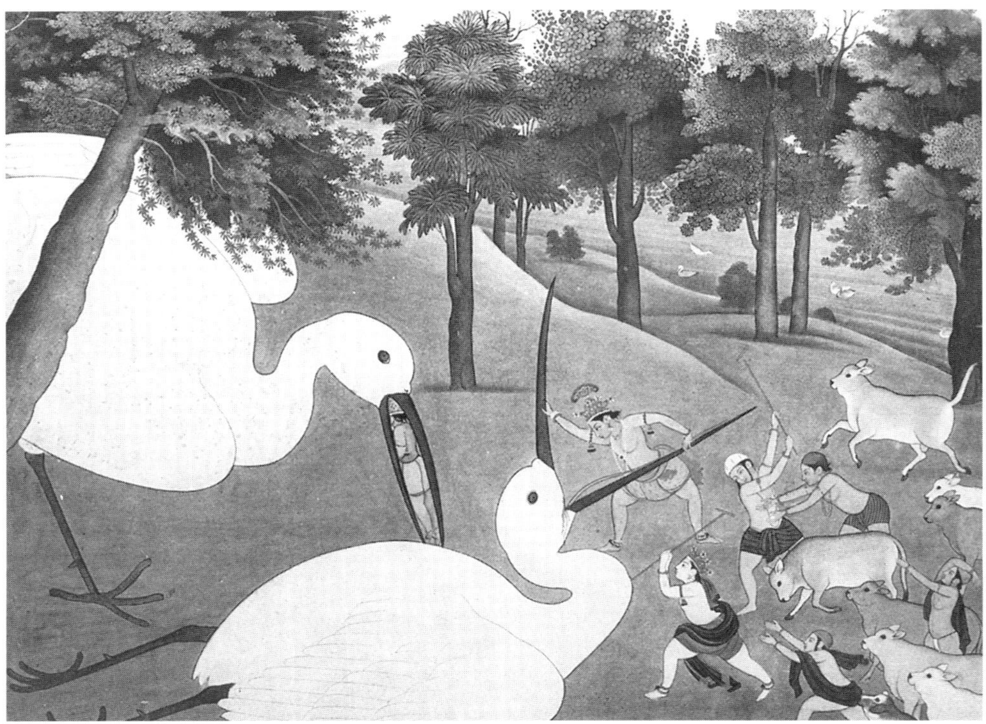

***बकासुर वध**, भागवतपुराण, पहाड़ी, काग़ज़ पर जलरंग, १७८०–८५ ई.*
सौजन्य : राष्ट्रीय संग्रहालय, नयी दिल्ली

हस्तमुद्रित छाप के मुद्रण में उनके सहायक के रूप में जुड़े। फ़ोटोग्राफ़ी के प्रचलन के साथ कई हाथ–चित्रों के कलाकारों ने फ़ोटो की छबि को नये–नये रंग से रँगने के प्रकार को आज़माया। अँग्रेज़ों के अलावा कई नामी–अनामी भारतीय छबिकार निकले जिसमें लाला दीनदयाल का नाम विशेष रूप से मशहूर है, उन्होंने रजवाड़ों–नवाबों की जीवन रीति के अनेक रूपों को छबि के द्वारा प्रस्तुत किया है। ज्यूडिथ मारा गटमेन नाम की अध्ययनकर्ता और लेखिका ने भारतीय छबिकरण में प्रकाश छाया के विरोधाभास को अवरुद्ध कर आकृति को धारदार और सपाट बताने के रुझान के बारे में बताया है। इसमें वह पुरानी चित्रकारी के मूलगामी दृष्टिकोण के प्रभाव को जिम्मेदार मानती हैं। उन्नीसवीं सदी में अँग्रेज़ों के आश्रय से कई कला–शालाओं की स्थापना हुई जिसका मुख्य उद्देश्य कारीगरों के वंशजों को तालीम दिलवाकर उद्योग या व्यापार के लिए तैयार करना था। जिस तरह इंग्लैण्ड की कला–शालाओं में हुआ उसी तरह यहाँ भी मनुष्य को सामने 'मॉडल' के रूप में बिठाकर या लगाये हुए पदार्थों को नापकर और निश्चित स्थान पर बैठकर भू–दृश्य को बनाने की शैक्षणिक पद्धति की शुरुआत हुई, जिसे 'एकेडेमिक' कहा जाता है। कला–शाला में चित्र, शिल्प और छबि के

साथ सुथारी और अन्य हथियारकाम या उद्योगों से जुड़े विषयों को शामिल कर लिया गया।

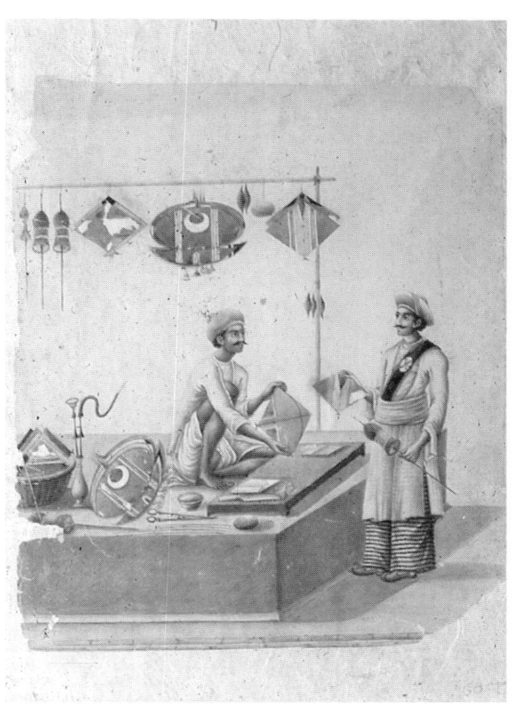

***पतंग बेचनेवाला**, कम्पनी काल, काग़ज़ पर जलरंग, १९वीं शती ई.*

सौजन्य : राष्ट्रीय संग्रहालय, नयी दिल्ली

यथार्थ-चित्रों का हाथ-चित्र पर प्रभाव पड़ा इसलिए बनारस, लखनऊ, पटना और अन्य स्थानों पर व्यक्ति को सामने बिठाकर चित्रण हुए। यहाँ एक और बदलाव आया जो अत्यन्त महत्त्वपूर्ण है। अभी तक तो चित्र मात्र तूलिका से हुआ करता था, चित्रित करने की और चित्र बनाने की शैलियाँ इस हलके हाथ के हलन-चलन से जन्मी थीं। अब पेन्सिल और ऐसे उपकरण आये जिसे घिसकर, ज़रा दबाव देकर रेखांकन करने का प्रचलन हुआ जिससे दृष्टिकोण और शैली दोनों बदल गये। बनारस शैली में एक अधेड़ वारांगना का चित्र है जिसमें कलाकार ने पेन्सिल-रेखा घिसकर-मिटाकर नये उपकरण में भी तीव्र दृश्य संवेदना को सँजोये रखा है, इसमें परिवर्तन का स्वागत करने के उद्यम को देखा जा सकता है। जब छाप चित्र का दौर आया तो यात्रा स्थानों पर, देवी-देवताओं के हाथ-चित्र बनाने की परम्परा बनी रही थी उसके साथ स्पर्धा शुरू हो गयी, ख़ास करके पुरी और नाथद्वारा जैसे यात्राधामों में। हालाँकि नाथद्वारा में हाथ-चित्रों में एक 'मनोरथ' प्रकार पैदा हुआ जिसमें देवमूर्ति और गोस्वामी के चित्र के साथ भक्तों की छबियाँ चिपकाने की भी प्रथा शुरू हुई। इसका परिणाम यह हुआ कि एक ऐसे 'मनोरथ' चित्र-छबि संयोजन का उद्‌भव हुआ जो धर्मयात्रा के स्मृति-चित्र जैसा था जिसमें मानो देव के सामने छबि खिंचवायी हो। घासीराम नाम के कलाकार ने हूबहू यथार्थ को आराध्य मानकर ऐसे हाथ-चित्र भी बनाये।

सबसे ज़्यादा विलक्षण और प्रभावशाली प्रकार जो इस पूर्व-पश्चिम के कला सन्दर्भ-संघर्ष से पैदा हुआ वह कालीघाट नाम से जानी जाने वाली चित्रकारी का है। वींटा या पटचित्र बनाने वाले कलाकार (पटुआ) देहात में या छोटे गाँवों में आश्रय खो देने के कारण कलकत्ता के काली मन्दिर के घाट पर बैठकर आने-जाने वाले यात्रियों के समुदाय को आकर्षित करने के

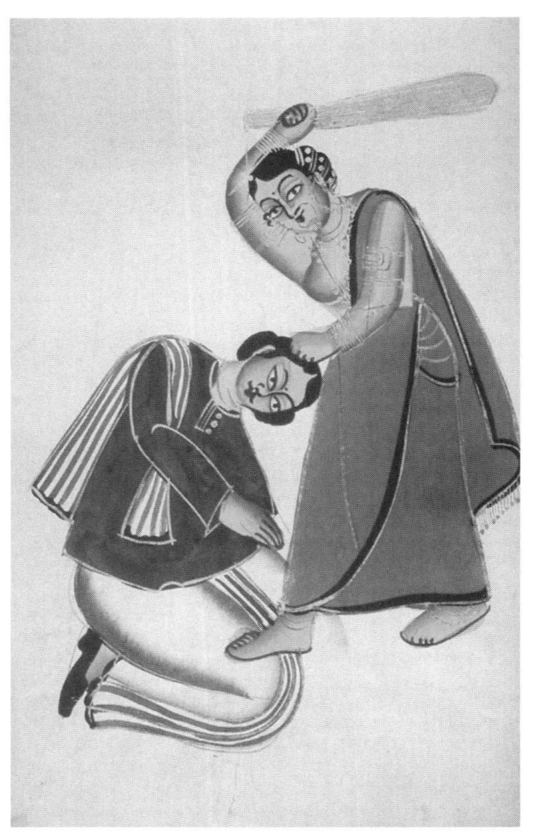

पति को झाड़ू से पीटती स्त्री, कालीघाट, बंगाल, काग़ज़ पर जलरंग, १९वीं शती ई.

सौजन्य : चेस्टर एण्ड डेविडा हर्विट्ज़ कलेक्शन, सेलम, अमेरिका

लिए चित्र बनाने लगे जिसमें एक नया दृष्टिकोण मूर्त हुआ। अब दर्शक पुराने विषयों और परम्परागत चित्रों से थक चुका था और उसका नये, पश्चिमी आकार-प्रकार के चित्रों की ओर भी आकर्षण बढ़ा था। उसे सूक्ष्म या गम्भीर चित्रकारी के बदले कुछ हल्का-फुल्का भी चाहिए था। साथ ही मन्दिर पर आने वाले सामान्य यात्रियों के पास ज़्यादा पैसे ख़र्च करने की क्षमता भी नहीं थी। कालीघाट पर जो हुआ उसमें बहुत सारी बातों का हल निकला और इसके अलावा बहुत कुछ और भी हुआ। सबसे पहली बात तो चित्र को सस्ता करने की ज़रूरत थी। इतना सस्ता कि दो-पाँच पैसे में ख़रीदा जा सके। कलाकार ने अख़बार छपने में जो काम आता था इतना पतला, पुड़िया बाँधने वाला काग़ज़ सस्ते मूल्य पर ख़रीदा और गोरेबाबू या मेमसाब जिसका उपयोग करते थे, ऐसे 'वॉटर कलर' की पद्धति से ख़ूब पानी और थोड़े रंग वाली रीति आज़मायी जिससे रंग की भी बचत हुई। चित्रकार ने आकृति की किनारी को काले या नीले रंग से गहरा किया और अन्दर की ओर पानी लगाकर, हल्का पतला बनाकर काग़ज़ के रंग में घुलमिल जाय ऐसी बनायी जिससे दोनों ओर से गहरी हल्की होने वाली आकृति घनीभूत हुई और बीच के भाग में रंग भरने का काम बच गया। इसमें पश्चिमी पद्धति से जो परछाईं एक ओर पड़ती थी वह अब मानो दोनों ओर पड़ने लगी। यह सब करने के लिए उसने फुर्तीले आलेखन का मार्ग अपनाया और जितना ज़रूरी था उतना ही लकीरों से चित्र को फटाफट पूरा करने की कला सिद्ध की। इस प्रकार बहुत ही कम धनराशि लगाकर उसने ऐसे चित्र बनाये जिससे यात्री उसे ख़रीद सके। यात्रियों को देव-देवियों के चित्र तो मिले ही लेकिन साथ-ही-साथ समाज के तीख़े विषयों को भी उनमें बुन लिया गया। एक प्रकार था रागरंग का—जिसमें मोहक ललनाएँ, मुजरेवाली औरतें और वारांगनाएँ थीं; दूसरे में भद्र वर्ग के लोगों को कोठे पर बैठने वाली औरतों के साथ का व्यवहार और तीसरे में घर में

पति-पत्नी के बीच होने वाले झगड़े, जिसमें गृहलक्ष्मी पर रौब जमाता हुआ धोती पर कोट पहने हुए मुच्छड़ मर्द या जाज्वल्यमान बहू या औरत मेमने जैसे मर्द को रस्सी से खींचती हुई या पैरों से कुचलती हुई दिखाया। इसमें पूर्व-पश्चिम के संकर-संगम-संस्कारों की हँसी-मज़ाक़ या जुगलबन्दी भी हो गयी।

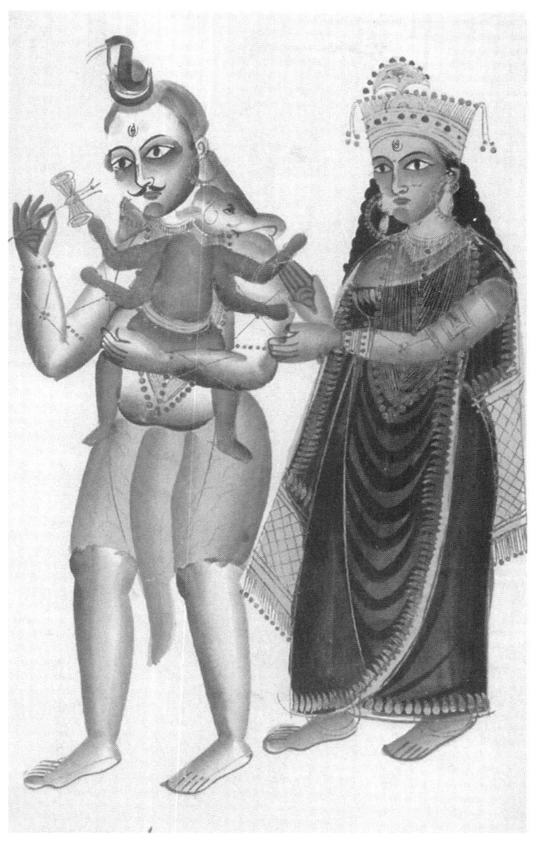

शिव-पार्वती सैर को निकले, कालीघाट, बंगाल, काग़ज़ पर जलरंग, १९वीं शती ई.

सौजन्य : चेस्टर एण्ड डेविडा हर्विट्ज़ कलेक्शन, सेलम, अमेरिका

उस समय एक बहुचर्चित काण्ड हुआ जिसको ख़ूब नमक-मिर्च मसाला लगाकर चित्रों में उभारा गया। वह काण्ड एक प्रसिद्ध मन्दिर के महन्त का था जिसने इलोकेशी नाम की ब्याहता को अपने जाल में फँसा लिया था। उस दुर्भागी पत्नी को उसके पति ने मछली को काटने की तरह मार डाला। यह विवादास्पद केस कोर्ट में गया और महन्त को कोल्हू से तेल निकालने की सज़ा हुई। इसमें से कालीघाट के कलाकार को वर्तमान समाज को निरूपित करने की स्फोटक सामग्री मिली जिसमें धर्मात्माओं का दुराचार, इलोकेशी का रूप और उसकी निर्दोषिता, पति नवीन का क्रोध और मूर्खता सब कुछ खुलकर और कुछ दाँतों में दबाकर आलेखित हुआ। यह सब कालीघाट की सीढ़ियों पर बैठे कलाकारों ने चित्रित किया और सस्ते दामों में बेचा जिसमें धार्मिक और धार्मिकेतर या मनोरंजन के लायक सब कुछ घुलमिल गया जिसका गहरा प्रभाव परोक्ष रूप से एक-दूसरे पर पड़ा। इन अपूर्व चित्रों में माँग निकालकर घूमने वाले शौक़ीन लड़के मोटे क़द की औरतों के प्रभावी रूपों के सामने कुरूप और ठिगने हो गये। सब कुछ समा लेने वाली स्त्री के रूप में कलकत्ता जैसे नगर या महाकाली जैसी देवी के स्वरूप ऐसे मिल गये जिसमें नारी-रूप गौरवान्वित हुआ। हल्के हाथ की लेकिन अद्‌भुत प्रभावशाली तूलिका ने चेतनामय रूपों में आधुनिक काल के परिवर्तित युग को मूर्त रूप दिया। (कहा जाता है कि पास ही की चन्द्रनगर की फ्रेंच बस्ती के माध्यम से वे चित्र फ्रांस के प्रसिद्ध कलाकार फर्नान्द लेज़े को देखने को मिले और उन चित्रों से वे अत्यन्त प्रभावित हुए। उनकी चित्रकारी

में कालीघाट शैली की सगोत्रता देखी जा सकती है।) परिवर्तन के उस पवन ने देवी-देवताओं को भी उसी आकार में अवतार लेने का आमन्त्रण दिया जिसमें वे नया मनुष्य अवतार लेकर चित्रों में उतर आये। मूँछों वाले शिव, खेल दिखाने वाले बहुरूपिये जैसे हनुमान और कृष्ण-राधा का रूप जात्रा जैसी नाटक मण्डलियों के चरित्रों की तरह थोड़े सच्चे और काफ़ी कुछ गुड्डे-गुड़ियों की तरह। इससे रवि वर्मा जैसे चित्रकारों के लिए पौराणिक पात्रों को धरती पर उतारकर पारसी नाटक की तरह चित्रित करने का रास्ता खुल गया।

गुजराती से अनुवाद : किरन सिंह

गुजरात की कला : एक सदी का सरोसामान

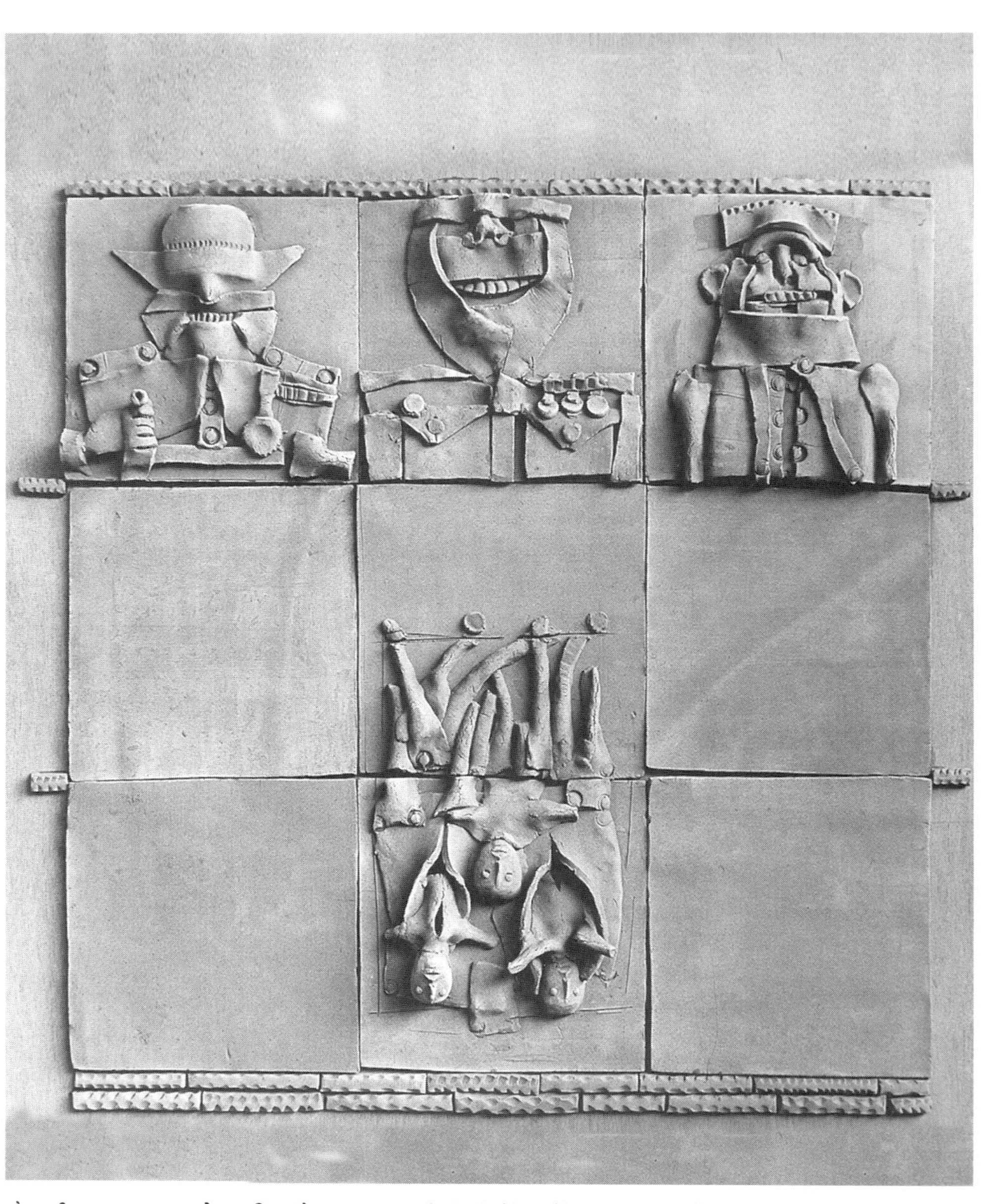

के. जी. सुब्रह्मण्यन, ***सेनापति और पदक,*** *पकी मिट्टी में अर्धशिल्प, १९७१ ई.*
सौजन्य : अल्काज़ी कला संग्रह, नयी दिल्ली

कला भौगोलिक खण्डों में बँधती नहीं, स्थल-काल से ऊपर उठती है या उसे लाँघ जाती है और कई बार वह सामाजिक, राजनीतिक और धार्मिक लक्ष्मणरेखाओं को पार कर बहती रहती है। पड़ोस की या दूर प्रदेश की सृजनात्मकता भी आ-जाकर उसके जेहन में जोश भरती है। उत्तर भारतीय मानी जाने वाली संगीत परम्परा के कुछ उद्‌गम बिन्दुओं की तलाश में हमें दक्षिण के धारवाड़ तक जाना पड़ता है, उसी तरह गुजरात का नामोल्लेख मध्य एशिया तक की प्रजा और प्रदेशों के संस्कारों को जगा देता है। (पाकिस्तान के एक प्रदेश का नाम भी 'गुजरात' है)। लेकिन आख़िरकार कला किसी एक ऐतिहासिक, राजकीय-सामाजिक परिवेश में जनम लेती और पनपती है, यह कहकर हम कला को स्थल-कालाधीन करके उसका सत्त्व निचोड़ नहीं लेते बल्कि एक सर्वांगीण सत्य का स्वीकार करते हैं। इस सबके साथ-साथ यह भी स्वीकार करना ज़रूरी है कि सामाजिक, राजनीतिक गतिविधियों के कृष्ण-शुक्ल पक्ष कला में वैसे ही ज्वार-भाटा खड़े नहीं करते। कई बार कला विपद् स्थितियों में भी अभूतपूर्व ऊर्जा पैदा करती है जैसे कि सामन्तशाही और तानाशाही के समय की कला हमेशा कंगाल नहीं थी।

वैसे तो भारत ने विश्व की अनेक संस्कृतियों को सदियों से खुले मन से अपनाकर आत्मसात् किया है और साथ-ही-साथ उन्हें मरने भी नहीं दिया। कई बार इस हक़ीक़त को स्वीकार नहीं किया जाता लेकिन उसमें सत्य छिपा हुआ है। अन्य संस्कारों को हमारी भारतीय चेतना (या मूर्छा) मिली तब उसे गँदला किये बिना उन्हें सँजोये रखने वाला जीवनदान भी मिला था। परिणामस्वरूप ऐसा बहुत कुछ हमारी परम्परा में बच पाया है जो दूसरी जगह विलुप्त हो गया है। यह भारत की संस्कृति में प्रभावात्मकता के अभाव से या सिर्फ़ आत्मपीड़ा की भयवृत्ति के कारण नहीं अपितु सह-अस्तित्व के विशिष्ट दृष्टिकोण के कारण सम्भव हो पाया जिससे उसकी बहुमुखी चेतना अभी तक प्रदीप्त है। इस दृष्टिकोण की सीधी और स्पष्ट गूँज प्राचीन और आधुनिक गुजरात में सुनायी देती है। इसलिए यह समझना कठिन नहीं होगा कि

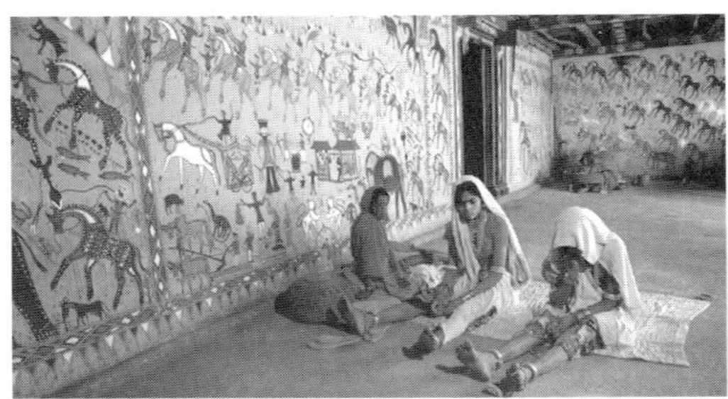

पिठोरा, *छोटाउदेपुर, भित्तिचित्र, २०वीं शती ई.*
तस्वीर : ज्योति भट्ट

कच्छ और काठियावाड़ में सिथियन से लेकर सिद्दी जैसी प्रजातियाँ कमोबेश में आज भी पायी जाती हैं। यह भी सब जानते हैं कि गुजराती लोगों ने समुद्र मार्ग से लगभग पौन पूरी दुनिया छान ली है। गुजरात में कोई परदेसी आता है तो आज भी उसका स्वागत होता है। यह दृष्टिकोण कला में भी प्रतिबिम्बित हुआ है और आज भी हो रहा है।

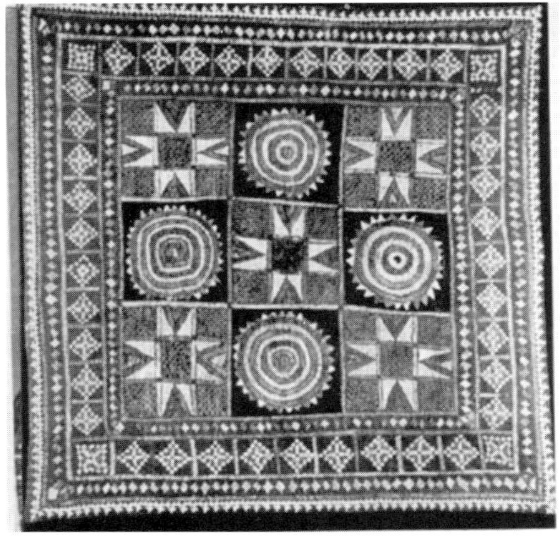

काठी परम्परा की कशीदाकारी, *सौराष्ट्र, २०वीं शती ई.*

यहाँ हमारा कर्तव्य हो जाता है कि हम शहरी और ग्राम्य-कला के बीच और कला एवं कारीगरी के बीच बने वर्णभेद को भी समझें। सामान्य रूप से हम आधुनिक अनुभूति में समसामयिक ग्राम्य आविष्कारों को न गिनते हैं और न ही उसकी परवाह करते हैं, साथ ही उपभोग के साजो-सामान में प्रकट हुई संवेदना को अशुद्ध या सुशोभनीय ('डेकोरेटिव') कहकर धिक्कारते हैं या फिर उसकी उपेक्षा करते हैं। तो दूसरी ओर उपयोगहीन, निरी कृतियों को आधुनिक (विशेष रूप से पश्चिमी) दृष्टिकोण के संस्कारों के आधार पर 'शुद्ध' गिनकर उच्च स्थान पर स्थापित करते हैं। पारम्परिक कला का 'इतिहास' ऐसे बाड़ों को स्वीकार नहीं करता। गाँव से सिवान और खेतों की हदबन्दी से शहर के रास्ते संस्कारों के आवागमन के कारण कई बार शहरी और 'ग्राम्य'-कला का सर्वेक्षण मुश्किल हो जाता है। इसलिए डाक-व्यवस्था के अलग-अलग खानों में विभागीकरण जैसी शोध की गतिविधियों पर निर्भर कला-समीक्षक पीड़ित होते हैं। जिस तरह बड़ौदा के ताम्बेरकरवाड़ा के चित्रों को ग्राम्य, लोकभोग्य या प्रशिष्ट ('फोक', 'पोप्युलर' या 'क्लासिकल') के अलग-अलग खानों में बाँटना मुश्किल है या राजस्थान के माँगनियार विलम्बित आलाप लगाते हैं या कुमारगन्धर्व जब देशी ढंग का 'माँड' उठाते हैं तब जनपदी तथा शास्त्रीय संगीत के जो छोर बँधते हैं, उन्हें अलग करने की बजाय दोनों की ऊर्जा को एक साथ ही पाने के श्रेय की ओर परम्परा निर्देश करती है। उपभोग, अर्धउपभोग से ऐसी चीज़ों में जब पारम्परिक कला कम-ज़्यादा अंशों में लेकिन समान रूप से संचरण करती है तब

'पटोळु', 'चाकळो' (देशी बुनाई और कढ़ाई काम के नमूने) या चित्र को एक-दूसरे से भिन्न साबित करने की बजाय उन्हें एक अखण्ड ऊर्जा और दृश्य-चेतना का आविष्कार मानना ही परम्परा ने उचित समझा था। आज हमने यह सब अलग-अलग कर दिया है, पर इससे दृष्टिकोण की सच्चाई कम नहीं होती।

इस प्रकार कला के समग्र परिवेश को पाना हो तो 'रंगोली' और 'पिठोरा' (आदिवासियों के द्वारा दीवार पर बनाये जाने वाले देवताओं के चित्र) से लेकर 'ओकळी' (लहर-लिपाई में चूने के रंग से आलेखन) और 'ओळीपा' (ज़मीन पर कलात्मक रूप से लीपना); 'चाकळा' (हाथ से कढ़ाई-काम किया हुआ कपड़े का चौकोर टुकड़ा), 'चन्दरवा' (चन्दवा या शामियाने का रंगबिरंगा कपड़ा) और 'पछेड़ी' (चद्दर जैसा ओढ़ने का कपड़ा) से लेकर घण्टी-घोड़ा जैसे मिट्टी के खिलौने और बहुरूपी बर्तनों के आकारों को भी जाँचना-परखना होगा। इन सबको फ्रेम में मढ़कर या पेडस्टल पर रखकर प्रदर्शन में नहीं रखा जाता, (हालाँकि अब तो शहरी प्रजा को ऐसा करने का शौक़ जगा है) इसलिए उसे कला की परिधि से निरस्त नहीं किया जा सकता। इस बहुमुखी परम्परा से काफ़ी कुछ लुप्त हुआ है और लुप्त होता जा रहा है, थोड़ा-बहुत कुछ सुदूर कोने में बचा हुआ भी मिल जाता है। नयी जीवन रीति ने गाँव-गाँव कढ़ाई-काम या बाँधणी की जगह मिल में छपे हुए और सिन्थेटिक कपड़े का जाल फैलाया है। कुछ जगहों पर भरवाड़, रबारी (चरवाहे, ग्वाले) जैसी जातियों में हाथ बुनाई, कढ़ाई-काम और ओकळी का उपयोग कुछ अंशों में अटूट रहा है। पुराने कढ़ाई-काम को ठीक से इकट्ठा करने की सोच समाज या सरकार पा सके उससे पहले ही पुराने साजो-सामान के व्यापारियों ('एण्टिक डीलर्स') ने या तो उनसे मिलीभगत करने वाले एक वर्ग ने उसे काठियावाड़ के घर-घर से निकलवाकर दिल्ली और देश के बाज़ारों में बेच दिया है। कभी-कभी लोथल या हड़प्पा से चले आ रहे मिट्टी के खिलौनों की परम्परा के अवशेष जैसे घण्टी-घोड़े वाघरी (गुजरात में बसने वाली एक जाति जो दातून बेचने का काम करती है) और कुम्हारों की बस्ती में दिख जाते हैं। बदलती हुई स्थितियों में उदाहरण सूचक भावनगर ज़िले की खरक जाति है। सुरेश शेठ के महानिबन्ध के संशोधन से ऐसे संकेत मिलते हैं कि आर्थिक समृद्धता की सहायता परम्परा की जीवन्त चेतना को टिकाये रखने में मददगार हो सकती है। परम्परा की ऊर्जा का लोप पुराने मूल्यों से उठ गये विश्वास या सिर्फ़ नये मूल्यों के चुम्बकीय आकर्षण के कारण ही नहीं, आर्थिक, सामाजिक ढाँचे टूटने से होता है। खाते-पीते, सुखी खेती-प्रधान खरक प्रजा को पारम्परिक प्रथाओं को—जीवन में और चित्र-चाकळा के द्वारा—सँभाले रखने में शहरी उपकरण आड़े नहीं आये। जैसे कि उनके घरों की दीवारों पर बने चित्रों में घड़ी, हवाई जहाज़ या गाड़ियों जैसे आकार पारम्परिक फूलबेल, पंछी और नाग-बाघ के आकारों में घुलमिल गये हैं। अर्थात् शहरी जीवन की सुविधाएँ कृषि जीवन की प्रकृतिशीलता को निगल नहीं गयीं।

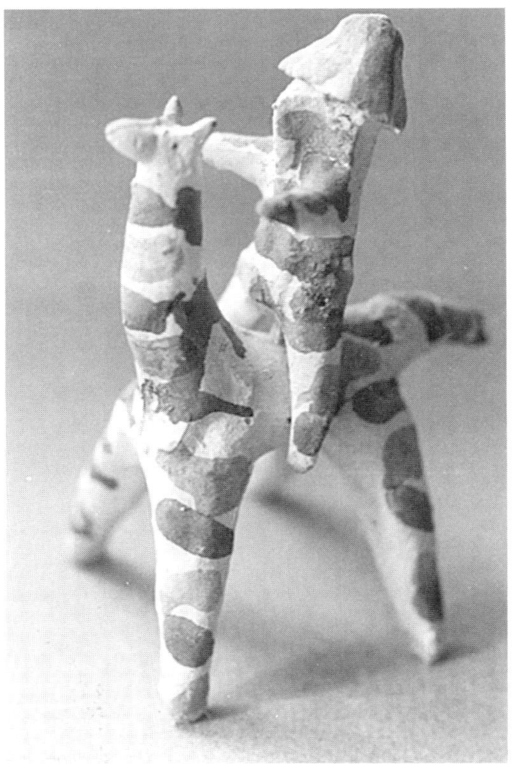

घण्टी घोड़ा, *कच्ची मिट्टी पर जलरंग, २०वीं शती ई.*

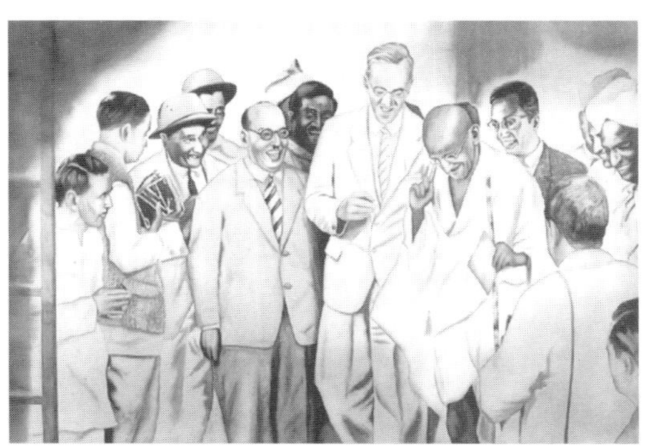

अतुल डोडिया, ***द पोस्ट डेटेड चेक,*** *काग़ज़ पर जलरंग, १९९८ ई.*

सौजन्य : हर्ष गोएन्का, आरपीजी संग्रह, मुम्बई

दुर्भाग्य से खरक समाज जैसे उदाहरण कम देखने को मिलते हैं। गाँव शहर की ओर आगे बढ़ा ऐसा कहने की जगह सच यह है कि शहर गाँव में घुसा और तब से पारम्परिक दृश्य रीतियाँ या नष्ट या फिर भ्रष्ट होने लगीं। हमारे इस समग्रावलोकन में इन सभी आविष्कारों का समावेश होना चाहिए। कहीं-कहीं परम्परा का यान्त्रिक रूप लगातार बनते जा रहे जैन मन्दिरों के साँचे में ढाले हुए शिल्प-काम की निर्जीवता में नज़र आता है तो दूसरी ओर बदली हुई और बदलती जा रही संवेदना की नाड़ी की धड़कन शहरी वर्णसंकर मनोवृत्ति के अच्छे-बुरे लक्षणों को पकड़ते इनेमल रंगी मन्दिरों और मकबरों या रास्तों के स्थानकों (थान) में दिखायी देती है। संखेड़ा का लाख-काम या पटोळा का बुनाई-काम या फिर धमड़का के रँगाई-काम के ज़िन्दा रहने से यह कहने में संकोच होता है कि गुजरात में पारम्परिक दृश्य-संस्कृति ख़त्म हो चुकी है। हालाँकि शहरी प्रजा ने बाज़ारू सिनेमा और छापे गये पुनरुत्पादित चित्रों (रिप्रोडक्शन) के मादक माध्यमों से आदी होकर दूसरी तरह की 'संस्कृति' को अपना लिया है। इन चमकदार और विकल्प जैसे उपकरणों से दृश्य संवेदना की, मनुष्यसहज भूख मिटती नहीं; इसलिए बेचैन समाज एक-दूसरे से बढ़कर उत्तेजित उपकरणों का उत्पादन बढ़ाता जाता है। जैसे सिनेमा ने नाट्य परम्परा की देह-लीला को धूप-छाँव की भ्रान्ति में पलट दिया वैसे ही छापे हुए चित्र ने हाथ-चित्र को ख़त्म कर दिया जिससे मनुष्य के रूप जड़ से बदल गये हैं। बाज़ारू दृश्य-वृत्ति स्वभाव से ही मानवभक्षी है;

उसकी हिंसात्मक उग्रता हमारे बाज़ारों में, बहुमंज़िला और अन्य इमारतों के आकारों में और रोज़मर्रा की पोशाक में चीख़ती है। इस वक्र शक्ति का विनियोग करने के लिए भूपेन खख्खर ने बीसवीं सदी के साठ के दशक में कुछ शरारतें की और बाद में उन्हें आत्मसात् करके दुर्लभ रूपों का सृजन किया। जनसामान्य संवेदना जिससे तरबतर है वह 'शहरी लोक-कला' को जनपदी या शिष्ट कला बिलकुल बेकार है। भूपेन खख्खर का अनुसरण करते हुए कई कलाकारों ने इस बाज़ारू, भ्रष्ट या बेहूदी मानी जाने वाली 'लोक-शैली' का उपयोग अपनी सृजनात्मकता में किया है और उसके माध्यम से मध्यम-वर्ग या उसकी रस-वृत्ति की महिमा गायी है। इसी क्षेत्र में अतुल डोडिया ने उद्धरणों के (कोटेशन्स) के माध्यम से अनछुए आयामों को प्रस्तुत किया है। लोकभोग्य या 'पोप्युलर' की इस नयी अभिज्ञता ने जो प्रश्न खड़े किये हैं उसमें कला और कला-शास्त्र में शिष्ट और जनपदी दृष्टिकोणों की अग्रिमता के सामने सीधी चुनौती है लेकिन साथ-ही-साथ मिलावटी संस्कारों में नीरक्षीर के भेद के अटपटे और कूट प्रश्न भी मिले हुए हैं।

हमारा साहित्यकार दृश्यलक्षी लीला से अनछुआ रहा है इसलिए उसकी परिधि में ऐसी अवधारणा, विवेचन या विवाद ने प्रवेश नहीं किया है। सचमुच में, यह कहना

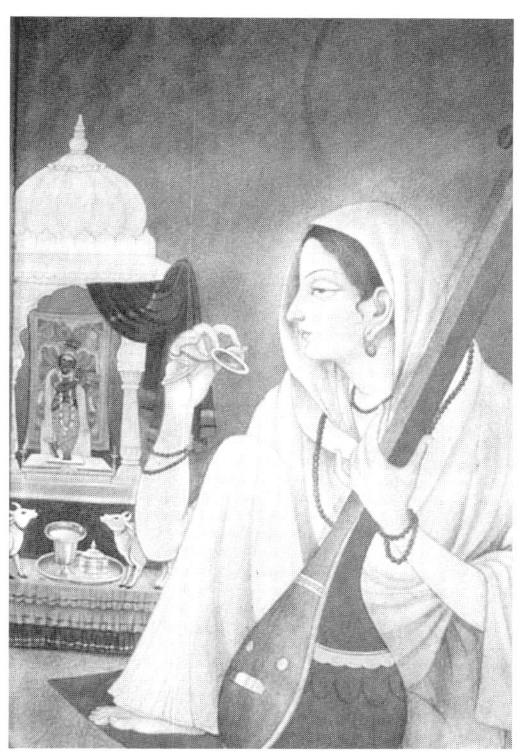

*रविशंकर म. रावल, **मीराबाई**, काग़ज़ पर जलरंग, १९- ई.*

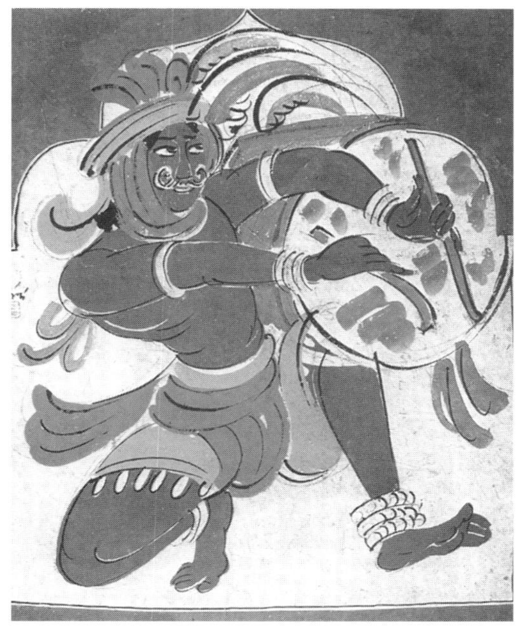

*नन्दलाल बसु, **ढोली** (हरिपुरा काँग्रेस पोस्टर), टेम्पेरा, १९३७ ई.*

सौजन्य : नेशनल गैलरी ऑफ़ मॉडर्न आर्ट, नयी दिल्ली

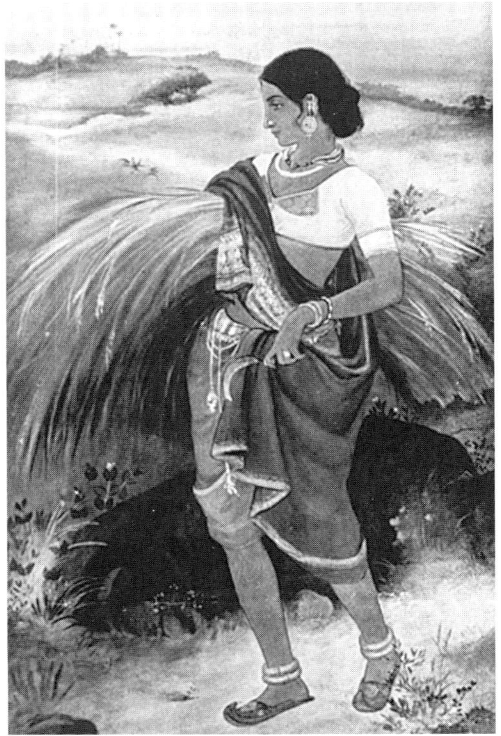

रसिकलाल परीख, **नवधान्य,** काग़ज़ पर जलरंग, १९३४ ई.

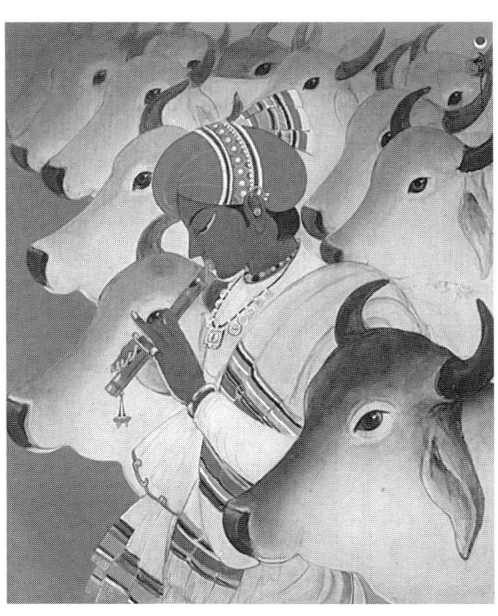

अतिशयोक्तिपूर्ण नहीं होगा कि साहित्य की या लिखित संवेदना की आड़ में दृश्य संवेदना जोख़िम बनकर शुष्क हो गयी है। चीनी कहावत के अनुसार हमने चित्र को आँख से देखने की बजाय कान से देखना पसन्द किया : हम चित्र से ज़्यादा चित्र के बारे में जानने में ही उत्सुकता पूरी कर लेते हैं। साहित्य के संसर्ग से कला कितनी समृद्ध हो सकती है यह बात परम्परा के अनुशीलन से अवनीन्द्रनाथ टैगोर, नन्दलाल बसु और बिनोदबिहारी मुखर्जी ने समझा था। साहित्य और अन्य कलाओं को आत्मसात् करने वाली चित्र-परम्परा ने जब प्रकृतिवाद को टाला या अलग रूप में ढाला तब उसमें दृश्य संवेदना का ऋत ढुल नहीं गया था। लेकिन इस सदी की शुरुआत में बंगाल के कुछ कलाकार प्रकृतिवाद को पचा गये तो कुछ (उदाहरणार्थ हेमेन मजूमदार) की कला को निरे प्रकृतिवाद की मोहिनी निगल गयी। हमारे कलाकार ने भी प्रकृतिवाद को स्थूल (लिटरल) रूप में देखा इसलिए चित्र को शाब्दिक वर्णन के उदाहरण के रूप में पाया जिसमें उसका दृश्य-रूप पतला पड़ गया। स्वाधीनता के ज्वार में 'राष्ट्रीयता' को चित्रों की लिबास पहनाकर दिखाया गया तब भी उसका रूप मानो शाब्दिक वर्णनों जैसा रहा। इसमें ब्रिटिश समय में स्थापित कला-शालाओं में यान्त्रिक रूप से दिये जा रहे किताबी (एकेडेमिक) प्रकृतिवाद का प्रभाव कम नहीं था। वैसे तो अँग्रेज़ी परम्परा के प्रभाव से साहित्य में नये प्रकारों का उद्‌भव

सोमालाल शाह, **गोपाल,** काग़ज़ पर जलरंग, १९- ई.

हुआ, 'यथार्थवाद' का प्रताप बढ़ा और शब्द की सत्ता सर्वोपरि हुई लेकिन शब्दलक्षी शिक्षा ने साहित्य–सृष्टि के जितने दरवाज़े खोले उतने ही दृश्य–सृष्टि के बन्द किये। विषयवस्तु को जाने बिना भी उसका आनन्द उठाया जा सके ऐसी तीव्र दृश्य संवेदना से भरपूर पारम्परिक कला के बदले में 'प्रकृतिवाद' आया। पारम्परिक दृष्टिकोण निम्न और रूढ़िवादी माने गये। विडम्बना तो यह रही कि विश्व के दूसरे कोने में, फ्रांस में, उन्नीसवीं सदी के मध्यकाल में कलाकारों ने जब 'प्रकृतिवाद' के सामने विद्रोह किया, जिससे आधुनिकता की क्रान्तिकारी संकल्पना का जन्म हुआ, उसी समय भारत में नयी खुली कला–शालाओं में यान्त्रिक ढंग के प्रकृतिवाद की नींव रखी गयी। उस शुष्क प्रकृतिवाद के प्रभाव के कारण हमारे चित्र अर्धकल्पित ग्राम्य या शहरी समाज के स्वीकार्य पहलुओं की सतह से आगे बढ़ नहीं पाये। काफ़ी समय के बाद, इसमें कन्हैयालाल माणेकलाल मुन्शी के पात्र जुड़े या मांगलिक प्रसंगों की पतली और छिछली संकल्पनाएँ जुड़ीं। कपड़ों में पहचाना जा सके ऐसा गुजरातीपन सँभला। आकृतिपरक दृश्य–संकल्पना चित्र के बाहर रह गयी। मध्यमवर्गीय 'संस्कारी', शिक्षित समाज ने इस कला को अपनाया जब उसकी दृश्य–वृत्ति शाब्दिक वर्णनात्मकता तक सीमित रह गयी थी।

इन सबके बावजूद जीवन में कला को गूँथने–सँजोये रखने की समझ फैलाने में रविशंकर रावल, सोमालाल शाह, रसिकलाल परीख और अन्य समकालीन और साथ ही 'बीसवीं सदी' और मुख्य रूप से 'कुमार' जैसी पत्रिकाओं के योगदान को कम आँका नहीं जा सकता। सतही भावुकता से भरपूर कनु देसाई के अलबम, रसिकलाल परीख या सोमालाल शाह के ग्राम्यलक्षी या फिर रविशंकर रावल के साहित्यलक्षी चित्र दहेज में देने लायक माने गये जो उस समय की देन है। शान्ताराम की सिनेमा द्वारा कनु देसाई की कला आख़िरकार भारतभर के मध्यम-वर्ग की रगों में पहुँची। लेखन के साथ कई चित्र गुजरात के घर–घर में पहुँचे। इनमें विषयवस्तु ग्राम्य या शहरी जीवन के रोमांटिक चश्मों से आलेखित हुई है, अनुभूतियों का अतिरेक भी कम नहीं है और चित्र–भाषा रसहीन, पुस्तकीय प्रकृतिवाद की है। बंगाल के कई कलाकारों ने जापानी संसर्ग से चित्रपट को कई बार पानी में धोकर कुहरीली छाया पैदा करने के कई प्रयोग किये थे उस 'वॉश पेंटिंग' के साधन को हमने अपनाया, जिसमें हमारी संवेदना फलक पर ही रपट गयी। काग़ज़ पर जलरंग के उपयोग के द्वारा हमने भारतीय परम्परा को निभाये रखना समझा वह तो सचमुच में पश्चिमी 'वाटर कलर' का अनुकरण मात्र था। परम्परा की 'वस्ली' या 'टेम्पेरा' के साथ जिसकी तुलना की जा सके ऐसी पद्धति को तो हमने आज़माया नहीं। कहीं इस विरोधाभास के अनुभव के कारण रेखा डगमगाई, आकृतियों में फीकापन आ गया; चित्र साधना में ही अर्धविश्वास का ढीलापन जम गया। इन चित्रों के क़द और प्रारूप (फोर्मेट), विषयवस्तु और साहित्यिकता को परम्परा के साथ जोड़ने की बात गले नहीं उतरती। राजस्थानी, पहाड़ी या फिर 'वसन्त विलास' या 'कल्पसूत्र' के पोथी–चित्र बुनियादी रूप से दृश्य संवेदना से उत्तेजित थे। बसोली, काँगड़ा या बूँदी के साथ जिसकी तुलना की जा सके ऐसी दृश्य–चेतना परम्परावादी शहरी 'गुजराती' चित्रों में देखने को नहीं मिली, इस कटु

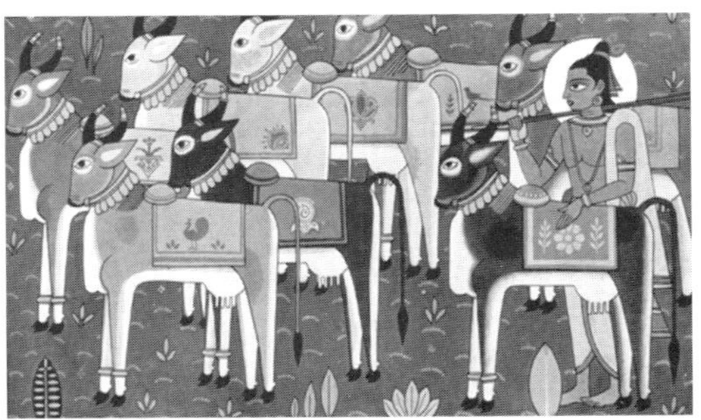

कुमार मंगलसिंह, ***गोधन के संग कृष्ण,*** *काग़ज़ पर जलरंग, १९- ई.*

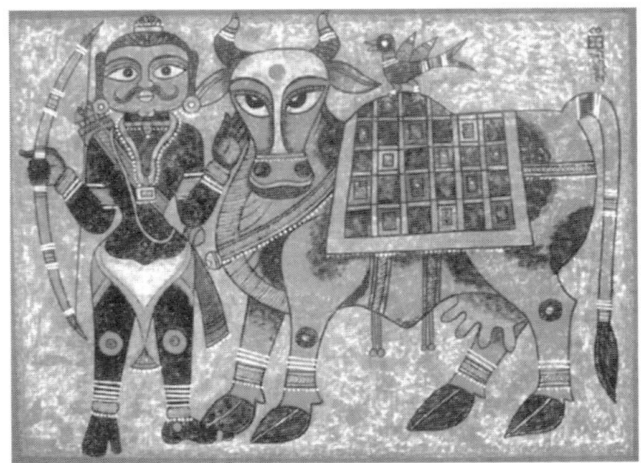

खोडीदास परमार, ***दिलीप और नन्दिनी,*** *काग़ज़ पर जलरंग, १९८० ई.*

सत्य को देर से ही सही लेकिन स्वीकार करना ज़रूरी है। इनमें न ही पश्चिम प्रेरित प्रकृतिवाद की वस्तुलक्षिता है और न ही रोमांटिक अभिनिवेश की मदहोश कल्पनाएँ : इसलिए दोनों प्रकारों में वे चित्रों के रूप में कमज़ोर साबित होते हैं। इसका कारण यह हो सकता है कि हमारा कलाकार एक ओर से बंगाल और दूसरी ओर से ब्रिटिश कला का अनुगृहीत रहा इसलिए उसके चित्र शरदबाबू या वर्ड्सवर्थ की अनूदित रचनाओं जैसे, अनूठी रचनात्मकता से कोरे रह गये। पाठ्यपुस्तकों में वर्ड्सवर्थ की अनूदित 'मीठी माथे भात' (वर्ड्सवर्थ की कविता का अनुवाद) कविता को पढ़ाया ही जा रहा था! इस प्रकार साहित्य की तरह ही कला में भी कुछ अंशों में अनुवाद प्रवृत्ति का प्रमाण ज़्यादा रहा। चित्रकार रवीन्द्रनाथ आँख पर शब्द के झपट्टे से परिचित थे, उनके अन्तिम वर्षों की चित्रप्रचुरता शब्द के सामने के छोर पर बैठती थी। लिखते-लिखते वे रेखाओं के घिसोटे की ओर बढ़े तब उन्होंने शब्दार्थ के कंकड़ को आँख के अगोचर में कहीं फेंक दिया था। उनके चित्र साहित्यिक गतिविधियों के आश्वासक न होकर उनके पूरक थे, शायद यह साधना और सिद्धि उनकी कविता से भी बढ़कर थी क्योंकि उसमें काफ़ी बड़ी चुनौतियाँ थीं। हमारे यहाँ रवीन्द्र साहित्य आया लेकिन रवीन्द्र चित्र-सृजन नहीं। शायद यह सृजन अनूदित नहीं किया जा सकता था और उसमें अनुकरण के लिए कोई अवकाश भी नहीं था।

बंगाल से दूसरा एक प्रवाह लोक-कला की ओर झुका। जामिनी राय ने पटचित्र, अल्पना और बाँकुरा के शिल्पाकारों को मिला-जुलाकर शहरी 'लोक-कला-शैली' पैदा की जिस पर कई लोग निछावर हो गये। मद्रास के श्रीनिवासुलू जैसे कलाकारों ने लम्बी गर्दन, विशाल आँखें और चपटे अंगोपांग को दक्षिणीछाप बनाया। मुम्बई के आलमेलकर ने महाराष्ट्र की मछुआरन के सुडौल रूप को लोक-शैली में नहलाया। गुजरात में कुमार मंगलसिंहजी, खोड़ीदास परमार, मनहर मकवाणा, भूपत लाडवा आदि ने गुजरातीपन की गाड़ी को सृजनात्मकता के

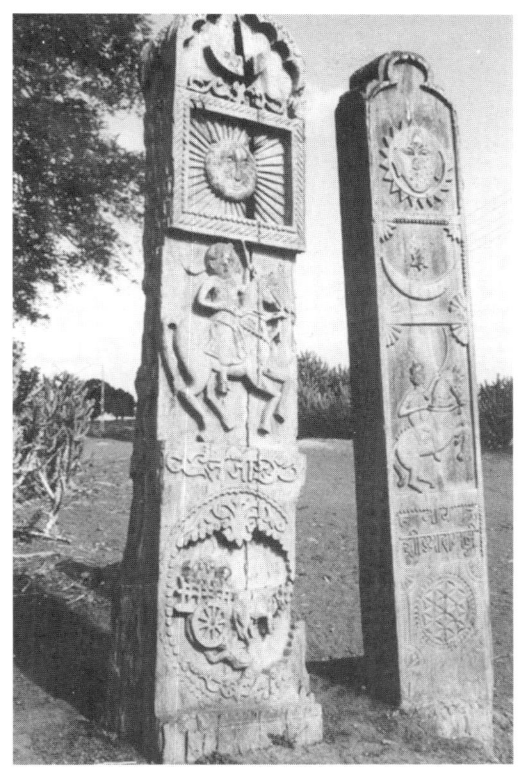

स्मृतिस्तम्भ *(लकड़ी का स्मारक), दक्षिण गुजरात, २०वीं शती ई.*

घोड़े के आगे लगाया। यह गुजरातीपन अर्थात् ग्रामीण (विशेष रूप से काठियावाड़ी) पहनावा, जामिनी राय की शैली के गेरुए और चपट रंग और गुड़िया/पुतलियों जैसी जड़ी हुई आकृतियाँ। लोक-लढन के आसार शहरी संस्कारों से रँगे हुए। यहाँ भी विरोधाभास का दूसरा रूप दिखता है। लोक-कला का कोई भी रूप चाक्षुष प्रमाणों से (रंग या अवकाश की चक्षुलक्षी लीला यानी दिखायी देने वाली दुनिया की प्रकृतिवादी चित्रकारी) या पूर्व नियोजित चौकोर या समकोण 'फ्रेम' की श्रृंखला में बँधा नहीं रहता। लोक-दृष्टि में कल्पना प्रवाही है, यह या तो दीवारों से धरती पर या फिर गलियारे में बहती है या कढ़ाई-काम के टाँकों में स्फुट-अस्फुट के खेल रचती है। पाळिया (स्मारक के रूप में खड़े किये गये पत्थर की) में हमारी प्रकृतिवादी वशीभूत आँखें गुड्डे जैसा रूप देखती है वह सचमुच में तो पत्थर के अखण्ड ऊर्ध्व रूप से उभरा हुआ होता है। जनपदी दृश्य-विभावना मूल रूप से ही आकृतिपरक है जो प्रदेश के परिवेश, कपड़े या पत्थरों में अभिप्रेत हों ऐसे अनोखे रूप प्रकट करती है। शरीरशास्त्र (एनेटोमी) और 'पर्स्पेक्टिव' के चश्मे से यह रूप पुतले जैसा चपटा दिखता है। इस प्रकार जामिनी राय ने फ्रेम में जमाकर इन लोक-रीतियों को शहर-भोग्य करवाने का प्रयत्न किया जिसमें मुख्य रूप से लोक-शैली का कलेवर था लेकिन उसके प्राण के समान मुक्त प्रवाहमयता नहीं थी। कुछ मात्रामेल (मात्रा को गिनकर रचे गये) 'कुमार' में छपने वाले गीत उछल-उछलकर देहाती बनने की कोशिश करते हैं, वैसे ही कला में भी हमने लोक-तरीक़ा लाकर सन्तोष मान लिया। यह लोक-दर्शन शहरी रोमांटिक दृष्टि से ही ग्राम्य जीवन को आदर्श रूप में चित्रित कर सका, बदले हुए—बदलते जा रहे ग्राम जीवन की तासीर उसमें आलेखित तो क्या होती, उल्लेखित भी नहीं हुई। इस प्रकार दोनों रूपों में कला दीवार पर लगाने के सुशोभनीय चौखटे का सामान बनकर रह गयी। उसमें से चुभनेवाला, चुहलभरा या टेढापन सब हटा दिया गया। ग्राम्य जीवन की मीठी-मीठी, स्वीकार्य और मंगलमय छबियों की छलना ने हमें गाँवों से और दूर कर दिया।

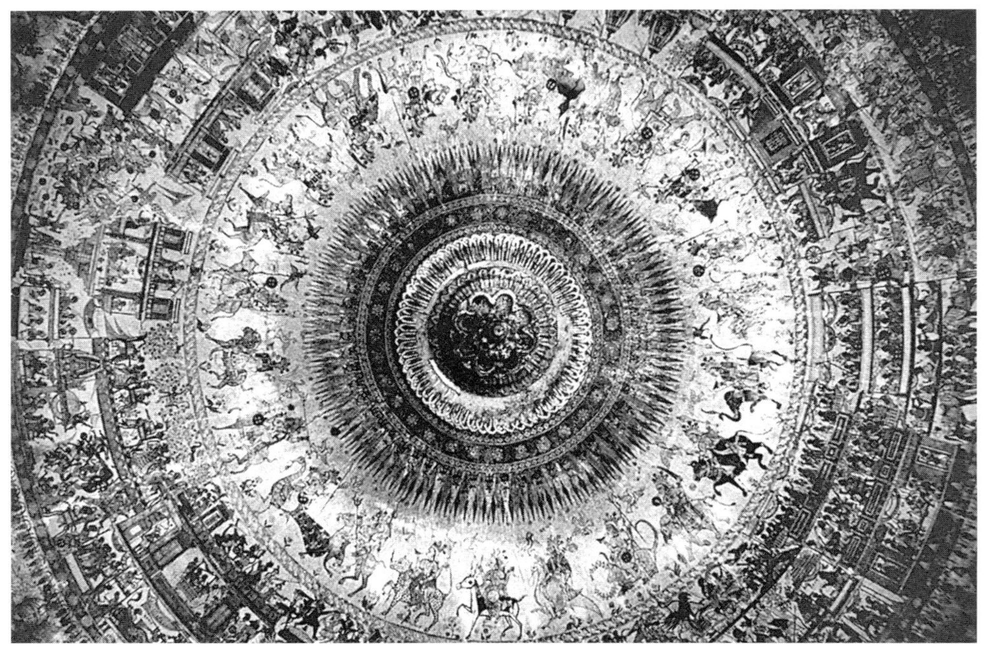

रामायण का दृश्य, *काशी विश्वनाथ मन्दिर का वितान, चाँदोद, भित्तिचित्र, १७८२ ई.*
तस्वीर : ज्योति भट्ट

उस काल्पनिक ग्राम्यजीवन के आदी, शहरी कलाकार को ख़ुद के परिवेश से कुछ भी चित्रित करने लायक नहीं मिला। प्रकृतिवाद या यथार्थवाद के प्रभाव में मुम्बई के उपनगरीय या अहमदाबाद की गली (पोळ) या सोसायटी या कॉलोनी के घरों की बाँबियों में भुनते हुए जीवन की कोई छबि नहीं मिली। 'आधुनिक' कला की छुआछूत ने उसे कला-विश्व के अनोखे आविष्कारों से भी दूर रखा। साहित्य में तीस के दशक के दौरान उमाशंकर जोशी, सुन्दरम् और स्वातन्त्र्योत्तर काल में पन्नालाल पटेल या जोसेफ मेकवान जैसे लेखकों ने ग्राम्य या दलित समाज की पीड़ा को उजागर करने पर रुख़ किया लेकिन चित्र-वृत्ति के भद्रवर्गीय बाड़ों में, बढ़ता अत्याचार, फूट निकला भ्रष्टाचार या साम्प्रदायिकता की प्रतिध्वनि भी सुनायी नहीं दी। गुजरातीपन ने उसे नज़रअन्दाज़ कर शाहमृग की भाँति सन्तोष लिया। अन्य सन्दर्भ में जॉन बर्जर ने कहा था वैसे देखते ही आँखों में बारूद की तरह फूटे ऐसा ग्राम्य या शहरी परिस्थिति को प्रकट करने वाले चित्रालेखन के लिए यहाँ कोई अवकाश नहीं था।

ऐसे क्रान्तिकारी साहस के विकल्प न हों तब मज़ाक़िया उलट बानी का दुधारी नुस्ख़ा ऊँचे पद पर बैठे हुए को गिराने में काम आता है। परम्परा ऐसा काफ़ी कुछ कर चुकी थी। भवाई में विदूषक रंगला बातों की आड़ में बड़ों-बड़ों को उथल-पुथल कर सकता था वैसे ही चतुर चित्रकार या शिल्पी आकृति के शरीर और मुख मुद्राओं को मोड़-मरोड़कर अच्छे-ख़ासे

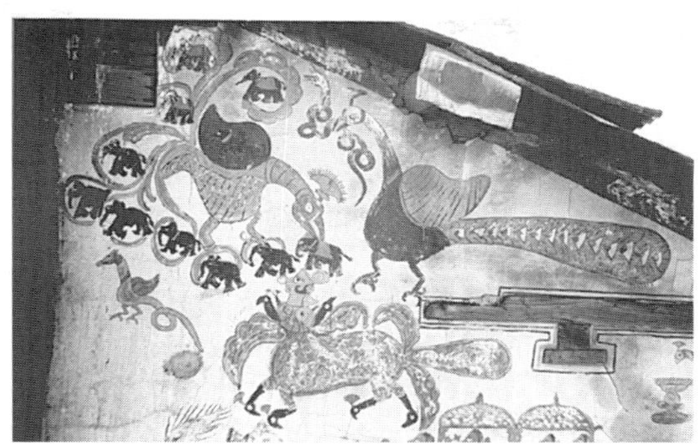

अजायब जानवर, *शान्तिलाल मीठालाल पटेल का घर, करखड़ी, चूने पर टेम्पेरा, भित्तिचित्र, १९/२० शती ई.*
तस्वीर : रमेश पण्ड्या

व्यक्ति को भी ऊपर-नीचे कर देता था और मन वांछित परिणाम लाता था। राजा की मूँछों के मरोड़ को उमेठकर या द्विजदेव की तोंद को गर्भवती स्त्री के समान दिखाकर लोक कलाकार मार्मिक व्यंग्य कसता तब ऊँचे लोग अकुलाहट से सिमट जाते और नीचे वर्ण के मुस्कुरा देते। कई बार उस स्थिति में देवाधिदेव से लेकर राजाधिराज भी मामूली इन्सान की तरह भूल करते हुए दिखायी देते। सब एक ही बूते पर दिखते तब सभी को समान करने का खेल बन जाता। द्विअर्थी दाँव में सीधा अर्थ धूर्त को चुप करने या ज़बरन ख़ुशी दिखाने का न्यौता देता। भीलापुर के मन्दिर की दीवार पर शिव-पार्वती के विवाह में गणेश भी बारात में शामिल हुए हैं : क्या यह लोग समझ नहीं पाते होंगे ? लोक लहज़े में काफ़ी कुछ कहा जा सकता है, उलटा और कठोर भी : अपशब्दों का प्रयोग अनिवार्य हो तो सुनने वाले सह ले ऐसे तरीक़े से कहा जाता है। चाणोद के काशी विश्वनाथ मन्दिर में रावण की विजय के लिए अहिरावण-महिरावण के द्वारा करवाये जाने वाले यज्ञ के मण्डप पर चढ़कर हनुमान भ्रष्ट करते हुए दिखाये गये हैं जिस पर किसी को कोई आपत्ति नहीं। दूसरी जगह कलाकार ने राम-रावण युद्ध में लंका के सैनिकों को लोहे के टोपे पहनाकर और बन्दूक़ पकड़ाकर उभारा है उसमें फिरंगी सरकार को सुरंग में उड़ा देने के आशय है यह देखने वाले देख पाते थे। इन नुस्ख़ों के अलावा कल्पना की गहराई और अजब-ग़ज़ब के खेल में साहस का साज़ो-सामान उतना ही था। नर-कुंजर[१], नारी-कुंजर[२] या व्याल[३] के रूप रचने के पुराने तरीक़े ऊँच-नीच सभी की आँखों को बहका देते थे। रास्तों की दीवारों पर भी सिन्दबाद के विराट गिद्ध की चपेट में फँसे बाघ-शेर या भीम द्वारा हवा में फेंके हुए हाथी आकाश में गुलाटें खाते हों तब उसका कमाल देखने वालों को अचम्भे में डाल देता। इसमें देशी-विदेशी और श्लील-अश्लील का भेद ग़ायब था। जहाँ से जो काम का मिला उसको मिला दिया। इस लोक-वृत्ति के आधार में मन और हाथों का हल्कापन है : इस हल्केपन की ताज़गी में सीधा-सादा और टेढ़ा-मेढ़ा सब कुछ आस्वाद्य होता है।

कला-शाला के शहरी हाथों में उस हल्के हाथों का कमाल नहीं। यहाँ कलाकार के कन्धों पर

१, २. अलग-अलग जानवरों की आकृतियों को मिलाकर बनायी हुई पुरुष या स्त्री की आकृति
३. अलग-अलग जानवरों की आकृतियों को मिलाकर एक काल्पनिक जानवर की आकृति

पूर्व-पश्चिम, प्राचीन-समकालीन और नीति-रीति की रस्सा-कसी का तनाव है। राष्ट्रीयता के नाम पर जो भी पश्चिम का गिना जाता है उसे फेंक देने में कई बार सृजन भी निचुड़कर सूखा रह जाता है। दहकती भद्रवृत्ति को सँभालने में रहा-सहा सत्व भी उड़ जाता है। मज़ाक़ और शरारत के बदले जब तकल्लुफ़ आता है तब हाथ में हल्केपन के बदले मन जैसी भारी-भरकम गम्भीरता आती है, अन्त में, लोक-शैली के चपटे रंग और गुड़िया के समान कलेवर के अलावा बहुत कम बचता है। प्रकृतिवादी दृष्टिकोण के प्रताप से शरीर के प्रमाणों को सँभालने में और कल्पना को लगाम में रखने में जो तनाव रहता है उससे लोक-वृत्ति में जो छूट ली जाती है वैसा साहस नहीं हो सकता। ख़तरा मोल लेने का भय भी सिर पर हावी होता है इसलिए जो बनाया वह स्थापित मूल्यों के घेरे में ही रह जाता है।

सर्वेक्षण, संशोधन और सर्वाश्लेषी चिन्तन या लेखन के अभाव के कारण इस सदी की शुरुआत के दशकों का कला-चित्र धुँधला है। ऊपर से देखने पर दो परस्पर विरोधी पटों में बँटी ग्राम-शहरी कला प्रवृत्ति सात घेरे जितनी गहरी है। उसके स्तर और ताने-बाने दुगुने हैं। उसमें पड़ोसी और परदेसी प्रवाह घुलमिल जाते हैं तब घेरे सात से सत्रह बन जाते हैं और बहुरंगीपन का पारा कहीं ऊँचा हो जाता है। कुछ विवरणों (रिपोर्ट) के अनुसार उन्नीसवीं सदी में सूरत में काँच पर चित्रकारी करने वाले वर्ग में चीनी कलाकारों ने भी गुजराती रसवृत्ति के अनुकूल चित्र बनाये थे। (आगे सीधा दिखाने के लिए, पीछे से उलटा चित्रित करने की इस पद्धति में गुजराती नाम भी टेढ़े-मेढ़े लिखे हुए दिखते हैं)। देशी कलाकार भी इस पद्धति में माहिर थे। रजवाड़ों में राजा, कुलदेवी के साथ-साथ आकर्षक सुन्दरियों के चित्रों की खपत भी रही होगी इसलिए मस्तानी (फडनवीस की प्रियतमा?) के दिल को लुभाने वाले चित्र भी मिलते हैं; इनके अलावा प्रकृति दृश्य और कल्पित महलनुमा इमारतें भी। इन काँच-चित्रों को दीवारों और दरवाज़ों पर लगाया जाता था। भुज के आयना महल में (भूकम्प के बाद जो कुछ बच पाया हो) एक कमरा ऐसे ही नमूनों से भरा हुआ था। कारीगरी के अपूर्व हुनरमन्द रामसिंह मालम ने कच्छ के राजा के लिए उस महल की रचना की थी जिसमें उन्होंने हॉलैण्ड जाकर सीखे हुए वलंदाई और दूसरे यूरोपीय हुनर का प्रयोग किया था—विशेष रूप से काँच और चीनी मिट्टी के बर्तनों को आकार देने में। ऐसा माना जाता है कि पश्चिमी शैली से तैल-रंग में बने हूबहू दृश्य और छबि-चित्रों में यूरोपीय, अँग्रेज़ के अलावा चीनी कलाकारों का भी योगदान था। घूमते-फिरते विदेशी कलाकारों के हाथों गुजरात के कई स्थलों के चित्र बने और उनके देखते कुछ देशी चित्रकारों ने भुज, माण्डवी और अंजार के स्थलों को बारीक़ी से चित्रित किया है, जो मिश्र घरानों की तरह आस्वाद्य लगते हैं। दशकों या सदियों में, देशी-विदेशी खानों में जिसे बाँटा नहीं जा सकता ऐसे ये प्रवाह उन्नीसवीं सदी को पार कर बीसवीं सदी में प्रवेश कर गये होंगे और लोक जीवन में घुलमिल गये होंगे।

भित्तिचित्रों की परम्परा ज़्यादा व्यापक और जटिल होने के कई प्रमाण मिलते हैं। चरोतर क्षेत्र

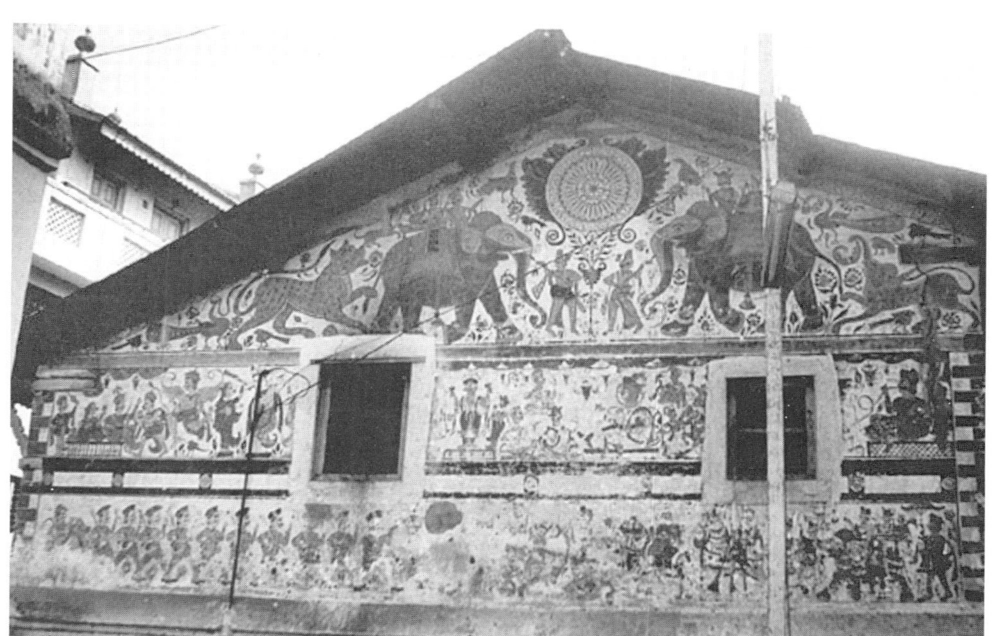

मनुभाई सोमाभाई पटेल का घर, धर्मज, *चूने पर टेम्पेरा, भित्तिचित्र, १९/२० शती ई.*

तस्वीर : रमेश पण्ड्या

के सोजित्रा या भरूच इलाक़े के गजेरा, करखड़ी जैसे गाँवों की हवेलियों में जो चित्र बच पाये हैं उन्हें देखने पर यह अनुमान लगाया जाना ग़लत नहीं होगा कि वहाँ के निवास-स्थान चित्रों से भरे हुए होंगे। इसकी भी सम्भावना रहती है कि इनमें से काफ़ी कुछ उन्नीस सौ पचास तक चित्रित हुआ होगा। बड़ौदा में उन्नीसवीं सदी के मध्य में पूरा तांबेकरवाड़ा चित्रित हुआ (अब मात्र तीन कमरे बच गये हैं), जिसमें उदयपुर-नाथद्वारा जैसी क़लमें और मराठी एवं 'कम्पनी' के नाम से जिसे जाना जाता है—ऐसे देशी-अँग्रेज़ी घरानों का संगम है। एक कमरे में आमने-सामने बनी दीवारों पर समय के बदलते हुए प्रवाहों की रसमय चित्रकारी है। पोथी-चित्र की पारम्परिक शैली में प्रेमी जोड़े को ऐसे आलेखित किया गया है, जिसमें तकिये-गलीचे पर क्रीड़ारत दोनों प्रेमियों के पीछे खुली हुई छत, झूमते हुए पेड़ और खुले पर्दे का परिवेश है और साथ ही चार-चार दासियों के द्वारा सुरा और संगीत की संगत। दूसरी दीवार पर दृश्य बदलता है। यहाँ सजा-धजा एक पारसी जोड़ा कुर्सी में बैठे हुए 'चाय' और प्रेम की 'पार्टी' मना रहा है। रसिक प्रेमी एक हाथ से 'बानू' का हाथ पकड़े हुए दूसरे हाथ से सुनहरा प्याला दे रहा है। उसमें रखे पेय पदार्थ का भेद, पीछे काली बोतल से पेय को डालते हुए 'वेटर' को देखने से खुलता है। प्रेमियों की इस 'टेरेस' में पर्देवाला दरवाज़ा बन्द है जो उस ज़माने की तासीर दिखाता है। वहाँ बने अन्य चित्रों में लौकिक और अलौकिक चित्रों की जुगलबन्दी उतनी ही आस्वाद्य है : एक में वस्त्राहरण के दौरान 'स्थानिक' द्रौपदी को कृष्ण नौ गज की ठीक मराठी

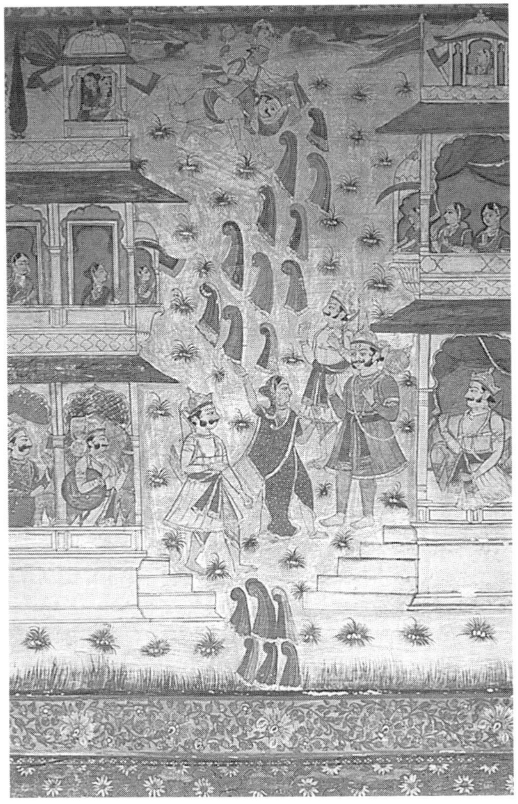

द्रौपदी वस्त्राहरण, *ताम्बेकर का वाड़ा, बड़ौदा, चूने पर प्लास्टर और टेम्पेरा, भित्तिचित्र, १८४९–५४ ई.*
सौजन्य : आर्कियोलॉजिकल सर्वे ऑफ़ इण्डिया, नयी दिल्ली

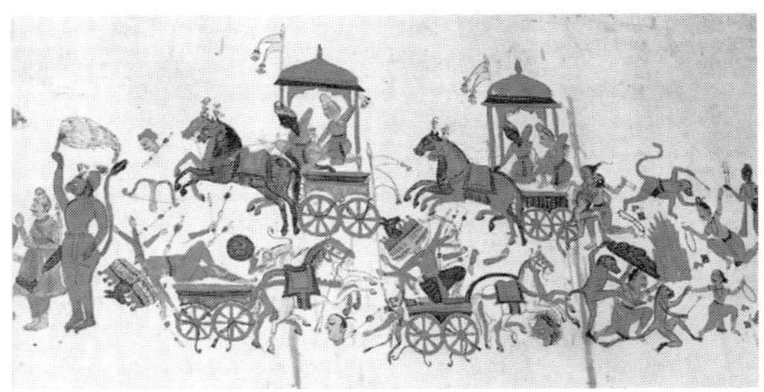

राम-रावण युद्ध, *तेरा (जि. कच्छ), भित्तिचित्र, १९वीं शती ई.*

शैली की साड़ियाँ भेजते हैं तो दूसरी ओर लक्ष्मी के साथ बिराजे हुए पद्मनाभ शेषशायी देवों के समक्ष प्रकट होते हैं जिसका परिवेश—किनारों पर बनी इमारतों को देखने से—बड़ौदा के सूरसागर (तालाब) जैसा लगता है। इन चित्रों को देखने से मन में सवाल उठता है कि क्या तांबेकरवाड़ा के अलावा दूसरी बस्तियों में भी इस प्रकार के चित्र बने हुए होने की सम्भावना नहीं हो सकती? गायकवाड़ी मकानों में एक ही 'वाड़े' में चित्र बचे हैं इसलिए ऐसे उदाहरण को एक मात्र मानने का अनुमान लगाना या ऐसी भूल करना वाज़िब नहीं। इनके अलावा जामनगर या सिहोर के महालयों, अंजार के मेकमर्डो के बंगले में बने चित्र और रामसिंहजी राठौर ने ध्यानाकर्षित किया है उन राम-रन्ध के चित्रों की रीतियाँ एकदम अनोखी हैं। उषाकान्त मेहता ने कच्छ की कई शैलियों का दस्तावेज़ीकरण किया है जिसमें उस समय जीवित 'कमांगर' कहे जाते कलाकार सालेमामद भी शामिल है। निवास-स्थानों के अलावा धर्मस्थानों में भी भित्तिचित्रों के होने के प्रमाण बड़ौदा, वड़ताल, भीलापुर आदि के अवशेषों से मिलते हैं।

वसो और बड़ौदा की हवेलियों का नक़्क़ाशी-काम एक विशिष्ट एवं पुरानी परम्परा की ओर इशारा करता है। पालनपुर में व्होरा जाति के ऊँचे घरों में भी काफ़ी हुनर समाये हैं। अँग्रेज़ी शहरों की राह पर देशी राज और संगतराश के हाथों मोरबी, लीमड़ी और ध्रांगध्रा के बाज़ार खड़े किये गये, इन्हें भी शोध का विषय बनाया जा सकता है। लोकगुर्जरी के साहित्यिक शोधकर्ता थोड़ी

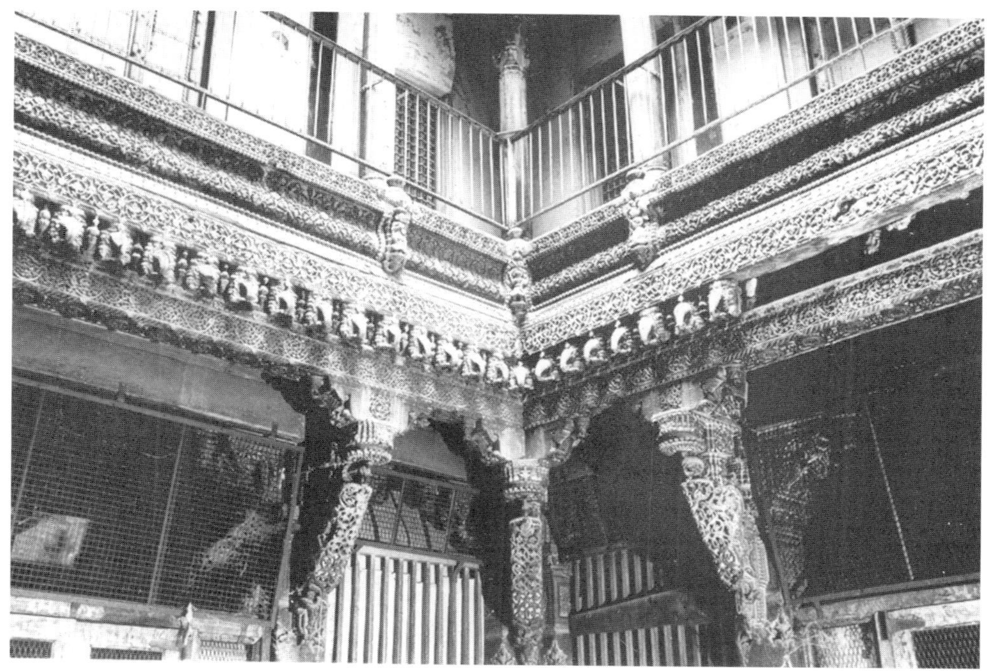

***सुरेश्वर देसाई की हवेली के चौक में काष्ठकाम**, बड़ौदा, १७९० ई.*
तस्वीर : ज्योति भट्ट

आँख खोलकर देखें तो गीत–गरबा की रचयिता–संग्रहकर्ता स्त्रियों के साथ ओकळी बनाने वाली हाँसुबाई और घर–घर कढ़ाई–काम करने वाली अनामी नारियों के पूर्वजों के भी पदचिह्न मिल सकते हैं। पुपुल जयकर के अनुसार हरेक जाति में माँ–बेटी की परम्पराएँ थीं, तो अनामी कही जाती परम्परा में भी विशिष्ट 'व्यक्ति' का सुराग़ मिल सकता है। नयी खुली कला–शालाओं में भी जिन कारीगरों की भर्ती की गयी यदि उन सूचियों के पन्ने पलटे जायें तो यह पता लग सकता है कि उनके हुनर और कारीगरी का कैसा क्रमिक और त्वरित रूपान्तरण हुआ और परिवर्तित होती दृश्य–वृत्ति के ऐसे परिमाण भी दिखने लगें जो फ़िलहाल अस्पष्ट हैं।

इन अभावों को एक ओर रखने पर परिवर्तन के इस संक्रान्तिकाल का जो चित्र उभरकर आता है उसमें कला–शालाओं की भूमिका अग्रस्थान पर है। सदी का अन्तिम लेखा–जोखा निकालने से पहले उसकी पूर्वभूमिका को जाँचने पर उन्नीसवीं सदी में शुरू हुई नयी शिक्षा के दृष्टिकोणों की चर्चा अनिवार्य है। ईस्वी सन् १८५७ के विद्रोह के बाद अँग्रेज़ सरकार ने ईस्ट इण्डिया कम्पनी से भारत के प्रशासन का कार्य अपने हाथों में ले लिया और उसी समय बम्बई और मद्रास में कला–शालाओं की स्थापना हुई जो सीमा–सूचक घटना है। इन संस्थाओं का मुख्य लक्ष्य कारीगरों के वर्ग को प्रचुर मात्रा में विकसित हो रहे नये उद्योगों में जोतने का था।

जिनके नाम से इन शालाओं की पहचान बनी वे सर जमशेदजी जीजीभाई ने बम्बई में जे.जे. स्कूल ऑफ़ आर्ट को एक लाख रुपये का दान दिया था जिसका उद्देश्य कारीगरों को ऐसे व्यवसायों की तालीम देने का था जो उन्हें व्यापार के लिए काम आ सके। पारम्परिक कारीगरी के लिए तालीम का रूप अलग था : इसमें रचना-प्रक्रिया की प्रयोगशाला में शिक्षा मिलती थी। बेटा बाप से और सीखे हुए काबिल व्यक्ति से गढ़ता-पिटता हुआ सीखता था। राज (mason), रँगरेज़, संगतराश, मिस्त्री, लोहार के जातिलक्षी व्यवसायों में नींव संगीत की संगत की तरह हुआ करती थी। बड़ी इमारतों को बनाने में सभी साथ ही हुआ करते थे, लेकिन यदि मिस्त्री का बेटा लोहार का काम करने लगे तो व्यावसायिक और जाति-पाँति के बन्धन आड़े आते थे इसलिए सामान्य रूप से ऐसा नहीं होता था। मुख्य रूप से पुरुष प्रधान कारीगरी के ऐसे व्यवसायों में स्त्रियाँ भी शामिल हुआ करती थीं। ऐसे कई उदाहरण देखने को मिल जायेंगे, जैसे कि कुम्हार-काम में पुरुष चाक चलाता है और औरत उनमें रंग भरती है, लवारिया जाति की औरतें तवा-कड़छी बनाकर बाज़ार में जाकर बेचती हैं। (जिन्हें व्यवसाय में शामिल नहीं किया जाता ऐसे ओकळी, ओळीपा, कढ़ाई-काम और पैबन्दकारी जैसे हुनरमन्द काम पूर्ण रूप से स्त्रियों के हस्तक हुआ करते थे)। पारम्परिक कारीगरी में साज़ो-सामान की चीज़ें निश्चित व्यक्ति या वर्ग के लिए बनायी जाती थीं इसलिए रूप-आकार में स्थानिक, प्रादेशिक या कई बार वैयक्तिक छाप भी देखने को मिलती थी; इन बनाने वाले और उपयोग में लाने वाले की संगत में आकृति बनाने का व्यक्तिगत आविष्कार का भी अवकाश रहता था। औज़ार या हथियार, रोज़मर्रा का साज़ो-सामान या कपड़े एवं ज़ेवरात आदि में कारीगर के 'हाथ' के आधार पर उसकी गुणवत्ता आँकने के तरीक़े से हम अनजान नहीं हैं। समाज में कलाकार और कारीगर का वर्ग एक ही था, इसलिए सब कुछ कारीग़री-मज़दूरी के शूद्र वर्ण के बाड़ों में ही बिठा दिया जाता था। कसब (हाथ-कारीग़री) और कला दोनों में आकार और तराहों की अदल-बदल, लेन-देन होती रहती। उनमें ऐसा कोई भेद नहीं होता था जैसे कला में देहाकृतियाँ और साज़ो-सामान में फूलपत्ते की बनावट : छोटे-बड़े बक्से क्या, 'पटोळा' की (एक एक धागे को रंग कर की गयी बुनाई) बनावट में फूलपत्ती के साथ परियाँ, सुपारी काटने के सरौते के एक हत्थे में मर्द और दूसरे में औरत, सजावट में भी जाने-पहचाने पेड़-पौधों की फूल-पत्तियाँ, परियों का परिधान भी प्रदेश के मुताबिक़।

नयी कला-शाला में सभी कारीगर समान पंक्ति में बैठें, इसलिए जातिगत बन्धन टूटने लगे। रूढ़ियों से बाहर निकलकर देखने की शुरुआत हुई लेकिन उसके विकल्प में आयात हुई नयी रूढ़ियाँ आयीं। इसके अलावा देशव्यापी दृष्टिकोण के कारण शिक्षा का साधारणीकरण हुआ जिसके परिणामस्वरूप कारीगरी की प्रादेशिक जड़ें ख़त्म हुईं। उद्योगलक्षी सामूहिक ढंग की तालीम में उत्पादनों के आशय संवेदनाओं के आगे रखे गये। देशभर में दोहराये जाने वाली (और निगरानी में रखी जाने वाली) शिक्षा नीति ने जिस तरह पाठ्यपुस्तक पद्धति को अपनाया, उसी तरह तालीम पद्धति में भी पुनरावर्तन की महिमा बढ़ी : यथार्थ नक़ल आदर्श

बनकर आयी। विशेष रूप से कला (आर्ट) और कारीगरी (क्राफ्ट) का विभाजन हो गया : दो-तीन दशकों के बाद नयी शिक्षा के आकर्षण से भद्र वर्ग कला-शालाओं में घुसा, फिर ये बाड़े वर्गों में विभाजित हो गये और रूढ़ बन गये। इस दृष्टिकोण के कारण देहाकृति और सजावट रचना भी अलग-अलग हो गये। समकालीन अँग्रेज़ कलाविदों को भारतीय परम्परा में कारीगरी का स्तर कला से ऊँचा लगा इसलिए परम्परा का यह अंश शिक्षा में भी स्वीकार किया गया, लेकिन सजावट-रूपों में कश्मीर के साथ कर्नाटक के बेल-बूटे की प्रादेशिक विलक्षणता एक-दूसरे में घुल-मिल न सकी तब उनका देशभर में और विदेश में चल सके ऐसा साधारणीकरण किया गया : प्रादेशिक की जगह ऊपर-ऊपर से 'भारतीय' लग सके ऐसे फूल-पत्तों के विकल्प और इस्लामी स्थापत्य से उधार लिये भौमितिक बनावट के प्रकारों को कारीगरी की तालीम में प्राधान्य दिया गया। उन आकार-प्रकारों को मुख्य रूप से उद्योग क्षेत्र में काम में लेना था इसलिए उसमें जीवन्तता के स्थान पर बारीक़ी और सफ़ाई से दोहराने और बार-बार बनाने पर जोर दिया गया।

कलाविदों को भारतीय परम्परा में 'कला' का स्तर नीचा महसूस हुआ जिसके पीछे की गिनती और पूर्वग्रहों को देखना मुश्किल नहीं है। मूल रूप से राजकीय और धर्मकेन्द्रित विषयवस्तु को निकाल देने का आशय इसमें स्पष्ट है। राजकीय दख़ल की इज़ाज़त तो उपनिवेशी सत्ता स्वीकार नहीं कर सकती। प्रोटेस्टेंट पन्थ की अँग्रेज़ ग्रन्थि और विक्टोरियन समाज की दोहरी नीति-रीति को भारतीय देवी-देवताओं के बहुलांगी और शृंगार प्रधान आकृति-विधान विकराल और निर्लज्ज प्रतीत हुए इसलिए शिक्षा में ऐसी कला पर कैंची फिर गयी। इस 'असाम्प्रदायिक' दिखायी देने वाला दृष्टिकोण सचमुच में तो एक धार्मिक विचारधारा से प्रेरित था। 'प्यूरिटन' फिरके के 'मूर्तिभंजक' वर्ग ने ओलिवर क्रोमवेल के नेतृत्व में इंग्लैण्ड को 'शुद्ध' करने के लिए धार्मिक चित्र-शिल्पों को तहस-नहस कर डाला था, उसके बाद वहाँ ईसाई चित्रों का बनना भी लगभग बन्द हो गया था। उसके विकल्प में ग़ैर-धार्मिक विषय के विकल्प ('लैण्डस्केप', 'पोर्ट्रेचर', 'स्टिललाइफ़' और रोज़मर्रा के दृश्य) विकसित हुए और जो रॉयल एकेडेमी की शिक्षा प्रथा के द्वारा व्यापक और रूढ़ हुए। इन कलाविदों को भारतीय परम्परा में एक और बड़ी कमी नज़र आयी यथार्थ के अभाव की। तैल-चित्र माध्यम का उद्‌भव भी हमारे यहाँ नहीं हुआ था। नियोजित कला-शिक्षा में इन कमियों की पूर्ति रॉयल एकेडेमी की शैली को अपनाकर की गयी। जैसा कि सोचा गया था सादृश के इस (सरकारी) संस्करण ने वैसे ही अभूतपूर्व परिणाम प्राप्त किये। सदियों से ऐसे सादृश को नकारती चली आ रही परम्परा के स्थान पर यथार्थ के विकल्प ने रचने वाले या देखने वाले दोनों का चित्त हर लिया। मद्रास और बम्बई के बाद दूसरे शहरों में उनसे संलग्न कलाशालायें बनीं और उसके माध्यम से नयी शिक्षा-पद्धति सामान्य पाठशालाओं में पहुँची और उसके द्वारा विकसित हो रहा शिक्षित वर्ग उसके रंग में रँग गया। यथार्थ के उस आभास ने यथार्थवादिता का आँचल ओढ़कर सभी को मुग्ध कर दिया। 'मॉडल' को सामने बिठाकर चित्रित किये जा रहे शरीरशास्त्र,

'पर्स्पेक्टिव' और छाया-प्रकाश के 'नियम' जब नाड़ से बँधे तो हम पारम्परिक और दूसरे सभी विकल्प भूल गये या ये मिट गये। आज गुजराती में गिनी जा सकने वाली संज्ञाएँ 'डिज़ाइन', 'मॉडल', 'पॉज़', 'वॉटर कलर' या 'ऑयल कलर' इन सभी की परम्पराओं के उसी समय शुरू होने के चिह्न मिलते हैं।

जब नये माध्यम और उपकरण आये तो उसमें से नये आयामों के खुलने की सम्भावनाएँ भी खड़ी हुईं। पेन्सिल का प्रचलन हुआ और तूलिका से बनाने के तरीक़ों में परिवर्तन आया। तैल-चित्र के प्रभाव के कारण जलरंग के प्रकार भी बदलने लगे। साँचे ढालने का विकल्प 'प्लास्टर ऑफ़ पेरिस' शिल्प का माध्यम बन गया जिससे रूप-आकार सुधारने में सुविधा हुई; फिर तो उसका चारों ओर विनियोग इमारत और शिल्पों में हुआ। पत्थर और जस्ते से छाप लेने के 'लिथोग्राफ़ी' और 'एचिंग' (तेज़ाब से उकेरी गयी तस्वीर की छाप) जैसे अपूर्व माध्यमों ने छापचित्रों की परम्परा के लिए नये द्वार खोले। इसमें अन्त में छबिकला का प्रवेश हुआ तब यन्त्र साधनों की सहायता का रास्ता खुला और यह दुराग्रह भी दूर हुआ कि हाथकला में 'हाथ' ही सर्वोपरि होता है।

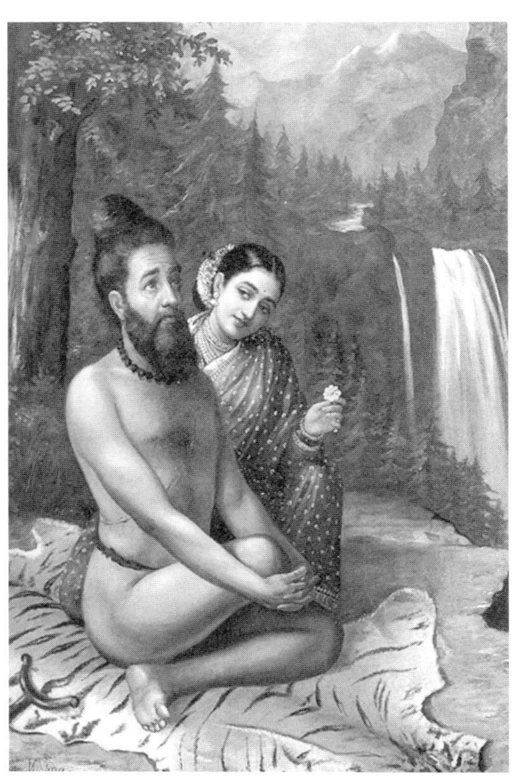

*राजा रविवर्मा, **विश्वामित्र-मेनका,** तैलचित्र, १८९० ई.*

सौजन्य : फतेहसिंह संग्रहालय, बड़ौदा

इन सबका प्रभाव नये भर्ती हुए कारीगर वर्ग पर हुआ होगा इसका स्पष्ट चित्र सर्वेक्षण के बिना खींचना कठिन होगा लेकिन थोड़े-बहुत नमूनों से पता चलता है कि नयी शिक्षा का प्रभाव प्रचण्ड था जो दूरगामी साबित हुआ। इसलिए यह अनुमान करना ग़लत नहीं होगा कि इन सबके कारण कारीगर वर्ग का विभाजन भी हुआ। उनमें से जो पूर्ण रूप से परिवर्तित हुए उनकी शक्ति उद्योग के लिए समर्पित हो गयी। कुछ ने बाहर निकलकर छोटे उद्योग में नयी पद्धतियाँ आज़मायीं, कुछ ऐसे थे जो कारीगर से बाबू बने या सामाजिक उन्नति होने पर भद्र वर्ग के कला-वर्ग में घुल-मिल गये। इसके अलावा कला-शाला की परिधि के बाहर का अच्छा-ख़ासा कारीगर वर्ग सक्रिय था लेकिन वह इतिहास के पन्नों पर आता-जाता या अदृश्य ही रहा; ये रचनाकार

गुमनाम ही रहे। गाँवों में ओकळी, ओळीपा, चाकळा, चन्दरवा बनते रहे, पाळिया चिने जाते रहे या शहर-बाज़ारों में मन्दिर-दहेरासर और निवासस्थानों में नक़्क़ाशी या भित्तिचित्र बनते रहे लेकिन यह सब भद्रवर्ग की नज़र में 'कला' के तहत नहीं गिना गया। कला-शिक्षा के द्वारा नियोजित की हुई कला प्रदर्शनाधीन थी : घर-बाज़ार की दीवारें आदि पारम्परिक परिवेश की जगह इस 'कला' ने प्रदर्शन के लिए ही बनाये गये संग्रह-स्थानों और आर्ट गैलरियों को चुन लिया। भद्रवर्गीय इमारतों और उसके प्रभाव के तहत मध्यवर्गीय निवासस्थानों की दीवारें भित्तिचित्र के बिना कोरी रह गयीं और उस पर चित्र टँगाये जाने लगे। शिल्पों को ख़ास उसके लिये बनाये गये पेडस्टल पर रखा जाने लगा। कला-प्रवृत्ति परीक्षा और प्रमाणपत्र के अधीन हुई इसलिए प्रभाव और गम्भीरता उसके आदर्श बन गये, उल्लास कम होता गया, खिलाड़ीपन, व्यंग्य, कल्पना के आवेग और नये नुस्ख़ों को वर्ज्य गिना जाने लगा। कुछ एकल-दोकल कलाकार अपनी शक्ति से सिद्धहस्त हुए या आधुनिकता के विद्रोह ने कुछ नये रास्ते खोल दिये लेकिन कला-शाला की लोहे-सी मजबूत रूढ़ियाँ, सलाखें, अटूट रहीं। कुछ अपवादों को छोड़कर उसमें किताबी प्रकृतिवाद के अलावा दूसरे विकल्पों को स्थान नहीं मिला। कला-शाला की कला के इस विवरण में उन अपवादों को शामिल करने की कोशिश है।

सन् १८९० में, बड़ौदा में शुरू हुए इंजीनियरिंग विद्यालय 'कलाभवन' में कला-शाला बनी उस दौरान महाराजा सयाजीराव ने त्रावणकोर के नामी चित्रकार रवि वर्मा को आमन्त्रित किया। बड़ौदा में रहकर रवि वर्मा ने ताँजोर और यूरोपीय शैली के लक्षणों को मिलाकर पौराणिक कथाओं को पारसी नाट्य के दृश्यों की तरह आलेखित किया। इसके पीछे का आशय आल्मा टाडेमा जैसे समकालीन अँग्रेज़ 'नियोक्लासिकल' कलाकार जो पुरातन ग्रीस की निष्कलंक गौरव गाथा बुनते थे वैसा कर दिखाने की देशी 'चुनौती' थी। रवि वर्मा के चित्रों का संक्रमण समग्र देश और विदेश में फैल गया। बड़ौदा के दीवान ने उनके तैल-चित्रों को छापने का आग्रह किया और उसके बाद देवी-देवताओं के पौराणिक छपे हुए चित्र घर-घर पहुँचे। जब छपे हुए देवी-देवता बाज़ार में मिलने लगे तो बनाये गये या गढ़ी गयी इष्ट देव की मूर्तियों का महत्त्व कम हो गया : घर में स्वयं देव की स्थापना करने वाली कर्मकाण्डी प्राणप्रतिष्ठा भी कम हो गयी। कला-शालाओं में धार्मिक विषय पर रोक के लाभ को रवि वर्मा ने देवी-देवता को बाज़ार में रखकर उठाया और अपूर्व प्रसिद्धि प्राप्त की। अब लोग लक्ष्मी या सरस्वती को पारम्परिक रूप से देखने की बजाय रवि वर्मा की आँख से देखने लगे। उन्नीसवीं सदी के अन्त में इस सादृश कला की जड़ें इतनी गहरी हो गयीं कि ई.बी. हेवेल के मार्गदर्शन में कलकत्ता की कला-शाला में अवनीन्द्रनाथ टैगोर ने पारम्परिक चित्रकारी की शुरुआत की तब उसका काफ़ी विरोध हुआ था। बीसवीं सदी के उदयकाल में रवीन्द्रनाथ ने विश्वभारती के शान्ति निकेतन में कलाभवन की स्थापना की और नन्दलाल बसु को पढ़ाने के लिए ले आये तब उसके पीछे का आशय युवा-वर्ग में उन कला-शालाओं में प्रवर्तित उस सीमित पद्धति से बचाना था।

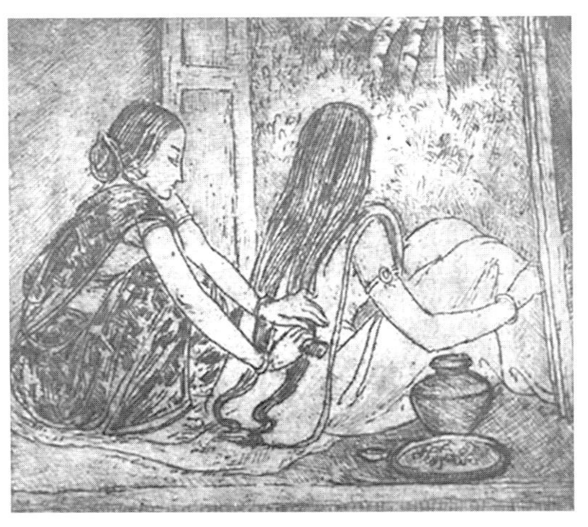

यज्ञेश्वर शुक्ल, ***श्रृंगार,*** *एचिंग, १९— ई.*

ज़्यादातर गुजराती कलाकार प्रसिद्ध कला-शालाओं में पढ़े थे जैसे कि रविशंकर रावल जे.जे. में, सोमालाल शाह बड़ौदा के 'कलाभवन' में। तैल-चित्र की रचना में सूरत के हंसाजी रघुनाथ निपुण थे जो रवि वर्मा की काबिलियत से दो अंगुल ऊँचे ही हैं। जे.जे. स्कूल के पेस्तनजी बोमनजी भी उसमें माहिर थे। राजकोट के मगनलाल त्रिवेदी भी उस काम के लिए जाने जाते थे। सार्वजनिक स्थानों पर रखे जाने वाले शिल्प में यथार्थ पर ज़्यादा जोर दिया गया; मुम्बई के वी.पी. करमरकर ने इस क्षेत्र में काफ़ी सिद्धि पायी। सादृश चित्रकारी के परिप्रेक्ष्य (पर्स्पेक्टिव) की अन्तर्दृष्टि यथार्थ का भ्रम पैदा करने में नाटक के बहुत काम आयी। 'देशी नाटक समाज' जैसी कम्पनियों के पर्दों (यदि बचे रह गये हों तो) का अध्ययन किया जाय तो उसके साथ उसके कलाकारों की शक्तियों को परखा जा सकता है और उस कला प्रकार पर अभी जो पर्दा पड़ा हुआ है वह भी उठ सकता है।

बीसवीं सदी की शुरुआत से लेकर स्वतन्त्रता तक भारतीय और गुजराती कलाकार के सामने प्रकृतिवाद और परम्परावाद के विकल्प थे जिसमें पहले गगनेन्द्रनाथ और फिर रवीन्द्रनाथ ने 'आधुनिक' को जोड़ा था लेकिन वह पश्चिम की गोद में पलने के कारण कइयों को रुचिकर नहीं लगा था। गुजराती कलाकार उससे निर्लिप्त ही रहा। एक तरफ़ एकेडेमिक कला का बढ़ता हुआ प्रभाव और दूसरी ओर शान्तिनिकेतन प्रेरित भारतीय-एशियाई पारम्परिक कला मूल्यों का पुनः प्रसारण—ऐसे दो पलड़ों पर बैठा हुआ उसका कला-जीव उलझन में पड़ा रहा। रविशंकर रावल की और बाद के कई कलाकारों की शिक्षा 'एकेडेमिक' प्रकृतिवादी पद्धति से हुई लेकिन शान्तिनिकेतन के 'राष्ट्रवादी' संस्कार सीधे या परोक्ष रूप से उनके चित्रों में बुने गये। शान्तिनिकेतन के उन धुरन्धरों में से एक रामकिंकर तो 'आधुनिक' पन्थ पर परम्परा से उल्टे चले, बिनोदबिहारी मुखर्जी ने भी अपनी अनोखी तराह ढूँढ़ी। नन्दलाल ने हरिपुरा कांग्रेस में गांधीजी के आमन्त्रण पर चित्र श्रृंखला रची जिसमें उन्होंने श्रम की महिमा हल्के हाथों से की (यहाँ उन्होंने 'वॉश' पद्धति के धोने का आश्रय नहीं लिया था)। तीस के दशक में बम्बई में जगन्नाथ अहिवासी 'भारतीयता' के पुनः संस्करण की हवा से खिंचे चले गये और पारम्परिक विषयवस्तु और रीति दोनों को आज़माया। चालीस के दशक में वजुभाई भगत की लोक शैली में स्वदर्शन के आसार नज़र आये जिसमें नये अंकुर दिखे थे लेकिन वे ज़्यादा खिल नहीं पाये। इसमें यज्ञेश्वर शुक्ल का भी योगदान विशिष्ट माना जायेगा। उन्होंने

आकार-प्रकार की प्रकृतिवादी हथौटी में चीनी शैली का विनियोग करके नये आयाम जोड़े। विशेष रूप से, छाप चित्रों में 'एचिंग' को कुशलतापूर्वक आज़माने में वे देशभर में अग्रणी और प्रणेता माने जाने लगे। वर्षों तक वाराणसी रह रहे वासुदेव स्मार्त की साधना पारम्परिक को समर्पित थी। काफ़ी लम्बे अरसे के बाद वे सूरत आकर बसे और भित्तिचित्रों का अनुसरण करके उन्होंने चित्रपट बनाये, और पुस्तकें भी प्रकाशित कीं। हालाँकि प्राचीन विषयवस्तु को पारम्परिक ढंग से आलेखित करने में 'आधुनिक' को दूर ही रखा। पचास के दशक में बड़ौदा के बिहारी बारभैया ने और बम्बई में प्रद्युम्न तन्ना ने परम्परा की परिधि में रहकर अपनी लढन पैदा करने के प्रयत्न किये तब ज्योति भट्ट ने भी 'कृष्ण-लीला' जैसे पट में उसी रास्ते को चुना था।

रविशंकर रावल ने पहले 'वीसमी सदी' और बाद में उनसे जुड़े बचुभाई रावत ने 'कुमार' के माध्यम से दशकों तक गुजरात को कला दीक्षा दी। 'कुमार' में तो रामानन्द चैटर्जी के 'मॉडर्न रिव्यू' की तरह एक चित्र रंग में छापने की अभिवृत्ति अन्त तक बनी रही। सुघड़ चित्र छपाई से बचुभाई ने एक मिसाल साबित की लेकिन दूसरी पत्रिकाओं ने उससे ज़्यादा कुछ नहीं सीखा। 'कुमार' ने चित्रों और लेखन के द्वारा गुणवत्ता की सीमा बढ़ाकर दो-तीन पीढ़ियों को पढ़ाया। लेकिन उसे भी 'आधुनिक' होने का ज्वार भारी पड़ा और समय के साथ बदलने की जगह वह प्रकृतिवाद को चिपका रहा। अहमदाबाद में रविशंकर रावल की चित्रशाला का दृष्टिकोण भी कुछ ऐसा ही रहा। उसका वर्चस्व छगनलाल जादव जैसे दलित कलाकार द्वारा किये आधुनिक प्रयोग से थोड़ा घटा। दलित मानसिंह छारा भी उसी ऊर्जा के सहभागी थे।

आधुनिकता की नींव लगने के पीछे कुछ इस प्रकार की भूमिका है। एक तो स्वाधीनता के साथ ही पश्चिमी कला के, विशेष रूप से यूरोप के कुछ देशों के और अमेरिका के कला प्रवाहों के प्रकाशन सुलभ होने के बाद उस प्रकार के प्रवाहों की बाढ़-सी आ गयी और उन प्रवाहों में नया कलाकार ऐसा खिंचा चला गया कि सतही अनुभूतियों की चासनी से तरबतर परम्परावाद से अफरा हुआ उसका मन आधुनिक आविष्कारों के खटरस की ओर खिंच गया। शायद ये दोनों क्रियाएँ साथ-ही-साथ हुईं। उसमें 'आधुनिक' की मोहिनी अद्‌भुत थी। १९५० में बड़ौदा में स्थापित फेकल्टी ऑफ़ फाइन आर्ट्स समग्र भारत में विश्वविद्यालय स्तर की प्रथम कला-शाला बनी। कुलपति हंसाबेन मेहता की दीर्घ दृष्टि और सतत प्रयासों के कारण देश के नामी कलाकार कला-शिक्षा के साथ उससे जुड़े। यहाँ 'आधुनिक' के अभिनिवेश से तरबतर कलाकार आये। नारायण श्रीधर बेन्द्रे, के.जी. सुब्रह्मण्यन्, शंखो चौधरी आदि क्युबिज्म, कन्स्ट्रक्टविज्म और एबस्ट्रेक्शन की ओर खिंचे हुए थे। इसके प्रथम अध्यक्ष मार्कण्ड भट्ट मूल रूप से भावनगर के थे और फिलाडेल्फिया के बार्न्स फ़ाउंडेशन से पढ़कर आये थे। कला के ऐतिहासिक अध्ययन की नींव डालने वाले वी.आर. आम्बेरकर विश्व-कला के वैविध्य और बहुरंगीपन से रँगे हुए थे। उन सभी ने कला के इकहरे महल के कई बन्द दरवाज़े खोले जिससे कुछ रास्तों से देश-विदेश की प्राचीन-आधुनिक रचनाओं से

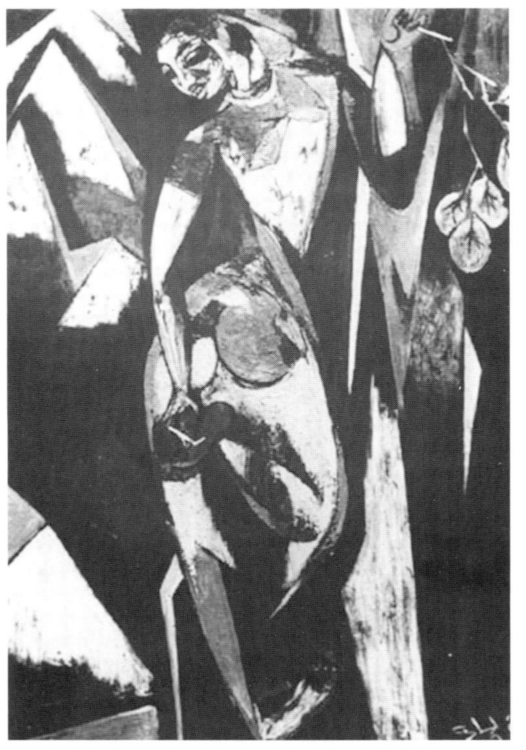

एन. एस. बेन्द्रे, ***कंटक,*** *तैलचित्र, १९५५ ई.*
सौजन्य : नेशनल गैलरी ऑफ़ मॉडर्न आर्ट, नयी दिल्ली

रसास्वादन और प्रमाण के लिए नये औज़ार मिले। मार्कण्ड भट्ट ने कला और सौन्दर्यशास्त्र के अभ्यासक्रम में काम आ सके ऐसा 'रूपप्रद कला' नाम का ग्रन्थ तैयार किया और स्वयं उसका ख़र्च उठाकर उसे छपवाया। विश्व की कला को एक ही साथ अपनाने के दृष्टिकोण की नींव शिक्षा के साधारणीकरण की वृत्ति में ही रही होगी। अन्याय होने के भय से पसन्दीदा-ग़ैरपसन्दीदा सब कुछ शिक्षा में लोकशाही ढंग से सम-स्तर हो जाता है। इस दृष्टिकोण का कहीं-न-कहीं सभी दृष्टि-बिन्दुओं को अपनाने वाले भारतीय और गुजराती दृष्टिकोण के साथ भी मेल खाता है। इसका अच्छा परिणाम यह हुआ कि बेन्द्रे, चौधरी, सुब्रह्मण्यन् गुजरात के होकर रहे और गुजरात को गुजरात से बाहर भी निकाला।

सामान्य रूप से शाला या संस्था की मर्यादा स्थापित प्रयोगों को अपनाने में ही पूर्ण हो जाती है (विद्रोह की प्रेरणा भी विद्यालय का जंग लगा हुआ कलेवर ही देता है)। नये कलाकार के सामने सिर्फ़ दो ही विकल्प थे, उस सत्य को स्वीकारना पड़ेगा; एक था, पश्चिम की सिद्धियों के भार के नीचे दबे हुए होने के कारण, नये प्रयोग करने की बजाय जाना हुआ प्रमाणित रास्ता पकड़ना या पश्चिम में चल रही कला प्रवाहों की 'मैराथन' में जुड़ जाना। यहाँ प्रश्न यह उठता है कि भारतीय कलाकार ने या गुजरात के नये कलाकार ने पश्चिमी आधुनिक प्रवाहों के 'पुराने' चरणों को नवोन्मेष के रूप में स्वीकार किया, जिसमें उसकी चाणक्य दृष्टि थी या फिर समकालीन कला के जोख़िम प्रयोगों का डर? क्युबिज्म यूरोप में प्रथम विश्व-युद्ध के समय की घटना है, जब हम उसके और एब्स्ट्रेक्ट के रास्ते पर चले तब तक पश्चिम में ये 'पुरानी' हो चुकी थी। शायद अनुवाद और 'एडेप्टेशन' के लिए आधुनिक कला के 'क्लासिकल' (स्थापित) प्रवाह ही ज़्यादा योग्य माने गये होंगे। उसके माध्यम से नये कलाकारों का विद्यार्थी वर्ग आधुनिकता के प्रवाहों में तेज़ी से लेकिन चरणबद्ध रूप से गुज़रा। उसने पश्चिमी आधुनिक आविष्कारों को ख़ुद प्रयोग करके सीखा। सुरेश जोशी जैसे गुजरात को विदेश के साहित्य के नये प्रस्थान की ओर ले गये उसी तरह यहाँ कलागुरु

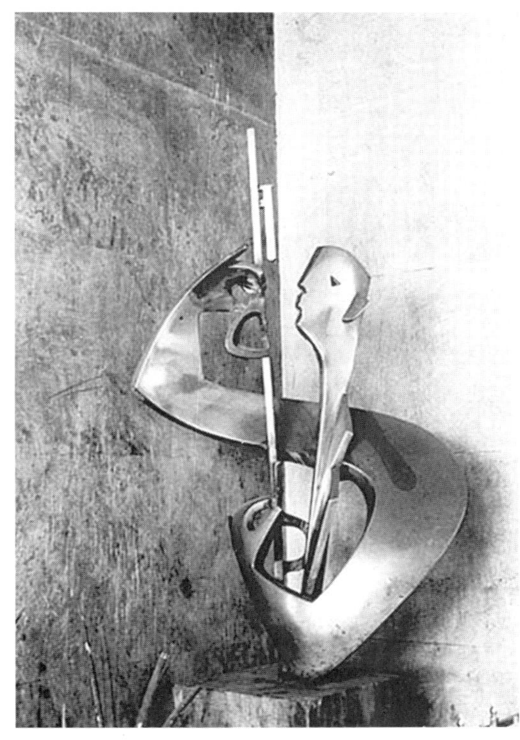

शंखो चौधरी, ***केमिस्ट,*** पित्तल, १९६१ ई.
सौजन्य : ऐलेम्बिक केमिकल्स लिमिटेड, बड़ौदा

शुरुआत की युवा पीढ़ी को 'प्रयोगों' के पन्थ पर ले गये। एक ओर चौधरी-बेन्द्रे ने क्यूबिस्ट आकृति-परकता के घटकों को पृथक्करण करके परखा तो दूसरी ओर सुब्रह्मण्यन् ने उन साधनों से हमारी, विशेष रूप से जनपदी परम्परा की जटिलता की ओर आगे बढ़कर आकृति के गतिमान (एनिमेटेड) रूप को साधा।

बेन्द्रे, चौधरी दोनों ही आकृति को पिघलाते हुए लगभग अमूर्त तक पहुँचे। बेन्द्रे ने एक चरण में तो मानो वान गॉग का जीवन बढ़ाकर 'सूरजमुखी' को क्यूबिस्ट आँखों से देखा और पैर से काँटा निकालती खजुराहो की सुन्दरी को क्यूबिस्ट अवकाशपट पर निरूपित किया। अन्त में, कैनवास पर रंग फैलाकर पोल जेन्किन्स की राह पर फैलती हुई रंग-लीला में अमूर्त संगीत खोजा। बड़ौदा छोड़ने के बाद वे अपनी शुरुआत की रचनाओं के बिन्दुओं से बने आकार द्वारा रोमांटिक इम्प्रेशनिज़्म की ओर वापस लौट गये और जीवनपर्यन्त उसे बनाये रखा। सुब्रह्मण्यन् क्यूबिज्म-अमूर्त से होते हुए आख़िरकार मनुष्याकार के मिट्टी के रूप की ओर ढले। उन्होंने काँच के पीछे की ओर वक्रदृष्टि से शहरी सुन्दरियों की अंगभंगिमाएँ या मिलावटी शहरी समाज की टेढ़ी वासनाओं को आलेखित किया या बांग्लादेश और वियतनाम की पाशवी-मनुष्य संहार लीला के रूप मिट्टी में बनाये। बीच-बीच में बच्चों के मुखौटे लेकर अद्‌भुत के खेल भी मिट्टी में ही रचे। शंखो चौधरी ने आकृतियों को क्यूबिस्ट-कन्स्ट्रक्टविट ढंग से काटकर उसमें लम्बे रेखादार घुमाव दिये। साठ के दशक में जेराम पटेल बड़ौदा आये और पिकासो-सूज़ा और पॉल क्ले के संस्कार से भरे चेहरे के चटके हुए रूप और फिर मानस-तल की वासनाओं से तर आसुरी आकृतियों को तूफ़ान की तरह लेकर आये। उनकी विध्वंसक सृजनात्मकता उनको चित्रफलक की बलि चढ़ाने, घाव करने, जलाने की ओर ले गयी, जिसके तेजाबी रूप ने सबकी आँखें चुँधिया दीं। कुछ वर्षों तक उनके अहमदाबाद में रहने के बाद उनका असर चारों ओर महसूस हुआ। उनके सर्जन दो ध्रुवों से पीड़ित थे—एक ओर एकरंगी रेखांकन और दूसरी ओर रंगहीन, जलायी हुई लकड़ी की कोटरें; एक ओर से लगातार प्रकट होने वाली चेतना और

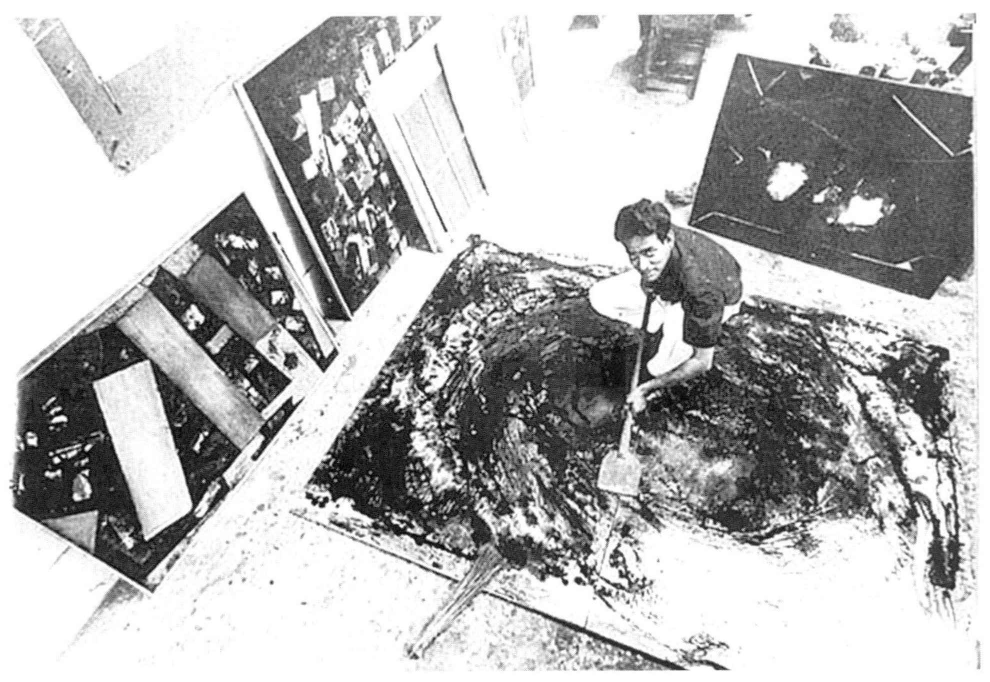

जेराम पटेल अपने स्टूडियो में, १९६० के दरम्यान

दूसरी ओर सर्वनाशी आक्रोश। उनके आकृति विधान अनेक कलाकारों को अनुकरणीय लगे। जेराम पटेल का पूरक रूप देर से गुजरात आयी नसरीन मोहमदी में आकृति की अमूर्त क्षीणता, सूक्ष्मता और अक्षयता में प्रकट हुआ। दृढ़ धर्मपालक की मिसाल नसरीन ने एक ही रंग के भौमितिक साधनों से मात्र रेखा के रूपों को ही सालों तक आराध्य बनाये रखा। कई बार ये रेखांकन एक-दूसरे की परछाईं और प्रतिध्वनि (आफ्टर इमेज़) बन जाते हैं या मूल स्वरूप की गूँज प्रकट करके विलीन हो जाते। जेराम की सन्निधि में ज्योति पण्डया ने काफ़ी परिपक्व उम्र में रेखांकन का दौर शुरू किया जिसे उन्होंने जीवनपर्यन्त निभाया। गुजरात से दूर (अब दिल्ली में) रह रही माधवी पारेख का भी कार्य कुछ इसी तरह का है। उन्होंने तो चित्रकारी की तालीम भी नहीं ली थी। जब उनकी बेटियाँ मनीषा और दीपा (उन दोनों ने भी अब चित्र और छबि-कला में नाम कमाया है) ज़रा बड़ी हुईं तब माधवी पारेख ने बाल्य और कुमारिका काल के संस्कार और कढ़ाई-काम के विकल्प में चित्र बनाने की शुरुआत की, जो आज भी जारी है। उनके कार्य में उनके चित्रकार-पति मनु पारेख के दिशा-निर्देश में 'आधुनिक' कला का जो परिचय हुआ उसके संस्कार और स्वयं पैदा की हुई रसवृत्ति का समन्वय देखने को मिलता है। बाल-कला जैसे लगने वाले इन चित्रों में कल्पना और बिम्ब की परिपक्वता है। उसमें लोकढंग का विनियोग है लेकिन लोक-प्रणाली नहीं है। उसमें मध्यमवर्गीय गृहिणी

*नसरीन मोहमदी, **बिना शीर्षक**, काग़ज़ पर स्याही, १९७८ ई.*
सौजन्य : नसरीन मोहमदी परिवार, मुम्बई और तलवार गैलरी, न्यूयॉर्क, अमेरिका

परम्परा और आधुनिक संस्कारों को अपनी सूझबूझ से किस तरह ऊर्जामय करती है उसकी अद्‌भुत समझ है। यह बात भी अभूतपूर्व मानी जायेगी कि विद्यानगर में बड़ी आयु के बाद अपने बेटे भानु दूधात का सहारा लेकर या उससे बढ़कर संतोकबा ने चित्रों के ढेर लगा दिये। उन्होंने भी चाकळा-चन्दरवा की स्मृति से पाँच सौ (या पाँच हज़ार?) फुट लम्बी रामायण या महाभारत की चित्रकथा को आलेखित किया है, जिसमें ग्रामलक्षी आयोजन और लोकढंग के बिम्ब काफ़ी हैं लेकिन तरीक़ा उनका अपना, विशिष्ट है। कुछ कोणों से भरा हुआ, कुछ शोभामय और काफ़ी कुछ ख़ुद ही सृजन किया हुआ उनकी चेतना में पनप रहा था। बाद में आँखें कमज़ोर हो जाने से इन्होंने चित्र-काम बन्द कर दिया। मनु पारेख मूलतः अहमदाबादी हैं, थोड़े नाटक के जीव हैं और 'वीवर्स सर्विस सेंटर' की नौकरी के कारण बुनकर और अन्य जीवन्त प्रणालियों में दिल लगा चुके हैं। बंगाल में रहने से वे थोड़े बंगाली भी बन गये और शायद उस सम्पर्क के परिणामस्वरूप या फिर आत्म-खोज के कारण वाराणसी के परिवेश के अनेक पहलुओं को खोलते हुए लगातार कई चित्र बनाये और फिर भागलपुर जेल के अभागे अन्धों की पीड़ा को आक्रोशपूर्वक आलेखित किया। भूपेन खख्खर ने पहले से ही उलटी राह

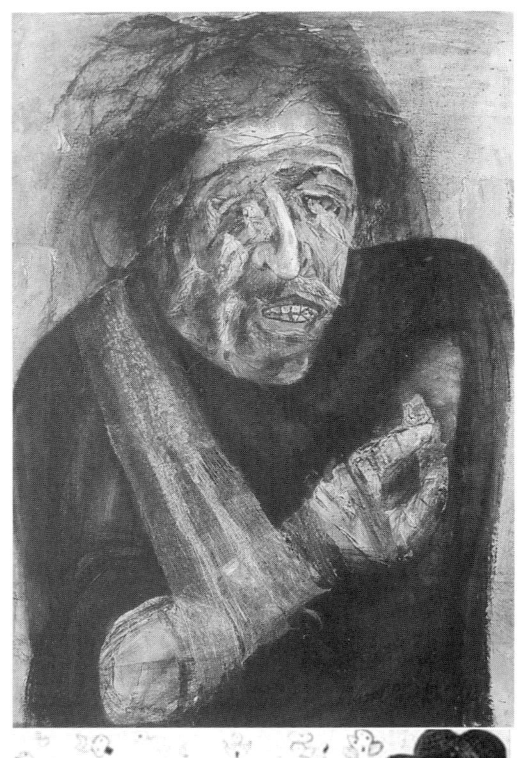

मनु पारेख, ***मानवनिर्मित अन्धत्व (भागलपुर),*** *तैलचित्र, १९८४ ई.*

सौजन्य : मनु पारेख, नयी दिल्ली

पकड़ ली थी। शुरुआत में भद्र कलावृत्ति को भड़काने के लिए सारे उच्छिष्ट आविष्कारों को विद्रोह की तरह आज़माया, छपे हुए देवी-देवताओं को फाड़कर शौचालय की 'ग्रेफिटी' में मिलाया, फिर रूढ़िबद्ध बाज़ारू चित्र जैसे चित्र बनाने की ज़िद पकड़ी, नये-नये अनोखे 'कैटलॉग' बनाकर शिष्ट कला और रूढ़िगत प्रदर्शनकार्य का मज़ाक़ उड़ाया। पारम्परिक चित्रों के छपते रंगों में प्रकृतिवादी चित्र बनाये, अन्त में मध्य वर्ग के कारीगर और क्लर्क श्रेणी का जीवन निरूपित करने की ओर रुख़ किया। मोहल्ले और सोसायटी के अधेड़ पुरुषों के सजातीय यौन निरूपण के माध्यम से हमारे समाज के उस उपेक्षित पहलू भारतीय कला-क्षेत्र में पहली बार मूर्त हुए। ऐसी निरन्तर प्रदीप्त चित्र साधना ने शहरी समाज के बाज़ारू लिबास में सड़ान्ध मारती हुई चेतना और वासना को एक ही पलड़े में रखा और उसमें बसते हुए व्यक्ति के चेहरे को उभारा।

बड़ौदा के ज्योति भट्ट और शान्ति दवे पचास के दशक के कलाकार हैं। ज्योति भट्ट ने शुरुआत के चरण में दीये के विविध रूपों को बार-बार चित्रित किया, फिर अचानक

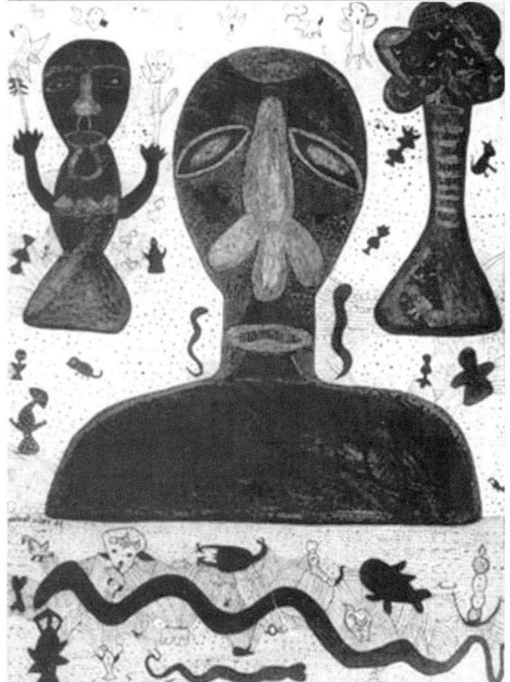

माधवी पारेख, ***नदी में स्नान करते हुए,*** *तैलचित्र, १९७५ ई.*

सौजन्य : विवान सुन्दरम् और गीता कपूर, नयी दिल्ली

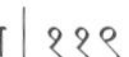

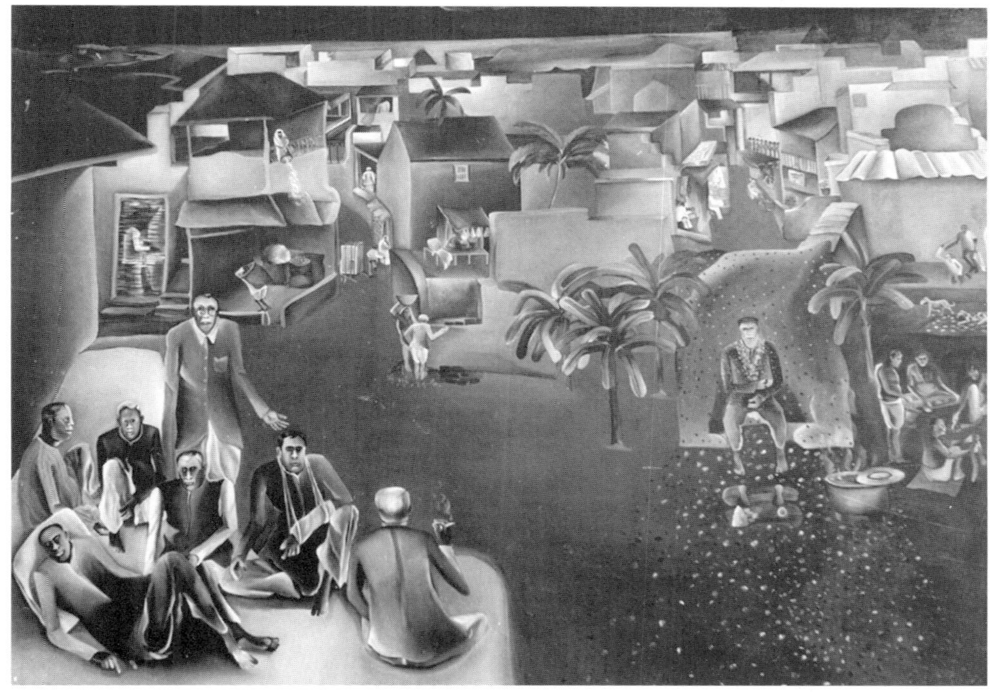

भूपेन खख्खर, ***गुरुजयन्ति का उत्सव,*** *तैलचित्र, १९८० ई.*

अमूर्त के आकर्षण से दीवारों की उखड़ी हुई परतों की ओर आकर्षित हुए और वहाँ से छाप-चित्र और अन्त में छबि कला की ओर मुड़े। पिछले काफ़ी वर्षों से वे अकेले ही लोक-कला के छबिकरण में व्यस्त हैं। शुरुआत में शान्ति दवे लम्बदेही आकृतियाँ बनाते थे और अन्त में अमूर्त की रंग-लीला में पारम्परिक आकृतियों के साँचे ढालकर शिल्प चित्रों का सम्मिश्रण किया। अहमदाबाद में पिराजी सागरा ने पुराने काष्ठ शिल्पों के अवशेष खोदकर उसे जलाकर, उन पर कभी-कभी पारम्परिक मोतीकाम चिपकाकर कोलाज किये। सागरा परिवार में तीन और कलाकार हैं इससे मानो यह विशिष्ट घराना बन जाता है। विदेश में बसे हुए कलाकारों में (मूल रूप से अहमदाबाद के) नटवर भावसार ने अभेद्य क़िले जैसे, विश्व का कला-केन्द्र माने जाने वाले न्यूयॉर्क में काफ़ी प्रसिद्धि प्राप्त की है। बालकृष्ण पटेल अमूर्त में से तन्त्ररूपों के बीज को रंगरूप से, झांईं के रूप में प्रवीणता से बनाते थे। मात्र 'आधुनिक' की आराधना करने वाले बुजुर्ग छगनलाल जादव अहमदाबाद के अग्रणी माने जाते थे। अमित अम्बालाल व्यापारी समाज के दम्भ को व्यंग्य के दबे स्वर में व्यक्त कर रोमांचित करते हैं। बाद के चित्रों में उन्होंने व्यंग्य को उकेरा है। कई जगहों पर उन्होंने परम्परा और आधुनिकता के दिखावे को उघाड़ा है, वे इन चित्रों में हास्य-व्यंग्य को सृजनात्मकता की ओर ले जाने की कोशिश करते रहते हैं। सत्तर-अस्सी के दशक के दौरान कनोरिया सेंटर जैसे कला-केन्द्र के कारण अहमदाबाद

कई युवा कलाकारों का संगम बन गया था, हालाँकि फ़िलहाल उसमें कमी आयी है। वहाँ से अलग हुए वाल्टर द सूजा जैसे कलाकारों की वैयक्तिक खोज में मुख्य रूप से लकड़ी और लीनो (लिनोलियम) के छाप का प्रमाण काफ़ी बड़ा है। वामपन्थी रंग में रँगे अपूर्व देसाई ने अहमदाबाद के जनजीवन, मिलों के परिवेश और बाद में, पूर्वी प्रदेश की कोयले की खदानें और खदानकारों के लाक्षणिक चित्र बनाये हैं।

रतन पारिमु ने पचास के दशक के दौरान जैन परम्परा को ध्यान में रखकर कित्ता से चित्र बनाने की 'केलिग्राफिक' राह अपनायी थी और फिर अमूर्त प्रयोग भी किये थे। अब वे आत्मलक्षी परायथार्थवाद की ओर झुके हैं। बड़ौदा की कला-शाला में चित्रस्त्रोतों का विपुल संचय हुआ, उसमें और कला के इतिहास की शिक्षा के संगठन में उनका योगदान महत्त्वपूर्ण माना जायेगा। उनकी पत्नी नयना दलाल नारी जीवन के पहलुओं को मूर्त करने में कार्यरत हैं और रेखांकन और छापचित्र में एकाकी नारी को संवेदनशील मुद्रा में आलेखित करती हैं। नीलिमा शेख ने पारम्परिक पद्धति आज़मायी और प्रसिद्ध लोकगीत 'वहुए वगोव्यां मोटा खोरडां' ('बहू ने बड़े घर को बदनाम किया') उभारते हुए गुजराती स्त्री की करुण कथा पोथी-चित्र के ढंग से शुरू की और पतले काग़ज़ के परत जोड़कर मुग़ल 'वस्ली' जैसे पट पर 'टेम्पेरा' के नये-नये ढंग आज़माये। उन्होंने विशाल वींटा और लघुचित्रों में नारी जीवन की गाथा को विशेष रूप से 'जन्म' विषयक चित्रों के द्वारा गाया है। बाद के समय में, सन्त कवयित्री महादेवी अक्का को ध्यान

ज्योति भट्ट, ***खोया हुआ पण्डित,*** *एचिंग, १९६६*

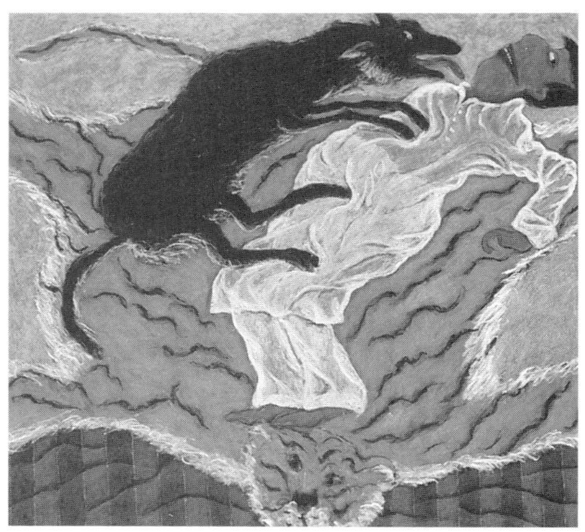

अमित अम्बालाल, ***बघेरा और शेरख़ान के बीच,*** *ऐक्रेलिक रंग, १९९६ ई.*

सौजन्य : जहाँगीर निकल्सन कलेक्शन, मुम्बई

में रखकर सम्पुट का सृजन किया और बौद्ध जातक कथाओं को रेशम के वींटा (scroll) पर आलेखित किया है। ध्रुव मिस्त्री ने बेहद कठोर प्रकृतिवाद का आश्रय लेकर नग्न पुरुषों की शृंखला रची, जिसमें थोड़ा देव, थोड़ा साधु, थोड़ा नट और अच्छा-खासा आदमी जैसा रूप उकेरा। फिर रचे हुए मनुष्य के सिरवाले जानवरों के शरीर में कल और आने वाले कल की दन्तकथाओं को भरा। वे इंग्लैण्ड में लम्बे समय तक रहे और उस दौरान उन्होंने विशाल शिल्पों का सृजन किया, जिनमें से कई शिल्पों को सार्वजनिक स्थानों पर रखा गया है। उनकी कला सेवा का मान करते हुए ब्रिटिश सरकार ने उन्हें 'कमांडर ऑफ़ ब्रिटिश एम्पायर' की उपाधि प्रदान की। तृप्ति पटेल चीनी मिट्टी-काम की शिल्प कला में निपुण हैं और वर्तमान में उस पद्धति के आयाम प्रकट करने में व्यस्त हैं। ध्रुव मिस्त्री के कलागुरु कृष्ण छातपार ने एक बार अकेले हाथ को साँप जैसा सरकता हुआ बनाया था। साठ के दशक में उनके समकालीन राघव कनेरिया ने पेड़ की जड़ों के आकस्मिक अमूर्त रूपों को लगाकर और फिर उनके साथ धातु के कबाड़ के रूपों को जोड़कर 'टोटेम्स' रचे थे। विदेशवास के दौरान उन्होंने धातु को घिसकर या रंगकर भारी और हलके हाथों—दोनों से गूँथकर अमूर्त शिल्प रचे थे। अब वे मटके फोड़कर उसमें वरक और इनेमल की आँख लगाकर देव-देवता के मुखौटे बनाते हैं। ज्योति भट्ट के साथ उन्होंने लोक जीवन का व्यापक छबिकरण किया है। नागजी पटेल संगमरमर पर ही लगातार काम करते रहे हैं। पत्थर को कुरेदकर आधा चिकना करके वे अर्धस्फुट यौनांग, वनस्पति और जानवर के रूप का एक-दूसरे में आवागमन का प्रयोग बड़ी सहजता से करते हैं। रूपान्तर की लीला पत्थर के गठन में, आकार में और घिसने में एक ही साथ प्रकट होती है। बाद में, दो बरगद की जड़ों-स्तम्भों का विशाल शिल्प बनाया

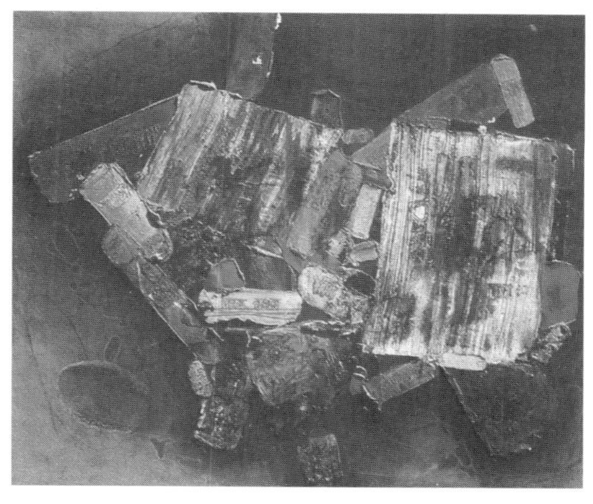

*शान्ति दवे, **शीर्षकहीन,** मोम और तैलरंग, १९६९ ई.*

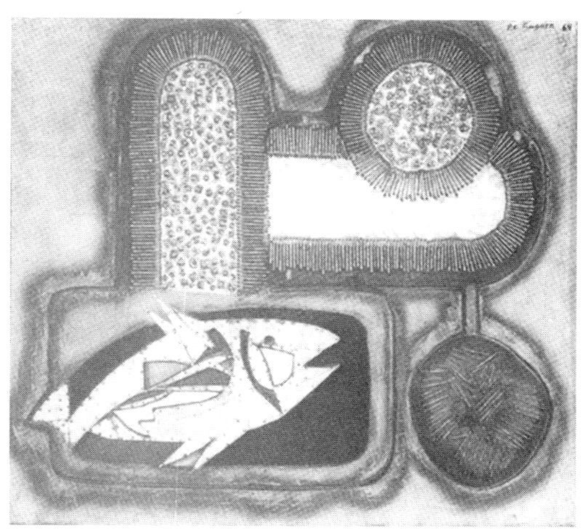

*पिराजी सागरा, **शीर्षकहीन,** लकड़ी पर धातु और रंग, १९६८ ई.*

जो बड़ौदा शहर के एक चौराहे पर नगरद्वार के समान खड़ा है। मृणालिनी मुखर्जी ने, जो बड़ौदा में अध्ययन कर दिल्ली बस गयीं, पारम्परिक शिल्प माध्यमों में डोरियों और रस्सी की गाँठें लगाकर नयी रीत जोड़ी है। लचीले रस्सी-रूप से वे वनस्पतियोनि का विश्व रचती हैं। विवान सुन्दरम ने पहले भूपेन खख्खर की राह पर 'पोप' आकृतियों को यौन परिवेश से लबालब बनाया था। बाद में वे साठ के दशक के मध्य में इंग्लैण्ड गये फिर वे आकृतियाँ चपटे, भड़काऊ रंगों में विलीन हो गयीं। वापस लौटने पर उन्होंने चित्र बनाना छोड़ दिया था, फिर मार्क्सवाद के प्रभाव से कला के सामाजिक-राजनैतिक विनियोग की ओर मुड़े और नेरुदा के 'माच्छु-पिच्छू' को उत्तेजित करके आलेखित किया : आपातकाल के दौरान आक्रोशपूर्वक सैन्यसत्ता का प्रतिकार करने वाले रेखांकन किये। अनेक चरणों से गुज़रे हुए और गुज़रते हुए उनके चित्र सृजन में अभी भी परिवेश को उत्तेजित रूप से घेर लेने की तमन्ना दिखायी देती है। आख़िरी दशक में वे 'इंस्टोलेशन' की ओर मुड़े। कलाकारों में संवाद बढ़ाने के लिए, कला को समाज तक पहुँचाने के लिए विवान अपने कसौली के घर में परिसंवाद और कार्यशालाओं 'वर्कशॉप' का आयोजन करते रहे हैं। हिम्मत शाह ने दिल्ली में स्थायी होने के बाद प्लास्टर में अर्ध शिल्प और मुखौटे जैसे रूप बनाये हैं, जिसमें कभी जनपदी शिल्प परम्परा की ऊर्जा पिकासो जैसे रचनाकारों के शिल्पों की संरचना में घुल-मिल जाती है तब अपूर्व आकार प्रकट होते हैं। इनके अलावा जो शिल्प बनाये उसमें वे कोरी मिट्टी के आकारों को गढ़कर ऐसी संयोजना करते हैं कि शिल्प स्थानक (थान) का रूप धारण करता है और उसमें संगोपित अलौकिक का आसार उभर आता है। दूसरे अन्य कलाकारों के साथ-साथ युवा शिल्पियों में रतिलाल कंसोदरिया का काम ध्यान खींचता है। मुद्रणक्षम कला में ज्योति भट्ट और बड़ौदा में पढ़े हुए लक्ष्मा गौड़, देवराज और प्रतिभा (मूल रूप से अमीन) डाकोजी ने ऐसे नये-नये प्रयोग किये हैं। भरपूर मात्रा में छापचित्र का सृजन करने वाली रीनी धुमाल पहले अमूर्त में प्रवृत्त थीं और अब आकृतिपरक होने वाली नारी जीवन के पहलू को आलेखित करती हैं। लगातार सृजन में रत रेखा रोडविटिया के रचना संसार में नारी-प्रश्न केन्द्र स्थान पर हैं।

यहाँ दूसरे कई कलाकारों के नाम-काम का समावेश किया जा सकता है लेकिन अवकाश नहीं है और उसी तरह नाप-जोख का आशय भी नहीं है। फिर भी एक बात बिना शंका किये कही जा सकती है कि स्वातन्त्र्योत्तर गुजरात में कलाकार वर्ग अनेक रूप से फूला-फला है। बाहर से बड़ौदा पढ़ने आये कलाकार यहाँ स्थायी हुए हैं। केरल के वासुदेवन अक्खितम, सुरेन्द्रन नायर, बंगाल के आनन्दजित रे या इन्द्रप्रमित रॉय और शुभा डे, महाराष्ट्र के सचिन कर्णे या कर्नाटक के बी.वी. सुरेश, नटराज शर्मा, कश्मीरी गार्गी रैना और तमिलनाडु के वसुधा थोझुर बड़ौदावासी हुए हैं या आते-जाते रहते हैं। गोवा के कार्ल अन्ताओ अहमदाबाद में प्रयोगरत हैं। देश में और गुजरात में महिला कलाकारों की संख्या में वृद्धि ही नहीं हुई है बल्कि वे समान स्तर पर काम कर रही हैं, और उनकी सर्जनात्मक कृतियों से नारीवादी चेतना प्रज्ज्वलित हुई है। इसके अलावा दम्पति कलाकारों की संख्या भी कम नहीं। कहा जाता है कि ऐसा

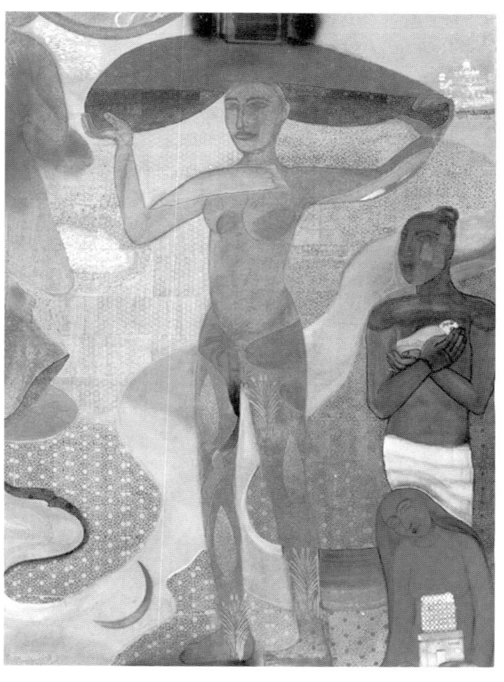

नीलिमा शेख, ***नदी : ले चलना, पीछे छोड़ जाना,*** *कैनवस पे केसिन, २००१ ई.*

विकसित देशों में भी कम देखने को मिलता है। कलाकारों के इस लघुमति वर्ग में ग़ैरप्रान्तीय, ग़ैरधार्मिक विवाह का प्रमाण काफ़ी है और वह ग़ैरसाम्प्रदायिकता के रंग में रँगा हुआ है। इसीलिए अभी–अभी फूट निकले साम्प्रदायिक ज्वार ने इस वर्ग को इस दिशा में प्रतिकार करने के लिए प्रवृत्त किया है। अहमदाबाद में 'हुसेन–दोशी गुफा' जैसे कला–केन्द्र पर साम्प्रदायिक हमले हुए और चित्रकार हुसेन के चित्रों की होली जलायी गयी फिर उसका नया नामाभिधान 'अमदावाद नी गुफा' कर दिया गया। वसन्त–रजब की शहादत के बाद साम्प्रदायिकता का यह दूसरा ताना है जो गरवी गुजरात को लगा है।

लेकिन आँकड़े ही देखने हैं तो दिल्ली की ललितकला अकादेमी के लगभग डेढ़ हज़ार कलाकारों के 'इलेक्टोरल लिस्ट' में गुजरात के लगभग डेढ़ सौ कलाकारों के नाम हैं। इसमें हालाँकि लोक कलाकार या शहरी 'लोक भोगी' प्रवाह के कलाकार या कारीगर का समावेश नहीं। गुजरात यदि अपनाना चाहता तो गुजराती भाषी गीव पटेल, अकबर पदमसी, तैयब महता या स्व. सुलतान अली और स्व. श्यावक्ष चावड़ा जैसे स्थापित लेकिन गुजरात के बाहर बसने वाले कलाकारों को गिन सकता है। इस प्रकार देश की, शहरी वर्तमान कला में गुजरात का योगदान अच्छा–ख़ासा है। विदेश में भी उनका नाम काफ़ी हुआ है। टेईट आर्ट गैलरी, पोम्पीदू सेंटर, डॉक्यूमेन्टा, रॉयल एकेडेमी तथा ऑक्सफोर्ड के म्यूज़ियम ऑफ़ मॉडर्न आर्ट में आयोजित प्रदर्शन में गुजराती अथवा गुजरात में शिक्षा प्राप्त कलाकारों का योगदान उल्लेखनीय माना जायेगा। हमें मान लेना चाहिए कि इस स्थिति का लाभ उठाने की गुजराती (सरकारी या ग़ैरसरकारी) संस्थाओं में दृष्टि नहीं है इसलिए इस परिस्थिति और कला का विकास का श्रेय बहुधा कलाकारों या कुछ संस्थाओं को ही जाता है। अभी भी कला–प्रवृत्ति अहमदाबाद–बड़ौदा तक ही सीमित है, दूसरे शहरों में प्रदर्शन भवन नहीं बने हैं : ऐसी जागृति भी नहीं देखने को मिलती। कभी अपवाद रूप अन्य शहरों में प्रदर्शन होते हैं लेकिन उसका दूसरी जगहों पर उल्लेख भी नहीं होता। इसलिए यहाँ यह कहना ग़लत न होगा कि गुजराती समाज ने भी कलाभिमुख होने की बजाय

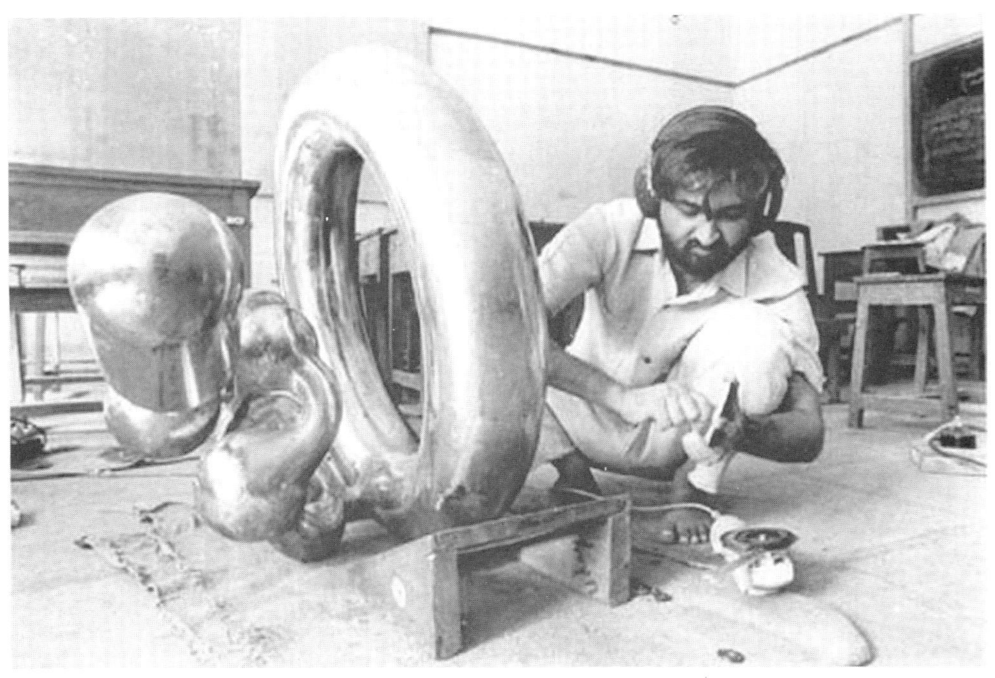

राघव कनेरिया अपने स्टूडियो में, *१९६० ई. का दौर*

विमुख रहना ही पसन्द किया है।

स्वतन्त्रता के तीन दशकों तक देश में कला की 'माँग' नहीं थी। एकाध संग्रहालय, राष्ट्रीय या राज्य की अकादेमियाँ या फिर बचे-खुचे विशेष रूप से विदेशी, संग्रहकर्ता ख़रीद किया करते थे उसमें रसवृत्ति से ज़्यादा 'प्रोत्साहन' का पारा ज़्यादा ऊँचा रहता था ऐसा कहना ग़लत नहीं होगा। कुछ कलाकार स्वेच्छा से या मजबूरी से दूसरे व्यवसायों ('डाक्टर' गीव पटेल या 'लेखापाल' कृशन खन्ना या भूपेन खख्खर) से गुज़ारा करते थे, कला से होने वाली थोड़ी-बहुत कमाई पूरक कमाई के रूप में ही मानी जाती थी। पढ़े हुए कुछ कलाकार कला-शिक्षा की नौकरी करके कला सृजन में प्रवृत्त रह सकते थे। आख़िर के दो दशकों में उदारीकरण के प्रयोग के कारण कला में भी 'बाज़ार' का प्रवेश हुआ है। कला की गिनती मिल्कियत या सम्पत्ति में होने की वजह से उसमें निवेश करने की वृत्ति बढ़ी है और चित्रों के दाम भी बढ़े हैं। और अब नया कलाकार भी नाम होते ही, आत्मनिर्भर होने लायक या उससे ज़्यादा कमाने लायक हो गया है, हालाँकि दरिद्रता के दलदल से निकलते कला-शिक्षा के क्षेत्र में 'सफल' कलाकारों की कमी अभी भी खलती है। कलाकार बहुधा प्रदर्शन दिल्ली या मुम्बई में ही करते हैं; अहमदाबाद और बड़ौदा में कला का 'मार्केट' नहीं है। गुजराती श्रीमन्त वर्ग ने भी आधुनिक कला में पूँजी का निवेश करना इष्ट नहीं समझा। कुछ कलाकारों की प्रतिभा को

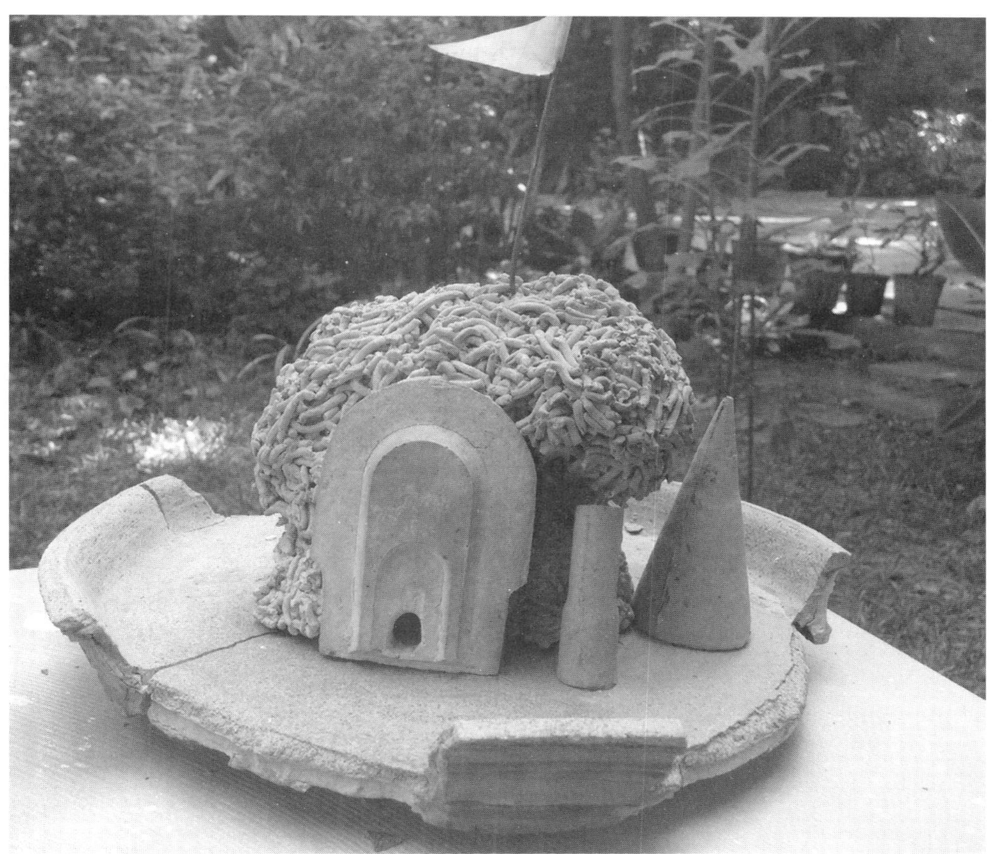

*हिम्मत शाह, **बिना शीर्षक,** पकी मिट्टी, १९९० ई. का दौर*
संग्रह : नीलिमा और गुलाममोहम्मद शेख, बड़ौदा

राष्ट्रीय और अन्तर्राष्ट्रीय क्षेत्र पर पहचाने जाने से उनकी कला की क़ीमत बढ़े और ऐसे में शायद कोई जागरूक 'ग्राहक' बाहर आ जाय तो आश्चर्य की बात नहीं होगी।

हमें इस बात को भी स्वीकार करना चाहिए कि कुछ अंशों में शहरी समाज में दृश्य संवेदना भ्रष्ट हो चुकी है। अपवादों को छोड़ दें तो लगभग एक दर्जन जितनी कलाशालाएँ भी बुनियादी क्षतियों के कारण चित्र-चेतना फैला नहीं सकीं। सरकार ने कला-शिक्षा के क्षेत्र में पिछड़े रहने का मानो संकल्प कर लिया है। इसे विडम्बना ही कहा जाय कि बड़ौदा यूनिवर्सिटी की डिग्री गुजरात राज्य में चित्र शिक्षक की नौकरी के लिए मान्य नहीं है। लेकिन अन्य सामाजिक संस्थाएँ भी उसकी ओर उदासीन हैं। फिर भी अन्य प्रदेशों की तुलना में एक प्रकार का आश्वासन भी मिल सकता है कि अहमदाबाद में छह से ज़्यादा उत्कृष्ट कला-संग्रह हैं—जिसमें केलिको का कपड़े का काम और पिछवाई का, 'विशाला' के बर्तनों का और छोटे-

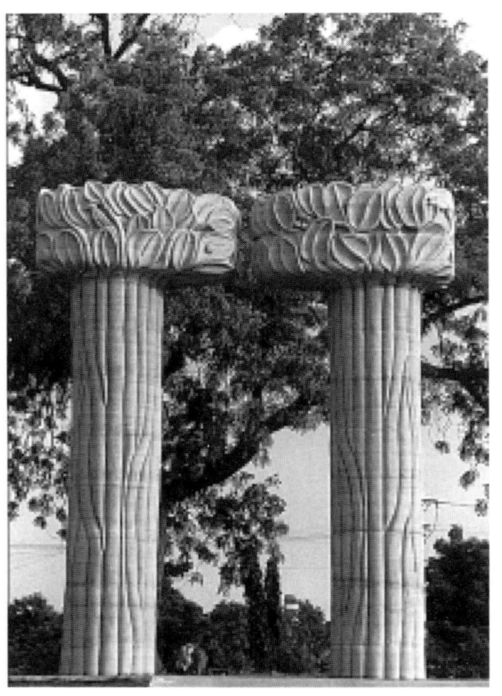

नागजी पटेल, ***बरगद,*** *छाणी के तीन रास्तो के बीच, बड़ौदा, जोधपुर का रेत पत्थर, १९९१ ई.*

से संस्कार केन्द्र का पतंग का संग्रह अद्वितीय है। हकु शाह के प्रयत्नों से गुजरात विद्यापीठ में आदिजनजाति के जीवन और कला का संग्रह किया गया है जो उल्लेखनीय है। साराभाई और एन.सी. मेहता परिवार के निजी कला संग्रहों और उनके संग्रह–स्थान भी विशिष्ट हैं। लेकिन इनमें एक भी आधुनिक कला का संग्रह नहीं था पर अभी पिछले कुछ सालों से लालभाई परिवार ने अहमदाबाद में आधुनिक कला का संग्रह–स्थान बनाया है। साराभाई परिवार ने नामी विदेशी कलाकारों को आमन्त्रित करके कुछ कलाकारों की रचनाओं का संग्रह किया है लेकिन उनमें से अभी भी एक भी भारतीय या गुजराती कलाकार की रचना नहीं है। यहाँ यह कहना ठीक होगा कि उगते कलाकारों के लिए अहमदाबाद में कनोरिया सेंटर बना है और नवद्वीप प्रतिष्ठान नवोदितों को नियमित रूप से वार्षिक पुरस्कार देता है। राज्य सरकार ने भी कला–क्षेत्र में गौरव पुरस्कार घोषित किये हैं। दोनों ही शहरों में चार–पाँच गैलरियाँ नियमित प्रदर्शनों का आयोजन करने लगी हैं।

बड़ौदा में प्रसिद्ध कलाविद् हर्मन गोएत्ज की वरिष्ठता में श्रेष्ठ कला–संग्रह हुआ उसमें भारत के सर्वसंग्रह में उत्कृष्ट मानी जाने वाली कुछ पश्चिमी कलाकृतियाँ भी हैं। गोएत्ज पारम्परिक कला के साथ आधुनिक रचनाओं का प्रदर्शन और संग्रह करने का दृष्टिकोण रखते थे लेकिन यह बात अब भुला दी गयी है। उनके द्वारा किया हुआ आधुनिक कला का संग्रह जिस कमरे में है वह कर्मचारियों की कमी के कारण वर्षों से बन्द है। यह बात क्या यह सूचित नहीं करती कि ज़्यादातर संग्रह–स्थानों में चित्र देखने वालों की संख्या थोड़ी या न के बराबर है?

कला–शिक्षा को बड़ौदा ने यूनिवर्सिटी के स्तर पर स्वीकार करके देशभर में पहल की, या डिज़ाइन शिक्षा के क्षेत्र में नेशनल इन्स्टीट्यूट ऑफ़ डिज़ाइन ने ऊँचे स्तर स्थापित करने का प्रयत्न किया और देश–विदेश में उसकी ओर ध्यान दिया गया लेकिन गुजरात में उसका कोई व्यापक प्रभाव नहीं पड़ा। स्वतन्त्रता के पचास वर्षों में एक ही पीढ़ी प्रतिभाशाली दृश्य–चेतना को पुनः जागृत कर पायी होती लेकिन शिक्षा में या प्रचार माध्यमों में कला का न के बराबर

उपयोग उसके लिये अवरोध बन जाता है। एक होशियार विद्यार्थी टी.वी. सीरियल्स के या एक बेकार फ़िल्म के नायक–नायिका को जानता होता है लेकिन बेन्द्रे या खख्खर के नाम से अपरिचित हो तो इस बात पर किसी को आश्चर्य नहीं होता। पत्रिकाओं और अख़बारों में भी दृश्य–कला का स्थान न के बराबर ही है इसलिए कला और कलाकारों का वर्ग चिन्तित रहता है। समग्र परिस्थिति का पुनरावलोकन करने से पता चलता है कि अहमदाबाद और बड़ौदा में कला और कलाकारों के छोटे–बड़े छत्ते या समूह तो हैं लेकिन राज्य में कला की प्याऊ नहीं है। कला का पोषण करने वाले वातावरण का अभाव है। हालाँकि इस पीढ़ी का कलाकार अब जागृत हुआ है। वह देश–विदेश की कलाओं से परिचित है और वह उपनिवेशवादी या अन्य ग्रन्थियों से दबे बिना सभी स्त्रोतों से सत्व पाने के लिए दृढ़निश्चयी है। 'इंस्टॉलेशन' या 'डिजिटल' कला के नये आयामों और काग़ज़–कैनवास दोनों के बिम्बों को आज़माने और प्रयोग करने के लिए वह तैयार है। पश्चिम के पीछे अविवेकपूर्ण घिसटने की वृत्ति कम हुई है, पर बाहर के योग्य तत्त्वों को अपनाने से परहेज़ नहीं है। जनपदी, 'लोकभोग्य' और प्रशिष्ट सभी को एक समान नज़रों से देखने का दृष्टिकोण बढ़ा है। वह आधुनिक या पारम्परिक का कृतज्ञ बनकर रहना नहीं चाहता लेकिन उसके दोहन से वह आत्मचेतना को सशक्त करने में प्रवृत्त है और अनुवाद प्रवृत्ति से भी वह मुक्त होने के कगार पर है। इन सबसे उसकी सृजनात्मकता अभी तक की कला परिधि का अतिक्रमण करके कोई बड़ा नाम करे तो आश्चर्य की बात नहीं होगी।

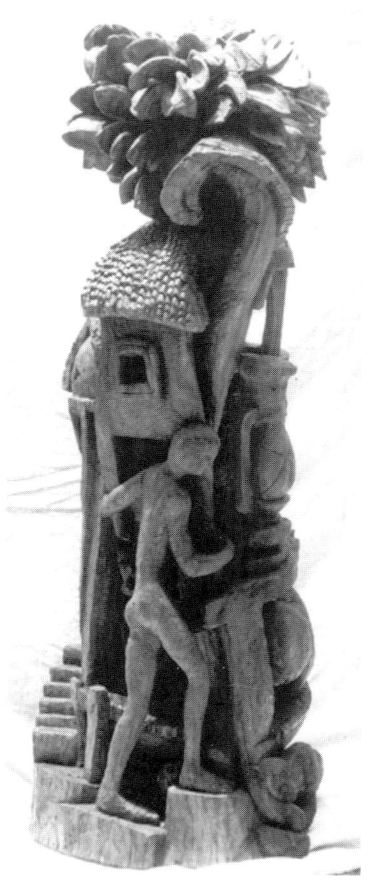

*रतिलाल काँसोदरिया, **मेरा गाँव, मेरा बालमित्र**, लकड़ा, १९९० ई.*

(बीसवीं सदी का गुजरात, सम्पादन : शिरीष पंचाल, संवाद प्रकाशन, अक्टूबर २००२, पृ. ३०७–३३०)

गुजराती से अनुवाद : किरन सिंह

रसना और रचना की कहानी

भारतीय कथन / बयान परम्परा

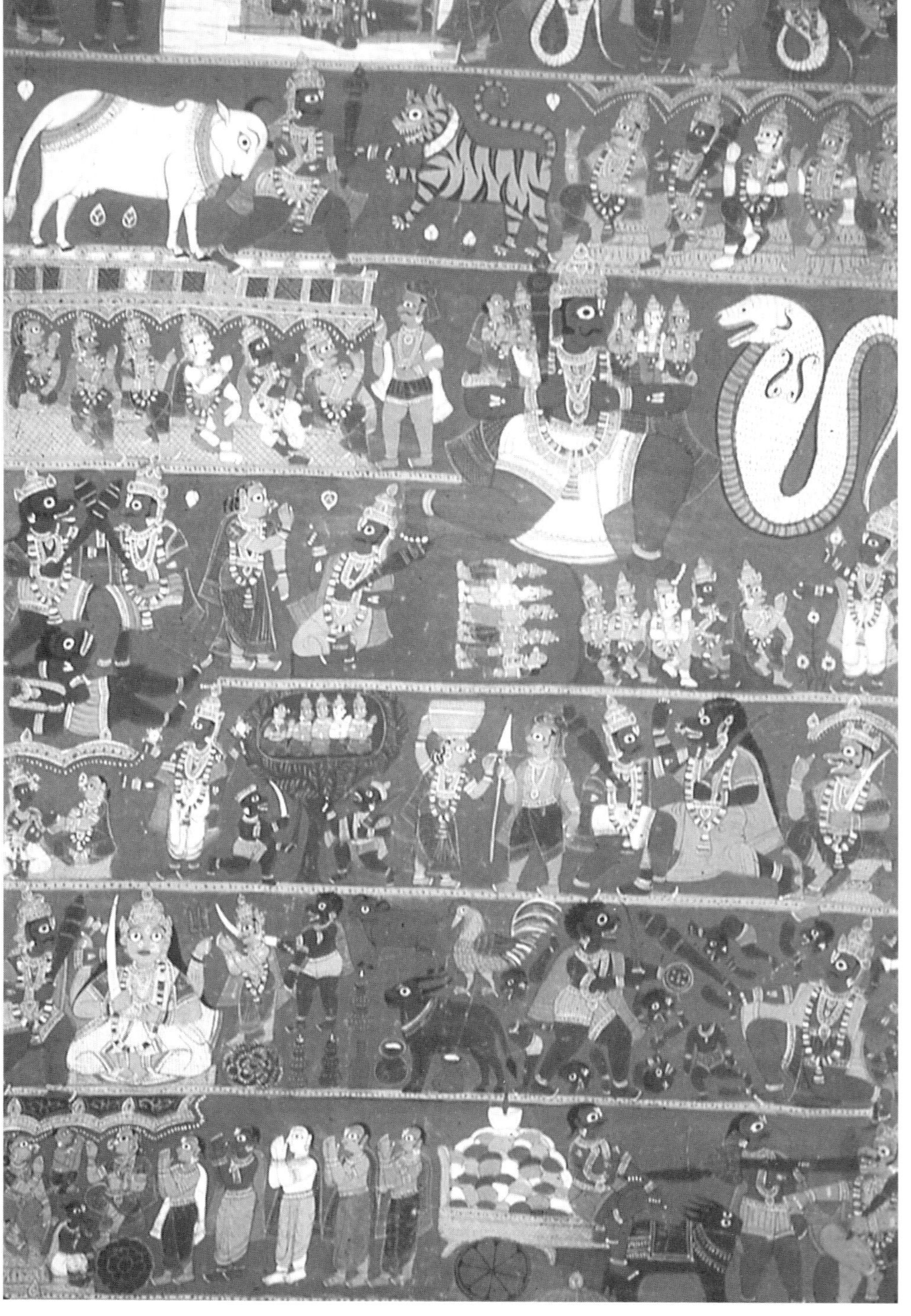

सोमदेव रचित 'कथासरित्सागर' खोये हुए ग्रन्थ 'बृहत्कथा' का संक्षिप्त संस्करण माना जाता है[१] जिसमें पार्वती शिव को अश्रुतपूर्व कथाएँ सुनाकर मनोरंजन करने की विनती करती हैं। शिव पार्वती को उनकी सर्वज्ञा शक्ति की याद दिलाते हुए उन्हें उनके बीते हुए जीवन की कथाएँ कहकर मनाने का प्रयत्न करते हैं जिससे पार्वती गुस्सा होते हुए व्यंग्य करती हैं। तब शिव कहानी की ओर ढलते हैं। कहते हैं कि देवता हमेशा सुखी और मनुष्यों को कठिनाइयों की कमी नहीं इसलिए दोनों में से एक भी कहानी के काम के नहीं हैं इसलिए मैं विद्याधरों की बात करता हूँ क्योंकि उनकी प्रकृति दैवीय और मानवीय अंशों के मिश्रण से बनी हुई है। पार्वती कहानी सुनने के लिए एकान्त चाहती हैं इसलिए नन्दी को दरवाज़े पर बिठाती हैं जिससे कि कोई अनजान वहाँ आ न जाय। इसके बावजूद अन्दर क्या चल रहा है यह जानने के लिए शिव का प्रिय गण पुष्पदन्त योगशक्ति से अदृश्य होकर अन्दर प्रवेश करके कहानियाँ सुन जाता है। पार्वती को पता लगने पर वे उसे लखचौरासी में भटकने का श्राप देती हैं। दूसरा गण माल्यवान दया की याचना करने जाता है तो उसका भी वही हाल होता है। लेकिन वह श्राप मुक्ति का वरदान पा ही लेता है। महान वैयाकरणी वररुचि के रूप में जन्म लेने वाले पुष्पदन्त का श्राप का अन्त गहन विन्ध्यवन में पिशाच के रूप में जन्मे एक यक्ष के मिलने से होगा। मिलन से उसकी पूर्वजन्म की स्मृति जागृत होगी तब शिवमुख से सुनी कथाएँ वह यक्ष को सुनायेगा। यक्ष की पिशाच योनी से मुक्ति 'बृहत्कथा' के आदिम प्रसारक गुणाढ्य के रूप में जन्मे माल्यवान को उन कथाओं को कहने से होगी। माल्यवान भी गुणाढ्य के रूप में उन कथाओं को दुनिया तक पहुँचाकर श्रापमुक्त हो जायेगा।

(मूल रूप से संस्कृत में कही गयी ?) इन कथाओं को पिशाचरूप यक्ष गुणाढ्य को निम्न मानी जाने वाली पैशाची बोली में सुनाता है। गुणाढ्य इन सात महाकथाओं को सात लाख श्लोकों

***महाभारत पट**, तेलंगाणा, कपड़े पर जलरंग, प्रारम्भिक २०वीं शती ई.*

सौजन्य : शिल्प संग्रहालय, नयी दिल्ली

में—जंगल में स्याही उपलब्ध न होने से अपने ख़ून से लिखता है। गुणाढ्य के शिष्य उस पाण्डुलिपि को सातवाहन राजा को भेंट में देने जाते हैं। राजा क्षुद्र बोली में और ख़ून से लिखी हुई दीर्घ कथाओं का तिरस्कार करता है। भग्नहृदय गुणाढ्य जंगल में अग्निकुण्ड बनाकर, कथाओं का आख़िरी बार पठन करते हुए, पाण्डुलिपियों के पन्नों को एक-एक करके अग्निकुण्ड में जलाता है। जब शाही रसोई में परोसे गये मांस में आयी रसहीनता की जाँच राजा करवाता है तो ज्ञात होता है कि जंगल के पशु-पंछी गुणाढ्य के प्रति सहानुभूति दिखाने में भूखे-प्यासे रहकर कथा सुनने के कारण सूख गये थे! पश्चाताप से जलता राजा पाण्डुलिपियों को वापस प्राप्त करने के लिए गुणाढ्य के पास भागकर जाता है, लेकिन जब तक वह वहाँ पहुँच पाता है तब तक सात खण्डों में से छह खण्ड भस्मीभूत हो गये होते हैं।

बाशम जिसे 'बक्से में बक्सा' यानी कि 'कथा में कथा' कहते हैं ऐसी कथा स्वरूप वाले इस संग्रह में कथाओं का ढेर है।[२] इस संग्रह में रानी के साथ अवैध सम्बन्धों से, ग़लती से फँसने वाले वररुचि की, बेवकूफ़ राजा की मूर्खता पर खड़खड़ हँसती बाज़ार में बिकती हुई मछली की (अरेबियन नाइट्स में आने वाली उसी कथा की याद दिलाती हुई), चतुर गणिकाओं, सद्‌गुणी और विवाहेतर सम्बन्ध रखने वाली पत्नियों की और भले एवं द्वेषी राक्षसों की कहानियाँ हैं। इनके अलावा नदी में तैरने वाले हाथ और जादुई गलीचे, पाटलिपुत्र की राजकुमारी और पाटलिपुत्र को राजधानी के रूप में स्थापित करने की कहानियाँ भी हैं। परकाया प्रवेश की शक्ति से अन्तिम शुद्र राजा नन्द के देह में प्रवेश करते समय, संरक्षण के लिए मित्र के घर रखी अपनी देह को अग्निदाह दिये जाने पर, पराये शुद्र देह में हमेशा के लिए फँस जाते हुए ब्राह्मण इन्द्रदत्त की कथा भी इसमें है। इन बहु रूपरंगधारक, केलिडोस्कोप के समान कथानक संग्रह में विविध परिमाण और उद्देश्यों की कोई सीमा नहीं है। यह ख़ज़ाना विविधरंगी झनकारों की ध्वनियों से भरा हुआ है। 'कथासरित्सागर' के विराट सामुद्रिक स्वरूप की शुरुआत उसके आमुख से ही हो जाती है।

ऊपर से देखने पर सरल या ज़रा यादृच्छिक लगने वाली इस प्रस्तावना में हैरत में डालने वाली जटिलता और ध्वनिशीलता छिपी हुई है। जीवन के समग्र पटक्षेत्रों को शामिल करने के लिए मनुष्यों की जगह विद्याधरों की पसन्दगी में रहस्यमयता का तत्त्व भागीदारी के साथ जुड़ा है। इसमें शिव जिसकी बात करते हैं ऐसी 'दिव्यकथा' के अद्‌भुत और तिलस्मी पहलू प्रकट होते हैं। श्राप और श्राप-मुक्ति का उपयोग, कथा में कथा गूँथने और अन्दर की कहानी को बाहर की कहानी के प्रारम्भ के साथ जोड़ने में काम आता है और उससे कथा में अन्तर्निहित संचरण गतिमान होते हैं। मर्त्यलोक और देवलोक के बीच का अन्तर यथार्थ और कपोल-कल्पना के विश्व के आवागमन का द्योतक है। 'दिव्यमानुषचेष्टा' के समान कथानक जिए जाने वाले जीवन का विच्छेद किये बिना अलौकिक में विचरण करवाता है। दूसरे प्रयोजन भी उतने ही सांकेतिक हैं। देवभाषा से क्षुद्र (शुद्र?) बोली में और मौखिक से लिपिबद्ध में जाने की बात

भी जितनी मार्मिक है, उतनी ही ऐतिहासिक और काल्पनिक पात्रों के साहचर्य की है। आदिम कथाकार के रूप में शिव और श्रोता के रूप में सर्वज्ञा शक्ति पार्वती की पसन्दगी में नये-नये संकेत और प्रश्न अन्तर्निहित हैं। शिव के रूप में वैदिक रुद्र और आर्येतर जीववादी (animistic) पशुपति—ये दोनों ही रूप समाहित हैं। शुद्र के शरीर में बन्द ब्राह्मण के जीव का हिस्सा इसी हेतु का दूसरा रूप है। इन सभी में अन्त में मेल के अलावा उनके अन्दर के तनाव और संघर्षों का भी समावेश हुआ है। मनुष्य-जाति के द्वारा खो देने वाली कथाओं को जिसने 'सुना' उनमें भूखे पशु-पंछी के माध्यम से मानवेतर परिमाण और आवर्तन के प्रति हुए संकेतों को देखा जा सकता है।

यहाँ शायद प्रस्तावना में, कुछ ज़्यादा पढ़ लिया हो, ऐसा लग सकता है लेकिन सचमुच में ऐसा नहीं है। कहानियाँ पढ़ते हुए यह सब साकार होता हुआ लगता है। सचमुच में इन मुद्दों को नज़रअन्दाज़ कर दें या 'अतार्किक' लगने वाले समीकरणों को टाल दें तो कहानियों का ऋत ख़त्म हो जाता है और उसका सत्व हाथ से बह जाता है। कथाओं की संरचना में ऐसे संकेत हैं कि ऊपर से सरल लगने वाली कहानियाँ और उसकी विषयवस्तु अन्तर्निहित तन्तुओं से बँधी हुई है। एक कथा से दूसरी कथा का अंकुर फूटता है वहीं तीसरी एक और कथा फूट निकलती है तब कथातन्तु मुख्य नसों के बीच किसी द्रव्य प्रवाह जैसा फैलता जाता है। ऐसे सौन्द्रर्य सम्बन्धों से प्रकट होने वाली कथाओं को एक-दूसरे से अलग करना भी उतना ही दुष्कर है। उदाहरण के लिए, पूर्व जन्म की एक कथा कालेतर (timeless) दृष्टान्तकथा के समानान्तर चलती है जिसका भविष्यकथन वर्तमान में खुलता है। इस प्रकार कथाओं की संकलन की प्रक्रिया में पुनर्गठन (improvisation) महत्त्वपूर्ण भूमिका निभाता है। इसके अन्तर्गत यादृच्छिक और विरोधाभासी पूर्वनियोजित ढाँचों का विनियोग तार्किक-अतार्किक भेदरेखा को पार करने के लिए संयोजित हुआ है।

कहानियाँ कभी चक्राकार घूमती हैं या कभी चक्र के अन्दर अनेक चक्र बनाकर घूमती हैं, कभी 'स्पाइरल' गति से सन्धान करती हैं तो कभी पुन:सन्धान, कभी कोने बनाती हुई कोणाकार लगती हैं तो कभी कहीं बिलकुल सीधी खुलती हुई सामने आ जाती हैं। कुछ अनेक परतों वाली कहानियाँ नारियल छीलने की भाँति खुलती हैं। ऊपर से चमड़ीनुमा और छिलकों की परतें, दूसरी परत सख़्त 'पथरीली' और उसके अन्दर नरम, गूदे के समान, मार्मिक। इसका मज़ा ही अनावरण में है, एक परत को उतारकर दूसरे में प्रवेश कर अन्दर के रस को पाने का। पहले 'बक्से में बक्सा' लगने वाली इस संरचना में भूलभुलैयाँ और मधुमक्खी के छत्ते जैसे रूप हैं और उससे भी विशेष पहले से आख़िर तक सभी कहानियों को आरपार देखने का भी प्रावधान। 'बक्से में बक्सा' के स्थान पर सातों कोठों (सोपानों) को एक साथ देखा जा सके ऐसी बावड़ी में उतरने जैसा अनुभव। हरेक कोठे में आगे से पीछे जाने का उपक्रम, लचक से वापस लौट जाने और उसी लचक से आगे बढ़ जाने का अवकाश भी।

सातों कोठों की सहोपस्थिति में विहार करते हुए अज्ञात सृष्टि खुलती जाती है और अगोचर है उसका साक्षात्कार होता है, और जब उत्तेजना में रहस्य और अलौकिक का मिलन होता है तब सबके आरपार देखने की लीला का सृजन होता है। कभी छठे या सातवें कोठे में कहानी की नींव मिलने पर श्राप और श्राप मुक्ति साथ-साथ सामने आ जाते हैं तब जन्म-जन्मान्तर के फेरे में भटकने की बेचैनी और छुटकारा भी साथ-साथ होता है। कुछ शृंखलाबद्ध कहानियों में जोड़ का अनोखा नुस्ख़ा देखने को मिलता है। कहानी के अन्दर कहानी जन्म लेती है तब पहली कहानी का पात्र दूसरी में कहानीकार बन जाता है। जब यह तरीक़ा श्रोता में सोये हुए कहानीकार को जगाकर कहानी को दूसरे रास्ते पर मोड़ने पर प्रवृत्त कर दे तो समझिए कि यह संरचना में संगोपित ही है। इस प्रकार जब पात्र, कथाकार और श्रोता की अदल-बदल होती रहती है तब उसमें महाकथा के सोमदेव से लेकर शिव और पार्वती के साथ शिवगण, पिशाच और गुणाढ्यवाला उपक्रम भी उभरकर आता है। आगे बढ़ते हुए श्रोता कहानीकार बनकर जनसमुदाय को इस लीला में शामिल होने का न्यौता देता है। कहानीकार और नौसिखिये वर्णनकर्ता के बीच की इस अदल-बदल में रोज़मर्रा और 'व्यावसायिक' कथनात्मकता की भेदरेखा विलीन होती है और कथा के पूर्वनिहित व्यावसायिक कौशल के, शैली के बाड़ों में से बाहर निकलने के रास्ते निकलते हैं। नौसिखिया वर्णनकर्ता जो कहानी बनाता है उसके कौशल या रीति की अग्निपरीक्षा श्रोता या भावक के प्रतिभाव में होती है। मूलत: तो खेल सारा आशु व्यवस्था (improvisation) का है : सुनी हुई कहानी के रूपान्तर से ज़्यादा उसके जादुई तत्त्व को सँजोये रखने का है। जब वर्णनकर्ता चरित्र में परकाया प्रवेश करता है तब जैसा कि लोर्का ने कहा है ऐसा एक चमत्कारिक (duende की तरह) सत्व प्रकट होता है। कथन के वहन की प्रक्रिया में वहन की तरलता कथन के स्त्रोत को संगोपित या रूपान्तरित कर दे ऐसा। जिस प्रकार बरगद की शाखाएँ जड़ें बनकर पेड़ के तने को घेर लेती हैं वैसे ही यहाँ मूल कहानी से बनी कहानियाँ मूल कहानी को घेर लेती हैं या कई बार उसको मिटा भी देती हैं। रूपान्तर की लीला में ऐसे अनेक संकेत पड़े हैं। कथानक की व्यापकता और उसके स्वरूप के रूपान्तर के उदाहरण देश-विदेश की रामायण परम्पराओं में अंकित हैं। जैसे कि राम का एक पत्नी वाला पात्र जैन परम्परा में और मलाया की परम्परा में बहुपत्नी वाला हो जाता है।[३] कुछ क़िस्सों में नायक और प्रतिस्पर्धी की भूमिका अदल-बदल हो जाती है। इससे यह बात साबित होती है कि सिर्फ़ ग़ैरधार्मिक कथाएँ ही नहीं अपितु रामायण, महाभारत जैसी कथाएँ भी कथाकार के अर्थ-घटन के क्षेत्र के बाहर नहीं थीं : उसमें सामाजिक, प्रादेशिक और वैयक्तिक निरीक्षण भी समाये हुए हैं। आज भी ठेठ देशज की व्यापक परम्पराओं में कथाकार और भोपा (चारण, भाट आदि) रूपान्तर प्रयोजित करते हैं जिसमें सिर्फ़ कथानक का रूपान्तर शैली या कौशल तक सीमित हो ऐसा 'निर्दोष' नहीं होता। कथा परम्परा नये-नये निरीक्षण प्रकट करने वाले संघर्षों का साधन भी बन जाती है। ग्रामीण और आदिवासी क्षेत्रों के कथाकार उच्च या शहरी समाज के द्वारा रचित कथा को पुनर्गठित करते समय नापसन्द बातें भी चुपके

से सरका देते हैं। इसमें श्लेष, मूकाभिनय के द्वारा सांकेतिक रूप से गर्भित अर्थों को बुन लिया जाता है। पारम्परिक कथा के पुनर्वहन या उसके नाट्याकार में कथाकार कथा के अन्दर बसे हुए संकेतों को जोड़कर परिचित कथा को अपूर्व रूप प्रदान करता है और उसके नये परिमाण प्रकट करता है। उदाहरण के रूप में, चाक्यार के अभिनय में, ताड़ के सात वृक्ष के पीछे से राम के द्वारा घायल बाली दुष्ट शत्रु की जगह अन्याय का भोग बनने वाला कारुणिक नायक बन जाता है। बाल कृष्ण को विषयुक्त स्तनपान करवाने वाली पूतना का भी ऐसा ही होता है : कथकली नर्तक कहानी में पूतना के द्वारा बच्चे को मरणोन्मुख करने के हिंसात्मक आवेग के साथ-साथ बिलखते मातृत्व और करुणा को भी स्वर देता है।

ऐसी परम्परा अनेक राजकीय उथल-पुथल के बीच राजदरबार से लेकर मोहल्ले तक या लोक समूहों तक बही और विकसित हुई, इस सातत्य के पीछे उसके स्वरूप में निहित तरलता, लोच एवं खुले छोरों की संरचना और परिवर्तन पाने की और प्रमाणित करने की अभिवृत्ति (tendency) जैसी ताक़तें थीं। यह बहुमुखी और विशाल कथानक परम्परा अन्य प्रदेशों के समान और विपरीत रूपों को अपने प्रवाह में शामिल कर लेने या ज़रूरत पड़ने पर नये प्रवाहों में जुड़कर, अपना रास्ता बदलकर नये स्वरूप में जीवित रहने में भी समर्थ थी। इसी तरह इसमें अज्ञात कहानियाँ और कथा स्वरूप भी मिलजुल गये हैं। महाकाव्यों, कथासरित्सागर, पंचतन्त्र और असंख्य अन्य कथाओं से समृद्ध हुई प्रचुर और अनन्त लगे ऐसी यह परम्परा अनेक भाषाओं और प्रादेशिक बोलियों में पायी जाती है।[४] यह बहुविधता और रूपान्तरों का गहरा प्रभाव भारतीय मानस पर अंकित है। उसे पढ़ते, सुनते या देखते हुए सदियों से गठित या पुनर्गठित हुई कथा-सृष्टि में आये परिवर्तनों और रूपान्तरों की परतों का भी परिचय होता है। श्रोता या दर्शक के अनेक स्तरीय प्रतिभाव को हमेशा अचम्भे में डाल सके इतनी पेचीदगी इसमें अन्तर्निहित है। इसलिए जब पेचीदगी से रसित आद्यबिम्बों के झंकार सामूहिक स्मृति के रूप में प्रजा में वहन होते हैं तब उन झंकारों से ध्वनित सीधी-सादी कहानी सरल नहीं रह जाती और सामान्य दिखायी देने वाली कहानी असामान्य से दूर नहीं होती।

इस प्रक्रिया में कोई भी कहानी, अभिनय या चित्र 'सम्पूर्ण' जैसी संज्ञा से ना ही जुड़ते हैं और ना ही अपनी परिधि का स्वसीमित घेरा रचते हैं। इसमें (अन्य कथा प्रकारों की तरह) सीधी रेखा से खुलती और पराकाष्ठा पर पहुँचती या अन्त होने पर अस्त होने वाली प्रक्रिया का कोई स्थान नहीं है। चित्र भी किसी पूर्व निर्धारित फ्रेम या ढाँचे के आधार पर बनता नहीं। सीमारेखा निर्धारित हो तब भी चित्र या कथा मूलत: माला के मोतियों की तरह होती है। महाभारत या पाबुजी की कथा जब अभिनीत होती है तब प्रारम्भ और अन्त तो होता है लेकिन समग्र कथा की व्यापकता इतनी विशाल है कि किसी एक अभिनय में उसे पूरा कर पाना सम्भव नहीं है।[५] पाबुजी की कथा-गाथा को पूर्णरूप से प्रस्तुत करने के लिए भोपा-कलाकारों को मनाही है, इसके पीछे लोक मान्यता है कि कथा पूरी करने की साजिश से कथनकार मृत्यु को न्यौता देता

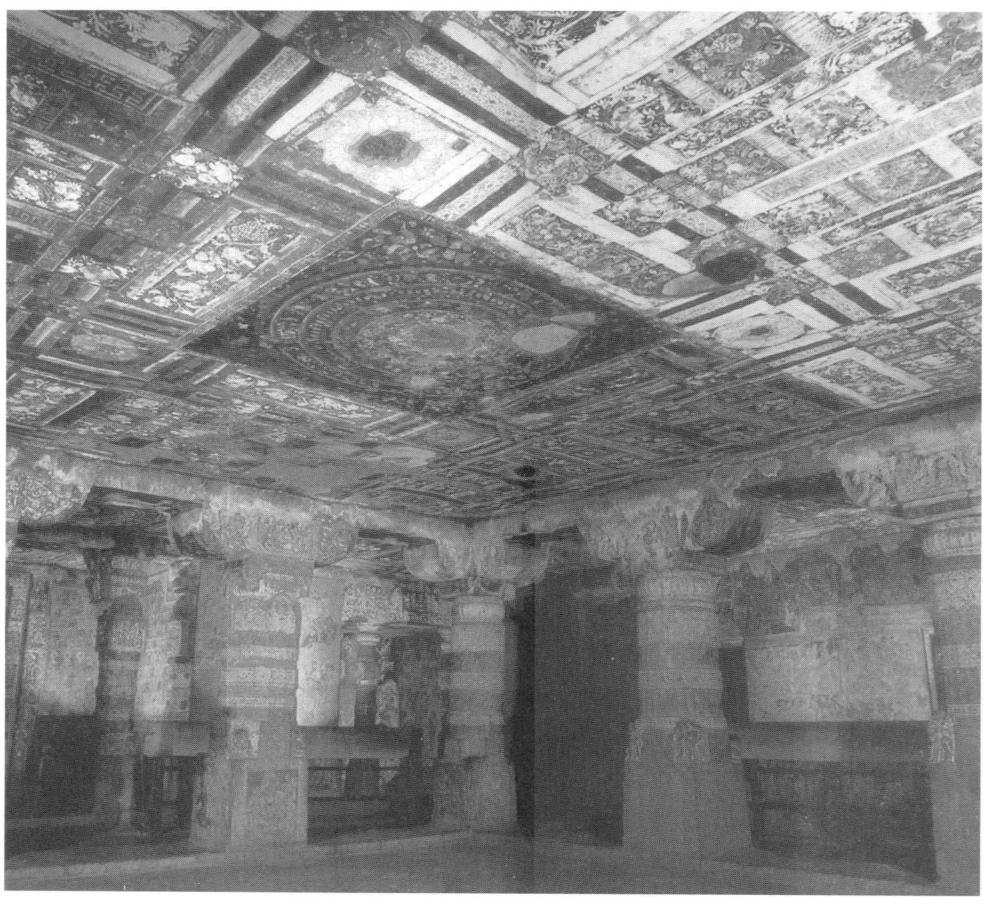

अजन्ता, पहली गुफा, अन्दर का भाग, भित्तिचित्र, ७वीं शती ई.
सौजन्य : आर्कियोलॉजिकल सर्वे ऑफ़ इण्डिया, नयी दिल्ली

है। इसलिए सभी कथाकार कथा के कुछ अंश प्रस्तुत करके दूसरे अंशों को दूसरे गाँव में प्रस्तुत करते हैं।

कथा के इस वृद्धिगत प्रकार में कथातन्तु को बीच से या किसी भी बिन्दु से उठाने और पूरक करने की छूट होती है। स्थान और समय की सीमाओं का उल्लंघन करती हुई इस निर्बाधता का स्वरूप आन्तरिक, गतिशीलता के सिद्धान्त के आधार पर गढ़ा गया है। कथासरित्सागर की तरह अजन्ता की दीवारों पर जातक कथाएँ बहती हुई सन्दिग्ध अवकाश में चारों ओर फैलती हैं। इन अवकाश-विभागों के बीच कोई भेद रेखा नहीं है इसलिए आकृतियाँ आपस में जुड़ी हुई रहती हैं। उदाहरण के लिए, पहली गुफा में प्रवेश करने पर बायीं ओर आलेखित नन्द की दीक्षा की कथा शंखपाल जातक में प्रवेश करती है और वहाँ से कथाप्रवाह अदृश्य रूप में

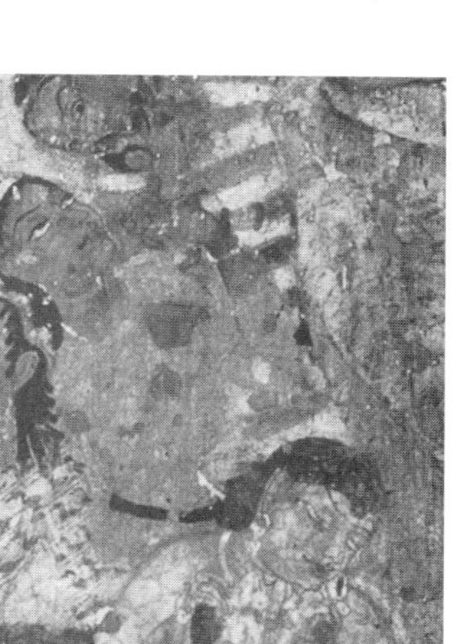

*विहार पर निकले **राजा महाजनक,** अजन्ता, पहली गुफा, भित्तिचित्र, ७वीं शती ई.*
सौजन्य : आर्कियोलॉजिकल सर्वे ऑफ़ इण्डिया, नयी दिल्ली

विशाल फलक पर फैलकर महाजनक की प्रलम्बकथा के साथ जुड़कर उलटा-सुलटा बहता हुआ कोने की दीवार तक पहुँचता है। समानान्तर कथाएँ ऊपर-नीचे, आगे-पीछे, कहीं झरने की तरह मोड़ पर बहती हुई तो कहीं घनी वनस्पति की तरह आच्छादित होती हुई एक-दूसरे में पिरोती जाती हैं। इस प्रकार की दृश्य रीति में कहानियों को एक-दूसरे से अलग करने का विकल्प काम नहीं आता इसलिए दर्शक उन्हें सन्धानों के द्वारा प्राप्त करता है। इन सन्धानों के संकेत आकृतियों की देह-मुद्रा से मिलते हैं। दूसरे संकेतों में पुनरावर्तन का नुस्ख़ा काम में आता है। इसमें कथानायक की आकृति बार-बार आलेखित होती है जबकि दूसरी आकृतियों का कथा-प्रदेश सान्ध्य स्वरूप सा सन्दिग्ध बना रहता है जिससे वे एक या अनेक कथाओं के पात्र बने रहते हैं। ये आकृतियाँ और ऐसे 'मोटिफ्स' सन्धान साधने के अलावा मानो एक कथा को बन्द करते हैं और साथ ही दूसरी कथा को खोलते चले जाते हैं। यहाँ स्वरूप-रचना आकृति को बाहर प्रकट करने की है अवकाश में विलीन करने की नहीं। आकृतियों का उद्देश्य दीवार में गहराई का भ्रम खड़ा करने का नहीं है अपितु दीवार के बाहर उभरकर, दर्शक को

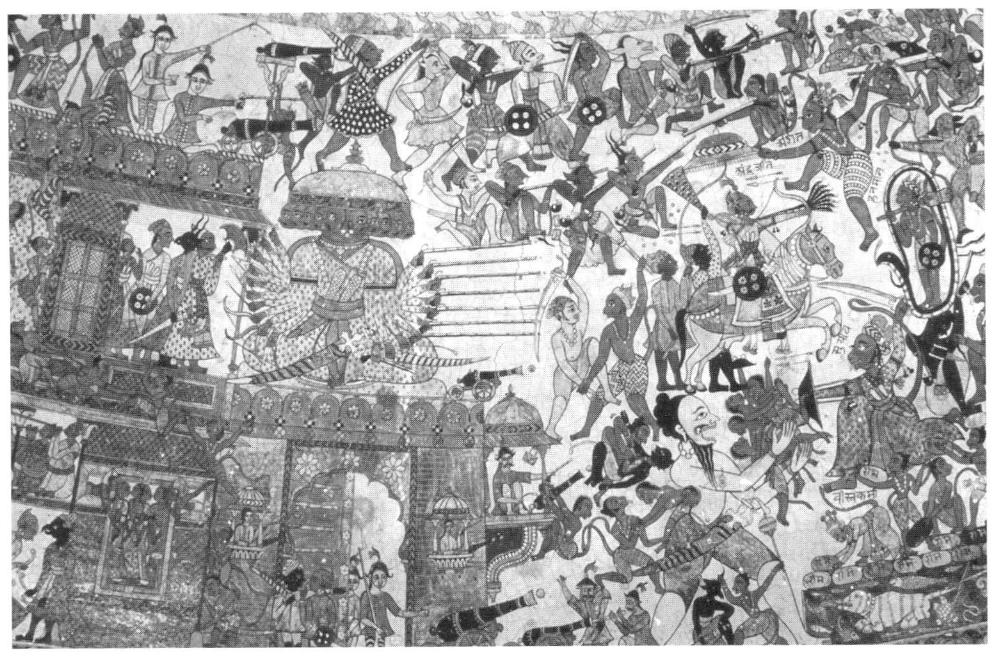

लंका के महल में रावण, *रामायण, काशी विश्वनाथ मन्दिर, चाँदोद, भित्तिचित्र, १७८२ ई.*

तस्वीर : ज्योति भट्ट

चारों ओर से घेरकर कथा–सृष्टि में समाहित करने का है।[६] दर्शक उस विशाल सामुद्रिक गाथा में प्रवेश करता है तब कहानी के अन्तर्सन्धान उसके लिये चित्र की आकृतियों के साथ चलने का यात्रा–मार्ग बना देता है। इसलिए दर्शक चित्र का साक्षात्कार पैरों से चलते हुए करता है। इसी में एक और प्रयुक्ति का भी आविष्कार होता है। चित्र के अन्दर होने वाली यात्रा की प्रक्रिया में पात्रों की शारीरिक देह–मुद्राओं का अलग–अलग चरणों में पुनरावर्तन होता है तब जैसे कि संगीत में सन्दर्भ–बिन्दु पर पहुँचने में सम या ध्रुवपंक्ति आ सके ऐसा उपक्रम बनता है। ये पुनरावर्तन कभी सूत्र साधने या विराम साधने के लिए रचे जाते हैं। पुनरावर्तन में बन्दिश या स्वर का सातत्य सम्मोहित कर दे ऐसे अनुरणन के प्रतिध्वनि के रूप में प्रायोजित होता है। इसमें आकृतियों में ऐसी लय का निरूपण हुआ होता है जैसा कि विशाल वृक्ष के पत्तों के एक साथ कम्पित होने पर होने वाले डोलन की तरह होता है।

चाँदोद या परशुरामपुरा के रामायणी भित्तिचित्रों में निर्बाध तरलता अलग–अलग तरह की है। जहाँ खड़े–आड़े विभागों में या घूमते गोलाकारों में कथानक बने हैं वहाँ आकृतियों का स्वरूप शीघ्र अभिनीत नृत्य नाटिका जैसा है। आकृतियों में आलेखन के हस्तमरोड़ की गति पण्डवानी के कथाकार अंग मरोड़ते हैं वैसी है। ऐसा लगता है कि लोक परम्परा यहाँ उच्च परम्परा की चुगली करती है या फिर वाणी मानो लिपि जैसा बोलने लगती है। महाकथा का यह देर से

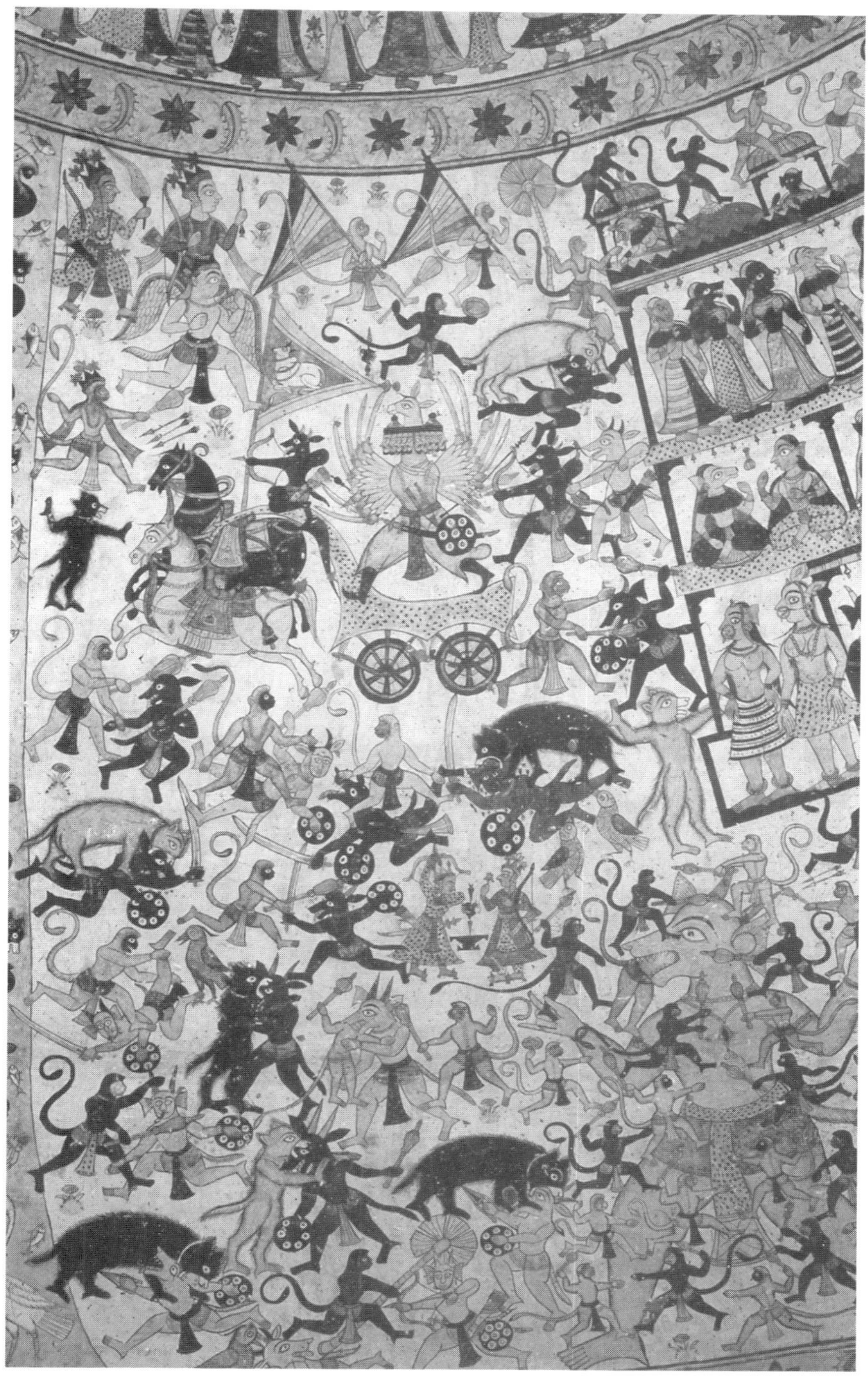

रामायण, *मृतक की छतरी पर चित्र, परशुरामपुरा, राजस्थान, १९-२०वीं शती ई.*

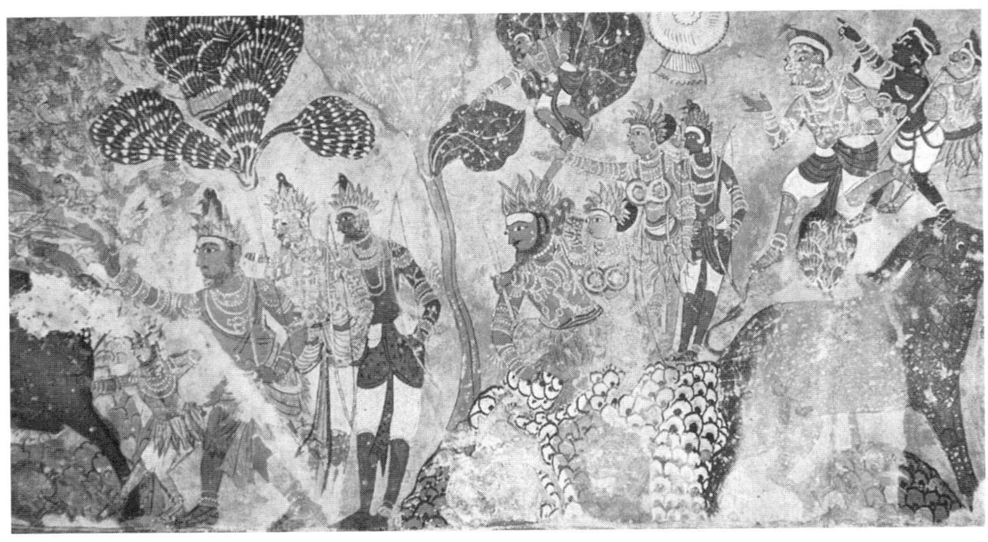

किरातार्जुनीय का दृश्य, *लेपाक्षी, आन्ध्रप्रदेश, भित्तिचित्र, १६वीं शती ई. के मध्य में*
सौजन्य : आर्कियोलॉजिकल सर्वे ऑफ़ इण्डिया, नयी दिल्ली

प्रकट हुआ पैशाची संस्करण फुर्तीला और विनोदी है। परशुरामपुरा में महाकाय कुम्भकर्ण को छेड़े हुए मधुमक्खी के छत्ते की मक्खियों की तरह चिपके वानर और भालू या चाँदोद में फिरंगी के रूप में चित्रित रावण की सेना के सैनिक या फिर यज्ञ को भ्रष्ट करते हुए हनुमान की चित्रकारी को किसी विशेष टिप्पणी की ज़रूरत नहीं है। लेपाक्षी के किरातार्जुनीय कथा के चित्रों में महाकथा के गौरव और शिष्टता की महिमा तो है ही लेकिन साथ-ही-साथ उसका पिण्ड ठेठ देशज की प्रादेशिक परम्परा की बुलन्द बलिष्ठता से बना है। घुम्मट के अन्दरूनी हिस्से में चित्रित ये सभी कथानक को पाने के लिए दर्शक को गोलगोल घूमना पड़ता है

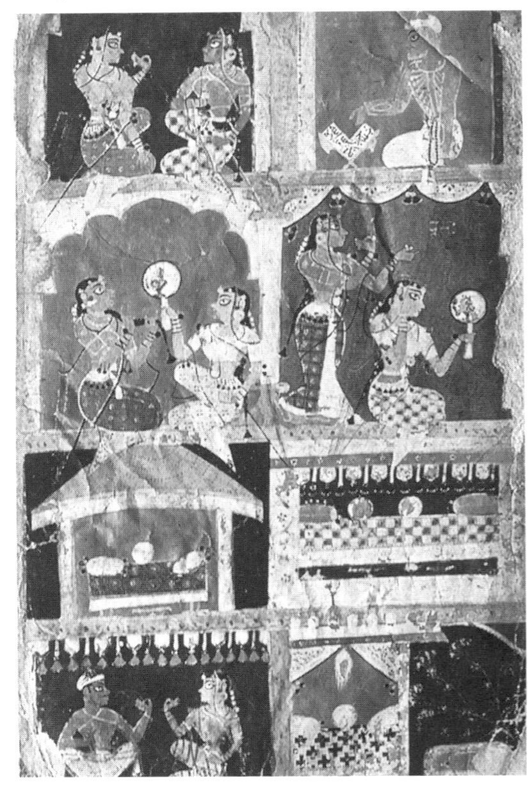

पौष महीने में प्रेमीजन, *चन्दायन, उत्तर प्रदेश, शायद जौनपुर, काग़ज़ पर जलरंग, १५२५-७० ई.*
सौजन्य : चण्डीगढ़ संग्रहालय, चण्डीगढ़

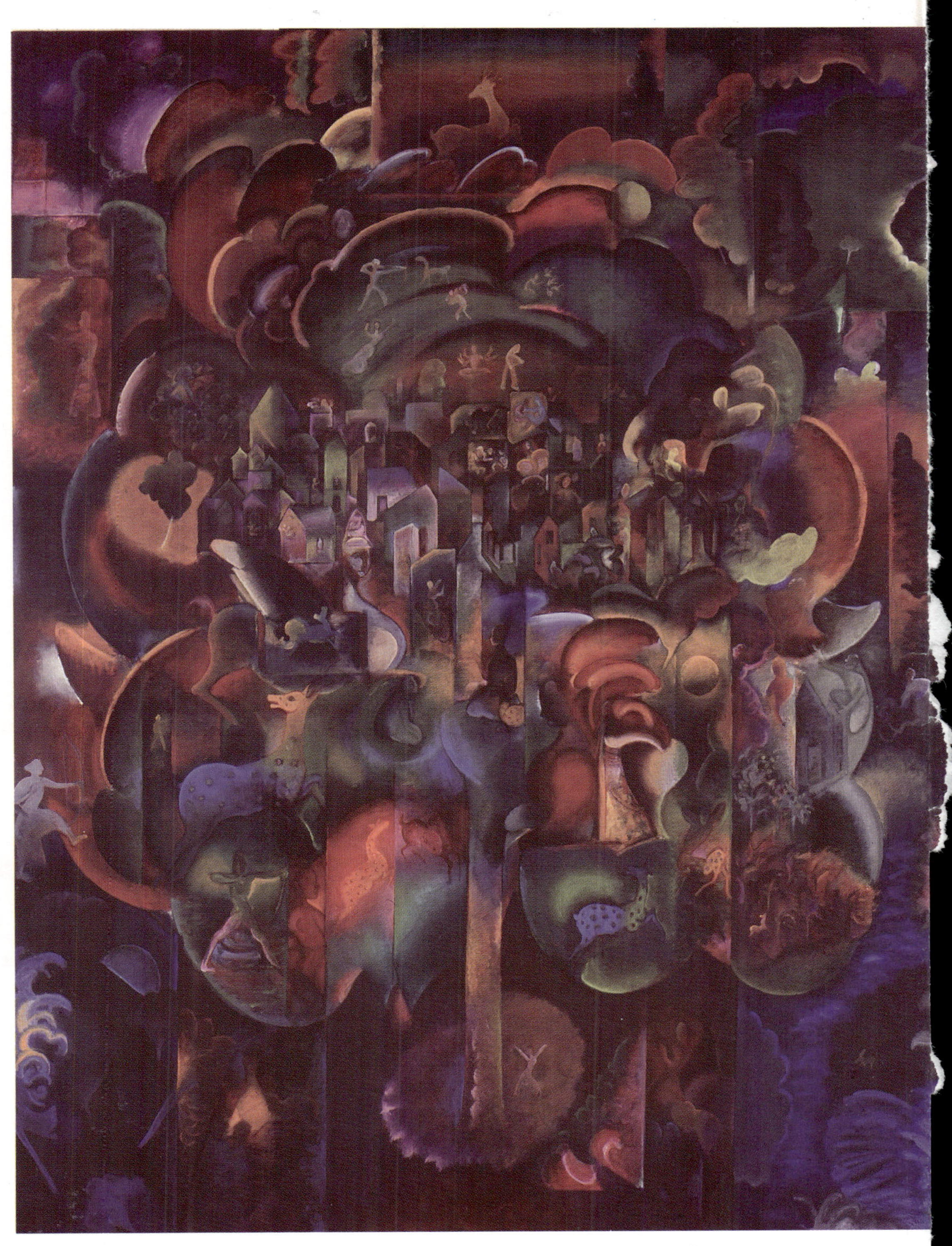

बोलता पेड़-१, *तैलचित्र, ई. १९९६*

सौजन्य : मल्विन्दर सिंह, नयी दिल्ली।

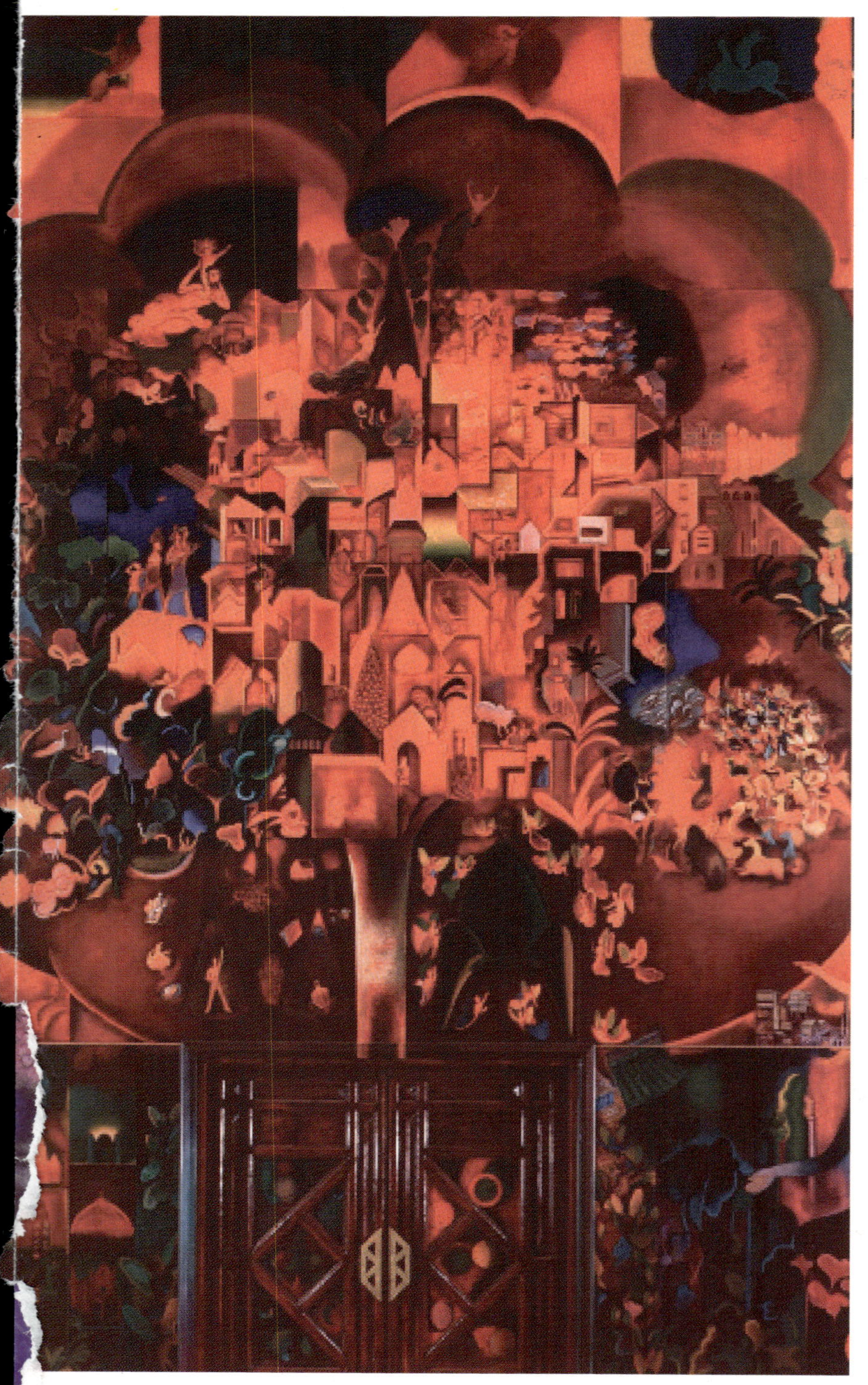

जीवनवृक्ष, *तैलचित्र, ई. १९९६*

सौजन्य : विधान परिषद् भवन, मध्य प्रदेश शासन, भोपाल।

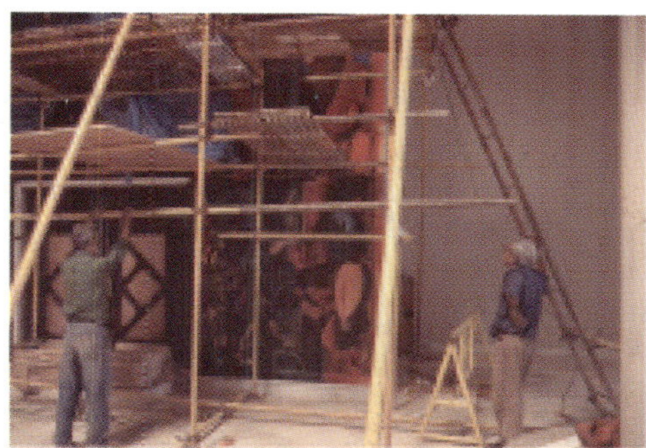
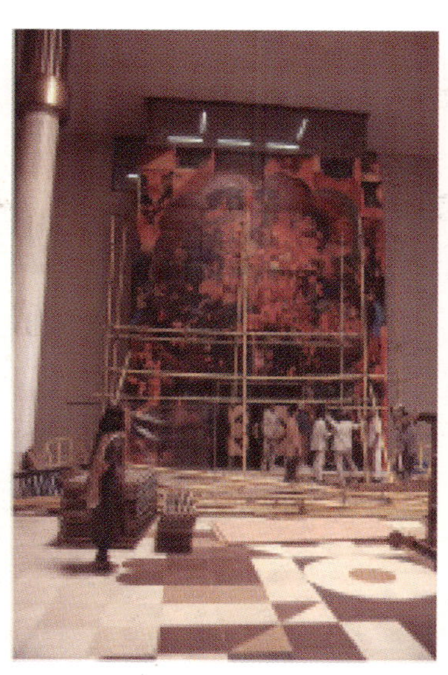
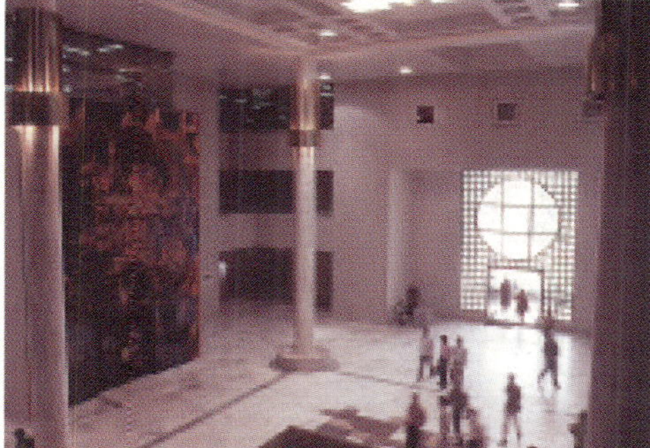
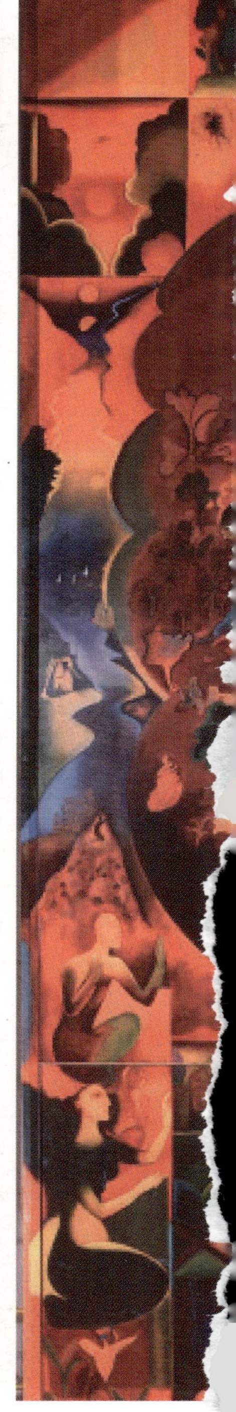
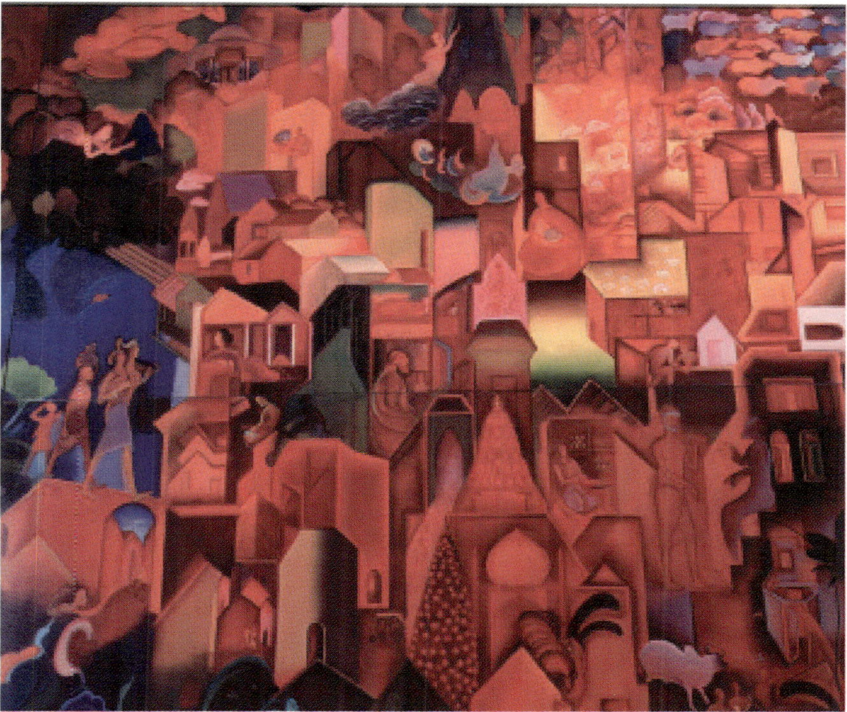

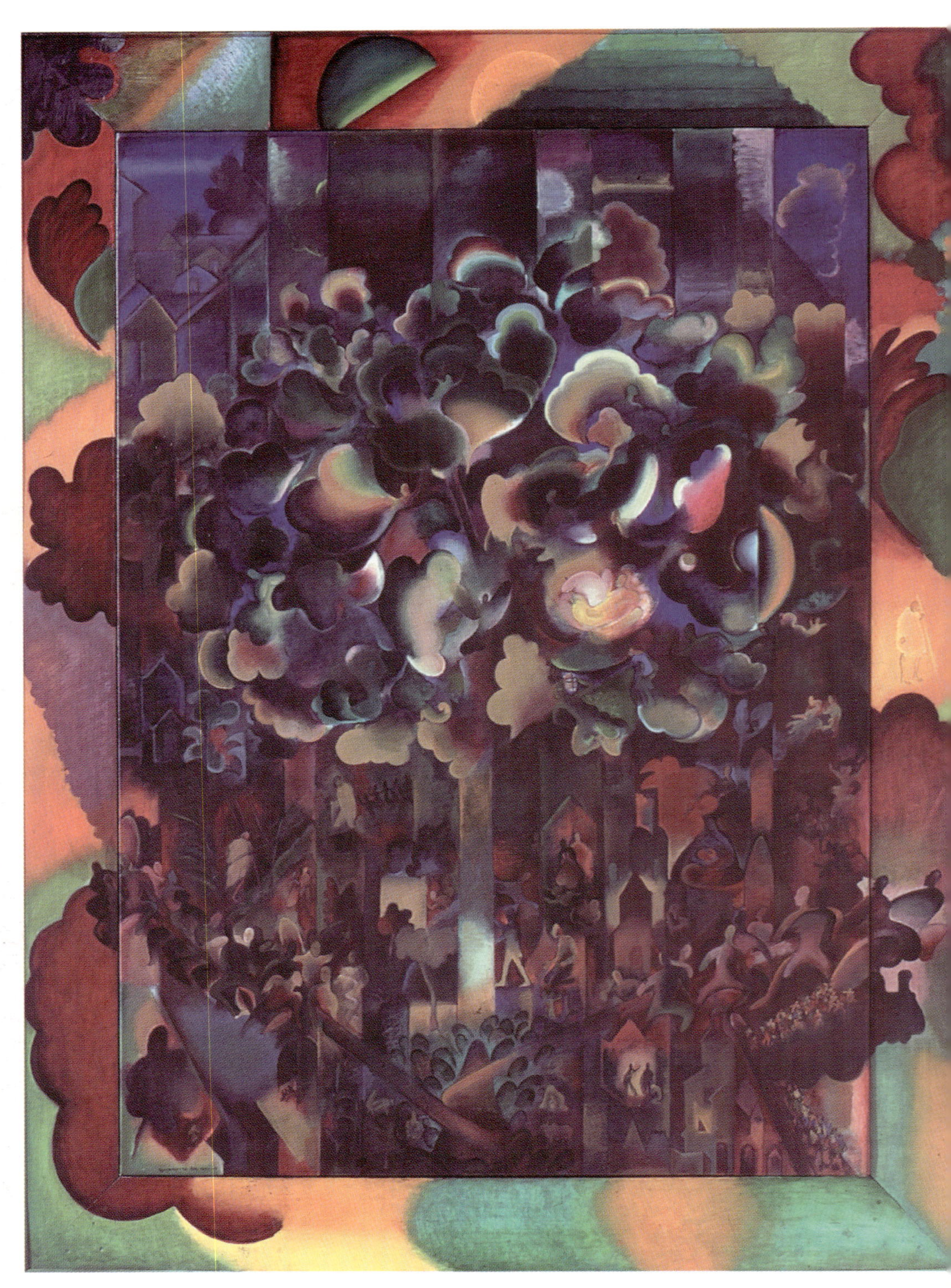

आधी रात को आज़ादी, *तैलचित्र, ई. १९९६*
सौजन्य : जिन्दल, फ़ाउण्डेशन, मुम्बई।

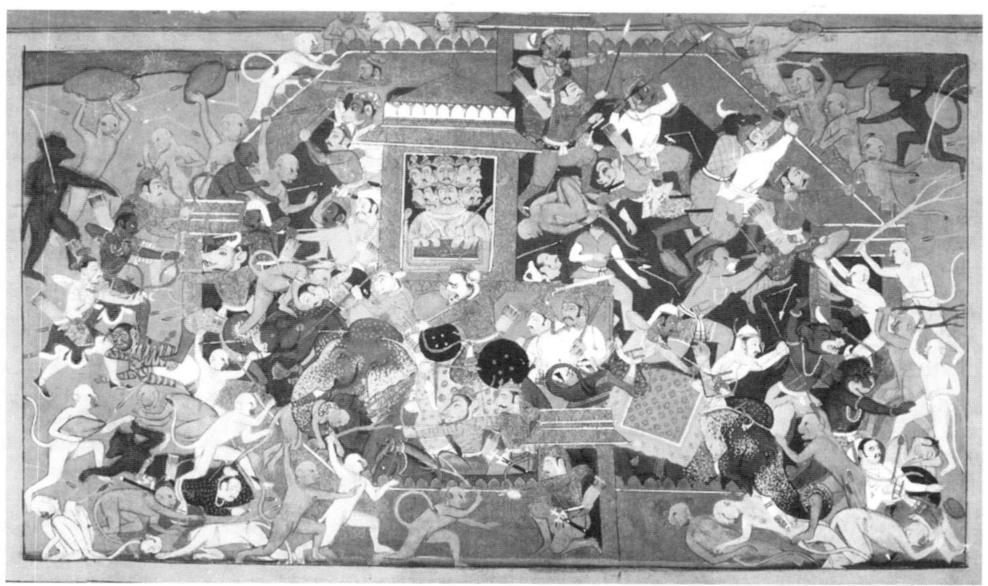

*साहिबदीन, **लंका पर चढ़ाई,** रामायण, मेवाड़, काग़ज़ पर जलरंग, १६५२ ई.*
सौजन्य : ब्रिटिश पुस्तकालय, लन्दन, ग्रेट ब्रिटेन

और ऐसा करने पर वह चित्र के भ्रमणावकाश का भाग बन जाता है।

तेलंगाना के वींटा के कथानक लेखन की तरह मानो आड़े पट्टों में पंक्तिबद्ध रूप में रचे गये हैं, लेकिन यहाँ रंग का महत्त्व निर्णायक रूप धारण करता है। जैसा कि हमने पहले चर्चा की थी वैसे रैखिक लिपि मरोड़ की जगह रंग में रसित अंगमुद्राएँ एक विशिष्ट प्रकार की दैहिकता प्राप्त करती हैं। यहाँ रंग ख़ुद ही अवकाश का पर्याय बनता है और इसीलिए कथन ऐसे तेज से दमकता है जो रंग के अलावा दूसरे किसी से सम्भव नहीं है। 'चन्दायन' और 'चौरपंचाशिका' में रंगमंच की सज्जा की तरह कथाघटकों का उपयोग हुआ है। घर के अन्दर के भाग को सूचित करने के लिए दो खम्भे और छप्पर पर पंछी, पलंग और तकिया, बाहर का क्षेत्र दिखाने के लिए पेड़ों का समूह, सीढ़ियाँ और अधखुला दरवाज़ा। लेकिन यह सब फुर्तीली लेखिनी से ऐसे रचा गया कि मानो लिपि स्वर से झंकृत हो उठी हो। 'चन्दायन' में अनेक पन्नों पर ख़ुदा का नाम जपते हुए लेखक (मौलाना दाउद) कहानी रचते हैं वह भी तिकोने प्रेम की! इसमें सम्भवत: वर्णनकर्ता और कथानायक के पात्रों के अदल-बदल के संकेत भी मिलते हैं। कलाकार साहिबदीन ने मेवाड़ी रामायण में वानरों और राक्षसों के युद्ध के खेल को ऐसे चित्रित किया है कि वे चित्र की सीमाएँ तोड़कर हाशिये तक पहुँच जाते हैं। पोथी-चित्र को तो वैसे भी एक ही व्यक्ति हाथ में पकड़कर देख सकता है, उसमें झिलमिलाते रंग और सन्दिग्ध अवकाश का रसायन भावक की दृष्टि को ऐसा जकड़ता है कि उसे तिलस्मी दृश्यों की

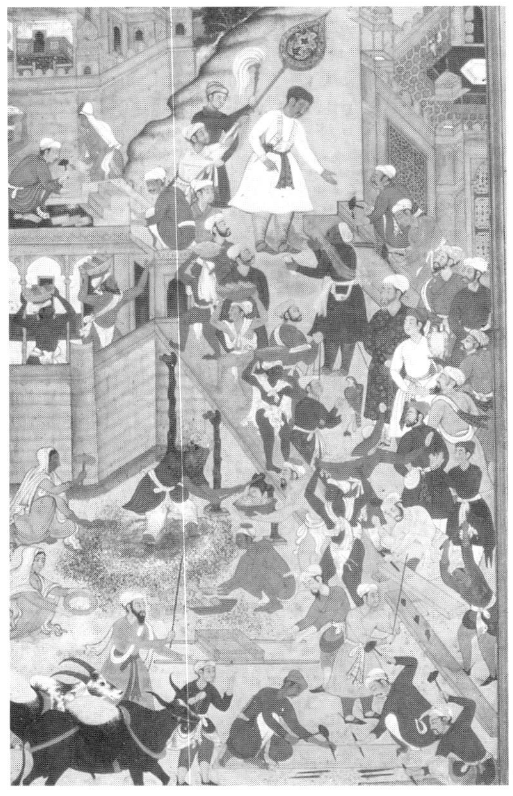

फतेहपुर सीकरी की रचना निहारते हुए अकबर, *अकबरनामा का एक पृष्ठ, काग़ज़ पर जलरंग, १५९६–१६०० ई.*

सौजन्य : विक्टोरिया एण्ड अल्बर्ट म्यूज़ियम, लन्दन, ग्रेट ब्रिटेन

कल्पना करने का मौक़ा मिलता है। कहीं भावक भरपूर पात्रों से रची जा रही भूलभुलैया में से रास्ता ढूँढ़ता जाता है और दूसरी जगह रंगों की झिलमिलाहट उसकी आँखों को चुँधिया देती है तो वह चौंध से प्रकट होने वाली after images जैसी आकृतियाँ बनाने लगता है। मेवाड़ी कलाकार कथानकों के बीच के रंग के ख़ाली पट को अवकाश में पलट देता है तब कहानी के प्रसंग संगीत में 'ख़ाली' ताल जैसा स्वरूप धारण करते हैं।[७]

अकबर के काल की चित्रकारी में एक नये प्रकृतिवाद का आरम्भ होता है और इसीलिए कथानकीय स्वरूप में एक नयी परम्परा शुरू होती है हालाँकि इसमें कोई आश्चर्य की बात नहीं होगी अगर कोई भावक प्रकृतिवाद के इस रूप को 'यथार्थवाद' में उलझा हुआ पायें। यहाँ से ऐतिहासिक घटनाक्रमों को आलेखित करने की शुरुआत होती है और कथा में समय और स्थान की निश्चितता तय होने लगती है। इसी वजह से पारम्परिक मूल की, एक ही फलक पर अनेक स्थान और समय की सहोपस्थिति और साहचर्य आलेखित करने की सातत्यपूर्ण कथानक की रीति के सामने प्रश्न खड़े होते हैं। इस प्रकार एक ही पन्ने पर एक ही प्रसंग का आलेखन करने की महिमा हुई और वह भी हाशिये के चौकठे के बीच में। यदि हम कथात्सरित्सागर की आलंकारिक परिभाषा का उपयोग करें तो ऐसा लगता है मानो कथानक मर्त्यलोक में उतर आया और दिखायी देने वाली दुनिया को चित्रित करने में 'यथार्थवाद' की गूँज का एहसास होने लगा है। कुछ चित्रों में सच में घटी हुई घटनाएँ बारीकियों के साथ और 'प्रमाणभूत' रूप से रची गयीं, लेकिन आलेखन की गति या स्वरूप को बिना बदले।[८] इस नयी रीति में भी समय-स्थान के सातत्य वाले कथानक को पाने के नये नुस्ख़े विकसित हुए और पारम्परिक रीति का अलग रूप से अर्थ-घटन करने का रास्ता भी खुल गया।

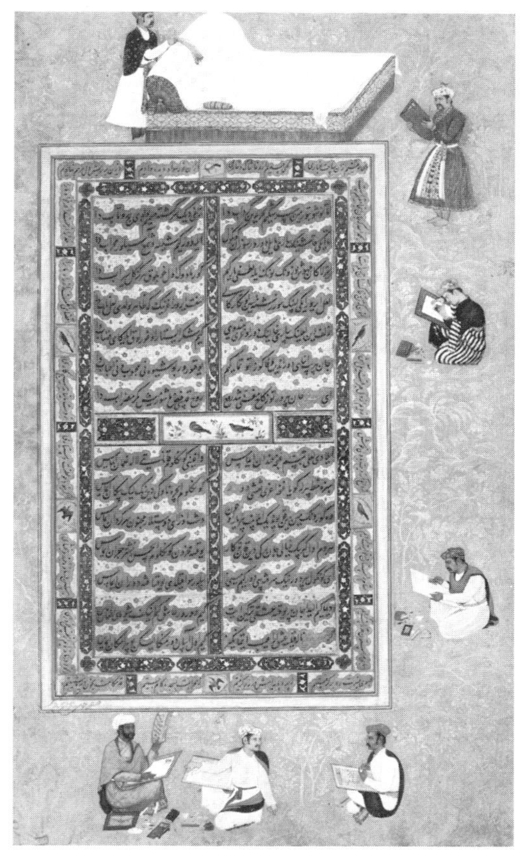

*दौलत, **हाशिये में कलाकारों की छवियाँ,** मुग़ल, काग़ज़ पर जलरंग, १६१९ ई.*
सौजन्य : गुलिस्तान पैलेस पुस्तकालय, तेहरान, ईरान

इसमें हाशिये का विनियोग केन्द्र में सुगबुगाते कथानक को सातत्यपूर्वक सतेज करने में काम आया। हाशिया मात्र फूल-बेल या शोभा का विकल्प बने रहने की जगह ऐसा पर्याय बना जो चित्र के अन्दर के अवकाश को प्रतिध्वनित कर सके, अर्थात् चित्र अब हाशिये की ओर बढ़ा। दूसरे नुस्ख़े में चित्र में विवरण और उसकी सतर्कता बढ़ने लगी और अवकाश का नया रूप-गठन हुआ। विवरण की ओर झुकाव के कारण आकृति को बारीक़ी से और सूक्ष्म रूप से पाने के परिमाण ने प्रवेश किया लेकिन साथ-ही-साथ 'प्रकृतिवाद' या 'यथार्थवाद' जैसी प्रकाश-परछाईं में दिखने वाली दुनिया के रंग और परिप्रेक्ष्य को प्रस्तुत करने की रीति का महत्त्व कम हुआ। अनेक हाथों से बार-बार घूँटी हुई आकृति नाजुक संवेदनाओं से रिसी[९] जिसमें हरेक कलाकार की वैयक्तिक संवेदना भी उभरकर आयी। आकस्मिक रेखाओं की जगह बारीक़ी घनी बनी और उसमें अब स्पर्शगोचरता और अन्दरूनी तेज भी जुड़ गया। उसमें दृश्य-फलक को चमकती खोज से चुँधिया देने का उपक्रम था। इन बारीकियों में आन्तरिक गतिमयता (सुगबुगाहट) का सामान ठूँस-ठूँसकर भरा था जिससे उसकी सीमाएँ अन्दर से बाहर की ओर उभरती जायें और समकोण चौकठों की धारें भी खुलती जायें। इस सूक्ष्मताभरी बारीक़ी के अवकाश का स्वरूप नमनीय, खुले छोरवाला और ख़ूब फैल सके ऐसा था। मुग़ल कलाकारों को विदित था कि यूरोपीय 'यथार्थवाद' में सभी तत्त्वों को एकतन्तु से बाँधे रखने का उपक्रम होता है, (मुग़ल कलाकार यूरोपियन छापचित्र और शायद तैल-चित्रों से भी परिचित थे) जिसमें से एक अलग प्रकार का विकल्प प्रकट हुआ। प्रकृतिवाद के इस्तेमाल से आकृतियों का क़द परिवेश के परिमाणों के अनुसार हुआ लेकिन राक्षसों और दानवों के विशाल क़द के कारण पारम्परिक प्रकृतिवाद की नियमावली नष्ट हो गयी।[१०] सबसे महत्त्वपूर्ण परिमाण बहुविध परिप्रेक्ष्य के (multiple perspective) प्रयोग का था जिससे दिखायी देने

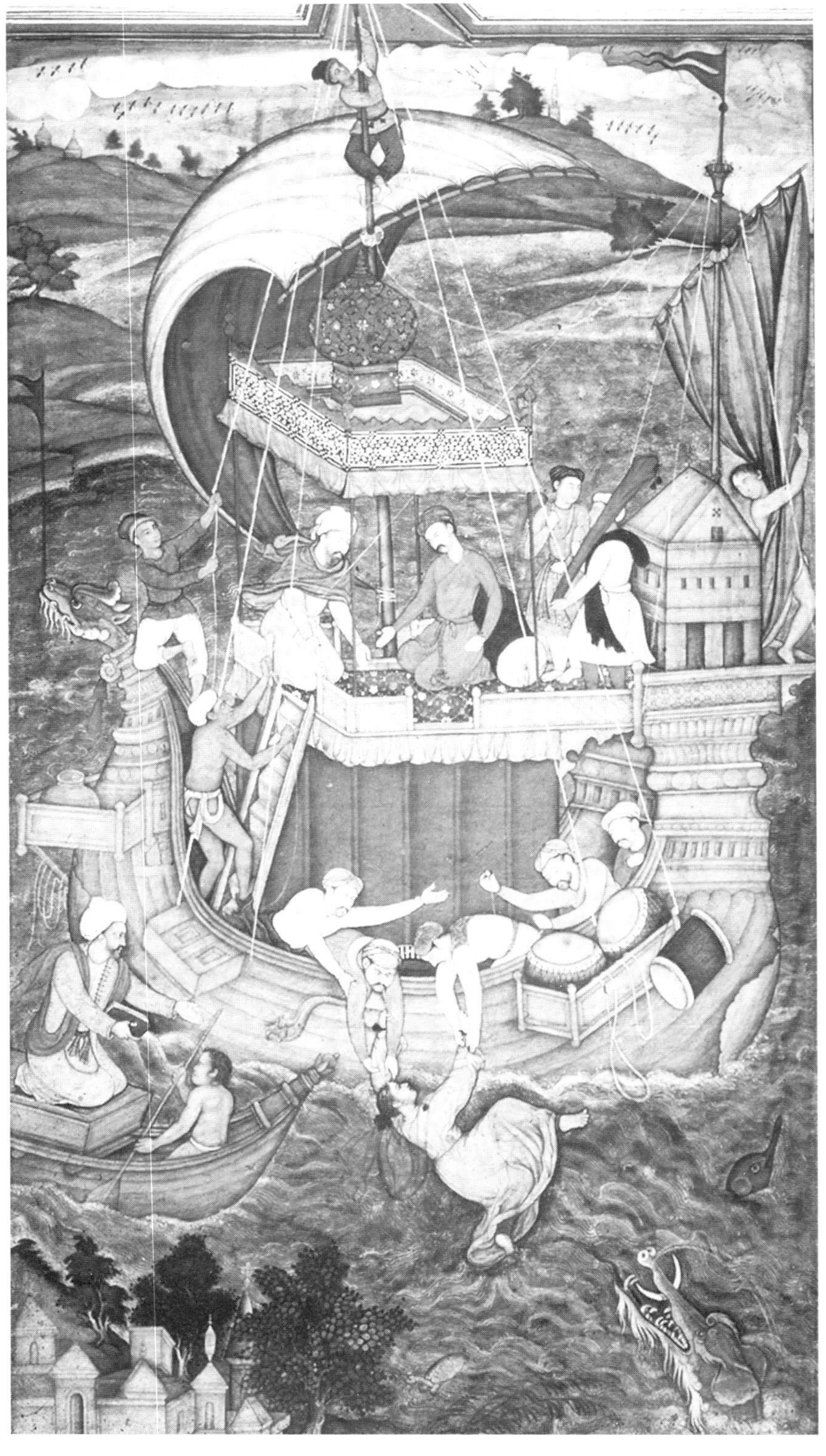

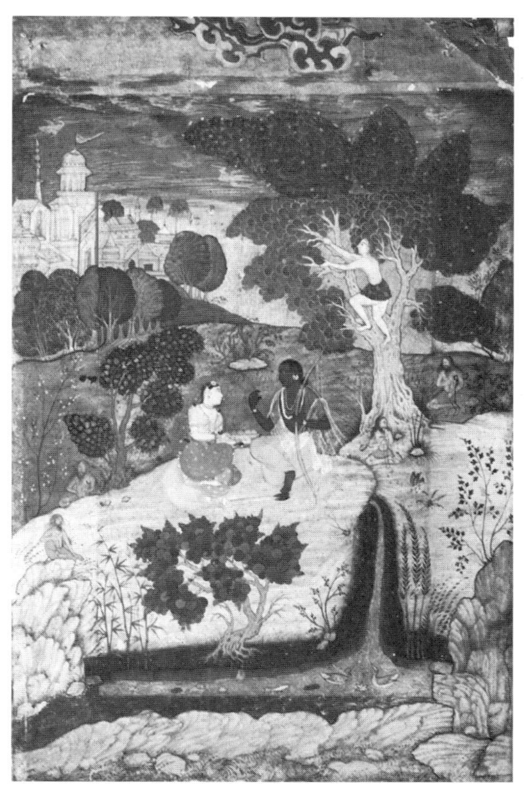

दसवन्त, ***अरण्य में राम-सीता,*** *मुग़ल, काग़ज़ पर जलरंग, १६०० ई.*
सौजन्य : राष्ट्रीय संग्रहालय, नयी दिल्ली

वाली दुनिया को रैखिक परिप्रेक्ष्य (linear perspective) के मूल सिद्धान्त के सामने नये विकल्प रचने का अवसर मिला। विशाल प्रदेश में रचे जा रहे घटनाक्रमों का आलेखन करने वाले कलाकार ने दूर-सुदूर प्रदेश या आकृतियाँ जो बारीक़ आँखों से या एक ही नज़र से पायी नहीं जा सकतीं उसे दृश्यमान किया। उसमें अलग-अलग आकृतियों को अलग दृष्टि-बिन्दुओं से देखने के परिमाण भी जुड़े। अब अवकाश फलक विशाल हुआ, वह नीचे के भाग से शुरू होकर दूर क्षितिज तक सिलसिलेवार खुलने लगा। अलग-अलग अवकाश फलकों को (और उनकी आकृतियों को) क्रमिक ऊँचा उठाने का तरीक़ा अपनाया गया जिससे आँख भ्रमण करने लगी और सिलसिलेवार खुलते हुए भूमि-प्रदेश को पाते हुए ऐसी प्रक्रिया से मुक्ति मिली जैसे कि प्रकृतिवादी भ्रान्ति में आँख एक ही दृष्टि बिन्दु पर क़ैद होती है। इसमें दर्शक का मानो चित्र के हरेक प्रदेश में, उसमें निहित आकृति के साथ होकर भ्रमण करना हुआ जिससे अवकाश एक नज़र में नहीं अपितु समय के अन्तरे, चरणों में खुलता हुआ दिखायी दिया। चित्रण एक ही घटना का हुआ तब भी अवकाश के अन्तरों के कारण सातत्यपूर्ण चित्र-रचना में पहले होता था वैसा ही होता रहा। विशाल भूमि-दृश्यों में जैसे-जैसे अवकाश खुलता गया और दर्शक आगे बढ़ता गया वैसे-वैसे भूमिकवच की क्षितिजें बदलती गयीं और वह 'गतिमान दर्शन' एक नये, अदृश्य सातत्य के तन्तु से बँधा। मिस्कीन के 'नाव वाले दृश्य में' अवकाश रचना प्रकृतिवादी परिप्रेक्ष्य के बाड़े तोड़ दे ऐसा आश्चर्य पैदा करती है। यहाँ नीचे के हिस्से में एक छोटा-सा प्रकृतिवादी भूमि-दृश्य ऊपर की नदी और नाव दोनों के अवकाश-फलक को पलट देता है। मानो नीचे चित्रित स्त्री आकृति के चारों

मिस्कीन, ***नौकावाला दृश्य,*** *(अनवार-ई-सुहैली) मुग़ल, काग़ज़ पर जलरंग, १५९६ ई.*
सौजन्य : भारत कलाभवन, बनारस हिन्दू विश्वविद्यालय, वाराणसी

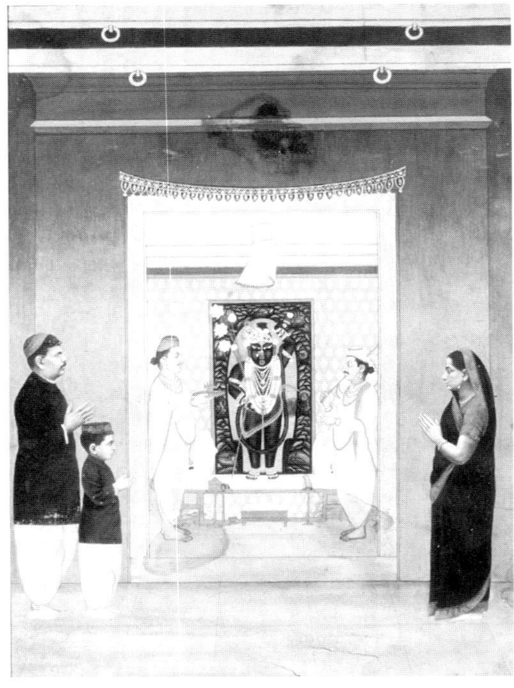

मनोरथ, नाथद्वारा, काग़ज़ पर जलरंग, १९वीं शती ई.
सौजन्य : अमित अम्बालाल, अहमदाबाद

ओर फैला पानी ऐसे क्षेत्र में है जहाँ आकाश पानी का और पानी आकाश का रूप धारण करता है! अवकाश की ऐसी जुगलबन्दी जान-बूझकर ही रची गयी होगी जिससे सामान्य प्रसंग का असामान्य में और 'यथार्थ' का 'जादुई' में रूपान्तरण होता है।

इस प्रकार बारीक़ और बहुविध दृष्टि बिन्दु वाले जादुई नुस्ख़ों के कारण दुनिया को अपूर्व रूप से पाने का उपक्रम रचा गया जिसमें एक और तत्त्व जुड़ा जो रंग को घोंट के, 'heightened' उत्तेजित स्वरूप से प्रकट करने की वृत्ति। इससे रंग का पारा ऐसा ऊँचा हुआ कि प्रकाश-छायावाली या गहरे-हलके 'टोन' (chiaroscuro) की ज़रूरत ख़त्म हुई। रंग ने प्रकाश का रूप धारण किया जिससे आकृति अन्दर से झिलमिलाती और फैलती बनी जिससे प्रकाश-छाया की लीला भी टल गयी। उसके कारण कथन का क्षेत्र भी इन्द्रधनुषी बना। अकबर काल के कलाकार ने 'अनवार-ई सुहैली' (पंचतन्त्र), रामायण या कथासरित्सागर से कथाएँ चित्रित की जिसमें सातत्यपूर्ण कथन के परिणाम विलुप्त नहीं हुए और न ही कथानक का तिलस्माती रूप फीका पड़ा बल्कि उसे एक ऐसा दैहिक रूप मिला जो इस अप्रतिम प्रकृतिवादी रवैये के कारण प्राप्त हुआ। इन चित्रों के घूंटे हुए रंगों में कहीं हीरे-माणिक की प्रभा आयी तो कहीं प्रज्ज्वलित होकर फैलाने वाली सिरेमिक और पोर्सलिन की आभा फैली। सफ़ेदी में हाथीदाँत जैसी हल्की गहरी सूक्ष्मता और मोती जैसी अर्धपारदर्शिता 'translucency' दिखायी दी। अन्य रंगों में रेशम और सोने की सतहें और मलमल की परतों की पारदर्शकता आयी। अब चित्रों में बहते हुए पानी के, ख़ुशबू के संवेदन उठे और शरीर की गन्ध मानो ऐसा रूपक बनकर आयी जिससे ऐतिहासिक, दुनियाई प्रसंगों का चित्रण भी एक नज़ारे के समान उभर आया। कुछ 'यथार्थ' लगने वाले चित्र जैसे कि 'बाज़ार में झगड़ा' या 'आत्महत्या' के दृश्यों में भी रूपकात्मकता आज़मायी गयी जिससे वास्तवदर्शिता का रूप बदला। घूँटे हुए रंग और बारीक़ी के रसायन से चित्र की सतह इन्द्रिय को वश में कर ले ऐसी अद्‌भुत साबित हुई। अब आँख को दृश्य फलक रौंदते समय हरेक आकृति का आलिंगन करने का आमन्त्रण था, जिसके नशे में चूर दर्शक कथन

खुल पाये उसके पहले ही उसके अन्दर प्रवेश कर जाने लगा।

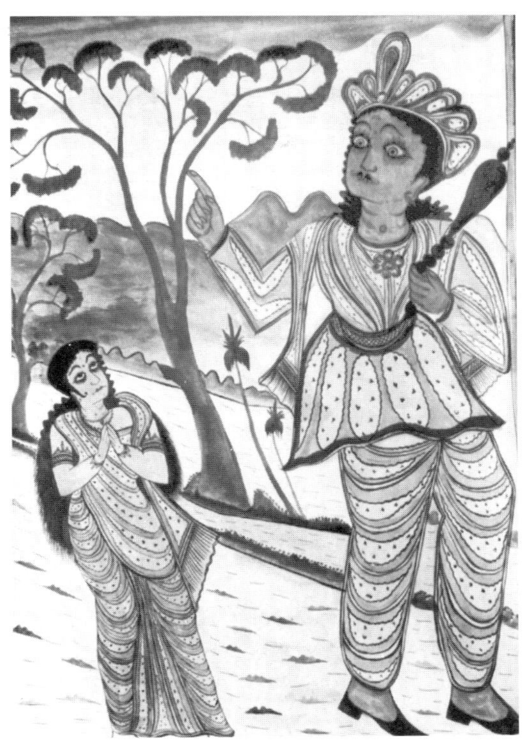

सत्यवान सावित्री पट, *बंगाल, काग़ज़ पर जलरंग, २०वीं शती ई.*
सौजन्य : शिल्प संग्रहालय, नयी दिल्ली

अकबर के काल में 'यथार्थ' या 'प्राकृतिक' चित्रकारी की शुरुआत हुई तब उसमें 'यथार्थ' का विनियोग भी एक नये नुस्ख़े के रूप में आज़माया गया था। इस विलक्षण प्रकृतिवाद में रंग और अवकाश की पारम्परिक लीला के अनुरूप परिमाण प्रकट हुए जिसके कारण बाद की राजस्थानी— आमेर, बूँदी, बीकानेर और पहाड़ों की गुलेर, नूरपुर और काँगड़ा में भी ऐसा प्रकृतिवाद खिला। यह 'प्रकृतिवाद' दिखायी देने वाली दुनिया का भ्रम पैदा कर सकने वाले पश्चिम के भ्रमवाद से अलग तरह का था और उसमें ग़ैर-यथार्थवादी दर्शनों को शामिल करने की क्षमता थी। कथा-कर्म के विशाल फलक पर जो नयी जीवन-दृष्टि खुली उसमें जड़-मूल से परिवर्तन करने का और यथार्थ के बदलते हुए परिप्रेक्ष्य के अलावा नयी-नयी चित्र रीतियों को भी समाहित करने का उपक्रम उभर आया। पहले यथार्थ की सीमा में रहकर जो कुछ कहा जाता था वह सब अब एक विशिष्ट प्रकार के देशीय प्रकृतिवाद में जीवन्त रह पाया।

राजस्थानी कलाकार मुग़ल कला की अनेक पद्धतियों की ओर आकर्षित हुआ जिसमें चित्र के चारों ओर हाशिया जोड़ने का निमित्त उसने अपनाया और अपना बना लिया, इतनी हद तक कि उसे चित्र के केन्द्र से अलग न किया जा सके। अब लम्बे-छोटे हाशियों के कारण चित्र को कई रूप से प्रमाणित करने के मौक़े पैदा हुए। चौड़े और मूलत: लाल रंग का मेवाड़ी हाशिया एक ही साथ कई भूमिकाएँ निभाता है। इन चित्रों में अन्दर का चित्र जब चौखटे पर बैठता है और खुलता है तब चौखटे के अन्दर की रंग-रचना हाशिये के रंग के साथ स्पर्धा करने लगती है अथवा जैसे साहिबदीन ने किया है, आकृतियाँ चौखटे को पार करके हाशिये पर कब्ज़ा कर लेती हैं। बाद की कुछ परम्पराओं में हाशिये और अन्दर के चित्र फलक की जुगलबन्दी में कहानी के अन्दर कहानी रचकर अदल-बदल करने की रीति भी पैदा हुई।

पिछवाई में इसका विनियोग स्थायी और संचारी आकृतियों को अलग-अलग मिश्रण के रूप में करने में काम आया। विशाल मूर्ति के समान श्रीनाथजी केन्द्र में होते हैं और उनके चारों ओर अनेक कथानक एक-दूसरे को परिष्कृत करते हैं जिसमें अदल-बदलकर भूमिका निभाने का भी प्रावधान है। मनोरथ चित्रों में मानो श्रीनाथजी का कल्पित रूप जीवित गोसाईं और भक्तों के चेहरों के साथ पकड़ा-पकड़ी खेलता हुआ दीखता है। उसमें मिथकीय के साथ ऐतिहासिक के आवागमन से कल्पित और छूकर पायी जाने वाली दुनिया का अद्‌भुत संगम है।

यह तो स्पष्ट है कि भारतीय कथन परम्परा को दृश्य, साहित्य और अभिनय के खानों में अलग-अलग डालना सम्भव नहीं है, क्योंकि हरेक में दूसरे के लिए अवकाश है और उसकी नींव में हरेक को एक-दूसरे को पार कर प्रवेश कर जाने का उपक्रम है। देशी और मार्गी परम्पराओं को अलग करने में और बोले जाते और पढ़े जाते पाठ को अलग करने में ब्राह्मण के जीव को शूद्र के शरीर से निकालने जैसा है। हरेक अपनी सीमा पार कर दूसरे की सीमा में जाती रहती है और इसलिए उसके संगम से होने वाले नित नये रूपगठन द्वारा कथानक को पाना ही श्रेयस्कर है।

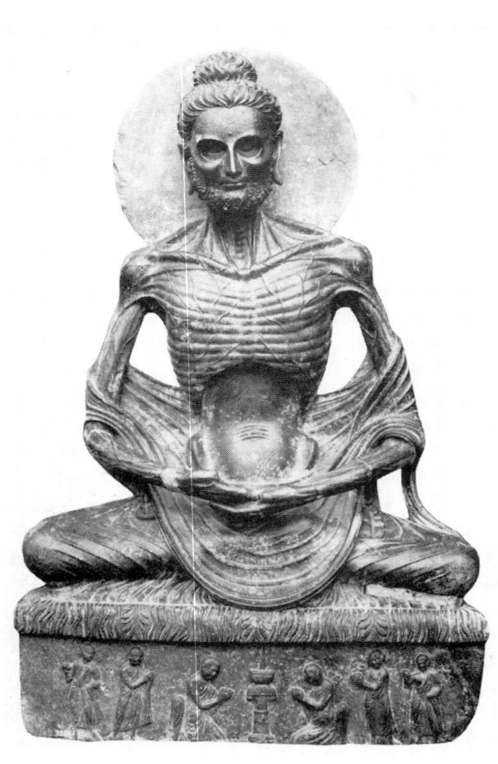

अनशन करते बुद्ध, *हड्डा, गांधार (अफ़ग़ानिस्तान), दूसरी या तीसरी शती ई.*
सौजन्य : केन्द्रीय संग्रहालय, लाहौर

बंगाल के पटुआ का ही उदाहरण लें। वह शहरी, गाँव या आदिवासी भावक के लिए अलग-अलग प्रकार के स्वरूपों को प्रयोजित करता है। संथालों के लिए रची जाती सृजन-कला में ज़रा शिथिल, खुले अवकाश-वाला, क्षितिजविहीन चित्रण कथा के अनुरूप आदिम समय जैसा सन्दिग्ध अवकाश रचा जाता है। जब खड़े रामायणपट के चौकठे में घटना प्रसंग बनाये जाते हैं तब साम्प्रत समय का सूचन कहानी को बंगाली गाँव में बिठा देता है। 'सत्यवान सावित्री' पट में 'मिथिक' और 'आधुनिक' समय एक-दूसरे में ऐसा गुँथ जाता है कि तब मर्त्यमानव सत्यवान और सावित्री से अनेक गुना बड़ा यमराज का चित्रण देवलोक और मृत्युलोक को साथ में होने का निर्देश करता है। प्राचीन

कहानी के साथ जात्रा के नाटकों में दिखायी देता है वैसा जोश भी इन चित्रों में ठूँसकर भरा होता है। पटुआ की अनन्यता तो सत् पीर और सत्यनारायण की कथा को हिन्दू और मुस्लिम श्रोताओं से कहने के लिए एक ही पट के उपयोग करने में होती है। चित्रकार, अभिनेता और रचयिता/ composer का पाठ एक ही साथ करने में पटुआ को शैलीगत सीमाओं को पार करने की मर्यादाएँ आड़े नहीं आतीं।

यह बात अब सभी को विदित है कि कथन मात्र गद्य में ही होता है यह सोच देर से उद्भवित हुआ लगता है। सचमुच में तो ज़्यादातर कथानक पद्य में ही हुआ करते थे या गाये जाते थे या फिर चम्पू प्रकार के गद्य-पद्य के मिश्रण में रचे जाते थे। महाभारत को कथा के बदले काव्य गिना जाना प्रचलित है उसी तरह दृश्य-कला को कथनात्मक या प्रतिष्ठित (iconic) प्रकारों में बाँटे जाने की प्रवृत्ति में उलटे रास्ते पर चले जाने की सम्भावनायें हैं। अजन्ता की पहली गुफा में प्रसिद्ध पद्मपाणि और अवलोकितेश्वर की विशाल प्रतिमा जैसी आकृतियाँ चारों ओर रचे गये जातक कथानकों के बीच जड़ी हुई हैं। दूसरी जगह पर छोटे ध्यानस्थ बुद्ध के अगणित स्वरूपों में श्रावस्ती के चमत्कार वाले सहस्त्र रूप हैं : उसके पुनरावर्तन में बुद्ध नाम की स्तुति

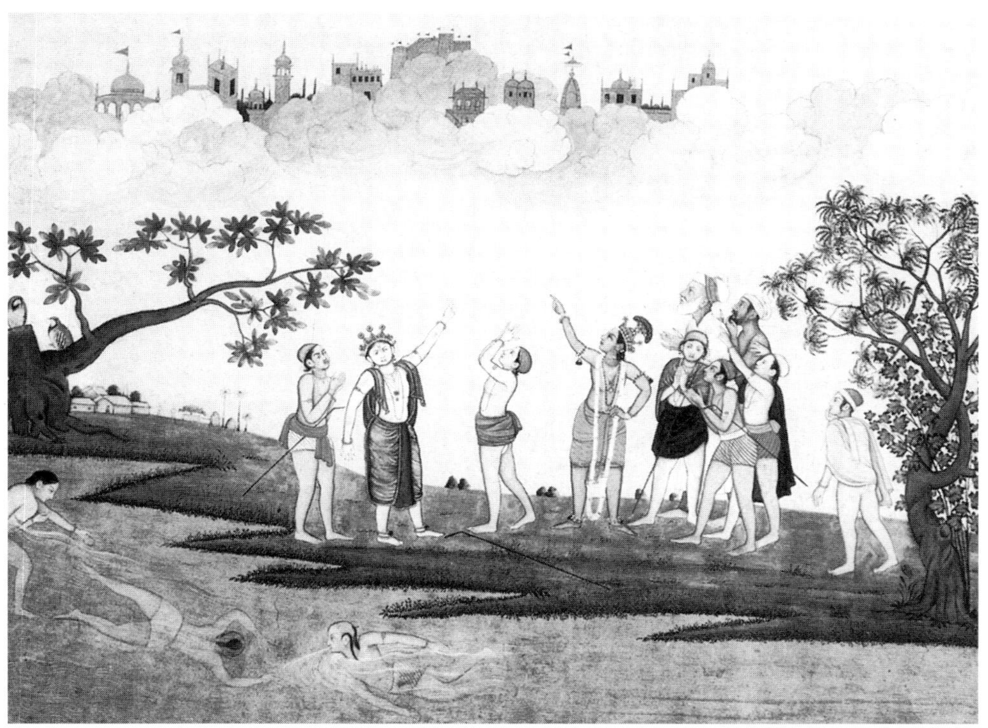

माया का पटल हटाते कृष्ण, *पहाड़ी, काग़ज़ पर जलरंग, १७७५ ई. का दौर*

सौजन्य : राष्ट्रीय संग्रहालय, नयी दिल्ली

या जाप का भी संकेत मिलता है। अन्य स्थानों पर बिखरे हुए नारी रूप कहानियों के बीच में प्रकट होकर कथा प्रवाह को मन्द कर देता है लेकिन ऐसे अन्तरे उस कथन–वृत्ति के अन्तर्गत अंश ही हैं; उन्हें विक्षेप के रूप में देखने की ज़रूरत नहीं है। जिस प्रकार लम्बे कथन के दौरान समय–समय पर देव की स्तुति या सुन्दरता का काव्यात्मक वर्णन आता है वैसे ही इस कथन की व्यापकता के बीच आने वाले ये विराम हैं।

इस प्रकार भारतीय परम्परा में कथनात्मकता का निश्चित स्वरूप ढूँढ़ना हो तो यह उसकी बहुविधता में ही देखा जा सकता है : एकात्मकता का विकल्प तो कथानक के मूल स्त्रोत और उसके स्वरूपों से विरोधाभासी है और ऊपर से उसमें खुले छोर के बदले बन्द परिधि का ही संकेत है। पारम्परिक रूप भी एक–दूसरे से अलग घटकों के स्थान पर एक–दूसरे के सन्दर्भ में और विशेष रूप से तो भावक के सम्पर्क में ही जीवन्त हो उठते हैं। एक–दूसरे की संलग्नता या संक्रमणशील साहचर्य ही उन्हें टिकाए रखने के साधन थे इसलिए 'शुद्धता' इस सन्दर्भ में स्वीकार्य नहीं थी। इस प्रकार हरेक परम्परा दूसरी परम्परा के तत्त्वों से भरी हुई होने के कारण सान्ध्य भाषा के माध्यम से एक ही साथ अनेक प्रकार के साहचर्य जगाती थी। चित्र में रंग से संगीतमयता का निर्देश होता तब लय के के द्वारा सम से उठाने की और वहीं वापस लौटने की रीति को आज़माया जाता था। कविता के स्मरण से दृश्य कल्पना प्रकट हो यह बात अकारण नहीं थी और संगीत सिर्फ़ कान के लिए ही बना नहीं था। इस प्रकार के पारम्परिक रूप कड़े यथार्थवाद की माँगों के अनुरूप नहीं थे। मुग़ल और गान्धार कलाकारों ने भी ऐसे 'यथार्थवाद' के उन आदर्शों को आराध्य नहीं माना था। हुड्डा के 'उपवासी बुद्ध' या किसी एक

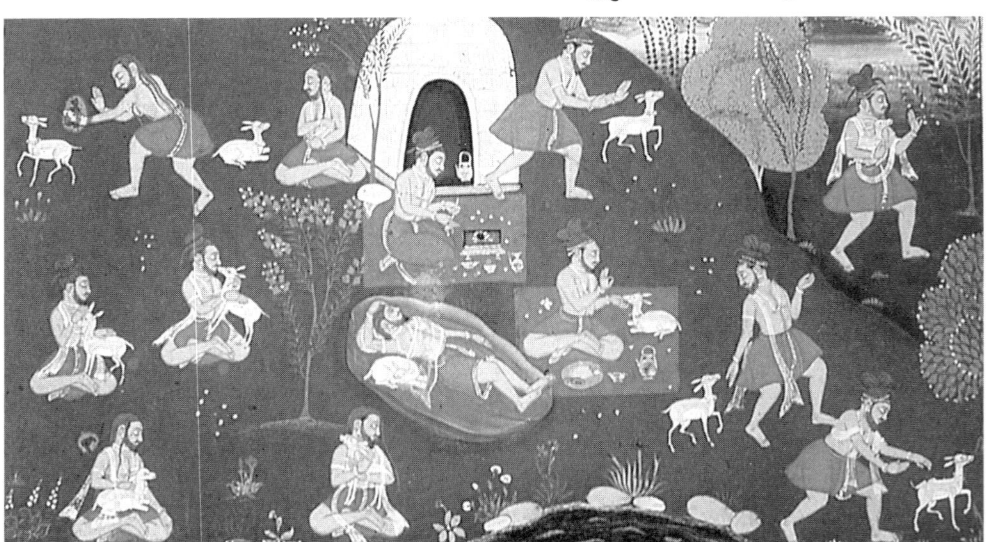

*साहिबदीन, **ऋषि विभाण्डक और हरिणी की प्रणयकथा,** मेवाड़, काग़ज़ पर जलरंग, १७वीं शती ई. के बीच*
संग्रह : गोयन्का संग्रह (?), पटना

बिन्दु से देखे जाने वाली मुग़ल रचनाएँ प्रयोग के रूप में बनायी गयी होंगी, आदर्श के अनुसरण के लिए नहीं। बसावन ने एक योरोपिय छापचित्र की नक़ल करते समय उसमें चिह्नित परिप्रेक्ष्य का परिमाण भी बदल दिया था। शायद ऐसा हो सकता है कि यथार्थवाद का दावा विश्व को पूर्ण रूप से प्रस्तुत करने का है, जिसमें दर्शक के लिए कुछ जोड़ने या improvise करने का अवकाश नहीं रहता। यथार्थवाद की परम्परा में दृश्य भावक को कलाकार ने जहाँ से देखा था उस बिन्दु पर स्थिर करता है इसलिए एक तरह से भावक चित्र के चौकठे के बाहर ही रहता है। भारतीय कलाकार को इस बात से बेचैनी हुई होगी कि यथार्थवाद में आँख दूसरी इन्द्रियों के संवेदनों पर अपनी बढ़ाई दिखाती है।[११] इस अकुलाहट के नमूने यथार्थवाद के प्रवेश के बाद की 'कम्पनी' चित्र-कला से लेकर रवि वर्मा तक में देखे जा सकते हैं।

भारतीय परम्परा को आँख से विपरीत या रैखिक गति बिना की एकात्मकता के आदर्श पर प्रस्थापित करने का या एक जड़ से बाँधने के आकर्षण से आश्चर्य नहीं होता। कुमारस्वामी और उनके अनेक अनुगामियों ने ऐसा सूचित भी किया है। ऐसा करने पर आध्यात्मिकता के रंग से रँगे खोखले विकल्पों के भय-स्थान उभरकर आते हैं, लेकिन सद्‌भाग्य से ऐसा नहीं हुआ।[१२] दिव्यमानुषचेष्टा का उल्लेख कथासरित्सागर में हुआ है उसमें दिव्य कथा के स्वरूप को दिखायी देने वाली दुनिया के साथ चमत्कारिक तत्त्व को जोड़ने का है। काँगड़ा के 'भागवतपुराण' के चित्र का उदाहरण ले लें। माया का अंचल उठाते कृष्ण ग्वालों को बैकुण्ठ का दर्शन करवाते हैं और अक्रूर को कृष्ण के दैवीय स्वरूप का साक्षात्कार होता है उसमें चित्रित बैकुण्ठ सचमुच में तो काँगड़ा क्षेत्र का पहाड़ी प्रदेश ही है जिसे हम आसानी से पहचान सकते हैं।[१३]

समय का प्रवाह लोकमानस पर विस्मृति के ढेर लगा देता है तब कथनात्मकता का कीमिया स्मृति को पुनर्जीवित और सुगठित करने में काम आता है। वैसे तो कविता भी खोये हुए समय को पुनर्जीवित करती है लेकिन उसकी स्वरूपगत सूक्ष्मता उसे रसिकों तक सीमित रखती है। कथनात्मकता में विशाल वर्ग को सम्बोधित करने का उपक्रम है। स्मृतिपिण्ड को पुष्ट करने पर उसमें रोज़मर्रा के घटनाक्रम भी बुने जाते हैं इसलिए वह सर्वत्र, सामान्य और विद्ववर्ग में, हर जगह बिखर जाती है और इस प्रकार सुगठित बनी स्मृति के द्वारा जीवन भी फिर से धड़कने लगता है। हरेक अभिनय, प्रस्तुति या चित्रकारी में पात्रों को वर्तमान में अवतरित होने का कारण मिलता है। सातत्यपूर्ण कथन (continuous narrative) के द्वारा प्राचीन आद्यबिम्ब सचोट रूप से आधुनिक रूप में प्रकट होते हैं और फैलते हैं। मनोहर की 'रामायण' शृंखला (मेवाड़, १६५०) के चित्रों में शिवधनुष को निरखते, उठाते और तोड़ते हुए राम के, एक साथ रचे गये तीन स्वरूप, समय के तीनों बदलाव को समा लेते हैं तब चित्र की सीमाएँ खुलने लगती हैं। परशुराम की आकृति सामान्य और विराट—दो स्वरूपों में बनायी गयी है जिसमें क्रोधित देह का विशाल प्रस्फुटन समय और स्थान के बन्धनों को तोड़कर चमत्कृति रचता है।

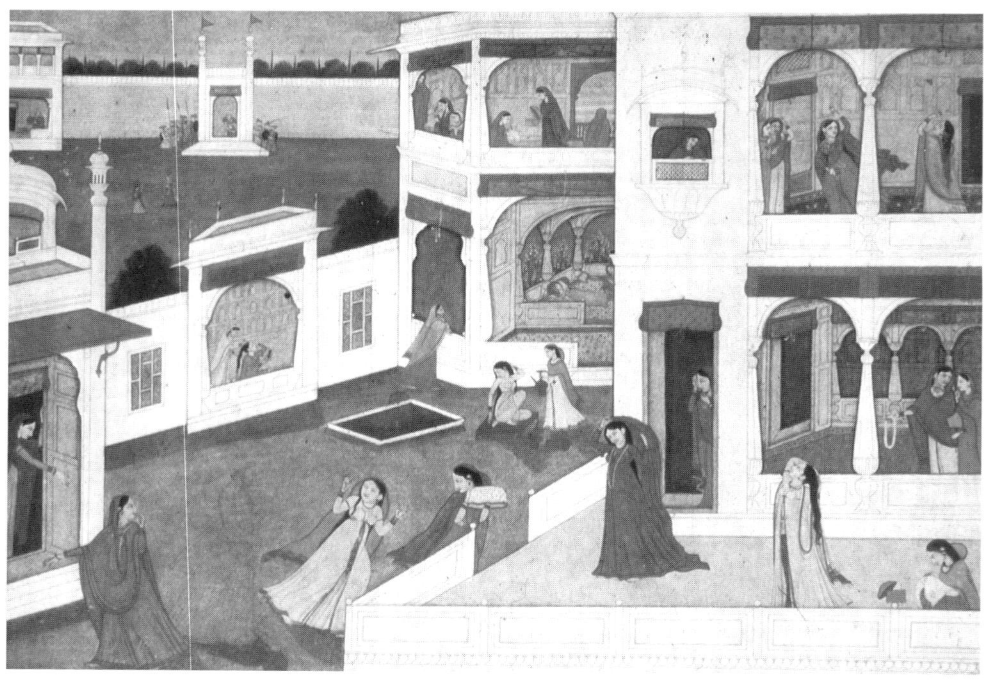

*नैनसुख के वंशज, **दमयन्ती के महल में अदृश्य रूप में नल**, नल दमयन्ती श्रेणी, गुलेर, काग़ज़ पर जलरंग, १७८५ ई.*
सौजन्य : डॉ. करण सिंह संग्रह, अमर महल, जम्मू

ऋषि विभाण्डक (ऋष्यश्रृंग के पिता) और हिरनी की प्रेम कथा में (साहिबदीन, मेवाड़, १७वीं शताब्दी) अत्यन्त विलक्षण और आश्चर्य में डालने वाला आलेखन है। मनुष्य और पशु की इस प्रेम-काम कथा में एक ही प्रच्छद पर मिलन और विरह को तेरह चरणों में चित्रित किया गया है। इन चित्रों में ऋजुता का पारा इतना नाजुक है कि वह इन्द्रियेतर संचरण पैदा करता है और 'विकृति' की व्याख्या को लाँघ जाता है। मजीठिया रंग में पात्रों का समयान्तर पर पुनर्लेखन 'after image' जैसा संचालित होता जाता है वैसे ही अवकाश धड़कने लगता है। अनुपस्थिति, भ्रमजाल और मृगजल का आलेखन भी उतना ही विलक्षण है। काँगड़ा की नलदमयन्ती श्रृंखला[१४] में नल अदृश्य रूप से रनिवास में प्रवेश करता है उसमें उसकी आकृति को बिना रंग के रेखांकन से दिखाया है जिसमें दासियाँ उसे देख नहीं पातीं लेकिन देखने वाला भावक स्थूल और सूक्ष्म की जुगलबन्दी पाता है। चान्दोद के भित्तिचित्र में दो मुँहवाला मारीच उसका पीछा कर रहे राम को छलने के लिए चारा खाता है और पीछे भी देखता है। सबसे निराला खेल है बाहू-शांग्री रामायण का। इसमें मारीच के सुनहरेपन की आभा, पश्चाद्‌भू के सरसों जैसे पीले में घुलमिल जाती है तब वह चमकता है तो दिखायी देता है और चमक उड़ती है तो पीले में ग़ायब हो जाता है। चित्र को हाथ में पकड़ने पर भावक भी राम को होने वाले

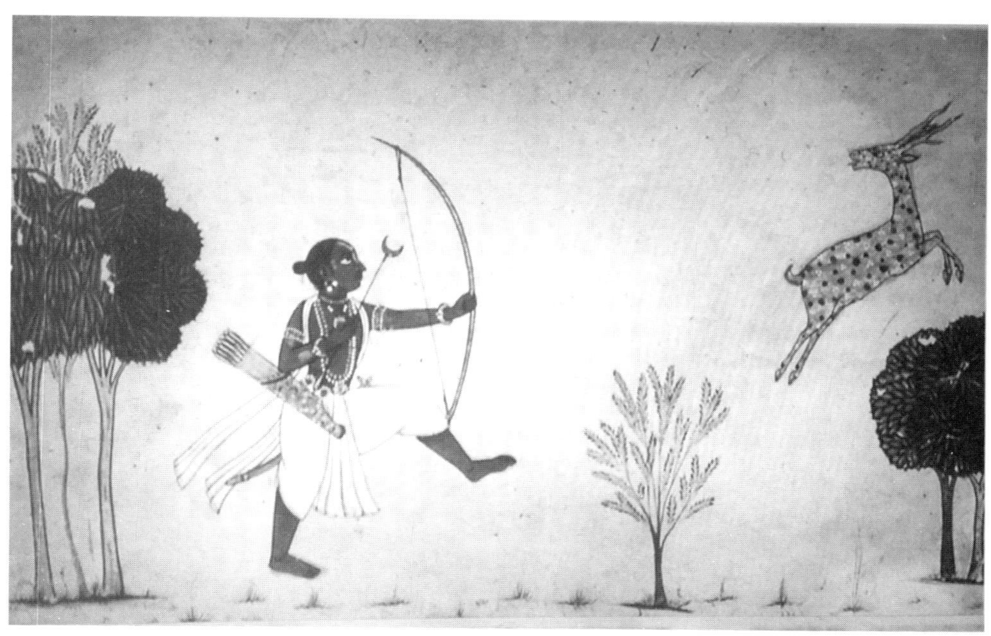

मारीच का पीछा करते राम, *शांग्री-बाहू रामायण, कुलू, काग़ज़ पर जलरंग, १७वीं शती ई.*
सौजन्य : राष्ट्रीय संग्रहालय, नयी दिल्ली

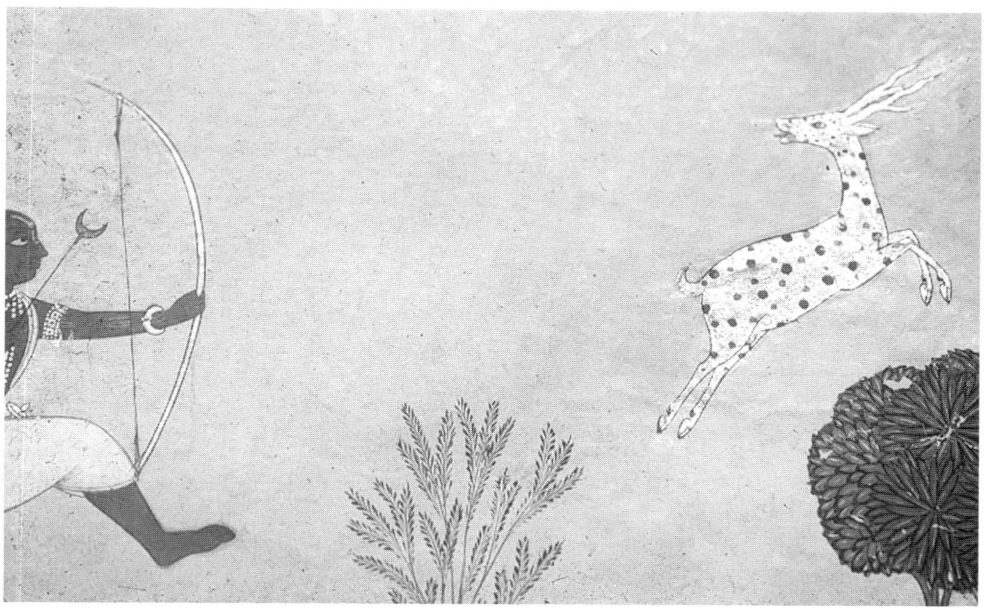

मारीच का पीछा करते राम (चित्र का भाग), *शांग्री-बाहू रामायण, कुलू, काग़ज़ पर जलरंग, १७वीं शती ई.*
सौजन्य : राष्ट्रीय संग्रहालय, नयी दिल्ली

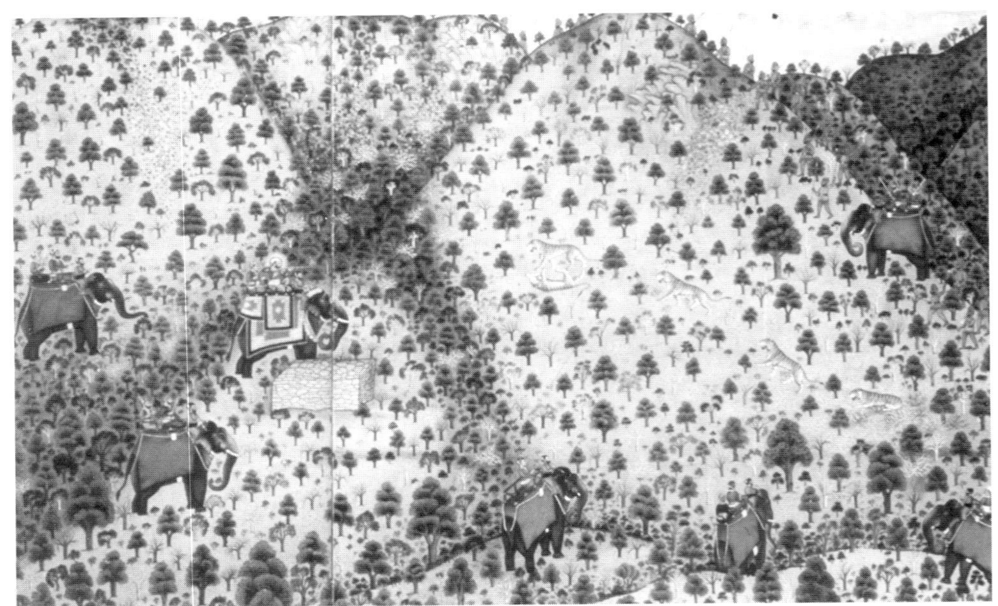

पन्नालाल, **'बाघ का शिकार करते महाराणा फतेहसिंह'**, चित्र का एक भाग, मेवाड़, उदयपुर, काग़ज़ पर जलरंग, १९२५ई.
सौजन्य : सिटी पैलेस संग्रहालय, उदयपुर, राजस्थान

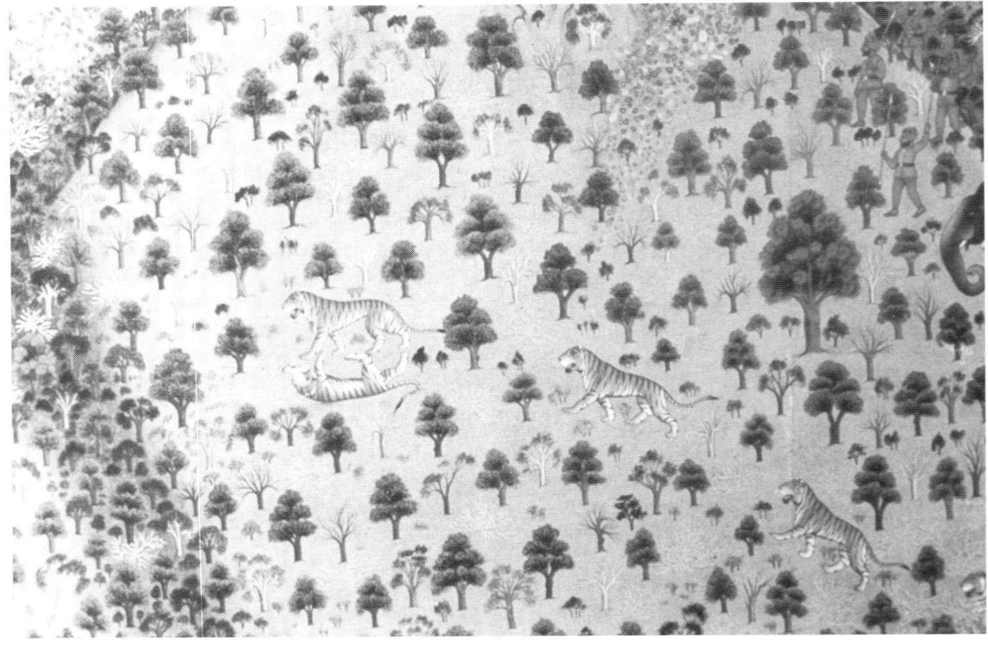

पन्नालाल, **'बाघ का शिकार करते महाराणा फतेहसिंह'**, चित्र का एक और भाग, मेवाड़, उदयपुर, काग़ज़ पर जलरंग, १९२५ ई.
सौजन्य : सिटी पैलेस संग्रहालय, उदयपुर, राजस्थान

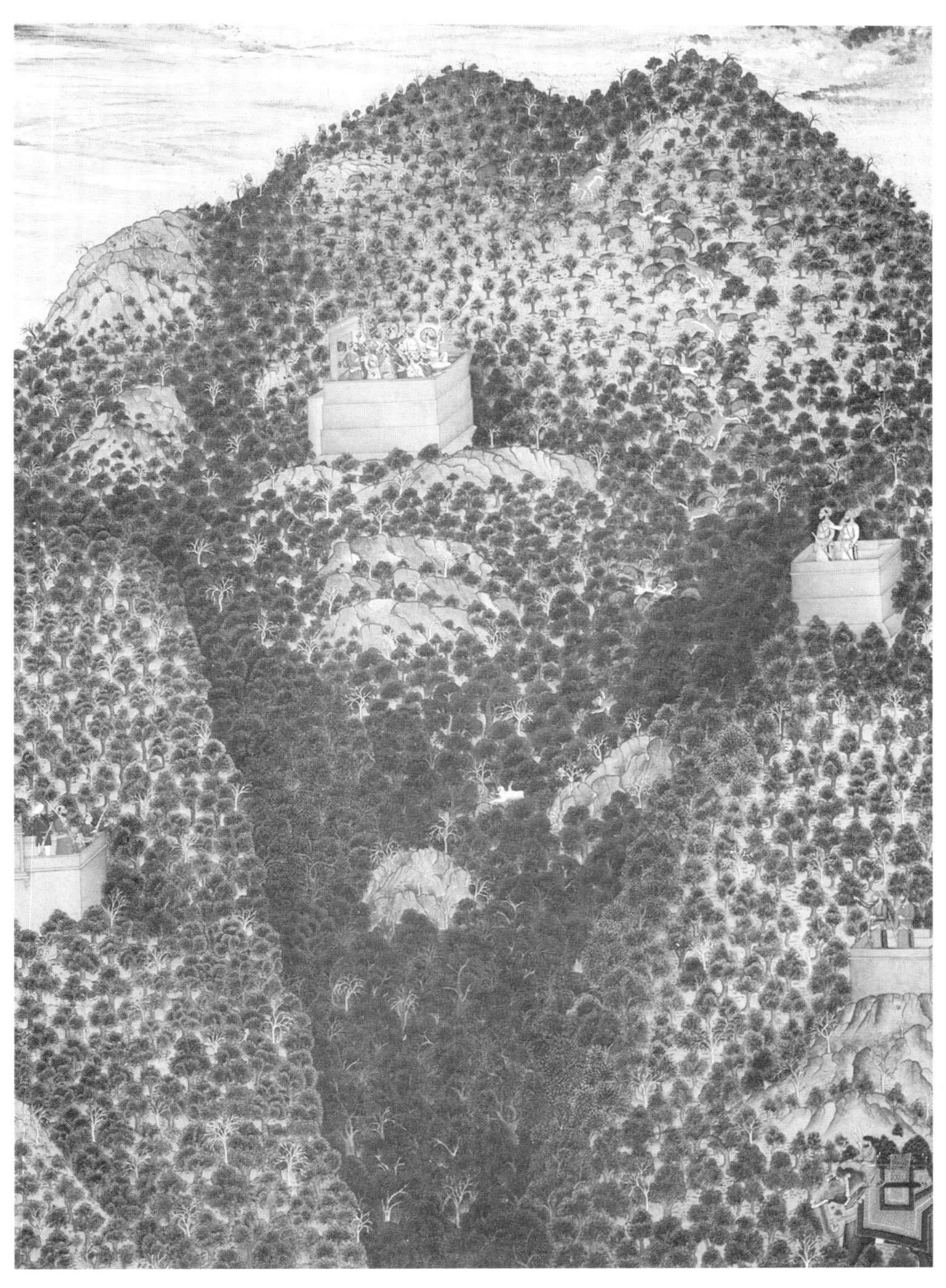

*शिवलाल, '**कमलोड़का मगरा' में चीते का शिकार करते महाराणा फतेहसिंह**, मेवाड़, काग़ज़ पर जलरंग, १८८९ ई.*

सौजन्य : सिटी पैलेस संग्रहालय, उदयपुर, राजस्थान

दृष्टादृष्ट के भ्रम का अनुभव करता है और सहज रूप से सरसों के दाने जैसे पीले अवकाश में राम के साथ मारीच का पीछा करने लगता है! यह तो बात हुई दैवीय दृश्य लीला की। दुनियाई भ्रमजाल रचने वाले मेवाड़ शैली के शिकारचित्रों में मृगजल का चित्रांकन भी आश्चर्य में डाल देता है।[१५] उदयपुर की पहाड़ियों के घने जंगल में निष्पलक नज़र से शिकार को खोजती हुई शिकारी की आँख सुदूर विचरण करने वाले बाघ को मृगजल में पानी में पड़ने वाले प्रतिबिम्ब जैसी दोहरे रूप में पाती है। घण्टों मचान पर बैठकर शेर-बाघ का इन्तज़ार करने वाले शिकारी के आसपास फैला विशाल वन-प्रदेश सुनसान है फिर भी पत्ते-पत्ते में सरसराता है तब उसकी पगडण्डियों में और कठिन चढ़ाईयों में शिकार-लीला की महाकथा की धड़कनें सुनायी देती हैं। पेड़ों और बेलों से भरा हुआ भूमि-प्रदेश सीमाएँ लाँघकर फैलता चला जाता है तब कभी दिखती कभी ग़ायब होती झाँकी के समान पशु-प्रवेश अद्‌भुत को छूता हुआ दिखायी देता है और पलभर में ही मानो वह प्रदेश समग्र सृष्टि के मंच में पलट जाता है। पशुओं की बहुविध गतियों को समा लेने वाला प्रकृतिवाद यहाँ रूप बदलता है। ठीक ऊँची पहाड़ी से नीचे की गहरी खाई तक लगभग बारह-तेरह चरणों में झलकता चीते का शरीर दमकता, घुरकता, ग़ायब होता, बन्दूक़ की धड़ाम से उछलता, भागता और आख़िरकार तिकोनी खाई में गिरता हुआ दीखता है, तब उसके शरीर का भयावह और दर्दनाक स्वरूप शिकार की लीला को दर्शन जैसी झाँकी में बदल देता है। एक पल शिकारी की और दूसरे पल शिकार की आँखों से देखता हुआ भावक चमत्कृति के मुखोमुख होता है तब दिव्यकथा खुलने लगती है।

(*समीपे* १४, दिसम्बर २००९, पृ. ९६-११२। मूल अँग्रेज़ी में : 'Story of the Tongue and the Text : The Narrative Tradition', Amiya Dev (ed.) Narrative : A Seminar, Delhi, Sahitya Akademi, १९९४, पृ. २५०-२७२. सौराष्ट्र यूनिवर्सिटी से प्रकाशित 'वाक्' के विशेषांक में प्रकाशित हुए नरेश वेद के द्वारा अनूदित अंशों को जोड़कर पुनः अनुवाद : लेखक)

गुजराती से अनुवाद : किरन सिंह

टिप्पणी

१. सोमदेव भट्ट ने कथासरित्सागर की रचना कश्मीर की रानी सूर्यमती के मनोरंजन हेतु ईस्वी सन् १०६३ से १०८१ के दौरान की थी। जिस पर कथासरित्सागर आधारित है वह बृहत्कथा सातवाहन काल में ईस्वी सन् पहली या दूसरी शताब्दी में रची गयी थी। कथासरित्सागर (तीन भाग), मूल संस्कृत के साथ हिन्दी अनुवाद : पण्डित केदारनाथ सारस्वत (बिहार राष्ट्रभाषा परिषद, पटना, १९७४)

२. ऐसा माना जाता है कि कथनात्मकता की यह रचना शैली 'अरेबियन नाइट्स' और 'बोकाचियो' आदि

में आज़मायी गयी है। देखें, इ.एल. बाशम, 'द वण्डर देट वाज़ इण्डिया' (लन्दन, १९६१)।

३. 'एशियन वेरिएशन्स इन रामायण', सं. के.आर. श्रीनिवास (नयी दिल्ली, साहित्य अकादेमी, १९८३); 'मेनी रामायनाज', सं. पौला रिचमन (ऑक्सफोर्ड यूनिवर्सिटी प्रेस, दिल्ली, १९९२)।

४. अरेबियन नाइट्स, सिकन्दरनामा के कथानकों में ऐसी सम्भावनाएँ होने के कारण वे सारी कहानियाँ विशाल कथालोक का हिस्सा बन गयीं।

५. पीटर ब्रूक के नौ घण्टे चलने वाले महाभारत में रैखिक गति से एकात्म स्वरूप से प्रस्तुत करने के प्रयास में और बी.आर. चोपड़ा के टी.वी. सीरियल में एक ही क़िस्म की कथात्मकता आज़मायी गयी है, जिसमें महाकाव्य की बहुविधता और वैविध्य का वैभव सीमित हुआ महसूस होता है। इसे हालाँकि विशाल परम्परा के वैयक्तिक मंचन के रूप में देखा जा सकता है।

६. रिचर्ड लेनोय, 'स्पीकिंग ट्री' (ऑक्सफोर्ड यूनिवर्सिटी प्रेस, दिल्ली १९७५) और गुलाममोहम्मद शेख, 'कुमारस्वामी एण्ड राजपूत पेंटिंग', परोक्ष (ललित कला अकादेमी, नयी दिल्ली, १९८४)।

७. जॉन अर्डमेन, 'द एम्प्टी बीट : एम्प्टी इज द साइन ऑफ़ टाइम' (अमेरिकन जर्नल ऑफ़ सेमियोटिक्स, १, ४, १९८२)।

८. यथार्थवादी चित्रों के उदाहरण : 'पोएट्स एण्ड दरवेश इन ए डोमेस्टिक सीन' (मुग़ल ईस्वी सन्, १६०३, डगलस बेरट और बेसिल ग्रे; 'पेंटिंग ऑफ़ इण्डिया', स्कीरा, जीनिवा, १९६३) और गंगाराम रचित 'मर्डर इन टाउन' (बीकानेर, ३.स. १७४०), स्टुअर्ट केरी वेल्च, 'इण्डिया', मेट्रोपोलिटन म्यूज़ियम ऑफ़ आर्ट, न्यूयॉर्क, १९८५)।

९. मुग़ल चित्रों में सामान्य रूप से उस्ताद के द्वारा गेरुए रंग में रेखांकन किया जाता था जिसे खड़ी के लेप से बार-बार सुधारा जाता, आख़िर में गहरी रेखाओं के आलेखन पर दूसरे कलाकार द्वारा रंग भरकर आकृतियों को उभारा जाता तब उसमें दब जाने वाली या ग़ायब हो जाने वाली रेखाओं को उस्ताद फिर से सँभालकर पूरा किया करता।

१०. पश्चिमी चित्र-परम्परा की प्रकृतिवादी रीति में राक्षसी क़द के पात्रों को आदमकद से थोड़ा-सा बड़ा बताने का प्रचलन था जो हमारे काल्पनिक क़द के महाकाय स्वरूपों से काफ़ी कम था।

११. यथार्थवादी चित्रण में भावक को अपने भावों के अनुसार नये अंशों को जोड़ने का उपक्रम नहीं रहता। ग़ैरपश्चिमी पारम्परिक चित्रों में चेहरा यथार्थवादिता से भर जाने की बजाय 'अपूर्ण' या पारदर्शक रहता है जिसमें हरेक भावक उसमें अपनी मर्ज़ी के भावों को भरकर उसे 'पूर्ण' कर लेता है।

१२. यहाँ आध्यात्मिक परम्परा के अभाव का संकेत नहीं है : ध्यान में बैठने के मण्डल, चक्र आदि को समाविष्ट करने वाली तन्त्र परम्परा में ऐसे अनेक विकल्प हैं।

१३. सौजन्य : बी.एन. गोस्वामी, 'एसेन्स ऑफ़ इण्डियन आर्ट', (एशियन आर्ट म्यूज़ियम ऑफ़ सान फ्रान्सिस्को, १९८६)।

१४. सौजन्य : बी.एन. गोस्वामी, 'पहाड़ी पेंटिंग ऑफ़ द नल-दमयन्ती थीम' (नेशनल म्यूज़ियम, नयी दिल्ली, १९७५)।

१५. सौजन्य : एण्ड्रूज़ टॉप्सफील्ड, 'द सिटी पेलेस म्यूज़ियम', उदयपुर, (मापीन पब्लिशिंग प्राइवेट लिमिटेड, अहमदाबाद, १९९०)।

भावक का चित्र-जगत्

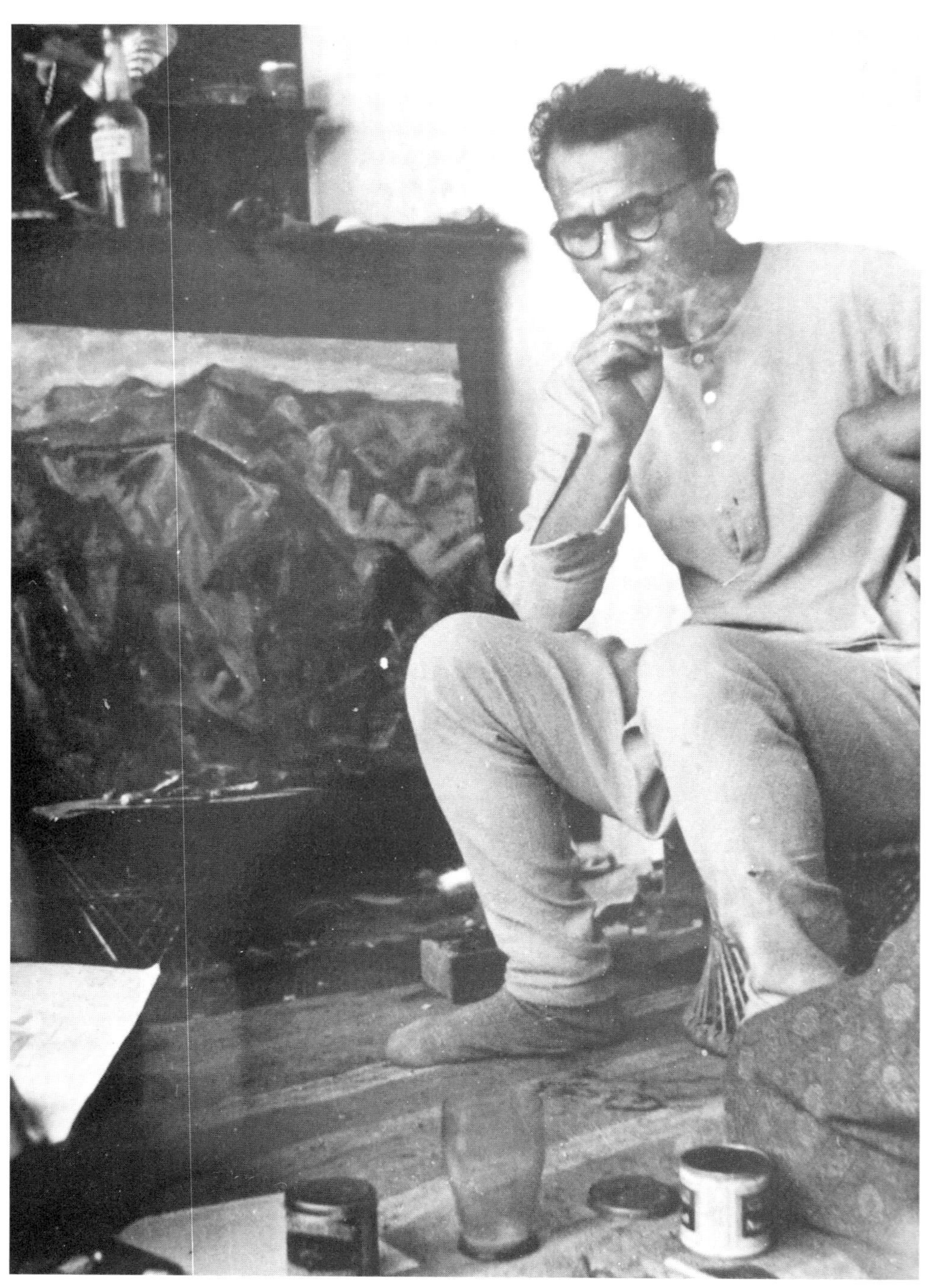

बिनोदबिहारी मुखर्जी, १९६० ई. का समय

पश्चिमी कला परम्परा में दृष्टि को एक बिन्दु पर थमाकर बनाये गये चाक्षुष (ऑप्टिकल) चित्रों की कोई कमी नहीं है। दीवार पर टँगे ये चित्र दीवार पर लगा जादुई शीशा या खिड़की के समान हैं। प्राचीन रोम में दीवार पर भ्रान्ति पैदा करने वाली खिड़कियाँ और खुले या बन्द दरवाज़े चित्रित करने की परम्परा का प्रचलन था।[१] रोम के लोगों ने ऐसी बातें फैलायी थीं कि उन चित्रित खिड़की-दरवाज़ों में से बाहर जाने की कोशिश में अल्हड़ ग़ैर-रोमन लोग टकरा

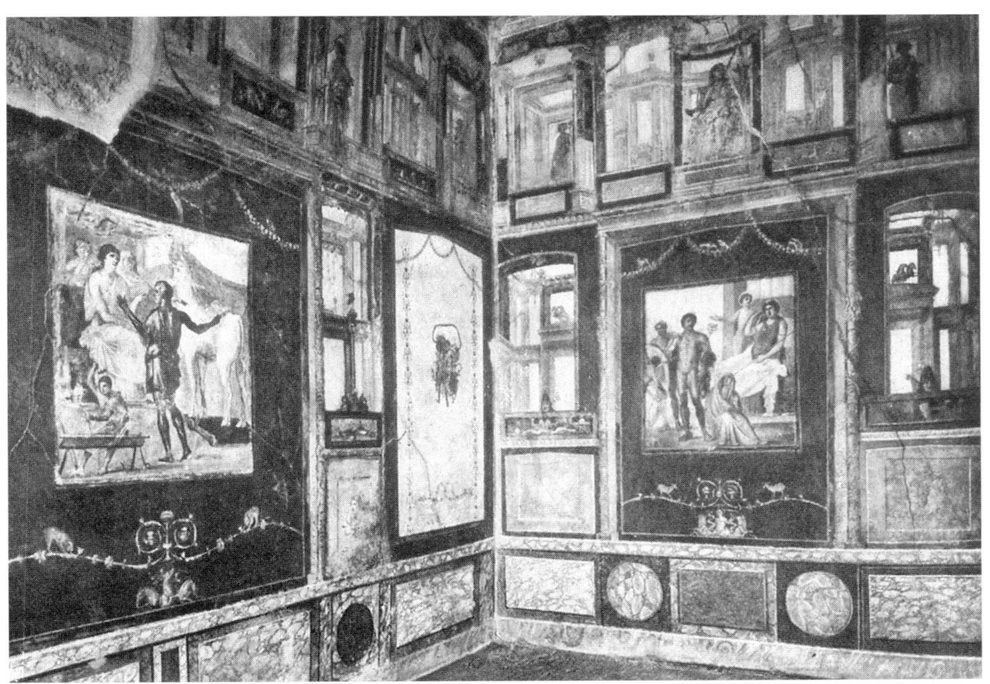

वेट्टी का घर, *पोम्पेई, भित्तिचित्र, ६३-७३ ई.* *सौजन्य : मेट्रोपॉलिटन म्यूज़ियम ऑफ़ आर्ट, न्यूयॉर्क, अमेरिका*

जाया करते थे। शायद खिड़की में विश्व को क़ैद करने की परम्परा से चित्र में फ्रेम का प्रवेश हुआ होगा। चित्र के चारों ओर खिड़की जैसे फ्रेम से मढ़े हुए चित्र 'ईज़ल पेंटिंग' के नाम से जाने जाते हैं। दृश्यमान विश्व को खिड़की में क़ैद करने के पीछे दो उद्देश्य थे : एक प्रत्यक्ष 'यथार्थ' हमेशा के लिए फ्रेम में बन्द हो और दूसरा, दर्शक उस क़ैद हुए क्षण को हमेशा प्राप्त कर सके। रोमनों ने स्वादिष्ट खाद्य पदार्थों के और दर्शनीय या काल्पनिक स्थानों के मनोहर दृश्य घर के अन्दर की दीवारों पर चित्रित करवाये थे। दृश्य का और पदार्थ का हूबहू रूप दिखायी देना यहाँ तर्कसंगत है। श्रेष्ठ चित्र के बारे में ऐसी बातें फैलायी जाती थीं कि चित्रित फलों से आकर्षित होकर मक्खियाँ उन पर आकर बैठती थीं। लगभग हज़ार वर्षों के बाद पुनरुत्थान काल में यह अफ़वाह और रूढ़ हो गयी। नयी खोजी गयी तैल-चित्र की पद्धति से दिखाये देने वाले विश्व को हूबहू दिखाना आसान हुआ। हूबहू को आराध्य मानकर चित्रकारों ने दिखायी देने वाली दुनिया का भ्रम पैदा करने वाले कई चित्र बनाये। इस प्रकार चाक्षुष भ्रान्ति (ऑप्टिकल इल्यूज़निज़म) 'यथार्थ' का पर्याय बना।

चाक्षुष भ्रान्ति के प्रभाव से मध्ययुगीन यूरोपीय विश्वदर्शन बदल गया। मध्ययुगीन चित्र-कला में कलाकार चित्र के पीछे अनाम निमित्त के रूप में रहता था, जिससे दर्शक चित्र में अपनी पसन्द की पगडण्डियाँ ढूँढ़कर अकेला घूम सकता। भ्रान्तिवाद से चित्र और दर्शक के बीच एक नया तत्त्व जुड़ा। अब कलाकार दर्शक को चित्र में अकेले घूमते देखना बर्दाश्त नहीं कर पाता था इसलिए वह दर्शक के पास बैठने लगा : मानो कह रहा हो कि यह चित्र मेरे अलावा दूसरे किसी का नहीं हो सकता, क्योंकि इस दृश्य को सिर्फ़ मैंने ही एक विशेष स्थल पर से और विशेष क्षण में देखा है। एकान्त में चित्र दर्शन करने की सम्भावना इस प्रकार ख़त्म हुई : हरेक दर्शन के समय दर्शक को अपनी आँख चित्रकार की अदृश्य आँख के साथ मिलाना अनिवार्य हो गया।

डियेगो वेलास्क्वेज़ ने ईस्वी सन् १६५५ में अपनी मृत्यु के चार वर्ष पूर्व 'लास मेनीनास' चित्रित किया था। चाक्षुष भ्रान्तिवादी चित्रों की परम्परा में इससे ज़्यादा स्मृति में मँडराते रहने वाला चित्र शायद ही मिलेगा। स्पेन की राजकुमारी इन्फान्टा मार्गारीता और उसकी दासियों को महदअंश में दिखाने वाला यह चित्र क़रीब दस फुट ऊँचा है और उसे मेड्रिड के प्रादो संग्रहालय के एक विशेष कमरे में प्रदर्शित किया गया है। उसी कमरे में चित्र के सामने थोड़ी ही दूर, फ़र्श पर, चित्रकार ने दृश्य को जहाँ से निरखा था उस स्थान पर एक निशान बनाया है। हम उस निशान बनाये हुए स्थान पर खड़े रहते हैं तो तुरन्त चित्र की आकृतियाँ प्रेतात्मा की तरह साक्षात् हो उठती हैं : चित्र की प्रचण्ड यथार्थता हमें दो पल चुँधिया देती है। भ्रान्ति के प्रभाव के तहत हम चित्रों के पात्रों के साथ एक 'यथार्थ' बन्धन में बँध जाते हैं। यह बात स्पष्ट रूप से दिखायी देती है कि झिलमिलाती वेशभूषा में बाल राजकुमारी मार्गारीता दासियों और विरूप विदूषक के साथ राज कलाकार वेलास्क्वेज़ के स्टूडियो की मुलाकात पर आयी

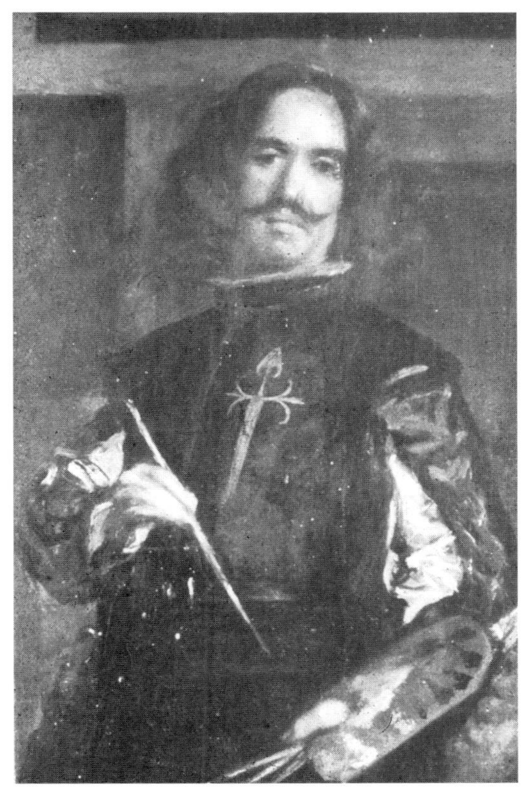

डियेगो वेलास्क्वेज़ (***लास मेनीनास***-में से)

हैं। पात्रों को जीवित होते हुए देखकर हुआ आरम्भिक आश्चर्य चित्रकार की पहचान होने पर थोड़ी-सी अस्वस्थता में बदल जाता है। एक विशाल कैनवास चित्रित करता हुआ वह उसमें से हमारे सामने टकटकी लगाकर ताकता है क्योंकि हम चित्रकार के मॉडल की जगह पर खड़े हैं। उस जगह पर कब्ज़ा कर लेने की उलझन चित्र में दूर शीशे में प्रतिबिम्बित दो धुँधली-धुँधली आकृतियों को देखने से कुछ हल्की होती है। तब समझ में आता है कि चित्र के अन्दर का चित्रकार, हम जहाँ खड़े हैं, ठीक उसी जगह खड़े राजा-रानी (जिनका प्रतिबिम्ब दूर शीशे में चित्रित है) का चित्र बनाने में डूबा हुआ है और हमें और राजा-रानी को ताक रहा है। हालाँकि, सचमुच में तो यह सरासर झूठ है। हम जहाँ खड़े हैं या फिर जहाँ मॉडल के रूप में राजा-रानी खड़े हुए होंगे वह स्थान तो जिसे हम देख रहे हैं उस चित्र के चित्रकार का है। इसी स्थान पर खड़े होकर उसने 'लास मेनीनास' बनाया है, जिसे हम फ़र्श पर की निशानी से जानते हैं या फिर ऐसा कह सकते हैं कि चित्रकार जिस स्थान से राजा-रानी का चित्र बना रहा है उसे देखने के लिए आयी हुई इन्फान्टा मार्गारीता और दासियों का यह चित्र है। दूसरी तरह से देखा जाय तो उसने राजा-रानी की आँखों से अपने स्टुडियो की मुलाकात पर आयी इन्फान्टा और ख़ुद का चित्र बनाया है। यदि हम राजा-रानी की जगह पर खड़े हैं तो उस दृश्य को हमारी आँखों ने भी देखा कहा जायेगा। उसका यह भी अर्थ-घटन किया जा सकता है कि चित्र में चित्रित चित्रकार ने एक ही साथ राजा-रानी को, हमें और 'लास मेनीनास' चित्रित करते हुए अपने आपको चित्रित किया है। लेकिन यह ग़लत है, क्योंकि शीशे में दिखायी देते हैं वैसे राजा-रानी का कोई भी चित्र वेलास्क्वेज़ ने बनाया हो यह ज्ञात नहीं है। ध्यान से देखने पर स्पष्ट होता है कि सचमुच में तो चित्रकार की दृष्टि राजा-रानी या दर्शक की ओर नहीं ताक रही; वह तो चित्र में से (चित्र के बाहर खड़े हुए) अपने 'जीवन्त' रूप को देखती हुई सन्दिग्ध, कहीं आत्मचिन्तन में डूबी हुई है। इस प्रकार चित्र के अन्दर और बाहर दोनों जगहों पर, स्थूल और सूक्ष्म स्वरूप से अपने

आपको 'निरूपित' कर चित्रकार ने एक विरल, अणु के समान, अचल, और अकल क्षण को चाक्षुष भ्रम में बन्द कर लिया है। इस बात पर सन्देह होता है कि ऐसा जादुई प्रभाव किसी और पद्धति से पैदा किया जा सकता है। चित्रकार की आँख के शीशे के सामने शीशा, बीच में दिखायी देने वाली 'यथार्थता' को नि:सत्त्व कर देता है; बच जाती है तो मात्र चित्रकार की सम्विति या उसका अखण्डित अहम। दोनों ओर शीशों के बीच फँसे हम एक भी शीशे में अपना प्रतिबिम्ब देख नहीं पाने पर स्तब्ध रह जाते हैं।

'लास मेनीनास' में अवकाश और पात्र-रचना का गठन गहराई और वज़न के घटकों द्वारा ऐसे बनाया गया है कि रंगों के उड़ जाने के गुणों के बावजूद, हम पुरजोश से चित्र में 'सदेह' चले जाते हैं। इसमें ख़ाली जगहें भी मानो घनस्वरूप में गढ़ी गयी हैं जिन्हें हम छू सकें। जैसे ही हम चित्र के सामने खड़े रहते हैं सभी आकृतियाँ अवकाश के चोरस और सघन घटकों में नियोजित दिखायी देती हैं। कुत्ते के आगे का ख़ाली फ़र्श हमारे पैरों तक आ पहुँचता है, बीच की मनुष्याकृतियाँ रोशनी में झिलमिलाने लगती हैं, आगे बढ़कर अँधेरे में पीछे क़दम रखता हुआ चित्रकार और उसी अवकाश घटक में दिखते हैं दो वरिष्ठ चाकर। आख़िर में हम पहुँचते हैं धधकती रोशनी वाले दरवाज़े के बाहर जाते हुए आदमी तक। बगल की दीवार के शीशे में दिख रहा राजा-रानी का प्रतिबिम्ब एकदम से हमें, हम जहाँ खड़े हैं उसी स्थान पर वापिस धकेल देता है। बन रहे चित्र और हमारे बीच के अनामी अवकाश को गहराई में पलटकर वेलास्क्वेज़ हमें फिर चित्र के अन्दर खींच लेता है। अब चित्र की सीमा को लाँघता अवकाश दायें-बायें भी 'खुलने' लगता है। बायें विशाल कैनवास की आधी फ्रेम चित्र के बाहर बढ़ती हुई कैनवास (या चित्र) को 'पूरा' कर लेती है और दायीं ओर से दौड़कर आता हुआ—बच्चे जैसा—गट्टा विदूषक उस दिशा के अवकाशी स्पन्दनों को अन्दर लाता है—तब बाहर का वह अवकाश भी चित्र की सीमा के अन्दर प्रवेश कर जाता है। इतने खुलेपन की सम्भावनाओं के बावजूद, चित्र के अन्दर का अवकाश गहरे अँधेरे से छाया हुआ दिखता है। सभी आकृतियों को फ़र्श पर स्थिर स्थिति में रखने के हेतु, उन्हें समकोण या 'rectangular' चौकड़ों में ढाला गया है : ऐसे चौकड़ों के बीच गुज़रती हुई मध्य-रेखाएँ दीवारें, फ़र्श, कैनवास की फ्रेम और मनुष्याकृतियों की गर्दन, कमर को दायें से बायें और ऊपर से नीचे ऐसे निकलती हैं जिससे वे सब चौकट घटकों में बाँटी हुई नज़र आती हैं। आगे चलकर पता लगता है कि चित्र भी दो समकोण में बँटा हुआ है। चित्रकार का सिर चित्र की मध्यरेखा के ऊपर उठा हुआ है लेकिन और सभी आकृतियाँ नीचे के समकोण में खड़ी हैं। अब चित्रकार की विचारग्रस्त मुद्रा का कुछ अर्थ उजागर होने लगता है। नीचे खड़ी हुई आकृतियों के घनीभूत रूपों से भी ऊपर अन्धकार ज़्यादा घनीभूत हो जाता है। यह भी स्पष्ट होता है कि रोशनी का आयोजन नाटकीय सज्जा की तरह किया गया है और खड़े हुए पात्रों का व्यवहार कोई पूर्व नियोजित रिहर्सल की तरह। कलाकार का स्टूडियो मानो, हो रहे नाटक का मंच है जिसे वह एक ही साथ अन्दर से और बाहर से देख रहा है।

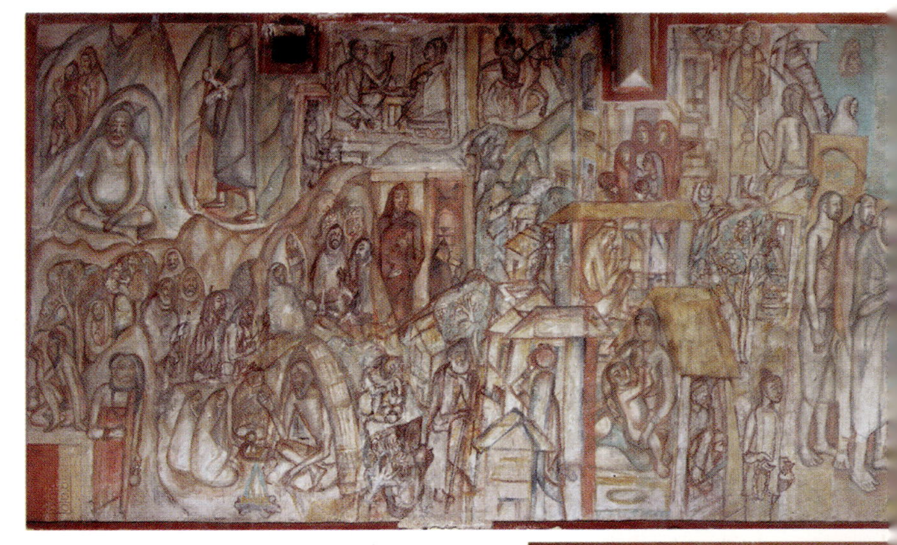

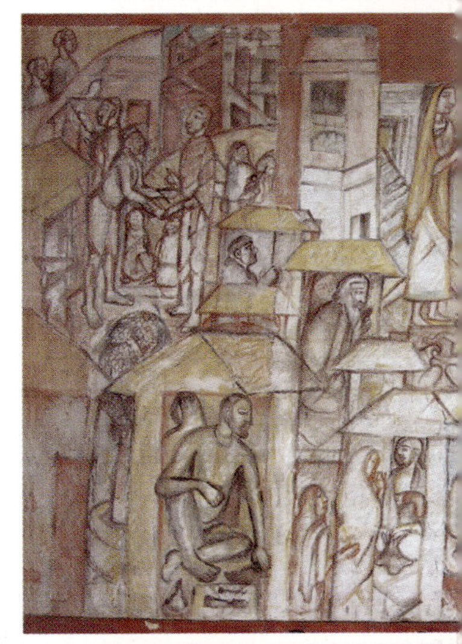

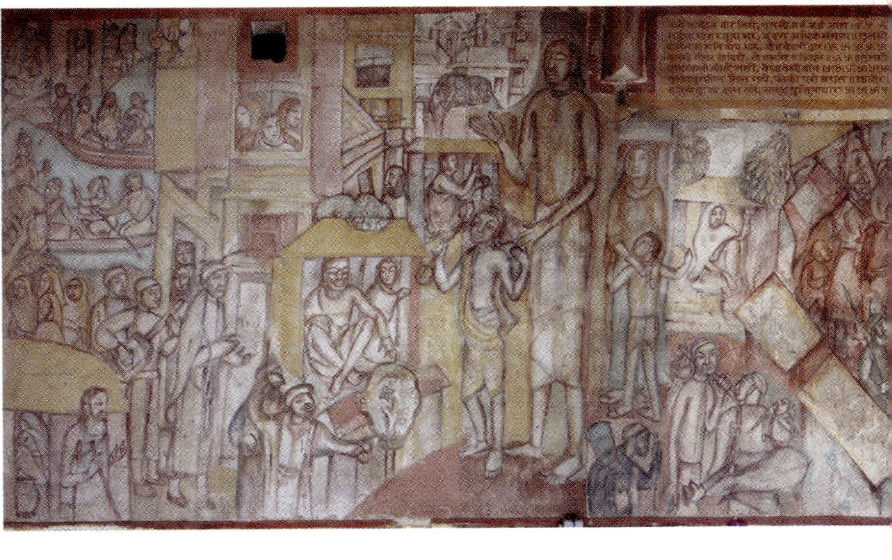

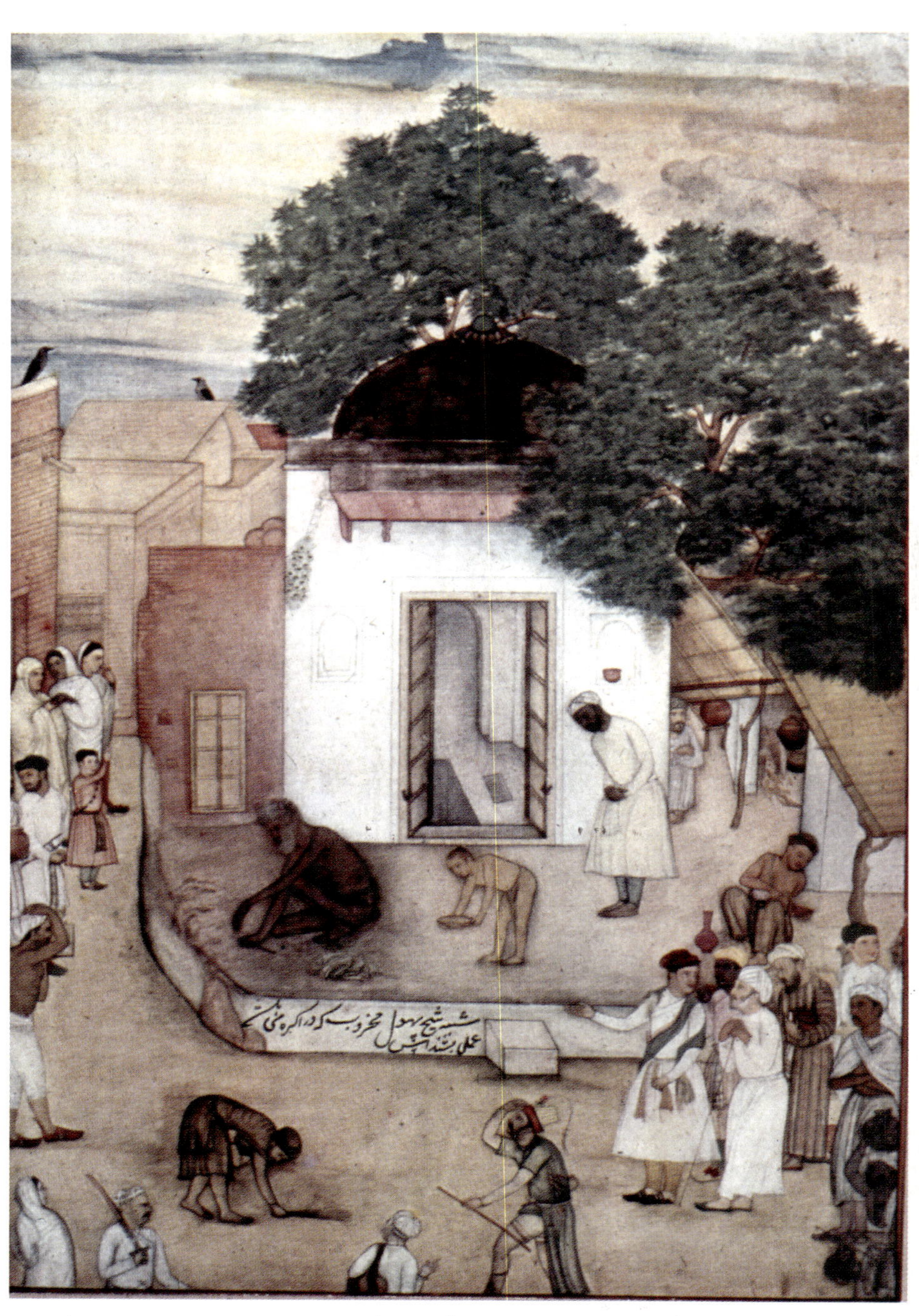

बिशन दास, ***शेख फूल का आवास,*** *मुग़ल, काग़ज़ पर जलरंग, ई. १६०५-१५*
सौजन्य : भारत कला भवन, बनारस हिन्दू यूनिवर्सिटी, वाराणसी।

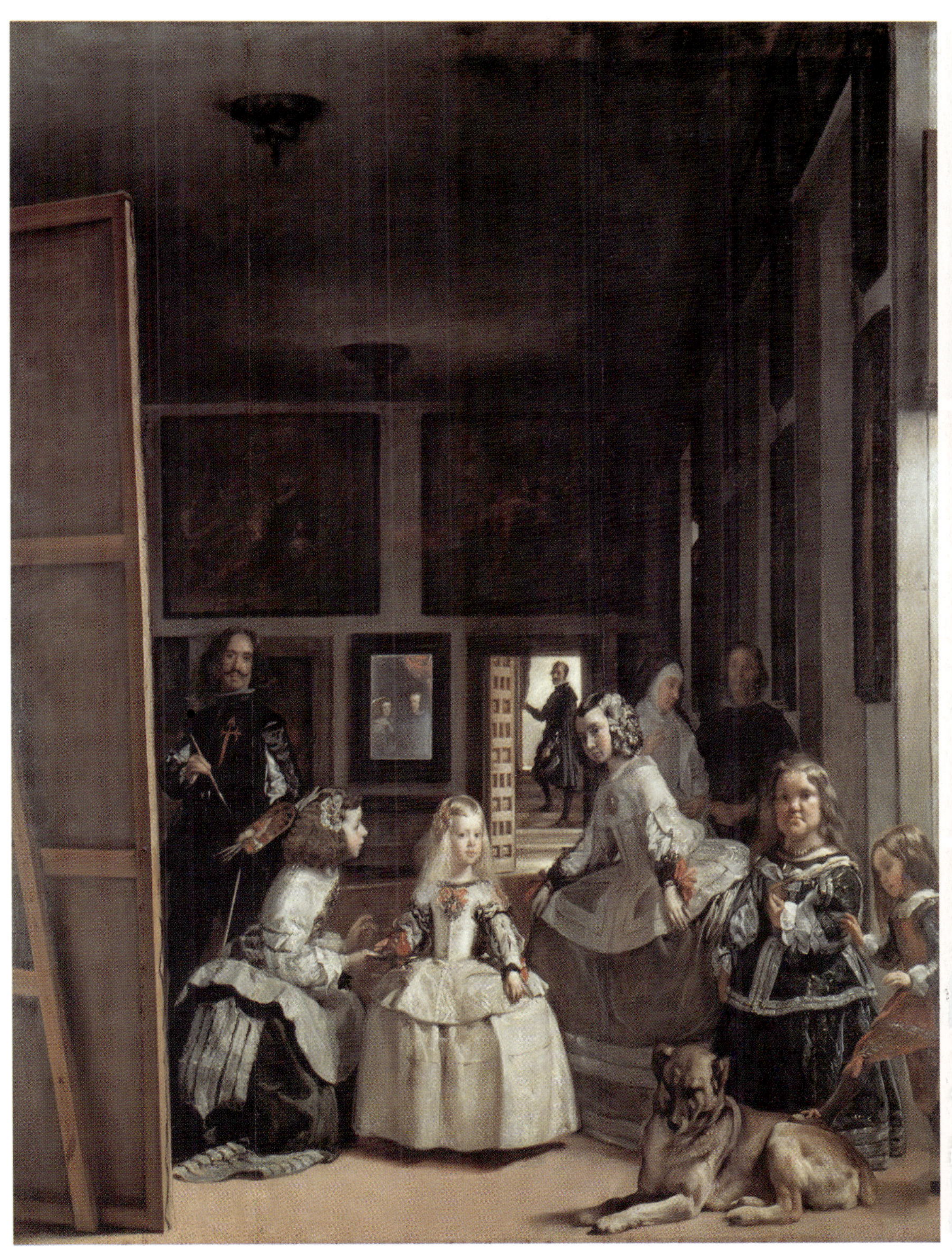

डीएगो वेलास्क्वेज़, **लास मेनीनास,** तैलचित्र, ई. १६५५
सौजन्य : प्रादो, माड्रीड, स्पेइन।

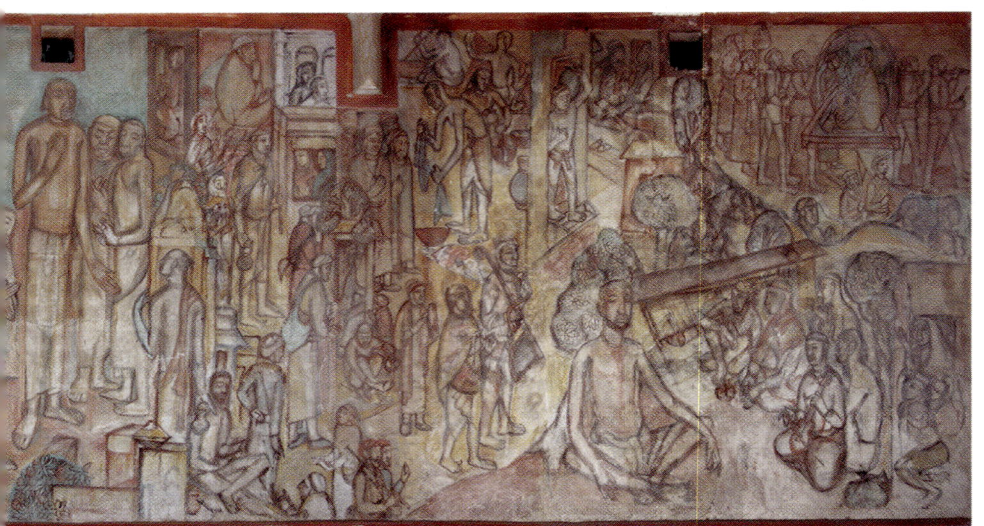

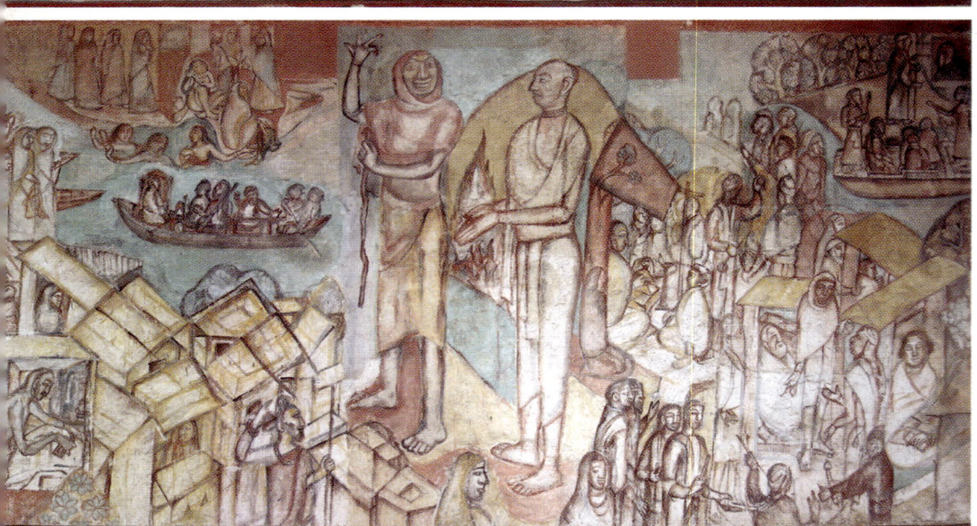

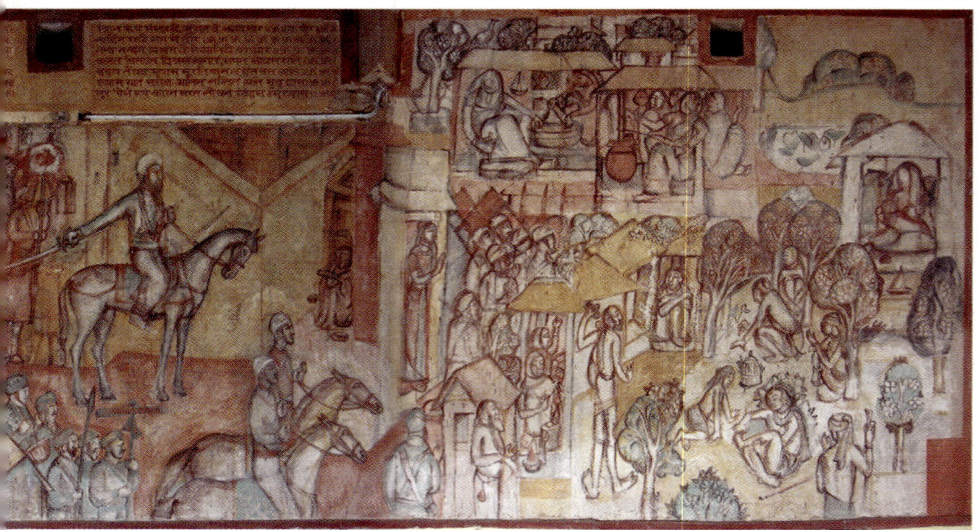

बिनोदबिहारी मुखर्जी ***'मध्ययुगीन सन्त' (ऊपर से नीचे) दक्षिण दीवार, पश्चिम दीवार, उत्तर दीवार,***
हिन्दी भवन, शान्तिनिकेतन, बुओन फ्रेस्को, ई. १९४६-४७
सौजन्य : विश्वभारती विश्वविद्यालय, शान्तिनिकेतन।

इस अर्थ में साबित होता है कि चित्र जो दिखा रहा है उससे उलटा ही अर्थ साध रहा है। धीरे-धीरे उलटबाजी का हेतु सामने आता है। जैसे कि समकालीन 'बारोक' नाट्यकला में या 'मेनरीस्ट', 'कोन्चेत्तो' में होता था वैसे ही[२] वेलास्क्वेज़ ने अपनी वैचारिक दुविधा को ऊँचा उठाने के लिए, राजाशाही व्यक्तियों को नाटक के बनावटी पात्रों में बदल दिया है। शीशे की करामत[३] यथार्थ को खोखले ढाँचे में बदलने के काम आयी है। चित्रकार के मनोभाव की त्रस्त मुद्रा कमरे की हवा को उदासी से भर देती है जिसमें और आकृतियों की घनीभूत स्थिरता भ्रामक बन जाती है।[४] चित्रकार की निर्धारित जगह पर हम अपने आपको गढ़ा हुआ पाते हैं और चित्रकार हमें अपनी मुकम्मल आँखों से चित्र के अवकाश में वापस ले जाता है।[५]

चित्र का उद्देश्य पाने के प्रयत्न में कई बार हम सृजन-प्रक्रिया के हिस्सेदार बन जाते हैं। कलाकार अपने चित्र में दर्शक के लिए ऐसे संकेत रचता है जिससे कि वह ऐसी छूट ले सके। वेलास्क्वेज़ ने चाक्षुष भ्रममूलकता और शीशे के माध्यम से ऐसी भूमिका बाँधी थी। पौर्वात्य कला-दर्शन कमरों के अन्दर के अवकाश के बदले मुख्य रूप से बाहर के विश्व के साथ जुड़ा हुआ होने के कारण उसमें खिड़की से बँधे विश्व या चाक्षुष भ्रमात्मकता के लिए कोई जगह नहीं रखता। हमारे देश के 'प्रकृतिवाद' का उद्गम स्थान अलग है। लिखे जाने वाले शब्द की संगत में हुए कुछ पोथी-चित्रों में चित्र 'वाचन' के रूप में दायीं से बायीं ओर 'पढ़ा' जाता था : वहाँ किसी सघन अवकाश में प्रवेश करना प्रस्तुत नहीं था। उसी तरह दीवार पर बने चित्रों में अवकाश आड़ा फैलता है (गहराई में जाता नहीं) और दर्शक के क्रमिक क़दमों के साथ खुलता जाता है। यहाँ एक ही स्थान पर खड़े रहकर चित्र देखने से अनुभूति पंगु बन जाती है : दर्शक की गति चित्र के अवकाश के अनुरूप और अपेक्षित भी (चीनी वींटाओं में चित्र क्रमानुसार क्षण-क्षण पर खुलता है, उसे एक नज़र में पाया नहीं जा सकता। गिरि कन्दराओं की अनुभूति एक ही नज़र में नहीं होती, चित्र में सूचित छोटी आकृतियों के साथ हम निकल पड़ते हैं तब चित्र का अवकाश प्रकट होता है)। इस प्रकार समय और गति दोनों ही चित्र दर्शन की नींव होने के कारण क्षण को एक ही स्थान पर

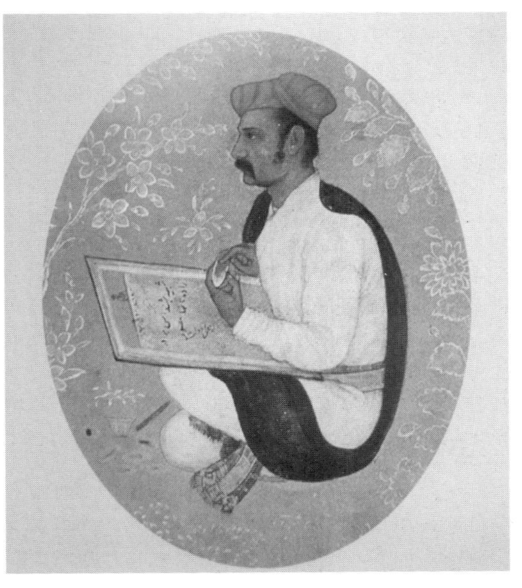

*दौलत, **हाशिये में कलाकारों की छवियाँ—में बिशनदास,** मुग़ल, काग़ज़ पर जलरंग, १६१० ई.*
सौजन्य : गुलिस्तान पैलेस लाइब्रेरी, तेहरान, ईरान

क़ैद करके होने वाला सृजन हमारी परम्परा से काफ़ी दूर रहा। जब चाक्षुष भ्रान्तिवादी प्रभाव ने मुग़ल काल में प्रवेश किया तब सबल कला–परम्परा ने उस प्रभाव को रूपान्तरित करके एक विशेष चित्र–वृत्ति के रूप में समाविष्ट कर लिया था, यह घटना बहुत महत्त्वपूर्ण है। मुग़ल चित्रकार के पास फ्लेमिश चित्र पहुँचे तब उसने उसमें से अपनी रुचि के अनुसार कुछ रीतियाँ अपनायीं, कुछ छोड़ दीं : धूप–छाँव (कियारोस्कूरो) में से आकृतियों को ज़रा उभारने के लिए थोड़ी–बहुत मात्रा में 'टोन्स' लिये लेकिन परछाईं नहीं ली, दूरी दिखाना अपनाया, लेकिन 'फ़ॉरशोर्टनिंग' छोड़ा, चेहरे में हावभाव को आंशिक मात्रा में जोड़ा लेकिन नाट्यात्मक मुखभाव उसे प्रभावित नहीं कर पाये। संक्षेप में कहें तो, ऐसे चित्र–बिम्बों को ऐसे प्रमाण–रंग से बनाये कि वे प्रमाणभूत लग सकें, हालाँकि, तथाकथित 'वैज्ञानिक' परिप्रेक्ष्य की परिभाषा उसके काम नहीं आयी। अवकाश को ख़ुद ही पार कर समयान्तर में अनुभव किया जा सके ऐसा आत्मीय बनाये रखा, यथार्थता की मोहिनी की ओर आकर्षित होने की बजाय उसने चित्र में बारीक़–से बारीक़ ब्योरे का सम्बन्ध ऐन्द्रिक तन्तुओं से गूँथकर संरचना की एक नयी बनावट उभारी।

जहाँगीरी कलाकार बिशनदास (सूफी सन्त?) 'शेख फूल का आवास' (१६०५–१५) में अवकाश रचना इतनी सफ़ाई से करता है कि भोले दर्शक को पहली नज़र में तो उसकी संश्लिष्टता का अन्दाज़ भी नहीं आता। यहाँ उसने पश्चिमी कला दर्शन के उपयोगी अंशों को आत्मसात् किया है लेकिन दृष्टि अनन्य भारतीय ही रहती है। उसमें परछाईं और प्रकाश का खेल नहीं है, दूर–नज़दीक आकृतियाँ एक स्थान से दिखायी दें ऐसी छोटी–बड़ी नहीं हैं, नाट्यात्मकता मात्र हावभाव तक ही सीमित है, इसलिए यहाँ 'यथार्थ' का रूप काफ़ी अलग है। चित्र की हरेक बारीक़ी को इतने आत्मीय रूप से और सहृदयता से आलेखित किया है कि दर्शक उससे खिंचकर एक आकृति से 'सृजन' हो रही दूसरी आकृति के आधार पर चित्र को परखता जाता है वैसे ही अनायास चित्र की संरचना प्रकट होती जाती है।

साँवरे, कृशकाय, अधेड़ उम्र के एक साधु पुरुष एक अर्ध–जर्जरित मकान के गलियारे में कुछ खोदते हुए बैठे हैं। गलियारे की दीवार पर लिखा है—'दीवाने भक्त शेख फूल फ़िलहाल आगरा में निवास करते हैं'। उन्हें देखकर ऐसा लगता है कि दलित वर्ग में जन्मी विविध धर्म–भावनाओं को एक सूत्र से जोड़कर समाज में आमूल परिवर्तन ले आने वाले हमारी सन्त परम्परा के वे कोई रखवाले होंगे। अनेक सन्त दलित परिवारों से जन्मे थे और रोज़मर्रा के कर्म में उन्होंने आत्मोद्धार की कल्पना की थी यह भी सर्वविदित है। शेख फूल की आकृति सबसे अलग होने की वजह से वह चित्र में सबसे पहले अपनी ओर ध्यान आकर्षित करती है। उसके आलेखन को परखने से पता चलता है कि यहाँ रंग को बार–बार मिटाकर, पानी और तूलिका को घिसटकर किया गया है, मानो सन्त जो मिट्टी खोद रहे हैं उसी से उनकी धूल भरी श्याम देह की रचना हुई हो! पहली नज़र में तो चित्र अलंकारविहीन, वर्णनात्मक और दस्तावेज़ी

लगता है (और शायद उसका उद्देश्य भी वही होगा), लेकिन उसके एकाध अंश को निश्चिन्तता से देखने पर उसमें प्रकट होने वाली कोमलता, साँस लेती हुई संवेदना सभी चित्र वर्णनों को अपने स्पर्श से स्पन्दित कर देती है। रंग और texture की रचना का संश्लिष्ट विश्व धीरे-धीरे उभरता है। हरेक चीज़ को मानो छूकर बनाया है। घिरे हुए गलियारे की धार के गड्ढे और खरोंच, उखड़ते हुए चूने की परतें, गली और गलियारे की धूल का भेद, दीवारें और घुम्मट की हल्की-सी रंग सतहें, मनुष्य आकृतियों में अलग-अलग जातियों की चमड़ी के रंग का भेद, कम-ज़्यादा दिन पहने हुए कपड़ों की रंग-रचना का सूक्ष्म निरूपण, कत्थई और सफ़ेद रंग की हल्की, पतली, मोटी, घनी एक-दूसरे के ऊपर और निरी परतें; जैसे-जैसे हम चित्र देखते जाते हैं वैसे-वैसे यह सब इन्द्रियक्षम होता जाता है : इस प्रकार हम चित्र की विषयवस्तु को रस के रास्ते से पाते जाते हैं।

शेख फूल के आवास के ठीक बीच में चित्र का केन्द्र है, सन्त ज़रा वहाँ से खिसककर गलियारे में आये हैं, वहाँ लोग चारों ओर इकट्ठे हुए हैं। सन्त के पीछे एक गोल-मटोल बाल-शिष्य गर्म पेय आगे बढ़ाता हुआ जरा-सा आगे झुका हुआ है (दायीं ओर के छज्जे पर बैठे हुए फेरीवाले ने हमेशा की तरह अर्घ्य के रूप में राब जैसा कोई पेय उन्हें दिया तो नहीं है न?) और उसके पीछे कोई अदबपूर्वक झुका हुआ (कोई उमराव का सन्देशवाहक?) कुछ कहने जा रहा है। बैठे हुए सन्त के शरीर का कोणाकार उन दोनों आकृतियों में हलके से प्रतिध्वनित होता है। ऊँचे गलियारे पर कुर्निश बजाकर खड़े हुए सन्देशवाहक के बाद, लम्बा हाथ बढ़ाये दायीं ओर खड़े हुए किसी उमराव या राजकुमार की ओर हमारा ध्यान जाता है, क्योंकि उस भीड़ में उसका आकार उसके हावभाव के द्वारा उभर कर आता है। शायद वह युवा उमराव सन्त के अनासक्त जीवन का दर्शन साथ आये समूह को करवाता है। समूह की आकृतियों को देखने पर हम चित्र की फ्रेम तक आ पहुँचते हैं। किसी 'ग्रन्थ पुरुष' से लेकर मामूली मनुष्य तक के लोग उसमें शामिल हैं। बिलकुल दायें छोर पर, नीचे की ओर सर पर घड़ा रखकर कुछ बेचने के लिए चलने से पहले एक व्यक्ति पीछे देखता है। यहाँ बीच में ख़ाली जगह होने से हम चित्र के नीचे की रेखा की बायीं ओर मुड़ते हैं तभी एक मुसलमान सैनिक सलाम करता हुआ आगे बढ़ता है। उससे बायीं ओर एक भिश्ती की आश्चर्य मुद्रावाली अर्ध देह पीछे से दिखायी देती है। वहाँ से ज़रा ऊपर बायीं ओर एक सेवक नीचे की ओर आँगन बुहार कर अपना फ़र्ज़ निभाता है। अन्य व्यक्तियों की तरह झाडू लगाने वाला सेवक सन्त की ओर नहीं देखता। दोनों की मग्नता में कुछ साम्यता है। सन्त की ओर देखने से सन्त के आवास के चारों ओर सफ़ाई करने में ही उसकी सेवा समा जाती है। गलियारे में खड़े बाल-शिष्य से ठीक विपरीत दिशा में आलेखित किये गये सेवक के स्वरूप से अर्थ स्पन्दन प्रकट होते हैं। आगे बढ़ने पर एक राजपूत सैनिक (चन्दन के टीके के साथ) तलवार कन्धे पर डालकर सन्त की ओर सिंह-दृष्टि डालता जाता है और बिलकुल बायें कोने में एक स्त्री दृश्य छोड़ने से पहले

पीछे नज़र डाल लेती है। उससे ऊपर एक कद्दावर पुरुष अर्ध खुले शरीर से आदरपूर्वक पगड़ी पर हाथ रखता है। उसके पीछे दो पुरुष (एक के हाथ में समर्पण पात्र जैसा कुछ है) बातें करते हुए सन्त की ओर आगे बढ़ते हैं। एक धनिक घर का बच्चा सन्त का स्वागत करने के लिए हाथ ऊँचा किये हुए है। पीछे की गली में तीन औरतें मुँह में उँगली दबाये और आश्चर्य के साथ अर्धनग्न फ़क़ीर की रीत-रस्म पर छिपकर बातें करती हैं। उसके बाद कोई मनुष्य पात्र नहीं है, लेकिन हमारी नज़र वहाँ जा ठहरती है जहाँ टूटी हुई दीवार पर और सँकरी गलियों के छप्पर पर हमेशा के मेहमान—दो कौए बैठे हैं। भोर की सुबह का नीले-पीले रंग का खरोंच जैसी रेखाओं वाला आकाश और उसके बीच में नीमघटा घुम्मट पर मुकुट बन कर पीछे खड़ी है। दूसरे नीम के पेड़ की घनी डालियाँ सन्त के आवास के पास स्थित रसोई की छत के नीचे सकुचाकर बैठे सेवक की कोठरी को ढाँक रही है।

इस प्रकार शेख फूल से शुरू करते हुए अनायास और प्रयत्नपूर्वक हरेक पात्र की मुख-मुद्रा को परखने और परिवेश की लय का अनुसरण करते हुए जब हम चित्र में वापस लौटते हैं तब पूरे मोहल्ले का जीवन मानो सन्त को घेरा बनाकर खड़ा हुआ दिखायी देता है। जाने-अनजाने आकृतियाँ सन्त की प्रदक्षिणा करती हैं। शायद कलाकार भी मानो मूलाकृति की प्रदक्षिणा का गूढ़ सूचन करने से कृतार्थ हो रहा है। इन आकृतियों से चक्राकार चाहे बनता हो या न बन पा रहा हो लेकिन एक बात तो स्पष्ट है कि इकट्ठे हुए समग्र लोगों की समूह दृष्टि (और परिवेश का गूँथन) सन्त की आकृति में केन्द्रित होती है। और हमने देखा है कि केन्द्र से उस दृष्टि का कोई स्वागत नहीं होता इसलिए वह लोक-दृष्टि हरेक व्यक्ति की ओर वापस लौटती है। केन्द्रगामी और केन्द्रोत्सारी गतियों का खुलना-बन्द होना इस विशिष्ट चित्र की संरचना का एक महत्त्वपूर्ण परिमाण है।

चित्रकारी की 'प्रकृतिवादी' पद्धति का उपयोग यहाँ आकृति की कोमलता को बहलाने के लिए हुआ है जिससे हावभाव की मुद्राओं के घटक सातत्य से जुड़ते हैं। इस प्रकार सन्त के दैनन्दिन जीवन की एक क्षण को दस्तावेज़ी पद्धति से क़ैद करने का छद्मवेशी संरचना रूप तब खुलता है जब हम एक आकृति से दूसरी आकृति की ओर बढ़ते हैं। एक क्षण को अनेक दृष्टि से दिखाकर चित्रकार ने उस क्षण की 'यथार्थता' को समय के नियत बन्धन से मुक्त कर दिया है। हम एक साथ हरेक प्रेक्षक और प्रेक्षक-गण की सामूहिक आँखों से दृश्य को निरखते हैं। हमारे अन्दर और बाहर दोनों ही परिस्थितियों में एक साथ रह कर दर्शन करने की सन्दिग्धता अनेक परिमाण का सृजन करती है। चित्र में दाख़िल होने के लिए यहाँ हरेक कोने से न्योता है और बाहर निकलने की भी छूट है। इस प्रकार कई आकृतियाँ चित्र के फ्रेम के किनारे पर खड़ी हैं, मानो हरेक क्षण फ्रेम के बाहर की दुनिया इंगित कर रही हो! यहाँ फ्रेम का महत्त्व मात्र दृश्य को चारों कोनों से पकड़ने का है, चित्रखिड़की के पास हमें स्थित करने के लिए नहीं।

१९४६-४७ के दौरान बिनोदबिहारी मुखर्जी (१९०४-८०) ने शान्तिनिकेतन में एक विशाल भित्तिचित्र बनाया। हिन्दी भवन की तीन दीवारों पर आलेखित यह चित्र २.४४ मीटर ऊँचा और २३.७ मीटर लम्बा है। मध्यकालीन कविता के मर्मज्ञ हज़ारीप्रसाद द्विवेदी उस समय हिन्दी भवन के अध्यक्ष थे : कलाकार और विद्वान के साहचर्य से सन्तवाणी 'मध्ययुगीन सन्तों' में आलेखित हुई, मुग़ल कलाकार बिशनदास ने शेख फूल को देख कर चित्रित किया होगा क्योंकि दोनों ही समकालीन रहे होंगे। बिनोद बाबू आधुनिक काल में सन्त सृष्टि का संचार रचना चाहते थे। हमारी कालजयी परम्परा ने रामानुज, कबीर, तुलसीदास, सूरदास और गुरु गोविन्ददास जैसे सन्तों को लोक-हृदय और बानी में जीवित रखा है और यही बात बिनोद बाबू के चित्र सृजन का आधार है। उन्होंने सन्तों की छबियों का सृजन पुराने चित्रों में न खोज कर लोक जीवन में से किया : उन्होंने कबीर को एक मामूली बुनकर के रूप में पा कर आलेखित किया।

बिनोद बाबू की नज़र बचपन से ही कमज़ोर थी और जो थी उसे भी उन्होंने १९५६ में गँवा दिया। वे चित्र को ख़ूब नज़दीक से बनाते थे। इतने बड़े भित्तिचित्र के लिए उन्होंने पोस्टकार्ड क़द के थोड़े स्केच तो बनाये थे लेकिन पूरे चित्र का किसी समान नाप का रेखांकन या ट्रेसिंग नहीं किया। चित्र तो उन्होंने सीधा दीवार पर बनाना शुरू किया। नज़दीक की नज़र के कारण जहाँ तक हाथ पहुँच सकता था उतनी दूरी तक वे चित्रित करते गये और चित्र के शरीर के नाप जितने घटकों को एक-दूसरे के साथ जोड़ते गये।[६] इसका मतलब यह बिलकुल नहीं है कि उन्होंने सम्पूर्ण चित्र देखा नहीं होगा। यहाँ कहने का अर्थ यह है कि इस प्रकार घटकों (और बारीकियों को) को ग़ैरवियोजित और आवयविक (ऑर्गेनिक) सम्बन्ध को जोड़ते-जोड़ते रचा गया। एक प्रकार से यह रीति बिशनदास की रीति की याद दिलाती है। यहाँ पूरे फ्रेम को चौकठे में डालकर उसकी समग्रता की कल्पना करने की बजाय चित्र के अन्दर के हिस्सों को जोड़ने वाले सातत्य को खोजने में चित्रकार संरचना को गढ़ता है। अजन्ता के चित्रों के बारे में रिचर्ड लेनोय ने लिखा है कि उन चित्रों का सृजन मानो दीये के बारीक़ उजाले में एक-एक आकृति को, एक में से दूसरा बनाने की अनिवार्यता के कारण हुआ होगा। चित्रों को देखने से यह स्पष्ट होता है। जैसे-जैसे हम चलते हैं, वैसे-वैसे वह दीवार पर खुलता जाता है और चित्र को बनाने की शारीरिक लय (जो दीये के प्रकाश तक ही सीमित थी) और हमारे चलन के बीच समन्वय सधता रहता है जिसमें से चित्र की संरचना फलित होती है।[७] बिनोद बाबू के अन्तर्चक्षु ने परम्परा का यह मर्म पार किया था।

यह विशिष्ट रीति हमें चित्र के फ्रेम के एक छोर से दूसरे छोर के अवकाश को भौमितिक तरीके से प्रमाणित करने से रोकती है, क्योंकि उसकी रचना और लय का शरीर की ऑर्गेनिक गति के साथ सम्बन्ध है और यह गति पूर्वनिर्णित नहीं है, इसमें बराबर इम्प्रोवाइज़ेशन (आशुरचना) की सम्भावनाएँ अन्तर्निहित हैं। और इसके अलावा चित्र दर्शक की इम्प्रोवाइज़ेशन करने की सुषुप्त शक्तियों को भी जगाता है। दूसरी बात यह है कि बिनोद बाबू के लिए दीवार

में दूरी का सृजन करने की अभिवृत्ति के लिए कोई स्थान नहीं था। चित्र उसकी सतह के बाहर उभरने वाला इन्द्रिय-संतर्पक बिम्ब है जो भारतीय परम्परा की नींव में है इसलिए अजन्ता में भी ये आकृतियाँ दीवार के बाहर उभरती हैं, दूरी में विलय नहीं होती। (क्या यह सूचक नहीं है कि भारतीय कला में ज़्यादा लैण्डस्केप्स रचे नहीं गये?) हालाँकि इसका अर्थ यह निकाला जाय कि भारतीय कलाकार ने दूरी को प्रायोजित नहीं किया है तो यह भी ग़लतफ़हमी ही मानी जायेगी। बिनोद बाबू ने भारतीय रीति का उपयोग दूर और नज़दीक की आकृतियों को टेलिस्कोप करके दूरी को स्पर्शक्षम करने में किया है। इसलिए बिम्ब लगातार बाहर या आगे आते हैं, अवकाश में वापस नहीं जाते। आकृतियों की परिरेखा (कोन्टुर्स) घिसकर बनाये होने के कारण वे अर्धशिल्प (रिलीफ) की तरह उभरकर आते हैं। उन्होंने शायद निकट की दृष्टि के कारण हरेक आकृति को छूकर बनाया हो ऐसे आलेखित किया जिससे समग्र चित्रविश्व इतना स्पर्शक्षम हुआ कि वह हरेक दर्शक की उँगलियों तक पहुँच जाता है : छूने के लिए हाथ बढ़ाने की ज़रूरत नहीं पड़ती। इस प्रकार हरेक हिस्सा, छोटा या बड़ा, स्पर्श से जीवन्त होने से चित्र के सातत्य का एक महत्त्वपूर्ण पहलू उजागर होता है।

चित्र में स्थापत्य के कई रूप हैं, लेकिन वह बनते हैं मनुष्य की देहाकृति से; सम्पूर्ण चित्र सचमुच में मनुष्यों से खचाखच भरा हुआ है। उसमें भी आधुनिक भारतीय जीवन का एक

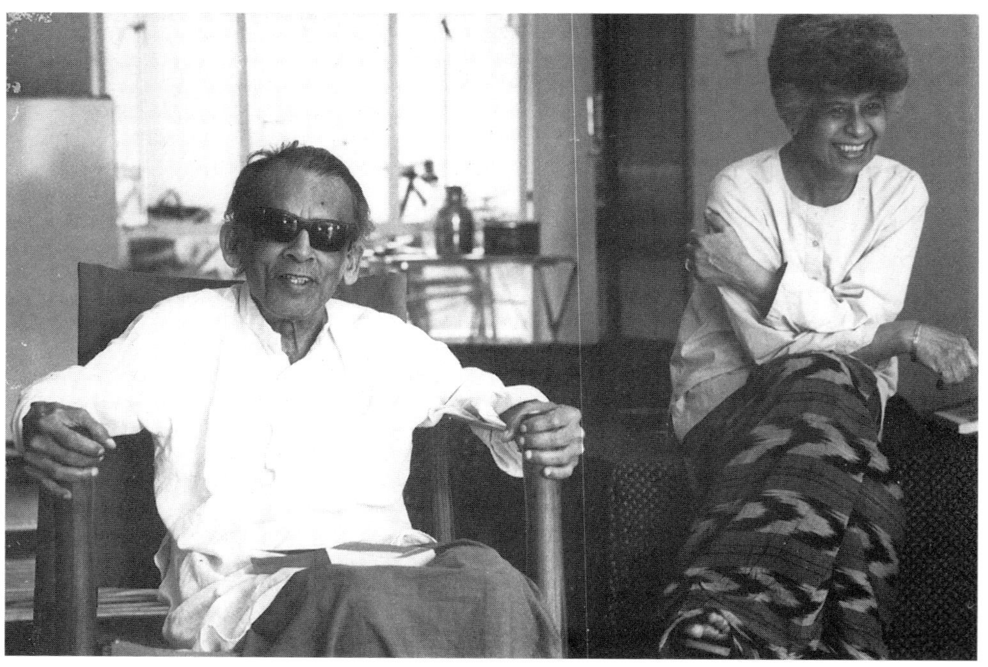

बिनोदबिहारी मुखर्जी और लीला मुखर्जी, १९६० ई. का समय *तस्वीर : सौजन्य : मृणालिनी मुखर्जी*

विलक्षण यथार्थ प्रकट होता है। बीच की दीवार के सामने खड़े रहने पर तीनों दीवारों की सुगबुगाती और बाहर निकल आती आकृतियों का अनुभव लोगों की भीड़ से ठसाठस भरी गली में आ पहुँचने जैसा है। चित्र फ़र्श से लगभग आठ फुट ऊँचा होने के बावजूद चित्र की अदम्य चंचलता दर्शक को भीड़ में खींच ले जाती है। भारत के शहरों की किसी भी गली में चलते हुए अलग-अलग गलियों में, कूचों, झरोखों और ताक एवं खिड़की और दरवाज़े में सुगबुगाता हुआ जीवन हमें अविराम विस्मय की सृष्टि में खींच ले जाता हो वैसे यहाँ सब कुछ कुलबुलाता है। गलियाँ और घर छोटे-बड़े और खुलते-बन्द होते हैं और उसके साथ मनुष्याकृतियाँ भी। यह लचीलापन (फ्लेक्सिबिलिटी) किसी 'वैज्ञानिक' परिप्रेक्ष्य की नहीं है। उसकी नींव अवकाश को प्रमाणित करने के लिए एक विशिष्ट शारीरिक सामंजस्य (एडजस्टमेंट) में निहित है। मुझे कई बार भीड़ को देख कर सवाल उठा है कि इतने सारे लोग घरों के इस संकुरे अवकाश में कैसे समाते होंगे, लेकिन हम जानते हैं कि ये सारे छलकते समूह छोटे-छोटे घरों में व्यवस्थित रूप से समा जाते हैं। हममें मानो छोटे-से-छोटे अवकाश में समा जाने का अद्‌भुत कौशल है जो हमारी जीवन रीति से ही पैदा हुआ है। दो व्यक्ति के लिए बने घर में

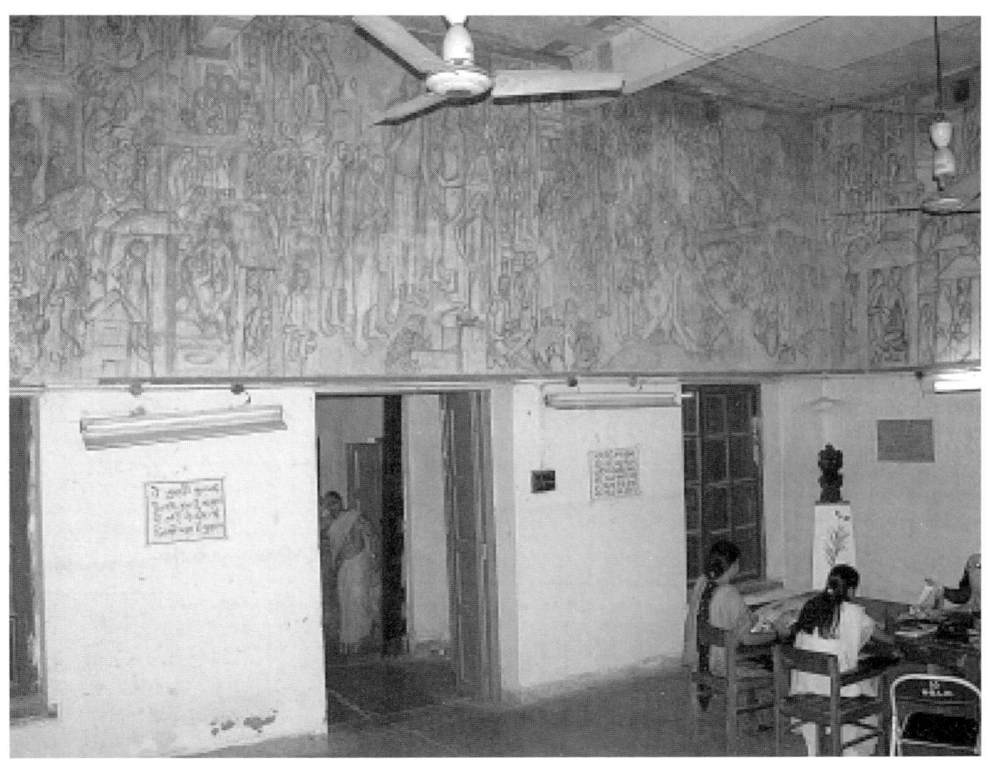

***मध्ययुगीन सन्त**, दक्षिण दीवार, हिन्दी भवन, शान्तिनिकेतन*

सौजन्य : विश्वभारती विश्वविद्यालय, शान्तिनिकेतन

बारह लोग भी समा सकते हैं। हमारी यह अवकाश वृत्ति में स्थूल प्रमाणों के बदले इम्प्रोवाइज़ेशन से अवकाश में होने वाले एडजस्टमेंट वाली आस्था है। ऐसा लगता है कि अवकाश को जितना धकियायें उतना ही वह फैलता है, और जितना संकुचित करते हैं उतना ही नज़दीक से हमें लिपट जाता है। बिनोद बाबू के चित्र में कुछ ऐसे ही अवकाश की अभिवृत्ति के दर्शन होते हैं। इस घट-बढ़ से अवकाश मानो जीवन्त होकर फूलता-संकुचित होता हुआ ज्वार-भाटा की तरह आकृतियों में आकर साँस लेता है; यह घट-बढ़ नज़दीक-दूर होने के कारण नहीं बल्कि संरचना की शारीरिक श्वसन के कारण है।

अजन्ता और अन्य परम्परागत चित्रों में और इसमें एक महत्त्वपूर्ण अन्तर है। नृत्य नाट्य की प्रगल्भ मुद्राओं के बदले यहाँ शारीरिक लय श्रम-कर्म और उसमें से पैदा होने वाली फुर्सत का है। शारीरिक मेहनत के विभिन्न व्यवसायों में से प्रकट होने वाली आदत की श्रम-लय यहाँ व्यक्ति और लोगों की भीड़ दोनों ही में घोट-घोटकर भरी हुई है। इसमें आधुनिक संवित्ति के लक्षण समाविष्ट हैं। गोथिक कला के स्तम्भरूपी मनुष्य या क्यूबिस्ट काल के बाद की अवकाश रचना भी उसमें गर्भित है : प्रलम्ब आकृतियों में या स्थापत्य के घटकों में। इसके बावजूद सूक्ष्म रूप से अजन्ता या 'अकबरनामा' में जैसे गति और संयम का योग भीड़ में समूहदेही लय सर्जित करते हैं वैसे ही बिनोद बाबू का दर्शन हमारे कालजयी और आर्किटाइपल लोक-लय को स्पर्श करता है।

'मध्ययुगीन सन्तों' में महाचित्र के परिमाण हैं : पाँच विभूतियों के जीवन को स्पर्श करने वाली कथा अनेक प्रसंगों को एक अविरत प्रवाह में गूँथती हैं। पात्रों के आलेखन की आत्मीयता और स्पर्शनीयता में भावुकता का पूर्णतया अभाव है। सचमुच में अनुभूतियों का स्तर संयमी है। ऐन्द्रिय संतर्पकता को सँभाल कर निरूपित किया गया है और नाट्यात्मक पराकाष्ठा को मात्र कुछ हद तक उच्च और हीन क्षणों के बीच समभाव से आलेखित किया है, स्नेह और वस्तुनिष्ठता भी प्रचुर है लेकिन उचित प्रमाण में हैं। बीच-बीच में विनोदपूर्ण क्षण महाचित्र के गम्भीर रस में हल्कापन पैदा करते हैं।

चित्र को पूरा जाँचने पर तीनों दीवारों को घूमकर देखना ज़रूरी है।

पहाड़ी आश्रमों में साधुओं और यात्रियों से शुरू होने वाली लोक-लीला धीरे-धीरे शहर की गलियों में फैलती है। लोक-मेले में सन्तों और युद्धगम्भीर सिख गुरु की आकृतियाँ ऊँची होती जाती हैं या अलग दिखायी देती हैं, लेकिन आख़िरकार ग्राम्य जीवन के घुम्मर घूमते हुए रोज़मर्रा के जीवन की लय में वह विलीन हो जाती हैं। आरम्भ की दीवार पर (दक्षिण में) जटाकेशभूषित साधु चट्टानों की खोह में शिल्पशिला जैसे विराजमान हैं : उपदेशमग्न, ध्यानस्थ और अनोखी मुद्राओं में, उनमें से एक तो ढलान पर सो गया है। आगे चलते हुए हम जहाँ जन-समाज में पहुँचते हैं वहाँ एक पनिहारी उलटी घूम जाती है, माँ की छाती पर बच्चा लटका हुआ है, भिक्षांदेहि! करता हुआ साधु और उससे ऊपर नर-नारी के छोटे-बड़े चेहरे प्रलम्बमूर्ति रामानुज और शिष्यगण

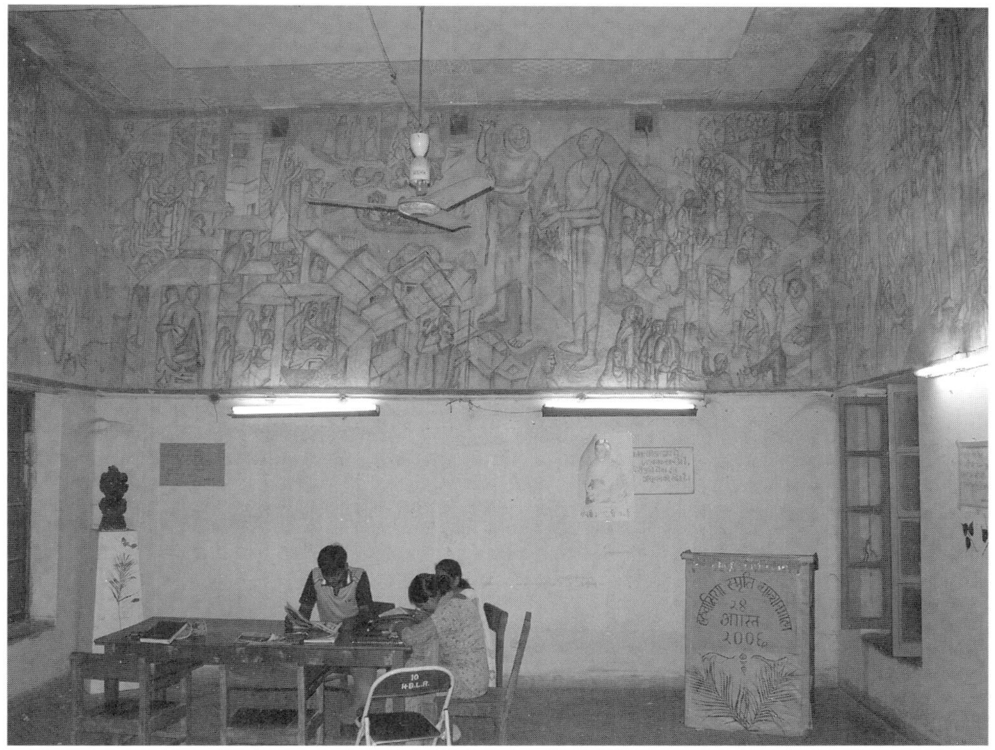

मध्ययुगीन सन्त, *पश्चिम दीवार, हिन्दी भवन, शान्तिनिकेतन*
सौजन्य : विश्वभारती विश्वविद्यालय, शान्तिनिकेतन

की ओर ताक रहे हैं। रामानन्द का सादृश्य रखने वाले शिष्य के चेहरे पर तन्मयावस्था अंकित है। (यहाँ रामकृष्ण परमहंस की मुखाकृति का आश्रय लिया हो ऐसा लगता है)।[८]

हम आगे बढ़ते हैं तभी लोगों की भीड़ में हम जिसे पहले मिले थे वैसा कमण्डल लिये हुए घूमनेवाला साधु फिर से मिलता है। फिर दीवार के छोर पर आकृतियों का समूह है। भिश्ती, रँगरेज़, रुई धुनने वाला और पालकी में विराजमान महाराज, नमाज़ से पहले वज़ू करने के लिये पैर धोते पुरुष के पीछे रँगरेज़ कपड़ा निचोड़ रहा है : उन दोनों की देह-मुद्राओं में दैनिक विधि और व्यवसाय की लय है। नीचे पालथी मारकर बैठे कबीर की विशाल आकृति में कृशदेही शक्तिसम्पुट की कल्पना है। उनके द्वारा गाये गये कर्म की महिमा और मामूली कुल का ज्ञान प्रताप भी उसमें संचित है। दीवार की छोर में वाद्यसंगति करने वाले शिष्य और भक्तजन बैठे हैं और बिलकुल दायीं ओर ध्रुवकड़ी या टेक जैसे माँ-पुत्र सन्त को अटूट नज़र से निहार रहे हैं।

दूसरी दीवार पर (पश्चिम में) तुलसीदास के जीवन का नाट्यात्मक प्रसंग अंकित है। यहाँ चित्र की हलके से बहने वाली लय अब गति पकड़ती है। हाथ जोड़कर गोस्वामी खड़े हैं :

गुरु आश्चर्यमुद्रा में उँगली नचाकर सर्प-सा दण्ड का भेद पूछ रहे हों ऐसे मुँह बिचकाते हैं। यहाँ गोस्वामी के ज्ञानोदय की चमत्कारिक घटना की ओर निर्देश है। चित्र में अन्य स्थान पर सन्त जीवन के दूसरे प्रसंगों और गंगा तट पर वाराणसी की लोक-लीला को आलेखित किया है। दुकानदार, साधु, उस्तरे की धार करने वाला हज्जाम और नहा रही एवं केशमार्जन कर रही स्त्रियाँ—यह सब स्थापत्य और जल की आकृतियों के रूपकों से भरपूर है : नहाती स्त्रियों में लहरों की रेखा की चंचलता उछलती है।

उत्तर में तीसरी लम्बी दीवार अन्धकवि सूरदास से शुरू होती है। सन्त का स्तम्भ स्वरूप परिवेश की दीवारों की रेखाओं में घुल जाता है और प्रकट होता है। संगीत से भरे हुए वातावरण में तम्बूरा के साथ एक बाल शिष्य सूरदार को रास्ता दिखाता है और नीचे तीन संगीतकारों में से एक के मुख से मानो गीत फूट पड़ा है, यह सुनकर रास्ते पर चले जा रहे यात्री थम जाते हैं। यहाँ फिर से एक माँ ज़रा बड़े (हुए) पुत्र के साथ तल्लीन भाव से, तन्मय नेत्र से, विस्मय और भक्तिपूर्वक सन्त की ओर घूमी हुई है : सूर भक्तों का वह प्रतीक हमें सूर-सन्देश की ओर खींचता है। यहाँ से आगे बढ़ते हुए चित्र की गति प्रबल होती है : अश्वारूढ़ गोविन्द सिंह खुली तलवार से शिष्यों को धर्मयुद्ध के लिए प्रेरित करते हैं। घोड़े की नाज़ुक गर्दन (चीनी जेईड शिल्प के आधार पर आलेखित), कूच की गति दिखाने वाला रेखांकन और उसके साथ कोने में बैठे हुए दो भिखारी दर्शक को अर्थ-घटन करने के लिए मजबूर करते हैं। लेकिन वहाँ से हम सीधे गाँव में आ पहुँचते हैं : रई या चक्की चलाती स्त्री, छोटे तालाब में कमल पुष्प, वृक्षों के झुण्ड के बीच झोंपड़े में कार्यरत या आराम की मुद्रा में डूबे पुरुष (उनमें से एक अपने पैर से काँटा निकालता हुआ दिखायी देता है)। यहाँ नगाड़ों और करताल के स्वर विलीन हो जाते हैं। अन्त में, नवजात शिशु को स्तनपान करवाने वाली माँ की आकृति में चित्र सिमट जाता है। (या हमारी कल्पना में आगे बढ़ता रहता है)।

इस चित्र में उसकी संरचना दर्शक को अनेक पगडण्डियों में विहार करने के लिए आमन्त्रित करती है। हरेक बार हम अलग रास्तों पर निकल पड़ते हैं और हरेक घटक का अलग सम्बन्ध बाँधने वाली आकृतियों के केन्द्र में वापस लौटते हैं। यह सफ़र हमेशा विस्मय से भरपूर है, क्योंकि चित्रवस्तु को जोड़ने की अनेक सन्दिग्ध कड़ियाँ घटकों के द्वारा चारों ओर बिखरी हुई हैं। यह सन्दिग्धता चित्र में तार स्वरित मुखाभिनय को दबाकर मात्र शरीर के माध्यम के द्वारा आरोपित की गयी है। देह-मुद्रा द्वारा कितने परिमाण प्रकट हो सके उसका दृष्टान्त हमारी परम्परा देती है। मस्तक को देह की चरम सीमा मानकर उसे समग्र अनुभूति का वाहन गिनने का रवैया हमारे यहाँ नहीं था इसलिए प्राचीन भारतीय कला में विशिष्ट मुख-चित्रण (पोर्ट्रेचर) को कोई ख़ास स्थान नहीं था। अभिव्यक्ति के तनाव, संघर्ष और उसके परिणाम रूप देह और मुख की विकृतियाँ, हिंसक भाव, विरूपता ज़्यादातर त्याज्य थे। (राक्षसाकृतियों की विरूपता में भयानक के साथ हास्य का अच्छा-ख़ासा प्रमाण हुआ करता था।) वह दर्शन मनुष्य जीवन

की अखिलाई और अनन्त लावण्य को उद्देश्य गिनता था इसलिए उसमें वैयक्तिक पात्र रचना का अभाव था : जो आकृति रची जाती वह अस्तित्व के रूपांकित पुंज के जैसी। वैयक्तिक पात्र रचना और मुख चित्रण अजन्ता में दिखते हैं पर विशेषत: यह रीति ने मुग़ल काल के बाद भारतीय कला में प्रवेश किया।

बिनोद बाबू के 'मध्ययुगीन सन्तों' में भारतीय परम्परा के कल्याण स्वरूप का पुरस्कार है। हालाँकि वे ज़रूरी नाट्य तत्त्वों का विनियोग करते हैं और अध्यात्मभाव मात्र ध्वनि के रूप में ही प्रस्तुत करते हैं। शरीर को माध्यम मानकर अभिव्यक्ति हावभाव और कर्ममुद्रा द्वारा दिखाते हैं; कहीं भारतीय समूह जीवन में होने वाले अशब्द वार्तालाप की प्रतिष्ठा करने का प्रयत्न भी दिखायी देता है। अनेक कर्मनिष्ठ सन्तों के मूक सन्देश के प्रति भी यहाँ निर्देश है। श्रम-कर्म का श्रेय और अशब्द वार्तालाप से लोकयूथ में प्राप्त होने वाला हृदय का मेल अकेलेपन को पास नहीं आने देता। 'शेख फूल का आवास' और 'मध्ययुगीन सन्तों' में एक भी बाहरी (आउटसाइडर) नहीं है और कोई पात्र दर्शक की हाज़िरी से सचेत नहीं है—यह बात क्या सूचित करती है? दर्शक भी यहाँ बाहरी व्यक्ति (आउटसाइडर) बनकर नहीं रह सकता। उसे भी चित्रकार के साथ चलते-चलते पात्रों के साथ पात्र बनकर हरेक दर्शन के समय चित्र को फिर से सर्जित करना होता है।

(*सायुज्य,* मार्च १९८३, पृ. २७०-२७८, मूलत: अँग्रेज़ी में लिखा गया : 'Viewer's View : Looking at Pictures', *Journal of Arts & Ideas*, No. 3, April-June 1983, pp 5-20).

गुजराती से अनुवाद : किरन सिंह

टिप्पणियाँ

१. पोम्पेई के अवशेषों से मिला 'वेट्टी का घर' और उसके चित्र, एच.डब्ल्यू. जोहन्सन, अ हिस्टरी ऑफ़ आर्ट, १९७७, पृ. १८७

२. 'बारोक' समय (सत्रहवीं शताब्दी) के 'मेनेरिस्ट' चित्रों में आज़माये गये 'कोन्चेत्तो' प्रकार में उलटबाँसी की तरह, जो दिखता था उससे उल्टा अर्थ समझा जाता था। इनमें विषय के गौण पात्रों को बढ़ावा देकर बड़े प्रमाण में पेश किया जाता था और मुख्यपात्रों को महीन पैमाने में गौण स्थान दिया जाता था।

३. यान वान आईक ने 'मेरेज ऑफ़ आर्नोल्फिनी' (ई. सन् १४३४) में उभरे हुए शीशे के प्रतिबिम्ब के द्वारा अपनी छबि को चित्र में शामिल कर दिया था। वेलास्क्वेज़ ने 'द टाइलेट ऑफ़ वीनस' (क़रीब ईस्वी सन् १६५०) में

उल्टी लेटी हुई वीनस के सामने क्यूपिड को उसे शीशा दिखाते दिखाया है जिससे हम वीनस को चित्र में खुद का प्रतिबिम्ब देखती पाते हैं पर असल में शीशा इस तरह से दिखाया गया है जिसमें वीनस चित्र के बाहर खड़े हुए व्यक्ति को (या चित्रकार को) देख पाये।

४. इन दिनों स्पेन बुरे समय से गुज़र रहा था जिससे वेलास्क्वेज़ का आश्रयदाता राजा अत्यन्त चिन्तित था। ज़ेवियर दी सलास, वेलास्क्वेज़, १९६२, पृ. ८

५. यह लेख मिशेल फूको के लेख 'लास मेनीनास' ('द ऑर्डर ऑफ़ थींग्ज') के पढ़ने के पहले लिखा गया था। उस लेख को पढ़ने के बाद मुझे अपने विचारों को बदलने की कोई ज़रूरत लगी नहीं है।

६. 'यथार्थवादी प्रमाणों की जगह मैंने 'comparative' प्रमाणों का सहारा लिया जिसमें अपने हाथों को नापने का साधन बनाकर प्रमाण प्रायोजित किये। यह मैंने भारतीय परम्परा से सीखा है' बिनोद बिहारी मुखर्जी, 'मेरे भित्तिचित्रों के प्रयोग', ललित कला कन्टेम्परारी', अप्रैल, १९७२, पृ. ७

७. रिचर्ड लेनोय, 'द स्पिकिंग ट्री', ऑक्सफोर्ड यूनिवर्सिटी प्रेस, १९७५, पृ. ४८.

८. के.जी. सुबह्मण्यन् ने बिनोद बिहारी मुखर्जी के इस भित्तिचित्र पर विद्यार्थी की हैसियत से हाथ बँटाया था। पात्रों का नामकरण उनके लेख पर आधारित है। के.जी. सुब्रह्मण्यन्, 'द मूविंग फोकस', ललित कला अकादेमी, पृ. ७५, १९७८.

मरुभूमि की संगम–कला

शेखावाटी के भित्तिचित्र

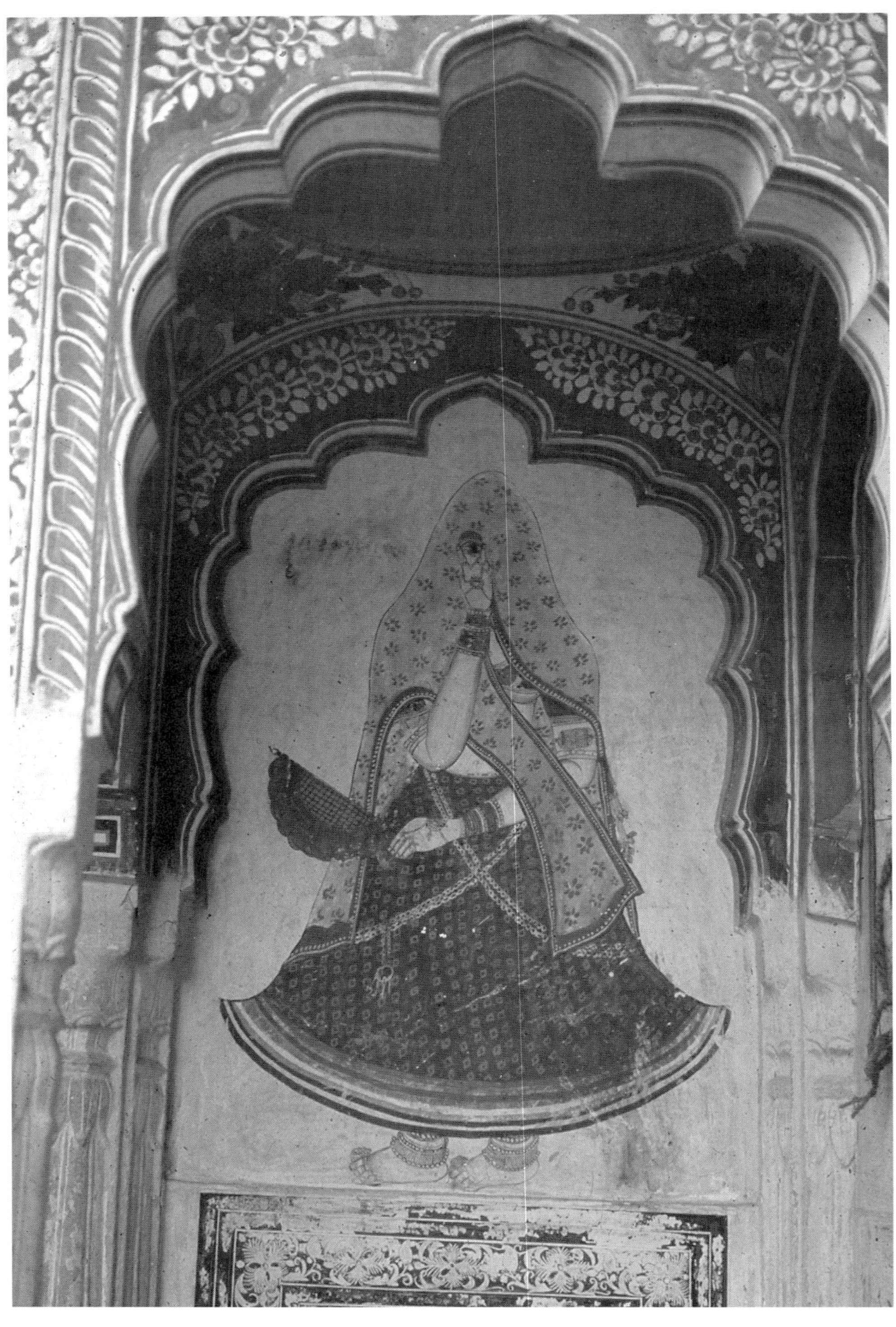

डलहोजी, ४-११ मई, १९८४

प्रिय सुरेश भाई,

शेखावाटी[१] की चित्र-कला पर लिखने का तय करके आया हूँ। डायरी के पन्ने देखकर लिखूँ-लिखूँ करता रहा, पर बात बनी नहीं। पिछले दो महीनों के दौरान हुई भागदौड़ के कारण मन हमेशा उत्तेजित और डोलायमान ही रहता था। कलकत्ता और बर्दवान के संग्रहालय, ग्रन्थालयों और आलों में बन्द अँग्रेज़ी हुकूमत की प्रेताकृतियों, हैदराबाद के सालारजंग म्यूज़ियम में इकट्ठी की गयी वाहियात वस्तुओं के ढेर और साथ-ही-साथ गोलकुण्डा के खण्डहरों में पेट्रोमेक्स के उजाले में मेज़बानी और शायरी, मद्रास में चोल अर्द्धनारीश्वर का अविस्मरणीय रूप, गोवा के देवालयों में सन्त फ्रान्सिस ज़ेवियर के अस्थि के इर्द गिर्द रोबदार सुनहरा शृंगार और पाण्डिचेरी में डुप्ले के दीवान आनन्दरंग पिल्लई के सड़ियल कमरे में हाथीदाँत-जड़ित अल्मारियों में लकड़ी के रंगीन फलफलादि का ढेर।[२] ये और ऐसी तमाम आकृतियाँ नज़र के सामने उठ खड़ी हो जाती हैं और इस बीच दो बरस पहले यूरोप छान मारा था उसमें देखे गये चित्र भी चोरी से घुसपैठ कर जाते हैं...

एक साथ अनेक समय-स्थलों में विचरने की मानो आदत ही पड़ गयी है। ताज़ा स्मृतियों का बोझ झटकने की ग़रज से दो दिन निरुद्देश्य पड़े रहने के बाद इस छोटे से कमरे की खिड़की खोलकर लिखने बैठा हूँ। टेबल की दीवार पर सुभाषचन्द्र बोस की तस्वीर है। सन् १९३० के दशक की लड़ाई के दौरान इस घर में और यहाँ के जंगल में उन्होंने विश्राम किया था, उसी की यह छोटी-सी निशानी। हिमालय की तलहटी में बसे पर्वतीय गाँव की टेकरी पर लटकता

शेखावाटी, *राजस्थान, भित्तिचित्र, २०वीं शती ई.*

तस्वीर : लेखक

यह घर वाकई आरामदेही ही है। मेरे मन को भी यहीं हौले-हौले सुकुन मिलता है। घर के सामने, नीचे की ओर घिसटती घाटी के उस पार पंजाब की सरज़मीं दीखती है, वहीं से रोज़ाना अख़बार खूनी ख़बरें लाता है। बीच-बीच में काले पक्षी की अनराधार गूँज घाटी के अवकाश को भर देती है। इन दोनों के बीच, मैं शेखावाटी की मरुभूमि ढूँढ़ता हूँ।

राजस्थान का पहला दर्शन उदयपुर, चित्तौड़ और नाथद्वारा में : सब कुछ पढ़ते-पढ़ते देखा। फिर भूपेन (खख्खर) के साथ '६३ में जैसलमेर के मरुस्थल की राहें, फिर बूँदी, कोटा, राणकपुर, आबू भी देख लिया। चित्र तो थोक के भाव देखे—भित्तिचित्र भी। पर शेखावाटी का मिज़ाज कुछ और ही है। गाँव-गाँव और गली-गली में कतारबद्ध हवेलियाँ पाँव से छत तक चित्रों से भरी देखकर अद्‌भुत के आविष्कार के साथ मन के गहरे कोनों में भरा हुआ भारतीय दृश्य-संस्कृति का अनोखा साक्षात्कार हुआ। हमारी यह परम्परा सर्वाश्लेषी दृश्य-परम्परा है, इसी की फिर से प्रतीति। सिक्किम के चैत्य-विहारों में इसका संकेत मिला था और अजन्ता में तो हर वक़्त ऐसा ही अनुभव होता रहा। तमिलनाडु के चेट्टिनाड़ में चित्रों से भरपूर आवासों की बात से अब ताज्जुब नहीं होता। वड़ोदरा के मध्य स्थित तांबेकरवाड़ा में बचे-खुचे चित्र ऐसी ही गवाही देते हैं। आज हमारे सार्वजनिक जीवन से चित्र-कला को देश-निकाला मिल चुका है और हमारी दृश्येन्द्रियाँ सिकुड़[३] गयीं हैं तब ठेठ तीसरे दशक तक शेखावाटी की हवेलियों में फूलीफाली सार्वजनीन कला बेहतरीन लगती है। अब तो वहाँ पर भी हकाली गयी दीवारों के चित्र जर्जरित होने लगे हैं—प्राकृतिक प्रकोप के कारण नहीं बल्कि लापरवाही और बर्बरता के कारण और आस-पास बने नये मकानों की सपाट दीवारें इनके पुराने रूप का मज़ाक उड़ाती है, परन्तु इसमें तो कोई शंका नहीं कि अठारहवीं सदी से लेकर बीसवीं सदी के खुलने तक यह परम्परा ताज़गीभरी और जीवन्त थी। यहाँ जन्मा बच्चा घुट्टी में चित्रों को देखकर ही बड़ा हुआ होगा। यहाँ तक कि मुसाफिर भी इस चित्र-नगरी की मोहिनी में फँसे होंगे और उन्होंने इससे तरह-तरह की बातें बुनी होंगी। बिना चित्रों का घर अपवादरूप होने से वहीं रहने वालों को बिना चित्रों का जीवन अधूरा लगा होगा।

शेखावाटी के चित्र राजमहलों के या रजवाड़े के नहीं हैं, गोकि उनमें रजवाड़ी अंश हैं। ज़्यादातर तो ये हवेलियाँ वैष्णव-वणिकों और जैन श्रेष्ठियों की हैं। हमारे देश के विख्यात व्यापारिक घरानों यानी बिड़ला, गोयन्का, डालमिया, पोद्दार की मातृभूमि होने के कारण इन सबकी हवेलियाँ भी यहाँ मौजूद हैं। इन चित्रों में वणिक-समाज की रुचि का प्रतिबिम्बन है, लेकिन इसे वणिक-कला कहने से पहले ध्यान रखना चाहिए कि चित्रकार लोग वणिक वर्ग में से आते थे या नहीं, इस बात का कोई सुबूत नहीं।[४] इसके अलावा, चित्रों के आकृति-विधान में उन्होंने अनेक वणिकेतर संस्कृतियों परम्पराओं को ठोस ठोस भरा है।

शेखावाटी की कला संक्रान्ति काल की कला है, जिसमें बदलते समय की तासीर का दर्शन है। क्लासिकल कला की रीतियाँ भी इसमें समाई हैं, लेकिन इसमें भद्र समाज की मार्गी कला

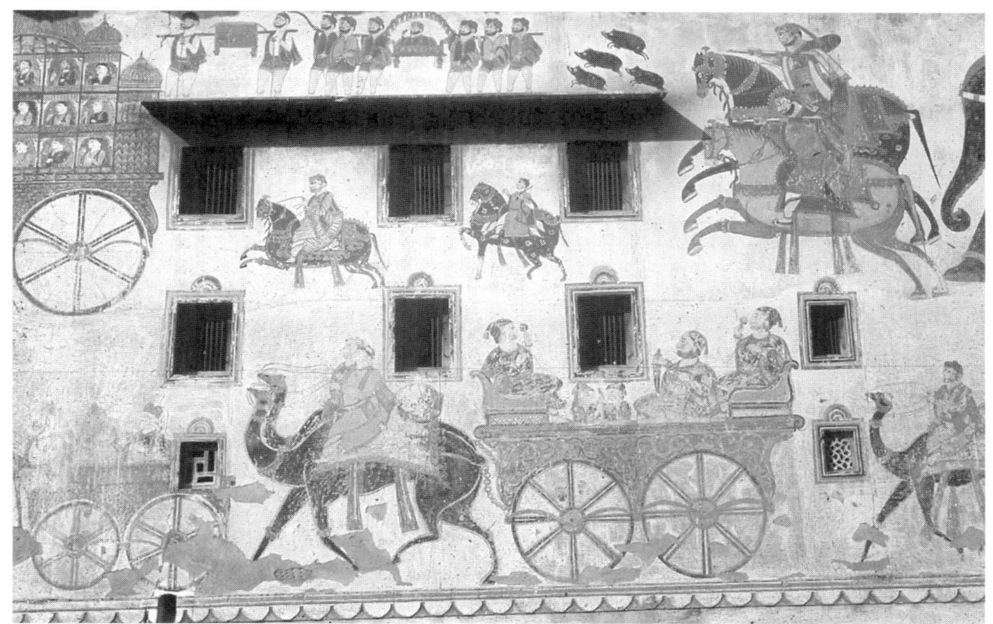

शेखावाटी, *राजस्थान, भित्तिचित्र, २०वीं शती ई.*

तस्वीर : लेखक

के आग्रह नहीं। ग्रामीण समाज की देशी परम्परा की सहज और खुलीखुली मनोवृत्ति यहाँ दिखती है। लेकिन यह शुभाशुभ के पारम्परिक बन्धन में बँधी, निर्दोषता पर निर्भर कला नहीं। वैसे भी भारतीय परम्परा में प्राचीन काल से प्रशिष्ठ (क्लासिकल) और आंचलिक कला-प्रवृत्तियों को जोड़ने वाला एक संयोग सेतु दिखता है, जिसकी बदौलत ये दोनों ही दीर्घायु और पुष्ट हुईं। प्रशिष्ठ रीति के अतिआग्रहों से जब कला शुष्क और जीवनविमुख हुई, तब उक्त संयोग-कला की बदौलत आंचलिक कला-विधान से ऋतसिंचन करके वह पल्लवित रही थी। आंचलिक कला-प्रवृत्ति की प्रवाहिता में प्रशिष्ठ ने ठीक इसी तरह संरचना (स्ट्रक्चर) और रूपाभिधान को संगोपित करके उसे सुगठित किया। संयोग-सेतु रचने का यह काम भद्र समाज के छोर पर बसी हुई और ग्रामीण समाज में चारों ओर फैली हुई शुद्र समाज व जातियों के कारीगर-कलाकारों ने सिद्ध किया। एक क्षेत्र से दूसरे क्षेत्र में इन कलाकारों के आवागमन की बदौलत दोनों ही कला-प्रवृत्तियाँ समृद्ध हुईं। भारतीय परम्परा की विलक्षण परिवर्तनशीलता (Vulnerability), आत्मनिर्भरता और रूपान्तरकारी सामर्थ्य (Transforming Power) भी इसके बड़े महत्त्वपूर्ण कारक रहे हैं। बाहर के प्रभावों, रीति-रिवाजों और विचारों को अपनाने की तत्परता, और उन्हें आत्मसात् करके नवीन रूपाकार रचने का सामर्थ्य हमारी कला में है यह मौर्य, गान्धार और मुग़ल चित्र-कला के विभिन्न पड़ावों से साबित होता है।[५] संक्रान्तिकाल

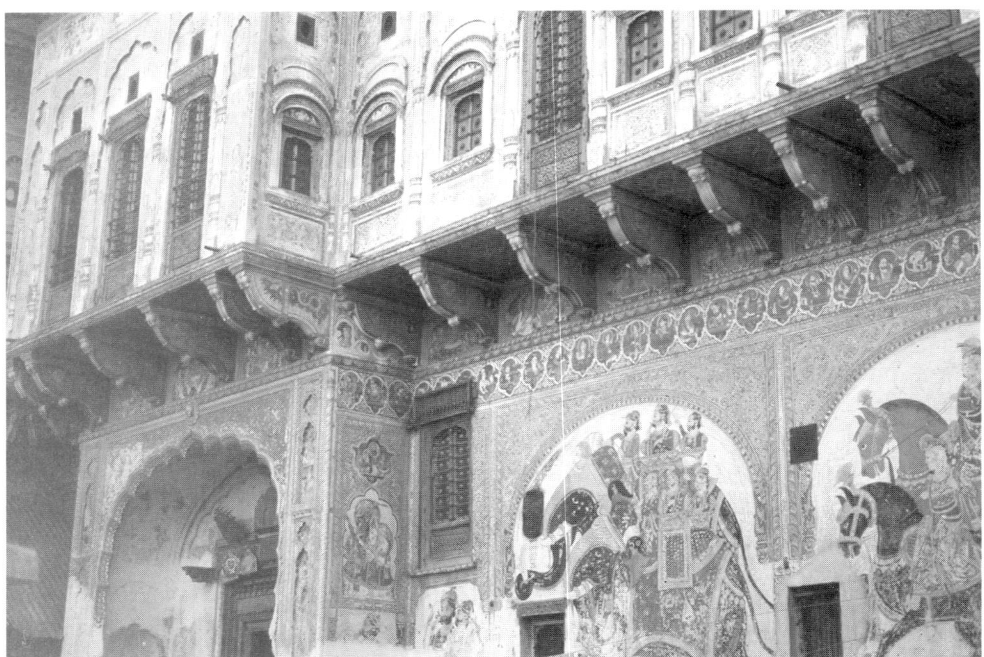

शेखावाटी, राजस्थान, भित्तिचित्र, २०वीं शती ई. *तस्वीर : लेखक*

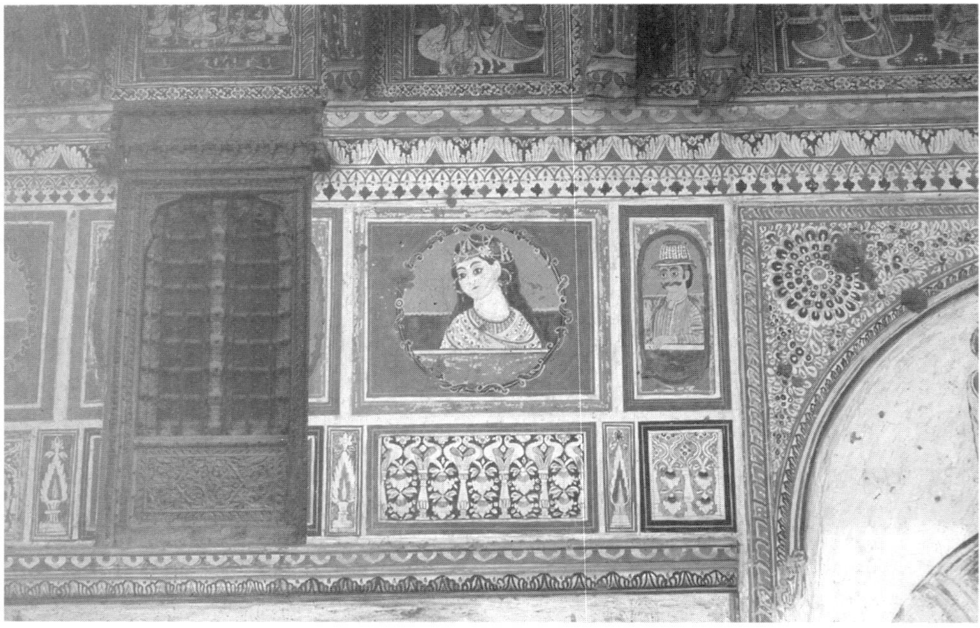

फतेहपुर, *शेखावाटी, राजस्थान, भित्तिचित्र, २०वीं शती ई.* *तस्वीर : लेखक*

आपात्काल बनने के बदले शक्ति के स्रोत बन जाने के ज्वलन्त उदाहरण हैं। परम्परा की सदा प्रज्ज्वलित ऊर्जा का रहस्य भी शायद इसी अभिगम में छिपा हुआ है।

शेखावाटी की कला सच्चे अर्थ में शहरी संगमकला है। क्लासिकल और ग्राम्य-अंचल की रीतियों के साथ-ही-साथ यूरोपीय संस्कृति का प्रभाव भी इसने ऊष्मा के साथ अपनाया है। इस तरह से यह क्लासिकल और आंचलिक, भारतीय तथा पश्चिमी, पारम्परिक और आधुनिक, सामाजिक एवं सौन्दर्यशास्त्रीय ध्रुवों को जोड़ने वाली कला है, तो दूसरी ओर इसका अपना निजी, अनोखा रूप भी है। क्लासिकल वृत्ति रोज़ाना की अनुभूतियों को चुन-चुन के बुहार लेती है और ग्रामीण कला गाँव की सीमा पार नहीं जाती तब जिये जा रहे जीवन की अनेक जटिलताएँ इनकी परिधि से बाहर रह जाती हैं। शेखावाटी के चित्रों का फलक काफी चौड़ा है। इसमें किसी संस्कृति विशेष के आग्रह नहीं है। इसमें अनेक रीतियों को आडम्बरमुक्त ढंग से, बिना भेदभाव के आज़माया गया है। ऐसा भी नहीं कि इसमें आकृति और वस्तुसंरचना की प्रौढ़ि नहीं है। कौशल भी भरपूर भरा हुआ है। इसके सिवाय यहाँ अनेक रीतिगत चीज़ों को अलग-अलग परिवेश में समन्वित करने का मार्मिक आह्वान भी है। प्रौढ़ि और कौशल को महज़ आदर्श तक सीमित कर देने की बजाय यहाँ उन्मुक्तता और कमज़ोरियों का भी सहज स्वीकार है। अतएव कटाक्ष और रचना-प्रक्रिया की तरक़ीब मज़े से आज़मायी गयी है और प्रलोभन को छिपाया नहीं। बिना किसी संकोच या अपराध-बोध का अनुभव किये जिसका मज़ा उड़ाया, वह तमाम बड़े जोश से बनाया है। यहाँ के आकृति विधान के प्राण हवा और खुले मन के हैं। मानो सब कुछ ही जीने के नशे में उछल रहा है। इसीलिए सर्वांग-सम्पूर्ण आकृति के निरूपण की बजाय जो शुरू किया, उसके अन्दरूनी जोश को कायम रखने का आग्रह है। सम्पूर्णता और उपज में अन्त समाया हुआ है जो कि मौत के समान है, लिहाज़ा सतत सक्रियता ही जिये जा रहे जीवन की जटिल और ऊष्मा से तरबतर ऊर्जा को उभार कर सकती है। ऐसी कला की भाषा का दमखम बोली जा रही बोली की भाँति सर्जनात्मक Improvisation में ही है। भाषा का यह सान्ध्यस्वरूप (Eclectic form) हमारी सतत संक्रान्तिशील 'आधुनिक' सम्वित्ति का पुरोधा है।

शेखावाटी के चित्र, पोथी-चित्रों के राक्षसी रूप नहीं, बल्कि ये तो दीवारों के साथ ही पैदा हुए हैं। भित्तिचित्रों की ख़ासियत ही यह है कि उन्हें पोथी चित्रों या तस्वीरशुदा चित्रों (easel painting) की तरह लाया-ले जाया नहीं जा सकता, नतीजतन ये निजी वस्तु या मिल्कियत (commodity) बनने से बच जाते हैं। अगर वे रास्ते की दीवारों पर हों तब सर्वजन सम्पत्ति बन जाते हैं। तमाम लोग इन्हें देखें यह उसके स्वरूप का एक महत्त्वपूर्ण अंग है। फ्रेम जड़ित चित्र की सम्पूर्णता फ्रेम में बँधी रहती है। भित्तिचित्र को इमारत और उसके परिवेश से अलग नहीं किया जा सकता। उसकी सम्पूर्णता इन दोनों के साथ अविभाज्य सम्बन्ध से जुड़ी है। किसी भी भित्तिचित्र को एक नज़र में देख लेना सम्भव नहीं : कैसी भी छबि हो, अजन्ता जैसे

भित्तिचित्र की समग्रता को नहीं पकड़ सकती। अलग-अलग कोनों से ली हुई छबियों के टुकड़ों को इकट्ठे करके एक मोज़ेक रचा जा सकता है, चित्रों का सातत्य (continuity) नहीं बनता। इसकी समग्रता को पाने के लिए दर्शक को इसके मूल परिवेश में ही जाकर देखना पड़ेगा। शेखावाटी के भित्तिचित्र तो दर्शक को दूर से और नज़दीक से, चहुँओर घूम-फिर कर, सीढ़ियाँ-चबूतरे ख़ुद ही चढ़-उतरकर देखने को प्रवृत्त करते हैं। यहाँ दर्शक चित्र को मात्र आँख से नहीं, बल्कि समग्र देह से अनुभव करता है। आकृति और दर्शक की देह का कद, गति वग़ैरह कारकों के परस्पर सम्बन्ध में से निरीक्षण (perception) की एक अनोखी रीत उजागर होती है जो कि चित्र को बारम्बार अलग ढंग से देखने को प्रेरित करती है। निरीक्षण की यह प्रवृत्ति दर्शक को भी चित्र की परिधि में समाहित कर लेती है। ऐसी सहभागिता का अनुभव अजन्ता के चित्र देखते हुए कइयों को हुआ होगा।

फ्रान्सिस वाक्ज़ियार्ग और अमन नाथ[६] से शेखावाटी की बातें सुनी और स्लाइड्स देखीं तो वहाँ जाने का मन किया। मूलत: वड़ोदरा के नरेन्द्र अमीन वर्तमान में जयपुर के ललित कला विद्यालय में आचार्य हैं, उन्हीं ने वहाँ से बस इत्यादि की व्यवस्था कर दी, इसलिए नीलिमा और कुछेक छात्रों के साथ निकल पड़ा। अमीन के साथ नवलगढ़ के कुँवर संग्राम सिंह भी बैठे, जिनकी वजह से नवलगढ़ में उनके पिता रावल मदन सिंह द्वारा संचालित रूपनिवास महल (अभी होटल) में ठहरने की सुविधा हो गयी, वहाँ की हवेलियों में उनका मार्गदर्शन मिला और अन्त में उनके संग्रह के पोथी-चित्र भी जयपुर में देखने को मिले।

हमारी बस जयपुर की सीमा से बाहर ज्योंही निकली, धूल कोरी होती गयी, पेड़ कम होते गये और फिर तो आधी रेत और आधी मिट्टी के ढेलों वाली भुरभुरी सुनहरी छाँट वाली ज़मीन चारों ओर और उसमें उगे, सफा किये हुए खेजड़ी के झुण्ड। घास-चारे की गरज से लोग उनकी हरी कलियों को काट लेते हैं और बची-खुची कोंपलों को ऊँट साफ़ कर देते हैं, तब खेजड़ी के पेड़ ऐसे टेढ़े-मेढ़े ढंग से बढ़ते हैं कि वान गॉग को रेखांकन करने का मन हो जाय ऐसा बन जाता है उनका सुरूप-कुरूप स्वरूप। वीराने के बीच यहाँ-वहाँ गाँव आयें, उससे पहले तो कुओं-बावड़ी की 'मीनारें' और छतरियाँ दूर से महलों का भ्रम पैदा कर दें ऐसी। मरुप्रदेश में कई सौ हाथ खोदने पर पानी नसीब होता है इसलिए कुएँ-बावड़ी दो तीन कोस से दिखायी दें तो प्यासों का हौसला बढ़ता है। बीच में तो ज़मीन का ऐसा पट्टा भी आया जहाँ पेड़ का नामोनिशान ही नहीं, महज़ रेत के टीले। रेत मानो मलमल से छानी गयी हो ऐसी महीन, स्वर्णरज सरीखी भारी ऐसी कि हथेली में टिके ही नहीं, मुट्ठी बन्द करो तब भी अँगुलियों से गुदगुदाती फिसलती जाय। फिर वापस खेजड़ी के 'जंगल', धूप अमोलियों जैसी पीली पीली, उसका रंग केसरिया हुआ, तब नवलगढ़ पहुँचे। पहली ही नज़र में दिखे जानवर, ऊँट और भैंसे। घोड़े ज़्यादा नज़र नहीं आये। बारम्बार मोर उड़ते और बैठते—दीवारों की पारियों पर। गाँव में दाख़िल होते हुए लगा कि गलियाँ बस—गाड़ियों के लिए बनी ही नहीं।

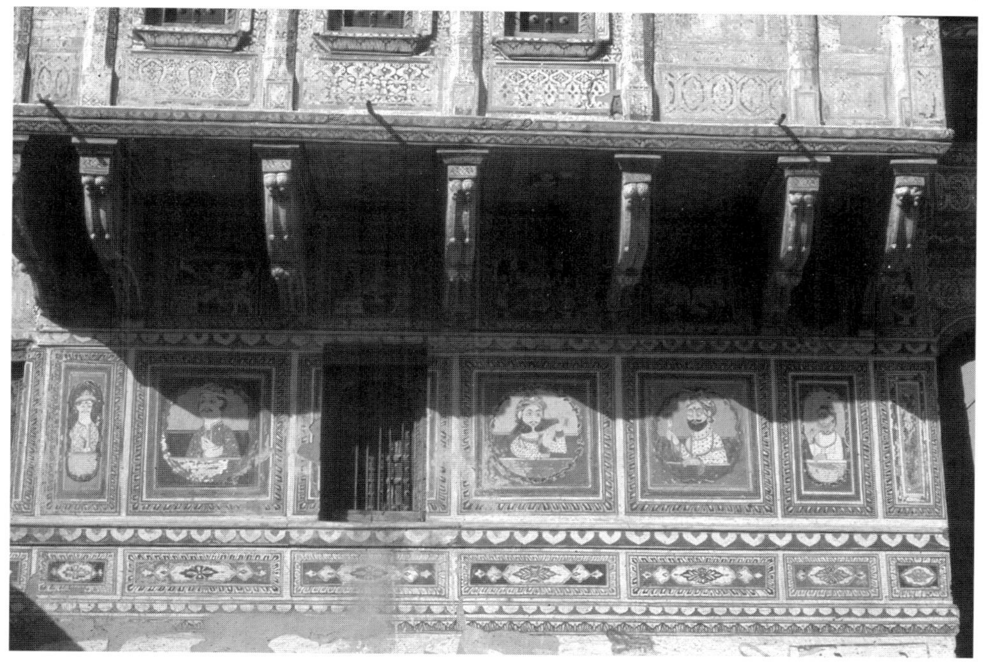

फतेहपुर, *शेखावाटी, राजस्थान, भित्तिचित्र, २०वीं शती ई.* *तस्वीर : लेखक*

एक वाहन सामने से आया कि हमारी बस को अटक जाना पड़ा। यहाँ तो एक-दूसरे को रास्ता देने के लिए ख़ुद सिकुड़ सके वैसे—ऊँट, घोड़ों और हाथी के आने-जाने की सुविधा थी। बस से उतरकर हवेलियों वाले परिसर में पहुँचे तो चारों ओर चित्र-ही-चित्र! मूल क़द के या छोटे-बड़े घोड़े और मनुष्य, तमाम दीवारों पर मौजूद, ऊपर-नीचे, झरोखों, दरवाज़ों, छज्जों में, चलते-चलते या हाथी या घोड़ों पर चढ़कर देखने का इन्तेज़ाम। रास्तों के दोनों ओर चित्र—इसे दो बार पार करें तो ही दोनों छोर गिने जायें। चित्र चलने को मजबूर करते हैं। वहाँ के रहने वालों को आते-जाते दोनों बार चित्रों की खुशियों का खज़ाना। और ज्यों-ज्यों देखते चलें त्यों-त्यों हवेलियों के कोने उजागर होते चलें। चित्र कहाँ-कहाँ, क्या-क्या दिखलाये? झरोखों की खिड़कियों के आस-पास Brackets के बीच, कठघरों के नीचे भाँति-भाँति के कौतुक की चित्र-लीला। बड़ी दीवार पर ढोला-मारू की विशाल आकृतियाँ मानो नाव खेते वक़्त हवा में खींचे मस्तूल (Mast) की तरह तनी हुई, आगे ढोला ऊँट को भगाता है, पीछे बैठी मरवण आती हुई फ़ौज़ को फूँक देने के लिए मुड़े तब ऊँट भी गर्दन घुमाकर युगल को गले लगा लें। कहीं उड़ान भरते नौजवान राजशाही सवार, तो कहीं वृक्षों से लिपट कर अंगभंगी करती सुन्दरियाँ-सखियाँ तो कहीं पूरी दीवार को घेरे हुए गजराज। हवा और हल्केपन से भरी हुई आकृतियाँ इमारत को फुला दे, रास्तों को भर दे। बीच में सच्चे और

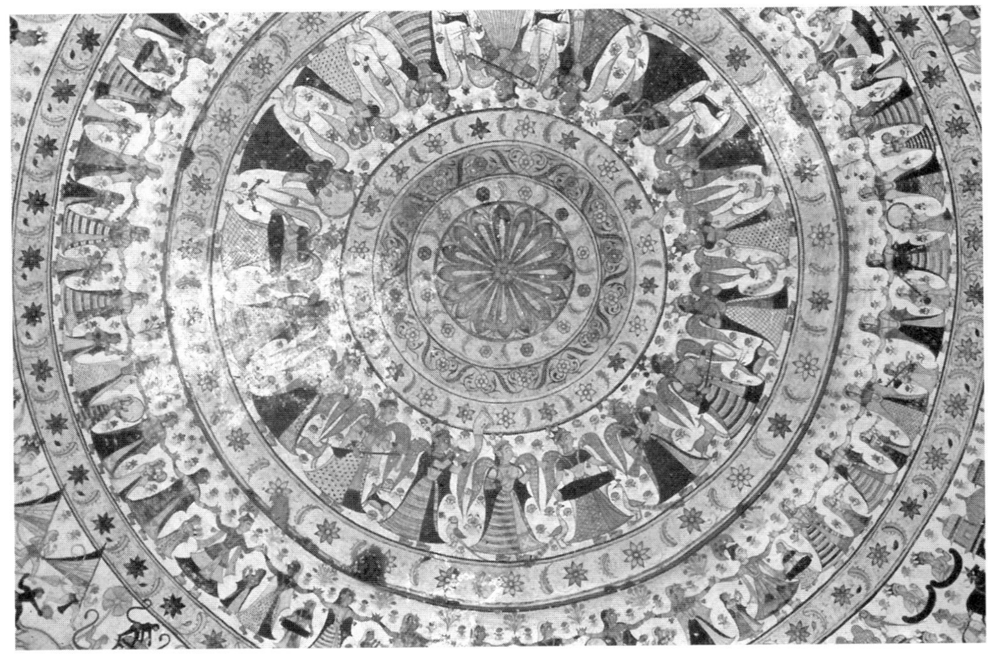

परशुरामपुरा, *शेखावाटी, राजस्थान, भित्तिचित्र, २०वीं शती ई.* *तस्वीर : लेखक*

चित्रित रूपों का खेल। एक खिड़की असली और दूसरी चित्रित (भोले सैलाानी यह सच-झूठ की माया में भटक जाते होंगे)। दूसरी ओर, चित्रित खिड़की की सलाखों से एक स्त्री का चेहरा कुछ-कुछ दीखता, कुछ छिपता और वास्तविक खिड़कियाँ सभी बन्द। परदेस गये सौदाग़र या सैनिक की लाजन्वती ग़ौरी जनानख़ाने से दुनिया को देखती हो या दुनिया उसे जनानख़ाने में नज़रक़ैद कर ले ये दोनों ही भरम की सच्ची प्रतीति। ऊपर झरोखे में, छज्जों में महीन बारीकियाँ, छोटी-मोटी छबियों के चौकोर टुकड़े। यह तमाम अन्दर से या कि हाथी-घोड़ों पर चढ़कर या कि सामने वाली हवेली के छज्जों में से देखने को ही बना होगा। सबकुछ आत्मीयता के अन्तर से देखने का, दीवार को दूर से झरोखों को अन्दर बैठकर। गोखड़े में कृष्ण-लीला की; रिपुसंहार की; दशावतार की; अन्य देवी-देवताओं के विविध रूप और रूपान्तर की बातें चौखटों में सिलसिलेवार। देखते-देखते, अखूट कथा का भण्डार खुलता जाये। बीच-बीच में बहादुरी बखानता राजसी चेहरा मूँछें मरोड़ता, गुलाब का फूल पकड़ फ़ोटो खिंचवाने को टेढ़ी Profile मुद्रा में खड़ा रहता और कहानियों के बीच मज़ाकिया अन्तरा जमाता। कहीं-कहीं कोई कोनों में ईसा मसीह और मरियम के चेहरे भी झलक जाते।

हवेलियों के दरवाज़ों पर बारीक़ नक़्क़ाशी, भीमकाय दरवाज़े पर पीतल के बूटे और कड़े। कत्थई काली लकड़ी और पीतल पर हराकच्च जंग—सिर्फ़ छूने से, छिलने से घिसा कड़ा उसके दो-तीन बूटे सोने की तरह झिलमिलाते। दरवाज़ों के किनारों पर मधुमक्खी के छत्ते

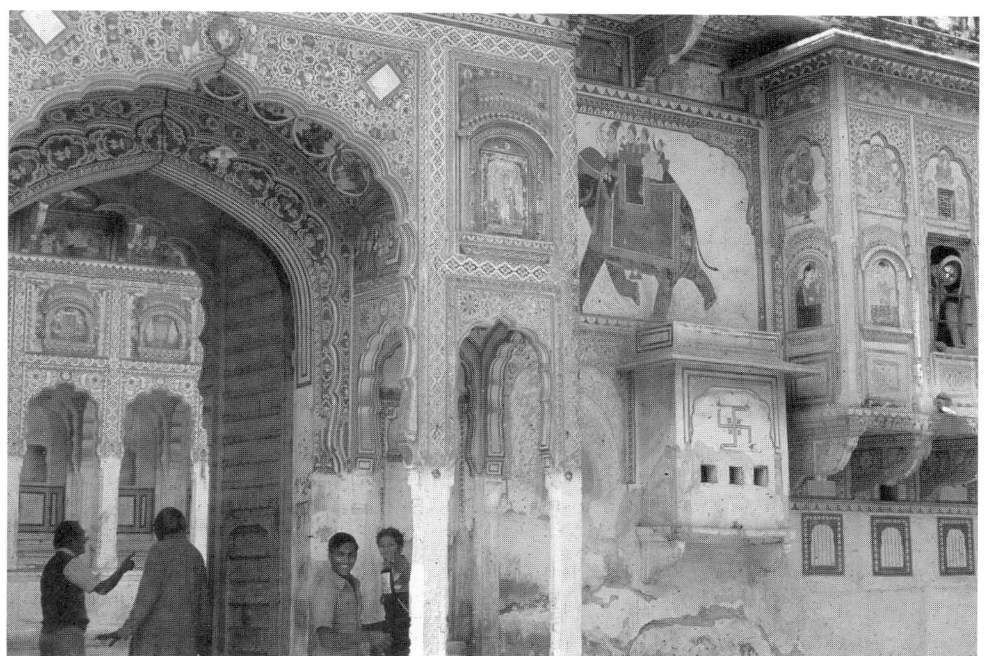

शेखावाटी, *राजस्थान, भित्तिचित्र, २०वीं शती ई.* *तस्वीर : लेखक*

सरीखी नक़्क़ाशी, जिसके ऊपर की कमान के गोल-गोल वर्तुलों में देसी-परदेसी सुन्दरियों के चेहरे और दरवाज़े पार करो तो चौबारा, दोनों ओर छोटे-छोटे कमरे और बीच वाली छत पर रासलीला की जमावट (जो कमोबेश सब जगह दिखायी दिया)। भीतरी हिस्से में चौक, पानी की टंकी और ऊपर जाती दो या तीन मंज़िलें लेकिन चौक में खुला चौकोर आकाश। कहीं पर चौक के भीतर होने वाले दरवाज़े की दोनों ओर दीवारों में उभारी छतरियों में राजाओं या श्रेष्ठियों की असरन्दोज़ तस्वीरें। चौक की चारदीवारों की रौनक तो कुछ और ही है। बीच में देवी-देवता, सुन्दरियाँ या फिर गजलक्ष्मी और छत के नीचे जुलूस, पलटन या कूच और गणग़ौर, होली, दशहरे के त्यौहार के दल। इसके ऐन नीचे (या ऊपर) की पंक्ति में शेखावाटी के चित्रों के ध्रुवपद जैसा महाकौतुक—रेलगाड़ी! भारत में रेलगाड़ी के आने से यहाँ चमत्कार हो गया है। कमोबेश हर एक हवेली में एक रेल तो शर्तिया है ही। व्यापार की गरज से परदेस में रहते सेठ और यहाँ रहती सेठानी के बीच या इस प्रदेश की मरुभूमि और अन्य प्रदेशों के बीच चित्रकार को यह जादुई संयोग सेतु जैसी लगी होगी। डब्बों की लम्बी कतार पहियों वाले घरों को लेकर निकल पड़ी गलियों जैसी लगती है। डब्बे कहीं पालकी जैसे और कहीं बैलगाड़ी जैसे, कहीं शादी की ढुलाइयों जैसे, कहीं दीवानखाने जैसे चौड़े, कभी-कभी हवा भरे की तम्बू की तरह कच्चे-पक्के रूप धर लेते हैं। पर रूप इनका रोबीला, साहब के गणवेश जैसा कड़क, ऊपर हैंडल जैसे चमकीले बटन, दरवाज़े-खिड़कियों जैसी जेबें और आमने-

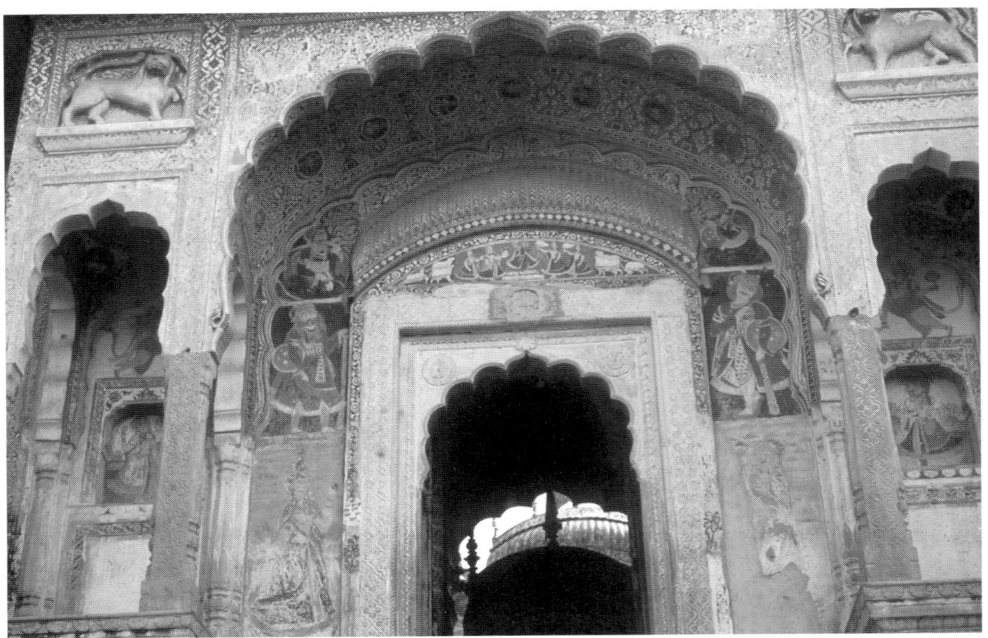

शेखावाटी, *राजस्थान, भित्तिचित्र, २०वीं शती ई.* *तस्वीर : लेखक*

सामने बैठे विलायती (और कभी देसी) लोग गिटपिट करते या बाहरी दुनिया पर भी नजरें डालें। खिड़की में से दिखता कटा हुआ, अर्द्ध-देह कैमरे की तस्वीर जैसा। इसी में कहीं आधी नींद में झंडी हिलाता गार्ड भी आ जाये। जुलूस की भाँति रेल भी दीवार के एक कोने से शुरू होकर ठेठ दूसरे कोने पर पूरी होती या कोना पार कर दूसरी दीवार पर चालू रहती। शुरू होती वहाँ स्टेशन, गाड़ी की चीले पटरियाँ और लकड़ी के पाटों में फँसे अफ़सर और कारीगर, फिर पूँछ सरीखा गार्ड का डब्बा। आगे चलें त्यों-त्यों हर एक डब्बे में खुशनसीब मुसाफिर जोड़ी दीवार के कोने से तीस-चालीस फुट तक और आख़िर में काला-कलूटा, महाकाय कीड़े जैसा इंजन, जिस के पैर की नाल हाथी-पाँव जैसी, ठाकुरों की लहराती दाढ़ी की भाँति धुआँ उड़ाता, पाँवों में पहिये पहनकर स्टेशन के पास छिंअटे देता खड़ा। यों चलते ही एक स्टेशन से दूसरे स्टेशन तक गाड़ी में बैठकर पहुँचने का मज़ा चित्र की रचना में ही मिलता है। जुलूस और गाड़ी हमें चौक में घुमाते हैं और घर के कोने-कोने में छिपे चित्रकौतुकों की ओर इशारा करते हैं। सारा घर चित्रों से लिपटा हुआ दीखता है और हम बीच में खड़े हों तो चित्र हम को भी लिपटा लेता है।

प्रश्न उठता है कि हवेलियों पर नख-शिख ऐसे चित्र कैसे बने और कैसे इतने समय टिके? दीवारों पर चूने का चलन तो पुरातनकाल से है, मगर इसे घिसकर कोमल बनाने का ढंग संगमरमर की कमी या विकल्प ढूँढ़ने में से निकला होगा। हमारे बुज़ुर्ग साथी ग्यारसीलाल

ऐसी पद्धतियों के पारखी, शेखावाटी में रह भी चुके हैं; वे बताते हैं कि घर में चूने की किनारियाँ रोज़-ब-रोज़ हाथ के घिसाब से चिकनी होती होंगी और इसी में से अकस्मात् इस पद्धति बनी होगी। शेखावाटी की पद्धति के बारे में उन्होंने अनेक भेद खोल दिये। मूलत: पत्थर या ईंट की दीवार पर चूने की सतह, उस पर मौसम की सूखी-नमी को परख कर भोर में या दिनभर में चूने के पतले पानी की परत और इसे नम रखने को पानी का बारम्बार छिड़काव। तमाम पानी सोख कर जब दीवार भीनी हो जाय तभी कारीगर इसे घोट लेते हैं और बिना किसी चिकनाहट वाले, मात्र पत्थर (mineral) के रंग से चित्र बनाते हैं तथा दीवार और रंगों के सूखने से पहले ही दोनों को थपथपाते हैं, नारियल और अकीक से घिसकर दीवार में और रंग को चूने में समूचा उतार देते हैं। फिर इसकी चिकनी सतह पर होकर बरसाती पानी फिसल जाता है। ठण्ड या धूप इसे न तो फीका कर सकती है और न ही उखाड़ सकती है। यह Fresco पद्धति है, जिसमें गोंद या चिकने रंग दीवार पर लगाये नहीं जाते लेकिन जब दीवार भीनी हो तभी रंग लगाने के कारण चित्र टुकड़े-टुकड़े होता है या तो इसे तेज़ गति से करना पड़ता है और यदि चित्र बहुत बड़ा हो तब ऐसा निरूपण करना पड़ता है कि जोड़ दीखे नहीं। शेखावाटी में फ्रेस्को और किंचित् चिकनाई-युक्त रंगों, दोनों का प्रयोग हुआ जान पड़ता है, इस मिश्रित पद्धति के कारण पत्थर के रंगों की सीमित range और और टुकड़े-टुकड़े चित्र करने की फ्रेस्को की अनिवार्यता से शेखावाटी का कारीगर-कलाकार छिटक जाता है।[८] वाकई देखें तो मरुभूमि में जन्मी[९] इस पद्धति का मूल पानी और चूने की दीवार के अनुरूप उसके प्रमाण की परख में है। जानकार कारीगर वातावरण में मौजूद भीनेपन को पहचानकर दीवार को ज़रूरी पानी पिलाकर रंग झेलने को तैयार करता है, इसी कारण उस पर बनने वाला चित्र भीनेपन में ही पैदा होता है। चित्र-रचना की प्रवाहशीलता और वेग, यों दोनों ही पद्धति से जुड़े हैं। ऊँट की भाँति मरुथल में पानी के न्याय का अनुसरण करके ये दीवारें चित्रों को सदियों तक सम्हाल पायी हैं।

शाम ढले जब दीवारें विलीन हो गयीं और आकृतियाँ परछाइयों की तरह पिघलने लगीं, तब तक हम लोग दीवारों की ठण्डी, भीनी कोमलता में बैठे चित्रों का मज़ा लेते रहे, फिर संग्राम सिंह के साथ आराम के लिये रूपनिवास की ओर मुड़े। सवेरे जीप लेकर परशुरामपुरा में शार्दुलसिंह की छतरी देखने निकल पड़े। रास्ते में गाँव के छोर पर सारे रास्ते को समा लेता विशाल दरवाज़ा (तोरण जैसा), जिसमें ऊपर एक सवार और सती की प्लास्टर तथा एनॅमल रंग की मूर्तियाँ और पास ही में सती का मन्दिर। आगे जाने पर ऊँची घास की ढेरी देखकर ग्यारसीलाल बताने लगे कि इसमें से मुड्डे, सूप और रस्सियाँ, फूल जैसे गुच्छों से झोंपड़ों की छतें (जो इतनी चिकनी कि बरसात का पानी अन्दर घुसने ही न दे) बनते हैं। चूना घोलने की भारी तूलिका भी इसी से बनती है। मरु-अंचल में प्रकृति और लोगों की रचनाशीलता का यह दूसरा बहुरूपी दर्शन था।

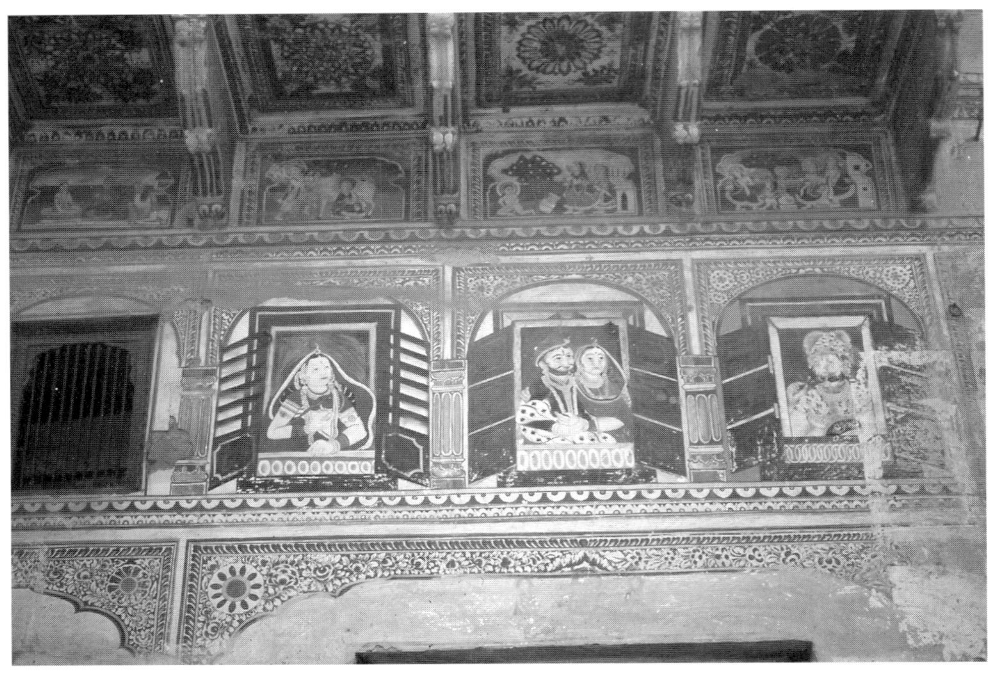

नवलगढ़, *शेखावाटी, राजस्थान, भित्तिचित्र, २०वीं शती ई.* *तस्वीर : लेखक*

परशुरामपुरा तो गोया बाहरी संस्कृति से अछूता ही रह गया हुआ गाँव है। अपने यहाँ जैसे कौए और काबर उड़ते फिरते हैं ठीक वैसे ही मोर और कबूतरों के टोले यहाँ उड़ते हैं। शार्दुलसिंह यहाँ के राजपूतों के पूर्वज थे, जिनकी छतरी उनकी समाधि पर ई.सं. १७४५ में उनकी रानी ने बनवायी। वर्तुलाकार छतरी की हल्की, पीली दीवार पर काली रेखा और थोड़े से लाल रंग से चित्रित चंदवों में रामायण, कृष्ण लीला, पाप-पुण्य की करनी भरनी की घटनाएँ तथा शार्दुलसिंह, उनके दरबारी और सैन्य और उनका पंचकल्याणी घोड़ा, ये तमाम गोलाकार में चित्रित हैं। कथा में से कथा निकलती जाती है और जैसे-जैसे चित्र को पढ़ते चलें, वैसे-वैसे ही प्रदक्षिणा होती जाती है। यहाँ कुम्भकर्ण की राक्षसी देह पर चीटें चिटक पड़े हों, वैसे वानर चिपटे हैं, वहाँ रीछ और वानर पत्थरों पर तैरते हैं, दूसरी तरफ़ कोई गाय की पूँछ पकड़कर वैतरणी पार करता है और पास ही में पापी के मुँह पर सर्प डंख है। यहाँ अशोक वाटिका में अकेली सीता है तो दूसरी ओर शार्दुलसिंह का दरबारियों के साथ मस्लहत है, घोड़े चहुँओर दौड़ने लगे और वर्तुल में परियों का नाच। लोकनाट्य या कथा के ढंग अनुसार ही अनेक प्रसंगों की बुनावट कथन रेखा की रसमयता में दर्शक-श्रोता को अपने घेरे में लपेट लेती है। यहाँ आकर चान्दोद और गुजरात के अन्य भित्तिचित्रों की याद ताज़ा हो जाती है।

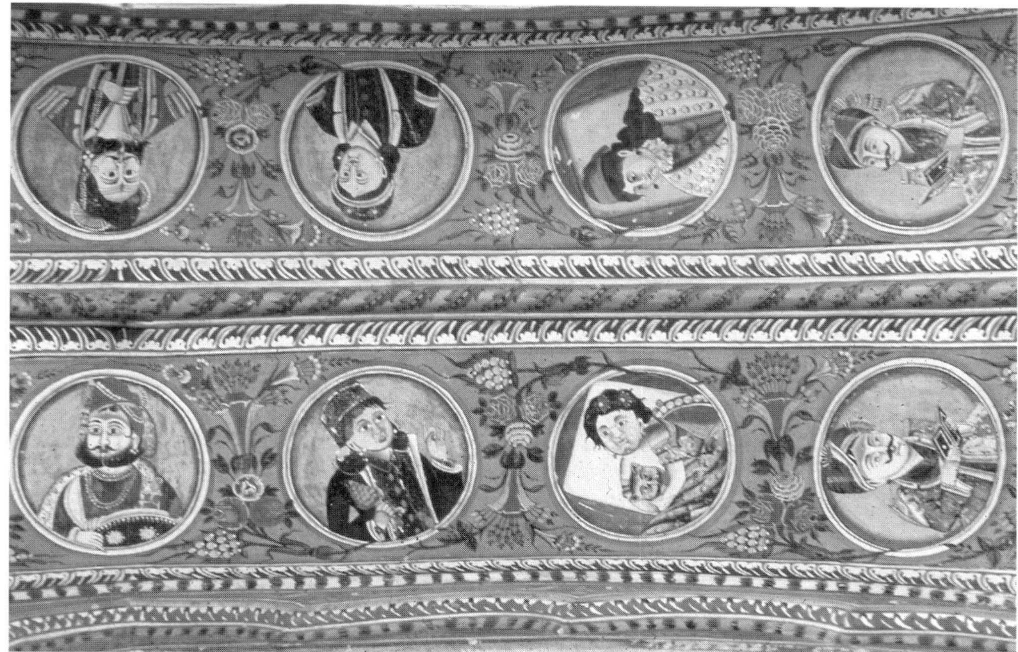

फतेहपुर, *शेखावाटी, राजस्थान, भित्तिचित्र, २०वीं शती ई.* *तस्वीर : लेखक*

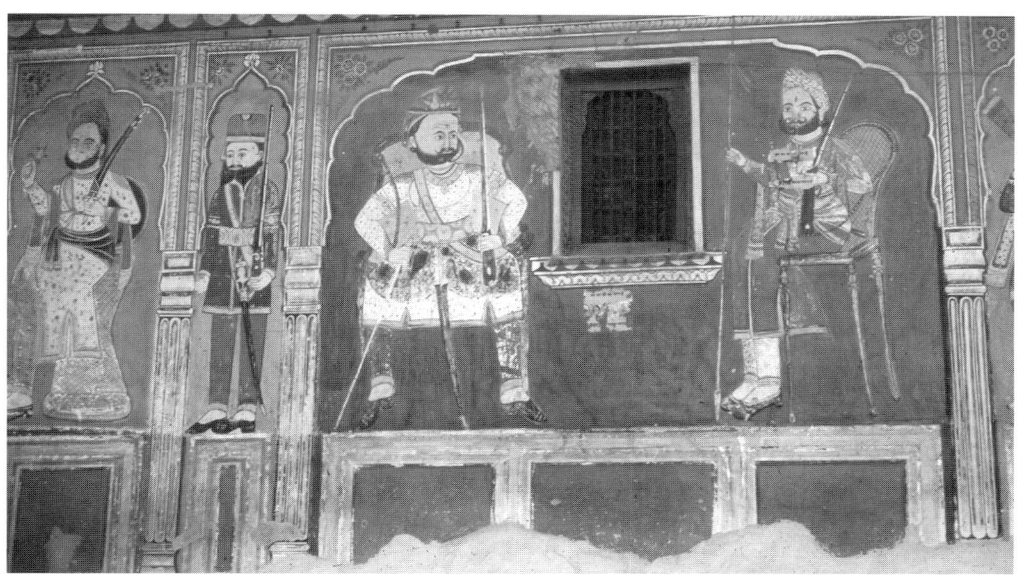

फतेहपुर, *शेखावाटी, राजस्थान, भित्तिचित्र, २०वीं शती ई.* *तस्वीर : लेखक*

दोपहर में मण्डावा की ओर प्रयाण। रास्ते के दोनों ओर ढूहें और खेजड़े। लेकिन इस बार खेजड़ों पर गिद्धों के झुण्ड चिपके हुए हैं—मानो उसके तने से ही ना उगे हों! मण्डावा के क़िले और महलों को बड़ोदरा के पुराने विद्यार्थी रणधीर विक्रम सिंह ने होटल में बदल दिया है, और खानदानी विरासत की सम्पत्ति, सिक्के, हथियार, पोशाक इत्यादि का इसमें संग्रह करने की शुरुआत की है। महल में सिर्फ़ नाममात्र के चित्र ही बचे हैं, लेकिन उनमें शैली की दृष्टि से जयपुर-जोधपुर के पोथी-चित्रों का छाँट है—बाहर की वणिक हवेलियों से इसका मिज़ाज अलग है। मण्डावा की यह शैली नवलगढ़ से विशिष्ट है; यहाँ बारीक़ी का चलन है, लेकिन अलंकृति के भार से उसका ऋत पतला नहीं हुआ। देदराज गोयन्का की हवेली में दीवार को धागे से सिया हो ऐसा बारीक़ कशीदाकारी; झरोखे की ओर दीवारपट्टी पर अनगिनत जीवों की रंग-बिरंगी सुगबुगाहट; रेशमी चोला पहन आभूषण खचित जाज्वल्यमान् सेठानी जैसी हवेली।

मण्डावा से फतेहपुर गये तो वहाँ की बारीक़ी तो और भी सवाई; कहीं तो मुग़लाई पोशाकों की तरह के बूटे और कहीं छत पर बिछी जाजम का नज़ारा। बारीक़ी का यह सातत्य दरवाज़ों पर खुदाई से लेकर चित्र के निरूपण तक में मौजूद; राम गोपाल गोयन्का की हवेली में अलंकार का चित्ररूपक ऊपर बने छोटे से बैठक के कमरे में उजागर हुआ। तमाम दीवारों पर लाल चटख रंग की बिछात और तोतेनुमा हरे बिछौना पर मनमोहिनी नायिकाएँ और रास खेलते या 'नरकुंजर' पर सवार कृष्ण, ताम्बुल रंग के खण्ड में तरबतर कर दे ऐसे रंगों की महक और मसाले। विद्यार्थी बाहर आने का नाम ही न लें। एक दूसरी हवेली की रखवाली करने वाली महिला ने तमाम चीज़ें बहुत शौक़ से बतायीं और बोली कि यह 'चितेरी' काम तो सेठों के प्रताप से है। छप्पनिया अकाल में सेठों ने चित्रकारों को रोज़ी-रोटी मुहैया करके जीवनदान दिया था। हवेली का कोना-कोना चित्रित करवाकर सेठ ने पाई-पाई वसूल कर ली या दीवारों को चित्रों से भरकर चित्रकारों ने मेहनताना चलाये रखा हो, कौन जाने, लेकिन दोनों की होड़ या समन्वय के कारण सारा घर चित्रों से अट गया था!

फतेहपुर से लछमनगढ़ का रुआब तो अलग ही है। इस सपाट प्रदेश का पहला दर्शन एकाकी टेकरा, ऊपर जली हुई रोटी जैसी क़िले की भारी-भरकम दीवारें। कहते हैं कि मुश्किल में फँसे राजा ने यह क़िला उन्होंने एक सेठ को बेच दिया। फ़िलहाल आँगन में बँधे हाथी की तरह यह सेठ के रखवाले की कूँजी में क़ैद है। बमुश्किल खुलवाकर ऊपर गये तो सब कुछ ख़ाली, दीवाने-ख़ास जैसा खुला बरामदा, पानी की विशाल टंकी और मरुभूमि में विरले फूल-पौधे। क़िले के ऊपर से गाँव की, पहाड़ी घूमती गलियाँ—सीधी-सपाट और हवेलियों की विहंगम दृश्यावली। यहाँ के चित्रों में नवलगढ़ की भाँति फिर से हवा का जोर है लेकिन दमाम ज़रा हटके है। सावन्तराम चोखा की हवेली पर घुड़सवारों से दूर भागते सुअर खिड़की के छज्जे कूदते हैं। नीचे चार खिड़कियों के बीच छोटा घुड़सवार घर को मैदान बना देता है,

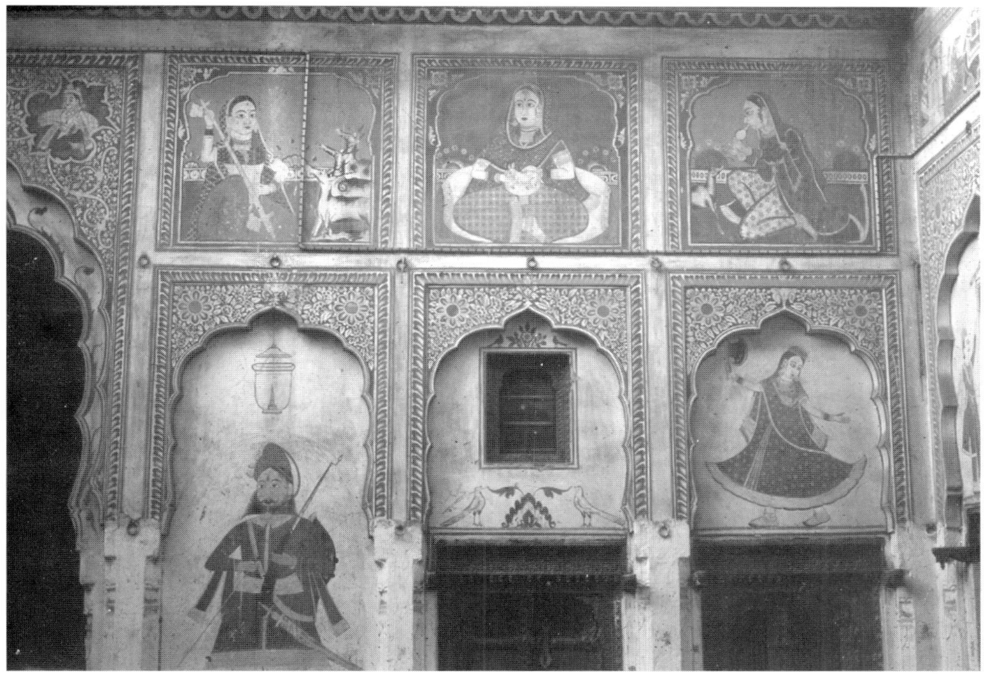

फतेहपुर, *शेखावाटी, राजस्थान, भित्तिचित्र, २०वीं शती ई.* *तस्वीर : लेखक*

आगे हाथी की बग्घी की तीन मंज़िलों में सोलह-सोलह सेठ राजसी ठाट से बिराजे हैं। केसर देव सर्राफ की हवेली के एक गोखड़े में चलती-चलती घूँघट में से एक आँख से आने वाले को निरखती नारी। ज्यों-ज्यों देखते जायें त्यों-त्यों अपार अजूबे खुलते जाते हैं। शेखावाटी के चित्रों में यों दो प्रकार हैं। समय से परे पारम्परिक कृतियाँ अलग परिवेश में छोटी-बड़ी होती हैं तब एक धुन हर बार ज़रा अलग ढंग से गायी जाय ऐसी रंगत। नये रूप तो हरेक कलाकार और सेठ या हवेली और गाँव झेल ले या आयात करे ऐसे। इस तरह रामगढ़, मुकुन्दगढ़, चूरू, पिलानी, झुंझुनू और दूसरे कस्बों की हवेली-कला के विशिष्ट रूप, अलग मिज़ाज लेकिन इन सभी को जोड़ती एक अनोखी दृष्टि।

शेखावाटी के चित्रों में आकृतियों की भरमार है; दीवारें भरचक भरी हुई हैं और इनमें निर्जन प्रदेश को भी जनपल्लवित करने का हेतु हो सकता है। पहली नज़र में इसमें भीड़ की अराजकता दीखती है या फिर यों लगता है मानो आकृतियों को दीवार पर कोलाज की भाँति एक-दूजे के साथ 'चिपका' दी गयी हों (आजकल दीवारों पर सिनेमा के पोस्टर और विज्ञापनों की भाँति) लेकिन ध्यान से देखें तो इसमें आलंकारिक शैली का औचित्य, आकृति का स्थान, क़द और रंग-रूप के निश्चित प्रयोजन स्पष्ट हो जाते हैं। इमारत और परिवेश में,

खण्ड और दीवार के उपयोगानुसार अवकाश की रचना हुई है। इसमें जीवनचर्या के बीच चित्र देखने का अभिप्रेत है।

विशाल दीवारों पर सारा फलक रंगों से भर नहीं दिया जाता। दीवार का रंग और इसमें आये दरवाज़े और खिड़कियाँ तमाम इसका फलक बनते हैं। इसमें चित्रकार सच-झूठ का बाज़ी लगाता है, सच्चे-झूठे खिड़की-दरवाज़े और उनमें झाँकते या निकलते लोग और रास्तों पर विचरते पशुओं की भूलभुलैया बनती है। घर लौटते या पीछे मुड़कर देखें तब चित्र के, जीवन्त रूपों के पाठ बदलते जाते हैं। रास्ता अलग-अलग जगह से पार करें तब नये-नये कोनों में छिपकर बैठे रूप उजागर होते हैं। एक घर में घुसते दरवाज़े से, ऊपरी कठघरे के नीचे कुछ उलटी और सीधी आकृतियाँ देखीं। वापस उसी दरवाज़े से बाहर निकले तब उलटी आकृतियाँ सीधी हो गयीं! इस तरह चित्र की लिज्जत दोनों ओर, आते हुए और जाते हुए भी। अब तक यह तो स्पष्ट हो ही गया है कि यहाँ चित्र का अवकाश टंगी हुई छबि से अलग, ख़ुद घूम-फिरकर देखने का, सर्वांगी अवकाश है। अवकाश में ज्यों-ज्यों विहार करें त्यों-त्यों आकृतियाँ प्रकट होती हैं, और इसी वजह से साक्षात्कार तारामैत्रक में नहीं, क्रियाशीलता में है।

दीवार के अवकाश को कुरेद कर बनायी गयी आकृतियाँ तैरती नहीं रहतीं, हमारी आँख और

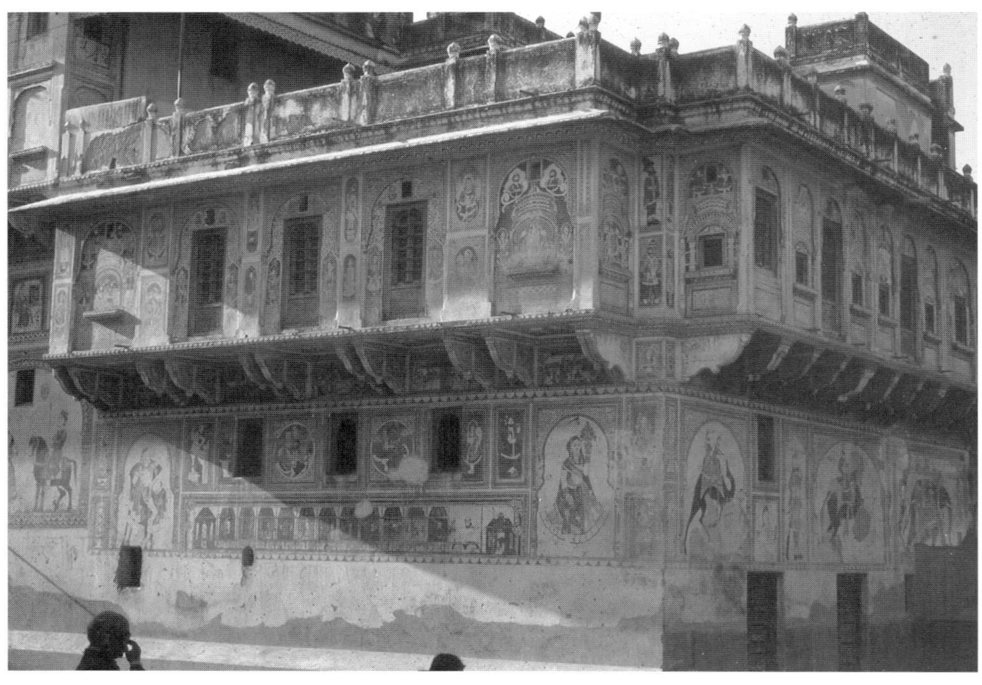

शेखावाटी, *राजस्थान, २०वीं शती ई.* *तस्वीर : लेखक*

पाँव के बीच मौजूद निरीक्षण का ध्रुवबिन्दु हमेशा चित्रों का अक़सर बदलता अवकाश फलक रचता है। चित्रांकन के जोश में आकृतियाँ फलक पर उभरकर उछलती हैं। (दूरी में विलीन नहीं होतीं), गोया तमाम चीज़ें बाहर निकली जा रही हों—दर्शक की इन्द्रियों तक। इस जोश में मार्मिक मज़ाक भी शामिल है। फतेहपुर में रामेश्वर लाल चौधरी की हवेली के बाहर की दीवार पर विदेशी ललनायें (और कहीं-कहीं जोड़ी) तरह-तरह की लुभावनी मुद्राओं में दर्शक को गुदगुदाती हैं। सेठ और कलाकार के संयुक्त प्रपंच की बदौलत नयी संस्कृति के स्वागत के बहाने इन 'मैडमों' को मरुभूमि को आप्लावित करने को आयात की हों, ऐसा लगता है। इनके कपड़े और अंगोपांग बिकाऊ चीज़ों की भाँति ख़रीदने लायक दिखते हैं। नन्दलाल देवड़ा की हवेली में विलायती जनता का दूसरा ही रूप है। छबिआकार के गोल चकत्ते छत पर चित्रित हैं, इनमें टोपी वाली, पिल्ले को चुपकारती मैडम थोड़ी मर्द सी लगती है। दूसरे चकत्ते में भारतीय नारी, पूजा की सामग्री और मोरछल लिये हुए, माला पहने सात्विक भूमिका निभाती है। देशी पुरुष के हाथ में फूल पकड़ाया है और टोपीवाले परदेसी के एक हाथ में बन्दूक और दूसरे में शराब की बोतल! दूसरी ओर, चित्रकार रुआबदार सेठानियों की शानो-शौक़त दिखलाने का शौक़ पूरा करता है, और साथ-ही-साथ आँख मींचकर कुछ और ही कहता नज़र आता है। उभरे गाल वाले चेहरे और कन्धे के पीछे दिखते गोल तकिये सरीखे फूले हुए अंग और हाथ में मोटा मोटा फूल : चरबी युक्त खानपान और बैठने-बतियाने के मज़ाक़ के साथ गर्व के बुलबुले भी फूटते हैं। छबिकला की बदौलत आयी आत्मरति का भी यहाँ भरपूर चित्रण है। चित्र की दुधारी तलवार अतिशयोक्ति का आश्रय लेकर चित्रित करवाने वाले के अहं को हवा देती है और हास्यास्पद भी बनाती है। कंघे से दाढ़ी सँवारते ठाकुर के टेढ़े चेहरे का रौब और पाँव के पास बैठा हुआ बौना सा बाघ बहादुरी की उलटी ओर इशारा करता है। इससे भी सवाई, कई हवेलियों के दरवाज़ों की ओर छोटी-छोटी छतरियों में ठाट से बैठा हुआ सेठ और राजसी पुरुषों के पाँव ऊँची अँग्रेज़ी कुर्सी पर बैठे, ज़मीन के ऊपर लटकते से रहते हैं, इसका व्यंग्य देसी-विदेशी संस्कृति की जुगलबन्दी के बारे में बहुत कुछ कह जाता है। द्वारपालों का पहनावा और हाथ की मुद्राएँ भी कुछ ऐसा अँगुलिनिर्देश करती हैं। चेहरे कठपुतली जैसे, राजपूती हाथ में गुलाब और विलायती हाथ में बिगुल उनकी आन-बान का बाजा बजाते हैं। कृष्ण के रूप भी अनोखे हैं। कहीं पर पतले परमार तो कहीं पर स्थूलकाय सेठ, थुलथुल सेठानी के साथ बेलन सरीखे दाण्डिये से रास खेलते हुए। रतिक्रीड़ा के चित्र मात्र बन्द दरवाज़ों में छिपे हुए नहीं हैं; रास्ते की दीवार पर भी दिख जाते हैं। कहीं पर कामवृत्ति का आह्वान तो कहीं पर साफ़ व्यंग्य, परन्तु इनमें पापबोध बिलकुल नहीं झलकता। यह गुन्हाहित वृत्ति ने जब से हमारे चित्त में घर कर लिया तब से हमने जानवरों की इन्द्रियों को दिखाना भी बन्द कर दिया।

शेखावाटी की कला में देवी-देवताओं के चित्र हैं लेकिन यह कला धर्म के सहारे पल्लवित नहीं हुई—यह अनेक अर्थों में लोकप्रेरित कला है। चलन में आने पर रवि वर्मा के छपे चित्रों

और काँच पर चित्रित आकृतियों की चमक-दमक भी इसमें निस्सन्देह समाई है। इस तरह इस चित्र के व्यंजनों में षड्रस से अधिक मसाले हैं। जैसा कि केरी वेल्च कहते हैं—इसमें विवाह की मिठाई का स्वाद है। कुर्सी-टेबल और थाली में खाये जाने वाले व्यंजनों के साथ चटखारे लेने की, चटखारेदार नमकीन और कच्चे आम को कचड़-कचड़ चबाने और पानबहार मसाले की महक का स्वाद लेने के मौक़े भी यहाँ हैं। सबसे बड़ा सुख तो यह है कि इसका अपना निराला स्वाद है—अनेक रीतियाँ अपनाने से शेखावाटी की अनोखी चित्ररीति का ऋत लुट नहीं गया।

कहते हैं कि यह भूमि बरसों से, दशकों से छोड़ दी गयी है। व्यापार की गरज से अन्य प्रदेशों में गये सेठ वहीं पर स्थायी रूप से बस गये हैं, यहाँ तो उन्होंने कमाई गयी पूँजी से मातृभूमि की हवेलियों को सजा-सँवारकर सुरक्षित रखने की परम्परा बनाये रखी है।[१०] लेकिन यह बात गले नहीं उतरती। चित्र में झलकता जोश-उत्साह, मात्र बाहर से आने वाली पूँजी से पैदा नहीं हो सकता! इसमें जीवन की ऊष्मापूर्ण धड़कनें हैं। आज तो देश की आधी औद्योगिक सम्पदा के मालिक सेठों में से कोई भी शेखावाटी में नहीं रहता। चित्रकार भी एक-दो पीढ़ियों से अन्य व्यवसायों में चले गये हैं या फिर अन्य कारीगरों के साथ रोज़ी कमाने अरब देशों में मज़दूरी करने चले जाते हैं। उनके पुनरागमन की वजह से आयी शानोशौक़त से नवीन शहरी संस्कृति का प्रभाव जोर पकड़ता जा रहा है। सेठों या गाँव के लोगों को अब चित्रों की परवाह नहीं। हवेलियों के रखवालों के परिवार चौक के कोने में खाना बनाते हैं तो धुएँ और आँच से चित्रों पर काली परतें चढ़ती जाती हैं। बाहर की दीवारों से चूना-प्लास्टर झड़ता है। कहीं-कहीं मकान मालिक पुरानी हवेली पर चूना पुतवाते हैं या 'फ़्लैट' बनाने की गरज से तुड़वाते हैं। वाक्ज़ियार्ग और नाथ के प्रयत्नों से बिड़ला जैसे परिवारों में जागृति आयी है, और सरकार भी इस दिशा में कुछ करना चाहती है, फ्रेंच पर्यटकों के दल भी यहाँ विचरने लगे हैं, कहते हैं कि मण्डावा में बच्चे फ्रेंच बोलना सीख गये हैं। अब शायद जर्मन और अँग्रेज़ी सीख जायेंगे। शेखावाटी की चित्र संस्कृति का यह दूसरा संक्रान्तिकाल है—इसमें से क्या जन्मेगा?[11]

—शेख

वड़ोदरा, मे १९९४

(सायुज्य, अगस्त, १९८४, पृ. ४३-५८)

गुजराती से अनुवाद : कुन्दन माली

टिप्पणियाँ

१. बरवाड़ा के राजा मोकल सिंह के घर फ़क़ीर शेख के आशीर्वाद से पुत्र का जन्म हुआ तो उसका नाम रखा 'शेखा'। इन्हीं राव शेखा जी के नाम पर उत्तरी राजस्थान का यह अंचल शेखावाटी / शेखावती (यहाँ प्रचलित उच्चारण के अनुसार) नाम से प्रचलित हुआ।

२. ग़ैर भारतीय कला की जाँच-परख के निमित्त गठित समिति के सदस्य के रूप में इन सभी स्थानों पर घूमने का अवसर मिला।

३. गो कि अन्य समाज-संस्कृतियों की तुलना में हम लोग अपने घरों, दुकानों और गलियों को अच्छे या बुरे, अपने-अपने ढंग से शृंगारित करते रहते हैं, उसी में मौजूद archetypal दृश्य-परम्परा का एक सन्निहित रूप नज़र आता है।

४. संगीत में कलाकारों के पारिवारिक नाम से घराने पहचाने जाते हैं, उसी प्रकार चित्रकारों के नाम से 'क़लम' को पहचाना जाता है।

५. Since ancient times, India has been freely receptive to foreign artistic ideas, but like insects enticed by the venus flytrap, after being received with disarming ease, they have been consumed, leaving few traces. – Stuart Cary Welch, Room for Wonder, 1978, p. 17.

६. शेखावाटी की चित्र-कला की ओर ध्यान आकृष्ट करने का श्रेय इन दोनों व्यक्तियों को दिया जाना चाहिए। अतिरिक्त जानकारी के लिए देखें—Rajasthan The Painted Walls of Shekhavati by Francis Wacziarg and Aman Nath, Vikas, 1982.

७. वही, हवेली के स्थापत्य के खुलासे के लिए देखें पृ. २१ से २४।

८. उक्त पुस्तक में दी गयी फ्रेस्को विषयक व्याख्या अधूरी है, इसके लिये देखें ग्यारसीलाल वर्मा, "The Jaipur Fresco Process", Lalit Kala Contemporary-14 April 1974, page 41-43.

९. वाक्ज़ियार्ग और नाथ के मतानुसार राजस्थानी फ्रेस्को पद्धति इतालवी Buon Fresco से आयी है, यह बात मान्य नहीं लगती।

१०. वही।

११. यह लेख सुरेश जोशी को पत्र के रूप में लिखा गया है।

चिवितेल्ला के संस्मरण

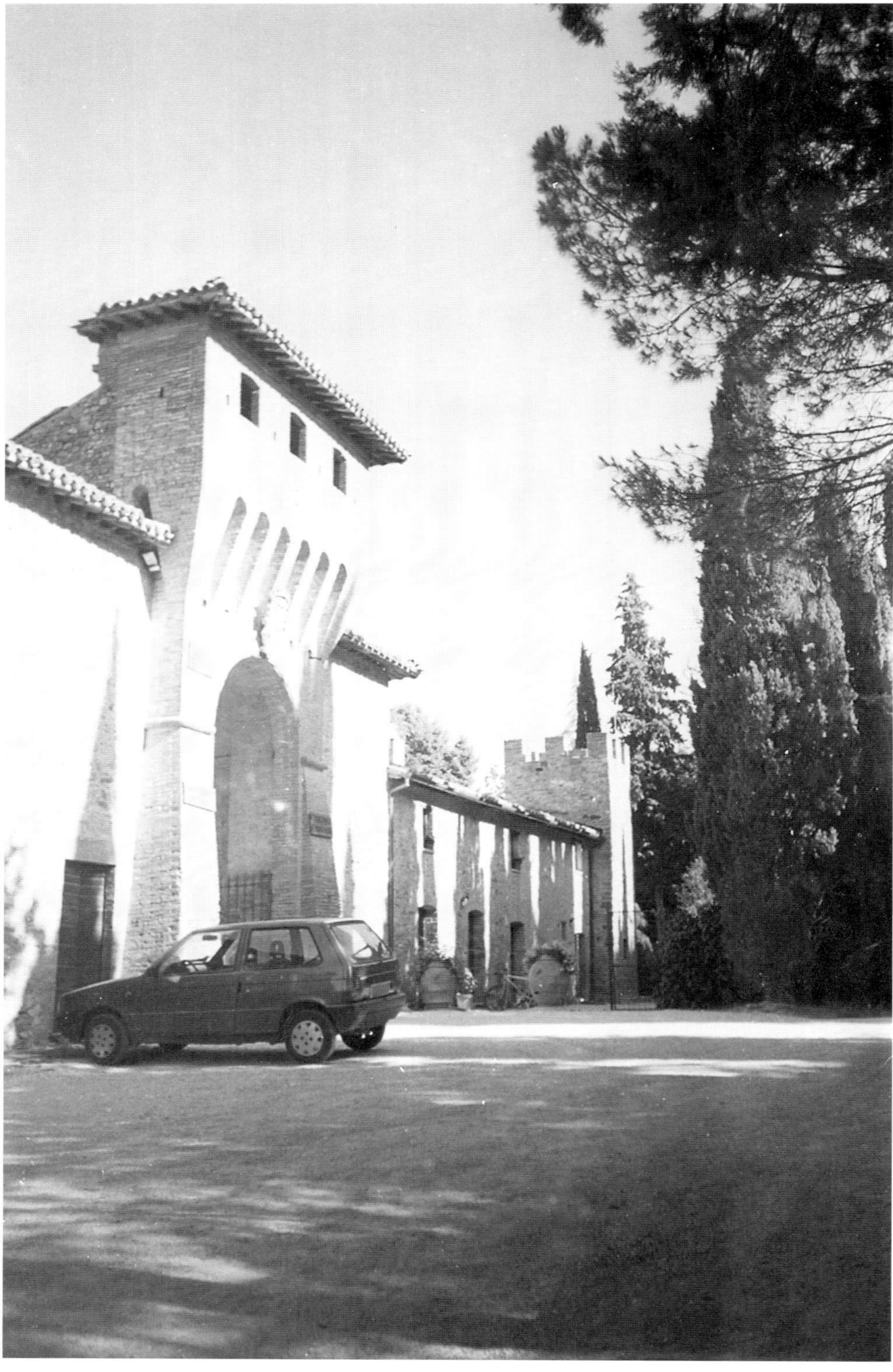

सन् उन्नीस सौ बयासी में इटली में घूमते समय डायरी में लिखा था : (चलती हुई गाड़ी से खिड़की के बाहर देखते हुए) 'यहाँ चित्र के ही विचार क्यों आते हैं? क्या है यहाँ के लैण्डस्केप में? हमारे और यहाँ के प्रकाश में क्या फ़र्क़ है? कई जगहों पर पेड़ों की घनी कतारें इटली की जगह जर्मन रंगदर्शी चित्रों (उसकी नाट्यात्मकता और संवेदनशीलता को छोड़ कर) की याद दिलाती है। यह जो सामने दिखायी देता है वह मानो आधा सच और आधा चित्रित लगता है! चित्रों को देखने के बाद दुनिया भी मानो चित्रों की बनी दिखायी देती है।' पन्द्रहवीं सदी तक यूरोप और पूर्व की कला परम्परा प्रकाश के तन्तु से बँधी थी। सब कुछ धूप में, उजाले से पाया हुआ और झिलमिलाते रंगों में दिखता था। पुनरुत्थान काल में परछाईंयाँ उतरी और पूर्व-पश्चिम का भेद उड़कर आँखों में आ बसा। फिर पश्चिम का चेहरा अँधेरे में पड़ते प्रकाश में दिखायी दिया। रंगबिरंगी दुनिया मात्र आँखों से निरखी हो ऐसी अँधेरे-उजाले में धारदार हुई। इसी वजह से पूर्व की आँखों को पन्द्रहवीं सदी के पहले की कला के लिए आकर्षण रहता है। इस प्रक्रिया में हमारा और उनका देखना एक होता हुआ लगता है। उजाले के अजीबोग़रीब खेल क्या-क्या दिखाते हैं, क्या-क्या भाव जगाते हैं? एकाध चित्र अचानक स्थान-काल भेद कर कहाँ-कहाँ ले जाता है! चित्र क्या, सिर्फ़ उजाले को देखने में ही, अनुभव के भेद मिट जाते हैं! मुझे याद है, सन् उन्नीस सौ पैसठ में रोम के राष्ट्रीय संग्रहालय के पीछे के बाड़े में सर्दियों की गुनगुनी धूप में रोमन और यूनानी खण्डित मूर्तियों का संगमरमर और आसपास के सूखे पेड़, घास और ज़मीन एक-दूसरे में पिघलते दिखे, तब किसी और जगह पर बिलकुल ऐसे ही अनुभव के अचम्भे से मैं घिर गया था।

इटली की लीला वैसे भी न्यारी है। उसके गाँव-गाँव में, गली-गली में, भूतकाल भरा हुआ

प्रवेशद्वार*, चिवितेल्ला*

तस्वीर : लेखक

है; सारी धरती ही इतिहास से भूषित है और सब कुछ जतन से सँजोकर रखा हुआ। पुरानी इमारतों पर विज्ञापनों के तख़्ते नहीं। दाग़-वाग, गन्दगी, कूड़ा-कर्कट कम, हालाँकि उत्तर यूरोप में अस्पताल की तरह सब कोरा-सफाचट होता है वैसा भी नहीं। (इसे देखकर हमारी इमारतें और कला के जतन के सुघड़ भविष्य की कल्पना किये बिना नहीं रहा जा सकता।) चित्र महलों, गिरजाघरों, क़िलों, हवेलियों और संग्रह-स्थानों की दीवारों पर हर जगह पर । अरे, गाँवों में भी संग्रहालय—राष्ट्र के, राज्य के, शहर के, नगरपालिका और निजी स्तर पर बने। देखते-देखते आँखें छलक जायें। बड़ौदा में पढ़ते समय किताबों में जो देखा था वह सब उन्नीस सौ तिरसठ में विलायत गया तब पहली गर्मियों में ही इटली जाकर, मिलान से नेपाल तक भटक-भटक कर देखा। खोजने का मज़ा कुछ और ही। ज्योत्तो का काम देखने के लिए तीन-चार गाँवों की सैर। पियेरो (देल्ला फ्रांचेस्का) का दूसरे, लियोनार्दो का तीसरे और गाँव-गाँव हरेक संग्रह-स्थानों, गिरजाघरों और महलों की दीवारों पर खोज ही खोज, कभी-कभी किताबों में छपे हुए और मूल चित्र के बीच कोई मेल न मिले और यदि लेखाजोखा हो जाय तो अहोभाव की जगह निराशा-ही-निराशा और कई बार बेध्यानी से देखा हुआ या बेकार माना हुआ अचानक बन जाय प्यारा।

इसी तरह माइकेल एंजेलो के स्नायुबद्ध मल्ल-मानव के बदले फ्रा एंजेलिको या आम्ब्रोजियो लोरेन्ज़ेत्ती के आकारों की इन्सानी आदमियत में मन लग गया। विद्यार्थीकाल के दौरान गुरु आम्बेरकर ने आम्ब्रोजियो के दो दृश्य-चित्र बताये थे, जब सचमुच में देखा तब खुली आँखों से सपना देखने सा लगा। उस चित्र-प्रदेश को देखने पर लगा कि जगह कहीं देखी है : दोनों ही छोटे से बारह-पन्द्रह इंच के, झोले में समा जाय ऐसी माया। लगा उठायीगिरी करनी हो तो इन्हीं की। गाँव सियेना की परम्परा का दूसरा चित्रकार सासेट्टा भी आम्ब्रोजियो सा मित्र बन गया। घोल-घोलकर निचोड़े गये हों, ऐसे रंगों की अन्तरंगी झिलमिलाट। हरी दीवारें, गुलाबी खम्भे, शीशे जैसा नितरा हुआ आकाश। लन्दन की नेशनल गैलरी में उसके सन्त फ्रान्सिस के जीवन सम्बन्धी छह चित्रों की श्रृंखला देखने से अनुभूतियों और स्पन्दनों की झड़ी लग गयी थी। बचपन की यादें भी मूसलाधार रूप से बरस पड़ी। काठियावाड़ की मस्जिद की हरी दीवार पर नीली हाँडी के दीये की झांईं कौंधती सामने खड़ी हो गयी। मिस्र के सुलतान के सामने अग्निपरीक्षा में ज्वाला पार करते हुए या भेड़िए के द्वारा मारे गये बच्चे को जीवनदान देने वाले सन्त फ्रान्सिस के जीवन प्रसंगों के चित्रों को देखते समय काठियावाड़ की सन्त परम्परा की प्रतिध्वनियाँ सुनायी दी। (यह भी लगा कि क्यों हमारे यहाँ यह सब कुछ चित्रित नहीं हुआ?) पियेरो (देल्ला फ्रांचेस्का) की मोहिनी और भी अलग। काँच की नोंक से कुरेदकर बनायी हो या संगमरमर एवं शीशे से देह की ढलाई की हो ऐसी, कि देखने के पल को जमा-थमा देने वाली, स्तब्ध आकृतियाँ। कहा जाता है कि ईसु के 'मरणोत्तर उत्थान (रिज़रेक्शन)' में क़ब्र के सहारे सो रहे रोमन सैनिकों में से एक के चेहरे पर उसने ख़ुद का मुखौटा लगाया है। जीवन्त-मृत चेहरे से ईसु ऊँचे होते हैं, उन्हें साक्षी

बनकर सोते-जागते रूप में दिखाया है। 'फ्लेजलेशन' ('अत्याचार') में क़ैदी ईसु पर मारे जाने वाली चाबुक को वह हवा में ही थमा देता है। फ्रा एंजेलिको की गत उससे न्यारी है। ख़ुद साधु, और जहाँ रह रहा था उस फ्लोरेन्स के सन्त मार्क के मठ के हर कमरे में उसने ईसु के जीवन को चित्रों से कवित किया है। दाख़िल होते ही सीढ़ियों से दिखायी देने वाली सामने की दीवार पर ईसु के 'आगमन का ऐलान (एनंसीएशन)' है, जिसमें वर्जिन मेरी के दिव्य सन्देश कानों में पड़ने के स्पन्दन वाली मुद्रा में कोमलता की कई पारदर्शी परतें बुनी गयी हैं। 'ईसु का मज़ाक़' (मॉकिंग ऑफ़ क्राइस्ट) में ईसु की आँखों पर पट्टी बँधी हुई, काँटे का ताज़ पहनी हुई आकृति पर एक चेहरा थूक रहा है, एक हाथ थप्पड़ के लिए उठा है, दूसरे के हाथ में डण्डा है। यहाँ ईसु की आकृति पूरे शरीर की है। अत्याचारियों के सिर्फ़ सर या हाथ ही हैं!

सन् तिरसठ-छियासठ यह सब देखा था। पश्चिम की 'बीट जनरेशन', जो घरबार छोड़कर दुनिया देखने निकल पड़ी थी, मैं भी उसी राह पर था। उस समय विद्यार्थी एक जोड़ी कपड़े और खाने का ज़रूरी सामान का झोला कन्धे पर डालकर, गाँव-गाँव में, गाँव की सींव के राजमार्ग पर खड़े रहकर आने-जाने वाली गाड़ियों से 'लिफ़्ट' माँगा करते। लोग उदार भाव से उन्हें गाड़ी में बिठाकर जाना होता वहाँ छोड़ देते। मैं विलायत रहा, उन तीनों सालों की गर्मियों की छुट्टियों में इस 'हिच हाइक' से जुड़ा। यूथ हॉस्टल में रहने वाले और जाने-पहचाने, अनजाने चित्रों और स्थानों को खोजते हुए कई साथी बन जाते, नुस्ख़े भी मिल जाते थे, जानकारी भी बहती। मेरे लिए तो देखने की कोई सीमा नहीं थी और उदार गाड़ी चालकों के कारण कई जगहों पर घूम पाया। लिफ़्ट कभी लम्बी दूरी की तो कभी-कभी टुकड़ों-टुकड़ों में। कभी-कभी तो आधी मंज़िल पर ही उतरना होता और वहाँ से कोई और मिल जाता तो वह मंज़िल पर पहुँचा देता। पियेरो (देल्ला फ्रांचेस्का) का एक अनुपम चित्र 'गर्भवती माता मेरी' (मादोन्ना देल पार्तो) मोन्तेर्की नाम के गाँव में था, वहाँ मुझे एक पादरी ने अपनी जर्जर गाड़ी में पहुँचाया। एक बार सुनसान रास्ते पर कोई गाड़ी रुकी ही नहीं, तब एक मैकेनिक ने अपनी मोटरसाइकिल पर 'लिफ़्ट' दी थी। और यदि मैं भूल नहीं रहा हूँ तो कार्लो फ्रान्ची जैसे संगीतकार की गाड़ी में बैठने का भी मौक़ा मिला था। वे तो फ्लोरेन्स से मिलान जाते हुए पार्मा का प्रसिद्ध संगीतघर दिखाने के लिए भी रुके और रविशंकर का रिकॉर्ड या ऐसा ही कुछ संगीत भी बजाया था। गाड़ी चालक के साथ बैठने पर बातचीत स्वाभाविक रूप से हुआ करती। वैसे भी यह बातूनी प्रजा है, चुप तो बैठने ही नहीं देती। उसी से टूटी-फूटी इटालियन सीखने को मिली और लोक-जीवन में प्रवेश भी। वह मैकेनिक तो अपने घर भी ले गया था और नाश्ता भी करवाया था।

इंग्लैण्ड या उत्तर यूरोप की तुलना में इटली की आबोहवा, खाना-पीना और लोक व्यवहार थोड़ा घर जैसा महसूस करवाती है। मूल रूप से ठण्ड कम और गर्मियों में उमस भी। खाना

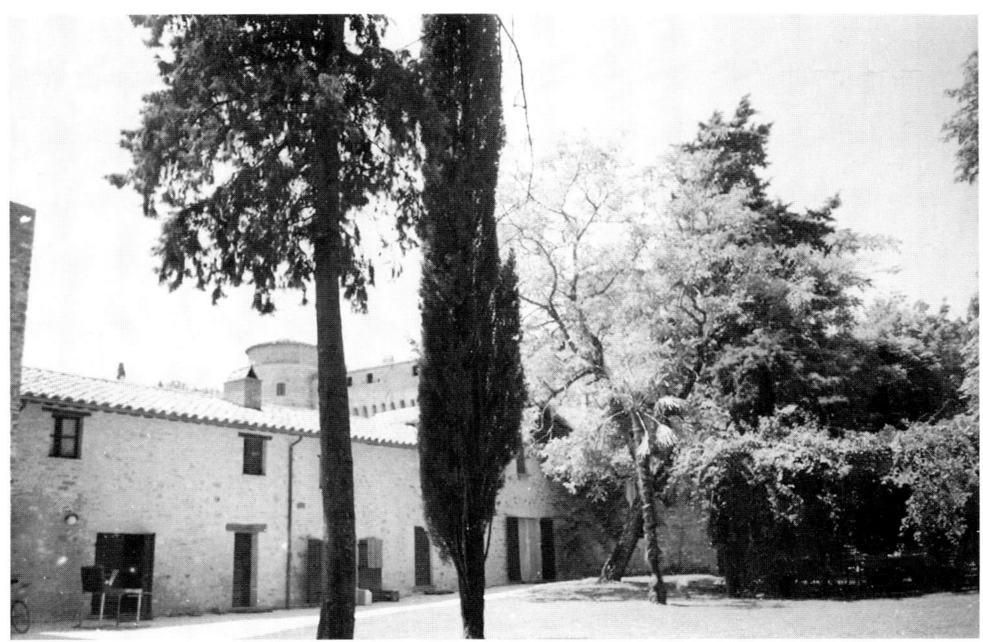

चिवितेल्ला रानियेरी किले का अन्दरूनी हिस्सा *तस्वीर : लेखक*

मसालेदार। (अब तो हमारे यहाँ भी पित्ज़ा और पास्ता पहुँच गये हैं न?) इसलिए विविध पकवानों को चखने का मज़ा भी। वहाँ के लोग जोर-जोर से बातें करते, अकेले बुदबुदाते, चिल्लाते, भरे बाज़ार में लड़ते, मन की सारी भड़ास निकाल देते हैं, अँग्रेज़ों की तरह छिपाते नहीं। स्त्रियों की तरह पुरुष भी टिपटॉप रहने के शौक़ीन, फ़ैशन वाले कपड़े पहनकर दुनिया को दिखाने और देखने को रोज़ बाज़ार में निकला करते हैं। देखने में वे उत्तर यूरोप की तुलना में ज़रा दबे रंग के, दक्षिण इटली में तो काले बाल और साँवरे भी होते हैं। हमारे प्रद्युम्न तन्ना इटली में इटालियन बनकर ही तो रह रहे हैं न!*

इस कारण इटली जाने का मौक़ा मिले तो रोमांच हो उठता और यूरोप की यात्रा का मौक़ा मिले तो इटली का चक्कर तो लगना ही। चिवितेल्ला रानियेरी केन्द्र का पाँच सप्ताह का 'रेसीडेन्सी' का न्यौता आया तब मन उत्तेजित हो उठा। सारे मनपसन्द चित्रों की पड़ोस में रुकने का मौक़ा! पहले तो सैलानी के रूप में घूमा करता था अब तो वर्षों तक जिन चित्रों का मज़ा उठाया उन चित्रों और चित्रकारों के पास रहने को मिलेगा। मन में हुआ कि इन सब पुराने मित्रों को मिलूँगा, आराम से, नज़दीक से निहारूँगा। यह केन्द्र एक पुराने किले के अन्दर है। यहाँ ग्यारहवीं सदी में रानियेरी कबीले की सत्ता थी और बाद में वह दूसरों के हाथ

* प्रद्युम्न तन्ना, बम्बई के चित्रकार मित्र इतालवी महिला रोज़ाल्बा से शादी कर इटली में बसे थे।

में गया। उसे हथिया लेने के लिए लड़ाई और लेने-खोने का रक्तमय सिलसिला सदियों तक चला और क़िला जीर्णशीर्ण हो गया। पन्द्रहवीं सदी में रुग्गेरो रानियेरी (जिसका उपनाम 'डरावना' था) ने उस पर फिर से कब्ज़ा किया और पुराने क़िले को तोड़कर नया गढ़ बनवाया। जैसा कि क़िलेदार इमारतों में होता है वैसे ही उसने बुर्ज के टावर, बीच में महल और पंक्ति में चौकीदार, नौकरी करने वालों, सरदारों के निवास-स्थान, कोठार, भण्डारगृह, रसोईघर बनवाए जो आज भी वैसे ही बरकरार हैं। परीकथा के क़िले जैसी उम्बरटिडे गाँव के टीले पर भरपूर झाड़ियों के बीचोंबीच सैकड़ों (?) बीघों की यह जायदाद उर्सुला नाम की अमेरिकी महिला को रानियेरो कबीले के पारिवारिक सम्बन्धों के कारण आज से लगभग तीस साल पहले विरासत में मिली। इतनी विशाल और थोड़ी जीर्ण सम्पत्ति को सँभालना भारी मुश्किल। वह न्यूयॉर्क में रहती और गर्मियों में यहाँ आया करती : क़िले के अन्दर महल की मरम्मत करवाई गयी, वे वहीं आकर रुकती। क़िले की ओर सभी जगहों पर ताले ही ताले। बाक़ी के समय में सब कुछ बन्द जिसे एक रखवाली करने वाली स्त्री और चौकीदारी करने वाला परिवार सँभालता। इतनी बड़ी जायदाद, बिलकुल लावारिस, ध्यान आकर्षित किये बिना नहीं रह पाती। दो बार लूटी गयी। पुराने चित्र, सजाने के सामान उठायीगीर उठा ले गये।

लगभग आठ वर्ष पूर्व उर्सुला को चिवितेल्ला के पास के गाँव में अमेरिकन गोर्डन नोक्स और इटालियन चेचिलिया से उनकी शादी में मुलाकात हुई उस समय इस जायदाद के सर्जनात्मक रूप से उपयोग करने के बीज बोये गये। गोर्डन और चेचेलिया ने यहाँ कलाकारों, संगीतकारों, लेखकों को गर्मियों में पाँच सप्ताह साथ रहकर अपना रचनाकार्य कर सकें, ऐसे केन्द्र की स्थापना करने का सुझाव दिया जिससे चिवितेल्ला रानियेरी केन्द्र का उद्भव हुआ। उर्सुला ने अपनी कमाई के पैसों से न्यूयॉर्क में चिवितेल्ला के ट्रस्ट की स्थापना की और गोर्डन और चेचिलिया को केन्द्र चलाने की जिम्मेदारी सौंपी। पहले तो झाड़-झंखाड़ की सफ़ाई में, निवास-स्थान, स्टूडियो के रूप में काम आ सके ऐसे क़िले के एक हिस्से की मरम्मत करने में दो-चार साल निकल गये। गोर्डन के पास निर्माणकार्य का अनुभव था। एक वास्तुकार के साथ मिलकर क़िले की मूल संरचना को ज्यों-का-त्यों रखकर अन्दर आधुनिक सुविधाओं की व्यवस्था की। जो बदलाव किये उसमें कोई दिखावा नहीं लेकिन सब कुछ सुघड़ और सुनियोजित रूप से बनाया गया। तीन-चार आवास स्थान, ग्रन्थालय, दफ़्तर, कम्प्यूटर और सामूहिक सम्मेलनों के लिए कमरा तैयार किया गया। आवासीय स्थान पर एक-दो बच्चों के साथ रहा जा सके ऐसी सुविधाएँ भी उपलब्ध करवाई गयीं। क़िले के दूसरे हिस्से की मरम्मत का काम मुश्किल था : स्टूडियो का परिसर क़िले के सामने खुले में अलग से बनाया गया। वहाँ एक-दो दूसरी इमारतें भी थीं जो काम में आयीं। जिसमें चित्र-शिल्प काम के लिए, ग्राफिक के लिए ज़रूरी सामग्री और उपकरण लाये गये। संगीतकारों के लिए पियानो आये, वीडियो और डिजिटल क़ैमरे भी लाये गये। क़िले से थोड़ी दूर दोमंज़िला मकान था जिसकी

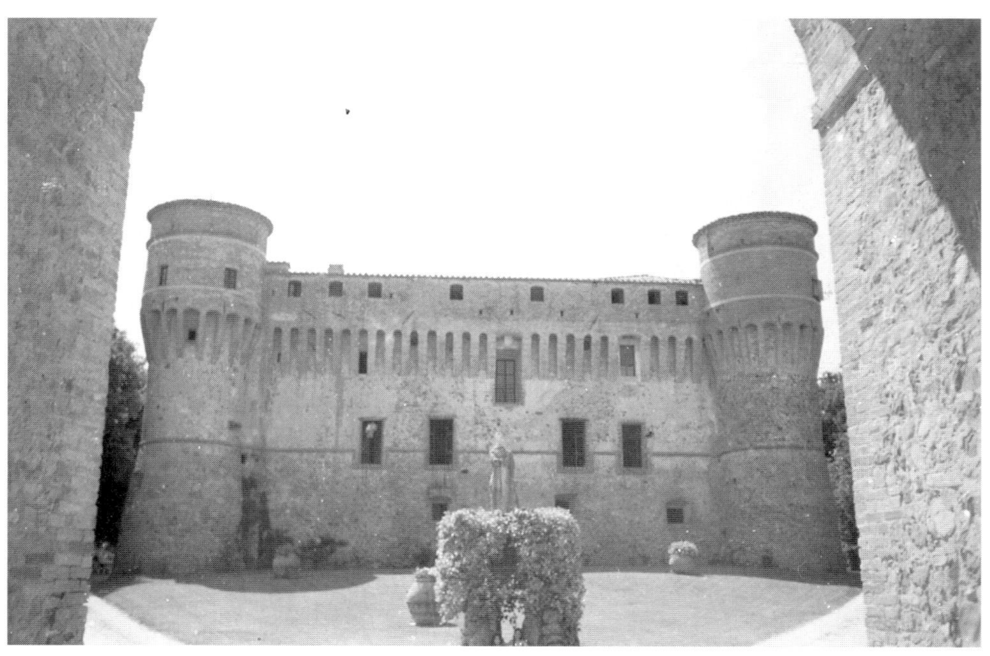

चिवितेल्ला रानियेरी का किला तस्वीर : लेखक

मरम्मत गोर्डन-चेचेलिया के रहने के लिए की गयी। क़िले के अन्दर ऊँचे महल में उर्सुला रहा करती थीं। बुढ़िया नब्बे की उम्र के आसपास होंगी लेकिन वे चल-फिर सकती थीं। वे जब-तब अपनी इटालियन आया के साथ आ पहुँचती, कलाकारों से बातचीत करतीं, उनके बच्चों और केन्द्र में पालतू कुत्तों को खिलाती। एक बार महल में पियानो वादन का समारोह हुआ तब सभी कलाकारों को महल को अन्दर से देखने का मौक़ा मिला। बीच का कमरा विशाल, लगभग तीस फुट ऊँचा था। उसके किनारे-किनारे पर बरामदा—जहाँ नयी-पुरानी किताबों का ढेर। सभी देखकर दंग रह गये।

यहाँ साल में मई से अगस्त तीन से पाँच सप्ताह के शिविर का आयोजन होता है, जिसमें हरेक वर्ष छह नियमित रचनाकार (फेलो), उनके जीवनसाथी, मित्र और बच्चे आकर रहते हैं। रचनाकारों का चयन न्यूयॉर्क स्थित केन्द्र के द्वारा चुनी हुई अन्तर्राष्ट्रीय निर्णायक समिति के द्वारा होता है। गोर्डन और चेचेलिया ने देश-विदेश के सम्पर्कों से विशेषज्ञ और रचनाकारों को खोजने का तरीक़ा अपनाया है। इस पद्धति में यहाँ रह चुके 'फेलो' के द्वारा सुझाये गये नाम मुख्य हुआ करते हैं। 'फेलो' परिवारों के लिए काम और माध्यम के अनुसार आवासीय व्यवस्था और सुविधाएँ उपलब्ध हैं। आवेदन की परम्परा नहीं है। अँग्रेज़ी में लिखने वाली भारतीय मूल की लेखिका अनीता देसाई यहाँ आ चुकी हैं। हमारे शिविर में अमेरिकी संगीत नियोजक (कम्पोजर) इलिजाबेथ वर्को को दिये गये आवास में ही पियानो रखा गया है। दूसरे

जेज़ संगीतकार बॉब ब्रेडफर्ड ट्रम्पेट बजाते हैं जो जोह्न कोल्ट्रेइन जैसे मशहूर कलाकार के साथ भी बजा चुके हैं। उनके आवास स्थान पर भी पियानो रखा गया है। हालाँकि बॉब घर की जगह बाहर टीले के ऊपर खड़े रहकर जो कुछ नया सूझता है बजाता रहता है। जब उसे ऐसा लगता है कि किसी को भी उससे बाधा पड़ रही है तब वह अपना मुँह आकाश की ओर करके ट्रम्पेट बजाता है। पॉलिश शिल्पकार जोआन्ना रायकोव्सका दाँत के डाक्टर जिस प्लास्टर का उपयोग करते हैं उस प्लास्टर में अपने मित्र या अपने शरीर को ढाँचे में ढालकर हूबहू लेकिन बिना रंग किये सफ़ेद देहाकारों को शयनकक्ष में लेटे हुए या टेबल पर भोजन करते हुए बिठाती हैं। कभी-कभी प्लास्टर के शरीर के साथ जीते-जागते इन्सान को भी साथ में बिठा देती हैं। शिविर के कम समय में यह नहीं हो सकता इसलिए डिजिटल क़ैमरे के माध्यम से कम्प्यूटर पर फ़ोटोमोन्ताज करने लगी हैं। जेरूसलेम के रहने वाला पेलेस्टेनियन सलमान मसअल्हा अरबी और हिब्रू में कविता लिखता है। कम्प्यूटर के लिए अरबी का सॉफ्टवेयर लेकर आया है। उसकी यहूदी ब्याहता अमेरिकी कवयित्री विवियन इडन अँग्रेज़ी में लिखती हैं और सलमान की कविता का अनुवाद करती हैं। दोनों ही विशाल कमरे में हर रोज़ कम्प्यूटर पर मिलकर लिखते रहते हैं। नीलू ऑस्ट्रेलिया की चित्रकार और वीडियो कलाकार पेनी सियोपीस को जोहानिसबर्ग में मिली थीं, (पहले अन्तर्राष्ट्रीय द्विवार्षिक प्रदर्शन के दौरान) वह स्टूडियो की दीवार पर चिपकाये काग़ज़ों पर एक ही जगह पर एक के ऊपर एक आकृतियों को बनाकर, मिटाकर और फिर से बनाकर उसका वीडियो निर्माण करती हैं। एक आकृति के ऊपर दूसरी बनाने में पहली आकृति उड़ जाती है और ऊपर दूसरी आती है तब लगातार रूपान्तर की लीला उजागर होती है। हमारे यहाँ नलिनी मलानी ने मुम्बई में हाईने म्यूलर के जर्मन नाटक 'नौकरी' के सन्निवेश की सामग्री में वीडियो के माध्यम से ऐसे रूपान्तरित आकारों को नाट्यरूप में बुना था। इलिज़ाबेथ का पति जेक मूल रूप से वास्तुकार और पुरानी इमारतों की मरम्मत का विशेषज्ञ हैं। इधर-उधर घूमकर पुराने मकान और खण्डहर खोजता रहता हैं। बॉब ब्रेडफर्ड की बहू लीसा नयी लेखिका है जो कुछ आत्मीय लिखना चाहती है। पेनी का पति कोलीन रिर्चड्स भी चित्रकार है। शिविर परिवार में बॉब-लिसा और पेनी-कोलीन के लड़के भी हैं। मैंने यहाँ आने से पहले यात्रा की चित्र-किताब को शुरू किया है। नीलू ने हमारे शयनकक्ष में जो टेबल है वहीं से खिड़की पर बैठकर 'उम्ब्रिया के पोस्टकार्ड' के छोटे चित्र बनाने शुरू किये हैं, जिसमें उसने देखे हुए इटालियन चित्रों की सृष्टि और उसके पात्रों को आज के परिवेश में बुन लिया है। कमरे के हल्के अँधेरे में खिड़की से ढेर सारा उजाला टेबल पर ढुलता है। वहीं से क़िले के बीच का भाग, और क़िले के खण्ड के उस पार दिखती दीवार के उस पार का सब कुछ दिखायी देता है। आधे अँधेरे कमरे की खिड़की पर बैठकर चित्र बना रही नीलू की आकृति रेनेसां के किसी चित्र के पात्र जैसी ही दिखती है।

शिविर में शाम का भोजन साथ में खाने के अलावा और कोई शर्त या कोई औपचारिकता नहीं है। दोपहर का खाना सबके रहने की जगह पर टिफिन में आ जाता है। शाम का भोजन बाहर

बग़ीचे में लतायें चढ़ाकर मण्डप-सा आच्छादित किया है उसके नीचे लम्बे टेबल पर होता है। यहाँ खाते-पीते, चर्चा, ग़प मारना, हँसना-बोलना सब कुछ होता है। कभी कोई मिलने वाला, मित्र, सैलानी जुड़ जाते हैं। ऐसे ही एक बार 'मोन्ते पायथोन' जैसी अपूर्व ब्रिटिश फ़िल्म श्रेणी का दिग्दर्शक जिलियम आ पहुँचा था। जोआन्ना का साथी भी थोड़े दिनों तक रहा था और गोर्डन के पिता भी। या फिर पहले के शिविर के घूमते-घामते कलाकार आ पहुँचते जिनसे मुलाकात हो जाती है। बीच में मेरी मित्र फाब्रित्सिया बाल्दीस्सेरा अपने पति स्टीवन रोच और लड़कियों के साथ आयी थीं। फाब्रित्सिया पुणे से संस्कृत सीखकर नेपल्स यूनिवर्सिटी में पढ़ाती है। उसने नाट्यशास्त्र में भरत के द्वारा उल्लेखित और विवेचित भाण नाट्यपरम्परा पर संशोधन कार्य किया है और 'शारदातिलक' के भाण का अँग्रेज़ी में अनुवाद भी किया है। इस प्रकार केन्द्र निर्जन स्थान पर होने के बावजूद ऐसा नहीं लगता कि अलग-थलग पड़ गये हों। इसके अलावा यात्राएँ तो होती रहती हैं। सभी को घूमने का शौक़ है। केन्द्र के पास एक वैन है। उच्च अध्ययन का ख़र्चा निकालने के लिए आई हुई ख़ुशमिज़ाज लड़की जेस है और वह हमारी सेवा में है। जेस मशहूर लेखिका मार्गारेट एटवुड की बेटी है और कला का इतिहास पढ़ती है, इटालियन बोलती है और ड्राइविंग करती है। इतनी फुर्तीली कि घूमने जाना हो तो हर रोज़ तैयार। काम से फुर्सत निकालकर सभी दो-तीन घण्टे के लिए घूमने के लिए तैयार होते हैं और टोली निकल पड़ती है। आस्सीसी, आरेत्सो तो बिलकुल पास में, ओर्वियेतो भी दूर नहीं, लेकिन जेस के उत्साह के कारण हम सभी इटली के सामने के किनारे उर्बीनो तक होकर आये। इसके अलावा सान्सेपोल्क्रो और मोन्तेर्की भी गये। (हम दोनों, मैं और नीलू और बेटा कबीर यहाँ आने से पहले रोम घूमकर आये थे और उसके बाद के सप्ताह हम अँग्रेज़ मित्र दम्पति टिमथी हायमन और ज्यूडिथ रेवन्स्क्रोफ्ट के साथ फ्लोरेन्स और सियेना भी गये थे।) जेस ने पियेरो (देल्ला फ्रांचेस्का) के भित्तिचित्रों को कैसे बचाया गया उसकी रोचक कहानी बतायी। सान्सेपोल्क्रो को जर्मनों ने घेर लिया था, और मित्र देश का सैन्य बम्बबारी की तैयारी कर रहा था तब एक कला मर्मज्ञ अँग्रेज़ सरदार ने यह सोचकर कि इस विस्फोट में ये अमूल्य चित्र नष्ट हो जायेंगे, बम्बबारी रुकवा दी थी। सद्भाग्य से, बाद में जर्मनों को मार भगाया गया और आने वाली पीढ़ियों के लिए चित्र साबूत बच गये।

जिस तरह घूमने-घामने में हमने पुराने ख़ज़ाने खोज-खोजकर देखे, उसी तरह आधुनिक कला की शिविर और प्रदर्शन में भी आना-जाना हुआ। एक बार सुदूर गाँव में युवा कलाकारों के द्वारा आयोजित एक शिविर में बड़ी प्रदर्शनी देखने का मौक़ा मिला जिसमें फ़िलहाल इटली और अन्य देश के कलाकारों के द्वारा किये गये नये आविष्कारों का परिचय मिला। उनमें से कुछ चित्रशिल्प को पुराने चौकठे से बाहर निकलकर छबि या वीडियो के उपकरणों के द्वारा नयी-नयी विधाओं का सृजन करते हैं और बिकाऊ कला के विपरीत नये विकल्प खोजते

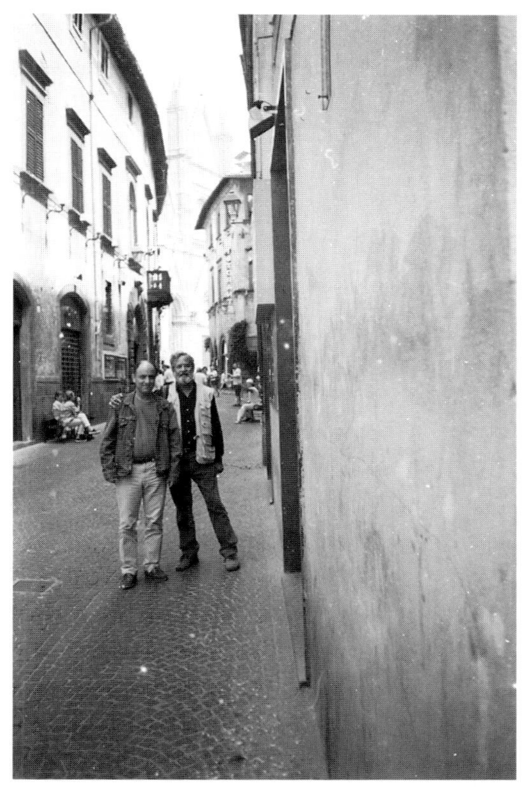

सलमान मस्अल्हा के साथ लेखक, कोर्तोना

हैं, और दिखाते हैं। उनके लिये कला कोई गैलरी या संग्रह-स्थान का ज़ेवर नहीं है, हमेशा सँजोये रखने वाला साजो-सामान नहीं है, यह तो सभी की मालिकी की पूँजी है, जिसमें सबकी मर्ज़ी से सृजन करने की छूट हो। इन कृतियों में कला, समाज, राजनीति, विवाद और तरह-तरह की चीज़ों और विचारधारा के छोर बँधते हैं। इन आकृतियों में जो कुछ जीवन में महसूस होता है वह वैसा ही या वही विश्व प्रस्तुत होता है या इन सबको पूरा पलट कर। कहीं धारदार प्रश्नों की झड़ी बरसाती है तो कहीं समस्याओं का साक्षात्कार करवाती है या फिर सुशिक्षित माने जाने वाले जीवन के नीचे सुलगती सुरंगों की ओर अँगुलिनिर्देश करती है। इसमें कला या अ-कला या एक या दूसरी कला का भेद नहीं है : संगीत, नृत्य, नाट्य, सिनेमा, साहित्य—सब कुछ है, जो भी निरूपित करने में काम आ सके वह सब कुछ। इसके अलावा यह दर्शक को प्रक्रियाकृति में सहभागी होने के लिए भी प्रेरित करती है। इनमें से काफ़ी कुछ कमरे की चारदीवारों के बाहर खुले में रचा जाता है। इस तरह का एक विशाल निदर्शन हमने पत्थर की खाइयों और तालाबों के परिवेश में देखा। भव्य तमाशे जैसा खेल। दूर खाइयों के गुफा जैसे मंच पर संगीत का सरंजाम और गाने वाले, बजाने वाले वहाँ से रस्सी से लटककर तालाब में नाव में उतरते हैं, अँधेरे अवकाश में दूर-दूर तक दीये फैले हुए। संगीत के नाद के साथ नाव चलती हैं और कलाकार पात्र खाई की पहाड़ी पर चढ़ने-उतरने के नये-नये खेल करते हैं। भीड़ उस भव्य तमाशे को देखने को इकट्ठी हुई थी, और वहीं दूसरी ओर एक कलाकार आस-पास अलाव जलाकर, सारे कपड़े निकालकर निर्वस्त्र, मानो भुने जाने के लिए तैयार होने वाले भोजन का जानवर हो इस प्रकार अपने शरीर को मांस के रूप में निदर्शित कर रहा था। भीड़ के हाथों में नाश्ते और खाने के पैकेट्स थे, यह उसी भक्षणवृत्ति के सामने उसका नग्न देह अँगुलीनिर्देश करता था। लोगों के समूह जगह-जगह से उमड़ पड़े थे जिसमें कला के मर्मज्ञ, आलोचक, व्यापारी और कलाकार तो थे ही पर दूसरे भी कई लोग। लोग इस तमाशे

को देख उलझन में पड़ भ्रमित होकर, अटक जाते थे और पूछते थे कि इसमें कला कहाँ है ? कौन-सी कला है ? हम कहाँ जा रहे हैं ? आयोजकों के लिए लोग इस तरह के प्रश्न पूछे वही काफ़ी था। कल शायद यह जनता ही कला को चार दीवारों से मुक्त करेगी और करायेगी, कला और अ-कला का भेद नहीं रहेगा। सचमुच कलाकार या अ-कलाकार भी कैसे ? सभी के सृजन शक्ति के स्त्रोत, साधन और साजोसामान और आविष्कार अलग लेकिन सभी में सर्जक तो मौजूद ही है न ? किसी का अन्तर्मन यह देखकर जग जाय तो भी काफ़ी है। भीड़ में तरह-तरह के लोग थे पर साड़ी पहनने वाली नीलू अकेली ही थी। उसी निशानी से उसे मिला ऑस्ट्रेलियन छबिकार-कलाकार स्टीवन रोच (आगे ज़िक्र किया है उस फाब्रित्सिया का पति)। वह भारत में काफ़ी घूम चुका है। उसे यह तमाशा बेकार लगा। कहने लगा इसमें लोग सोचते हैं वैसा निर्बध वन जैसा रूप नहीं है, यह तो पालतू प्राणी जैसी बनावट है। भारत में गली-बाज़ारों में, सिनेमा और राजनीति के विशाल सेट्स और कट-आउट बनाये जाते हैं, लोग शादी के जलसों में भी जंगालियत से भरा दिखावा करते हैं, उसकी रंगत/भभक के सामने इसकी क्या मिसाल ?

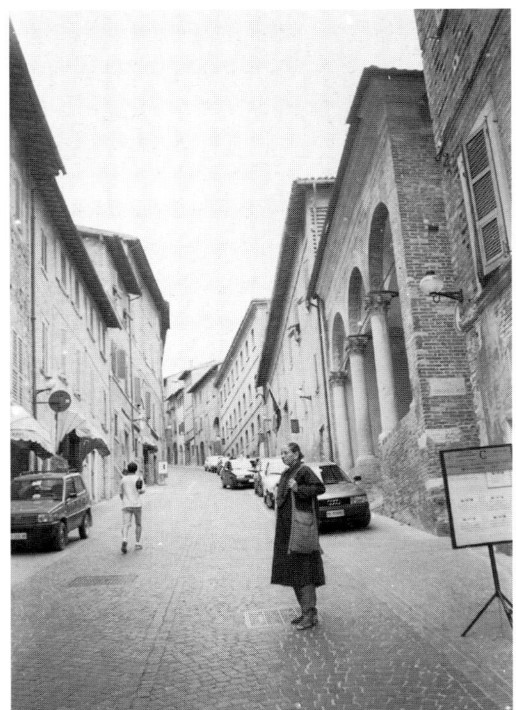

नीलिमा शेख, कोर्तोना
तस्वीर : लेखक

घूमना-फिरना नहीं होता तब सभी शिविरार्थी अपना शुरू किया हुआ काम पूरा करने लग जाते हैं। उसके साथ-साथ इनमें अपना किया हुआ काम दूसरों को दिखाने और दूसरों का देखने का भी उत्साह रहता है। सबने तय किया है कि एकान्तर से रात के भोजन के बाद सब इकट्ठे हों और हरेक 'फेलो' या साथी अपना काम प्रस्तुत करे। एलिज़ाबेथ ने प्राचीन यूनानी कवयित्री साफ़ो और जॉन ऑफ़ आर्क पर लिखे काव्यों पर से रचे संगीत की सी.डी. बजायी, बॉब ने ट्रम्पेट फूँकी, जेक ने अपनी रची हुई, मरम्मत की हुई इमारतों की, जोआन्ना ने अपने शिल्पों की और मैंने और नीलू ने हमारे चित्रों की स्लाइड्स दिखायी। (मैंने कविता के अँग्रेज़ी अनुवाद भी पढ़े।) हमने देखा कि 'फेलो' और साथियों में संस्कार और स्वभाव में काफ़ी विविधता थी। पेनी के ही पूर्वज यूनानी (उसने पूर्व वृत्तान्त का वीडियो दिखाया), बॉब में नीग्रो ख़ून बहता

है, सलमान-विवियन की तो सबसे अनोखी संस्कार-बहुलता और उनके संघर्ष और पीड़ाएँ हैं। अरब सलमान का जन्म हुआ पेलेस्टाइन (अब राष्ट्र बना है कि नहीं ?) में, उसका रहना था जेरुसलेम में। घर में अरबी और स्कूल में हिब्रू पढ़ा और दोनों भाषाओं में कविता लिखता है जिसमें युद्धभूमि के हर रोज़ के आतंक का सन्त्रास और दो-दो संस्कृति-सभ्यता के संघर्ष ने पैदा की हुई अन्तरपीड़ा प्रतिध्वनित होती है। वह कहता है कि वैसे तो वह इस्माइली द्रुझ परिवार का बेदुईन सन्तान है, लेकिन है इजरायलवासी, इसलिए अरब देशों में उसकी कविता पढ़ी तो जाती है लेकिन वह वहाँ जा नहीं सकता। वह हिब्रू में लिखता है जो साम्प्रदायिक अरबों को अच्छा नहीं लगता और यहूदियों को उसका अरबी होना चुभता है। इजराइल में हिब्रू अनिवार्य है, अरबी नहीं। इसलिए जिस जगह पर वह बसा है उस 'वतन' में उसकी अरबी कविता शायद ही पढ़ी जाती है। दूसरी शादी की पत्नी विवियन अमेरिकी यहूदी है जो उसकी रचनाओं का अनुवाद करती है और उसकी रचनाएँ अँग्रेज़ी पत्रिकाओं में छपती हैं।

एक-दूसरे का काम देखने पर अनेक विश्व में जाने का मौक़ा मिला। मैंने पन्नों को साथ में जोड़कर बँधी हुई 'एकोर्डियन' आकार की किताब को चित्रित करना शुरू किया है, जिसमें आज के और अन्य समय के पात्रों और स्थानों को इकट्ठा किया है। इसमें कबीर और फ्रान्सिस साथ में मिल जायें या फिर राजस्थान की गली में घूमते हुए पगडण्डी इटली के कोई गाँव में निकले। नीलू ने उचेल्लो के द्वारा बनायी एक कड़वी कथा फिर से बनाकर उसमें खुद की दृष्टि का परिमाण जोड़ा। उचेल्लो के 'प्रसाद का भ्रष्टिकरण' ('मिरेकल ऑफ़ द डेसिक्रेटेड होस्ट') चित्रपट में धर्म और संस्कृति के संघर्ष की कहानी है। एक ईसाई स्त्री ने अर्थ के लोभ से पवित्र प्रसाद यहूदी को बेच देने के कारण धर्मान्ध ईसाइयों ने उसे सूली पर चढ़ा दिया और यहूदी को ज़िन्दा जला दिया था। इस कथा को उचेल्लो ने लुभावने लाल रंग के आवर्तनों में चित्रित किया है। पट के छोर पर मृत स्त्री की आत्मा को झड़पने के लिए देवदूत और शैतान दोनों बैठे हैं। पट में मरी हुई स्त्री का शरीर नीलू ने दो बीच से काट दिया है और आत्मा को पकड़ने के लिए आतुर सत्-असत् के रखवालों के प्रपंच को 'स्वर्ग-नरक की राजनीति' शीर्षक दिया। सलमान और विवियन ने इटली में रहने के काव्य रचे। जोआन्ना ने लगभग सभी साथियों और गाँव के गिरिजाघर के अन्दरूनी विभाग की छबियों को मिला-जुलाकर अनोखा फ़ोटो-मोन्ताज आज़माया।

साथियों में सलमान और जोआन्ना दोनों ही स्वभाव से उत्पातिये हैं, जो ज़रा भी चैन से नहीं बैठते, फुर्सत में कभी होते ही नहीं। (दोनों आपस में थोड़ी नापसन्दगी भी रखते हैं)। सलमान तो गिरिजाघर में जाकर धार्मिक चित्र देखने की बात पर बड़बड़ाने लगता है : यह क्या, जहाँ जाओ, वहाँ मेडोना और बाम्बीनो (बाल ईसु)! जीते-जागते इन्सान कहाँ हैं? मनुष्य के सहवास की कमी उसे यहाँ के एकान्त वातावरण में खलती है। चेचेलिया लोकजीवन का परिचय करवाने के लिए उसे जलसों में ले जाती है, फिर भी वह अकेला रह जाता है।

आख़िरकार वह हमारी मज़ाक़ बनाता रहता है या साथियों के बच्चों या केन्द्र के कुत्ते-बिल्लियों के साथ खेलता रहता है। यहाँ एक आयरिश कुतिया जिसका नाम ग्राप्पा और बॉक्सर से जन्मी उससे दुगुनी क़द की औलाद पुल्या है। अनजाने लोग उसका क़द देखकर उसे बड़ा समझने की ग़लती कर देते हैं लेकिन स्वभाव से पुल्या बिलकुल बच्चे जैसा है। एक दिन चेचेलिया का एक मित्र-कलाकार बिल्लियों के दो बच्चों को यहाँ छोड़ गया। कुत्तों और बिल्लियों के बीच पशु-सहज दुश्मनी होती है लेकिन ये बच्चे मिज़ाजी हैं, कुत्तों को छूने तक नहीं देते। कुत्ते जैसे ही झपट्टा मारने की कोशिश करते कि बच्चे गुर्राकर पूरे शरीर को कँपाकर मानो बाघ हो, ऐसे सीधे तनकर पूँछ पर खड़े हो जाते कि उनसे पाँच गुना बड़े और कद्दावर कुत्ते पीछे हट जाते। हालाँकि जब ख़तरे जैसा लगता तो बच्चे भागकर आसपास के पेड़ पर चढ़ जाया करते। अगर उस समय कोई होता तो कुत्तों को भगाता और बच्चों को नीचे उतारता। जानवरों को लड़ते देख सलमान कहता है कि यह तो हमारा इज़राइल और पेलेस्टाइन का खेल है, उसने उनका नामकरण भी कर दिया है—एक (यास्सर) अराफात और दूसरा बीबी (नेतान्याहू)। गोर्डन के पिता ने सनदी सेवा की है। उन्होंने सुझाव दिया, 'नहीं, उन्हें बिल (क्लिंटन) और बोरिस (येल्तसीन) कहकर बुलाओ'। हमारे यहाँ की यादवास्थली में नाम लालू और शरद हो सकते हैं।

वे कुत्ते थे पालतू और प्यारे लेकिन एक दिन एक खुले खेत में पास रखवाली कर रहे डरावने कुत्तों को भौंकते देखा तो अलग तरह के जानवर भी सामने खड़े हुए देखा। खेतों में किसान नहीं बल्कि कुत्ते और बिजूका फसल की रखवाली करते हैं। केन्द्र की जायदाद निजी सम्पत्ति है इसलिए वहाँ से राहगीर या जानवरों का आना-जाना नहीं होता। दुकान, दफ़्तर, कचहरी और बाज़ार सब टीले के नीचे दो मील दूर के गाँव उम्बरटिडे में। हमें उनकी कमी महसूस नहीं हुई, हम तो केन्द्र के परिसर के बुर्ज, कंगूरे, सरू के पेड़ों के चारों ओर घूमा करते या फिर दूर के खेतों तक घूम आया करते। वहाँ झाड़-झंखाड़, धूल भरे रास्ते देखकर कभी-कभी घर की थोड़ी याद भी आ जाती। झाड़ियों में घूमते समय लगता कि यहाँ कोई जानवर तो नहीं ? जंगली तो होने का सवाल ही नहीं था। उनका तो ख़ात्मा इस 'सभ्य' प्रजा ने कब से ही कर दिया होगा या फिर उन्हें अभ्यारण के कँटीले तारों के पीछे भगा दिया होगा। खेती में भी ट्रेक्टरों के आने पर जानवर तो हट ही गये और यहाँ का क़ानून भटकते कुत्तों-बकरियों (और उनके मालिकों को) को छोड़ता नहीं है। झाड़ियों में मैं गिलहरी, छिपकली, नेवले ढूँढ़ता हूँ। कई होंगे लेकिन आसानी से देखने नहीं मिलते। कहीं-कहीं छोटे कीड़े, पतंगे दिखायी पड़ जाते तब लगता कि हम अकेले नहीं हैं। एक अँधियारी रात में केन्द्र के परिसर की झाड़ी में चमकते पतंगों का मेला लगा था और झींगुरे भी अँधेरे को बिलकुल नीरव नहीं रहने देते थे। दिन में कभी-कभी चिड़िया या magpie दिख जाती या उनकी आवाज़ से उनके होने का पता लगता।

भटकते हुए प्राणियों को देखने की आदत ऐसा कुछ दिखता नहीं तो अनजानापन-सा महसूस

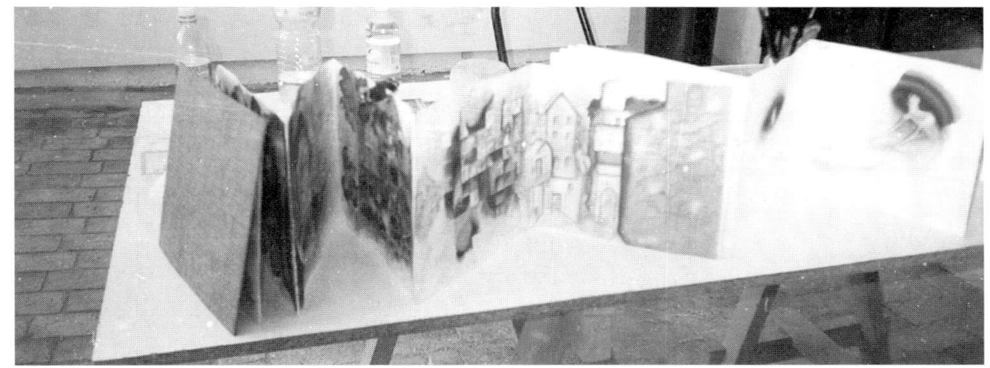

अधूरी चित्रपोथी सफ़रनामा, *काग़ज़ पर जलरंग, १९९६ ई.*

तस्वीर : लेखक

होता है। नीलू याद करती है कि एक बार गाड़ी के लम्बे सफ़र में एक भी जानवर दिखा नहीं। यूरोप और अमेरिका के लोगों के लिए यह कोई आश्चर्य की बात नहीं है, और न ही इससे उन्हें कोई कमी महसूस होती है लेकिन फिर भी कुछ साथियों ने एकाध स्थान पर गायें दिखी होने की बात याद दिलायी। उसके बाद सभी उत्सुकता से खिड़की के बाहर ताकते रहे और अचानक खेत के किनारे पर भेड़ों का झुण्ड दिखायी दिया। सभी गर्दनें उस ओर मुड़ी और सभी ने मानो निहाल होने का मज़ा लिया। जानवरों के दर्शन की एक चमत्कारिक कहानी चिवितेल्ला के इतिहास के पन्नों में दर्ज है। क़िले के एक आलेख में राज कबीले की शृंखला के बीच रानियेरो रानियेरी नाम के साधु का उल्लेख मिलता है। कहा जाता है कि ग्यारहवीं सदी में इसी प्रदेश में साधु को सन्त दामियन की साक्षी में सफ़ेद भेड़ के पवित्र रूप में ईसु का साक्षात्कार हुआ था। फ्लेमिश कलाकार वान आईक ने अपने विशाल 'घेन्ट वेदचित्र (घेन्ट ऑल्टरपीस)' में पवित्र भेड़ की पूजा को आलेखित किया है न! पुराने दस्तावेज़ों की परम्परा में अब्राहम ईश्वर को अपने पुत्र इस्साक का बलिदान देने जा रहे हैं तब दैवयोग से उनके बेटे की जगह भेड़ का बलिदान होता है। (उस क़ुर्बानी की कथा इस्लाम में भी उसी तरह वर्णित है) क्या इसलिए यहाँ दिखायी देते कई खुले में घूमते हुए जानवर भी भोजन की थाली का सामान जैसे लगते होंगे? यही बात क़िलों में पाली जा रही बतखों के बारे में भी लागू होगी। जहाँ मैं काम करता हूँ वहाँ उनका झुण्ड हर रोज़ मेरे जैसे नये प्राणी को निरखने के लिए आ जाता है। पंखी भारी, मोटे, चपटे पैर लिये दरवाज़े पर इकट्ठे होकर मुँह टेढ़ा किये काँच के दरवाज़े से ताकते हैं। भगाने जाता हूँ तो शोर मचाते हैं। वे सारा दिन गर्दन ऊँची-नीची करते हुए परिसर के मकान और आसपास के झाड़-झंखाड़ के आसपास घूमते रहते हैं। रात में उन्हें नीचे के बाड़े में या तलघर में बन्द कर दिया जाता है। दोपहर में उनमें से एकाध गढ़ के महल की मेज़बानी के लिए पकड़ा गया तो शोरों-गुल का मातम।

इटली के इस मध्य प्रदेश उम्ब्रिया को पर्यटन विभाग देश के 'हरियाले हृदय' की उपमा देता है। चारों ओर वृक्षराजि और खेतों का कच्चा-पक्का हरियाला रूप, बीच में सूरजमुखी की फसल से झिलमिलाते हल्दी जैसे और सूखे घास के सुनहरे पट। सुबह के छह से रात के नौ बजे तक का उजला आकाश। अभी ही शाम के साढ़े आठ बजे घूमने निकले तो धूप कुछ कम हुई थी लेकिन उजाला हमारे यहाँ के पाँच बजे जैसा। योजनों तक दूर-दूर की पहाड़ियाँ साफ़ दिखती हैं। कहीं-कहीं खेत में छाँटे जा रहे पानी के फव्वारे के छींटों की चमक को देख अचरज होता है कि आँख इतना सारा देख पाती है। चारों ओर फैले हुए अवकाश के पटों में शान्ति की परतों के पुंज-ही-पुंज। इतना नीरव कि दूर, बीच और नज़दीक चलने वाली गाड़ियों की आवाज़ों की दूरी का पता लगे और मील-दो-मील दूर भौंकते हुए कुत्तों के गलों के 'मूलाक्षर' भी पकड़े जा सके। प्रदूषण बिना दुनिया में इन्द्रियाँ कितना पा सकती हैं उसका अनुभव बार-बार। वापस लौटे तो उजाला नितरने लगा था; उसमें गहराई घुलने लगी थी। धीरे-धीरे गहरापन गाढ़ा हो गया। उजाला और अँधेरा साथ-साथ हो तो अँधेरा, घना होने पर भी पारदर्शी लगता है। पश्चिम दिशा के आकाश में तेज की केसरिया किनारी और पट्टे पर ज्योत्तो के चित्रों की खुलते हुए नीले रंग की मोटी-सी परत और बीचोंबीच एक सफ़ेद घिसोटा। अँधेरे के साथ विलीन होते हुए सूरज की लालिमा और गहरी होकर झाड़ी के हरे-भूरे रंग में घुलकर कत्थई हो गयी। फिर तो गहराई में इतनी घुटाई हुई कि अँधेरा काले-नीले से मिलकर होता है ऐसा रंग प्रचूर हुआ। ईसु के 'आगमन के ऐलान (एनन्सीयेशन)' में लियोनार्दो ने पेड़ की गहरी घटा को कुछ इसी तरह आलेखित किया है। दूसरी दिशा पर नज़र करते हुए नीलू ने कहा, 'वह जो दूर कत्थई-पीले खेतों के टीले पर झीनी-झीनी लालिमा उतर रही है क्या वह उचेल्लो के 'प्रसाद का भ्रष्टकरण' (मिरेकल ऑफ़ द डेसिक्रेटेड होस्ट) वाले चित्र के पात्रों के पीछे है, वैसी नहीं? कुछ दिन पहले, उजियाले पाख की एक रात को यूँ ही भटकते हुए देखा था वह प्रदेश को पियेरो (देल्ला फ्रांचेस्का) ने 'मरणोत्तर उत्थान (रिज़रेक्शन)' में ईसु की आकृति के पीछे बनाया है वैसा ही चमत्कारिक नहीं था? चार सौ-पाँच सौ वर्ष पूर्व इन चित्रकारों ने जो चित्रित किया था उसे आज देखकर बदन में झिनझनाहट हो गयी।

चित्रों को छोड़कर चलने पर कुदरत की कला के खेल की ओर अनायास नज़र जाती है। बीच में एक शाम आँधी आयी। तीख़ी हवा छाती और सिर को बींधते हुए निकल जाय वैसी। पतलून के छोर को भी अपने चपेट में ले ले ऐसी। पल भर में ही पारा नीचे उतर आये और ऐड़ी से कान तक ठण्ड-ही-ठण्ड फैल जाय। एकदम चप्पल उतारकर मोजे-जूते पहनना, स्वेटर निकालना और बूँदें गिरने लगें तो भागकर छिप जाना; यहाँ मेघों की लीला हमारी तरह आह्लादक नहीं, ठण्ड और बारिश इकट्ठे हो जायें तो भारी मुसीबत। एक बार आधी रात को आधी नींद में कौतुक-सा हुआ। हज़ारों साल पुरानी चिवितेल्ला के केन्द्र की इमारत में अजीब-सी आवाज़ें सुनायी दीं। पहले तो तेज़ हवा की साँय-साँय और फिर किसी लटकते

हुए खपचे की खट-खट, फिर बारीक़ सीटी जैसी और फिर मानो बाँसुरी जैसी लगातार गत रह-रहकर बार-बार सुनायी दी। सोते-जागते से मैंने नीलू को उठाकर पूछा : कुछ सुनायी देता है? तो उसने कहा, हाँ, कुछ बाँसुरी-सी बजती है। लगा कि शायद कहीं खिड़की-दरवाज़े खुले रह गये होंगे उसके हिलने से हवा ऐसी आवाज़ निकालती होगी। परीकथा में आता है ऐसी हस्ती के आसार बाँसुरी सी आवाज़ में आये तब हो या न हो फिर भी मानने को मन करता है। और यह तो डेरा है ही पुराना। इसके कोने-कोने में कई जीव छिपे होंगे—उनमें से किसी को एक कुण्डी के द्वारा बाँसुरी सरकाने का मौक़ा मिल गया होगा या फिर हज़ारों साल का बूढ़ा सुनसान क़िले के चारों ओर बाँसुरी को छेड़ता हुआ सरक रहा होगा। आँधी धीरे-धीरे थम गयी पर बाँसुरी छोड़ गयी। गहरी नींद में सोये तब भी वह गत बजती रही।

पाँच हफ्ते देखते-ही-देखते बीत गये और विदाई की बारी आयी। सभी एक-एक करके निकल गये। हमने भी अपने गठरिया बाँधने के लिए बक्सा खोला। क्या लेना, ले जाना यह हमेशा की उलझन, लेकिन धीरे-धीरे काफिला भरने, पुटलियों में जगह बनाने के लिए लाया हुआ साजो-सामान मित्रों को दे दिया। सलमान-विवियन को रामानुजन के अनुवाद किये गये संगम युग के और अन्य शिवकाव्य और दिलीप चित्रे के हाथों अँग्रेज़ी रूप धारण किये हुए तुकाराम के अभंग देकर एकाध कोना ख़ाली किया। नीलू के 'उम्ब्रिया के चिह्न' और 'स्वर्ग-नरक की राजनीति' को एलिजाबेथ और जेक को थमाया। कामधेनु के बहाने मैंने प्राणी बनाने की शुरुआत की थी, वह 'मा पूरब- मा पश्चिम' चिवितेल्ला केन्द्र को भेंट में दिया। किसी को संगीत तो किसी को हाथ कारीगरी का जानवर देने पर बक्से में कुछ जगह बनी। सबसे पहले पैक किया आम्ब्रोजियो लोरेन्झेत्ती का 'सुराज्य के सुफल' और उसके पड़ोस में उसके छोटे दृश्यों को कोई देख न पाये ऐसे दबा दिये। फ्रा एंजेलिको की 'कन्यका' मेरी के दोनों रूप डिबिया में दबा दिये। पियेरो की 'गर्भिणी माता मेरी' को सँभालकर नीलू की साड़ियों के बीच सुलाया। यह सब तो आँखों में आग भरने की पुरानी विस्फोटक सामग्री। नये में जो अभी तक नहीं देखी थी वह ज्योत्तो के द्वारा रची गयी मेरी मेग्दालेन की कहानी और पियेरो (देल्ला फ्रांचेस्का) के पालक-संग्राहक उर्बीनो के राजा फेदेरिको मोन्तेफेल्त्रो का पुस्तकालय। महल के उस आख़िरी कमरे में लकड़ी के जड़ाऊ काम की अनोखी लीला। अलमारियों के दरवाज़ों के अन्दर और बाहर तरह-तरह के लकड़ों के रंग-रस से रचे हुए उर्बीनो के दृश्य, फेदेरिको के हथियार-बख़्तर और किताबें सजाई हो ऐसे लक्कड़ के टुकड़े जोड़कर बनाये हुए आलेख। यह देखकर लेखिका विवियन तो कमरा छोड़कर जा ही नहीं रही थीं। हमने भी तय किया कि उसे लिये बिना तो नहीं जायेंगे। इस बार आम्ब्रोजियो के साथ उसका भाई पियेत्रो भी दोस्त बन गया था। उसके 'क्रूसारोहण' की भीड़ में संसार को साक्षी बनाया हो उतनी रंग-बिरंगी प्रजा भरी हुई है, और सास्सेट्टा का क्या? जगह नहीं है तब भी सियेना के संग्रहालय

में देखा उस 'सन्त एंटनी पर सितम' में सन्त पर दैत्य डण्डा लेकर टूट पड़े हैं उसके पीछे सुलगती शाम है, उसे तो ले ही लें। सिमोने मार्टीनी को लिये बिना कैसे चलेगा? जितना हो सकता था इकट्ठा किया, भरा जा सकता था उतना भरा। पेटी में आ सकता था उतना पेटी में, दूसरा थैले में, जेब में और जितना समा जाय उतना आगोश में। दोनों आँखों में खचाखच ख़ज़ाना। ऐसे हाल-हवाल देखकर दुनिया हँसेगी, लेकिन लूटने ही आये हैं तो कंजूसी किस बात की? दिल्ली पहुँचने पर सीमा-शुल्क वाले पूछेंगे तब देखा जायेगा।

जून '९८ में जो नोट्स तैयार किये थे, उसी के आधार पर पूरा किया २४.०१.२०००
(*एतद्*, सितम्बर-अक्टूबर, नवम्बर-दिसम्बर, १९९९, पृ. १०-२१)

गुजराती से अनुवाद : किरन सिंह

डायरी के पन्ने

शिकागो, मेक्सिको और वापस लौटते हुए

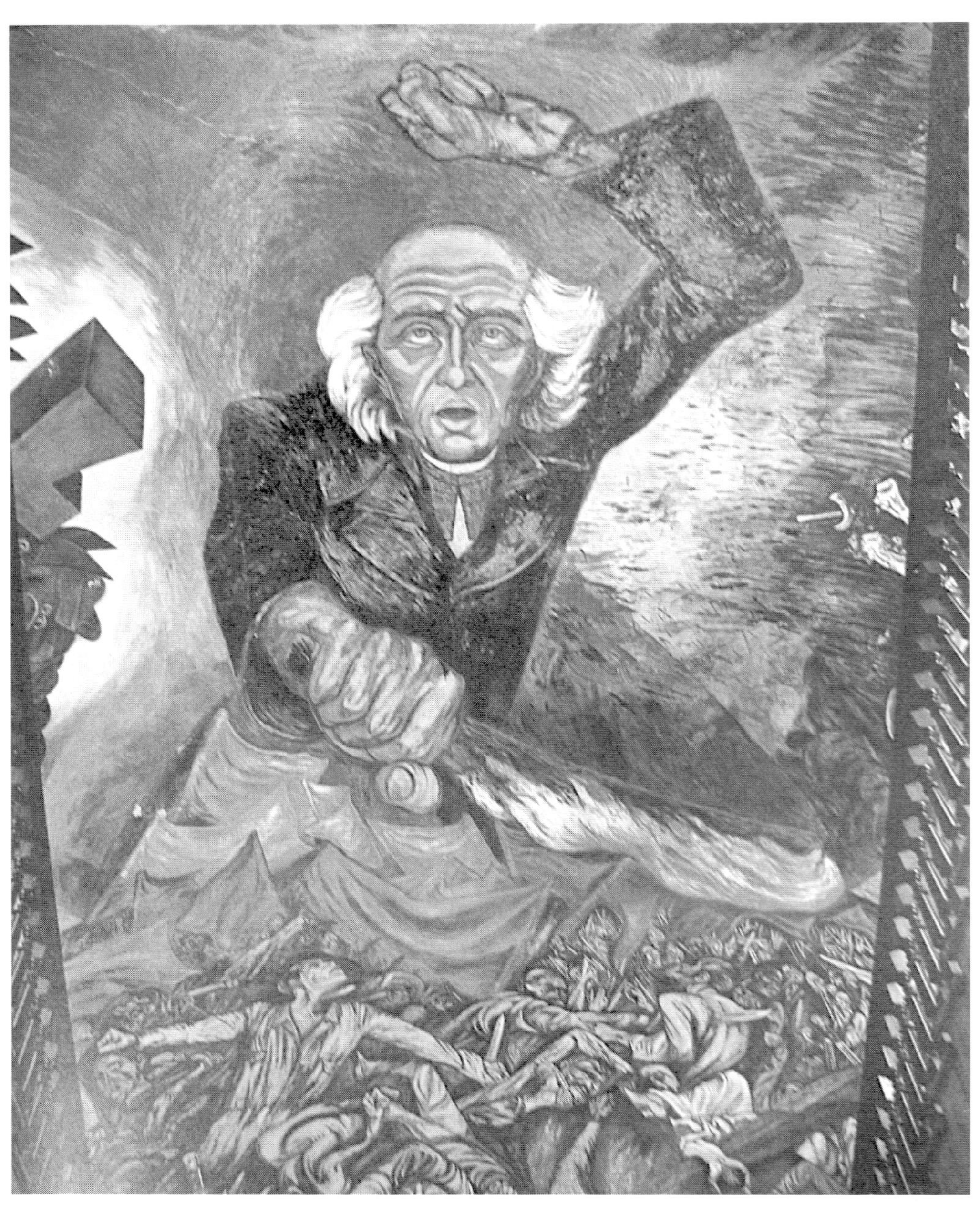

खोसे क्लेमेन्ते ओरोज़्को, ***हिडाल्गो,*** *गवर्नमेंट पैलेस, ग्वादालखारा, भित्तिचित्र, मेक्सिको, १९३५ ई.*

३ सितम्बर १९८७

पैंतीस हज़ार फुट ऊँचाई से यूरोप होते हुए एटलान्टिक के रास्ते से

जब मैं बड़ौदा से निकला तो मन उद्विग्न और बेचैनी से भरा हुआ था। बीमार नीलिमा की जिम्मेदारी मेरे ससुर, जो डाक्टर हैं, उन्होंने ले ली थी इसके बावजूद मन बार-बार वहीं लौट जाता था। दिल्ली पहुँच गया फिर भी बेचैनी कम नहीं हुई। वैसे भी यात्रा के आरम्भ में बेचैनी घेर लेती है। दुनिया जैसी है वैसा देखने नहीं देती और इस बार तो ज़रा ज़्यादा ही। आख़िरकार देर रात को या (अँग्रेज़ी तरीक़े से कहें तो) सुबह, दो बजे, इन्दिरा गांधी इण्टरनेशनल हवाई अड्डे पर पासपोर्ट पर सिक्के लगवाकर, सामान-सट्टा रखकर जब मैं अकेला पड़ा, तब इस बेचैनी का पारा उतरने लगा। हवाई अड्डे के बेसिर-पैर वाली इमारत में हुसेन के द्वारा बनाये चित्र नज़र आये। (यही जिन्हें मुफ़्त माना था पर बाद में सरकार ने अस्सी लाख चुकाये वही?) मछली, पंछी, मरुतसुत, हवाई जहाज़ और अवकाश-यान के अधकचरे आकारों को तेज़ी से की गयी चित्रबाज़ी से से ऊर्जामय करने का प्रयास अनजाना नहीं रह पाता। (वापस लौटते हुए देखा कि एक अन्य चित्रकार ने कल्पना की कंगालियत और कौशल्यहीनता के मिश्रण से जनपदीय भारत की अस्मिता को औचित्यहीन, बेकार की तड़क-भड़क में कितनी हीन कक्षा में पलट दिया है।) हालाँकि यह सब वैसे तो स्थापत्य के विशाल प्रपंच में इतना हड़प हो जाता है कि उस तरफ़ ज़्यादातर लोगों की नज़र ही नहीं जाती।

तीन बजे हवाई जहाज़ धीरे-धीरे खिसकने लगा और फिर उड़ा तो अरब के रियाध में रुका। उनींदी आँखों और थके मन से कुछ भी देखने का दिल नहीं था इसलिए पाँच घण्टों के बाद फ्रेंकफर्ट आने पर आँखें खोलीं। आधुनिक स्थापत्य का इतना आधिपत्य और कहीं देखने को नहीं मिलेगा। आधी दुनिया के मुसाफ़िर उसके प्रभाव से आश्चर्यचकित रह जाते हैं और वहाँ

की सुविधाओं में उलझ से जाते हैं। इण्डियन एअरलाइन्स को इनाम मिल सके उतने विलम्ब से बताया गया कि यहाँ के एअरपोर्ट के रडार ख़राब हो गये हैं। लगभग तीन घण्टे देरी से चला हवाई जहाज़, वह अब एटलान्टिक पर है। अभी-अभी खाना खाया, उसे दोपहर का भोजन कहें या शाम का, यह दुविधा है : भारतीय समय के अनुसार रात के नौ बजे होंगे, यहाँ दोपहर के चार यानी दोनों समय को साथ ही समझना होगा। बताया गया कि अब हमारी मध्यरात्रि या अलस्सुबह को दूसरी बार रात का खाना दिया जायेगा और आया भी। फ्रेंकफर्ट एयरपोर्ट पर गँवाये दोपहर के खाने की भूख को एक ही रात में दो-दो बार रात का खाना खाकर पूरा किया। खाने-पीने की चीज़ों के स्वाद ने समय और स्थान दोनों को भुला दिया। होलेंडेझ सॉस में तरबतर लोब्स्टर के कोमल बीड़े, अण्डे, और मक्खन में बनी हुई सेव कैसी महक से तरबतर हैं उसका वर्णन करने के लिए लेखक मित्र दिलीप झवेरी को न्यौता देना पड़े। बहरहाल, हमारी मसालों की आदत को चुनौती दे वैसा यह मखमली, लचीला, हल्का सा स्वाद ख़ूब आया।

शिकागो, दसवीं शाम

अमेरिका उतरने के बाद दो दिन न्यूयॉर्क में घूमने में चले गये। इस शहर का ख़ून ऊँचे तापमान पर है ऐसा एहसास मेनहटन के कोने-कोने में होता है : सब कुछ चलता, उछलता, तपता, गतिमान। इन्सान भी गाड़ी जैसे। इन्हीं के बीच में टहलती काली प्रजा और आराम से घूमते-फिरते युवा जोड़े उस गति के गुब्बारों को फोड़ते हैं। नयी पीढ़ी ने या तो चरस-गाँजा या फिर सजातीय सुख में 'अमेरिकी स्वप्न' (अमेरिकन ड्रीम) की परछाईं में सरकने के लिए आसरा लिया था और शहर के बीचोंबीच या 'विलेज' के वॉशिंगटन स्कवेर में भाँड को भुला दे ऐसे खेल खेलकर भ्रष्ट समाज को गन्दी गालियाँ दी थीं। अब वह ज्वार थोड़ा कम हुआ है। काली चेतना के महारथी थोड़े ढीले पड़ गये हैं : आत्मा को बर्फ़ की सिल पर लेटा हुआ देखने वाले लेखक अब भुलाये गये हैं : काली प्रजा अब गोरी प्रजा के रवैये पर चलने लगी है

मेट्रोपोलिटन संग्रह-स्थान के विशाल कमरों में जवानी में मर गये गर्भ श्रीमन्त माइकेल रोकफेलर का 'आदिवासी' कला का संग्रह हाल में ही खोला गया है। अफ्रीका और ऑस्ट्रेलिया के महाद्वीपों की प्रजा और उनकी संस्कृतियों के शिल्पों का अद्‌भुत, अभूतपूर्व ख़ज़ाना। हमने कितनी दुनिया देखी नहीं है और देखने का प्रयास तक नहीं किया है इस बात का एहसास इसके सामने खड़े रहने पर होता है। उन सभी को 'आदिवासी' (जिसे हम प्राकृत-विकृत के सन्दर्भ में ही पहचानते हैं) नाम की गठरी में बाँधकर हम अपने अज्ञान को ही छिपाते हैं। गीनी के इरियन जया की सिर-काटु अस्मत प्रजा के नाव-पतवार तीस-चालीस फुट लम्बे ताड़ जैसे पेड़ का वध करके बनाये हैं। उन लकड़ी के रेशों का रतालू जैसा रंग, कच्चे फल और मांस

जैसे गूदे से भरा हुआ है। एक ही नैया पर उगे हुए मानव देह, चप्पू चलाते-चलाते मेढ़क की तरह ढले हुए झुक गये हैं। और तीर की तरह कसे हुए चप्पू के बीच में चिपका है एक कछुआ। पढ़ने पर पता चला कि आत्मा की नाव को जीव का चप्पू चलाता है और जो उसे अडिग रखता है वह कच्छप, उसका स्तम्भ है। उसी कमरे में ताड़ के झुण्ड जैसे टोटेम की कतारें हैं। इसमें तने से काटी हुई एक-दूसरे के ऊपर बिछी हुई नर मूर्तियों के शिश्नों से पनपते विशाल पेड़ों-लताओं के पुंज और उस हरियाली में छोटी-सी नर मूर्तियाँ ऊपर-नीची होती हैं, उछलती हैं। दूसरी जगह घास, झाड़-झंखाड़, रेसे और सुतरी से गुँथे हुए इन्सान, पशु और घरबार मानो बेबाक नर्तन की क्षणों में जड़े गये हों ऐसे। ये और ऐसे रूप सारे संग्रह में चारों ओर भरचक्क भरे हुए। पेड़ों, वनस्पतियों, जानवरों, इन्सानों के चमड़े, छिलके, हड्डियाँ और मत्थे एक-दूसरे में ऐसे गुँथे हुए कि उखाड़ने जायें तो उनकी डरावनी नज़र से ही छल जायें। इसे देखने के बाद संग्रहालय में और कहीं घूमने की हिम्मत नहीं थी। आख़िरकार न्यूयॉर्क यूनिवर्सिटी के सामने के बुक स्टोर में दिन ढला : जहाँ कवाफी के सजातीय स्नेह से छलकते काव्य-संग्रह, पाज़ और पासोलिनी के प्रारम्भ काल के काव्यों का ढेर था।

शिकागो का पहला दर्शन लुभावना है, प्लास्टिक की तरह काटकर, हीरे की तरह घिसकर, कपड़े की तरह उधेड़कर बनायी गयी हो ऐसी ऊँची इमारतों का झुण्ड फ़ोटो में तो भद्दा दिखता है लेकिन सामने खड़े होकर देखने पर बौने की दृष्टि में गुलीवर के गाँव की कल्पना की तरह अजूबे-सा लगता है। शहर का मध्य भाग माने जाने वाले 'लूप' में सब कुछ साफ़-सुथरा और ठीक-ठाक है, कोना-कोना माँजा हुआ : पत्थर, लोहा, काँच, सीमेन्ट की अक्षत् बनावट में कहीं भी दाग़ नहीं : ख़राबियाँ, कमियाँ मानो सब इन्सान के मत्थे पर हैं। दार्शनिक कहे जाने वाले वास्तुकार मीझ वान दर रोह और (परम्परा से हटकर काम करने वाले) फ्रेंक लॉईड राईट ने कुछ इसी तरह की दुनिया की कल्पना की होगी वह उनके जीते-जी हुआ भी। दुनिया की उत्तुंग इमारत 'सियर्स टॉवर' में मनुष्य के आवास को जहाँ तक नज़र को उड़ाया जा सके उड़ाने का इरादा दिखायी देता है (बाँग्लादेश के इंजीनियर ने प्रतिस्पर्धा जीतकर उसे रचा-रचवाया, वह भी एक अजूबा)।

मैं जहाँ रहता हूँ वहाँ से थोड़ी ही दूर एक मकान है : 'वन मेग्निफिसेंट माइल'। समुद्र की तरह असीम लगने वाली मिशिगन झील के किनारे पर हीरे के कणों जैसी इमारतों का ढेर अवकाश-शस्त्रों की तरह डरावना भी लगता है। हालाँकि मीझ जैसे इन्सान ने वहाँ मकान और इन्सान के बीच रास्ते और पेड़ इतनी दूरी पर बनाये हैं कि इमारत या तो नीचे से नज़र आती है या फिर दूर सामने से। न्यूयॉर्क में ऐसा नहीं है। वहाँ रास्ते चौड़े नहीं हैं और बिना पेड़ की दुनिया में मकान आने-जाने वाले को और एक-दूसरे को निगलते हैं। याद है भौमितिक सृष्टि के समर्थक, चित्रकार मोन्द्रियान ने खिड़की से दिख रहे पेड़ टालने के लिए अपनी जगह बदल दी थी? एक चक्रवात में ये ऊँचे आयुध जैसी इमारतें कैसे डोलेंगी, धराशायी होंगी उसकी

कल्पना रास्तों पर घूमने वाला व्यक्ति जाने–अनजाने कर ही लेता है। स्थापत्य की शुरुआत और समाप्ति दोनों ही शक्लों में होती है : नयी दुनिया को बनाने की जल्दबाजी में वास्तुकार और इंजीनियर को इन्सान की हस्ती का ख़याल नहीं रहा है। बनाया जाता है वह सब कुछ उसका इस्तेमाल करने वाले इन्सान को बौना बनाये जाता है। और उस शक्ल की नक़ल सारी दुनिया में नये–नये रोगों की तरह फूट निकली है : घर–घर, खण्ड–खण्ड, खिड़की–दरवाज़ों पर मोन्द्रियान की मोहिनी फैल गयी है। कहा जाता है कि अँग्रेज़ राजकुमार चार्ल्स ने वास्तुकारों की सभा में कहा था कि नये वास्तुकारों ने लन्दन का सर्वनाश करने में नात्झियों को हरा दिया है : नात्झियों के विनाश ने ज़मीन खोल कर रख दी। नये स्थापत्य की कुरूप रचनाओं ने तो शहर को ही निगल लिया है! अपने यहाँ भी समझदार माने जाने वाले वास्तुकारों ने विदेशी स्थापत्य की विरासत को इस ग़रीब देश में ऊँचे मूल्य पर जमा करवाया है। एक चण्डीगढ़ की प्रतिध्वनि गाँव–गाँव में गूँजी है जिसने इस देश के पर्यावरण के प्रतिकूल सीमेन्ट और स्टील के अलावा दूसरे कोई विकल्प रहने ही नहीं दिये। हाल ही में दिल्ली के कनॉट प्लेस की काँच में जड़ी राक्षसी इमारत ने बगल के खगोल मन्त्रों से प्रेरणा पाने का स्वाँग रचाकर अपने महाकाय कद से जन्तर–मन्तर को सिर्फ़ बौना ही नहीं बनाया परन्तु खगोल से गिनती करने के जन्तर–मन्तर के हेतु को भी नामशेष कर दिया है। इस विकार वृत्ति की जड़ें शिकागो–न्यूयॉर्क की सट्टेबाजी और व्यापार की बेलगाम उथल–पुथल में मिलती है। हम यह सब इकट्ठा उठा लाये हैं।

शिकागो में बसने वाली प्रजा पचरंगी है—काली, गोरी, पीली, चपटे नाक और चीनी आँख वाले, चटक–मटक और अस्त–व्यस्त, ख़ास और गुजले हुए, मँजे हुए मोहरे वाले और गन्दगी भरे लोगों का यहाँ झमेला है। सोवियत संघ के बाद दूसरे नम्बर पर आने वाले लिथुआनिया के शरणार्थियों की, जापानियों और कोरियनों की, वियतनामी और भारतीय—विशेष रूप से गुजरातियों की अलग–अलग बस्तियाँ हैं, बाड़े हैं या 'घेटो' हैं। गोरी प्रजा घर और दुकान सब कुछ सँभालकर रखती हैं : साजोसामान, कपड़े, वाहन व्यवहार, सभी में सँभालने का दौर है। कहीं भी कोई चूक नहीं, युवा प्रजा के विद्रोह के बाद परम्परागत हलके रंग के लिबास अब रंग–बिरंगी होने लगे हैं : नयी हवा के प्रभाव से बेतरतीब और इधर–उधर उड़ते हुए, चौड़ी बाँहें और मोरियाँ और उलझे, घुँघराले बाल दिखायी देते हैं। रंग–बिरंगे बालों में नये–नये ढंग के लटकन वाली 'पंक' शैली का बहाव अब कम होने से सुघड़ता का मानो आग्रह बढ़ा है। काली प्रजा ने ये सारे शौक़ मज़े–मज़े से अपनाये हैं : पीली प्रजा भी उसमें शामिल है। (गेहुँए रंग के लोग रंगराग देखकर दूर से ही डकार ले लेते हैं)। गोरी प्रजा की नक़ल में गोरे दिखने के लिए घुँघराले बाल सीधे करवाने की हवा चली है। कपड़े–लत्ते में 'लूप' की प्रजा गोरी प्रजा से शायद ही अलग हो। लेकिन यह तो सारा सम्पन्न वर्ग, काला, गोरा या पीला, उनके अलावा बाक़ी के लोग फिक जाते हैं और सड़ते हैं झोपड़पट्टी जैसे 'घेटो' में। मुख्य बाज़ार में कई बार विरोधाभास सहन नहीं कर पाने वाले अकेले लोग टकरा जाते हैं। रास्ते की चालू–

बन्द होने वाली लाइट बन्द हो जाय और दोनों ओर हरी हो जाय उस तरह सचेतन-सभ्रान्त अवस्था के बीच झूलते चेहरे, बुदबुदाते, चिल्लाते, गाते, रोते हुए भीड़ में दिखते हैं और छिप जाते हैं। सचमुच में तो ऐसा लगता है कि सारी प्रजा में छटक जाने की गहरी लालसा है। लेकिन छटकने की मर्यादा है, छटकना हद के बाहर निकल जाय तो प्रजा उन्हें रोग की तरह जूठन मानकर फेंक देती है। नशे में चूर माइकल जेक्सन यह पाला हुआ पागलपन का जश्न मनाता है तब लोग उसकी बलैयाँ लेते हैं। इस चकमकाते, सुघड़ स्वर्ग से भाग निकलने की भूख ऐसे तमाशे से मिट सकती है लेकिन सभी ऐसे भाग नहीं सकते, हमेशा के लिए भागा भी नहीं जा सकता इसलिए समाज में रहकर ही ऐसे खेल करते रहना ही जायज़ है। ऐसा लगता है कि यह प्रजा, चैन की नींद नहीं सो सकती। वो सोती है तब भी खुली आँखों से सपने देखती है या फिर देखना चाहती है। आधुनिक कला की कही जाने वाली 'अस्तित्ववादी' कला ने यह दिखाया है। इस सपने में सभी जुड़े हैं या जुड़ना चाहते हैं। क्या खेल है! सपना देखने वाला सपने में ख़ुद को सपने के द्वारा निरखता है। (तार्कोव्स्की ने कलाकार के आक्रोश की ऐसी स्थिति दिखायी है न?) अदृश्य शीशे आमने-सामने लगाकर शीशमहल में अपने आपको सहस्त्र रूप से चारे में कटते हुए देखती प्रजा। उसकी ऐयाशी की कोई सीमा नहीं। उसने सब कुछ पाया है—अपनी मेहनत से और प्रयत्नों से और सँभाला भी है। शहरी संस्कृति का मोहक वैभव दुनिया के सामने रख दिया है। न्यूयॉर्क के डाउन टाउन में या यहाँ के वोबाश या मिशिगन राजमार्गों में यह सब उड़कर आँखों में भर जाता है। दुकानों की खिड़कियों के चमकीले दिखावे का मज़ा यह प्रजा हर रोज़ चलते-चलते लेती है फिर घर के बन्द दरवाज़ों के पीछे टी.वी. के डब्बे में उसका प्रतिबिम्ब पाती है। उसने क्या-क्या नहीं पाया? इतनी छूट—मनचाहा सहचार, चाहे सजातीय या विजातीय करने की आज़ादी उसके हाथ में है। इन सबके बावजूद हरेक का अपना अलाहेदा डब्बा है, जिसमें रहना वह आज़ादी का लक्षण समझता है। इसलिए सब कुछ कर-कराके हरेक अपने-अपने 'घर' में ग़ायब रहने के लिए बेचैन रहता है। घर में साथ में रहने वाले लोगों को भी एक-दूसरे से अलग अस्तित्व पाने का इन्तज़ार है। स्त्री पुरुष से, बच्चे माँ-बाप से, हरेक को अपनी अलग दुनिया पाने का गर्व है। इसलिए मिलन, उपचार-सा, प्रेम उसके प्रतिकार-सा और पागलपन मोक्ष के रास्ते-सा दिखता है। ये बक्से जैसे घर जब बर्दाश्त नहीं हो पाते तो उनमें रहने वाले चीख़ते हैं, बिना सोचे-समझे कुछ भी व्यवहार कर लेते हैं, दबी हुई वासनाओं को भड़काते हैं। अख़बार में एक बच्ची ने बलात्कार करने वाले बाप को मित्र की मदद से गोली मरवाने का क़िस्सा यहाँ हर रोज़ चर्चित हो रहा है। पड़ोसी कहते हैं कि वे उस दुराचार के साक्षी थे लेकिन दूसरों के जीवन में दख़ल नहीं देते। कहते थे कि अकेले रहने वाले पिता और पुत्री पलंग में बैठकर साथ में टी.वी. देखें यह कोई असामान्य बात नहीं है। टीवी के कार्यक्रम में और जीवन में ममता और वासना के बीच की लक्ष्मण रेखा फीक़ी है।

रास्ते पर चलते हुए लोग एक-दूसरे को देखते हैं लेकिन सामने वाले की नज़र मिलते ही वे

नज़र हटा लेते हैं। दृष्टि मात्र सामने नहीं देखने वाली दुनिया पर टिकती है। दुकानों के साजो-सामान को लोग मन भरके देखते हैं। उसमें लगाये हुए मेनीक्वीन दूसरों को देखने के लिए बनाये गये हैं। ज़्यादातर लोग मेनीक्वीन या फ़ैशन मॉडल की ओर दृष्टि डालते ही नहीं, उसका रहस्य यहाँ सुलझता है। लेकिन खुली आँखों से सपना देखने वाली प्रजा दूसरों की आँखों से अपने आपको देखती है। वह तो अपने-आप में ही मस्त है। रास्ते पर चलते हुए, बस में बैठते हुए या कतार में खड़े सभी लोग अपने शरीर, स्वरूप की एक अलग ही परिधि प्रकट करते हैं। पड़ोस में खड़े शरीर का, कपड़े का, पर्स का यहाँ तक कि छाते तक का स्पर्श मना है। बस में चढ़ते-उतरते इन सारी चीज़ों से सचेत रहना मुश्किल है, इससे अस्पृश्यता की-सी उलझन लगती है। लोग पड़ोस में बैठे व्यक्ति की गन्ध से, उच्छ्वास से लजाते हैं। इसलिए कपड़ों में ढेर सारी गन्धनाशक स्प्रे डालकर निकलते हैं। खाने-पीने में भी वही बात है। मुँह से बदबू आना तो अक्षम्य अपराध है लेकिन यहाँ कोई टोकता नहीं; मात्र दुत्कार देते हैं। उदासीनता का अतिरेक यानी बे-पसन्द लोगों को जीवन से हद पार करना।

१८ की मध्यरात्रि : बॉलरूम अपार्टमेंट, हेफ्नर हॉल

मुझे जो कमरा रहने के लिए मिला है वह बड़ौदा के रेसीडेंसी के आवास (ब्रिटिश रेसिडेंट के बिलियर्ड रूम) जैसा चौड़ा और ऊँची छतवाला है, जिसमें पचास के दशक की गोलाकार नरम कुर्सियाँ और बाँस की लकड़ी की नक़ल जैसा छह फुट लम्बा चन्द्राकार डण्डीवाला लैम्प है। बाथरूम का एक दरवाज़ा पड़ोस के दरवाज़े को बन्द रखता है, वहीं एक विशाल शीशा है। प्लेबॉय बादशाह ह्यू हेफ्नर ने इस चारमंज़िला मकान की निजी जागीर आर्ट इंस्टीट्यूट को भेंट दी है, जहाँ मैं पढ़ाने आया हूँ। पहले यहाँ हर कमरे में रतिलीला चलती होगी : कहा जाता है कि गुप्त शीशे के माध्यम से हेफ्नर हरेक कमरे के काण्ड को तहखाने में बैठकर देखा करता था। अब यहाँ पूँछवाली नग्न ललनाएँ या वासना से लथपथ ग्राहक नहीं। लकड़ी से जड़े हुए विशाल कमरों में मात्र मध्ययुग के बहादुर योद्धाओं के ख़ाली बख्तर हैं। दो मंज़िलों पर विद्यार्थी रहते हैं। मेहमान कलाकार के तौर पर मुझे रास्ते की ओर वाला अपार्टमेंट दिया गया है। कमरे में बहुत बड़ा टीवी है, जिसमें हम्फ्री बोगार्टवाली 'कोन्फलिक्ट' नाम की पुरानी फ़िल्म चल रही है। यहाँ यह डब्बा चौबीसों घण्टे चलता है। उसकी बनावट बड़ी है इसलिए नज़दीक से देखने पर सिनेमाघर का ही भ्रम होता है। अब तो सिनेमा के पर्दे के बराबर टीवी के स्क्रीन मिलने लगे हैं, वही सिनेमा को विधिवत् दफ़नायेंगे। बाद में होलोग्राफ़ी आयेगी जिससे आँखों के सामने त्रिपरिणामी भ्रमजाल रचा जायेगा। प्रेत सृष्टि की तरह लेज़र किरणों के द्वारा घर में नाटक मंचित होता दिखायी देगा। यह सब खुली आँखों से सपने देखने का साक्षात्कार होने के बाद लोग कैसे, कौन-से सपने देखेंगे?

अपार्टमेंट के बाहर की खिड़की से मकान और रास्तों के बीच लोहे के दरवाज़े दिखायी देते हैं और उसके पार हैं जमी हुई गाड़ियों की कतारें। ज़्यादातर लोग दुनिया को मोटरगाड़ी के डब्बे से या घर की खिड़की के चौखटे से देखते हैं। इन दोनों के ही काँच बन्द रखे जाते हैं। (कहीं ऐसा न हो कि कोई सिरफिरा गोली दाग़ दे या कोई ग़रीब-गुरबा हमला कर दे।) इस वजह से उस पार की हवा, गन्ध या दुर्गन्ध इस ओर पहुँचती ही नहीं। जो भी दिखायी देती है वह कोरी आँखों से जानी गयी दुनिया है। हेफ्नर हॉल में दाख़िल होने के तीन दरवाज़े हैं, अधखुला लोहे का दरवाज़ा, दूसरा हाथ से खोलने वाला और तीसरा ज़बरदस्त, लोहे की जाली वाला—काँच से जड़ा हुआ। अन्दर बैठा हुआ दरबान आने वाले हरेक का मुँह देखकर बटन दबाकर खोलता है। तीन दरबान चौबीसों घण्टे चौकी करते हैं। उनका काम है छोटी कोठरी में टीवी स्क्रीन पर मकान के अलग-अलग भागों में लगे क़ैमरे अन्दर के जो दृश्य दिखाते हैं उन्हें देखते रहना। हेफ्नर के शीशे प्रतिबिम्ब दिखाते थे ऐसी पाशवी लीला उसमें दिखायी नहीं देती होगी लेकिन गलियारे में भटकता हुआ चूहा भी उसमें पकड़ा जाता होगा। हाँ सलामती और सुरक्षा का भारी भरकम इन्तज़ाम। घर में या बाहर सँभालकर रहने-घूमने का सबक सभी सिखाते हैं। शाम के बाद अकेले घूमना जोख़िम है : कुछ जगहों पर कोई झाँकने को भी तैयार नहीं होता। गोरी प्रजा के अलावा अन्य बस्तियों की भयानकता का प्रचार बार-बार सुनायी देता है। टीवी पर अभी भी अल कापोन के भूत जैसी टोलियों की बेफाम गोलीबारी की ख़बरें आती रहती हैं लेकिन अब उसमें मात्र शिकागो ही सबसे आगे नहीं है।

हमारा भारतीय गुजराती समाज दीवान (अथवा Devon) में बसता है। डाउन टाउन में उनकी हाज़री ज़्यादा नहीं दिखती। १६ को इंस्टीट्यूट के सभागृह में मुझे मेरा काम जाहिर में दिखाकर एक व्याख्यान देना था, इसका निमन्त्रण मेरे यहाँ आने के कार्यक्रम के प्रायोजक बार्बरा रोस्सी ने अनेक भारतीय और मुख्य रूप से गुजराती सांस्कृतिक मण्डलों को भेजा था लेकिन उसके प्रतिभावस्वरूप एक ही व्यक्ति आया वह भी बड़ौदा की कला संस्था का विद्यार्थी ही! लेकिन सभागृह भरा हुआ था, जिसमें शामिल थे : शिकागो यूनिवर्सिटी में से हाल में निवृत्त मिल्टन सिंगर, सी.एम. नईम, कोलम्बिया कॉलेज के जॉन अर्डमान जिन्होंने भारतीय संगीत की 'पेट्रोनेज' परम्परा पर महत्त्वपूर्ण पुस्तक लिखी है और अब उदय शंकर पर दूसरी पुस्तक तैयार कर रही हैं। और मसूरी में पले-बढ़े, मित्र केरी वेल्च से पढ़े कलाविद् वूडमेन टायलर भी थे। कवि रामानुजन हार्वर्ड गये हैं लेकिन पहले मिले थे तब सुरेशभाई और शान्ताराम सबनीस को स्नेह से याद कर रहे थे। अनजाने भारतीय कलाकार का काम देखने या उसे सुनने के लिए कौन आयेगा यह आशंका ग़लत साबित हुई। प्रश्न पूछे गये : भारतीय संस्कृति, आधुनिक कला परिवेश को लेकर जिज्ञासा प्रकट हुई। सिंगर ने बड़े ही स्नेह से अपनी पुस्तक भेंट में दी जो यादगार बन गयी।

१९ की सुबह

हेफ्नर हॉल वाले रास्ते से दो गली दूर विशाल, समुद्र जैसी मिशिगन झील है। और दौड़ते, मछली पकड़ते, स्केटिंग करते, चैस खेलते हुए लोग। झील के साफ़ नीले पानी की ठण्डी 'समुद्री' हवा में पंख सुखाते हुए गलपंछी, एकाध कत्थई पतंगा, किनारे के छिछले पानी की हरी पारदर्शिता पर उड़ने में मस्त। बारीक़ गहरे सिकामोर, सफ़ेद बर्च और ओक के पेड़। भीगी-भीगी ठण्डी घास और बीच में कोरी पगडण्डी। किनारे कंक्रीट से बँधे हुए हैं, जिसका छोर मानो पानी में खोंपे हुए सूजे की तरह है। यहाँ से पानी पर शिकागो की महाकाय इमारतें परीकथा के प्रदेश जैसी दिखती हैं। सारे मकान उजले, इस्त्रीदार लेकिन यहाँ झील के एक कोने में अलग ही दृश्य है। प्लास्टिक के गिलास, बोतलें, थैलियाँ, डब्बे-डब्बियों का कचरा पानी के पास की दीवार के पास इकट्ठा हुआ है जिसे पानी वापस ज़मीन पर धकेलता है। यहाँ कचरे, जूठन, उपयोग में लाये गये घरेलू सामान का ढेर इतना बड़ा हो जाता है कि अमेरिकी प्रजा के लिए उसका निकाल करना एक गम्भीर समस्या है। बिना उपयोग में लाये हुए या कम उपयोग में लाये हुए डब्बे यहाँ का एकाध शहर निकाल फैंक देता है जिसमें से भारत के आठ-दस गाँव की भूख मिटायी जा सकती है और इथियोपिया का दुष्काल भी दबाया जा सकता है। उनके द्वारा फेंकी गयी घरेलू चीज़ें अन्य प्रदेशों में साज-सज्जा बन जाती है। लेकिन यह सब वहाँ कौन पहुँचाये? खाद्यान्न की और उपयोग में लायी जाने वाली चीज़ों की बेलगाम बर्बादी कैसे रोकी जा सकती है? प्रश्न है जगह का, कहते हैं कि यदि उस सामान को फेंका नहीं जाय तो लोगों के घर चीज़ों से भर जायें और लोगों का रहना मुश्किल हो जाय। प्रकाशक धड़ाधड़ किताबें प्रकट करते जाते हैं, वे तुरन्त बिक जायें तो ठीक वरना उनको निकालने का झमेला सिरदर्द के समान। ऐसे सामान के ढेर को वे जगह के अभाव में रद्दी के भाव में निकाल देते हैं जिसे अनेक दलाल हमारे जैसे देशों में महँगे दामों बेचते हैं। हरेक घर में और रास्ते में बड़े से पीपे में प्लास्टिक की काली थैली वाली कूड़ेदान रखी होती है—रास्ते में कूड़ा फेंकने की मनाही है। कहा जाता है कि एक बार कचरे के टीलों का निकाल हुआ नहीं तो जहाज़ भरकर एटलान्टिक के बीच में ख़ाली करने के लिए भेजा लेकिन उन जगहों की सरकारें समुद्र और हवा पर अपना कब्ज़ा रखे हुए थीं तो वहाँ के संरक्षक दलों ने उन जहाज़ों को वापस लौटा दिया! नगर निगम के लिए कूड़े का प्रश्न पहाड़ जैसा है क्योंकि आधुनिक पदार्थों के कूड़े को जलाया या पिघलाया नहीं जा सकता। भूमि और समुद्र को मथकर हमने तेल की टंकियाँ भर लीं, चूल्हे जलाये और नयी बनावट के सिन्थेटिक पदार्थ बनाये। ऐसे पदार्थ के नये, अनोखे रूप विश्व के घर-बाज़ारों में 'प्लास्टिक' के नाम से घूम रहे हैं जो अविनाशी है। खाद्यान्न, ऊन, सूत या काग़ज़ जैसे पदार्थ को कूड़े में जलाकर खेत में खाद के रूप में ढाला जा सकता है और जीवन में फिर से उपयोग करके उनका पुन: पोषण किया जा सकता है। लेकिन यह बात सिन्थेटिक कूड़े में सम्भव नहीं है। उसे

तो पिघलाकर उसी रूप में लेना होता है। इन्सान अजर-अमर होगा कि नहीं लेकिन उसने एक अमर्त्य पदार्थ ज़रूर खोज निकाला है!

मेरी खिड़की के काँच की जाली में से पेड़ों का पूँज हल्की हवा में मोटरगाड़ियों के आने-जाने से हिल्लोरों से हिलता है। सामने विशाल इमारत और उनके घर और खिड़की के रूप। आकाश दस-बारह इमारत दूर है। पेड़ों के पत्तों पर धूप रिसती है। छाँव में काफ़ी गहरापन है। ठण्ड पी-पीकर पत्ते भी गहरे हुए हैं। धूप में पीलापन कम है; पत्ते पर हरी धूप मानो पुती हुई सी लगती है। बड़ौदा मे रेसिडेंसी के बाहर दरवाज़ों से यूनिवर्सिटी के मैदान तक के पेड़ के पत्तों का रंग इससे अलग था, वहाँ पत्ते सूखे और गेरू की छींट वाली धूल से भरे होते थे, उसके ऊपर पड़ रही धूप की पीली-सी झाँई से हरियाले होकर कोरे नीले आकाश के नीचे कच्चे आम के हरे रंग की झांईं से तरबतर होते थे। ये रंग यहाँ की आँखों के लिए अनजाने हैं। यहाँ पेड़-पौधों की सुगन्ध भी हल्की-सी है : फूल के गुच्छे और उसके फैलाव में भी महकीलापन कम है इसलिए वे धुले हुए कपड़े जैसे लगते हैं। फूल-पत्तियाँ, डालियाँ-डण्डियाँ दाग़ रहित मानो कंघी करने के लिए कटी हुई। वैसे तो ऐसा हमारे देश के बग़ीचों में भी मिल जाता है लेकिन यहाँ धूल उड़ती नहीं और बारिश की बौछारें होती रहती हैं, गर्मी कम होती है इसलिए सब कुछ एक जैसा गन्ध रहित रंग का दिखता है। सामने रास्ते पर चिनार जैसा 'प्लेइन' पेड़ है। वैसे तो गहरा, ठण्डा तरुवर लेकिन अभी धूप ने उसके पत्तों को गर्माहट से सींचा है। एक लम्बी, कत्थई, एकरंगी, बिना पट्टों की गिलहरी (या चिपमंक) उसकी डाल-डाल पर सरकती हैं, दूर किनारे पर कोमल बारीक़ हरे फल लगे हैं, उसे तेज़ी से छिलती हैं और कुतरती हैं। खुले हुए हरे फलों और गिलहरी के दाँतों के बीच होकर हल्की-सी गन्ध की लहर मेरे नथुने तक पहुँचती है तब आज की सुबह का शिकागो महक उठता है।

२० की दोपहर

कल प्रकाश देसाई (भीखू पारेख के जाने के बाद एम.एस. यूनिवर्सिटी के कुलपति के पद के लिये जिनका नाम लिया जाता था वे मनोचिकित्सक) शिकागो के 'इण्डिया फोरम' (जिसके एक भूतपूर्व सभ्य सेम पित्रोदा अब राजीव गांधी के सलाहकार हैं) के मित्रों के साथ की पार्टी में डॉ. शिबन गंजू के घर ले गये। पत्रकार राजीव देसाई, धवल मेहता के भाई अंगद, कोन्सल दिलीप लाहिरी और दूसरे लोग आये थे। गंजू के घर की जाहोजलाली देखकर सम्पन्न भारतीयों के जीवन-व्यवहार का हल्का-सा अन्दाज़ा आ सकता है। तोशक जैसे नरम पूरे फ़र्श को ढाँक दें ऐसे गलीचे, देशी-विदेशी शराब की भरमार, ज़ेवरों से छलकती सन्नारियाँ। खाने-पीने के बाद लाहिरी ने पंजाब की समस्या छेड़ी तब खुले मन की बौद्धिक चर्चा में वह सब विस्मृत हो गया और देश से दूर आकर बसे हुए, अपना दिल घर पर छोड़ आये भारतीयों के

जीवन की जटिल समस्याओं का थोड़ा परिचय हुआ। लाहिरी ने हाजिर मित्रों को पंजाब में प्रजा और सरकार त्रासवादियों के ख़िलाफ़ क्या-क्या करती है यह बताते हुए सिक्खों को भारतीय जीवन प्रवाह में वापस लाने के लिए और क्या करना चाहिए, दूतावास की भूमिका उसमें क्या हो सकती है आदि से सम्बन्धित सवाल पूछे। सामने से धीरे-धीरे मुश्किल सवालों की झड़ी बरसी, चर्चा में उग्रता आयी। सरकार इन्दिरा गांधी की हत्या के बाद के सिक्ख नरसंहार का मामला प्रजा के समक्ष प्रस्तुत करके गुनहगार को सज़ा देने की पहल क्यों नहीं करती, सरकार के पाण्डित्य भरे वक्तव्यों में सिक्ख तो क्या कोई भी विश्वास नहीं करता और जातिवाद के संहार काण्डों के बाद पंजाब को लाड़-प्यार दिखाने के जो प्रयत्न हुए हैं उससे आधे भी मीरत, मल्लियाना और अहमदाबाद के समय क्यों नहीं हुए ऐसे या जो सामान्यत: नहीं उठाये जाते ऐसे कँटीले प्रश्न भी उठे। सरकार के पुराने प्रतिनिधि के द्वारा दी गयी दलील के मुताबिक दिल्ली के सिक्ख-नरसंहार में हज़ार-दो हज़ार के मारे जाने का आँकड़ा अस्सी करोड़ की बस्ती वाले भारत में कितना तुच्छ गिना जाय, इस बात ने सिक्खों के अलावा अमेरिका में बसी हुई भारतीय प्रजा में कितना रोष पैदा किया उसे याद करके वहाँ बैठे कुछ लोगों ने सरकार को गालियाँ दीं। बारह बजे तक चली उस चर्चा में ज़्यादातर पुरुष ही थे। किसी ने सीधा-सीधा सवाल किया था कि स्वर्ण मन्दिर को भ्रष्ट करने पर सरकार का सर शर्म से झुकने के लिए क्यों तैयार नहीं। एक बार लाहिरी सरकारी निष्फलता का स्वीकार कर पाये थे जो उनके वैयक्तिक बड़प्पन का द्योतक था। यह जानकर सुखद अनुभव भी महसूस किया कि डाक्टर, इंजीनियर और ऐसे व्यावसायिक सामाजिक, राजनैतिक समस्याओं की तटस्थतापूर्वक समीक्षा करने की बौद्धिक सजगत्ा रखते हैं। साथ ही यह बात भी खेदपूर्वक याद आयी कि अपने यहाँ तो मुट्ठीभर पत्रकार-बौद्धिक और विशेष रूप से वामपन्थियों के अलावा जातिवाद से परे ऐसे वर्ग का शिक्षितों में कितना अभाव है।

मध्यरात्रि के बाद जब वापस लौटे तब खुले ग्राम्य प्रदेश की हवा में ठंड का इशारा था। मीलों की दूरी की सहज यात्रा करने वाले अमेरिकनों की तरह प्रकाश ने मुबारक बेगम, इकबाल बानो की ग़ज़लों की कैसेट बजाने में और बड़ौदा में पढ़ते समय 'क्वालिटी' रेस्टोरेंट में बिताये समय की याद ताज़ा करने में सफ़र पूरा किया तब भी मन विचारों से तरबतर था। प्रकाश के घर भी और एक घण्टे तक चर्चा होती रही। दूसरे दिन 'दीवान' (Devon) भारतीय बस्ती में जाते हुए हंसा दवे की 'सेक्सी' स्वर वाली कैसेट प्रकाश ने खोज निकाली जो पिछली रात नहीं मिल पायी थी। मिशिगन झील का पानी का पट्टा, ऊँची इमारतों का ढेर और तेज़ी से भागी जा रही गाड़ी में बारीक़-पैनी नागरी लहजे वाले, बनावटी पद्यरचना को दुहराते गायिका के सुर ने दो विरोधाभासी दुनिया को काटने वाले घाव में मन को झूमते छोड़ दिया। 'दीवान' में देशी प्रजा ने चौकियाँ बना दी हैं। कहा जाता है कि पहले यहाँ यहूदी व्यापारियों का राज्य था। गुजरातियों ने उन्हें खदेड़ दिया और पूरे रास्तों में देसी मसाले और अनाज, कपड़े, खाने-पीने की दुकानों के ख़ज़ाने खोलकर सब कुछ इलेक्ट्रोनिक्स और दूसरी चीज़ों के साथ बेचने रख दिया है।

२७वीं पाक्यूला बिल्डिंग, दोपहर के बारह बजे

यहाँ सभी अनुस्नातक विद्यार्थियों के स्टूडियो हैं जिनमें से एक स्टूडियो मुझे चित्र-काम के लिए मिला है। आज दोपहर हो चुकी है और मैं स्याही और एक्रेलिक रंग से चित्र बनाने की कोशिश कर रहा हूँ। समय कम है, दो सप्ताह में शिकागो से चल देना है इसलिए जल्दी से पूरा हो ऐसा कुछ करूँ, ऐसा सोचकर रेखांकन करता हूँ और थोड़ा रँगता हूँ।

यूरोप-अमेरिका की हवा की तासीर हमारे देश से कितनी अलग है यह बात यहाँ की ठण्ड को झेले बिना पता नहीं चल सकती। यहाँ की गर्मी में हमारे शरीर का तापमान जल्दी से बढ़ती-कम होती ठण्ड को परखने के लिए निर्मित नहीं हुआ है। कई बार पारा अचानक उतरने लगता है तब ठण्ड हड्डियों तक उतर जाती है। उस समय खाये-पीये बिना टिकना मुश्किल है। ऊपर से ज़्यादा कपड़ों का भार तो वहन करना ही होता है। हम अपनी गर्मियों में एकाध उपवास कर लें तो याद भी नहीं रहता : यहाँ खाना, प्रवृत्त रहना और फिर से खाना, ऐसा शरीर का क्रम है। ठण्ड आलस के लिए अवकाश रहने ही नहीं देती। बैठे रहना, पड़े रहने का हमारा राष्ट्रीय अधिकार तो यहाँ खुली धूप में या उष्ण तापमान पर गर्मी का यन्त्र चालू रखकर ही मिल सकता है, वह सभी को साध्य नहीं है। ऊपर से ठण्ड और अकेलेपन का मिलन क़ातिल है। यहाँ अगर रविवार को कहीं भी जाना नहीं होता तब अकेलेपन में ठण्ड चढ़ने लगे तो दुनिया परायी लगती है। हमारे यहाँ कोनों में पड़े रहने वाले ग़रीब-गुरबे यहाँ खुले में टिक नहीं सकते। रास्ते में पड़े हुए, भटकते लोग ठिठुरकर जूठन के साथ ग़ायब हो जाते हैं।

रात की बस में एक काला अधेड़ पुरुष कान में इयर फ़ोन डालकर उसमें जोर से बजते जाज़ म्यूज़िक सुनते-सुनते तालियाँ बजाकर ताल मिला रहा था। कान में फूँके जा रहे संगीत के गायक की तरह हाथ में माइक पकड़ने का ढोंग करके चिल्ला रहा था 'स्टे ऑन...स्टे ऑन...' आगे-पीछे की सीटों पर हाथ-पैर पटकते हुए धमधमाता था। एकान्त में गड़े हुए ऐसे कई लोग बाहर निकलने के लिए संगीत के कुएँ में हाथ-पैर मारते हैं और उन्हें देखकर किसी का रोंया भी हिलता नहीं।

न्यूटन सेंटर, १४ अक्टूबर

ऐसे ही देखते-देखते शिकागो में पाँच सप्ताह कहाँ बीत गये पता ही नहीं चला। आर्ट इंस्टीट्यूट ऑफ़ शिकागो पुरानी संस्था है, जिसमें चित्र-कला, शिल्प आदि के अलावा सिनेमा, टेक्सटाइल, मीडिया आदि के विभाग हैं, लेकिन हमारे यहाँ की तरह विभागों के बीच घेराबन्दी नहीं है। विद्यार्थी अलग-अलग विषयों को एक साथ पढ़ सकते हैं। शिक्षकों से यह अपेक्षित है कि वे सप्ताह में पाँच दिन हर रोज़ लगभग आठ घण्टे पढ़ायें। विद्यार्थियों को

अपना ज़्यादातर समय पढ़ाई की—चित्र, शिल्प, कला के इतिहास की—तैयारी में बिताना पड़ता है। हमारी तरह फुर्सत से चित्र बनाने की सहूलियत नहीं है। अपने हौसले पर पढ़ने वाले और पढ़ने के बाद अपनी जिम्मेवारी ख़ुद निभाने वाले विद्यार्थियों के लिए तनतोड़ मेहनत के अलावा कोई चारा नहीं है। माँ-बाप बच्चों का ख़र्च निभा लें-निभा पाते नहीं। मेरे सम्पर्क में आये उनमें से कई विद्यार्थी नौकरी-मज़दूरी, सफ़ाई काम से लेकर क्लर्की का काम करते हुए पढ़ते थे।

मेहमान कलाकार की हैसियत से मुझे सप्ताह में तीन दिन तक इंस्टीट्यूट में हाजिरी देनी थी। समय भी मेरे अनुकूल ही रखा था। संस्था के अलग-अलग तीनों मकानों में निवेदन-पत्र लगाया गया था जिससे जो विद्यार्थी मुझसे सीखने की अपेक्षा रखते हों वे नामांकन करा सकें। परिणामस्वरूप मैंने क्रमशः अनुस्नातक और थोड़े दूसरे विभाग के विद्यार्थियों के स्टूडियो में प्रवेश किया। पढ़ाना जितना सार्थक है उतना ही निरर्थक। स्वार्थ इतना कि ताज़े मिज़ाज के नये कलाकारों के उन्मेषयुक्त चित्रों में प्रवेश करने पर अनुभव से सूखे हुए मन को ताज़गी मिल सके। इस बात का अफ़सोस भी, जब दूसरों की दुनिया को सर पर उठाकर उनकी समस्याओं में हमारा मन खप जाता है, निचुड़ जाता है, ख़र्च हो जाता है। यहाँ अमेरिका के अलावा अन्य देशों के कई विद्यार्थी हैं। जापान, कोरिया, आयरलैण्ड, इंग्लैण्ड, पनामा, अल-सल्वाडोर के लड़के-लड़कियाँ अपने घर-बार, संस्कार छोड़कर इस दुनिया में आये हैं। इंस्टीट्यूट में किसी निश्चित कला का प्रभाव नहीं है। 'अन्तर्राष्ट्रीय' कला-प्रवाहों में आयी मन्दी की प्रतिध्वनि साफ़ सुनायी देती है। न्यूयॉर्क जैसे केन्द्र ने अमेरिका के दूसरे शहरों की कला को कैसे हड़प कर लिया था उसका सरोष वर्णन शिकागो का कलाकार वर्ग करता है। अब न्यूयॉर्क का कला प्रवाह लुढ़कने लगा है तब शिकागो के 'इमेजिस्ट' कलाकारों की फिर से पहचान हुई है, प्रसिद्धि बढ़ी है। बार्बरा रोस्सी, रे योशीदा, कार्ल वीर्सुम, क्रिस्टीना रेम्बर्ग जैसे इमेजिस्ट कलाकार इंस्टीट्यूट में पढ़ाते हैं। रोज़र ब्राउन यहाँ पढ़े थे लेकिन पढ़ाना नहीं चाहते। उनके चित्र काफ़ी ऊँचाई पर पहुँचे हैं। एड पेश्के ने तो शिकागो को छोड़कर न्यूयॉर्क के साथ नाता बाँध लिया है। मैं पाँच सप्ताह वहाँ रहा उस दौरान लगभग तीन बड़ी प्रदर्शनियों में शिकागो के प्रसिद्ध कलाकारों के चित्र देखने को मिले और विचारों का काफ़ी लेन-देन हुआ। एक दृष्टि से कहें तो बड़ौदा-शिकागो कला-केन्द्रों से दूर होने के कारण अपने परिवेश के चित्रण को पोषित करता है, इस बात पर समान भूमिका खड़ी होती दिखायी दी। हालाँकि हमारे यहाँ परिवेश का प्रेरणा-स्त्रोत मानवीय सन्दर्भ है और उस परिवेश के रूपों को कलाकारों ने स्नेहपूर्वक, समीप जाकर आलेखित किया है। शिकागो के कला परिवेश के रूप थोड़े वस्तुलक्षी, अनोखे लेकिन दूर से पहचाने हुए, आधुनिकता के जाने-माने दृष्टिकोणों की परिधि में समाये हुए दिखायी देते हैं। कहीं चित्रित करने की पद्धति का जोर, कहीं अमूर्त या मूर्त का वाद-विवाद तो कहीं अमेरिकी अनुभव का आनन्द उठाने-निन्दित करने की दुधारी रचना। पेश्के इन्सान के माथे के महाकाय फ़ोटो को तेज़ाबी हरे-केसरी पट्टे में आलेखित करता

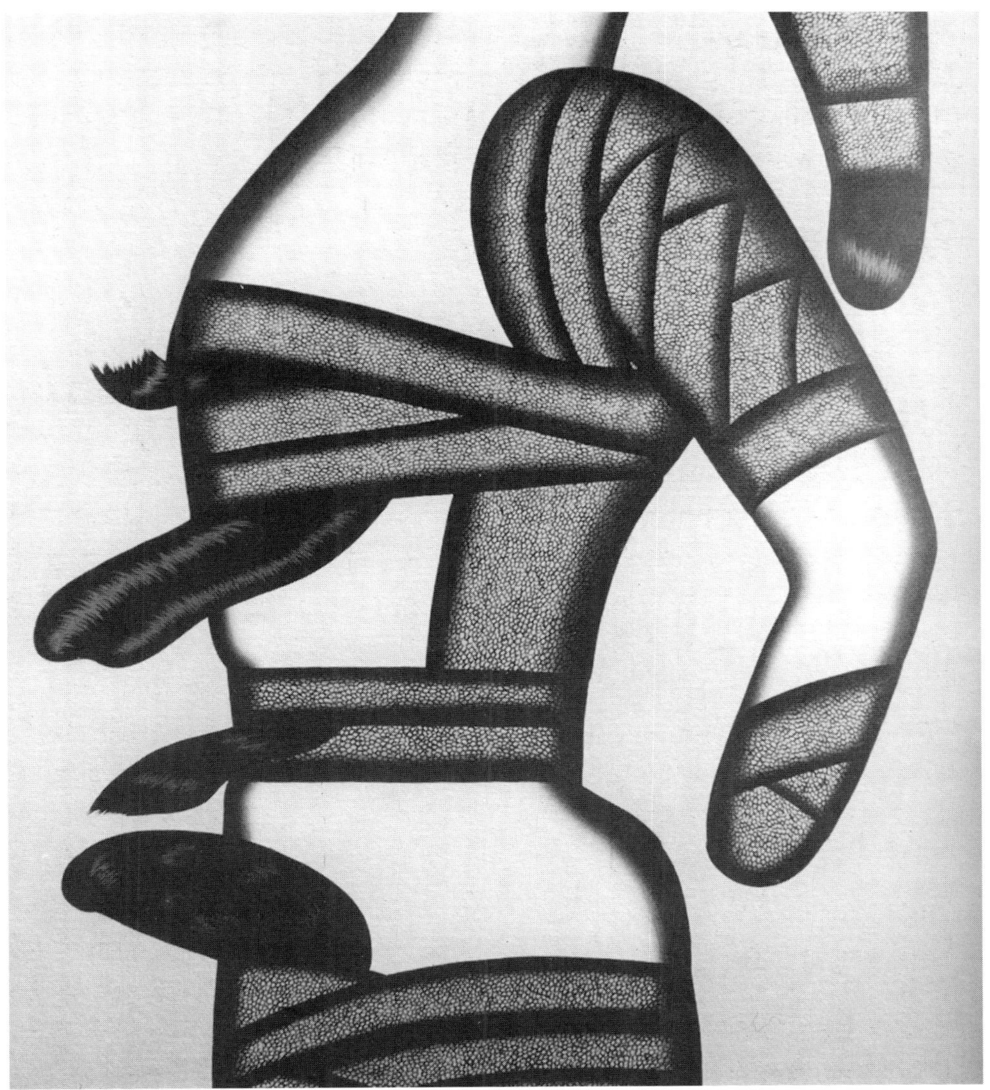

*क्रिस्टीना रेम्बर्ग, **तंग करती हुई बाँह,** मेसोनाइट पर एक्रेलिक, १९७४ ई.*

है। रे योशिदा मूलतः जापानी हैं, उनका परिचय 'शिकागो के सुब्रह्मण्यन्'('मणि') के रूप में करवाया गया था, जो हवाई से शिकागो आकर बस गये हैं। वे लिपि के आकारों से इन्सान को मढ़ते हैं। कार्ल वीरसुम 'अमेरिकन' चेहरों, सार्वजनिक संज्ञाओं और लोक भोग्य कला के चटपटे खेल खेलता है। उनमें मनोरंजन के साथ सर्वमान्य कला वृत्ति का मज़ा उठाने के निराले लक्षण हैं। क्रिस्टीना रेम्बर्ग तंग, खींचकर बाँधे हुए वस्त्रों में शरीर के रूपों को रिचार्ड लिंडनर की अदा से, लेकिन अपनी निजी नारी संवेदना में जड़कर चित्रित करती हैं। रोज़र

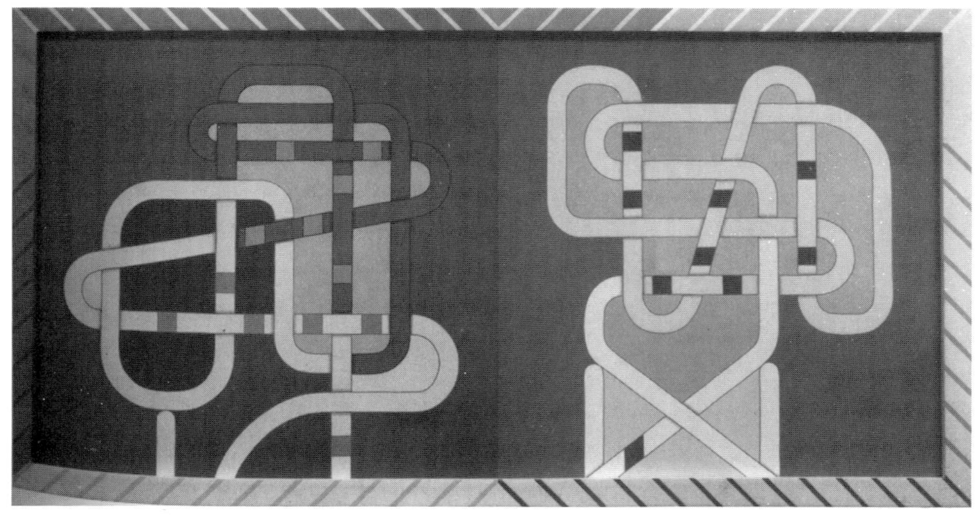

*बार्बरा रोस्सी, **कलर टीवी पर दो चित्रकारों के बीच बातचीत**, १९७८ ई.*

ब्राउन ने शिकागो और अमेरिका के बहुमंज़िला मकानों में बसने के भयानक दुस्वप्न को कहानी-चित्रों के रूप में आलेखित किया है। अख़बारों में छपती चित्रवार्ता और व्यंग्य चित्रों का समन्वय करके उसने काली रेखाओं में खिलौनों के महलों जैसी इमारतें और गुड्डों की परछाईं जैसे इन्सान (छाया-चित्र जैसे ही) आलेखित किये हैं। ऐसी छपी हुई लगने वाली आकृतियों के पीछे उसने भीगे रंग फैलाकर बादलों और ज़मीन के बहुरंगी अर्धगोलाकार बनाये हैं। इन सभी में नयी दुनिया और आधुनिक जीवन के ओछेपन के खुल्लमखुल्ला या दबाकर दिये गये बयान चित्रों के शीर्षकों में स्पष्ट होते हैं। 'राइजिंग अबव इट ऑल' में बहुमंज़िला मकान मानो एक-दूसरे से ऊँचाई की प्रतिस्पर्धा करते हैं या 'मिडनाइट ट्रेमर' में उन इमारतों के बक्सों को धरती के कम्पन से पत्तों की तरह गिरते-उड़ते और उनमें रहने वाले बौने लोगों को इस अजीब घटना के सत्यासत्य से भयभीत-चकित होते हुए बताया है। अमूर्त कला का मज़ाक़ उसने छोड़ा नहीं है। आधुनिक कला के संग्रह-स्थान के उद्घाटन प्रसंग पर विशाल अमूर्त 'मिनिमल' चित्रों जैसी दीवारों के सामने छोटे प्रशंसकों को छाया के रूप में आश्चर्य व्यक्त करते हुए दिखाया है। रोज़र ब्राउन ने 'पॉप' चित्र-भाषा का उपयोग करके चित्र-बयानी के माध्यम से कई लोगों का ध्यान आकर्षित किया है और उसका एक बड़ा प्रदर्शन वॉशिंगटन के हर्शहोर्न संग्रहालय में आयोजित हुआ है। उसे अब पढ़ाकर पैसे कमाने की ज़रूरत नहीं है : शिकागो शहर और मिशिगन राज्य के गाँव में उसने विशाल स्टूडियो और घर लिये हैं। जिम नट और ऐसे अन्य कलाकारों में भी नये समाज की विकृतियों से उपजी हुई आकृतियाँ काफ़ी मात्रा में दिखायी देती हैं। एक तरह से देखा जाय तो इन सभी कलाकारों में अमेरिका (अथवा विशाल अर्थ में पश्चिम यूरोप) के सम्पन्न समाज की विविध दुविधाओं,

विशेष रूप से विकृतियों, का सजग दर्शन-विवेचन है। फिर भी दादा या बाद के 'पॉप' कलाकारों की तरह विद्रोह नहीं। कलाकार थोड़ी दूरी पर बैठकर इन सभी खेलों का विश्लेषण कर रहा हो ऐसे उन विकृतियों की जुगाली करता है। बार्बरा रोस्सी उसका विकल्प खोजती हैं, बारीक़ सेव की सलाइयों जैसे सर्पाकारों में उसने भारत यात्रा के बाद हमारी पारम्परिक संज्ञाओं और योगासनों जैसे रूपों का समन्वय करने का प्रयत्न किया है। इसमें हमारे यहाँ फली-फूली 'नव-तन्त्र' कला की बू आती है लेकिन उस रहस्यमयता का या आध्यात्मिकता का स्वाँग नहीं रचतीं, जिससे वे ऐसे भय-स्थानों से बच जाती हैं। वह बहुत ही बारीक़ी से, बहुत सँभालकर किसी भी दाग़-दूग के बिना चित्र-रेखांकन करती आ रही हैं और उसमें उसकी निष्ठा और कुशलता दोनों प्रतिबिम्बित होते हैं। चित्रों की आकृतियों में एक प्रकार की दूरी है और शुष्कता भी इसलिए पूरे हुए चित्रों की जगह रेखांकनों के बनाये-मिटाये आकारों में प्रक्रिया की संवेदना दिखायी देती है जो छू जाती है। शिकागो की नयी पीढ़ी के चित्रकारों में इन सभी का अप्रत्यक्ष प्रभाव देखने को मिलता है लेकिन जहाँ आकृतियाँ सुरेख और स्पष्ट थीं उसकी जगह ढीलापन लिये और बड़े स्ट्रोक से बनने लगी हैं। ऐसा 'ढीलापन' वाली चित्र-भाषा का असर 'न्यू स्पिरिट' जैसी प्रदर्शनियों के बाद अन्तर्राष्ट्रीय कला को लगा है हालाँकि अब यह भी ढीला पड़ गया है। उस नयी चित्र-भाषा का चतुराई भरा विनियोग

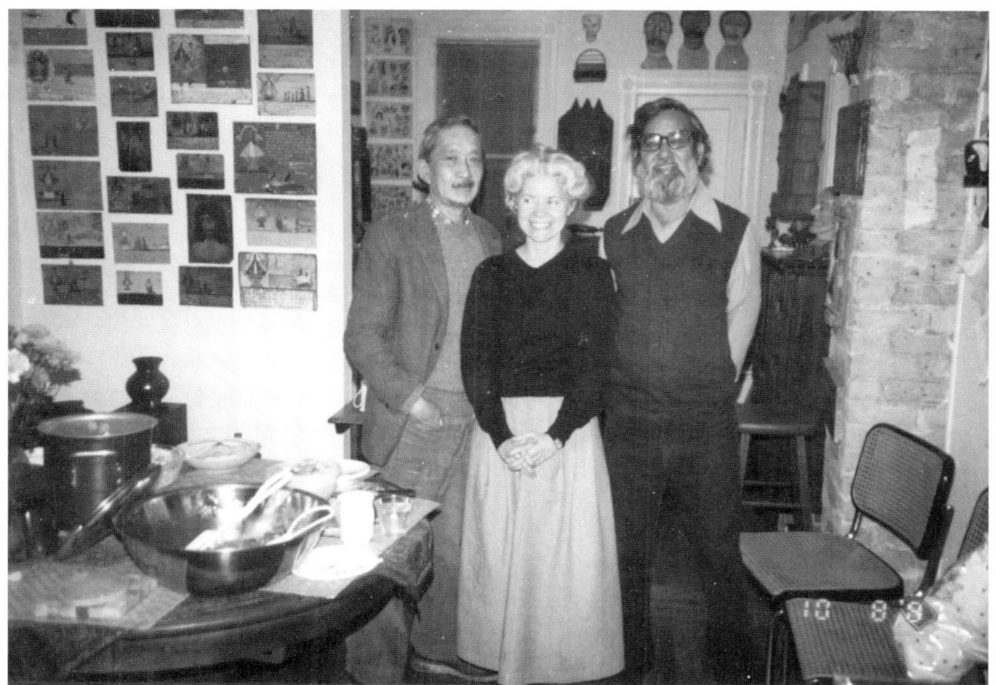

बार्बरा रोस्सी और रे योशीदा के साथ लेखक, १९८७ ई.

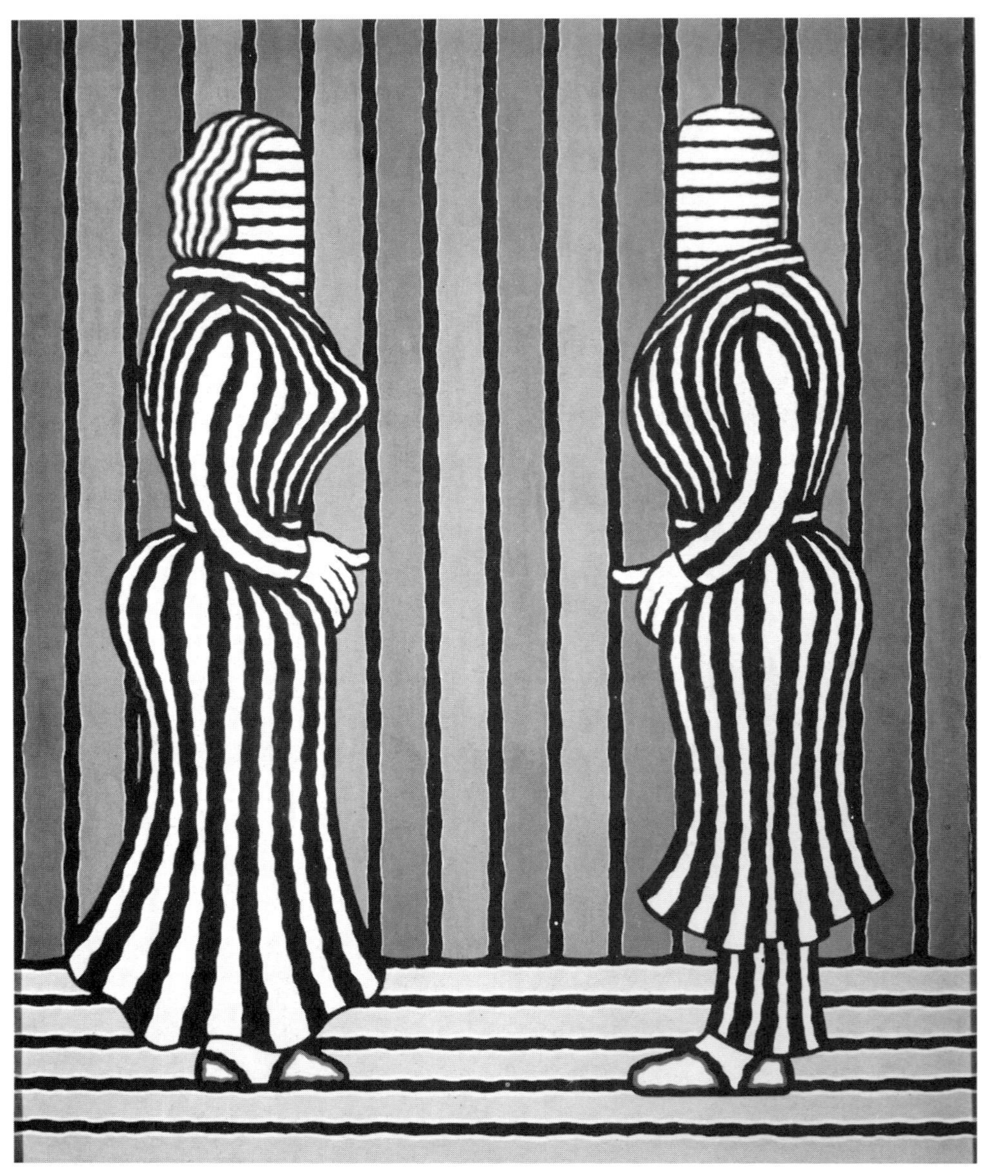

*रे योशीदा, **वह (मर्द) और वह (औरत)**, कैनवस पर एक्रिलिक, १९७१ ई.*

इटालियन फ्रांचेस्को क्लेमेन्ते (जिसका घर केलिफोर्निया के अलावा मद्रास में भी है) ने किया है। इंस्टीट्यूट के म्यूज़ियम में उसके छह विशाल चित्र अभी ही रखे गये हैं : उन्हें देखकर विद्यार्थी प्रभावित हुए लगते हैं लेकिन क्लेमेन्ते का प्रभाव उनके काम में सीधा दिखायी नहीं देता। शायद उनके प्रतिभाव अहोभाव से आगे नहीं गये।

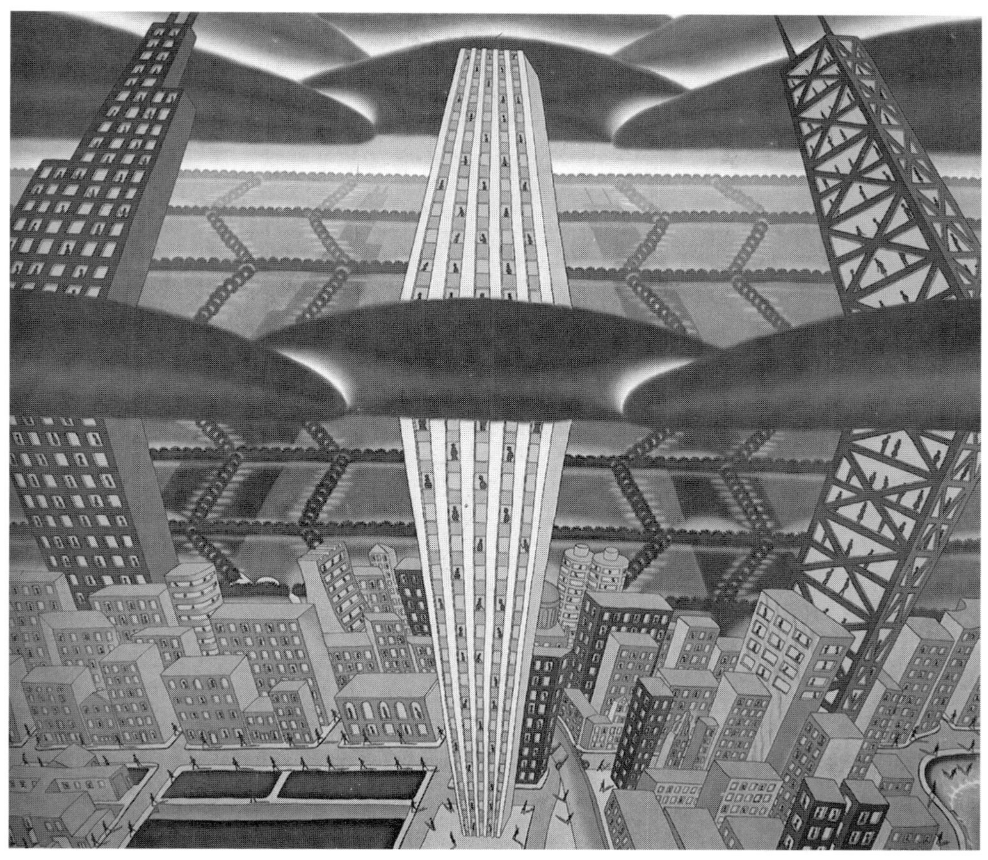

*रोजर ब्राउन, **लिंकन का देश**, तैलचित्र, १९७८ ई.*

मैं जिसे पढ़ाने गया वह जापानी विद्यार्थी अमेरिका की स्वतन्त्र हवा और कला के निर्बन्ध विकास से बहुत ही प्रभावित है; कहता है कि घर वापिस नहीं जाना, वहाँ सब कुछ रूढ़िवादी और देसी है। कोई छूट नहीं। वह कला के अन्तर्राष्ट्रीय प्रभाव को आत्मसात् करने की कोशिश करता है, हाथ-पैर मारता है। इंस्टीट्यूट का म्यूज़ियम पश्चिमी विश्व के महान संग्रहों में से एक है, जिसमें पूर्व रेनेसां से लेकर इम्प्रेशनिस्ट, पोस्ट इम्प्रेशनिस्ट समय के सुप्रसिद्ध चित्र (स्यूरा का 'ल ग्रां झेत्ते' वहाँ है), भारतीय और चीन-जापान के संग्रह भी हैं। वहाँ अभी हिरोशीगे द्वारा 'एडो शहर के सौ दृश्य' की लक्कड़छापों की प्रदर्शनी लगी है। मैं जापानी विद्यार्थी नोबूको को लेकर प्रदर्शनी देखने गया। अमेरिका के अहोभाव में दबे होने के बावजूद देशी परिवेश के चित्रों को देखते ही उसकी आँखों में चमक आ गयी। एक चित्र में दरवाज़े पर लटकता हुआ महाकाय कछुआ और उसकी आँखों से खुलता एडो नगर। दूसरी ओर लकड़ी को काटकर आलेखित की गयी बिजली की धारदार रेखा आकाश को चीरकर चमक

रही थी। ग़ज़ब की संवेदना, वैसे भावहीन से लगे लेकिन उसकी रेखा को जाँचकर देखों तो उसके मरोड़, बालों की तरह महीन और दिलकश (और वह भी छाप में!) लगे : एक ढंग से, सब कुछ कठोर दिल से कल्पित और दूसरे ढंग से सब कुछ संवेदनाओं के बुदबुदों से भरपूर। नोबूको उसमें डूबा हुआ था। जापानी जीवन के पहलुओं को दिखाकर वह मेरा गुरु बना। मैंने उससे गेंजी की कहानियों के चित्रों की बात की तो ख़ुश होकर दूसरे दिन ग्रन्थालय में जाकर देख आया। हमारे बीच मेलभाव बढ़ा था। उसके चित्रों में थोड़ा हल्कापन आया था : लेकिन उसमें से जापानी या अमेरिकी या दोनों के मिश्रण वाली कौन-सी चेतना प्रकट होगी उसकी बात नहीं छेड़ने का हमारे बीच अलिखित करार था। अंजुरी जितने अमेरिका-आश्रित पनामा देश की जीसेल 'पॉप' के तरीक़े से कोलाज-एसेम्ब्लाज़ करती थी : उसे भी अमेरिका से कुछ घर ले जाना था। जास्पर जोहन्स, राऊशेनबर्ग आदि के चित्रों-शिल्पों की मोहिनी चाहे क्यों न लुप्तप्राय होने के कगार पर खड़ी हो लेकिन जीसेल उसमें डूबी हुई है। पूछने पर वह पनामा की पारम्परिक संस्कृति में डूब गयी; दूसरी बार मिलना हुआ तब स्लाइड्स, पुस्तकें और कपड़े की कटाई के नमूने ले आयी। मैंने भी ग्रन्थालय में पनामा की प्राचीन परम्परा की खोज शुरू की और कपड़े की कटाई ('मोलास') के बहुरंगी रूप और सोने की मूर्तियों को देखकर चुँधिया गया। यहाँ भी भारतीय संवेदना सेतु बन गयी। उसके बड़े से एसेम्ब्लाज़ में वह हिस्पानी परिवेश के अंग जैसी लोहे की जालियाँ जोड़ रही थी जो 'पॉप' की कल्पना से कुछ अलग थी। लेकिन जीसेल के लिए भी पनामा वापस लौटना सम्भव नहीं था। उसने बताया कि बचपन के उन संस्कारों और हिस्पानी भाषा से वह बहुत दूर निकल चुकी है। आयरिश हेलन, इंस्टीट्यूट में सेक्रेटरी के रूप में नौकरी करके पढ़ती है : आयरलैण्ड में दुनिया सँकरी थी : यहाँ आकर काले रंग में अर्ध-अमूर्त चित्र बनाती है लेकिन उलझन में है। आयरलैण्ड की लोककथा की बातें शुरू की तो वह भी गहरी उतरती चली गयी, देश को देखने के लिए देश से कितना दूर जाना पड़ता है? हमने भी हमारे देश को परदेश जाकर वापस नहीं पाया?

मुझे पता नहीं कि किसी भी कला-शाला के पास इस इंस्टीट्यूट जितना बड़ा कला-संग्रह हो! एक ओर शिक्षा संस्था और दूसरी ओर संग्रहालय : विद्यार्थियों और शिक्षकों को संग्रह-स्थान में बिना रुकावट के प्रवेश की छूट है। मुझे भी ऐसा पहचान-पत्र मिला था जिसे संग्रह-स्थान में प्रवेश करते समय पहनना होता था। संग्रह-स्थान में किसी भी भारतीय को इस प्रकार बेरोक प्रवेश करते हुए पहले कभी चौकीदारों ने देखा नहीं होगा, उन्होंने दो से तीन बार मुझे रोककर पहचान-पत्र माँगा। संग्रह-स्थान का ख़ज़ाना बहुत ही अमूल्य था, विशेष रूप से आधुनिक कला का। मोने के (Monet) एक ही स्थान पर बैठकर बदलते हुए प्रकाश रूप के छह दृश्य, देगा के ढेर सारे रेखांकनों में व्यक्त हो रही, चित्रित मनुष्यों और तुच्छ पदार्थों पर भरपूर मात्रा में कोमल संवेदनाएँ। पिकासो, ब्राक, सेज़ां तो थे ही, साथ में अमेरिकी चित्र-कला के विशाल कमरे। जिसमें ग्रांट वूड के 'अमेरिकन गोथिक' चित्र को तो उस देश ने राष्ट्रीय प्रतीक की

तरह अपनाया है। गिरिजाघर के सामने मानव-मन्दिर जैसी जईफ जोड़ी के चेहरे और चाल-ढाल में नयी धरती में फैली हुई नाबालिग़ परिपक्वता की झाँकी युग युग में हो ऐसी है। लेकिन अमेरिका को अन्दर से पाने वाला तो एडवर्ड होपर है। उसके 'नाईटहॉक' (निशाचर) में रास्ते के खुले शराबखाने के विशाल टेबल पर एक आदमी पीने के लिए बैठा है और दूसरे किसी जोड़े को शराब परोसने के लिए नौकर नीचे झुका हुआ है। यहाँ शराबखाने की दुकान के पारदर्शी काँच में और सुनसान गली में अकेलेपन का दुःस्वप्न है। होपर ने मकानों को धूप में या बिजली के प्रकाश में हल्के काँपते हुए, ख़ालीपन से तड़पते हुए बताया है। इटालियन कलाकार ज्योर्जियो मोरान्दी ने टेबल पर रखे बोतल में कम्पित मानवीय संवेदना को ठूँसा था, उसी तरह होपर ने नयी धरती के घर, सिनेमाहॉल, होटल-मोटल और शराबखानों में एकाकी सिक रहे इन्सानों को ऋजु-रुक्ष संवेदना से आलेखित किया है। जोसेफ कोर्नेल के पारदर्शी डब्बों का इंस्टीट्यूट के संग्रह-स्थान में एक पूरा कमरा है। उसने पॉल क्ले और उस तरह के कलाकारों की भाँति जिस प्रकार एक बच्चा अपनी अजीबोग़रीब दुनिया की अलमारी में तितलियाँ, काम आ चुके यन्त्रों के टुकड़ों, अख़बारों और पुराने नक़्शे जैसी चीज़ें इकट्ठा करता है उसी प्रकार पूरी सृष्टि खड़ी कर दी है। स्वप्न और सत्य की सीमा रेखाओं के बीच में झूलती हुई दुनिया के केलिडोस्कोप या अनेक समय-स्थान में परिभ्रमण किया जा सके ऐसे जादुई डब्बों में उसने खगोलवेत्ता-रसायनशास्त्री-समुद्रीयात्री के साथ कवि के कल्पना बिम्बों को संकलित किया है। भारतीय कला का संग्रह बड़ा नहीं है, विश्व की कला की हज़ारों रंगीन पारदर्शियों में भारतीय कला के दो-चार बक्से मिले। आधुनिक के नाम पर तो लगभग शून्य ही था। इंस्टीट्यूट में कला का इतिहास पढ़ाने वाला माइकेल राबे भारतीय कला का अध्ययनकर्ता हैं। वह बता रहा था कि यहाँ पश्चिमी कला के अलावा और कुछ पढ़ाने की सुविधाएँ कम हैं। ऐसे पाठ्यक्रम भी नहीं हैं। (बड़ौदा में हम भारतीय-एशियाई कला के साथ पश्चिमी कला को भी पढ़ाते हैं यह याद करने पर तसल्ली हुई)। इसका कारण स्पष्ट है : पश्चिम के अलावा अन्य कलाएँ 'एथनिक' कलाओं में खप जाती हैं। उनका समावेश अन्तर्राष्ट्रीय या मुख्यधाराओं की कला में नहीं होता। हालाँकि अमेरिका की कई विद्यापीठों में एशियाई संस्कृति के अध्ययन के विशेष विभाग हैं। शिकागो विश्वविद्यालय तो उसका धाम है लेकिन सामान्यतः प्रसिद्ध कला-शालाओं में पश्चिमेतर कलाओं का अध्ययन मात्र दिखावे जैसा या नहींवत् होता है।

कवि ए.के. रामानुजन शिकागो विश्वविद्यालय में वर्षों से पढ़ाते हैं। वहाँ वेंडी ओ'फ्लेहर्टी और मिल्टन सिंगर की हाजिरी ने अमेरिका और विश्व के सामने पारम्परिक और समकालीन भारतीय संस्कृति के द्वार चौड़े खोल दिये हैं। कोलम्बिया कॉलेज के जॉन अर्डमान का भी उसमें समावेश किया जा सकता है। रामानुजन फ़िलहाल तो हार्वर्ड पढ़ाने के लिए गये हैं। उन्हें शोध करने के लिए मूल्यवान् मेकआर्थर पुरस्कार मिला है जिसके अन्तर्गत उन्होंने पाँच वर्ष तक भारतीय मौखिक परम्परा पर ध्यान केन्द्रित किया है जिसमें वे आज भी प्रवृत्त हैं। सुना

जाता है कि दक्षिण प्रदेश, विशेष रूप से कन्नड़ में मौखिक रूप से सुरक्षित कहानी कला का ख़ज़ाना मिला है और जिसकी एक पुस्तक प्रकाशित हुई है। दूसरी भाषाओं से भी इस प्रकार की सामग्री मिल जाय तो भारतीय मौखिक साहित्य का संग्रह बनाने का मौक़ा मिल सकता है। उनकी आत्मा तो कवि की है और परम्परा के गड़े हुए ख़ज़ानों को खोजकर, अनुवाद कर उसका तत्त्व आत्मसात् करने की ललक भी उतनी ही। अध्यापन कार्य में भी उतने ही डूबे रहते हैं। कहते हैं कि उन्होंने अध्यापन कार्य कभी नहीं छोड़ा : सप्ताह में दो दिन पढ़ाने के लिए तीन दिन तक पढ़ते हैं, संशोधन कार्य करते हैं और बाक़ी के समय में लिखते हैं, कविता भी। उनकी कविता अनेक परम्पराओं का पानी पीकर पुष्ट हुई है। तमिल-कन्नड़ तो विरासत में मिली लेकिन अँग्रेज़ी भी उतनी ही दिल में बसी हुई है, हृदयगत है। वे कहते हैं कि अँग्रेज़ी और संस्कृत ने हमारी भाषाओं को डुबोया और जीवित भी रखा है। उसे बोलने वाले भारत की बस्ती का एक प्रतिशत 'साहब' और 'ब्राह्मण' वर्ग है लेकिन उससे उन भाषाओं को परायी या ऊँची नहीं कहा जा सकता। अँग्रेज़ी के कुठाराघात से वे अनजान नहीं हैं लेकिन उस धारा के माध्यम से जो विश्व साहित्य बहकर आया उसे कैसे भुलाया जा सकता है? उनका कहना है कि उस परम्परा ने कविता की सचेतता और साहित्य के मूल्य सिखाये और हमारी निद्राशील ग्रन्थियों को जागृत किया, यह सब भारतीय साहित्य के लिए लाभदायक ही था। यह कोई छोटी-मोटी बात नहीं है कि वे ख़ुद विचारशील, सुवाच्य अँग्रेज़ी में कविता लिखते हैं और साथ ही तमिल, कन्नड़ काव्य के विरल मोतियों के अनुवाद अँग्रेज़ी में बनाये रख सकते हैं। मूल काव्य के अर्क़ और चेतना को अनुवाद में सँजोये रखने के लिए वे थोड़ी-बहुत छूट लेते होंगे लेकिन जानने वाले कहते हैं कि उनके शब्द मूल के क़रीब ही होते हैं। यह कवि जीव पच्चीस सालों से शिकागो में आकर बसा है : कह रहे थे कि यहाँ आया और फिर यहीं रह गया। रहने का या नहीं रहने का कोई कारण नज़र नहीं आता। विद्याव्यासंग और उत्साही विद्यार्थियों और अध्यापक साथियों वाले वातावरण में वे प्रेरक पुरुष से हैं। शिकागो में तमिल और संस्कृत पढ़ने वाला अमेरिकी विद्यार्थियों का अच्छा-ख़ासा बढ़ता हुआ वर्ग है। (सी.एम. नईम के कारण उर्दू-हिन्दी का भी अध्ययन बढ़ा है।) यह सब देखने के बाद भारत में हमारी साहित्य के प्रति दयनीय उदासीनता देखकर दुःख हुए बिना नहीं रहता। रामानुजन कविता ज़्यादा नहीं लिखते। कविताएँ छपवाने का मोह भी कम ही है। कह रहे थे कि चार-पाँच सालों में पर्याप्त कविताएँ लिख लूँ तब संग्रह तैयार करता हूँ। शब्द काग़ज़ पर आते ही छपने लायक नहीं बनता। 'सहज' कविता अभी तक मुझे समझ में नहीं आयी। शब्द बार-बार गूँजता रहे, उसका मनन हो और वह फूले, काग़ज़ पर लिखा जाय, दूसरों के सामने पढ़ा जाय और चालीस बार बदलना पड़े और जब बदल जाय तभी कविता होती है। तुरन्त स्फुरित कविता जस-की-तस कैसे छपवाई जा सकती है? लिखने और छपवाने के व्यापार अलग हैं। लिखना एकदम निजी व्यापार है और छपवाना जाहिर। दोनों की जिम्मेदारियाँ भी अलग। ऐसा-ऐसा बोलते रहे। लगा मन थोड़ा व्याकुल है। (सुना था कि हाल ही में वे अपनी पत्नी मॉली से

अलग हुए हैं। सी.एम. नईम ने भी तलाक लेकर अलग रहना पसन्द किया है)। हालाँकि वे बातचीत के दौरान शान्त चित्त से बातें करते रहे। सिर्फ़ भक्ति परम्परा की बात करते समय उत्तेजना भर आयी थी।

(यहाँ तक का अनुवाद : किरन सिंह)

मेक्सिको : २३वीं रात

हार्वर्ड स्थित 'फोग' म्यूज़ियम में भारतीय पोथी-चित्रों का अमूल्य संग्रह है। अब इस संग्रह को सेकलर म्यूज़ियम के नये मकान में रखवाया है, जिसे भारतीय चित्रों का रसिक संशोधक और लेखक स्टुअर्ट केरी वेल्च सँभाल रहा है। केरी वेल्च हार्वर्ड में भारतीय कला का अध्यापन भी करता है। जन्मजात रईस सन साठ की शुरुआत से कला के रसास्वाद में ऐसा डूबा कि अपनी सारी पूँजी चित्रों में ही लगा बैठा। हार्वर्ड का संग्रह इसी ने जुटाया है और इसी के साथ अपना निजी संग्रह भी मिला दिया है। ढूँढ-ढूँढकर चित्र बटोरे हैं तथा उनके विविध रसकेन्द्रों की तलाश कर अतीव मोहक टिप्पणियाँ लिखता रहता हैं। पिच्यासी के 'भारतीय उत्सव' के दौरान उसने न्यूयॉर्क स्थित 'मेट्रोपोलिटन' म्यूज़ियम में भारतीय कला की अद्‌भुत प्रदर्शनी का आयोजन किया था। इस प्रदर्शनी में जब पोथी-चित्रों की दुनिया के प्रख्यात एवं अन्य तमाम रत्नों को एकत्र किया तब भारतीय संवेदना के साथ हार्दिक-संवाद करने की उसकी वर्षों की साधना परिपूर्ण हुई होगी। वह जब चित्र को देखता है तब अपनी बिल्लौरी आँखों से उसका कोना-कोना जाँचता-परखता हैं, चित्र मानो पुराना मित्र हो इस तरह उसके रहस्यों के बक्से खुलवाता हैं और जब लिखता हैं तब तो गोताखोर की सौगात सदृश्य चित्रों के तल में से हीरे निकाल लाता हैं। इसकी पुस्तकों ने बहुतों को भारतोन्मुख किया है। (अमेरिकन म्यूज़ियमों में तथा अन्यत्र—माइलो क्लीवलैण्ड बीच तथा मार्क ज़ेब्रोव्स्की जैसे इसके शिष्यों ने अगुवाई ली है।) इसके द्वारा आयोजित प्रदर्शनियों तथा पुस्तकों ने शुष्क-रुक्ष पुरातत्त्ववादी अनुसन्धानों का रसमय विकल्प दिया है। मेरा परिचय पत्र के द्वारा हुआ। इसका पता मुझे विक्टोरिया एण्ड अल्बर्ट म्यूज़ियम के रोबर्ट स्केल्टन ने दिया था। सन् १९६४ में इंग्लैण्ड में पढ़ते समय मैं कोटा के चित्रों पर निबन्ध लिख रहा था, उसी सिलसिले में पूछताछ करने को लेकर एक पत्र मैंने लिखा था। यह पत्र-व्यवहार लगभग पन्द्रह वर्ष तक अविरत चलता रहा, पर कभी मिलना नहीं हुआ। पत्रों में हम जितना खोला जा सकता है, उतना सब कुछ खोल चुके थे। कोई नया चित्र इसे पसन्द आया नहीं कि नीलामी में उसे घर ले आता और फिर रात-दिन उसे देखता, बारीक़ी से उसका परीक्षण करता। सूक्ष्मातिसूक्ष्म तथ्यों के चित्र (फ़ोटो) लेता और उन्हें इनलार्ज करता। और अन्त में चित्र के प्रेम में पड़ गया हो, इस तरह उसके अंग-अंग का सतत वर्णन करते, लिखते-लिखते चित्रकार तथा चित्रप्रेरक (कभी-

कभी राजा) में परकाया प्रवेश करता हो, इस तरह उसके रहस्यमय सम्बन्धों को उद्घाटित करता और न्यौछावर हो जाता। भारतीय कला के विद्वान उन दिनों मात्र अविच्छिन्न चित्रों पर ही ध्यान देते थे और म्यूज़ियमों के लिए ऐसे ही चित्र ख़रीदते भी। ऐसे में केरी वेल्च ने चित्रों के स्रोत खोजने हेतु अधूरे चित्रों तथा रेखांकनों को बसाकर (संग्रह कर) संशोधन का नया दिशा-निर्देश दिया। विद्वानों की दृष्टि में जो पुराना है वह सोना होता है इसलिए अठारहवीं शती के पश्चात् ब्रिटिश काल के चित्रों में आयी हुई भ्रष्टता के कारण उनमें एक प्रकार की घिन थी। केरी वेल्च ने १९वीं शती से २०वीं शती तक की प्रदीर्घ परम्परा की चेतना के बदलते रूपों की छानबीन की तथा अँग्रेज़ी-देशी जुगलबन्दी की कला की विशिष्टताओं का परिचय कराया। अब यह सब कुछ इतना महँगा हो गया है हमारे संग्रहालयों के लिए इसकी क़ीमत चुकाना सम्भव नहीं रहा। मेरा परिचय शुरू हुआ उसी दौरान केरी वेल्च ने अमेरिका के करोड़पति आर्थर हूटन से ईरान के शहन्शाह तहमास्प (जिसके दरबार के उस्ताद हुमायूँ के निमन्त्रण से भारत आये थे और हमारे यहाँ मुग़ल चित्र-रचना की शुरुआत हुई थी) के निजी ग्रन्थ 'शाहनामा' ख़रीदवाया तथा उस पर उसने और मार्टिन डिक्सन ने संशोधन शुरू किया था। इस ग्रन्थ में सोलहवीं शती के लगभग सभी ईरानी उस्तादों की कलाकृतियाँ थीं और सारे चित्र साबुत थे। ख़ुद के पास इसे ख़रीदने की सुविधा नहीं होने से केरीवेल्च ने हूटन को इस इरादे से (शाहनामा) ख़रीदने के लिए प्रेरित किया कि ग्रन्थ टूटे नहीं और चित्रमाला यथावत् बनी रहे। बीस वर्ष की जहमत के बाद वेल्च और डिक्सन के संयुक्त सम्पादन में, दो हज़ार डॉलर के मूल्य वाला एक ऐसा ग्रन्थ प्रकाशित हुआ जो मूलग्रन्थ की हू-बू-हू नक़ल जैसा लगता था। उस समय इसके पोथी-चित्रों की क़ीमत बीस गुनी बढ़ गयी। बाद में हूटन ने ग्रन्थ को तोड़कर चित्रों को अलग करके बेचना शुरू किया, तब केरी वेल्च का स्वप्न मिट्टी में मिल गया। तब तक शहंशाह तहमास्प का ग्रन्थ 'हूटन शाहनामा' के रूप में प्रसिद्ध हो चुका था यह भी एक प्रकार से विधि की विचित्रता ही थी। फिर भी केरी वेल्च की रस-वितरण वृत्ति में कोई बदलाव नहीं आया। तीन घण्टे तक यह हार्वर्ड के विद्यार्थियों के समक्ष मुग़ल चित्र-कला की जटिल तथा रसपूर्ण विशेषताओं को उदारतापूर्वक, मुक्तहस्त होकर वितरित करता रहा। इसका मज़ा मैंने उसके वर्ग में बैठकर लिया। वर्षों से जो बातें पत्रों तक सीमित थीं आज वे प्रत्यक्ष उसी के मुँह से सुनने को मिलीं। इसके शब्दों में चित्र को देखना पुराने मित्रों से मिलने की खुशी जैसा है। चित्र स्लाइड में हों, लिखाई में हों या मूल रूप में हों—हाथ में आते ही केरी वेल्च एक जौहरी की अदा से प्रत्येक चित्ररूपी आभूषण की ख़ूबियों की ओर हमें खींच ले जाता हैं। उस दिन, इसी तरह उसने 'सेकलर संग्रहालय' के एक कमरे में एक-एक चित्र निकालकर बताया तो मेरी बीस वर्ष की ख़्वाहिश पूरी हो गयी।

जब मेरी आँखें भारतीय-एशियाई पारम्परिक पोथी-चित्रों के रंगाकारों से छलछला रही थीं उस समय वॉशिंगटन में मैंने सिग्मण्ड फ्रॉइड के ब्रिटेन वासी पौत्र ल्यूसियन फ्रॉइड के चित्रों की विशाल प्रदर्शनी देखी। पिछले चालीस वर्षों से यह कलाकार एकल स्त्री-पुरुषों एवं सभी

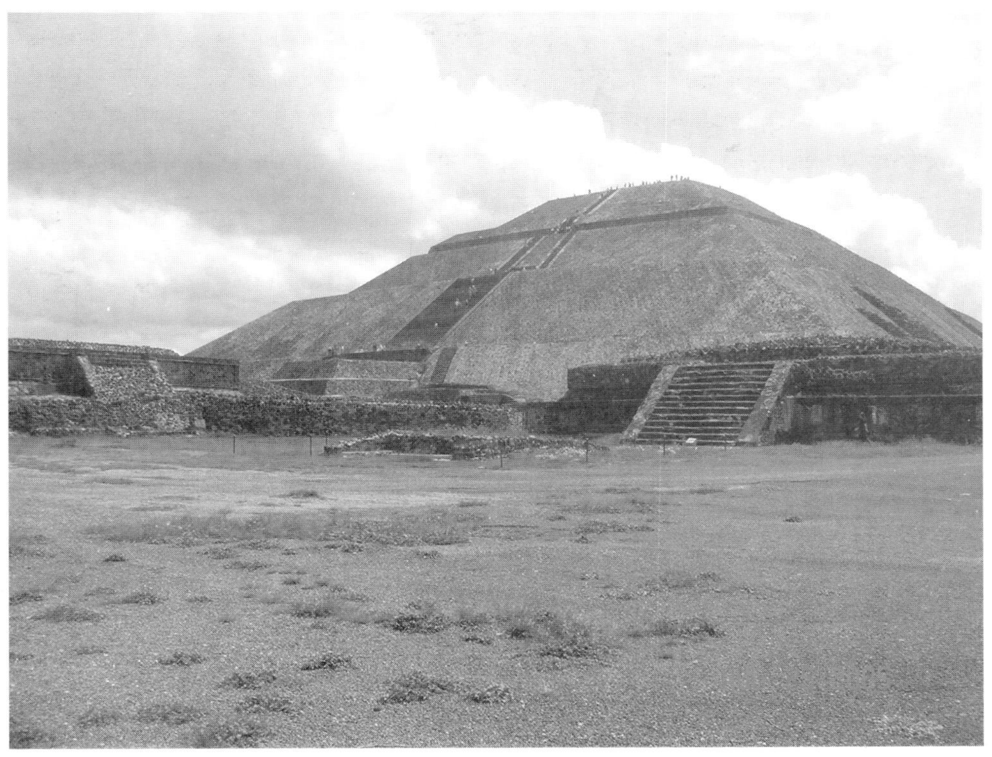

***टीओटिह्‌वाकान**, मेक्सिको, १०० ई. का दौर*
तस्वीर : लेखक

परिचितों के यथार्थपरक चित्रों का अंकन करता रहा है। जो काम क़ैमरा नहीं कर सकता, वह इस अकेले कलाकार ने रात-दिन लगाकर तथा कई बार तो ५०० वोल्ट के प्रकाश में घण्टों तक एक ही मुद्रा में उन्हें बिठाकर-सुलाकर, आलेखित किया है। शरीर एवं पदार्थों की सतह और पिण्ड को पूरी तरह पाने के लिये उसने यथार्थपरक चित्रशैली को इतना निचोड़ा है कि यदि वह चित्रकार न हुआ होता तो इसकी मानस भक्षी विकारवृत्ति ने कौन-से रूप लिये होते यह कल्पना करना मुश्किल है। मुख्यत: इसने शरीर को, नग्न चमड़ी तथा उसकी आँखों-अँगुलियों से परखे जाने वाले रूपों को तैल रंग के चमड़ी के जैसे ही मोटे थर से मढ़ा है। इसकी पूरी दुनिया ही मानो एक बन्द कमरे से बड़ी नहीं है। लेटे हुए, पीठ के बल सोये हुए अथवा सोफ़े पर अपने अंगांगों को लटकाये पड़े स्त्री-पुरुषों के यौनकेन्द्रों को यह बिस्तर या पलंग की सिलवटों की तरह तूलिका के प्रहारों से प्रकट करता है तब ये कहीं-कहीं डाक्टरी जाँच के नमूनों जैसे मानसिक चिकित्सा के बुभुक्षु तथा शीतागार के मुर्दों जैसे लगते हैं। साथ ही, इन तमाम सन्दर्भों के बीच ये स्थूल-सूक्ष्म और सरल-संकुल आँख की उलटी-सीधी दृष्टि से देखे गये अर्द्ध पशु भी दिखते हैं। यह बिठाकर रखे जाने वाले पात्रों को हिमीभूत कर

देता है और मरने भी नहीं देता। मनुष्य होकर देखना अनिवार्य है, इसलिए मनुष्य हुए बग़ैर की आँख से टिकटिकी लगाने के पैंतरे गढ़ता है। इसमें विरक्ति और वासना, विकार-वृत्ति और भोंथरी वेदना के बीच पुल बँधे हैं जहाँ से यह मत्त मनुष्य एकाकी नंगे (कभी कपड़े पहने भी) जीवों को धधकते प्रकाश के प्रपात के बीच निर्चर्म करता है। यह सब अर्ध-क्रूर संवेदना से रंजित एकाकी दुनिया के दु:स्वप्न का फ्राइड का अँग्रेज़ी अवतार ही कर सकता है। यह सब हमारे अनुभव और दर्शन से योजनों दूर है। पोथी-चित्रों से खचित मेरी आँखों में जगह नहीं, इसको शरीर के किसी अन्य अंग में बसाना पड़ेगा।

वॉशिंगटन से फिलाडेल्फिया में जब अजय और मालिनी (सिन्हा) के साथ दिन बिताया तब फिर कला को एक ओर रखकर बग़ीचे में घूमे-फिरे। यहाँ पर १९वीं शती का एक बँगला भी देखा। यहाँ कमरे के लिए 'बोर्ड रूम' और कुर्सी पर बैठने वाले व्यक्ति के लिए 'चेरमेन' शब्द के प्रयोग की उत्पत्ति के बारे में सुनकर हँसी आ गयी। नये औपनिवेशिक बाशिन्दों के घर में टेबल की जगह लकड़ी की बड़ी-बड़ी पाटें थीं इसलिए कमरे को 'बोर्डरूम' कहा गया और एक ही कुर्सी होने के कारण बाक़ी के लोगों के बैठने के लिए लकड़ी की आसंदियाँ रही

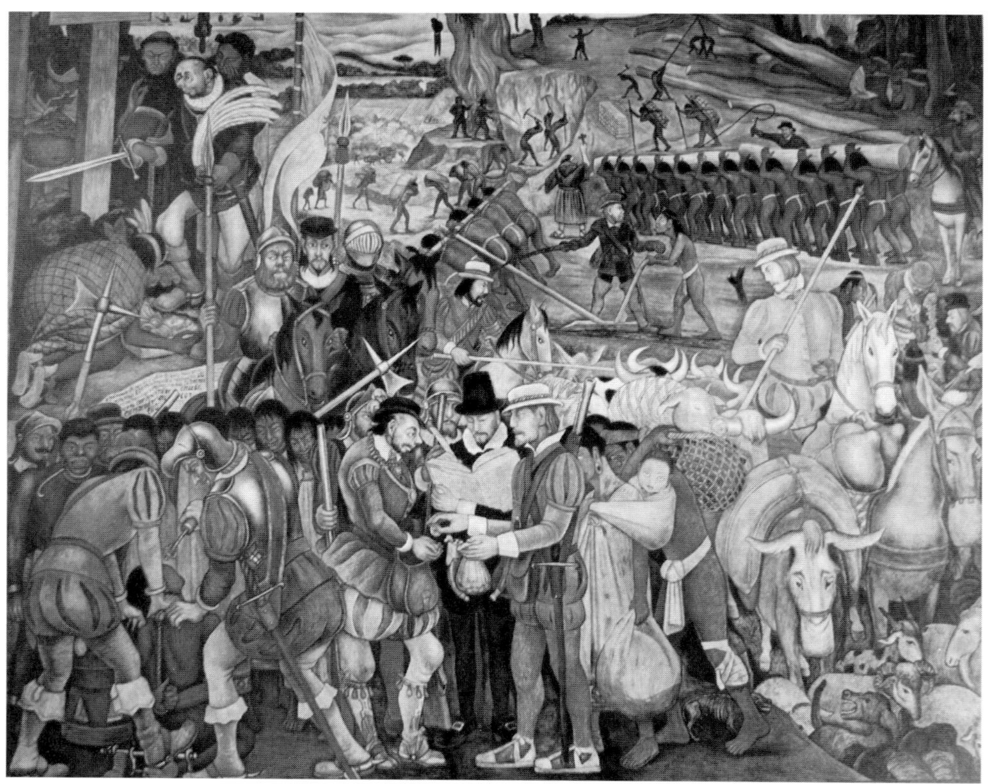

*दियेगो रिवेरा, **औपनिवेशिक आधिपत्य**, नेशनल पैलेस के भित्तिचित्र का एक भाग, १९२९-४५ ई.*

होंगी इसलिए कुर्सी पर जो व्यक्ति बैठता रहा होगा उसे 'चेरमेन' कहा गया। फिलाडेल्फिया से जब न्यूयॉर्क पहुँचा तो घर से पत्र आये हुए थे। लिखा था वाइस-चांसलर विदा हो गये। रजिस्ट्रार की ओर से एक पत्र था जिसमें लिखा था कि परदेसी विद्यार्थियों को प्रवेश देने के पूर्व यूनिवर्सिटी तथा केन्द्र सरकार की अनुमति लेनी होगी। जैसे-जैसे हम अधिक दरवाज़े खोलते हैं वैसे-वैसे अधिकारी कुन्दा चढ़ाते रहते हैं। इस तरह का खेल सभी जगह खेला जाता रहता है। (केरी वेल्च कहता था कि वह हार्वर्ड में पढ़ाने तथा संग्रहालय को सँभालने की एवज़ में एक कौड़ी भी नहीं लेता है, पर यूनिवर्सिटी की ओर से नियमित हाजिरी देने की सूचनाएँ मिलती ही रहती हैं।)। कई छात्र यहाँ बड़ौदा में पढ़ने के लिए तैयार भी हैं पर इस सबमें नौकरशाही की लिखी पट्टी में कितनी उलझनें पैदा होंगी, यह सोचकर मन खिन्न हो गया पर रोहित और नन्दिनी की मेहमाननवाज़ी और एवं उसी समय आ पहुँचे कवि चीनु मोदी तथा मनोज खंडेरिया की हाजिरी तथा जयन्ती पटेल 'रंगला'—'दि होली फूल' के सान्निध्य में फीकी पड़ गयी।

मेक्सिको, १६ अक्टूबर

मेक्सिको शहर के दूसरे दर्जे के होटल इसाबेल में (और महीनों बाद बड़ौदा में) यह डायरी लिख रहा हूँ तो पिछले दिनों की अनेक स्मृतियाँ पंक्तिबद्ध बैठी हुई नज़र आती हैं। अमेरिका में डेढ़ महीना गुज़ारने के बाद यहाँ आने पर दुनिया कुछ और ही दिखने लगी है। एअरपोर्ट से लेकर होटल तक के रास्ते में टेढ़े-मेढ़े, आड़े-तिरछे धूलधूसरित मकान, बिजली के प्रकाश में तैरती धूल की सतहें, गड्ढे-टिगड्ढे वाले राष्ट्रीय मार्ग, टैक्सी से फूटता ऊँचे स्वर का संगीत और सुनसान गलियों का डरावना अँधियार देखा तो अमेरिका कहीं अलग रह गया, घर की याद आ गयी। (अमेरिका की 'एन्टीसेप्टिक', बेदाग़ शहरी सृष्टि में यह नहीं है।) सब कुछ परिचित-सा लगता है यहाँ आने पर। फिर भी एक अपरिचित देश में आ पहुँचने की हल्की-सी भीति का भी अनुभव हो रहा है। (भारत आने वाले विदेशियों को भी ऐसा ही लगता होगा)। मुख्य रूप से भाषा के बदलने के कारण, पर जब इसी हिस्पानी भाषा की वर्षों से संगृहीत काव्यसृष्टि की परछाइयाँ मेरे भीतर उतरने लगीं तो वह भीति पिघल गयी। नेरूदा और पाज़ तथा स्पेन के लोर्का और येमेनेज (और इन नामों के पीछे बैठे सुरेश भाई, कैसा और कितना उन्होंने दिखलाया-सुझाया था! सचमुच तो उन्हें यहाँ आना चाहिए था, यह विचार यहाँ रहने के दौरान गूँज के साथ टीसता रहा) के शब्द संस्कार जाग उठे, इसलिए मैं घर की याद करता हुआ इस देश में उतरा।

सात हज़ार फुट की ऊँचाई पर बसा हुआ यह महानगर लोगों से छलकता है। इनमें काले सिरों वाले लोग ज़्यादा दिखायी देते हैं (अमेरिका की तरह कत्थई, सुनहरे कम), शरीर से श्याम,

गेहुँए (या यहाँ के अन्न मकई-वर्ण के?) चौरस चपटे चेहरे, झीनी काली आँखें, तनावयुक्त उष्ण रक्त से कसी देह, बीच-बीच में गोरी चमड़ी और काले बाल की झलकियाँ यूरोप की हिस्पानी जाति की ओर इशारा करती हैं पर कुल मिलाकर इनका शारीरिक गठन 'इण्डियन' और हिस्पानी प्रजा के मिश्र रक्त का द्योतक, कुछ हमारे हिमाचली लोगों में मिल जाय ऐसा। कई तो भारत के किसी भी प्रदेश के स्थानीय लोगों की तरह देशी लगे। रास्ते में कई बार मैं अपने रिश्तेदारों जैसे चेहरे देखता रहा। एक बार चित्रकार गायतोंडे और लक्ष्मण श्रेष्ठ के प्रतिरूप भी नज़र में अटके, पर जब रास्ते के किनारे प्रगाढ़ आलिंगन-चुम्बन में डूबे हुए युग्मों को देखा तो फिर मेक्सिको की भूमि पर होने की प्रतीति हुई। पिछले चार सौ वर्षों से यूरोपीय संस्कारों के गहरे प्रभावों में पली यह प्रजा हमारी जीवन-पद्धति से कुछेक बातों में भिन्न है फिर भी अनेक तौर-तरीक़ों में यह कन्धे से कन्धा मिलाती हुई लगती है।

भटकना, चल पड़ना या अजाने प्रदेशों को छान मारना मेरी पुरानी आदत है। कवि-कर्म में भाषा ने भी भटकने की वृत्ति पोषी और फिर लोर्का और नेरूदा को पढ़ा तो और बढ़ावा मिला। लोर्का की कविताओं में इमली की छाया, सूखी नदियों के पाट तथा भौंकती क्षितिजों और नेरूदा के माच्छु-पिच्छु के शिखरों-चट्टानों के बीच लोटते-आलोटते यह प्रबल हुई। सच तो यह है कि पाज़ के सतही या प्राथमिक परिचय से ही मेक्सिको की ओर खिंचाव पैदा हो गया था। 'लेबिरिन्थ ऑफ़ सोलीट्यूड' तथा 'बॉ एण्ड लायर' के परिच्छेदों में भारत और लातीनी संस्कारों की भौगोलिक सहापस्थिति के परिमाण दिखायी दिये थे। (जाने के पूर्व उनकी नयी पत्रिका 'वुएल्ते' के पते पर उन्हें एक पत्र भी लिखा था, परन्तु उत्तर नहीं मिलने के कारण सम्पर्क साधना उचित नहीं समझा। यों वे व्यस्त भी रहते हैं और उनके मित्र स्वामीनाथन के कहने के अनुसार कुछ एकान्तप्रिय और चिड़चिड़े भी हो गये हैं) न्यूयॉर्क में उनके पुराने लेखन और काव्य से सम्बन्धित एक पुस्तक 'इगल और सन' देखने को मिली थी, उसमें एक तरफ़ मूल हिस्पानी पाठ दिया हुआ था, उसको पढ़ने की कोशिश करते हुए अँग्रेज़ी खाड़ी के रास्ते से दाखिल हुई हमारी साहित्य-चेतना की मर्यादाओं का अनुभव हुआ था। पश्चिमी दुनिया को हमने अगर फ्रांसीसी भाषा के शीशे से देखा होता अथवा चीनी मेन्दारीन के बाद दूसरे नम्बर पर बोली जाने वाली हिस्पानी भाषा के संस्कारों से जाँचा-परखा होता तो? अँग्रेज़ी ने हमारी जीभ और चेतना को वाचिक कविता के संस्कारों से अलग कर दिया है। उन भाषाओं के माध्यम से क्या वह सब सुरक्षित रह पाता? और तो ठीक यहाँ आने पर मेक्सिको-संस्कृति के पहाड़ जैसे अज्ञान का सामना करने का अवसर तो नहीं ही आता। यहाँ आने पर मुझे पहला अनुभव यही हुआ, विशेषत: इस देश की और सामान्यत: दक्षिण अमेरिका की प्राचीन संस्कृतियों से एकदम अपरिचित होने का। 'इण्डियन' जैसे शब्द के साधारणीकरण में आज़्टेक, माया, ज़ापोटेक, मिक्स्टेक, ओल्मेक आदि अनेक प्रजातियों और एक ही प्रदेश की दो सौ से अधिक बोलियों को कुचल दिया जाता है। यही नहीं, अमेरिकी फ़िल्मों और अन्य माध्यमों ने पूर्व हिस्पानी संस्कृतियों के बलिदानों की परम्पराओं को इतना अतिशयोक्तिपूर्वक दिखलाकर

इन प्रजातियों की बर्बरता की ऐसी भयानक तसवीर दुनिया के सामने रखी है कि सामान्य जन इन पूर्वग्रहों के चलते इनकी महानता को पहचान नहीं पाता। पर अब स्थिति कुछ बदल रही है। मेक्सिको की पूर्व हिस्पानी संस्कृतियों के विशाल खण्डहर इन तमाम झूठ से लड़ते हुए, हमारे सामने आने लगे हैं। खुदाई के काम में जगह-जगह हिस्पानी विजेताओं के हाथों तहस-नहस हुई प्राचीन इमारतों की नीवें निकल रही हैं। मेक्सिको शहर के बीचोंबीच ही ऐसे खंडहर मिले हैं।

टिओटिह्वाकान की पहाड़ जैसी इमारतों और राजमार्गों की भव्यता विश्व के स्थापत्य में विरल है। पत्थरों के जीने वाली इन इमारतों का परिसर पिरामिडों की तरह चौड़ा है, किन्तु इनमें रण प्रदेश (मरुथल) की रेत से जूझने वाली चट्टानों के पाट नहीं बल्कि पाताल में से ज्वालामुखी की तरह उभरते पहाड़ों की कल्पना है। ओहाका की खुदाई में पाये गये मोन्ते अल्बान के अवशेषों में, पत्थरों के घटकों को बिना किसी प्रकार के चूने से एक-दूसरे से जोड़कर खड़ा किया गया है। क्या ये भूकम्प के धक्के झेल पाने के लिये बने होंगे? सारे मेक्सिको में फैली हुई इन इमारतों की एक ख़ासियत है उनकी चौरस माप। सब कुछ जैसे किसी चौरस दुनिया के खगोल से उद्भूत हुआ लगता है। इमारतों के घटक पत्थरों में उकेरी हुई आकृतियों और उनके चेहरों में भी यह दिखता है इसलिये सबकुछ कोनेदार है लेकिन उन चौरस आकृतियों की कोनेदार बहिरेखाओं को कुछ घिसकर मोड़ दिया है। जंगलों और खंदकों के अनन्त विस्तारों, पहाड़ियों और ज्वालामुखी पर्वतों के अभेद्य रूप इमारतों और शिल्पों में गठित हुए है इसलिए यहाँ सब कुछ ठोस विशालता में ही कल्पित किया गया है। महाकाय गरुड़ और अजगर की चूड़ा में विश्वरूप को निहारने की शर्त है। इस कला के मूल में रौद्र रस है। सौम्य और श्रृंगार के प्राधान्य की कल्पना से हम अपरिचित नहीं हैं पर एलिफेंटा के शिव से दोगुने-चौगुने से शिल्पस्वरूपों में रौद्र का जो प्रचण्ड प्रताप दिखायी दे तब इस प्रदेश की प्रकृति का परिचय होगा। सूर्य को निगलती रात को रोकने के लिए प्रतिबद्ध यहाँ की प्रजा ने कुदरत के रूपों को पशु-पक्षी के एक-दूसरे में उलझे हुए अंगों में निहारा और अंकित किया है : इसमें दुनिया को डरावनी चुनौती है। इन शिल्पों में भारतीय अलंकरण से मिलता भरा-पूरापन है जिसमें वनस्पति के रूपों के साथ अन्य जीवस्वरूपों को बिठाकर एक-दूसरे में गूँथे-पिरोये हैं। भीतर से उभरते इन रूपों में संहार-सर्जन की रौद्रलीला है अत: इन शिल्पों की भाषा में तारस्वर है : नाट्य के चेहरे-मोहरों के आकार त्रस्त-ग्रस्त हैं, तनावपूर्ण चेतना की तीव्र अनुभूति का निर्बाध अंकन है। दक्षिण अमेरिका की शिल्प-परम्परा में मिट्टी के बर्तनों-शिल्पों के भी बहुविध रूप हैं। मेक्सिको के मृणशिल्प में मिट्टी तो जैसे हाथ और हवा से फूली हो वैसे आकृतियाँ रस से भरी हैं, ठीक हमारी परम्परा के प्राणस्वरूपों की तरह। बर्तनों में भी मानवी-पाशवी अंगों को मिलाया गया है, उनके छिद्रों में मुखाकार (और कहीं-कहीं मज़ाक़ के तौर से गुदाद्वार भी) और बेट में हाथ-पैरों और दूसरे अंगों का विनियोग सिर्फ़ कुशलता का ही नहीं, अद्भुत का भी साक्षात्कार कराता है। रोज़मर्रा के इन उपयोगी बर्तनों,

पानी या शराब भरने के साधनों में सदा कोई जीवित तत्त्व का वास जीवन के प्रति गहरी आस्था का ही द्योतक है। पथ्थर के देवस्थानों के रौद्र और मिट्टी के भाँडे के संवदेनयुक्त और रसीले रूपों में संस्कृति के दो पूरक रूपों की झाँकी है। और परम्परा है सुवर्ण शिल्पों की, जिन्हें टीप या टाँचकर बनाया गया है उनमें उन दो विशिष्ट सांस्कृतिक सन्दर्भों का समन्वय तो है ही अलंकरण की एक अनोखी तराह भी है।

यह है लुप्तप्राय: इस पूर्व-हिस्पानी कला की सौगाद : इसके अब पारखी कितने? क्रान्ति के सूर्योदय के साथ उभरी और पली कलाकार-त्रिपुटी खोसे क्लेमेन्ते ओरोज़्को, दियेगो रिवेरा एवं डेविड अल्फारो सिक्वेरोस ने यह पहचाना था। स्पेन और अमेरिका के चंगुल से मुक्त हुए मेक्सिको देश की चेतना पूर्व-हिस्पानी और ईसाई परम्परा के हिंस्र परिरम्भण से जन्मी है। प्रकृति की प्राचीन रौद्र कल्पना में ईसाई शहादत के रूप प्रविष्ट होने लगे तो रौद्र के ये रूप कुछ कुचले गये पर पूर्व हिस्पानी अलंकरण की भरमार ने गिरिजाघरों को घेर लिया। ध्यान से देखने पर यह भी महसूस होता है कि प्राचीन चेतना पराभूत होकर भी प्रच्छन्न रूप में जीवित रही। इसलिए कि नयी ईसाई इमारतें बनी उन्हीं पूर्व-हिस्पानी जनता के हाथों से। नाट्यात्मकता की और स्वाभाविक तरीके से झुकती हुई हिस्पानी-ईसाई परम्परा को तनावयुक्त प्राचीन रौद्र चेतना ने नया मोड़ देकर उसमें मेलोड्रामा के एक विशिष्ट कला प्रकार का जोश भर दिया। और उसी चेतना ने ईसा के बलिदान की वेदना में समग्र प्रजा की रौंदी गयी अस्मिता की यातना का सिंचन करके उनके ज़ख़्मों को अधिक रक्तस्रावी और रक्तरंजित किया। अठारहवीं शताब्दी में पश्चिमी प्रकृतिवाद की हवा ने जब मेक्सिको की कला पर कब्ज़ा लिया तब तक तो स्थानीय कलाकारों के हाथों ईसाई कला रंग-रच चुकी थी। मानो हिस्पानी ईसाई परम्परा के सुनहरे वर्कों की सतहों के भीतर प्राचीन चेतना गुपचुप-सी फैल गयी हो। ऊपर से अप्रकट कुछ अस्पष्ट-सी, पर उसके मूल कुछ इतने गहरे चले गये थे कि क्रान्ति का नया ज्वार आते ही सतही पपड़ियाँ उखड़ने लगीं। फिर उभरती हुई इस नयी चेतना के वारिस थे रिवेरा, ओरोज़्को और सिक्वेरोस। ये कलाकार देश की ख़ूनी क्रान्ति के साक्षी सहयोगी भी थे। स्वतन्त्रता का सूर्योदय होते ही नयी क्रान्तिकारी सरकार ने जब देश की सार्वजनिक इमारतों को इन कलाकारों के हाथों में सौंपा तो इन्होंने इन दीवारों के लिए मेक्सिकी इतिहास की भव्य परम्परा की परिकल्पना की। क्रान्ति के अगले दशकों में उन्होंने टिओटीह्वाकान, टेनोश्टीट्लान, ओहाका की खंदक और माया प्रदेश की जनता और संस्कृति के हिस्पानी अत्याचार, कोर्तेज के स्वर्णलोलुप गिरोहों तथा ईसाई धर्मोन्मादियों के साथ हुए भयंकर संग्रामों तथा उसके परवर्ती अत्याचारों से जन्मी मिश्र जनता की संवेदनाओं को व्यक्त करते हुए महाकाय चित्रों का सर्जन किया। रिवेरा ने तो परिमाण और सूक्ष्मता की दृष्टि से भी—इतना अधिक चित्रांकन किया है कि लगता है अपनी ज़िन्दगी का समस्त जाग्रत समय इसी में लगा दिया हो। खचाखच भरे इस देश के लोगों को उनके उत्सवों, रस्मों को उसने चाहना से भरी व्यापक दृष्टि से देखा है और पूर्व-हिस्पानी संस्कृति को लाड से दुलारा है। कोर्तेज़ को सिफिलिस-ग्रसित

भद्दे रूप में अंकित करके धिक्कारा है और मार्क्स के रास्ते प्रजा को समाजवाद की ओर मोड़ा है। शासकीय महल की दीवारों पर फैले हुए विशाल भित्तिचित्रों की भरपूर आकृतियों में मेक्सिको के इतिहास के तीनों कालखण्डों को एक साथ उकेर दिया है।

इनमें ऐतिहासिक और काल्पनिक व्यक्तियों के साथ रिवेरा ने पत्नी-प्रेमिका फ्रीडा काह्लो को टिओटिह्वाकान के बाज़ार में शृंगारप्रेरक पीले फूलों में सजी रमणी के रूप में या फिर तो क्रान्ति का आह्वान करते हुए टोले में घूमते हुए दिखाया है। उन दोनों के सम्बन्ध बड़े उत्तेजक और रोमांचक थे। फ्रीडा का जीव भी उत्तेजना की कोर पर जीता था। उसके चित्रों में अपनी और मेक्सिको जैसे देश की मिश्र चेतना की परतें खुलती हैं। जर्मन-हिस्पानी माता-पिता की पैदाईश फ्रीडा ने अपने आपको दुहरे रूपों में आलेखित किया है जिसमें एक फ्रीडा के हृदय की नली (दोनों के हृदयों को कपड़ों के अन्दर से दिखाये हैं) दूसरी की नली से जुड़ती है उसे एक फ्रीडा कैंची से काट रही है और दूसरी निश्चल है।

रिवेरा की चित्र-कला में पूर्व-हिस्पानी कला की अलंकरण परम्परा का विनियोग तो है ही, इटली के पूर्व रेनेसां के भित्तिचित्रों को आत्मसात् करके पायी हुई गहरी मानवीय संवेदना भी। क्यूबिज्म और यथार्थवाद की विलक्षणताओं को भी उसने कुशलतापूर्वक आज़माया है। संवेदना के स्तरों में वह भावकुता से परे रहता है पर विनोद-व्यंग्य बहलाता है।

डेविड अल्फारो सिक्वेरोस की चित्र संवेदना का पोषण क्रान्ति के झंझावातों में हुआ लगता है। बादलों की गड़गड़ाहट और बिजली की कड़क जैसे गतिशील रूपों में उसने दमित जनता के आर्तनादों और फासीवादी संहारकों के हत्याकाण्डों का चित्रांकन किया है। काले-सफ़ेद और लाल रंगों में सीमित, पाषाण और फ़ौलाद-सी भारी-भरकम आकृतियों में वह उबलते ख़ून और आँधी का जोश भरता है। जंजीरों को तोड़कर दीवार की सतह के बाहर लपकती विराट नारी को देखकर ऐसा लगता है मानो उसकी देह में विप्लवी चीख़ का गोला-बारूद ठूँस-ठूँसकर भरा हो। अपने नाम पर बने पोलीफोरम के नाट्यगृह की सभी दीवारों-छतों को उसने धातु के अर्द्धशिल्पों और विद्युतवेगी रंगों से झंझावात में बदल डाला है। (इन आकृतियों के सामने नाटक करने वालों और देखने वालों की क्या स्थिति होती होगी?)

सिक्वेरोस की तरह ओरोज़्को की कला में अश्मलोही आकृतियों का भारीपन यन्त्रों की घरघराहट और तारस्वरित चीख़ों-चिल्लाहटों के बदले मानवीय संघर्ष-संवेदना के अंकन पर ज़ोर है। यों तो दोनों की संवेदना परस्पर अतिछादित होती है, पर आरोज़्को रौद्र रस की अनुभूति को विषयवस्तु के ताण्डव में विलुप्त नहीं होने देता। पूर्व रेनेसां के ज्योत्तो जैसे इतालवी कलाकारों के भित्तिचित्रों की लोच उसकी रूपनिर्मिति को पुष्ट करती है। अपने वतन ग्वादालखारा की दो इमारतों को उसने झंझा में पलट दिया है। सरकारी महालय के विशाल सोपानों पर चढ़ते हुए क्रान्तिकाल में ग़ुलामी को जड़ से उतार फेंकने की घोषणा करती हुई विप्लवी पादरी हिडाल्गो की विराट चित्र-प्रतिमा आते-जाते लोगों पर बादलों की तरह

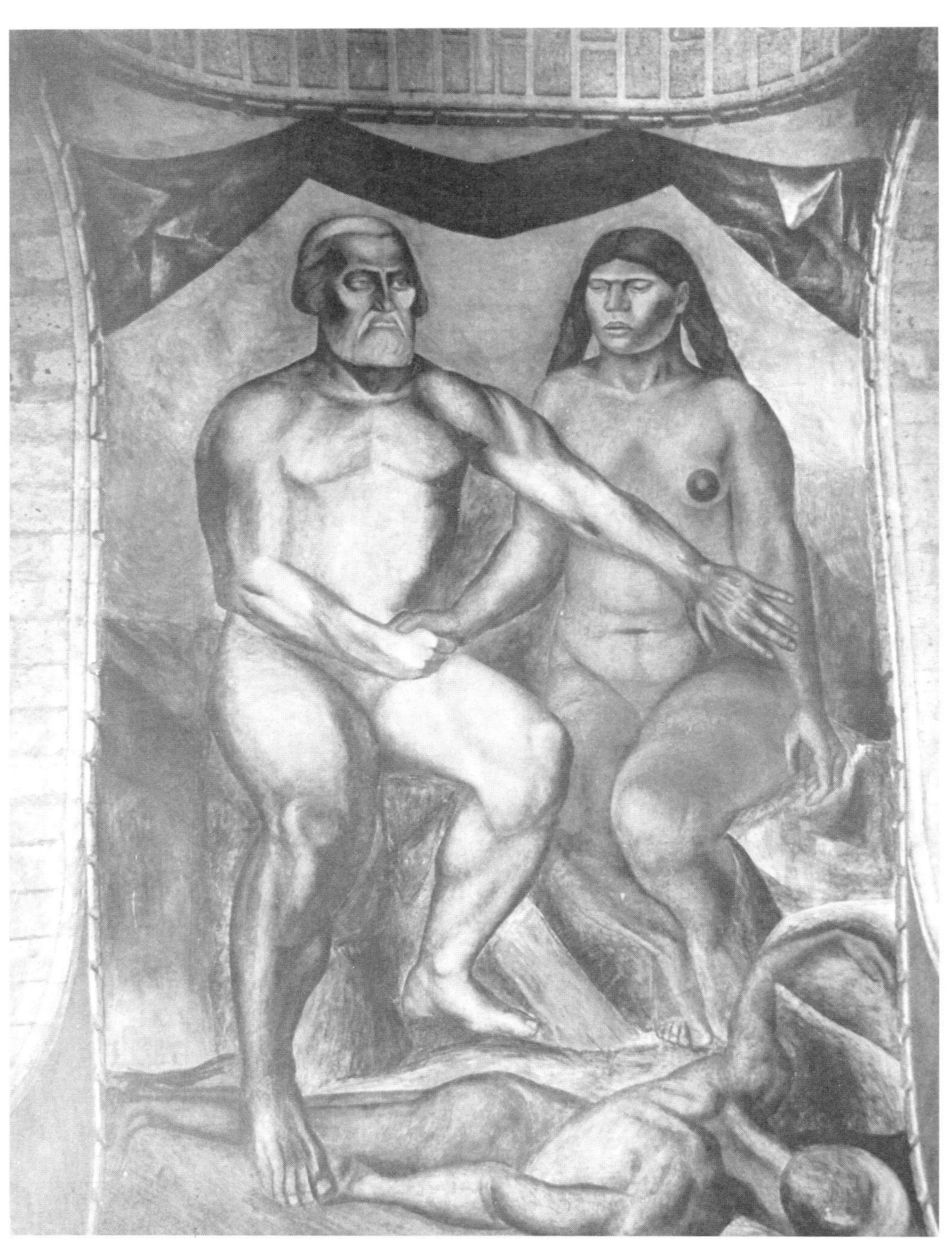

खोसे क्लेमेन्ते ओरोज़्को, **कोर्तेस और मालिंचे,** *भित्तिचित्र, सानइन्डेफोन्सो कॉलेज, १९२४–२६ ई.*

मँडराती रहती है। हमेशा इस्तेमाल होते हुए ऐसे मकानों के भीतरी हिस्सों में इतनी विशाल और प्रभावशाली आकृतियाँ विश्व में शायद ही बनी होगी। ओस्पीसीओ कबान्यास के गिरिजाघर की छतों, कमानों, दीवारों में ओरोज़्को ने लौहपुतलों जैसे हिस्पानी राजकर्ताओं, उनके ताज़ की छत्रछाया में ख़ून टपकता हुआ क्रॉस उठाकर गिरे मुँह आगे बढ़ता हुआ कोर्तेज़, बखतरिया सैनिक और अश्वों की लूटी और बीच वाले गुम्बद की आकाश की ओर उठी हुई छतरी में दोज़ख़ की आग में जलते आदमी की तसवीर इतने जोश के साथ ठसाठस रूप में अंकित की गयी है कि पूरी इमारत की शक्ल गिरिजाघर की धार्मिक रूप भावना के मुक़ाबले विप्लवी दर्शन में—बदल गयी है। (यह संयोग ही समझिए कि उस शाम इमारत के पिछले हिस्से में जब लीला सेम्सन भरतनाट्यम् कर रही थीं, भीतरी उजाले में आलोकित गुम्बद की छत में ज्वाला से घिरे हुए ओरोज़्को का अदना इनसान भी दिखा-अनदिखा होता था)। इसके अलावा ग्वादालखारा के विश्वविद्यालय के नाट्यगृह की दीवार पर निरक्षर समुदाय की चीख़ों के बीच ग्रन्थों के पन्नों पर अँगुलि निर्देश करते हुए विद्वान दिखाये हैं। गुम्बद पर उल्टी लटकती हुई मनुष्याकृति के माथे और सीने को खोल कर बुद्धि और हृदय के गहरे आवासों की ओर इशारा किया गया है। परन्तु सबसे प्रभावशाली मेक्सिको शहर की 'प्रिपरेटरी स्कूल' के तिमंज़िले भवन की पड़सालों और दीवारों पर बनाये हुए चित्र। सीढ़ियों पर चढ़ते ही बीच में पड़ती दीवार पर उसने मेक्सिको की नियतिस्वरूप तीन पात्रों की आकृतियाँ बनायी हैं : बायीं ओर गोरा, दाढ़ीवाला (माइकलएंजलो की सी तराहमें) आदम की याद दिलाता, अधेड़ नग्न पुरुष और दायीं ओर बैठी हुई पुष्टांगी, पूर्व-हिस्पानी युवा नारी को एक हाथ में पकड़े और दूसरे से थामता हुआ बैठा है। नारी की प्रतिमा स्वार्पण के असमंजस और दबे तनाव से उदास-सी है। पड़छन्द पुरुष के पैरों में उलटे मुँह लेटे, गिरे हुए युवा पुरुष के हाथ पर महाकाय आकृति का पैर है। हिस्पानी और प्राचीन संस्कृति की उस सोई हुई सन्तान की आकृति के बराबर नीचे गवाक्ष में ओरोज़्को ने मेक्सिको के कल्पवृक्ष थुअर के कटे हुए पत्तों को बढ़ते हुए दिखाया हैं। पड़साल की दीवारों पर किसान-सैनिकों की पीठ पर लदे कारतूसों के पट्टे में और माँ की विदा लेते हुए सैनिकों के थैलों में बारूद तो ऐसे ही झलकती है। इन आकृतियों का गठन इतना सशक्त है कि समकालीन विश्व कला में उनकी बराबरी करने वाली कृतियाँ विरल हैं। इन्हीं दीवारों पर बेघर शरणार्थियों की आकृतियों के सामने रंगराग में डूबे हुए शासक, श्रीमन्त वर्ग, गिरिजाघरों की दान पेटियों से जेब भरने वाले पादरी और ग़रीबों पर ढाये जाने वाले ज़ुल्मों के सूत्रधार जैसी 'ईश्वरीय' आकृतियाँ भी शामिल हैं। (विरोधाभास का चित्रण करने में व्यंग्य-कला की तरक़ीबों को ओरोज़्को आज़माता रहता है पर बड़े कौशल से इन चित्रों को भीतचित्रों की मामूलियत के ऊपर उठा लेता है)।

हालाँकि रिवेरा, सिक्वेरोस और ओरोज़्को की चित्र-कला में विषय-वस्तु पर अधिक बल है। मगर इनकी प्रभावोत्पादकता सिर्फ़ इसी पर आधारित नहीं। (विप्लव की भावुकता से लथपथ

चित्र बनाने वाले कलाकार वर्ग को कौन नहीं जानता?) उनके मूलाधार हैं चित्रांकन की जटिलता और कल्पना का ऋत। पूर्व-हिस्पानी कला की अलंकरण निर्मिति से लेकर समकालीन कला-चेतना के रूप भी इसमें मिले हुए हैं। मेक्सिकी कलाकार मानो सृष्टि के समस्त संघर्ष को समा लेने वाला विशाल उदर और बिजली की धार-सी तेज़ दृष्टि रखते थे। उन्होंने आँखों के फैलाव में समेटे न जा सके ऐसे दीर्घ चित्रपट दीवारों पर फैलाये हैं। उनकी गरुड़गति से थिरकती आकृतियों में नाट्य की पराकाष्ठा की महिमा अंकित है। पश्चिमी आलोचकों ने विश्व की कला-यात्रा में मेक्सिको भित्तिचित्रों का नामोल्लेख अत्यन्त कृपणतापूर्वक किया है। हमारे देश में भी इस कला के प्रबल रूप के पारखी परिचित बहुत कम हैं। सतीश गुजराल एक ज़माने में मेक्सिको जाकर इन चित्रों की शैली का ईंधन लाये थे। भारत के विभाजन की यातना को अभिव्यक्त करने वाले कुछ चित्रों में उन्हें काम में भी लिया था पर प्रारम्भिक अध्याय की इन ज्वालाओं से उनकी कला अब कहीं और निकल चुकी है।

बीसवीं शती के इतिहास में क्रान्ति रूपों का यह चित्रांकन केवल विशिष्ट ही नहीं है, विरल भी है। क्रान्ति के उत्तरकाल की साम्यवादी समाज-रचना में कला का स्थान नौकरानी से बढ़कर न था। इस परिप्रेक्ष्य में मेक्सिकी कलाकारों का योगदान कम महत्त्वपूर्ण नहीं क्योंकि यहाँ उन्होंने कला के दृष्टा बनकर क्रान्ति और समाज दोनों को नये सर्जनात्मक और आत्म-आलोचनात्मक भविष्य का रास्ता दिखाया। इन चित्रों का सरकारी और सार्वजनिक मकानों में होना भी बड़ा महत्त्वपूर्ण है। इन मकानों के भीतर, पलटती सरकारों के बदलते सरदार समस्त जनता को भेड़ों की भाँति हाँकने का निर्णय लेते हैं वहीं उन दीवारों पर विप्लवी दावानल जैसे ये चित्र मानो रोज़-ब-रोज़ चेतावनी देते हैं। उच्च न्यायालय के भवन की दीवारों पर ओरोज़्को ने अन्याय की विभीषिका का चित्रण इसलिए किया है कि इसके प्रांगण में प्रवेश करने वाला वकील और न्यायाधीश ग़लत काम करने के पहले दस बार सोचे (यह भी महत्त्वपूर्ण घटना है कि क्रान्ति के उत्तरकाल में बदली हुई सरकार के सर्वेसर्वा शासक धनिक वर्ग ने अमेरिकी दबाव को लेकर इन चित्रों को पूरा नहीं करने दिया था)। समाजवादी और पूँजीवादी मान्धाता दोनों यही मानते, या मनवाना चाहते हैं कि कलाकार सिर्फ़ स्थापित हितों की भाटगीरी करें और स्थापत्य के प्रपंच और स्वीकृत सौन्दर्य-शास्त्र के अनुरूप ही चित्र-रचना करें। यह न करने वाले कलाकार को निकम्मा समझा जाता है। ओरोज़्को की चित्र-सृष्टि में अनुदार समाजवादी तानाशाह और फासीवादी हत्यारे कन्धा मिलाकर खड़े हैं। इससे यह स्पष्ट होता है कि कलाकार हमेशा राजनीतिक विचारधारा से पीड़ित जनता का साथी बनना ही अधिक पसन्द करता है।

इस कलाकार त्रिपुटी और उनके साथियों के जाने के बाद मेक्सिको की भित्तिचित्र कला का विलयन-सा होने लगा है। क्या ऐसी कला सिर्फ़ क्रान्ति के ज्वार और उभार में ही फूटती है? क्या यह आज के आतंकित समय का प्रतिघोष नहीं बन सकती? अन्य देशों की भाँति

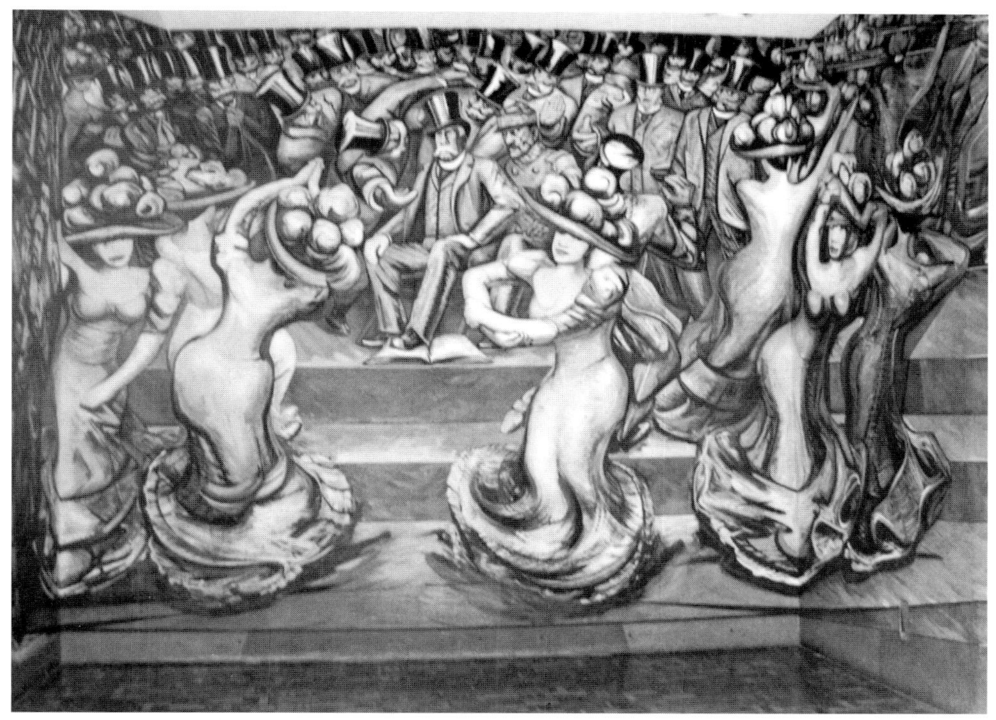

डेविड अल्फारो सिक्वेरोस, ***तानाशाह डियाज़, मन्त्रीगण एवं गणिकाएँ,*** *भित्तिचित्र का एक भाग, १९५७ से १९६५ ई.*

मेक्सिको में भी पिछले चालीस वर्षों में अन्तर्राष्ट्रीय कला का प्रभाव बढ़ने के बाद भित्तिचित्र परम्परा का राष्ट्रीय ज्वार कुछ उतर गया है। इस अन्तर्राष्ट्रीय प्रवाह के प्रणेता हैं रुफीनो तामायो। इस श्रीमन्त कलाकार ने देश-विदेश के, विशेष रूप से, अमेरिका तथा पश्चिमी यूरोप के कलाकारों के चित्र जुटाकर देश को समर्पित किये हैं। उनका यह संग्रह मेक्सिको शहर में खुला है। (उन्होंने पूर्व-हिस्पानी कला का भी संग्रह किया जो उनके वतन ओहाका में सुरक्षित है) मेक्सिको की कला आज 'अन्तर्राष्ट्रीय' धारा में जुड़ने के लिए ज़्यादा उत्सुक है। प्रयोगवादी रास्ते पर मुड़ी हुई यह कला मानो पश्चिम के साथ प्रतिस्पर्धा में उतरी हुई है।

अभी हाल में फिर से पूर्व-हिस्पानी संस्कृति के प्रति नवजागृति के आसार नज़र आने लगे हैं। नाहुत्ल जैसी पुरानी भाषा को सुरक्षित रखने और प्राचीन धार्मिक रीति-रिवाजों के प्रचलन की बातें भी सुनायी देती हैं। ओहाका के स्कूलों और विश्वविद्यालय में ज़ापोटेक भाषा पढ़ाने की शुरुआत हो चुकी है। सार्वजनिक स्थलों पर हिस्पानी संस्कृति के ख़िलाफ़ घोषणा करते आन्दोलनकारी भी दिख जाते हैं। ऑक्टेविया पाज़ की कविताएँ और भित्तिचित्रकारों का ज़िन्दगी भर का संघर्ष बहुतों को इस दिशा की ओर खींचता होगा। पर एक ज़माने में रिवेरा

की अध्यक्षता वाली 'सान कार्लोस' नामक विख्यात कला-शाला में आज कहीं भी भित्तिचित्रों का प्रचलन नज़र नहीं आया (मानो वह सब एक ऐतिहासिक अध्याय बनकर उसका अध्ययन 'थ्योरी' के रूप में रह गया है, 'प्रेक्टिस' के रूप में नहीं) पर एक प्राध्यापक एडुआर्डो लोपेज़ लीमस उस परम्परा को आज पुनर्जीवित करने में प्रयत्नरत हैं। उसने मेक्सिको शहर के बाहर लम्बी-चौड़ी ज़मीन ख़रीद ली है, जहाँ वह नयी कला-शाला शुरू करने वाला है। इसमें शामिल होने के लिए उसने दुनिया के समानधर्मी कलाकारों को खुला निमन्त्रण भेजा है। एडुआर्डो के साथ मुझे कुछ नये भित्तिचित्र देखने का भी अवसर मिला लेकिन मुझे तो इनमें अन्तर्राष्ट्रीय कलाधार के रूपवादी प्रकार ही अधिक दिखायी दिये। एडुआर्डो ख़ुद बदलती परिस्थिति के अनुरूप नयी, बल्कि प्रखर, मानवतावादी, चित्रचेतना की खोज में है। ग्वादालखारा की कला-शाला में एक बुज़ुर्ग अध्यापक से परिचय हुआ जो ओरोज़्को के सहायक साथी रह चुके थे। उन्होंने बताया कि शामियाने पर चढ़कर बड़ी डण्डी पर ब्रश बाँधकर ओरोज़्को बिना किसी की सहायता के बहुत कुछ ख़ुद ही करते थे। गुम्बद की छत और ऊँची दीवारों पर भी अत्यन्त कठिन कार्य ख़ुद ही निपटाते थे। पर उस कला-शाला में घूमने पर कहीं ओरोज़्को की कला की परछाईं भी नज़र नहीं आयी। नयी पीढ़ी जैसे उनसे और उस कला परम्परा से कहीं दूर निकल गयी है और ओरोज़्को जैसे कलाकारों की खोज शायद मेरे जैसे विदेशी प्रवासियों तक ही सीमित होकर रह गयी है।

ओहाका में खिल्बर्तो रहता है जो बड़ौदा में एक वर्ष गुज़ारकर गया है। मेक्सिको शहर की तुलना में यह छोटा-सा गाँव, ऊँची इमारतें नहीं के बराबर और काठियावाड़ के गाँव-देहात का आभास देता है। चारों ओर ज़ापोटेक तथा अन्य जातियों के कसीदाकारी किये हुए कपड़े दिखायी पड़ते हैं। गाँव के एक कोने में अपने यहाँ की शुक्रवारी जैसा बाज़ार, जिसमें भाँति-भाँति की पारम्परिक कलात्मक वस्तुओं के ढेर। साथ में सिन्थेटिक पदार्थों का भी कोई पार नहीं है। जब मैं वहाँ था उस अरसे में वहाँ दिवंगत पितरों का स्मृति दिवस (हमारे यहाँ के श्राद्ध पर्व जैसा) आ गया। यह ओहाका की विशिष्ट परम्परा है। शायद पूर्व हिस्पानी उत्सव का हिस्पानी-ईसाई संस्कृति में संगुम्फन हो गया है। उस दिन मृत परिजन के नाम पर पसन्दीदा पकवान बनाये जाते हैं जिन्हें घर के किसी कोने में स्थित उस ताक में रखा जाता है जो फूलों, पत्तों, रोटियों तथा शक्कर की बनी खोपड़ी से सजाया-सँवारा गया होता है। घर-घर में इस अर्पण-तर्पण के दिखावे की प्रतिस्पर्धा होती है और लोग देखने को भी निकलते हैं। रात में जलते दीये लेकर लोगों के टोले कब्रिस्तान की ओर उमड़ पड़ते हैं एवं परलोकवासी पितर से, जाने-अनजाने में उसे दिये गये दुःखों के लिए, क्षमा-याचना करते हैं, उसे याद दिलाते हैं कि हम आपको भूले नहीं हैं तथा अर्पित किये हुए उसके पसन्दीदा पकवानों को ग्रहण करने की प्रार्थना करते हैं। उन्हें अगले साल इस दिन फिर आने का वचन देते हैं। लोग अपने घर के सजे हुए कोने में मृतक की तस्वीर के साथ मेरी या ईसा की प्रतिमा रखते हैं : इसे देखकर ऐसा लगता है मानो जीवित प्रजा अपने ईसाई हाथों से मेक्सिको की विलुप्त हुई

पूर्व हिस्पानी संस्कृति का तर्पण कर रही है। प्रजा अत्यन्त धार्मिक वृत्ति की है। रास्ते पर चलते हुए कोई भी पवित्र स्थल दीख पड़ता है तो हाथ से छाती पर 'क्रॉस' का चिह्न बनाते हैं। ग्वादालूपे की चमत्कारी माता मेरी के चर्च में तो घुटनों के बल चलकर पहुँचे हुए दर्शनार्थी भी मिल जायेंगे। खिल्बर्तो के साथ गिरिजाघर तथा खण्डहर देखे। वह भारतीय रंग में इतना अधिक रँगा हुआ है कि बात करते कभी अघाता नहीं है। परन्तु ओहाका के इस गाँव में उसके मित्रों के अलावा, ऐसे बहुत कम लोग हैं जो उसकी भारत-वार्ता सुनने में रुचि रखते हैं।

मेक्सिको से ह्यूस्टन विमानपत्तन पर उतरने पर मुझे जो अप्रिय अनुभव हुआ उसे भी लिख लूँ। यहाँ इमिग्रेशन अधिकारी ने मुझे टोका, टिकटें ले लीं और प्लेन में से मेरा सामान उतरवा लिया। मैंने उससे इसका कारण जानने के लिए निवेदन किया, पर वह हीले-हवाले करता रहा और इतना विलम्ब कर दिया कि मुझे न्यूयॉर्क ले जाने वाला विमान उड़ान भर गया। सारे यात्रियों के जाने के बाद मेरा सामान खुलवाकर जब उसे वहाँ के कर्मचारी टटोलने लगे तब मालूम हुआ कि ये लोग मुझे मादक पदार्थों का वाहक समझ बैठे हैं। मैंने अपने 'इमिग्रेशन कार्ड' में रोहित शाह का पता 'ओल्ड राइफल्स कैम्प' दिया था इसलिए उनके व्यवसाय के बारे में पूछताछ की गयी। कम्प्यूटर सॉफ्टवेयर वाले मिलनसार रोहित भाई के व्यवसाय को, न्यूजर्सी के रायफल कैम्प वाले रास्ते के आधार पर अपनी बुद्धि के दिवालिएपन का परिचय देते हुए अधिकारी किसी आतंकवाद से जोड़ने की चेष्टा कर रहे थे। वास्तव में इस रास्ते का नामकरण तो न्यूजर्सी की प्रजा की ओर से, अमेरिका के क्रान्तिकाल में ज्योर्ज वाशिंगटन द्वारा रास्ते के किसी स्थल को सुरक्षित मानकर वहाँ शस्त्र छिपाये जाने की स्मृति में किया गया था। मैंने कहा, एक घण्टे तक बिठाये रखने की बजाय पहले ही सब बातें पूछ ली होतीं तो मैं अपना विमान पकड़ सकता; परन्तु सरकारी अधिकारी (कहते हैं यहाँ पहले से ही रंगभेद का प्रभाव है तथा विदेशियों विशेषकर एशियाई यात्रियों को परेशानी का सामना करना पड़ता है।) तो शैतान के शागिर्द होने की तालीम पाये हुए हैं। कहाँ तक उनसे सिरपच्ची की जाय? मेरे बकुचे में से उन्हें आक्टोवियो के संग्रह में छलकते मादक काव्य-द्रव्य की गन्ध नहीं आयी और मेक्सिकन भित्तिचित्र-कला के महाग्रन्थ में प्रकाशित विप्लवी चित्रों में से कोई स्फोटक मिला नहीं तब कहीं जाकर मुझे अमेरिका में पुनरागमन की छूट मिली। मित्र स्वामिनाथन् को तो सान आन्तोनियो के विमानपत्तन पर, इससे भी कहीं अधिक कठिनाई का सामना करना पड़ा था। लम्बे बाल, कुर्ता और लुंगी पहने हुए इस अलमस्त कलाकार को इन फासीवादी दलालों ने सताया था। मैं भी उस दुःस्वप्न की परछाईं को ओढ़कर पुनः अमेरिका में उतरता हूँ।

न्यूयॉर्क में मैंने अपने वैज्ञानिक मित्र आनन्द साराभाई के साथ 'सोहो' की आर्ट गैलरी देखी। वहाँ लगभग सब कुछ रसहीन और घिसा हुआ मिला। अन्त में 'वोल्टर द मारिया' के दो कला पदार्थ के संग्रह देखे। कहते हैं कि किसी ने इस पारिवेशिक 'इंस्टालेशन्स' को हमेशा के लिए सँभाल रखने के लिए अकूत धनराशि ख़र्च की है। एक सौ एक फुट के विशाल कक्ष में थोड़े-

थोड़े अन्तर से पीतल की चमचमाती पाटें करीने से फ़र्श पर जमाकर रखी हैं जो प्रकाश से झिलमिल करती रहती हैं। 'मिनिमल', पारिवेशिक कला यहाँ निर्वस्त्र प्रदर्शित हुई है। ऊपर की दूसरी मंज़िल पर पचासेक फुट का एक दाग़ रहित श्वेत कमरा है, जिसके फ़र्श पर पूरी गैलरी कीचड़ के काले जत्थे से भरी हुई है। भीतर सूक्ष्म यान्त्रिक फव्वारे लगाये गये हैं जो इस कीचड़ को भीगा बनाये रखते हैं तथा ऊपर श्वेत दीवालें—जगमगाती रहें, इसके लिये कई कितने दीपक। दर्शक बाहर से इस काले कीचड़ की लीला का मज़ा लेते हैं। आनन्द की अमेरिकन मित्र ने यह पहली बार देखा था और इस दृश्य से उसकी आँखें इतनी चौंधिया गयीं कि रह-रहकर उसी को याद करती रही। अमेरिका में मेरा यह अन्तिम कला दर्शन था।

इन्दिरा गांधी एअरपोर्ट पर उतरते ही पुनः विशाल भित्तिचित्रों (वास्तव में तो ये पटिए पर अंकित कर भीत पर लगाये गये हैं) को देखते ही मेक्सिको की झंझावाती दीवारें फिर एक बार उठकर खड़ी हुई और उनकी धधकती ज्वालाओं में स्थापत्य की कोर्निश बजाते हुए विरूप चित्र भड़भड़कर जलने लगे।

पूरा किया २५ अप्रैल १९८८, बड़ोदरा

एतद्, अप्रैल-जून, जुलाई-सितम्बर, १९८८, पृ. ४६-९९

पृष्ठ-संख्या २४६-२५८ तक का
गुजराती से अनुवाद : बँसीधर

मक़बूल फ़िदा हुसेन

सदी की (सं)वेदना

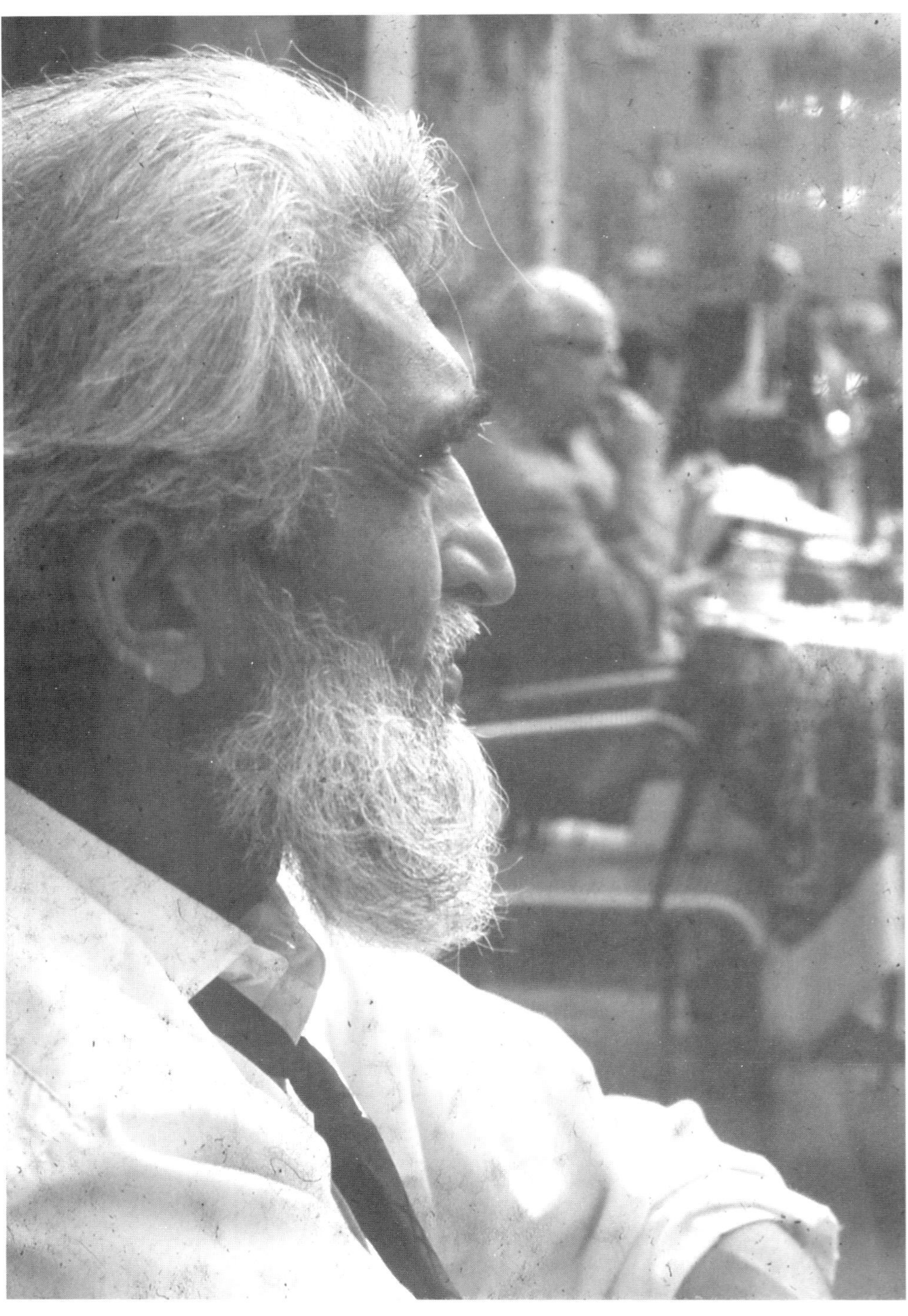

मैंने सबसे पहले हुसैन को देखा तब मैं १९५६–५७ में फाइन आर्ट्स के दूसरे या तीसरे वर्ष का विद्यार्थी था। बेन्द्रे साहब[१] ने उनको बुलाया था। उस ज़माने में चित्र 'बनाकर' दिखाने का कुछ वैसा चलन था जिस प्रकार संगीतकार गाकर सुनाते हैं। बेन्द्रे साहब हमेशा कक्षा में विद्यार्थियों को इस तरह 'डेमोन्स्ट्रेशन', रेखांकन या चित्र बनाकर दिखाते। हमने हुसेन को इससे पहले कभी नहीं देखा था। और आज मन में उस समय का स्पष्ट चित्र नहीं उभरता कि तब वे कैसे दिखायी देते थे। फिर भी १९६१ में मैंने उन पर एक लेख[२] लिखा था जिसमें उनका वर्णन कुछ इस प्रकार किया था : 'ऊँचा, लम्बा, जिसे चीन में सद्‌गृहस्थ की उपमा देते हैं वैसा बाँस जैसा शरीर, काली दाढ़ी में उतने ही सफ़ेद बाल, मितभाषी और काफ़ी कुछ कहने वाली आँखें'। हालाँकि मुझे अच्छी तरह याद है कि उन्होंने चित्र कैसे बनाया। शुरुआत में तूलिका के स्ट्रोक से (और फिर शायद 'पेलेट नाइफ' से?) पीले मटीले 'यलो ओकर' रंग से ओइल पेपर पर मोटे बैल जैसा जानवर बनाया था। सभी शिक्षक और विद्यार्थी उन्हें घेरे हुए टकटकी लगाये देखते ही रह गये थे।

'दूसरी बार जब उनसे बड़ौदा में मिला तब मैंने उन्हें डरते–डरते अपने चित्र भी दिखाये थे। चितकबरी दाढ़ी से उन्होंने ऐसा भाव व्यक्त किया था मानो उन्हें वे पसन्द आये थे। बस इतनी ही पहचान।'[3] लेकिन जब बम्बई जाना हुआ तब बारह–पन्द्रह फुट की गराज से बनायी हुई उनकी 'गैलेरी' में जा पहुँचा। दीवारों पर और नीचे इकट्ठे किये हुए ढेर सारे चित्र थे, जिनमें से कुछ उनके मित्रों के भी थे। एक दिल्लीवासी रामकुमार का भी। उनके एक चित्र का गहरा अकेलापन और अन्तरपीड़ा मन को छू जाने वाली थी। उसे देखकर उन्होंने 'यह तो काफ्का है' ऐसा ही कुछ कहा था। उसके बाद उनके साहित्य रस के बारे में भी परिचय हुआ : सुना है कि

मक़बूल फ़िदा हुसेन

तस्वीर : लेखक

एक प्रदर्शनी में उन्होंने मालार्मे का पाठ किया था। मैंने यह भी सुना था कि वे लिखते भी हैं इसलिए दूसरी मुलाकात में ही उनसे उनके लेखन के बारे में पूछा। बम्बई की एक रेस्तरां में खुले गलियारे में मित्र अनिरुद्ध ब्रह्मभट्ट, सुनील कोठारी और भूपेन खख्खर के साथ, एस्प्रेसो कॉफी के घूँट भरते हुए उन्होंने कविताएँ पढ़ीं, जिसमें से 'तरसते गलियारे', 'स्याही भरी काली हवेलियाँ' और 'नहीं जानते उनकी बातें करती हुई छतें' जैसे बिम्ब याद रह गये। उस दौरान उनकी चित्र-रचनाओं के बारे में कुछ ऐसा लिखा था : 'गहरे रंग के सपाट अवकाश विभागों में पेड़ों की तरह बोई गयी और शाखाओं की तरह उगकर विकसती हुई, काली, चौड़ी रेखाओं में बद्ध उनकी आकृतियाँ' में 'टूटी हुई, मुरझाती मनुष्य-जाति की नग्नता प्रतिबिम्बित होती थी।'[४]

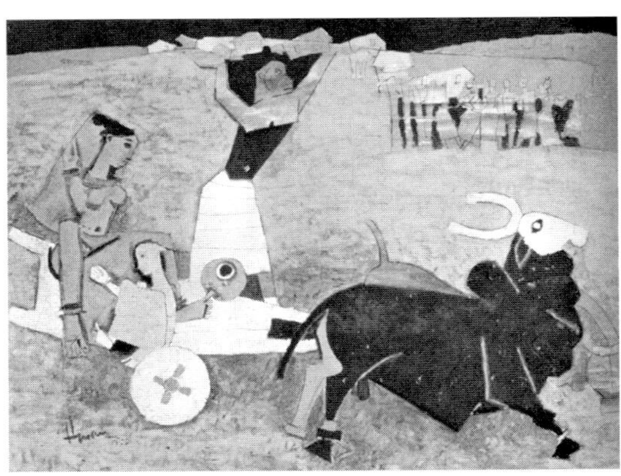

मक़बूल फ़िदा हुसेन, ***यात्रा,*** *तैलचित्र, १९५५ ई.*

फिर मिलने का पता बदला। बम्बई के वोर्डन रोड पर भूलाभाई मेमोरियल इन्स्टीट्यूट में कलाकारों को काम करने की सुविधा पैदा हुई। स्थापना का वर्ष तो याद नहीं लेकिन यह याद है कि उसका संचालन सोली बाटलीवाला करते थे। उस महालय जैसे मकान में नीचे और ऊपर की मंज़िल के चारों ओर के बरामदों को बाँटकर स्टूडियो बनाये गये थे। अब यहाँ कलाकारों के काफ़िले आ गये। उसमें हुसैन और गायतोंडे के साथ दशरथ पटेल, नसरीन मोहमदी और मेरे बड़ौदा के मित्र प्रफुल्ल दवे जैसे लोग सारा दिन रहते थे और चित्र बनाया करते थे। वहीं दाख़िल होने वाले हिस्से में एक कमरा था जहाँ इब्राहीम अलकाज़ी बैठा करते थे, जिसमें उनका विशाल स्लाइड संग्रह था। उनके नाटकों की शुरुआत वहीं से हुई लेकिन वे साथ-ही-साथ विश्व-कला पर स्लाइड्स के साथ वक्तव्य भी दिया करते थे। उन्होंने 'मीडिया' (Medea) नाटक का मंचन किया था जिसकी रंगभूषा के चित्र हुसेन ने किये थे। बाल छाबड़ा, वैसे तो फ़िल्म के वितरक थे और बाद में चित्रकार बने लेकिन हुसैन के अन्तरंग मित्र थे। उन्होंने इन्स्टीट्यूट के प्रवेश-द्वार पर ही 'गैलरी १९५९' नाम की आर्ट गैलरी बनायी। उन दिनों बम्बई में उँगलियों के पोरों से भी गिनती पूरी नहीं हो सके इतनी गिनी-चुनी गैलरियाँ हुआ करती थीं इसलिए जब भी जाना होता था तब वोर्डन रोड के अड्डे का चक्कर ज़रूर लगता।

हुसेन को खोजना मुश्किल था : वे तो घुमक्कड़ थे। फिर भी मिल जाया करते, कभी अचानक बिना बताये मुलाकात हो जाया करती। साख ऐसी कि वे वक़्त की पकड़ में नहीं आते। वैसे तो बम्बई में ही उनका कबीला था लेकिन दिल्ली की जामा मस्जिद की पीछे वाली गली में

'फ्लोरा' नाम के होटल में उनका लम्बा डेरा लगता था। इसके अलावा गाँव-कस्बों में मित्रों के घर आना-जाना, रहना। मन होते ही निकल पड़ते। हैदराबाद में ब्रदीविशाल पित्ती उनके बड़े संग्राहक थे, वहाँ पहुँचे तो वहीं से सीधे राजस्थान के गाँव में। फिर बम्बई की चाली हो या चाँदनी चौक के गली-कूचे, वे वहाँ भटकते हुए मिल जाते। जहाँ जाते रेखांकन करते, चित्र बनाते। सामग्री लेकर नहीं चलते। ऐसे तो चित्र के साधन हर जगह पड़े रहते और न भी हों तो मिलना कहाँ मुश्किल है ? रोम की प्रदर्शनी की दन्तकथा कुछ ऐसी कि ख़ाली हाथ ही गये और वहीं सारे चित्र बनाकर सारी प्रदर्शनी खड़ी कर दी !

पश्चिम के कलाकारों के बारे में पढ़ा था वैसे वे 'बोहेमियन' होते हैं लेकिन यह तो नज़र के सामने, जीता-जागता उदाहरण था। हमारे जैसे उगते कलाकारों के लिए वे सच्चे 'बोहेमियन' या अलगारी थे। उनका बड़ौदा आना कई बार होता था। यहाँ उनके परिवार के लोग भी थे। कलाकारों का परिवार तो था ही, उनका बेटा शमशाद फाइन आर्ट्स में पढ़ रहा था। वे जब भी मिले, प्यार से मिलते, बिना किसी बोझ के। जब मैंने भूलाभाई इन्स्टीट्यूट जाना शुरू किया तब मैं तीसरे (या चौथे) वर्ष का विद्यार्थी था लेकिन गायतोंडे आदि से वे हमउम्र के रूप में मेरी पहचान करवाई। जाति और धर्म के भेद तो बड़ौदा के कला-जगत् में शामिल होने के साथ ही भुलाए जाने लगे थे। हुसेन के सम्पर्क से छोटे-बड़े और गुरु-चेले के भेद भी मिटने लगे। यहाँ धर्म मात्र एक था और वह था चित्र कर्म का। छोटे से शहर में पले-बढ़े मेरे जैसे के लिए यह तो अनूठी देन थी। इस नये कला-परिवार में सारे देश के कलाकार जुड़े थे : बड़ौदा के शिक्षक और विद्यार्थी भी इसमें शामिल। कुछ विदेशी लोग भी, इसलिए अँग्रेज़ी और हिन्दी में ही बातचीत। हिन्दी तो आती थी लेकिन अँग्रेज़ी भारी मुश्किल, कई बार तो छक्के छुड़ाने वाली, कठिन लेकिन ठोकरें खाते-खाते सब कुछ सीखा। हुसेन भी जब इन्दौर से बम्बई आये तब इसी तरह सीखे होंगे। हमने देखा कि उन्होंने हिन्दी-उर्दू पकड़ रखी थी। मेरी तो गुजराती के साथ मिलकर त्रिवेणी बनी। मुझे यह भी याद है

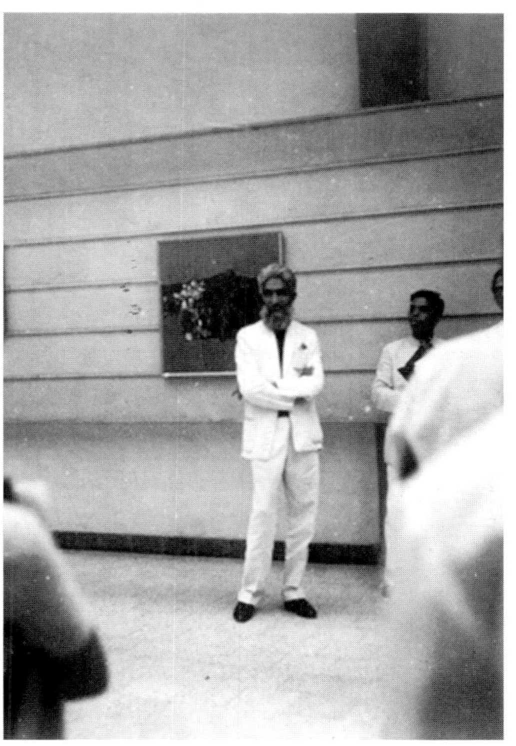

लेखक की पहली एकल प्रदर्शनी का उद्‌घाटन करते मक़बूल फ़िदा हुसेन, जहाँगीर आर्ट गैलरी, १९६१ ई.

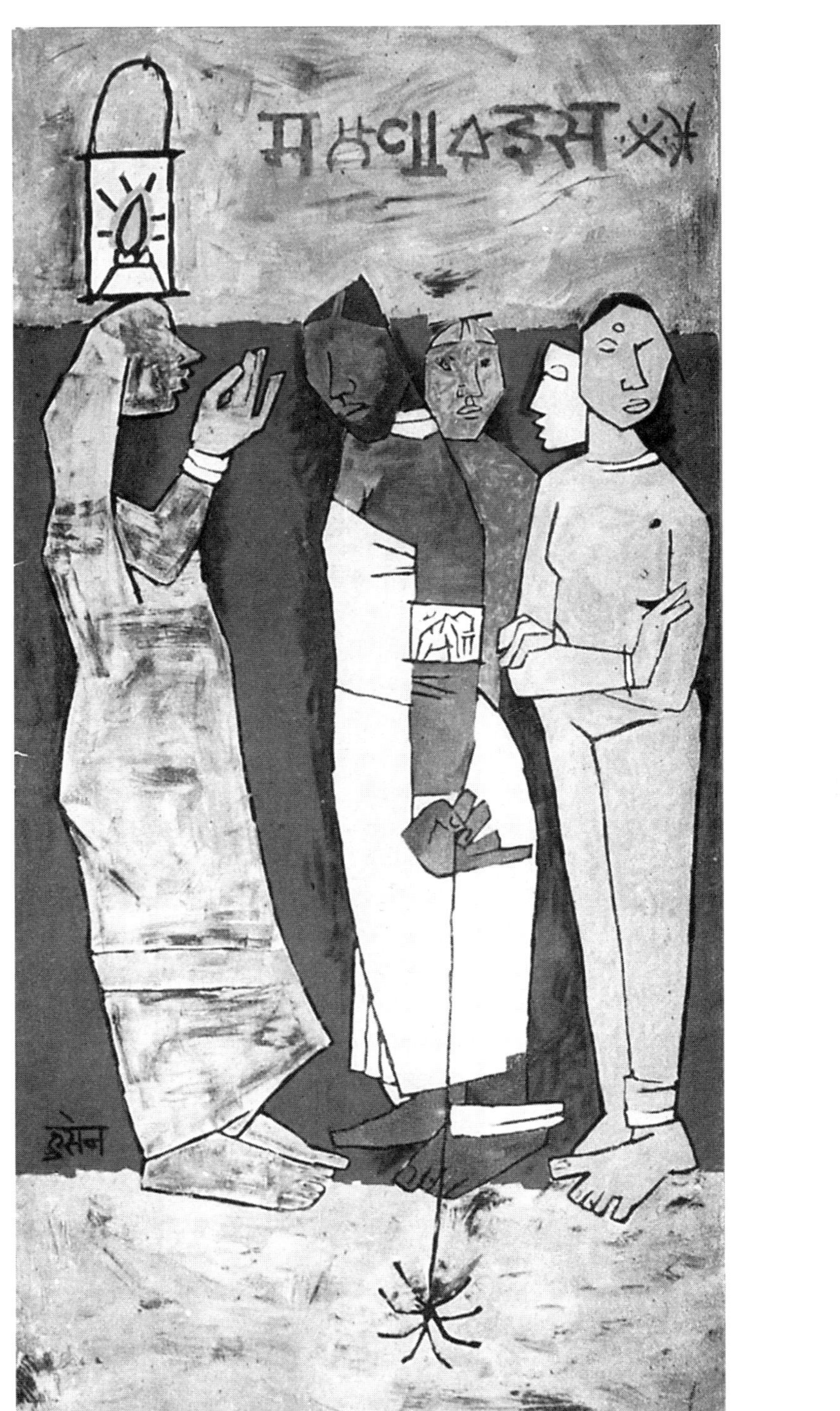
हुसेन

कि विश्व-कला के साथ विश्व-साहित्य के दरवाज़े सुरेश जोशी के साथ अँग्रेज़ी की चिटकनी हटाने से ही खुले थे। हालाँकि साहित्य की तुलना में चित्र-भाषा में अनुवाद की रुकावट नहीं, उसका रूप विश्व में कहीं भी समझा जा सकता है। पिकासो स्पेनिश, बेक्मान जर्मन या बिनोद बिहारी बंगाली पर उनके चित्रों की वाणी सभी को साध्य।

भूलाभाई इंस्टीट्यूट के अड्डे पर जब चक्कर लग रहे थे, उसी दौरान १९६१ में मेरी पहली प्रदर्शनी जहाँगीर आर्ट गैलरी में आयोजित हो रही थी। उसमें मैंने हुसेन को आने की विनती की। वे आये और कविता पाठ करके उद्‌घाटन किया। कुछ ऐसा पढ़ा था—'मैं चित्र करूँ तब आकाश को दोनों हाथों से पकड़े रखना, क्योंकि मेरे कैनवास की सीमाओं का मुझे पता नहीं'। उस समय में मैं घोड़ों के चित्र बनाता था जिसमें हुसेन का सीधा या अप्रत्यक्ष प्रभाव होगा, हालाँकि उनके घोड़े मेरे घोड़ों से थोड़े अलग थे। उनके घोड़े देश काल से परे, निरंकुश ऊर्जा के प्रतीक जैसे, पंख उड़ते दिखायी देते। और मेरा घोड़ा या तो गाँव की घोड़ागाड़ी से जुड़ा हुआ या फिर वीराने में घूमता हुआ एकाकी जानवर। उनकी जैसलमेर और बूँदी आदि में बनायी हुई फ़िल्म 'चित्रकार की आँखों से' (थ्रू द आइज ऑफ़ अ पेन्टर) और उनके जैसलमेर विषयक चित्रों की पाश्चद-भू में ही भूपेन के साथ मेरा जैसलमेर का चक्कर और कविताएँ सम्भव हो पाये थे। अब कुछ और क़रीब आने पर उनसे 'क्षितिज' की ज़िल्द पर जैसलमेर की आकृतियों का आग्रह किया तो उन्होंने चार-पाँच बड़े रेखांकन भेज दिये। उसमें से एक 'क्षितिज' के उपन्यास विशेषांक (फ़रवरी १९६३) के दोनों पृष्ठों पर छपा है।

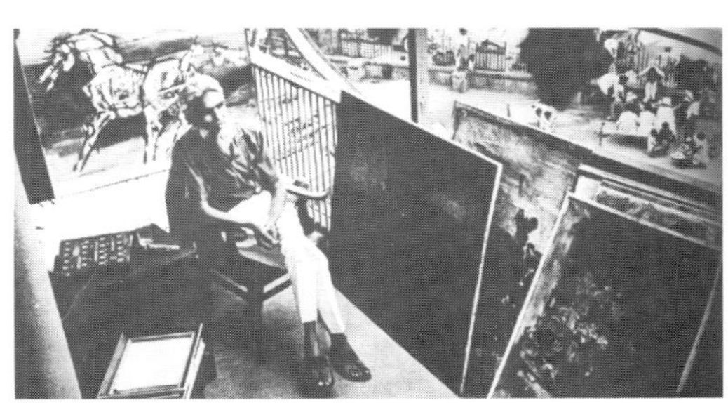

मक़बूल फ़िदा हुसेन अपने स्टूडियो में, भूलाभाई मेमोरियल इन्स्टीट्यूट, १९६३ ई.

आज इन बातों को आधी सदी होने को आयी है। दुनिया बदली, लेकिन हुसेन की चित्र यात्रा अविरत रही। एक बार सुना था कि ग़रीबी में कवि मुक्तिबोध की हुई मौत की श्मशान यात्रा में जाने के बाद उन्होंने जूते पहनना छोड़ दिया था, लेकिन वे चलते रहे। पैर की तरह ही मन जितना ज़मीन पर होता था उतना ही हवा में। चैन से बैठने का नाम नहीं। उन्हें तो मानो बहुत कुछ करना था और जो सोचा वह करके ही रहे। छोटे-बड़े चित्र तो बनाये ही; दीवारें भी चित्रों से भर दीं। यह कहने में ज़रा भी अतिशयोक्ति नहीं कि जो देखा, जाना, समझा, जिससे पीड़ित हुए, जिसकी कल्पना की, वह सब चित्रों में डाला। उनके चित्रों की कहानी कई लोगों ने अनेक रूप से लिखी है; उन्होंने

*मक़बूल फ़िदा हुसेन, **मकड़ी और लालटेन के बीच**, तैलचित्र, १९५६ ई.*

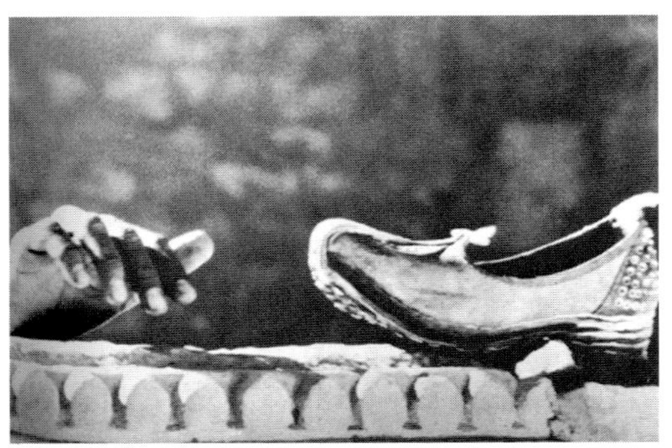

कलाकार की आँखों से*, फ़िल्म का एक दृश्य,*
(फ़िल्मकार : मक़बूल फ़िदा हुसेन), १९६७ ई.

ख़ुद भी 'हुसेन की कहानी, अपनी जुबानी' में आत्मकथा कही है। एक बार जहाँगीर आर्ट गैलरी में सफ़ेद कपड़े के ताके डालकर, टाँगकर, बिछाकर 'श्वेताम्बरी' नाम का 'इंस्टॉलेशन' किया तो दूसरी बार सारे देश में घूम कर सिनेमा के चित्रित 'होर्डिंग्ज' के फ़ोटो लेकर शहरी लोक-कला की प्रतिष्ठा की। फ़िल्म तो पहले भी आज़मायी थी लेकिन बड़े 'बजट' वाली बिना लाभवाली दूसरी दो और फ़िल्में भी बनायीं और चित्रों से जो कमाया सब उसी में लुटा दिया। उस आधी सदी में उनकी सक्रियता कई बार उनसे आधी उम्र के लोगों को भी लाँघ जाती थी। उस पाँच दशक की मंज़िल में कलाकारों की लगभग तीन पीढ़ियाँ आयीं लेकिन तब भी वे ऊँचे ही दिख रहे थे।

१९८० के दौरान देश की राजनीति में 'उदारीकरण' की हवा बही। फिर अभी तक अनछुए रहे कला-जगत् ने सामान्य जगत् में प्रवेश किया। कला का बाज़ार खुला : कला की नीलामी करने वाली अन्तर्राष्ट्रीय पीढ़ियाँ आयीं और कलाकृतियाँ महँगी बिकनी शुरू हुईं। समाज के सीमित वर्ग में प्रवर्तित आधुनिक कला-चित्र अब नीलामी से उपजे आँकड़ों के साथ अँग्रेज़ी और प्रादेशिक भाषाओं के अख़बारों में छपने लगे और समाज के अनेक वर्गों तक पहुँचे जिसमें हुसेन के चित्र प्रथम पंक्ति में हुआ करते थे, इसलिए वे आधुनिक कला के मात्र अग्रणी ही नहीं बल्कि पर्याय माने जाने लगे।

बदलते हुए वातावरण में दक्षिणपन्थियों ने सर उठाया और साम्प्रदायिकता का ज्वर फैलने लगा जिसने देश की संस्कृति और कला को भी घेर लिया। कला और कलाकार को धर्म के माध्यम से पहचानने की पहल हुई और साझी अस्मिता का बँटवारा हो गया। हम जिस ग़ैरसाम्प्रदायिकता में पले-बढ़े थे उसे शंका की नज़र से देखा जाने लगा। हुसेन को अल्पसंख्यक कौम के मानकर उनको हिन्दू धर्म के पवित्र पात्रों को विकृत रूप से चित्रित करने के कारण निशाने पर लिया गया। पाँच दशकों तक देवी-देवता और रामायण-महाभारत के पात्रों के सैकड़ों चित्र समादर और भावपूर्ण रूप से बनाये थे उसे दरकिनार कर, दो-चार चित्रों में उन्होंने जो 'छूट' ली थी उसे लेकर हंगामा किया गया जिसने कला की समझ और सहिष्णुता की धज्जियाँ उड़ गयी। नग्नता का आरोप लगाने वालों के लिए हज़ारों वर्षों तक आराध्य-मूर्तियों के निर्वस्त्र देह-वैभव की महिमा करने वाले चित्र-शिल्प से भी ज़्यादा उन्नीसवीं सदी में और बाद में, रवि वर्मा ने देवी-देवताओं को समकालीन कपड़े पहनाकर नाटकीय रूप से चित्रित किया था वह विकल्प आदर्श रूप था।

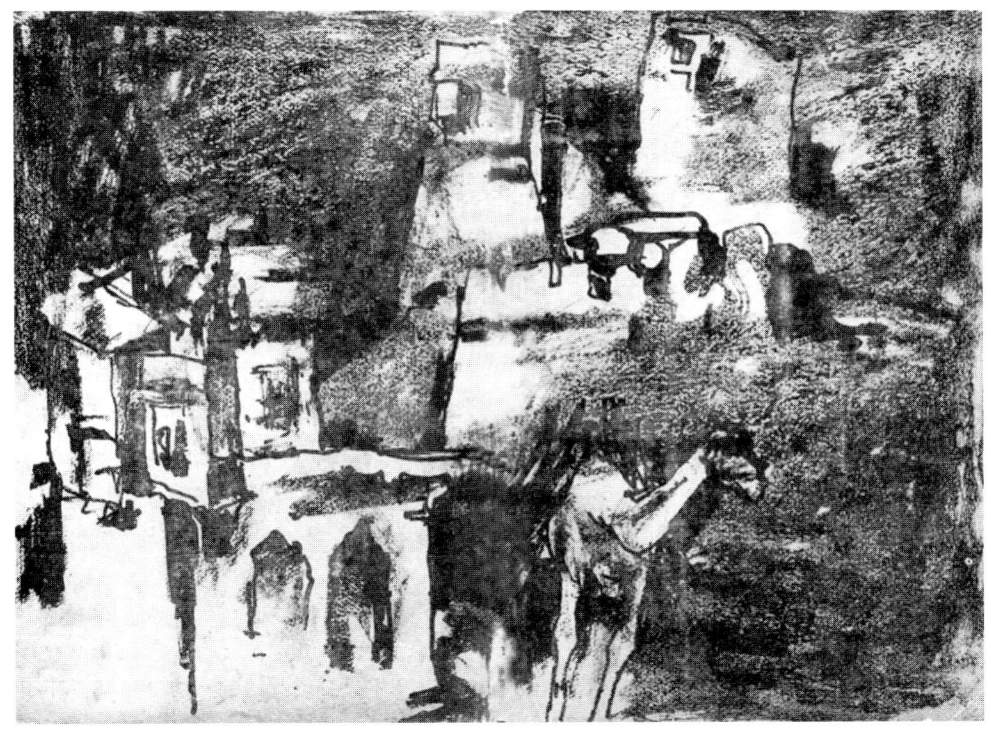

*मक़बूल फ़िदा हुसेन, **जैसलमेर,** क्षितिज (उपन्यास विशेषांक) का आवरण, १९६३ ई.*

वैसे भी साम्प्रदायिकता इतिहास बोध या विचार स्वातन्त्र्य से परे चलती है इसलिए स्वतन्त्रता स्वच्छन्दता के रूप में दिखती है। हुसेन को काफ़ी कुछ भुगतना पड़ा लेकिन वे चित्र बनाते रहे। विरोधियों की निन्दा किये बिना, किसी को अनजाने में भी ठेस पहुँचाई हो तो उसके लिये उन्होंने सार्वजनिक रूप से माफ़ी भी माँगी, लेकिन उससे कोई ज़्यादा फ़र्क़ नहीं पड़ा।

जब विवाद की आँधी ज़रा हल्की होती तब वे फिर से घूमना शुरू कर देते। सूरत के गार्डन सिल्क मिल्स के परिसर में सन् २००४ में प्रफुल्ल और शिल्पा शाह का आधुनिक कला संग्रह है, उस समय मैंने लगभग पचास वर्ष के बाद हुसेन को लोगों के सामने चित्र बनाते हुए देखा। उस दिन सब कुछ अच्छी तरह पार उतर गया तो लगा कि विरोध के अभियान थोड़े ढीले पड़े हैं, लेकिन वह भ्रम साबित हुआ। दो-तीन दिनों में ही, अख़बार में उनके सार्वजनिक रूप से चित्र बनाने की ख़बरें छपीं और संग्रहालय पर हमला हुआ। भीड़ आयी, उनमें से किसी को भी पता नहीं था कि कौन-सा चित्र किसने बनाया है इसलिए जो मिला उस पर टूट पड़े। एक चित्र जो भीड़ ने फाड़ा वह बेन्द्रे का था और दूसरा चित्तोवनु मज़ूमदार का। हुसेन के चित्र वहीं प्रदर्शित थे लेकिन उन्हें किसी ने छुआ तक नहीं!

फिर तो विवाद ने हद कर दी। किसी जुनूनी ने कलाई काटने तो दूसरे ने सिर काटने का ऐलान किया। अहमदाबाद में वास्तुकार बालकृष्ण दोशी के साथ 'हुसेन-दोशी की गुफा' नाम का कला-केन्द्र था वहाँ भी भीड़ ने हमला किया और उनके चित्रों की 'होली' जलायी। और उसके बाद उसका नाम 'अहमदाबाद की गुफा' बन गया। कोर्ट में उनके विरुद्ध सैकड़ों केस हुए। आख़िरकार विवाद इतने भयानक और पीड़ादायक हुए कि उन्होंने विदेश का रास्ता पकड़ा, लन्दन, दुबई और दोहा में रहकर भरपूर चित्र बनाते रहे लेकिन उनके प्राण वापस लौटने को तड़पते रहे। वह आशा भी ठगिनी निकली तब आख़िरकार, उन्हें कतर जैसे खाड़ी देश की नागरिकता स्वीकार करनी पड़ी। अन्त में ९ जून २०११ को उन्होंने लन्दन में आँखें मूँद लीं।

आज वे हमारे बीच नहीं हैं लेकिन पहली बार देखा था वैसा ही बाँस की लकड़ी जैसी तनी हुई और बाद में खुले पैरों घूमती हुई वह देह आँखों के सामने तैरती रहती है।

('*समीपे*', १९, जनवरी, २०१०, पृ. ७४-८०)

गुजराती से अनुवाद : किरन सिंह

टिप्पणी

१. चित्र विभाग के अध्यक्ष और प्रसिद्ध चित्रकार नारायण श्रीधर बेन्द्रे
२. 'क्षितिज', जुलाई १९६१
३. वही
४. वही
५. जगदीप स्मार्त के द्वारा किया हुआ गुजराती अनुवाद 'दादानो डंगोरो लीधो, तेनो तो में घोड़ो कीधो' ('आर्चर', प्रथम आवृत्ति : २००४) इस शीर्षक के तहत छापा गया है।

सृष्टि का बहुरंगी वेश

के.जी. सुब्रह्मण्यन् की कला-यात्रा

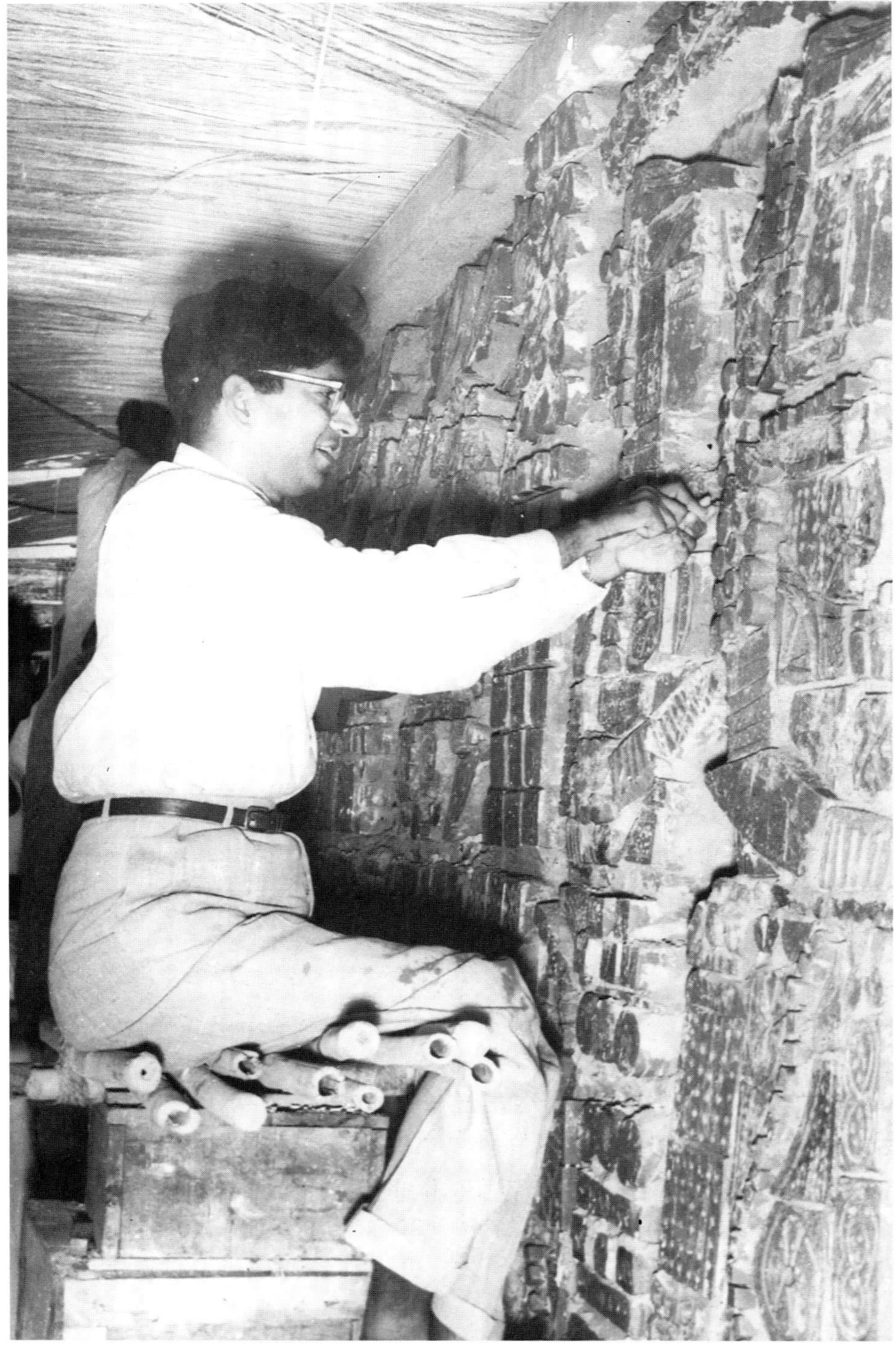

विशाल विद्यार्थी वर्ग में 'मणिदा', 'मणिसाहेब' या 'मणिसर' ऐसे प्यार भरे नामों से और 'के.जी.' के नाम से कला वर्तुलों में पहचाने जाने वाले कलाकार, कला मर्मज्ञ और कला गुरु, कलपाती गणपति सुब्रह्मण्यन् का जन्म ईस्वी सन् १९२४ में केरल के पालघाट ज़िले के कलपाती प्रदेश के तमिल अग्रहार में हुआ था। जिस तरह धारवाड़ उत्तर भारतीय संगीत का केन्द्र है उसी तरह कलपाती कर्णाटकी संगीत का धाम माना जाता है, वहाँ से बड़े नामी कलाकार निकले हैं। सदियों के बाद जब सुब्रह्मण्यन्, अपने घर, जिसे अब 'हेरिटेज' माना जाता है, कलपाती के अग्रहार गये तो अपना घर तो मिला नहीं लेकिन बचपन में खेले थे उस मन्दिर का रथ जैसा का तैसा मिला! रेवन्यू इंस्पेक्टर पिता गणपति अय्यर और माँ अलमेलु की वे आठवीं सन्तान थे; उनमें से चार की तो उस समय ही मृत्यु हो गयी। सुब्रह्मण्यन् की तबीयत बचपन से ही नाज़ुक रहती थी इसलिए उनकी शुरुआत की पढ़ाई घर पर ही रहकर हुई। फ्रेंच शासन के दौरान थोड़े वर्षों के बाद इनका परिवार माहे में जाकर बसा, वहाँ सुब्रह्मण्यन् को चौथी कक्षा में सीधा प्रवेश मिल गया क्योंकि स्कूल में जो कुछ भी पढ़ाया जाता था वह तो उन्होंने सब कुछ छानबीन लिया था! मूलत: पढ़ने की भूख इतनी तीव्र थी कि बाद की स्कूल की पढ़ाई के दौरान उन्होंने काफ़ी कुछ पढ़ लिया था। मंगलोर की एलोईसियस कॉलेज में पढ़ने गये—तब तक उन्होंने मार्क्स से लेकर गांधीजी, विवेकानन्द से लेकर रवीन्द्रनाथ तक को पचा लिया था। आगे बढ़कर आनन्द कुमारस्वामी की बीज रूप पुस्तक 'मेडिवल सिंहालीज़ आर्ट' पढ़कर वे ख़ूब प्रभावित हुए थे। उस समय उनका झुकाव गांधीजी की ओर बढ़ा था। १९३० के दौरान गांधीजी के द्वारा तैयार किया गया तेरह मुद्दे का समाज कल्याण का मसौदा उन्हें आज की स्थितियों में भी मूल्यवान् लगता है। स्कूल की पढ़ाई के दौरान उनकी मुलाकात स्वतन्त्रता की लड़ाई लड़ने वाले कर्मशीलों से हुई। अँग्रेज़ शासन के दौरान फ्रेंच बस्ती में उन लोगों की भूगर्भ प्रवृत्तियों में सुब्रह्मण्यन् भी शामिल हुए थे। उसके

***रवीन्द्रालय की दीवार पर कार्यरत कलाकार**, लखनऊ, १९६३ ई.*

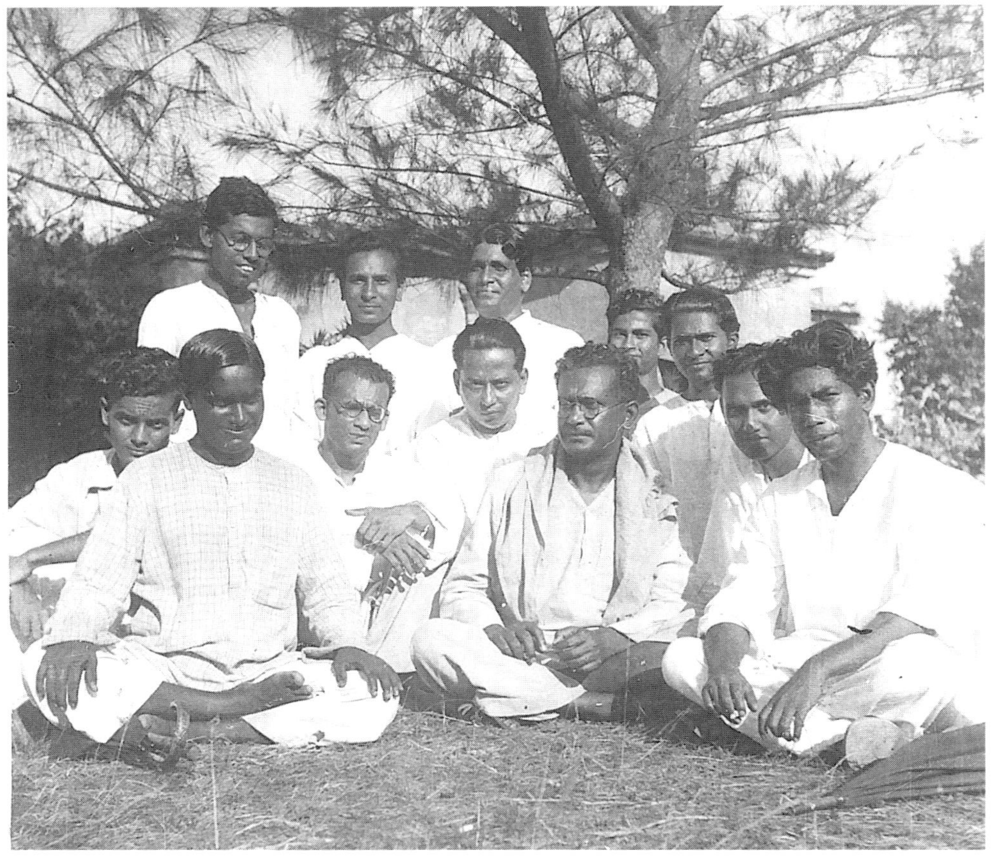

नन्दलाल बसु, शिक्षकगण और विद्यार्थी

बाद चेन्नई की प्रेसिडेन्सी कॉलेज में अर्थशास्त्र पढ़ते समय हड़ताल का नेतृत्व किया। एक बार जब पकड़ने के लिए पुलिस आयी तब पेप्वर्थ नाम के स्कोटिश प्रिन्सिपल ने अपने प्रिय विद्यार्थियों को कॉलेज के प्रांगण में पकड़ने से बचाया था लेकिन सन् '४२ में 'भारत छोड़ो' आन्दोलन के समय सचिवालय को घेर लेने के कारण छह महीने की सज़ा भुगतनी पड़ी। जेल में कई सच्चे और कई नकली कर्मशीलों को देखकर वे उलझन में पड़ गये थे।

रेखांकन और चित्र-काम बचपन से ही जारी था। जेल के बाद कॉलेज में उनके प्रवेश पर प्रतिबन्ध लगाया गया तब एक मित्र ने उनके चित्र चेन्नई की आर्ट कॉलेज के युवा प्राध्यापक के.सी. पणिक्कर तक पहुँचाये थे; पणिक्कर ने उन चित्रों को प्रिन्सिल देवीप्रसाद रायचौधरी को दिखाया और इस प्रकार कॉलेज के साथ जुड़ने का रास्ता खुल गया। हालाँकि बड़े भाई नारायण स्वामी पुलिस इंस्पेक्टर थे—सरकार की नज़रों में आये आन्दोलनकारी भाई का चेन्नई में रहना उन्हें जोख़िम भरा लग रहा था। सुब्रह्मण्यन् की कला प्रवृत्ति से भी वे अनजान नहीं थे इसलिए

उन्होंने ही शान्तिनिकेतन में नन्दलाल बसु को अर्जी भेजी और वहाँ से 'हाँ' का तार आया। अपने विस्तृत पठन-मनन के दौरान सुब्रह्मण्यन् ने शान्तिनिकेतन के बारे में अच्छी-ख़ासी जानकारी प्राप्त कर ली थी (और तत्कालीन राजनीति से भी थोड़े परेशान थे) इसलिए उनके लिये यह मनचाहा बदलाव हुआ। जब वे शान्तिनिकेतन पहुँचे तब वहाँ के विद्यार्थी रवीन्द्रनाथ का नाटक मंचित करने के लिए बम्बई गये थे इसलिए तीनों धुरन्धर कलाकार नन्दलाल, राम किंकर और बिनोद बाबू एक साथ और अकेले में मिले।

सन् १९४४ के बाद के उन चार वर्षों में उन्होंने नन्दलाल से खुली हवा में मन खोलकर और हलके हाथों से चित्र करने की सीख मिली। राम किंकर से तप्त ऊर्जा का रंग चढ़ा लेकिन सबसे विशेष रूप से बिनोद बिहारी मुखर्जी के साथ गहरा नाता जुड़ गया। सन् १९४८ के दौरान हज़ारी प्रसाद द्विवेदी के निमन्त्रण पर बिनोद बाबू ने हिन्दी भवन की तीन दीवारों पर आठ फुट ऊँचा और अठासी फुट लम्बा भित्तिचित्र बनाना शुरू किया था। 'मध्ययुगीन सन्तों' के जीवन को लेकर बन रहे उस महाचित्र में जुड़ने का अनोखा मौक़ा पढ़ाई का आख़िरी वर्ष पूरा कर रहे सुब्रह्मण्यन् को मिला। आज भी ऋणानुराग से याद करते हुए कहते हैं कि आख़िरी (उत्तर) दीवार पर रणजीत सिंह के दो घुड़सवारों को उन्होंने ही बनाया था जिसे बिनोद बाबू ने ज्यों-का-त्यों रहने दिया। यह सब कुछ रवीन्द्रनाथ की सृजन-सृष्टि की आभा में सम्भव हुआ और इतना गहरा गया कि वे बंगाली बोलने लग गये! बाद में बंगाली इतनी पक्की हुई कि उन्होंने अवनीन्द्रनाथ के रसमय गद्य को और बिनोद बाबू के 'चित्रकार' ग्रन्थ को अँग्रेज़ी में उतारा।

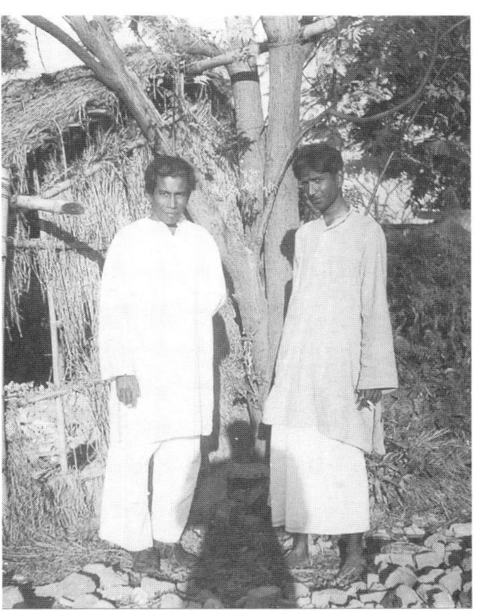

रामकिंकर बैज के साथ के. जी. सुब्रह्मण्यन्, *शान्तिनिकेतन, १९४७ ई.*

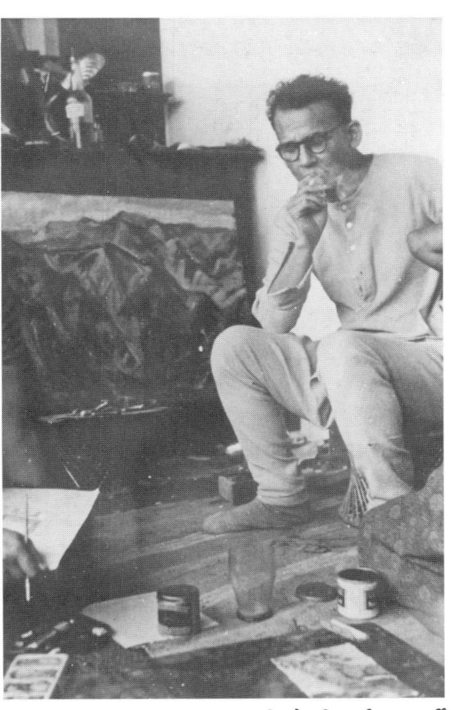

बिनोदबिहारी मुखर्जी

पढ़ाई के बाद वे सन् १९४९ की शुरुआत में पंजाब के विभाजन के दौरान निराश्रितों के पुनर्स्थापन के काम में जुड़ गये। छोटी-छोटी नौकरियाँ कीं। खिलौने और पोस्टर बनाकर गुज़ारा किया। सुशीला जस्रा के साथ उनका सम्बन्ध शान्तिनिकेतन से ही : वे भी गांधी के रंग से रँगी थीं। सुचेता कृपालानी के साथ 'कस्तूरबा मेमोरियल ट्रस्ट' में उन्होंने महिलाओं में शिक्षा, सेहत और कला कारीगरी की तालीम की जिम्मेदारी अपने सर पर ली थी। सन् १९५० में दोनों ने शादी की। आज सुशीला जी नहीं हैं लेकिन बेटी उमा (पद्मनाभन्) उनके साथ खड़ी रहती हैं।

जब उन्होंने सन् १९५१ में बड़ौदा में नये स्थापित विश्वविद्यालय का पूरे पन्ने वाले विज्ञापन पढ़ा तो लगा कि यह तो दूसरा शान्तिनिकेतन! वे चल दिये और विश्वविद्यालय के साथ जुड़ गये। स्वतन्त्रता की सुबह यहाँ नवशिक्षा का सपना साकार करने के लिए तीन बड़ी प्रतिष्ठित हस्तियाँ—मार्कण्ड भट्ट, नारायण श्रीधर बेन्द्रे और शंखों (नरनारायण) चौधरी पहुँच गये थे। सुब्रह्मण्यन् उन प्रणेताओं में चौथे थे। विश्वविद्यालय की उपकुलपति श्रीमती हंसा मेहता की प्रतिष्ठा और दृष्टि से वहाँ नयी कला-शिक्षा की रूपरेखा तैयार की गयी और नये सृजन के बीज बोये गये। यहाँ शान्तिनिकेतन की खुली हवा दिन-रात खुले रहने वाले स्टूडियो में साक्षात् हो उठी, पूर्व-पश्चिम की कला का सही संयोग करने के दरवाज़े खुले, पारम्परिक और आधुनिक को समान आँखों से देखने का विवेक भी उसमें समाया। सचमुच में, अनपढ़ और मनमौज़ी कलाकार की प्रचलित पहचान के बदले सुशिक्षित और सजग नागरिक जैसे कलाकार की कल्पना को साकार करने का संकल्प बना। कला-शिक्षा में अभी तक स्टूडियो की तालीम पर जोर दिया जाता था उसमें कला के इतिहास और सौन्दर्य-शास्त्र की शिक्षा जुड़ी, तब हाथ और आँख के साथ बुद्धिमत्ता की भी महिमा बढ़ी। उस ज्ञानमार्गी सोच को तालीम के सुयोग को व्याख्यायित करने में सुब्रह्मण्यन् के सृजन और विचार सृष्टि ने बेहद क़ीमती योगदान किया है। नवशिक्षा के प्रयोग की पहल गुजरात में हुई, इसलिए उन शिक्षा प्रणेताओं ने गुजरात की कला-कारीगरी की परम्परा को पहचान कर कारीगर-वर्ग के विद्यार्थियों में विशेष दिलचस्पी जताई थी।

सन् १९५५ में जब मैं बड़ौदा पढ़ाई के लिए पहुँचा तब सुबह्मण्यन् दूसरे शिक्षकों की तुलना उम्र में छोटे लेकिन विद्यार्थियों में सबसे पसन्द। ज्योति भट्ट और शान्ति दवे और उसके बाद हकु शाह उनके पास सीख-साखकर पले। वे जहाँ बैठे होते, विद्यार्थी वहीं पहुँच जाया करते। कुछ लोगों ने उन्हें काग़ज़ के बदले फ़र्श पर चॉक से या चारकोल से (और धूलवाली सतह हो तो उँगलियों से) चित्र के आयोजन के पाठ पढ़ाते हुए देखा है। मेरे चौथे वर्ष के दौरान मैं सुरेश जोशी की 'मनीषा' पत्रिका के लिए उनकी मुलाक़ात लेने के लिए गया था। सन् १९६१ में रवीन्द्र शताब्दी के दौरान भोगीलाल गांधी ने मुझे रवीन्द्रनाथ की कला के बारे में लिखने को कहा तो मैंने सुब्रह्मण्यन् की ओर इशारा किया और उनका अँग्रेज़ी लेख पहले

गुजराती में छपा। वर्षों के बाद उन्होंने मुझे बताया कि उस लेख ने उन्हें लिखते कर दिया! और उसके बाद कितना और कैसा-कैसा लिखा! कला विमर्शों के ग्रन्थों में 'मूविंग फोकस' (१९७८) पहला ग्रन्थ था जिसमें लेखों के चुनाव की जिम्मेदारी मैंने उठायी थी। 'लिविंग ट्रेडिशन' और 'मेजिक ऑफ़ मेकिंग' में कला की समस्याओं के सुवाच्य और सम्पन्न गद्य में सन्तुलित विमर्श। उसके बाद मुक्त गद्य आज़माया और कविता पर भी हाथ जमाया। बच्चों के लिए दर्जनों सचित्र पुस्तकें, उनके चित्र, रेखांकन, पत्र और लेखों के अनेक पुस्तकों का प्रकाशन कोलकाता के सीगल प्रकाशन ने किया है।

लेखन के साथ-साथ चित्र-लीला अविरत रही लेकिन सन् १९५० से १९६१ तक (पुपुल जयकर के आग्रह पर) वे बड़ौदा छोड़कर बम्बई के 'वीवर्स सर्विस सेंटर' से जुड़े। वहाँ 'ब्लीडिंग मद्रास' पद्धति से बनाये हुए कपड़े के ताके पड़े हुए थे। उन्होंने उस पद्धति को अपनाकर एक के ऊपर एक छापवाली छपाई करवाई। इस पद्धति में कुछ रंग गल जाकर उतर जाते और जो रह जाते उससे अटपटी डिज़ाइन बन जाती। कहते हैं कि उसके बाद 'ब्लीडिंग मद्रास' के ताके देश-विदेश में ऐसे बिके कि सरकार के लिए तो मानो टकसाल ही खुल गयी! मुझे याद है कि हम लोग भी 'ब्लीडिंग मद्रास' की शर्ट सिलवाकर पहना करते थे। टेक्सटाइल के क्षेत्र में निपुण माने जाने वाले मार्तंड सिंह ने न्यूयॉर्क के मेले में उनके द्वारा बनाया गया सफ़ेद पर सफ़ेद छापवाला पर्दा कितनी भारी मात्रा में बिका, वह बताया था। उससे भी बड़ी बात तो यह थी कि सन् १९६५ के न्यूयॉर्क के मेले में प्रदर्शित फेंक दिये गये चीथड़े को दूसरी डोर से लपेटकर, गूँथ-बुनकर जो विशाल अर्धशिल्प बनाया था जिसे अभी भी देखने वाले याद करते हैं, लेकिन दुर्भाग्य से वह चीज़ या उसकी छबि तक नहीं बची। आपातकाल के दौरान 'ब्लेक पार्ट्रिज' गैलरी ने उनसे रचना माँगी तब उन्होंने करघे पर स्वयं बुना हुआ (राष्ट्रीय पक्षी माना जाने वाला), लँगड़ा मोर बनाकर दिया था। बुनाई और रँगाई काम के अनुभव से कारीगरों के साथ गहरा अपनापन हो गया तब उन्हें कला और कारीगरी के बीच मूलभूत भेद नहीं होने की पुनः प्रतीति हुई होगी। उनका देश के कारीगरों की अन्दरूनी सूझबूझ में गहरा विश्वास भी उसी से पैदा हुआ होगा। मुझे आज भी अच्छी तरह याद है कि सन् १९६९ के दौरान हम (मैं और दामोदर गज्जर) मणिसाहब को उनकी ख़्वाहिश को रखते (एक-एक डोरे को अलग रंग कर बुनी जाने वाली) पटोला साड़ी के विख्यात बुनकर कान्तिभाई के वहाँ पहुँच गये थे। वहाँ पलभर में ही, बुनकर के साथ बुनकर बनकर उन्होंने टूटी-फूटी हिन्दी में संवाद का तन्तु जोड़ दिया था।

बम्बई से वापस लौटने के बाद रेखांकन बनाने और चित्र और गढ़ने का क्रम बराबर चलता रहा। वैसे तो उन्होंने बम्बई जाने से पहले बड़ौदा के औद्योगिक संकुल ज्योति लिमिटेड के लिए लम्बे चित्र बनाये थे, जिसमें कारखाने का परिवेश, यन्त्र और मज़दूर सब कुछ गूँथ लिया था। डियेगो रिवेरा जैसे मेक्सिकन कलाकार के भित्तिचित्रों की याद ताज़ा कर दे ऐसे चित्रों

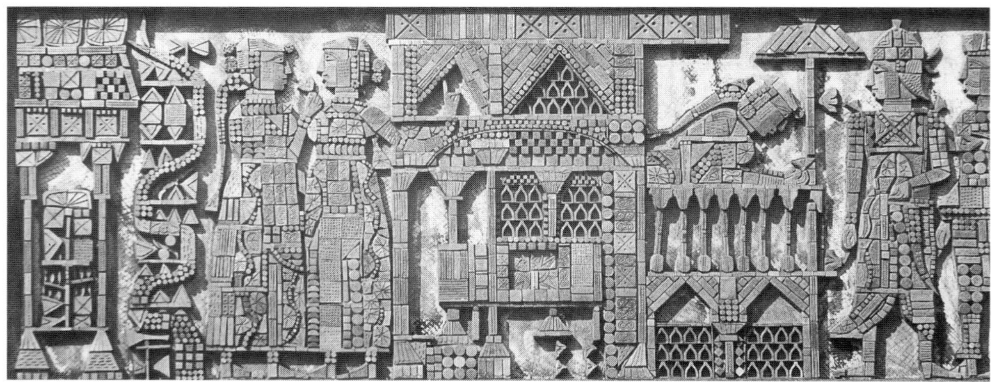

*के. जी. सुब्रह्मण्यन्, '**अरुप रतन**', रवीन्द्रालय की दीवार पर पकी मिट्टी में अर्धशिल्प का एक हिस्सा, लखनऊ, १९६३ ई.*

में उन्होंने एक नया माध्यम आज़माया था। तैल-चित्रों में इस्तेमाल होते तेल को दो बार खौलाये हुए प्रवाही में मोम डालकर उन्होंने नया माध्यम बनाया। इस सस्ते प्रयोग से विद्यार्थियों को महंगे रंग का विकल्प भी मिला। सन् १९६३ में उनके पास बड़े काम की माँग आयी। उत्तर प्रदेश की तत्कालीन मुख्यमन्त्री सुचेता कृपालानी ने उन्हें लखनऊ के नाट्यगृह रवीन्द्रालय पर कुछ कलात्मक बनाने के लिए आमन्त्रित किया। उन्होंने रवीन्द्रनाथ के 'अरूप रतन' (King of the Dark Chamber) के पात्रों का आधार लेकर लम्बा अर्धशिल्प पकी हुई मिट्टी से बनाया। इसके लिये उन्होंने हरेक पात्र या आकृति को अनोखे आकार में बाँटा, उसके १३००० टुकड़ों (यूनिटों) को फिर से इस तरह जोड़ के लगाया जिसमें से लोकाकृति जैसी नवीन और आधुनिक पद्धति बना ली। सन् १९६९ में गांधीदर्शन के एक संकुल को आयोजित करने का कार्य वास्तुकार चार्ल्स कोरिया को सौंपा गया तब उन्होंने सुब्रह्मण्यन् को भी उसमें जुटा लिया। यहाँ उन्होंने सीमेन्ट और सिरेमिक में आकृतियों को ढाला और गांधीदर्शन के पहलुओं को बुन लिया। उसके बाद तो मानो बड़ी चुनौती झेलते हों ऐसे पकाई हुई मिट्टी से अर्धशिल्पों की अनेक श्रृंखलाएँ रचीं। सन् १९७१ का समय और बाङ्लादेश की ख़ून भरी पैदाइश : एक श्रृंखला उसी पर आधारित। उसके बाद कहीं नौ चौकोर का तो कहीं आठ चौकोर का चौखटा बनाकर हरेक चौकोर में नयी-नयी आकृतियाँ लगाकर नयी-नयी श्रृंखलायें बना दी। उत्तम कृतियों में गिने जा सकें ऐसे इन शिल्पों में उन्होंने मिट्टी को दबाकर, गूँधकर, मोड़कर, पोपले रूपों को जोड़कर या औज़ार से छेदकर ऐसे नये रूप गढ़े जिनमें चर्म स्वरूपी संवेदना झलकने लगी। इस संहारलीला के स्वरूप भी कैसे? कुछ चौकोर में वध किये हुए अंग, दूसरी जगह अप-प्रसव से लटकते बच्चे और ऊपर के तीन चौकोर में कटकटाते दाँत वाले सेना के मांधाता और यूनीफॉर्म पर खड़खड़ाते उनके तमगे। दूसरी श्रृंखला में बाल-लीला (एक लड़का अपना सर कैसे समेट लेता है उसका अचम्भा), दूसरे में कपड़ों का नाटक, तीसरे में मछलियों का अस्थिपिंजर और वैसा बहुत कुछ।

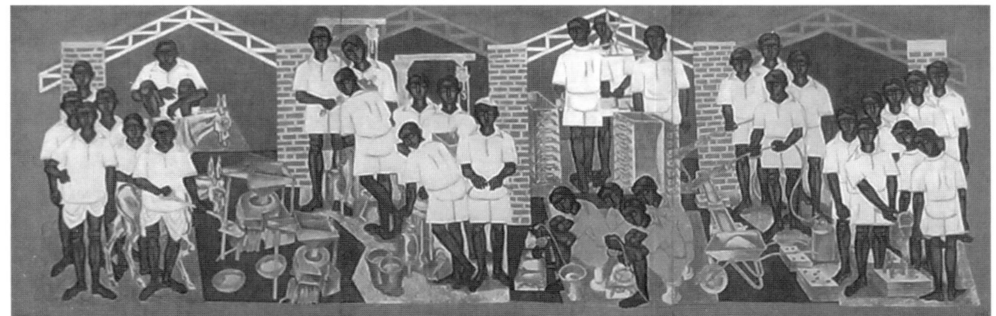

*के. जी. सुब्रह्मण्यन्, **कारीगर**, तैल और मोम का मिश्र, ज्योति लिमिटेड वडोदरा, १९५४*

बम्बई से बड़ौदा आकर सन् १९८० तक वहीं बसे रहे। बीच में सन् १९६५ में रॉकफेलर ग्रांट के तहत न्यूयॉर्क का भी फेरा। मिट्टी के अर्ध शिल्पों की शृंखला के बाद एक महाशिल्प ज्योति लिमिटेड के संशोधन विभाग की दीवार पर बनाया जिसमें उन्होंने बीज स्वरूप को विशाल बनाके बहलाया। उनके पुराने साथी ग्यारसीलाल मिस्त्री फ्रेस्को पद्धति सिखाते थे। वे इन सभी सार्वजनिक शिल्पों में जुड़े। चित्रों में भी शिल्प की तरह चौखटे में चौखटे की लीला। जिसमें से एक चौकोर से कुछ रूप दूसरे में होकर गुज़रते। मज़ा अदल-बदल का, अन्दर-बाहर के खेल का, आने का और जाने का। सन् १९७१ के दौरान ही काँच के पीछे आकृति को उलटा आलेखित करके आगे से सीधा दिखायी दे ऐसे कई चित्रों का सिलसिला। कभी-कभी आकृति काँच पर बनाकर पीछे से सुनहरा गत्ता लगाते जिससे कोरा काँच सीधा देखने पर

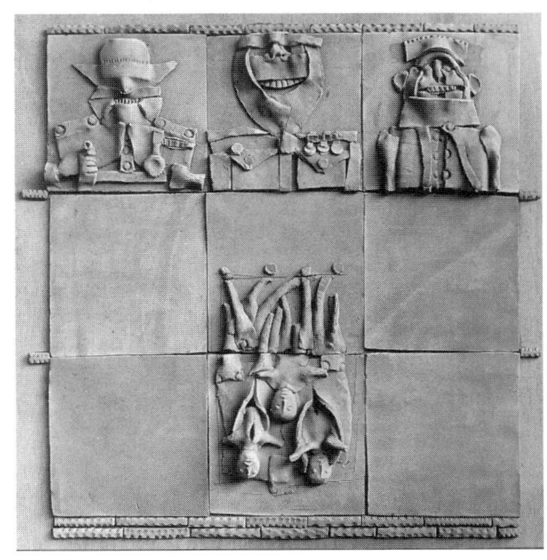

*के. जी. सुब्रह्मण्यन्, **सेनाधिपति और चन्द्रक**, पकी मिट्टी में अर्धशिल्प, १९७१*

संग्रह : अल्काज़ी कला संग्रह, नयी दिल्ली

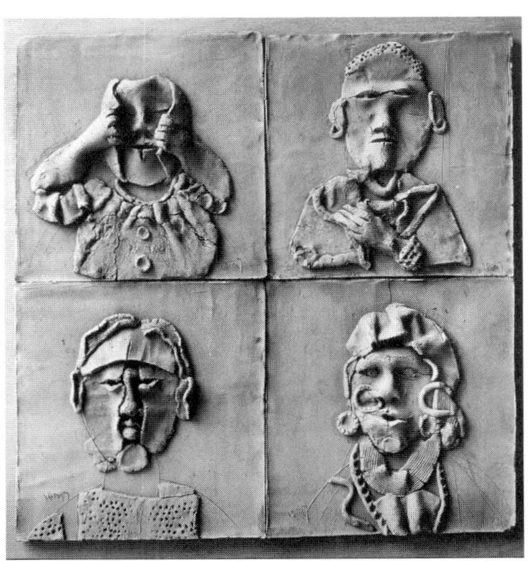

*के. जी. सुब्रह्मण्यन्, **चेहरे**, पकी मिट्टी में अर्धशिल्प, १९७७ ई.,*

भारत भवन, भोपाल

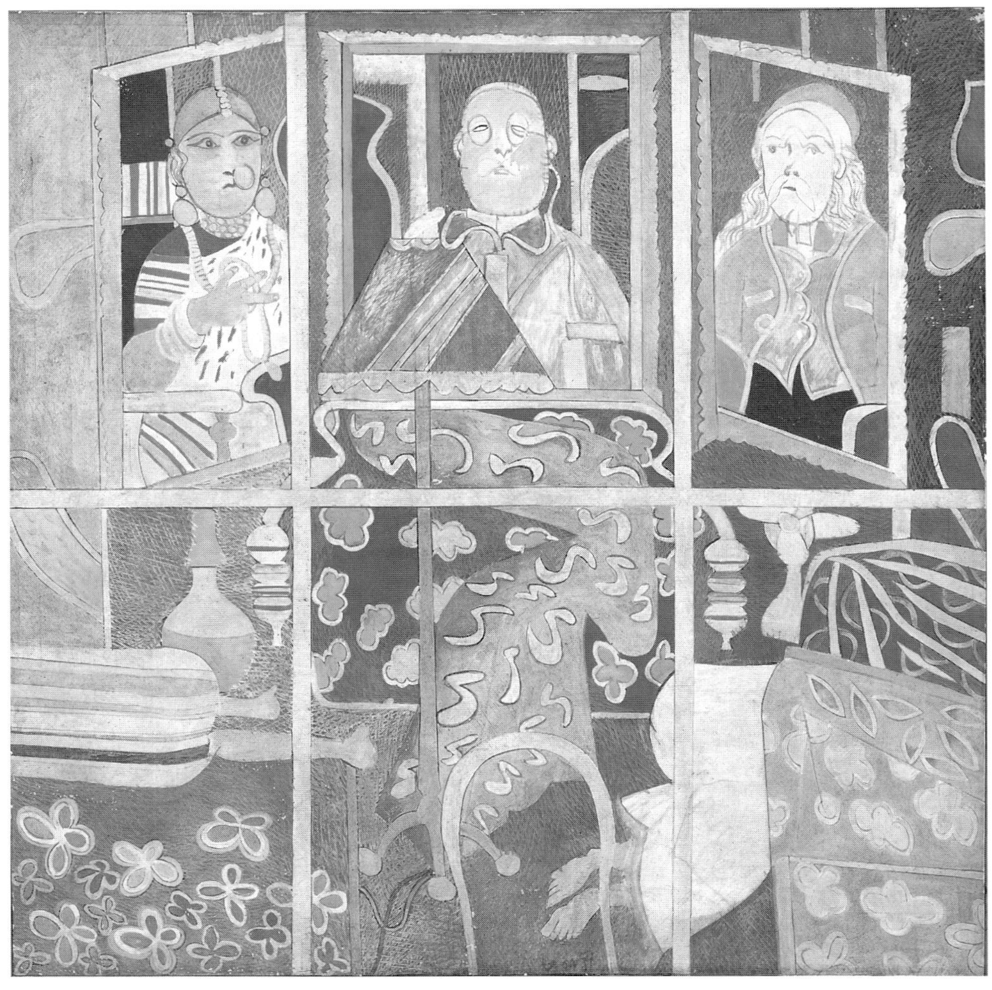

के. जी. सुब्रह्मण्यन्, ***आकृतियों के साथ भीतर की जगहें****, तैलचित्र, १९७४ ई.*

संग्रह : अल्काज़ी कला संग्रह, नयी दिल्ली

सुनहरा लगता। काँच-चित्रों की परम्परा पश्चिम भारत में अठारहवीं सदी से प्रवर्तित है : जिसमें देवी-देवता, राजवी और ख़ूबसूरत रमणियों के चेहरे, आज के छापे हुए पोस्टर की तरह, झिलमिलाते थे। सुब्रह्मण्यन् ने 'सुन्दरियाँ' को लेकर एक पूरी प्रदर्शनी बनायी। उसमें उनके विनोद का पारा ठट्ठा के आँक को छू गया। लुभावनी, शर्मीली, जादूगरनी जैसी ललनाओं की कतारें : शृंगार सजती हुई, सजी-धजी या अधसजी सुन्दरियाँ, कुत्तों, बिल्लियों या तोते जैसे पंछियों के साथ सहज या कपट भरा खेल खेलती हुईं। ऐसे काँच-चित्र धीरे-धीरे बड़े हुए; व्याप भी फैला और काँच की एवज़ में एक्रेलिक आया। साथ-ही-साथ काग़ज़ पर रेखांकन

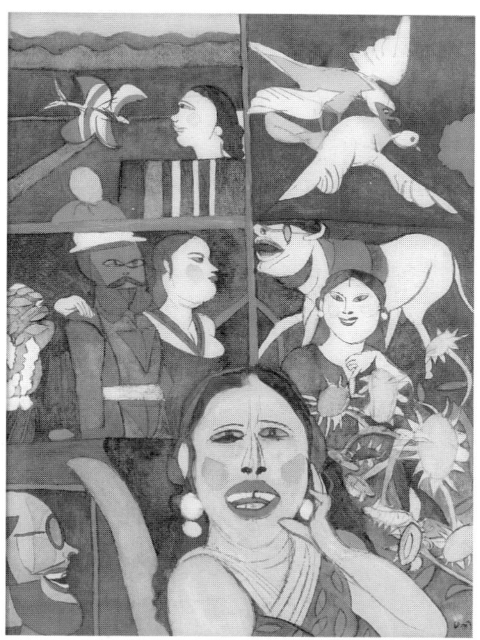

के. जी. सुब्रह्मण्यन्, ***सैनिक की पत्नी का दिवास्वप्न***, *एक्रिलिक पर उलटा चित्रण, १९८१ ई.*
संग्रह : अल्काज़ी कला संग्रह, नयी दिल्ली

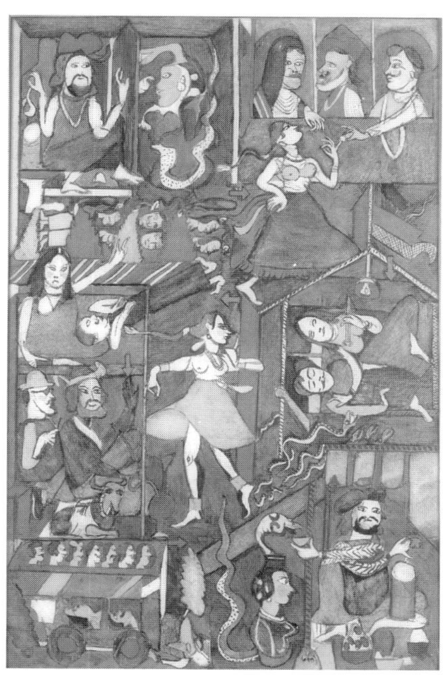

के. जी. सुब्रह्मण्यन्, ***बेहुला की कथा***, *एक्रिलिक पर उलटा चित्रण, १९८६ ई.*
संग्रह : अल्काज़ी कला संग्रह, नयी दिल्ली

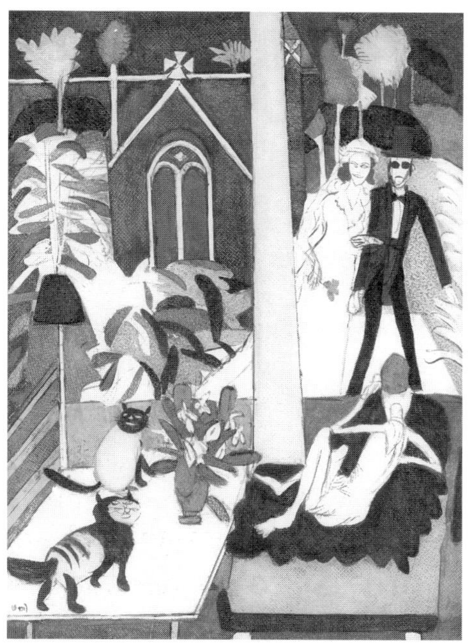

के. जी. सुब्रह्मण्यन्, ***सन्त ऐड्रुज़ के गिरजाघर में शादी*** *(इनायत ख़ाँ श्रेणी), एक्रिलिक पर उलटा चित्रण, १९८७ ई.*
संग्रह : अल्काज़ी कला संग्रह, नयी दिल्ली

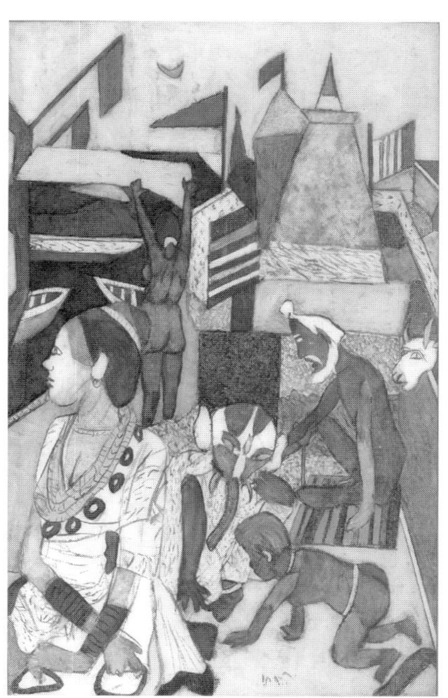

के. जी. सुब्रह्मण्यन्, ***वाराणसी में शिव-पार्वती***, *एक्रिलिक पर उलटा चित्रण, १९८९ ई.*
संग्रह : बिरला अकादेमी ऑफ़ आर्ट एण्ड कल्चर, कोलकाता

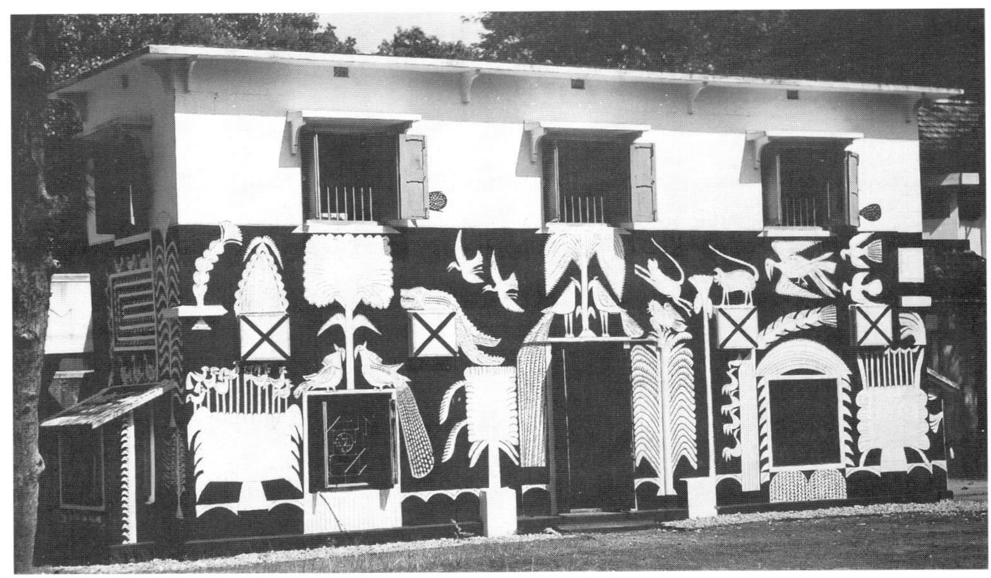

***शान्तिनिकेतन की इमारत की दीवार पर चित्र**, शान्तिनिकेतन, १९९० ई.*

सौजन्य : विश्वभारती विश्वविद्यालय, शान्तिनिकेतन

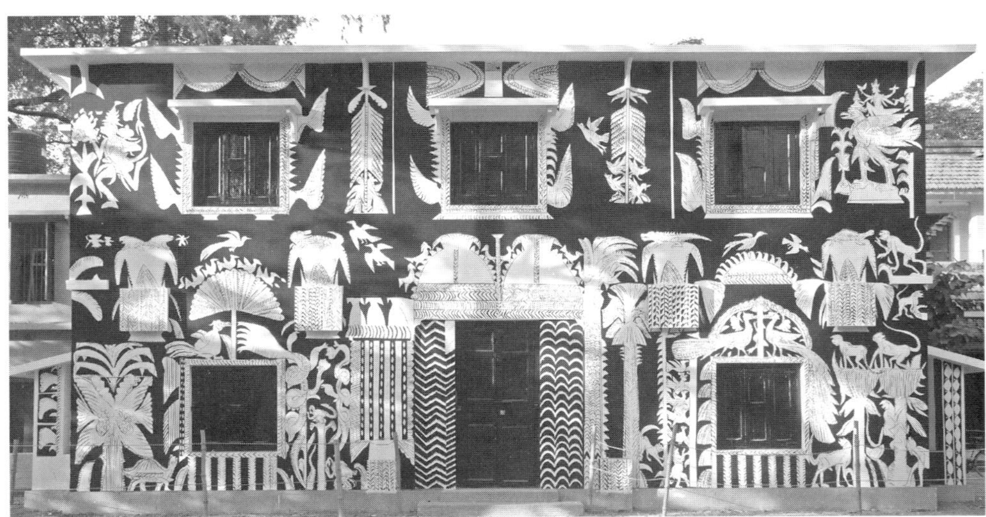

***शान्तिनिकेतन की इमारत की दीवार पर चित्र**, शान्तिनिकेतन, १९९३ ई.*

सौजन्य : विश्वभारती विश्वविद्यालय, शान्तिनिकेतन

और कैनवास और तख़्ते पर रंग चित्रों की श्रृंखलाएँ बनती चलीं। इनमें जिए जा रहे जीवन के सारे साज़ो-सामान को अगम ऊर्जा से आन्दोलित करने का पैंतरा लगा था। नर-नारी, जानवर और फूल-पत्ते चलित या चलायमान तो थे ही लेकिन घर का सामान, खिड़की-

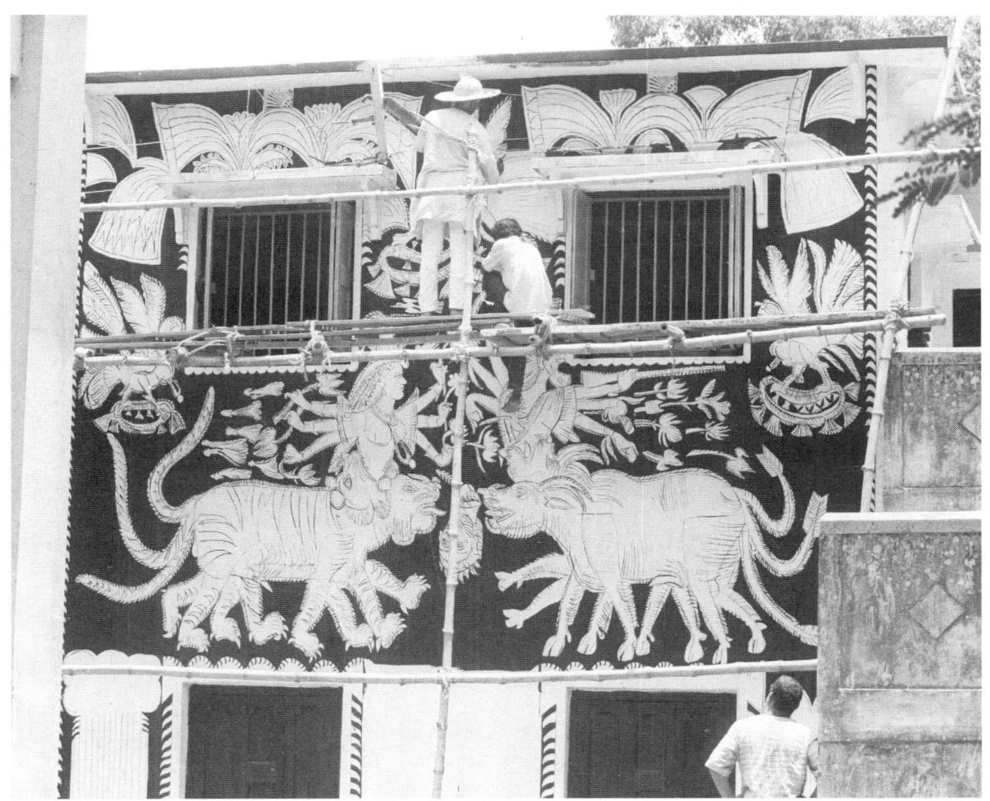

***शान्तिनिकेतन की इमारत की दीवार पर चित्र में कार्यरत कलाकार**, शान्तिनिकेतन, १९९३ ई.*

तस्वीर : शम्सुल आलम, सौजन्य : विश्वभारती विश्वविद्यालय, शान्तिनिकेतन

दरवाज़े, बर्तन सभी में सजीवारोपण। उनमें पात्र कभी बाहर झाँकते हुए, अन्दर लुढकते, लड़ते-झगड़ते, उड़ते हुए, कहीं राजनेताओं जैसे, कहीं सेना के अफ़सर जैसे, साँझी गृहिणियाँ और फ़ैशनेबल जवान उड़ रहीं परियों का पीछा करते हुए। कहीं सीधा-सादा गृहजीवन का परिवेश, कहीं राजनैतिक प्रपंच या खटपट, सच-झूठ का खेल। जाने-पहचाने लगते लोग (पगड़ी पहन लेने की छूट के साथ) आगे-पीछे पकड़ा-पकड़ी खेल रहे हों और मुँह के साथ मुखौटे की अदल-बदल कर रहे हों। विश्व मानो एक विराट और निरन्तर नाटक का नक़्शा, थोड़ा सर्कस भी। सब कुछ बहुमुखी, बहुरूपी, इसमें मर्त्यलोक के मनुष्यों के साथ देवी-देवता भी चश्मे चढ़ाये हुए, और छुटकों के साथ खेलते हुए। कहीं कोई स्त्री को नया हाथ फूट निकलने लगे और 'जात्रा' के फलक की देवी, महिषासुर, बेहुला मंच पर आ जाय। सन् १९८७ में वे ऑक्सफोर्ड में रेसिडेंसी के दौरान वहाँ की बोडेलिन लाइब्रेरी के संग्रह में मरते हुए इनायत ख़ाँ का मुग़ल चित्र है। उन्होंने इनायत ख़ाँ को संग्रह से छुड़ाकर ऑक्सफर्ड के प्रांगण में छोड़ दिया। वह हड्डियों का ढाँचा अँग्रेज़ी इमारतों में विलायती समारोहों में बिन

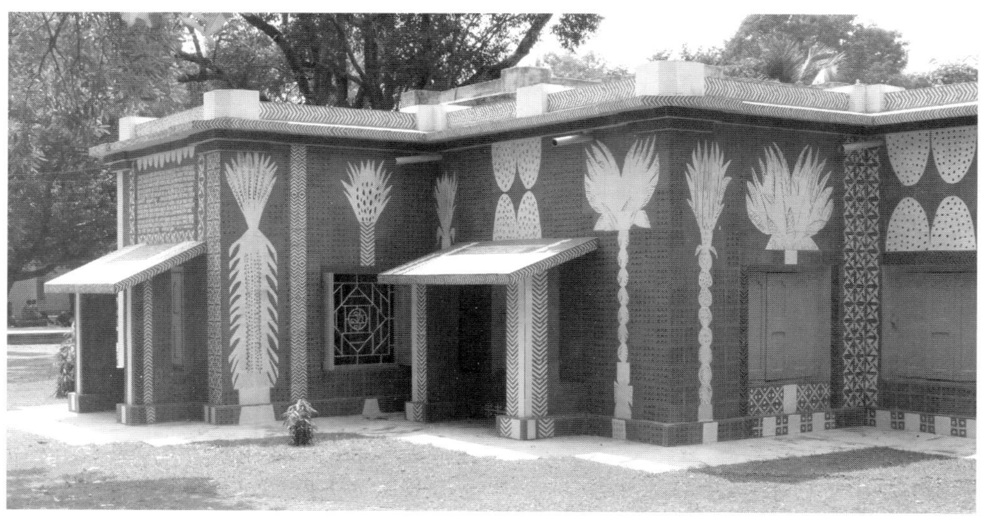

*सिरेमिक में चित्र, **नन्दलाल बसु का कार्यस्थल**, २०११-१२ ई.*

सौजन्य : विश्वभारती विश्वविद्यालय, शान्तिनिकेतन

बुलाया मेहमान। सैकड़ों चित्रों की शृंखलाओं में दुनिया के दाँव-पेच, दंगे और झवाझन सभी को तीख़ी, तेज़ नज़रों से देखा हो इतना बेदाग़, सुस्पष्ट। यह सब देश-विदेश की प्रदर्शनियों में लगा। उनके समृद्ध प्रकाशन हुए और वर्ष २००३ में नेशनल गैलरी ऑफ़ मॉडर्न आर्ट में उनकी समग्र चित्रसृष्टि को समा लेती हुई विशाल प्रदर्शनी हुई जिसका आर. शिवकुमार ने आयोजन किया और उनकी कला-सृष्टि की बारीक़ी से समीक्षा की। गीता कपूर ने भी उनकी कला पर पूरी किताब लिखी।

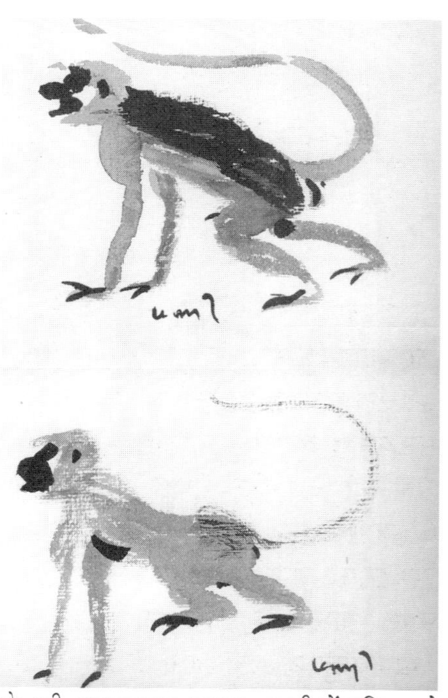

*के. जी. सुब्रह्मण्यन्, **बन्दर**, स्याही में तूलिका से रेखांकन*

इतने चित्र-शिल्प मानो कम हों, उन्होंने सन् १९९० में शान्तिनिकेतन के वार्षिक दौरे के दौरान एक दोमंज़िला इमारत की कायापलट करने का काम सिर पर उठाया। हर रोज़ तख़्ते पर चढ़कर, पसीने से बचने के लिए माथे पर कपड़े की पट्टी बाँधकर हफ़्तों तक दीवारों पर चित्र बनाये और इमारत की शक्ल बदल दी। दीवारें कोरी थीं वहाँ अब दरवाज़ों, खिड़कियों पर मोर बैठ गये, पंछी उड़ने लगे, बन्दर

के. जी. सुब्रह्मण्यन्, पेड़ और गधा, स्याही में तूलिका से रेखांकन, शान्तिनिकेतन, १९८४ ई.

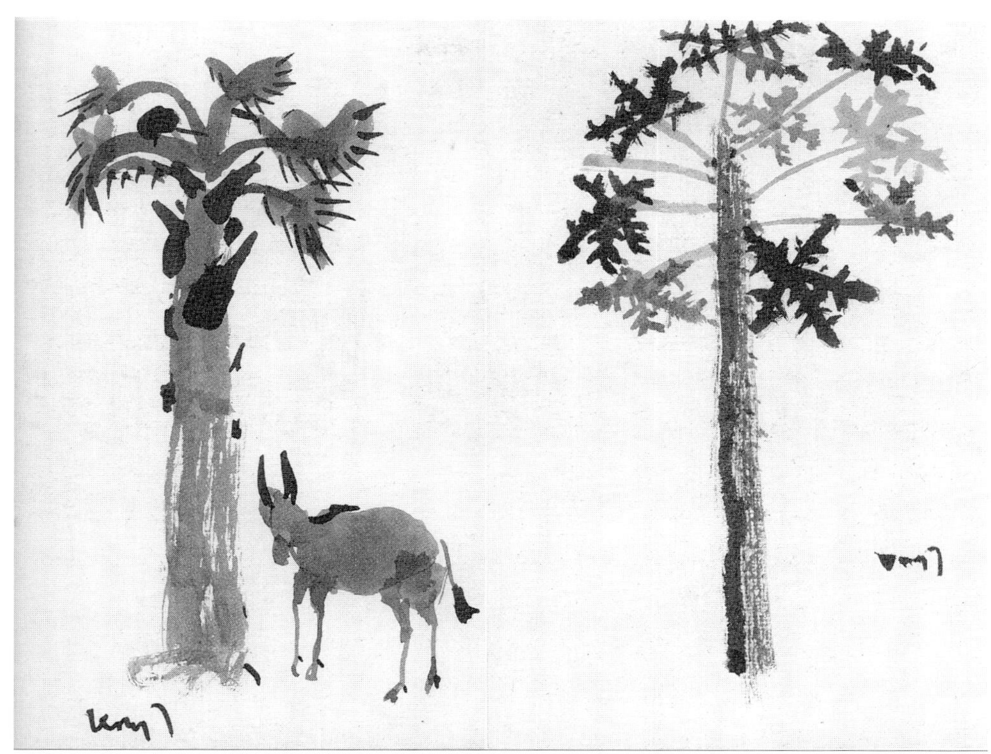

के. जी. सुब्रह्मण्यन्, ***गधा और पेड़,*** *स्याही में तूलिका से रेखांकन*

के. जी. सुब्रह्मण्यन्, पेड़ और गधा, स्याही में तूलिका से रेखांकन, शान्तिनिकेतन, १९८४ ई.

कूदने लगे और ताड़ उग गये। लगभग डेढ़ मंज़िल को चित्रों से भर दिया। ऊपर का हिस्सा जो बाक़ी रह गया उसे भी सन् १९९३ में जाकर पूरा कर दिया। मानो जादूगर ने पलभर में इमारत को काले-सफ़ेद, तिलस्मी रूप में पलट दिया हो। वक़्त बीतते वे आकृतियाँ घिस गयीं, मिटकर हल्की पड़ गयीं तब फिर धुन लगी और पुरानी आकृतियों को मिटाकर उसे नये रूप से ज़िन्दा कर दिया। यहाँ बड़ी दीवार पर बहुरूपी देवी फूट निकली, दानव के वेश में महिषासुर प्रकट हुआ, काले, सफ़ेद रूप खिड़की दरवाज़ों पर ऐसी लुका-छिपी खेलने लगे कि इमारत नज़रों के सामने उड़न खटोला बन गयी। अचम्भे की बात तो अभी बाक़ी है। मास्टर मोशाय नन्दलाल बसु का स्टूडियो कलाभवन के परिसर में है—उसकी जर्जरित हालत देखकर सुब्रह्मण्यन् को लगा कि उनके मूल ढाँचे को बचाकर उसको सँवार ले तो कैसा? विद्यार्थियों और कारीगरों के साथ मिलकर उन्होंने हज़ारों की संख्या में सिरेमिक 'टाइल्स' बनाकर हरेक पर सहज हाथ से किसी pattern सा एक रूप अंकित किया। ऐसे सहज और चलित रूपों से मढ़ी दीवारों ने उस स्थल को तीर्थस्थान बना दिया। यह सब कुछ किया तब तक वे नब्बे के होने को आये थे!

शान्तिनिकेतन की तरह बड़ौदा की फाइन आर्ट्स कॉलेज में वार्षिक कला-मेला हुआ करता था जिसमें सुब्रह्मण्यन् खिलौने बनाते। बच्चों के लिए किताबें लिखकर, चित्रित कर छपवाते और ज़रूरत पड़ने पर नाटक के पर्दे भी चित्रित करते। खिलौने मिट्टी में हो तो मिट्टी को गूँधकर छोटे से जानवर गढ़ देते। लकड़ियों के टुकड़े इकट्ठे कर रेक्सिन या चमड़े पर मढ़कर छोटा गेंडा या भेड़ें बनाते। कई लोगों ने इन खेलन शिल्पों को प्रसाद की तरह रख लिया है। कहते हैं कि नन्दलाल बसु के पास कोई विद्यार्थी अपनी सालगिरह पर पहुँच जाता तो मास्टर मोशाय उसे एक पोस्टकार्ड पर कुछ चित्र बनाकर दिया करते। सुब्रह्मण्यन् ने दशकों से वे बड़ौदा में हों कि शान्तिनिकेतन में, दिवाली और नये साल के अवसर पर मित्रों को, अपने स्नेहियों को और विद्यार्थियों को अपने हाथ चित्रित पोस्टकार्ड भेजने का चलन चालू रखा है। इसमें किसी को मिले मोर तो किसी को मैना या कौआ, किसी को ठस्सेदार गर्दभराज या मौजीला मरकट अनोखी अदा में मिलता। किसी को अमलतास तो किसी को ताड़ का अकेला पेड़। उनकी रसीली तूलिका की जीवन्त घिसाहट से प्रकट होने वाले जीव सृष्टि के चलायमान रूप आज भी देखने वाले को चकित कर देते हैं।

२९.०५.२०१५

गुजराती से अनुवाद : किरन सिंह

*जानकारियों के लिए आर. शिवकुमार का ऋण स्वीकार

स्वामीनाथन के नाम पत्र

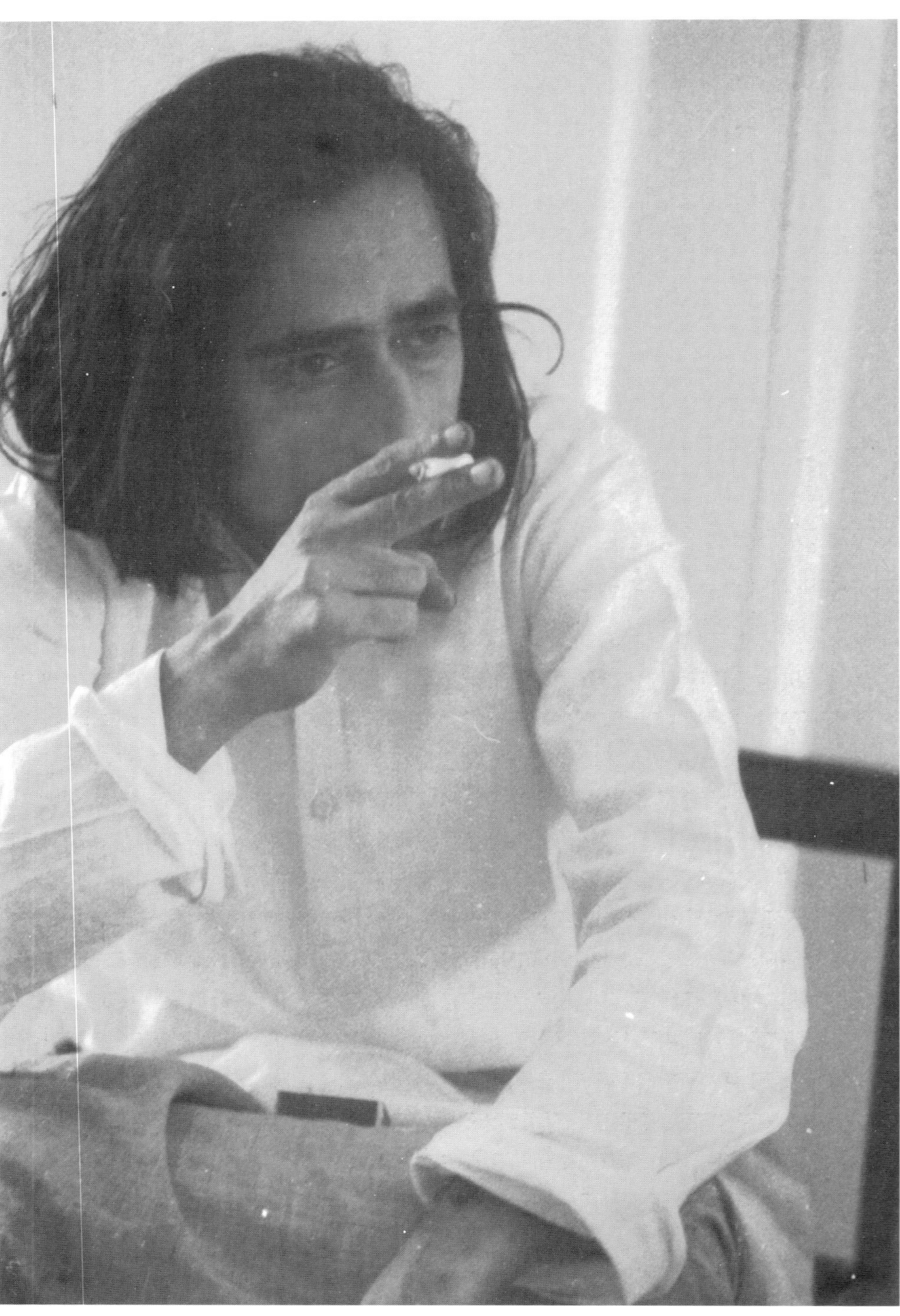

बड़ौदा

मई, १९९४

प्रिय स्वामीनाथन,

एक अर्से से सोचता रहा कि तुम्हें चिट्ठी लिखूँ। बात नहीं हो पा रही थी मिलने पर। सोचा यही तरीक़ा बाक़ी है, आज़मा लूँ।

रविवर्मा की प्रदर्शनी के दौरान तुमने कुछ कड़ी बातें कहीं थीं जो अख़बार में छपीं। भारतीय कला-संस्कृति का ऐसा विकृत रूप तुम बर्दाश्त नहीं कर पा रहे थे और अपने आदर्शों की ऐसी भर्त्सना तुम्हें मंजूर नहीं थीं। मुझे पूछना था कि कला में अदोष आदर्शों की इस पवित्रता के तुम इतने समर्थक क्यों बन गये हो? और प्रतिपक्षीय कलाभिव्यक्ति के प्रति इतने असहिष्णु क्यों? बरसों पहले तुमने अजन्ता के चित्रों को देखने से इनकार कर दिया था क्योंकि उसने 'बंगाल स्कूल' जैसी निर्वीर्य सन्तान को जन्म दिया। तुम कला में राजनीति विषयक, सामाजिक, कथात्मक, लोकाभिमुख और विशेषत: ऐतिहासिक परिमाणों का खण्डन करते रहे। पश्चिम की 'प्रगतिवादी' कलाधारा से तुम्हारा हमेशा विरोध रहा और चाक्षुष वास्तव सम्बन्धित प्रकारों से नाख़ुश रहे। मुझे यह कहना था कि रविवर्मा इतिहास के उन पलटते पन्नों में पैदा हुआ था (जिसकी कशमकश आज भी जारी है) जिनमें सनातन और परिवर्तन का संघर्ष उभर आया था। मुझे पूछना था 'बंगाल स्कूल' को तुम निर्बल अनुयायियों के घटिया चित्रों से क्यों नापते रहे? क्या इसमें बिनोद बिहारी, रामकिंकर जैसे सशक्त कलाकार नहीं थे? नन्दलाल के हरिपुरा पोस्टर्स को तुम निर्वीर्य कहते क्या? तुम्हीं ने १८९० के मेनिफेस्टो में कलाप्रवृत्ति की प्रक्रिया और सृजनकृति को, संभोग क्रिया और सन्तान के भिन्न होने का उदाहरण देकर अलग

जे. स्वामीनाथन, १९६८ ई.

बताया था। तुम कला में 'प्रगतिवाद' के ख़िलाफ़ लिखते रहे और तरक़्क़ी-पसन्द शायरी का जायज़ा भी लेते रहे : फ़ैज़, जिगर, इक़बाल को बेहद पसन्द करते रहे : श्रीकान्त और सर्वेश्वर भी कुछ ऐसे ही साथी थे न?

मुझे लगता था तुम साम्प्रत समय की सर्जन-प्रक्रिया और बुद्धिवादी विचारधारा के आपसी और अन्दरूनी विरोधाभासों के पूरे और अनूठे प्रतीक हो। परिवर्तन के लिए कितने हस्तक्षेप किए तुमने : ललितकला अकादेमी से लड़ते रहे, रूपंकर में आधुनिक के साथ आदिवासी को बिठाया, पत्रिकाएँ निकाली, समसामयिक सामाजिक, राजनीतिक गतिविधियों, संघर्षों में उलझते रहे। मुझे याद है बांग्लादेश के स्वातन्त्र्य-संग्राम के क़त्लेआम के वक़्त किस आक्रोश और वेदना से तुम 'मेघदूत' रंगमंच पर बोल रहे थे। पर अपने चित्रों को इन सभी ऐतिहासिक परिवर्तनशील विधाओं से बचाते रहे। तुम्हारा यह लुभावना व्यक्तित्व मेरे जैसे कइयों को आकृष्ट करता रहा जो विवाद और विरोधाभास को अलग करने की बजाय बहलाता रहा।

पता नहीं मेरे इन प्रश्नों को सुनकर तुम क्या कहते; शायद इसमें से किसी बात पर सहमत नहीं होते, बिगड़ जाते और झगड़ा भी कर लेते। पहले तो 'सोश्यल रियलिज़्म' और वामपन्थी विचारधारा की कड़ी निन्दा करते, कथात्मकता का मज़ाक़ भी और गुरु की भाँति कला के शाश्वत सत्यों का उपदेश भी देते ताकि मैं बिदक जाऊँ। लेकिन बहस छिड़ती तो हम अपने पिंजड़ों से निकलकर खुलने लगते और फिर होतीं वे ठोस बातें जिनका हमें हमेशा इन्तज़ार रहा। कई प्रसंग याद हैं जहाँ प्रतिस्पर्धी से छेड़े जाने पर तुम्हारी चेतना इस तरह झिलमिलाने लगती कि तुम्हारे विचारों में विश्वास न करते हुए प्रतिस्पर्धी भी दंग रह जाते। बहस में विचारमयता के ठोस रूप को तुम कवित्वमयता के द्रव में घोल देते, कभी-कभार अपनी विचार-यात्रा को ही ऐसे अनजाने छोर पर पहुँचा देते जहाँ और आस्थाओं के लिए जगह न रहती। मुझे शक है तुम ऐसे क्षणों की अपेक्षा करते रहते, और इसीलिए किसी प्रतिस्पर्धी की खोज में लगे रहते। राजनैतिक कशमकश में बीती जवानी छोड़ गयी थीं कुछ गहरी परछाइयाँ। वामपन्थी विचारधारा को तुमने त्याग दिया पर उसकी बहसी आदतें बरकरार रहीं तुम्हारे व्यक्तित्व में।

तुम्हारी चेतना की आभा उजागर होती जब तुम बोलते, पर जो लिखते वह सब निखरा, तराशा ही निकलता। शायद इसी कारण तुम उनकी तलाश में रहते जिनकी ज़बान लड़खड़ाती, जो कम बोलते या बड़बड़ाते। १८९० के गठन के दौरान अम्बादास के लम्बे प्रलाप को, हम सबकी नाराज़गी को नज़रअन्दाज़ करते हुए तुम घण्टों सुनते रहते। कुछ बेतुकी बातें, कुछ उलट-पुलट विचार, टूट-फूट शब्दों की भरमार में तुम अपने शब्दों की दुनिया के बाहर, अपने अनुभव की सीमा को लाँघने के लिए तड़पते रहते। कहीं कोई अनजाने पहलू की झलक, उसकी दलित चेतना का कोई आदिस्रोत मिल जाय, उसकी अनुभूति यात्रा में तुम हमसफ़र हो पाओ, ऐसे ही किसी उद्देश्य से तुम उसे एकटक सुना करते। अम्बादास को तुम्हारा यह दख़ल

कतई पसन्द नहीं था, दलितों के प्रति तुम्हारा ब्राह्मणीय लगाव भी उसे उकसा देता, वह चिढ़ जाता और फिर तुम दोनों का दंगा छिड़ के ही रहता। बहुत पसन्द करते तुम हिम्मत को : उसकी खरी-खोटी और खुला हास्य तुम्हारी आँखों में हिलोरे जगाता, उसकी बचकानी हरकतें तुम्हें बहुत भातीं। जब पता चला कि वह उस इलाक़े में पैदा हुआ था जहाँ से लोथल दूर नहीं, तुमने उसके सृजन-स्रोत को इतिहास के उस पार कर दिया। जेराम की चुप्पी में तुम्हें आद्यशक्ति की गहरी ऊर्जा नज़र आती जोकि उसके चित्रों में दिखने लगी थी और जो आनेवाले वर्षों में धधककर बहनेवाली थी। सबसे आशना थे तुम राजेश की उन तस्वीरों में बसी गुमशुदा बच्चे की उदासी से जोकि उसकी अकेली, सूनी, बाग़ की बेंचों में छिपी रहती थी। क्या तुम बार-बार उस खोये बच्चे को ढूँढ़ रहे थे, जिसे तुम्हारी माँ के अनुसार, किसी खानाबदोश ने तुमसे बदल लिया था? तलाश थी ज़रूर एक अनजाने बचपन की जो कि तुम्हारा कला-यात्रा में हमसफ़र पाल क्ले, मोरीस ग्रेव्ज और दृष्टिमान ऊँगलियों वाले कोरबा आदिवासी की पहचान में उजागर हुई। इन्हीं के साथ तुम लौटना चाहते थे, उल्टी दिशा में, गर्भ की उन अभेद्य गहराइयों में जहाँ से तुम इतिहास, प्रगतिवाद और सभ्यता के सिखाये परिवर्तन के नक़ली खेल को जिन्होंने आश्वीत्ज और ग़ुलाग, अणुशस्त्र और मनुष्य के चोटी पर पहुँचने की खोखली कल्पना को जन्म दिया था, इन सबका प्रतिकार कर सको। इस उल्टे सफ़र के संघर्ष की यातना तुम सारी ज़िन्दगी झेलते रहे। शायद इसीलिए तुम इतिहास के ख़िलाफ़ रहे या हो गये। समय को टुकड़ों में बाँटनेवाली बात या उसका फ़लसफ़ा तुम्हें रास नहीं आया। शायद तुम्हें इस बात का अफ़सोस रहा कि किसी ने पूछा क्यों नहीं कि कहाँ और कब पैदा होना है। शायद यह भी लगा कि गमों से चूर इस बूढ़ी दुनिया में तुम बहुत देर से जन्मे हो और इसी वजह से ही तुमने ज़िन्दगी का रुख़ बदल दिया था न! राजनीतिक रपट को छोड़, कला और सिर्फ़ कला को ही ध्येय बनाया (हालाँकि कला की राजनीति को इससे बाहर नहीं किया) : शायद राजनीति को तुमने छोड़ा, राजनीति ने तुम्हें

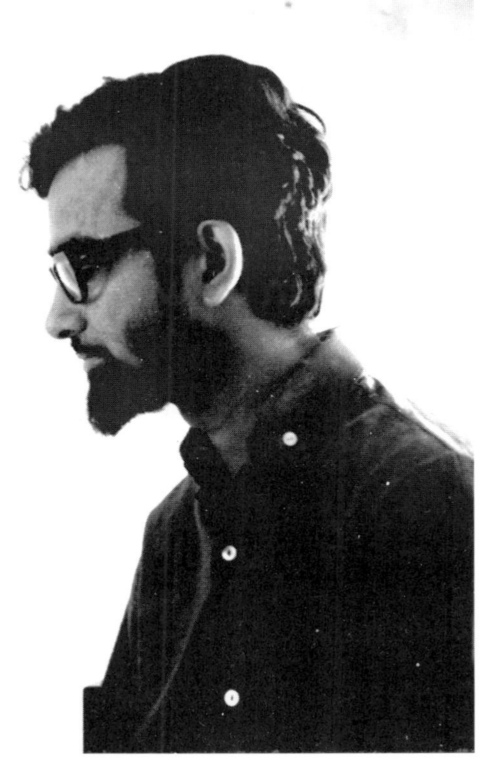

लेखक, स्वामीनाथन के घर, दिल्ली, १९६८ ई.
तस्वीर : हरमीत सिंह (?)

नहीं। प्रतिपक्षों की बहस हो, गुट का गठन हो, परिसंवाद का आयोजन, रूपंकर जैसे कलासंचय की रचना, त्रैवार्षिकी जैसी अन्तर्राष्ट्रीय प्रदर्शनी, विरोध का मंच या मोर्चा, सभी में आयोजन की वे ख़ूबियाँ नज़र आतीं जो किसी मँजे हुए राजनीतिक संचालक की थी।

कुछ भूले-भटके का झमेला था १८९०। हम बोलते एक दूसरे की आँखों-कानों के पार, अपना ही बाजा बजाये रहते। भावनगर में हमारे उदार मेज़बान पण्ड्या दम्पति के घर—जिसका नम्बर हमने अपना लिया गुट को नाम देने के लिए—चली उन रात भर की बहसों में हमारा 'संवाद' बहुतेरे एकालापों जैसा ही था। वर्णन मगर हम करते रहे अपनी टूटी-फूटी ज़बान में अपनी-अपनी चित्र-यात्रा का। भाषा के अपरिचित माध्यम से अनुभूति की उन सीढ़ियों पर वापस उतरते हम अनजान सृजन के कुछ अजीब इलाक़ों में घुस पड़ते। हमारे रुकने पर तुम उन क्षणों को और उनमें छिपी कवित्व की झलक को पेश कर देते अपने निखरे हुए गद्य में। फिर तुम उस अवकाश की बात करते जो शब्दों के पार है और हम सब चुप हो जाते। परस्पर चुप्पी की उन घड़ियों में हम पहुँच जाते एक-दूसरे के क़रीब किसी अशब्द संवाद की भूमि में, जिसकी परछाइयाँ अभी भी लहराती हैं हमारे सपनों में। और यही जो गठित नहीं था, बहता हुआ आता था जिसने जारी रखा हमारे चित्रों का संघर्ष। ऐसा ही कुछ निखर आया था गुट के मेनिफेस्टो में जिसका जादू ओक्टेवियो को छू गया।

गुट अलग-अलग क़िस्म के विचार और सृजन करनेवाले सदस्यों से बना हुआ था : इस देश की विविधता की ही छवि उसमें मुखरित होती थी—हालाँकि हम इससे वाकिफ़ न थे तब। कुछ सदस्य तो ये ही नहीं समझ पा रहे थे कि स्वभाव और उद्देश्यों में परस्पर भिन्न हम सब गुट क्यों बनाना चाह रहे थे। यहाँ न थी शैली की कोई एकता, न कोई नये 'वाद' के आन्दोलन का ख़ाका, न 'पूर्व', 'पश्चिम' या इनके सम्मिश्रण के प्रति अहोभाव का फ़लसफ़ा। सच यही था कि हमारा अलग होना ही हमें साथ रख रहा था। हमारे आलोचक इसी कारण से इसे आन्दोलन का दरज़ा देने से इनकार कर रहे थे।

उन्हें यह कभी समझ नहीं आया कि यह आन्दोलनों या वादों के ख़िलाफ़ आन्दोलन था। हमारी आस्था थी शायद एक बात पर कि सृजनक्रिया बुद्धिसंगत व्याख्या से परे है या ऐसा कुछ उद्देश्य हमारे इकट्ठे होने में, होने की सम्भावना है। अब मुझे लग रहा है कि गुट के इस उद्देश्य में सभी सदस्यों में से मूल आस्था तुम्हारी ही थी। राजनीतिक पार्टियों की भूल-भुलैया में उलझने के दौरान तुमने उनके विवादों-विरोधाभासों के मूल में बुद्धिसंगत व्याख्या को देखा—और मोहभंग के अन्त में अपने आपको उसके प्रतिपक्ष में पाया। तब तुमने becoming के फ़लसफ़े को सदा के लिए त्याग दिया और 'अस्ति' being के दर्शन में ओतप्रोत हो गये। दिली दोस्ती के लिए भूले-भटकों, पगलों, अपधर्मियों जैसे कलाकार-कलन्दरों को साथी बनाना चाहा। फिर तुम्हारी ज़ुबान में जो लाइलाज और बेहया रोमेंटिक ने बसेरा किया उसका हर शब्द किसी ठुकराये हुए अजनबी के आक्रोश से भरा निकला, कुछ ग़म कुछ बुलन्दी से

तुम ग़ालिब, जिगर, फ़िराक़ और फ़ैज़ के अशआर सुनाते तो एक अमिट उदासी जो एक मरते शहर और बुढ़ापे की ओर बढ़ते मुल्क के इर्द-गिर्द छायी रहती है—फैल जाती। तुम जिस तरह उर्दू या हिन्दी बोलते, अँगरेज़ी लिखते, हम हैरत से देखते रह जाते। अचम्भा तो तब हुआ जब तुम्हें तमिल बोलते सुना। शायद हमारी लड़खड़ाती ज़ुबानें और अभिव्यक्ति को मुखरित करने का हमारा संघर्ष तुम्हारी नज़रों में हमें उन हाशियों में बिठाता था जहाँ तुम्हारे कवियों का ठिकाना था। १८९० के पूर्व के वर्षों की वह अदम्य छटपटाहट जिसने हम सबको सुलगा रखा था; तुमने उसमें अपनी आस्था के मूल को देखा : तुमने सोचा बुद्धिसंगत व्याख्या के ख़िलाफ़ एक गिरोह बने, एक सामूहिक प्रतिकार यानी कि इस देश-राष्ट्र की सामाजिक राजनीतिक प्रक्रिया में सृजनात्मक कला के द्वारा हस्तक्षेप हो। वह ज़माना था जब सामाजिक और अपनेपन के आत्मीय रूप को एक दूसरे के सामने रखा जाता था : तुमने अपने जीवन की उस प्रतिपक्षीयता को अननुकरणीय ढंग से उभारा। सृजन-लीला को 'अस्ति' क्षेत्र में बिठाकर, सामाजिक अपनेपन को परिवर्तन की गतिविधियों में डुबोया ताकि उसे भी अन्त में 'अस्ति' की आभा से आलोकित किया जा सके। कला की राजनीति द्वारा परिवर्तन के उद्देश्यों को तुम साध्य करने के लिए उलझते रहे : कला की 'अपरिवर्तनशीलता' और 'उद्देश्यहीनता' का रक्षण करते-करते। याद है १८९० की प्रदर्शनी के उद्घाटन के लिए तुमने प्रधानमन्त्री नेहरू को चुना। इसका जायज़ा भी इस तरह दिया कि तुम उन्हें एक लेखक, एक सृजनशील हस्ती के नाते, न कि राजनेता के रूप में न्यौता दे रहे थे। पण्डित जी से जब हम मिलने गये उनके दफ़्तर में (वह कुछ टूटे हुए और अकाल वृद्ध से दिखे, चीनी लड़ाई के बाद) तो पहले तो इनकार कर दिया यह कहकर कि हमारा क्या वास्ता कला से, हम तो अनाड़ी ठहरे, पर तुमने ठान ली थी, तो आख़िर वह मान गये। इसके बाद राजनीतिक हस्तक्षेप जारी रहा। ललित कला अकादेमी के विरोध में, रूपंकर के गठन द्वारा तुमने एक अनूठा उदाहरण भी पेश किया।

अगर १८९० की प्रदर्शनी पर नज़र करते हुए उसमें अमूर्त की ओर विशेष झुकाव दिखाई दे तो आश्चर्य नहीं। लेकिन यह दृश्य कुछ सतही और शब्दशः सा ही माना जायेगा। मैं जानता हूँ हम सबके देखने के तौर-तरीक़ों में कितना अलगाव रहा है। श्रीधरानी दीर्घा में तुम्हारी प्रदर्शनी (१९६२ ?) के चित्र याद हैं : भैंसे सरीखे जानवरों का काले-मटमैले रंगों में, थपेड़ों में चित्रण था जो मुझे कुछ जँचा नहीं था। प्रतीकों वाली शृंखला की साफ़ स्मृति नहीं मगर उनसे प्रभावित होने की भी याद नहीं। तुम्हारे कला-संघर्ष की ओर मैं आकृष्ट ज़रूर था : बिना किसी ऐलान के तुम उभर आये थे—कला विद्यालयों में पले हमारे झुरमुट के किनारे : शायद हमें तुम में हमारे 'ओर' की तलाश थी। दुबारा कहूँ तो तुम्हारी कला-खोज में बिना हिचक के, मैं तुम्हारा साथी था। यही तो आपसी साझेदारी थी न अपने-अपने अलग रास्तों की ? शायद उस वक़्त की कृतियों के मुक़ाबले हमारा विश्वास था भविष्य के उन अचित्रित कैनवासों में क्योंकि हमारे विचार हमारी कृतियों से कहीं आगे निकल चुके थे। अमूर्त के बिन्दु पर पहुँचने की वह ऐसी घड़ी थी जहाँ पर हमें आधुनिकता की वह अनिवार्य सँकरी गली—प्रयोगशाला—

ने धकेल दिया था। यह आधुनिकता के सफ़र की चोटी नहीं, किनारा था। अब १८९०, आधुनिकता के उस उल्लास का, जिसने हमारी युवा–आत्माओं पर क़ब्ज़ा किया था, आख़िरी अवशेष है। इसी के सहारे हमने दीवारें फाँद ली और अपने–अपने रास्ते ढूँढ़ लिये। अगर कुछेक कर नहीं पाये तो वजह यह नहीं कि मौक़ा न था : शायद कुछ पहले ही फाँद चुके थे, और कुछ हिम्मत हार चुके थे।

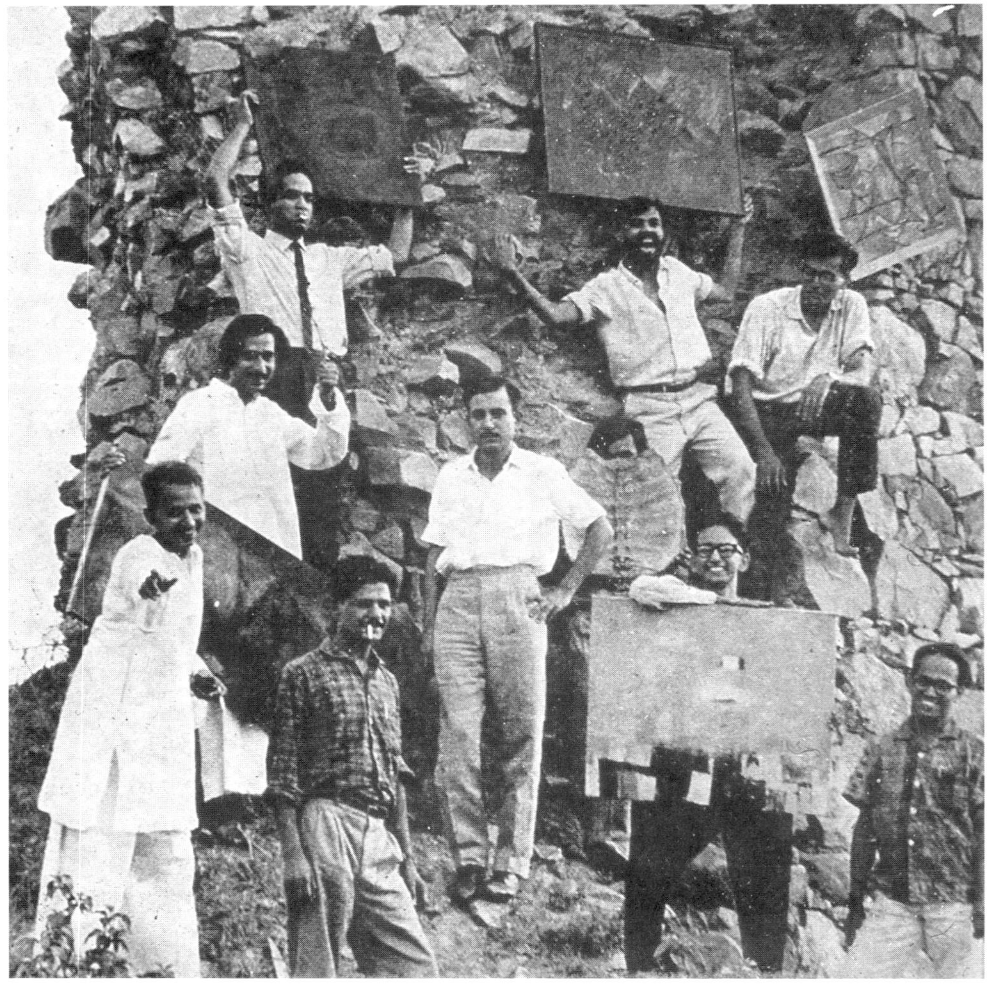

दिल्ली के पुराने क़िले के पास ग्रुप १८९० के कलाकार, *१९६३ ई.*
ऊपर की क़तार : जेराम पटेल, हिम्मत शाह, ज्योति भट्ट; बीच की क़तार : जे. स्वामीनाथन, राजेश मेहरा, राघव कनेरिया; पहली क़तार : बालकृष्ण पटेल, अम्बादास, गुलाममोहम्मद शेख, एस. जी. निकम
तस्वीर : किशोर पारेख

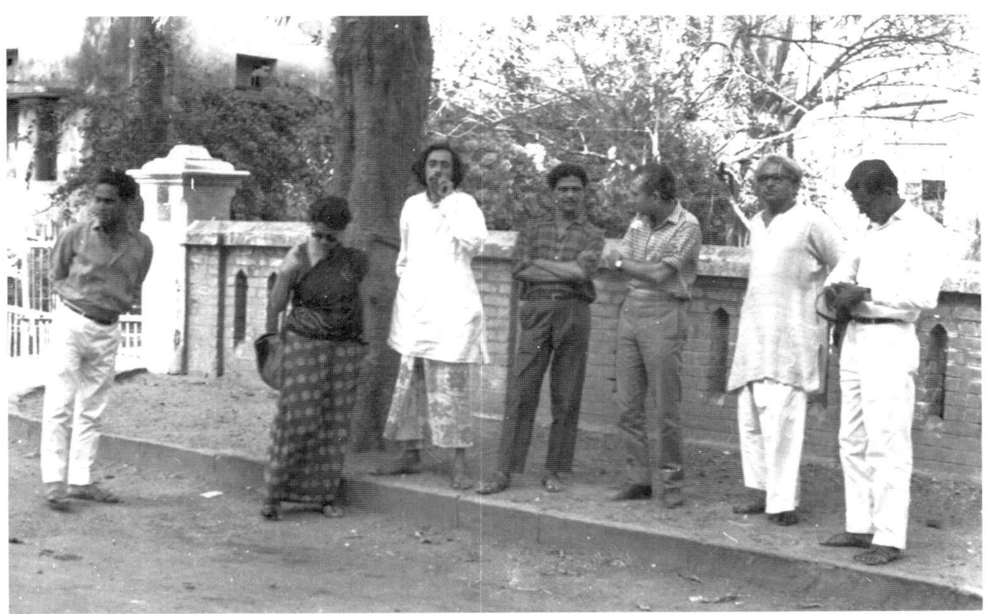

ग्रुप १८९० की मीटिंग, *वडोदरा, १९६९ ई.*
बायें से : जेराम पटेल, गीता कपूर, जे. स्वामीनाथन, अम्बादास, राजेश मेहरा, बालकृष्ण पटेल, ज्योति भट्ट
तस्वीर : लेखक

इन तीन दशकों के फ़ासले में ज़िन्दगी और कला के अपने-अपने सफ़र में हम कुछ क़रीब, कुछ दूर रहे। कभी आश्चर्यचकित, कभी असमंजस में गहरी उत्सुकता से मैं तुम्हारे चित्र देखता रहा, तुम्हारे विचारों को पढ़ता रहा और १८९० के दिनों और कुछ और वर्षों तक चले हमारे संवाद की क्रमश: कमी पर अफ़सोस करता रहा। तुम्हारे चित्रों में विविध वर्तुलाकारों में बहती गति को बार-बार स्रोत बिन्दु पर लौटते देखा। हर चित्र जैसे दूसरे चित्र की पूर्व और उत्तर छवि, परछाईं के प्रतिरूप की तरह अनाकृत, व्यापित, अवकाश में एक सुनहरे फ़र्श पर झिलमिलाती और बिखरी, अभी है, अब नहीं। चिड़िया चिड़िया होती थी पर नहीं, वह मछली थी, टिड्डा भी, पेड़ और चट्टान भी एकमेक में बदलती-परावर्तित। इनकी अदल-बदल उनकी सूरतों को पिघला देती : सभी आकृतियाँ जैसे 'अस्ति' और विगलन की लीला सी। पुनरुच्चारण की यह क्रिया कभी मन्त्र कभी यन्त्र सी, जादुई जल्वे या गहरी सोच के बराबर। वह कौन था रिल्के या मलार्मे जिसने कहा था कवि ज़िन्दगी में एक ही कविता बार-बार लिखता रहता है? इससे बड़ा क्या सच होगा तुम्हारे लिए? इन चित्रों की चेतना 'प्रगतिवादी' सभ्यता के परिवर्तनवादी रुख़ के ख़िलाफ़ चिल्लाती रही। इसीलिए तुमने मनुष्याकृति को अपने चित्रों की दुनिया से बाहर रखा था? पता नहीं तुम अपने चित्रों की आकृतियों के अलावा अन्य आकृतियाँ बनाते थे कि नहीं—पर अभी-अभी 'इकोनॉमिक टाइम्स' में तुम्हारी बनायी हुई ख़ास व्यक्तियों की छवियों को छपा देख ख़ुशी हुई, आश्चर्य भी।

मुझे बातें करनी थीं तुमसे तुम्हारे चित्रों की, विचारों की, पर यह हो नहीं पाया। हम जहाँ मिले वह सभा इसके उपयुक्त न थी, जो संवाद हुआ वह अकादेमिक क्लिष्टताओं और बेतुके झगड़ों में समाप्त हुआ। भोपाल ने भी तुम्हें कुछ मसीहा सा बना दिया जहाँ एक बैठक पर इकट्ठे बैठने का अवसर न आया। मंज़ूर है मैंने भी इन बनावटी दीवारों को तोड़ने की पहल न की। मेरी तरह तुम भी शायद उम्मीद लेकर बैठे रहे जो कि प्रदर्शनियों, पार्टियों में नज़र आती थी पर जैसे हम अपने शब्द खोये बैठे थे। क्या इसी कारण पिछले महीने देर रात को तुमने फ़ोन किया? कहा सिर्फ़ हाल पूछना है और फिर तुम चुप हो गये। मुझे दिखाना था तुम्हें कि अजन्ता के चित्र इतने मामूली नहीं, कहना था तुम्हारे हृदय और आदिवासी कला के रसैक्य को हम समझते हैं पर उन निरे रूपों को फ्रेम में बिछाकर तुम बनवासी को बाज़ार में तो नहीं बिठा रहे न? आधुनिकता के इतिहास का वह चक्रव्यूह जिसे तुम नकारते थे : आदिवासी को क्यों उससे टक्कर लेनी है? तुम्हें हम सब इतिहास के पिंजड़े में क़ैद नज़र आते थे : मुझे कहना था कि इतिहास की निर्णीय गति के फँदे से हम भी वाकिफ़ हैं और यह भी बताना था कि इतिहास का स्वीकार ग़ुलामी नहीं, जैसे इतिहास का अस्वीकार आज़ादी। मुझे दोहराना था हमारी कुछ अलग राहें हमें अलग नहीं करती क्योंकि हमारी साझेदारी की विपुलता और गहराई इतनी थी जो बहस से न बदलती, न ही कम होती।

मुझ यक़ीन है इस संवाद के बाद तुम सब अलगावों को फेंक देते और दुहराने लगते ग़ालिब और फ़ैज़ की पंक्तियाँ, शायद ऋग्वेद की ऋचा या उपनिषद् के श्लोक का उच्चार भी हो जाता, लेवी स्त्रोस के ज़िक्र के साथ। मार्क्स, वेबर और देरिदा से तुम्हारे ख़यालों में कैसा फ़र्क़ है—तुम अपनी अनूठी भाषा में व्यक्त करते—तराशे हीरे जैसे शब्दों में। आख़िर में गुरु मित्र कवि पाज़ की याद में खो जाते। साम्प्रदायिकता के बढ़ते ज्वार पर तुम रो देते अपना ग़ुस्सा; दिसम्बर ९२ के अयोध्या और पश्चात की घटनाओं से फटा दिल दिखाते, कहते कहाँ है अब पण्डित जी जैसी हस्तियाँ जिन्हें तुमने बँटवारे के दंगों के दौरान दिल्ली में बिना किसी सुरक्षा कवच के, दंगेबाजों को थप्पड़ मारते देखा था। यह सुनकर मुझे तुम्हारा धातु के टूटे फूटे टुकड़ों को जोड़कर बनाया हुआ 'शाहीन' शिल्प याद आ जाता जो तुमने इस महाद्वीप की कड़ी जैसे वह अनोखे शायर को समर्पित किया है जो अब उतना ही तुम्हारा है जितना इक़बाल का और जो भोपाल के भूत-भविष्य को जोड़ते खड़ा है। और फिर हम इस बात पर पहुँचते कि अपनी-अपनी मंज़िलों की दूरियों में भी हम एक नाव में सवार हैं जिसमें पगलों, भूले-भटकों, अधर्मियों का झमेला है, जिसकी न कोई पतवार है न किनारा। शायद उसे इनकी ज़रूरत भी नहीं और इस वक्रोक्ति पर हम ठहाका मार हँस लेते। फिर शायद तुम गले मिलते और भवानी की आँखों से बचाकर कुछ ख़ुफ़िया जाम और थोड़ा सा खाना और फिर मिलने की उम्मीद में हम विदा लेते। दो दशक से जैसे अपनी-अपनी माँद और अपनी शून्यताओं में ग़ायब हुआ करते, वैसे नहीं। मगर जो हुआ तुम मानोगे नहीं, वह इतिहास है। एक खोये हुए संवाद की अवाक् उदासी का इतिहास। अब तो तुमने उस उम्मीद को चूर कर दिया अपनी विदाई से

(इतिहास के ख़िलाफ़ तुम्हारी आख़िरी शरारती चाल!) और यहाँ तुम्हारे साथी, कुछ तो किनारे के काफ़ी क़रीब बैठे हैं अपने आपसे बातचीत में मग्न, कुछ ऐसे विचार में डूबे हुए कि ख़ुशनसीब कौन जो चला गया या जो रह गया।

पैंतीस साल पहले बड़ौदा में पढ़ाई के दौरान स्टेशन पर स्केचिंग करने जाते थे तब एक दिन 'लिंक' पत्रिका में तुम्हारा कोई लेख पढ़ा था। लगा था तुम्हारे शब्द एक उभरती पीढ़ी की उन समस्याओं और संघर्षों को आलोकित कर रहे हैं—जो पीढ़ी अपने परम्परावादी और आधुनिकतावादी पुरखों की प्रतिपक्षीय बहस के तोहफ़े को लौटाना चाहती थीं। अपनी नौसिखिया अँगरेज़ी में मैंने तुम्हारे नाम एक चिट्ठी भी डाल दी थी और अगर स्मृति दोष न दे तो तुमने जवाब भी दिया था, जिसका रोमांच कुछ-कुछ याद है।

आज इस दकियानूसी चिट्ठी का जवाब तुम नहीं देनेवाले—सिवा इसके कि तुम नियति से टक्कर ले लो, जिसके क़ाबिल तुम लगते थे—फिर भी उम्मीद करता हूँ कि तुम वहीं हो जहाँ तुम्हें होना था और ठीक हो।

मूल हिन्दी भाषा में लिखा गया पत्र

सुलगती उँगलियाँ

जेराम पटेल : १९३०–२०१६

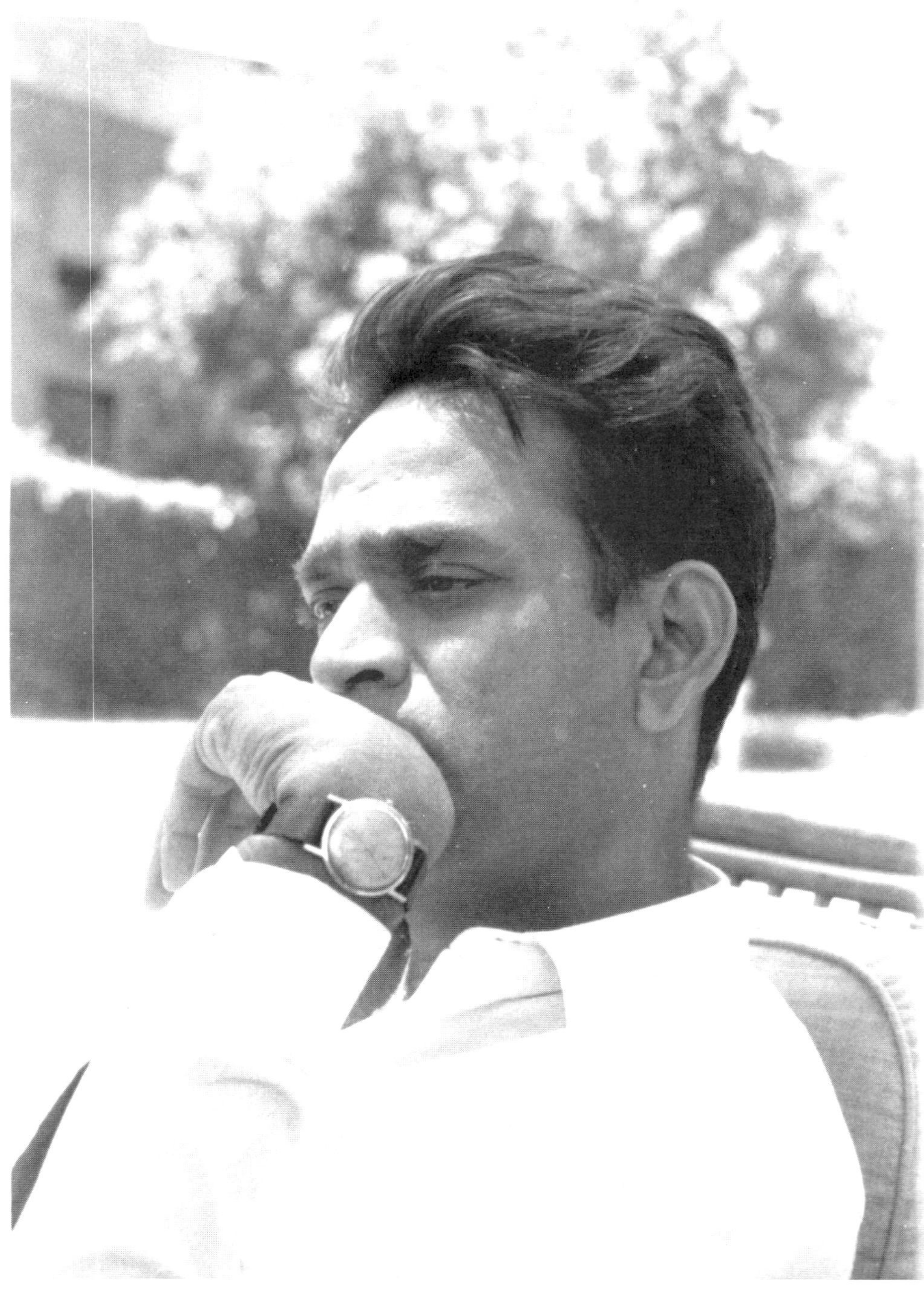

तेज़-मिज़ाजी जेराम पटेल के जीवन और कला का आकलन करना मुश्किल है। उनका जन्म सोजित्रा (गुजरात) में सन् १९३० में हुआ और ग्राफ़िक डिज़ाइन की पढ़ाई बम्बई के जे.जे. स्कूल ऑफ़ आर्ट में। उसके बाद सन् १९५७-५९ में लन्दन के सेंट्रल स्कूल ऑफ़ आर्ट से 'डिप्लोमा इन डिज़ाइन' के लिए पढ़ाई। पहले अहमदाबाद की नेशनल इंस्टिट्यूट ऑफ़ डिज़ाइन और स्कूल ऑफ़ आर्किटेक्चर में अध्यापन किया और बाद में वीवर्स सर्विस सेंटर, दिल्ली, कलकत्ता और बम्बई में डिप्टी डायरेक्टर बने। सन् १९६७ में, एम.एस. यूनिवर्सिटी की फेकल्टी ऑफ़ फाइन आर्ट्स में एप्लाइड आर्ट के प्राध्यापक के रूप में और बाद में फेकल्टी के डीन का भी पद सँभालते हुए बड़ौदा में स्थायी रूप से बस गये। अध्ययन और अध्यापन सब कुछ डिज़ाइन केन्द्रित और समय-समय पर डिज़ाइन पर हाथ आज़मा लिया करते। मेरी पहली प्रदर्शनी के निमन्त्रण पत्र और केटलॉग (१९६१) की डिज़ाइन उन्होंने ही बनायी थी। इसके बावजूद साख थी सिर्फ़ कलाकार की।

सन् १९५६-५७ में 'रसिक प्रिया' नामक चित्र को दिल्ली की ललित कला अकादेमी का राष्ट्रीय पुरस्कार मिला था जिसमें पोथी-चित्र-कला के तरीक़े को दूसरे, आधुनिक मोड़ पर मोड़ने का मनोरम प्रयोग दिखायी दिया था। लेकिन साठ के दशक की शुरुआत में जब वे लन्दन से लौटे तब जो देखा उन रेखांकनों का मोड़ अलग था। उससे कुछ में फ्रान्सिस न्यूटन सूज़ा के चेहरों के कटे-टूटे घाट थे तो दूसरों में रंग ढुलकाकर कुछ अज्ञात खोजने का संघर्ष। दोनों में कुछ आन्तरिक तड़प के अंश अचूक रूप से उभर आते। बाद में किया वह सब काम ज़्यादातर लकड़ी या प्लाइवुड जलाकर, कुरेदकर या ऊपर फेविकोल फैलाकर, बिलकुल कोरा या धधकते लाल, हरे, पीले या रुपहले रंग से मढ़ा हुआ। लगभग चार घन फुट नाप को

जेराम पटेल

तस्वीर : ज्योति भट्ट

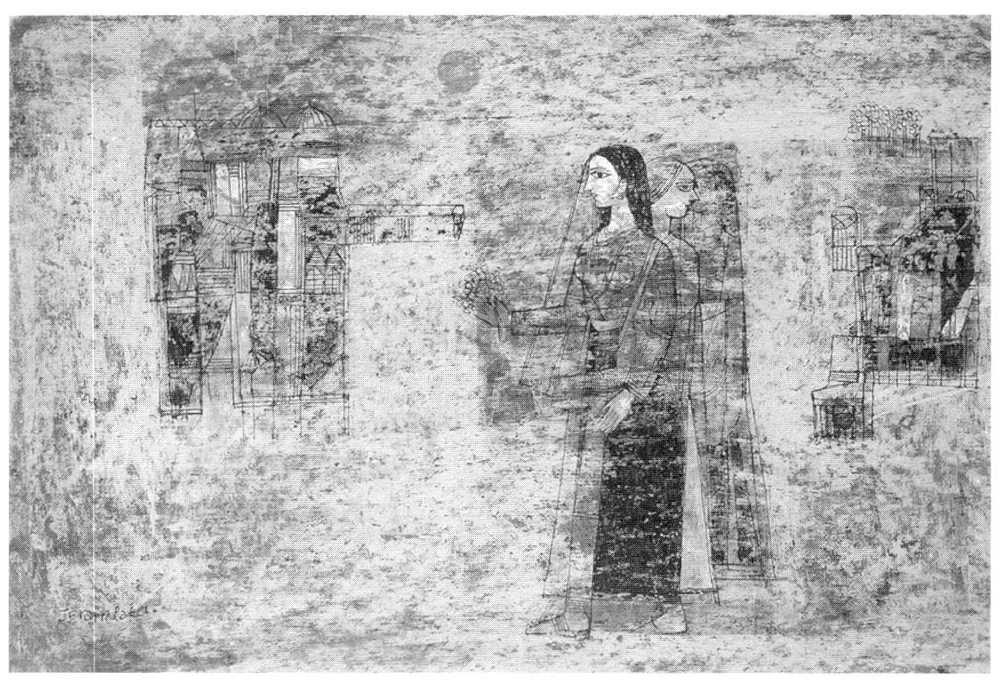

*जेराम पटेल, **रसिकप्रिया**, काग़ज़ पर जलरंग, १९५७ ई.*

पकड़ रखा था, लेकिन कभी-कभी बड़ा भी होता। प्लाइवुड की चौड़ाई दो से तीन इंच या उससे बढ़कर। चित्र ज़्यादातर अनाम होते या फिर 'जेराम-१', 'जेराम-२' जैसे नाम वाले। साठ वर्ष के दौरान बनाया ढेर सारा काम किस क्रम में देखा जाय यह पहेली वे कला के इतिहासकारों के सर पर डाल गये।

सुना था कि शादीशुदा थे और एक बेटा भी था, लेकिन जब मैं उन्हें बड़ौदा में पहली बार मिला तब वे फाइन आर्ट्स कॉलेज में छबिकला के अध्यापक नरेन्द्र मेहता के भूतड़ी झाँपा वाले घर में अकेले ही रहते थे। शायद किसी समय उन्होंने सयाने जीवन को ठोकर मारकर मनमौज़ी कलाकारों की जमात में डेरा जमाया था। आज़ादी के बाद की धीरे-धीरे उभर रही कलाकारों की दूसरी पीढ़ी, साठ के दशक की शुरुआत में, प्रयोगों पर लगी हुई थी। दिल्ली में वह जमात, नये ख़ून से तरबतर लेखकों और चिन्तकों के झमेले में कनॉट प्लेस के कॉफी हाउस में जमा होती तो कला, साहित्य, समाज, राजनीति की बहसें छिड़ती रहतीं तब कुछेक आमने-सामने हो जाते, कुछ झगड़ा भी मोल लेते। सचमुच तो सभी को रूढ़ियाँ तोड़कर किसी नयी चेतना जगाने की तमन्ना बरकरार लेकिन सभी के नुस्ख़े अलग। कलाकारों में कुछेक नौकरी वाले और कुछ घर छोड़कर निकल पड़े हो उनमें से। आर्ट गैलरी नाम की दो चार, चित्र बिकते नहीं लेकिन किसी न किसी तरह गुज़ारा हो जाता। उनमें से कुछ शरारती बन्दे हर शाम को

किसी मुफ़्त मेहमाननवाज़ी की खोज में निकल पड़ते और कोई पहचान वाले की आड़ लेकर एकाध सम्पन्न घर की पार्टी में बिन बुलाये ही घुस जाते, मिलता उतना पीते, ख़ूबसूरत औरतों का पीछा करते और देर रात को लड़खड़ाते पैरों मुश्किल से करोल बाग़ की खोली में या किसी दोस्त के दरवाज़े पहुँच जाते। भद्र समाज में यह सब गुलगुली हो तब तक गाया जाता, लेकिन उन दिनों गपशप करने वाली पत्रिकाएँ कम इसलिए अख़बारों तक कुछ पहुँचता नहीं।

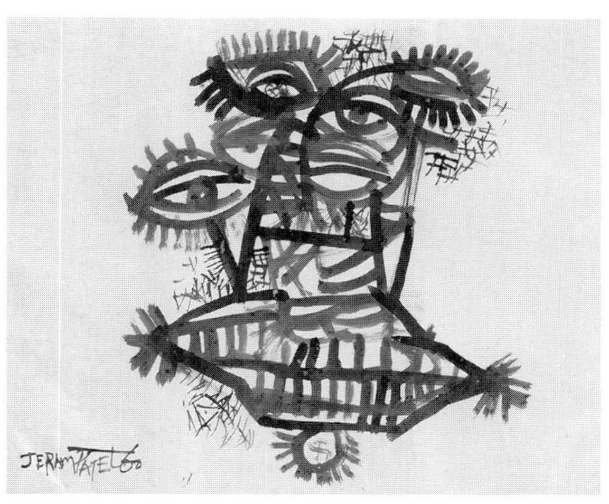

*जेराम पटेल, **बिना शीर्षक**, काली स्याही, १९५७ ई.*

दिल्ली में उस समय कलाकारों की टोलियाँ थीं; कुछ पोलिटेक्निक या 'त्रिवेणी (कला संगम)' की क्लासेज में पढ़ाते। दूसरे इधर-उधर भटकते रहते। कुछ टोली में नयी मूँछ वाले विद्यार्थी भी जुड़ जाते। सबके अपने-अपने डेरे। एक टोली में परमजीत सिंह और उसकी शादीशुदा, ज़बरदस्त जुबान वाली अर्पिता, धवन और नन्द कत्याल सभी चित्रकार; इन्दरजीत और एम.एम. व्होरा शिल्पी। हमारी टोली में राजेश मेहरा, एरिक बोवन और (जगदीश) स्वामीनाथन, साथ में बम्बई के अम्बादास और कभी-कभार निकम भी जुड़ जाते। बड़ौदा से अहमदाबाद आये हिम्मत शाह और बड़ौदा के जेराम पटेल और मैं। सभी तेज़-तर्रार, किसी अनजानी अस्वस्थता में नये आन्दोलन के सपने देखते। कनॉट प्लेस के अन्दर के भाग में एक दक्षिणी खाने की शालीमार केफे (वहाँ परमिट के बिना छिपाकर बियर दी जाती थी जिसका सभी को लालच था) में हमारा डेरा लगता। मैंने दिल्ली से प्रकट होने वाले साप्ताहिक 'लिंक' में स्वामीनाथन की कला विषयक टिप्पणियाँ पढ़ी थीं। वे साम्यवादी पक्ष और सेवादल के रास्ते होकर

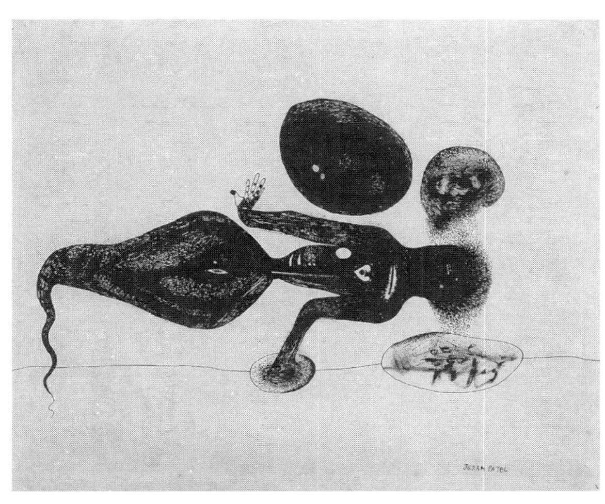

*जेराम पटेल, **ड्राइंग**, १९६० ई.*

संग्रह : किरण नादर संग्रहालय ऑफ़ आर्ट, नयी दिल्ली

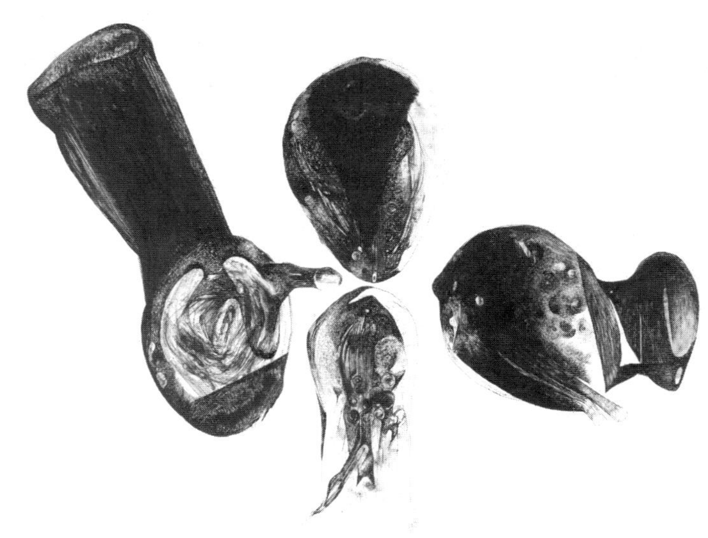

*जेराम पटेल, **ड्राइंग** १९७० का दशक*

कला की कुँवारी धरती में नुक्ताचीनी करने आ पहुँचे थे। राजनैतिक पक्ष तो छोड़ दिये लेकिन राजनैतिक विचारधारा की अन्तर्दृष्टि, समझ और साहित्य एवं समाज की गहरी सोच ऐसी कि जब बोलते, सभी के कान खड़े हो जाते। तमिल परिवार में लालन-पालन और पढ़ाई शिमला में (जहाँ निर्मल वर्मा उनके साथी थे), जितनी बेहतर अँग्रेज़ी उतनी ही अच्छी हिन्दी और उर्दू की शायरी का मनोहारी मुहावरा। सबको अपनी ओर खींच ले ऐसा व्यक्तित्व। हम सब स्वभाव से अलग और टेढ़ी-मेढ़ी ज़ुबान वाले, इसमें भी अम्बादास तो लम्बा-लम्बा बोले बिना रह नहीं पाता। स्वामीनाथन उसको सुनकर उन अर्ध-व्यक्त विचारों को सही तरीक़े से बहलाकर हमारे सामने रख देते। सबसे मितभाषी जेराम, मनस्वी और त्रस्त चेहरा लिये मानो कोई गहरी पीड़ा खाये जा रही हो ऐसा स्थायी भाव पहने।

वर्षों बाद मैं और जेराम फेकल्टी ऑफ़ फाइन आर्ट्स में पढ़ाते थे तब हमें यूनिवर्सिटी के रेसीडेंसी के बंगले के चौथे भाग में रहने की जगह मिली थी। उससे पहले भूपेन खख्खर, कृष्ण छातपार और मैं शिवमहल कम्पाउण्ड में रहते थे, उसे छोड़कर हम सब सन् १९६९-७० में साल-डेढ़ साल जेराम के साथ रेसीडेंसी बंगले में रहे। उस दौरान हम देखते कि जेराम हर शनिवार और रविवार अचूक कहीं चले जाते। उनके बारे में कहेती थी कि वे अगर स्टेशन पर खड़े हों तब जो भी ट्रेन चलने वाली हो उस पर चढ़ जाते, उत्तर में अहमदाबाद-दिल्ली या दक्षिण में बम्बई (बाद में पता चला कि अहमदाबाद में पिराजी सागरा या जनक पटेल के

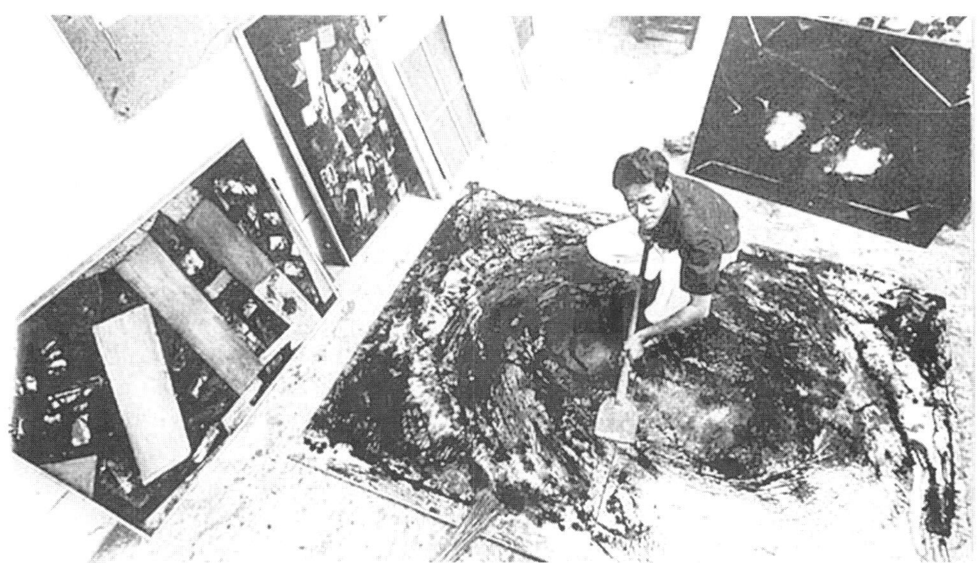

जेराम पटेल अपने स्टूडियो में *तस्वीर :*

यहाँ डेरा लगता और बम्बई में पुराने साथी ज्योति और जयन्त पण्डया के यहाँ, बॉम्बे इण्टरनेशनल होटल में जहाँ जयन्त नौकरी करते)। रविवार की रात या सोमवार की सुबह वापस। हफ्ते के दौरान सुबह पढ़ाना, फिर शाम को पहले वास्तुकार महेन्द्र मोदी के यहाँ और बाद के समय में उनके पुरानी विद्यार्थी और एप्लाइड आर्ट विभाग के साथी विनोद एस. पटेल की रावपुरा में स्थित डिज़ाइन ऑफ़िस 'जयमिका' में। शाम को अगर कोई मित्र मिल जाय तो साथ में, नहीं तो अकेले में कोई हिन्दी फ़िल्म देखने बैठ जाते। कहते हैं कि फ़िल्म पूरी होने पर कोई दूसरे दोस्त रात के शो में जा रहे हों तो वे भी शामिल! छुट्टी के दिन कहीं बाहर न गये हों तो शिवमहल के डेरे में नागजी पटेल के घर ताराबहन का बनाया चावल के पापड़ का कच्चा आटा, 'खिचु' का मज़ा लेते। अनिद्रा कितनी ज़ेहन में बसी थी—यह मनु पारेख जानते। साठ के दशक में दोनों कलकत्ता में थे, तब कच्ची सुबह जेराम अचानक कहीं से चले आते, मनपसन्द खिचड़ी पकाते और खिलाते। लेकिन सुबह होते ही टाई चढ़ाकर अपटुडेट कपड़े में ऑफ़िस में। बड़ौदा में पढ़ाने और भटकने के घण्टों बाद कभी ख़ाली समय आ जाता तो वे दोस्तों के बीच दोनों हाथ उठाकर कहते : 'बस, उठा ले अब!' बोलना कम लेकिन बोलते तो अच्छे-अच्छों की ख़बर ले लेते। बेवकूफ़ी, बड़ाई या औसतपने या 'मिडीओक्रिटी' को बिलकुल बर्दाश्त नहीं करते। उल्टी-सीधी करके घुसकर जमे बैठे मुफ़तबाजी मास्टरों को झटक देते, कहते कि इससे तो इलेक्ट्रिक मीटर रीडिंग की नौकरी करते तो सबकी बला टलती। उनके तीख़े स्वभाव से सब वाकिफ़, ख़ास करके उनके प्रतिस्पर्धी। विद्यार्थी उन्हें काम दिखाने में काँपते। उनको सँभालना आसान नहीं था (लेकिन रेसीडेंसी में मज़ाक़िया

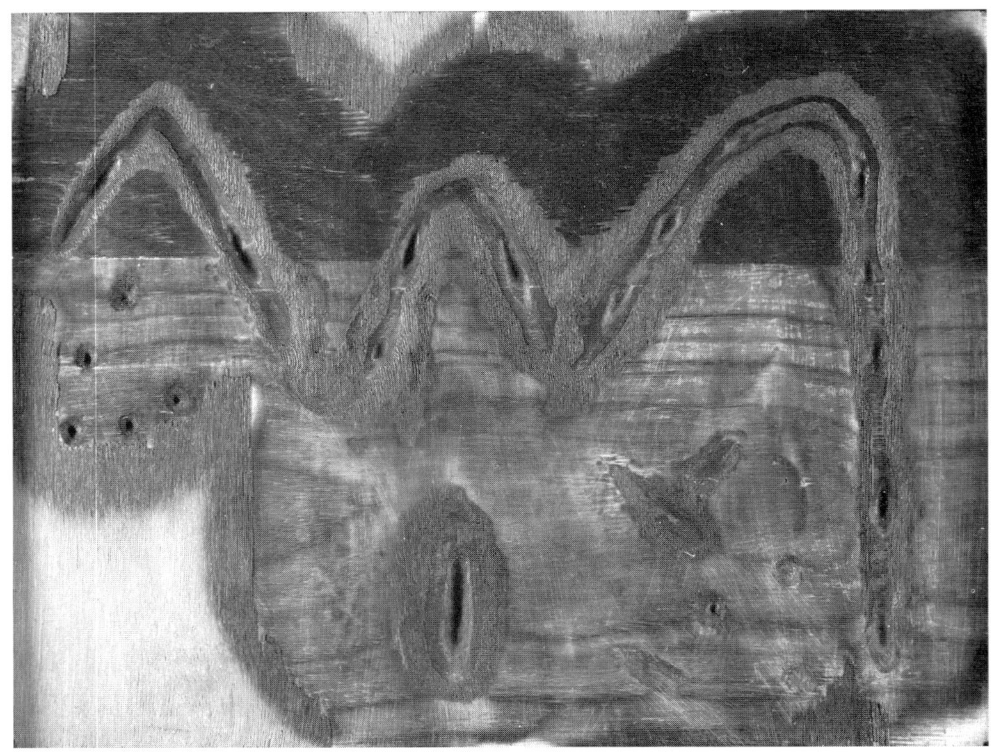

*जेराम पटेल, **बिना शीर्षक**, जली हुई लकड़ी पर पतरे से बना चित्र, १९६०-२ ई.*

भूपेन के साथ कैसी बन गयी यह एक पहेली है)। बिना ग़लती के हालत ख़राब करना नयी बात नहीं थी। उनके क़रीबी दोस्त कला समीक्षक रिचर्ड बार्थोलोम्यु को जेराम की गहरी पहचान। उन्होंने जेराम पर लिखे एक लेख में उनको 'Lone Wolf' (इकलौता भेड़िया मानी एकाकी जीव) कहा है। अगर किसी को उनमें शापित आत्मा का भास हुआ हो तो अचम्भे की कोई बात नहीं है। वैसे तो काम के बारे में लिखने-विखने में दिलचस्पी नहीं पर स्वामीनाथन सम्पादित पत्रिका 'कोन्ट्रा' (१९६६) में उनके नाम से अपनी बात कुछ इस तरह छपी है : 'मैं कोई सृजन नहीं करता, सिर्फ़ विनाश करता हूँ।' उनकी जलन-लीला के सम्बन्ध में किये गये उस वाक्य में किसी को आसुरी अंश दिखे होंगे लेकिन स्वामीनाथन को उस 'विनाशी' कृतित्व में आदिशक्ति के उग्र स्वरूप की ऊँचाई महसूस हुई थी।

सन् १९६१ के वर्ष की गर्मियों में अहमदाबाद में कलाकार पिराजी सागरा के यहाँ मुझे पहली बार जेराम की जलन-लीला का साक्षात् हुआ। पिराजी का पुरानी चीज़ों का व्यापार था, वहाँ पुरानी लकड़ियों का बेकार का कबाड़ पड़ा रहता था। जेराम ने उसमें से कुछ तख़्तों को जुड़वाकर ३×३ का चौकठा तैयार करवाया। तूलिका उठायी हो इस तरह हाथ में ब्लो टॉर्च

पकड़कर वे मानो लकड़ियों पर टूट पड़े! ब्लो टॉर्च की भूरी ज्वाला के अम्बार लकड़ी के पेट को जलाकर फैलने लगे तो सतह तड़तड़ाने लगी और ऊपर की परतें उखड़ने लगीं। फिर तो लम्बी उँगलियों जैसी अंगार-धार बरसती-बरसती लकड़ियों के रेशों-रेशों में घुस गयी। लकड़ी का अन्दरूनी हिस्सा सिक गया तब ब्लो टॉर्च उसकी किनारी पर मुड़ी और धार पर खाँचे खींचकर कर बुझी। जेराम ने थोड़ी साँस ली, माथे से पसीना पोंछा और ब्लोअर पर फूँक मारी : काले छिलके के दाने और कणों के साथ, बची कुची चिंगारियाँ चारों ओर उड़ीं। सब थोड़ा ठण्डा पड़ा तब जेराम ने लकड़ियों पर हाथ पसारा और फिर ब्लो टॉर्च हाथ में ली। इस बार मानो आग की लपटें लकड़ी के पेडू तक पहुँची, वहाँ गड्ढे गहरे हुए। दो पल के लिए लगा कि ज्वाला लकड़ी के आर-पार उतर गयी होगी लेकिन जेराम को उसे देखने की ज़रूरत महसूस नहीं हुई। जहाँ आग पहुँची थी उस काली ज़मीन में लकड़ी की परतों के काले-काले गोलाकार झलक उठे। अधजले राख जैसे रंग के बीच बिन जली लकड़ी की लालिमा वाली 'चमड़ी' कौंधने लगी; गड्ढे और उभार दोनों साथ में दिखायी दिये जिसमें से उन सभी को जोड़ने वाले रूपों के आसार उठे। इस बीच घण्टा भर बीत गया। फिर जो जला उसमें ब्लो टॉर्च से लाइनें और बूँदें बनीं और मानो लपट का 'चितरन' पूरा हुआ। जेराम ने ब्लो टॉर्च नीचे रखी और मनपसन्द ब्लेक जापान के डब्बे से दमकता काला प्रवाही फैला रहे हों वैसे लकड़ी पर ढुलक दिया : कहीं अन्दरूनी आग धधकती थी वहाँ से फफोले उठे। वह ठण्डा हुआ तब जेराम ने कपड़े के टुकड़े से काले प्रवाही को दबाकर रंग को रेशों में उतारा। अब जो दिखा वह जला हुआ, साँपिन की चकमकाती पीठ जैसा काला, जर्द के सूखे पट के सामने अभी दिखा-अभी अनदिखा हुआ। वह नौ घन फुट का चौखटा मानो किसी श्यामसुन्दरी की उभरती देह का भ्रम पैदा करने वाला अवतार। ज़रा ठण्डा होने पर जेराम ने पूरे लक्कड़-देह पर प्रियतमा को छू रहे हो ऐसी नज़ाकत से हाथ फिराया। उसके बाद बारी आयी पतरे की। पड़ोस में पड़े कबाड़ में से उन्होंने पाँच-छह इंच चौकोर टुकड़ा केन्द्र से ज़रा दायीं ओर को जड़ा। फिर इंच जितनी कीलें अलग-अलग और कहीं एक साथ जत्थे में गड्ढे और उभार में जड़ दीं। आख़िरकार लाल और हरे इनेमल की डब्बियों में तूलिका डुबोई और कीलों के सिरों पर लाल-हरे रंग के बिन्दु बनायें। जाने से पहले पूरे लक्कड़देह पर लम्बी नज़र डालकर हाथ झाड़े। पूरा देखने

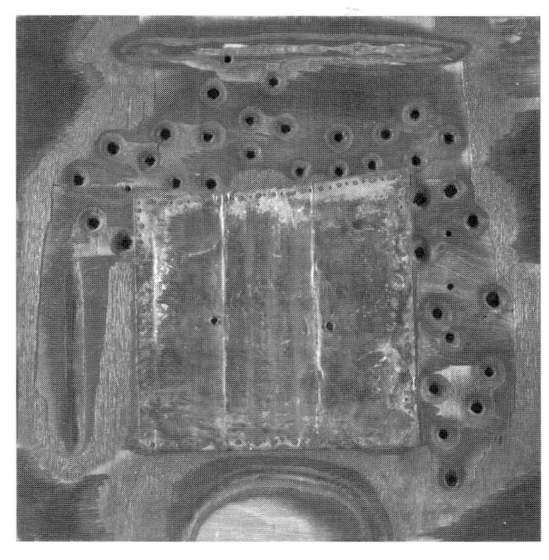

*जेराम पटेल, **बिना शीर्षक**, जली हुई लकड़ी, १९६१ ई.*

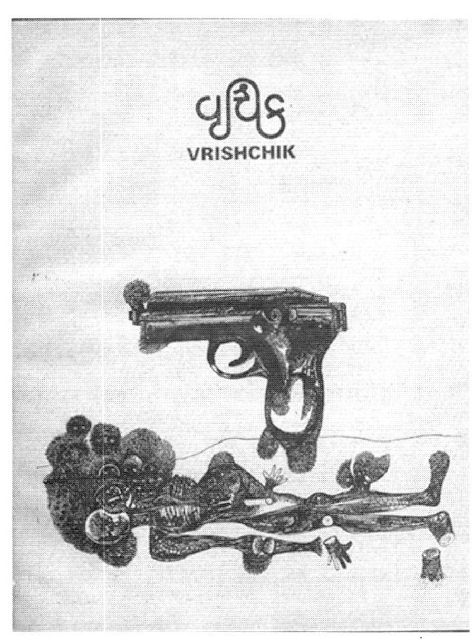

जेराम पटेल, ***बिना शीर्षक***, *काग़ज़ पर स्याही, वृश्चिक का मुखपृष्ठ, १९७० ई.*

पर लक्कड़ देह के अन्तरंग अंग खुलते हुए नज़र आये, उसके गड्ढे और उठाव और कुरेदे हुए छेद में लिंग–योनि जैसे रूपों के आसार दिखायी दिये। हड्डी–हड्डी तक पहुँचे ऐसा रसानुभव, रौद्र और रति के रमण का।

जेराम का यह जलन खेल ज़िन्दगी भर चला, लगातार, अविरत। हर प्रदर्शनी में प्रज्ज्वलित रूप ऐसे दमके कि वे जेराम की पहचान बन गये। किसी ने कहा है कि कवि एक ही कविता बार–बार लिखता है या फिर अब्दुल करीम ख़ाँ एक ही राग का रियाज़ वर्षों तक करवाया करते थे वैसे ही जेराम ने लकड़ी को आख़िर तक पकड़े रखा। प्लाय कब आया उसके बारे में तो ज़्यादा जानकारी नहीं है लेकिन वही टिका और क़द में मोटा भी हुआ। मोटाई को पहले यन्त्र से छिलने से गहरा जलाने की सुविधा हुई। छिले हुए प्लाय में पतले पीले और बादामी रंग के गोलगोल चकत्तों की नक़्क़ाशी देखते ही आँखों को जकड़ ले ऐसी निकली। जलने से जितना गहरा होता उतने मोड़ बढ़ते और बादामी गोलाकार कोयले से तपकर काले–जर्द रंग से हो जाते। मानो दिन का खेल रात में पलट गया हो। जेराम कभी–कभी उस छिले हुए प्लाय को वैसे ही, कोरा, बिना जलाये रख देते। मशीन से चीरे हुए वे मोड़ घाव से दिखते। जलते वक़्त घाव नज़र नहीं आते : उस में पूरा पट सुराख़ें और काले गड्ढे अगन उँगलियों से सने हुए, जिसमें काले–काले, घूमते गोलाकार। एक ही तन्तु वाले वाद्य का लगातार सुर स्वर किसी दर्दनाक विरह की रफ़्तार जैसा बार–बार टीसता रहे ऐसा।

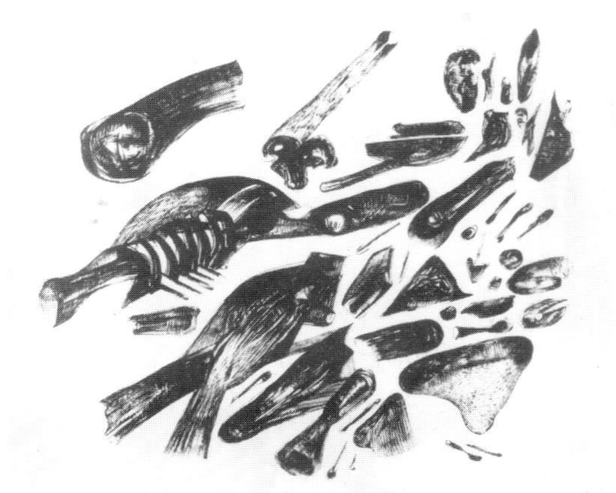

जेराम पटेल, **रेखांकन,** *काग़ज़ पर स्याही, १९८० का दशक*

किसी समय जेराम ने उस छिले और जले हुए रूप की सतहों पर पतला लाल या नारंगी रेसे में उतारना शुरू किया। जलना रुका तब हलका लाल पलटकर इनेमल का धधकता लाल हुआ, फिर

पीला और नीला झिलमिलाने लगे। रंगों का मिश्रण नहीं : एक रचना में एक ही रंग की गत। फेविकोल का उपयोग कब करने लगे यह पक्का याद नहीं लेकिन शायद अस्सी के दशक से ऐसा काम देखा है। फेविकोल का गाढ़ा प्रवाही वे लकड़ी पर ढुलककर फैलने देते : फेविकोल का भारी-भरकम जन्तु जैसा पिण्ड फैलता जाता उसे वे लकड़ी को आड़ा या सीधा करके मनचाहे रूप में ढालते रहते। फैलते हुए फेविकोल में से पूँछ वाले ऐसे रूप बनते जो अमीबा की भाँति तैरते या उड़ते रहते : इन रूपों को जब वे रुपहले रंग से मढ़ देते तब वे मनोहारी बन जाते। कुछ लोगों को जलन जाने से जेराम के जलद सृजन का प्रताप फीका पड़ता हुआ दिखायी दिया। किसी को इसमें जेराम का भटकू जीवन बैठे बन जाने के आसार आये। हालाँकि जलन-लीला बिलकुल समेटी नहीं गयी : बीच-बीच में दिखती रही। उम्र के अन्तिम वर्षों में जब अंगों पर काबू कम हुआ तब उन्होंने सहायकों को बता-बताकर जलन-रूप बनाये जिसमें से तीन-चौथाई जितनी प्रदर्शनी का सामान निकल आया।

जब उन्होंने जलाना शुरू ही किया उसी दौरान सन् १९६१ में, जेराम ने बारीक़ क़लम से रेखांकन भी शुरू किये थे। इनमें जले हुए या ढुलकाये हुए 'अमूर्त' रूपों के बदले में पहचानी जा सके ऐसी आकृतियाँ उभरीं। दोनों का विरोधाभास मिटाकर मानो ये जीवाकार जो कि लक्कड़ देह की जलती परतों में छिपे थे वहाँ से उलटे क़दम लौटकर काग़ज़ों में पैठे। इनमें से प्रकट हुआ उसी में जन्म लेते हुए जीव ने गर्भावस्था में अनुभव किया हुआ वह जीवाकार और उसकी साँसों के खोल-बन्द में होते प्रस्तार और संकुचन के तिलस्मी रूप। यहाँ पशु-प्राणी और जीवजन्तु अंग-बदला करते हुए : फूल और मेढ़क, मक्खी और गेंडा, साँप और पौधे, नारी रूप और छिपकली एक-दूसरे में प्रवेश करते हों ऐसा। आनन्द और दर्द की अदल-बदल या इकट्ठी मिलावट। दुनिया के उस जंगल में पेन्सिल, रेज़र और कैंची जीव रूपी देह धारण कर ले, प्रश्नार्थ चिह्न, संकेत चिह्न और आश्चर्य चिह्न जन्तु जैसे सुगबुगाने लगे। मानो तान्त्रिक का (अलौकिक) दर्शन और जैव विज्ञानी (माइक्रोबायोलोजिस्ट) का स्वप्न...'*
कविता में प्रतिभाव भी कुछ ऐसा था :**

जेराम पटेल के रेखांकन :

१.

इमलियों की मायाजाल में फँसी
उल्लुओं की चीख़ें

---

* जेराम की प्रदर्शनी का केटलॉग, १९७२, मूल अँग्रेज़ी पाठ का एक अंश

** 'क्षितिज' दृश्यकला विशेषांक, १९६३

और उससे दूर के एकान्त महालय में होती प्रतिध्वनि से
टूटती उसकी छत की पसलियाँ,
मांसल भुजा युक्त वृक्ष की कमज़ोर आँखों में चन्द्र के टुकड़े
और वीराने में बहती, भटकती, रास्ता भटकी हुई क्षितिजें
उसे पार करते हुए कोई दशानन प्राणी की
ईश्वर को द्वन्द्व के लिए खुली चुनौती।
जंगलों को बाँधकर छिपा
रेशम की डोर जैसा चिकना पाशविक सन्नाटा।

२.

दशों दिशा से फैल रहा तप्त, तीख़ा सन्नाटा।
प्राचीन पृथ्वी जर्जरित होकर मरी।
उसकी क़ब्रों के रहे-सहे अवशेष मात्र यहाँ-वहाँ
अस्त-व्यस्त घिसौटे।
और न जाने कब से उभरा यह सहस्त्रबाहु सन्नाटा फैलता, व्याप पकड़ता
उबली हुई चमड़ी जैसा सुफेद उसका स्पर्श।
यह शीतल, स्पष्ट, मानुषी, भयावह, तथागत सन्नाटा।
पशुओं की पसलियों में फैल रहा
प्रफुल्लित अंधकार
और मनुष्यहीन खण्डहरों में ख़ुशियाँ मनाता
पारदर्शक, नक्सीदार सन्नाटा।

३.

इस पृथ्वी के सभी लुप्त प्राणी
वृक्ष के जड़ों का आकार धारण करके
जिस दिन बिना पंख के उड़ने लगे
उस दिन के अकेलेपन की तड़पन सुलगती है
टुकड़ा-टुकड़ा मेरी बाँहों में
और टपकता है
बूँद-बूँद मेरी उँगलियों में।

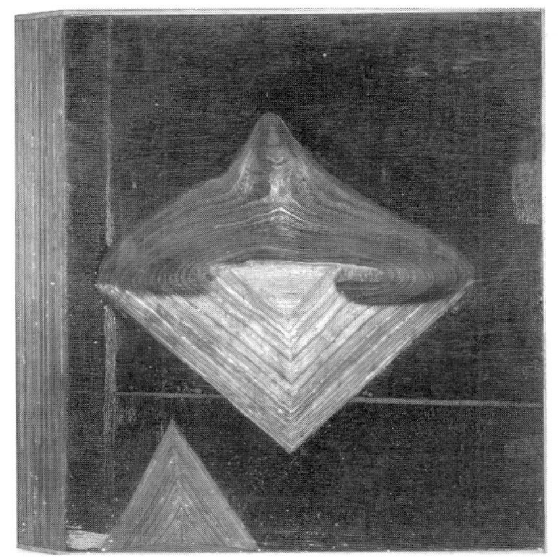

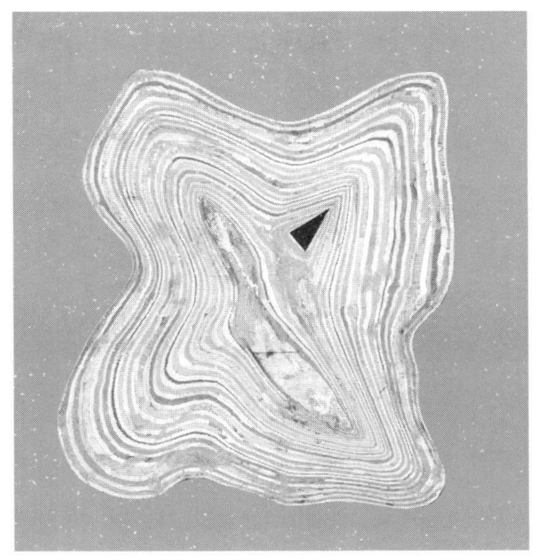

*जेराम पटेल, **बिना शीर्षक**, जली हुई लकड़ी, १९८० ई.*

इस नोटबुक के पन्ने जितने बड़े रेखांकन फिर गहरे और बड़े हुए। उनमें से कुछ में अज्ञात लिपि के मोड़ निकले, जबकि दूसरों में आकार गहरी स्याही में घोंटे हुए ऐसे लिपटे कि उसमें पहचान के अंश उड़ गये लेकिन 'अमूर्त' रूप में भी आकार मानो भिड़ते, सींगें भिड़ाते या सर्पयुगल की तरह इकट्ठे होकर सिसकारते हों ऐसे संगीन हुए। संगीन इस वजह से कि अब काली स्याही की हल्की-गहरी परतें अर्धशिल्प की तरह उभरती दिखायी दीं। इन नये रेखांकन की बगल में वे बारीक़ रेखा वाले 'आँखों के पीछे की सतह पर कुलबुलाते प्राणी रूप' भी समय-समय पर निकलते रहे। इतना ही नहीं, जेराम दूसरी चुनौतियों का सामना करने के लिए तैयार थे। असम्प्रज्ञात की लीला के साथ शारीरिक पीड़ा का मेल खिलाने वाले रेखांकन जब उन्हें 'फिट्स' आये तब अस्पताल में बनाये थे। 'वृश्चिक' के ज़िल्द के लिए वियतनाम युद्ध में जुटे हुए अमेरिकी सैनिकों के पीड़ा भरे पत्र छापने थे तब उन्होंने ऊपर से निलम्बित मोटी सी पिस्तौल के नीचे उलट-पुलट हो रहे मानवीय जोड़े का बेहद प्रभावपूर्ण रेखांकन बनाकर दिया था।

यह सब कहाँ से आता होगा?—ऐसे सवालों का कोई सीधा जवाब नहीं। जेराम से भी यह मिलना मुमकिन नहीं था। पूछने जाओ तो कभी टूटे बिखरे शब्दों में कुछ मर्म भरा बोल भी जाते। ऐसी सृजनशीलता का मूल ढूँढ़ने के लिए कहीं और ही खोजना पड़ेगा। व्यापक अर्थ में उसके ताने-बाने या छोर समकालीन काल की गतिविधियों में मिल सकते हैं। बीसवीं शताब्दी के पचास-साठ के दशक एक संक्रान्त समय का सूचन देते हैं। उसमें एक विश्वव्यापी खदबदाहट की लहर चारों ओर फैल उठने के आसार मिलते हैं। दूसरे विश्व-युद्ध में भयानक हिंसाचार से लहूलुहान हुई चेतना में से अस्तित्ववादी और उसके बाद विसंगतिवाद के बीज

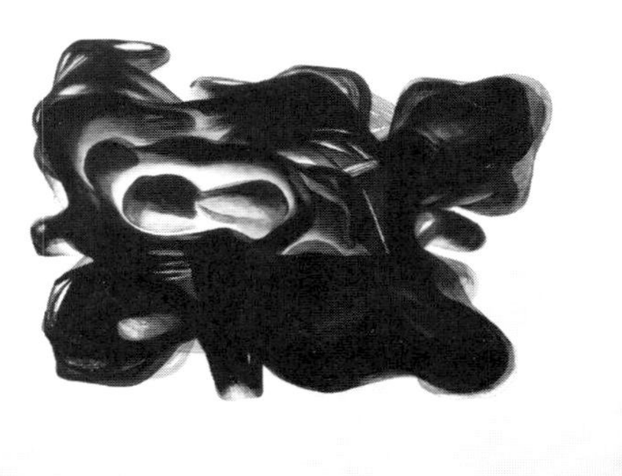

जेराम पटेल, **बिना शीर्षक**, *काग़ज़ पर स्याही, १९८० ई.*

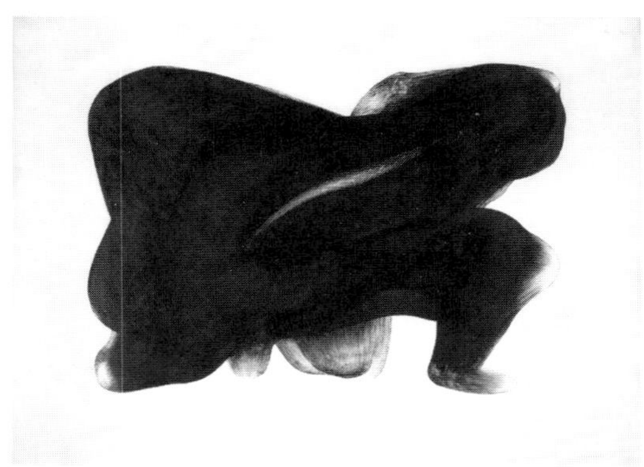

जेराम पटेल, **बिना शीर्षक**, *काग़ज़ पर स्याही, १९८० ई.*

फूटे जिसमें से बहुतों को विरति लिपट गयी। कलाकार भी उससे अछूते नहीं रहे। हिस्पानी आन्तोनी तापियेस और इटली के आल्बेर्तो बुर्री ने चित्रों में गहरे रंग चुपड़कर उसमें छुरी से छेद किये, फिर लकड़ियाँ जलायीं, प्लास्टिक के चिथड़े 'कैनवास' पर चिपकाये और उसी इटली के ल्यूचियो फोन्ताना ने कैनवास के पेट में चीरा कर दिया। फ्रांसीसी ईव्ज कलाईन ने स्त्री मॉडल को नीला रंग पोतकर कैनवास पर उनके अंगों को घिसवाया। कुछ को यह सब कला के अस्तित्व के सामने उभरी चुनौती जैसा लगा। पदार्थ-केन्द्रित कलाकृति पीछे हट गयी जिससे सिनेमा ने उस छटपटाती पीड़ा-संवेदना को फ़िल्म की पट्टियों में प्रतिबिम्बित कर झेला। सन् १९५७-५९ के दौरान लन्दन में पढ़ रहे जेराम ने इसमें से कुछ देखा होगा। वह शायद बुर्री के प्रयोगों से भी अनजान नहीं होंगे। उन प्रयोगों के पल को उन्होंने इतना घोटकर आत्मसात् किया कि उसमें से ज़िन्दगी भर सँजोये रखने वाला नुस्ख़ा निकल आया।

दिल्ली में उस समय संयोगवश भावनगर का एक समूह-सा बना हुआ था। ज्योति और जयन्त पण्डया वहाँ बसे थे। ज्योति दिल्ली रेडियो से गुजराती में समाचार पढ़ा करती थीं; रसिक हेमाणी (बापू) का इत्र का व्यापार था; छबिकला का अप्रतिम कलाकार किशोर पारेख 'हिन्दुस्तान टाइम्स' का प्रमुख फ़ोटोग्राफ़र; हसमुख-नीला शाह दम्पति में हसमुख ने पढ़-पढ़ाकर राजपत्रित पद प्राप्त किया था। इसमें दिल्ली के चक्कर लगाते भावनगरी कलाकार हिम्मत शाह और सोजीत्रा के जेराम पटेल दिल्लीवासी स्वामीनाथन को कहाँ मिल गये यह शोध का विषय है। हमारी समूह रचने वाली मण्डली जमी थी उसमें सीधे या अप्रत्यक्ष रूप से भावनगर समुदाय भी आ मिला। कलाकारों को ज्योति-जयन्त और हसमुख-नीला की मेहमाननवाज़ी मिली और सुना है कि बापू ने कुछ कलाकारों को बुरे दिनों में आर्थिक रूप से निभाया। पण्डया दम्पति ने हमारे कलाकारों के समूह को चर्चा-चिन्तन करने के लिए

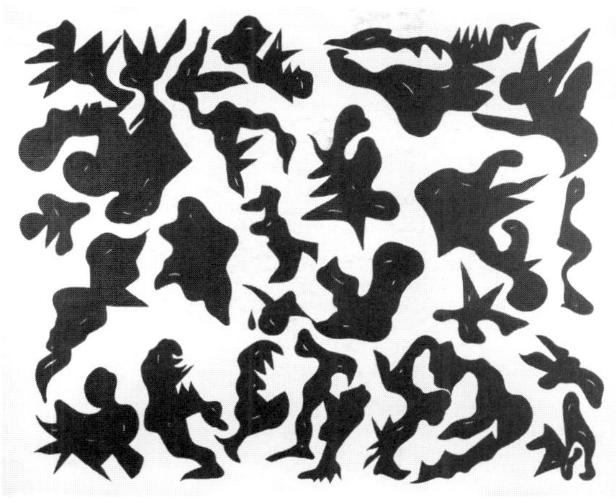

जेराम पटेल, **बिना शीर्षक**, कैनवस पर एक्रिलिक, २०१० ई.

भावनगर आने का न्यौता दिया जिसके पीछे जेराम का हाथ रहा हो तो कोई आश्चर्य की बात नहीं। शायद उस समय वे ज्योति के काफ़ी क़रीब पहुँचे थे। हम सब (शायद नौ-दस लोग) सन् १९६२ के अगस्त महीने में भावनगर, उनके घर पहुँचे तब चर्चा के कमरे की काली छत देखी। बाद में पता चला कि उसे जेराम ने ही काली रँगवाया था। उसी को ध्यान में रखकर हमारे समूह का नाम 'ब्लेक सीलिंग ग्रुप' कहने का सूचन भी हुआ था लेकिन दम्पति के घर के १८९० (आताभाई रोड) नम्बर से समूह का नामकरण हुआ 'ग्रुप १८९०'। प्रदर्शनी के पहले किशोर पारेख दिल्ली में समूह के कलाकारों को इकट्ठे कर पुराना क़िला ले गये और उधर खण्डहर के सामने हम सभी को खड़ा करके फ़ोटो खींचा था जो कैटलॉग में तो छपा ही लेकिन किशोर ने तो उसे उद्घाटन के दिन 'हिन्दुस्तान टाइम्स' के पहले पन्ने पर रखवाया था! मैं प्रदर्शनी के समय हाजिर नहीं था : लगभग पखवाड़े के पूर्व मैं आगे की पढ़ाई के लिए लन्दन पहुँच गया था। वहाँ मैंने सुना था कि जवाहरलाल नेहरू ने उसका उद्घाटन किया था और ओक्टेविजो पाज ने कैटलॉग में समूह की भूमिका बाँधते हुए 'Surrounded by infinity' नाम से लेख लिखा था। यह भी पता चला था कि जेराम को मन्त्रीपद की जिम्मेदारी सौंपी गयी। मैं तीन वर्ष के बाद १९६६ में वापस लौटा तब उस दौरान कोई भी प्रवृत्ति नहीं होने की गुसपुस भी सुनी। समुदाय के कुछ सभ्यों ने जिम्मेदारी को सही ढंग से निभा न पाने का दोष जेराम के सर पर डाला था। उसके बाद १९६७ के मई महीने में सात-आठ सदस्य बड़ौदा में मिले, वहाँ मन्त्री के रूप में मेरी पसन्दगी हुई। उस दौरान समूह की प्रदर्शनी मेक्सिको में करने का आमन्त्रण आया था लेकिन समूह के पास इतनी राशि नहीं थी, जो प्रदर्शन के लिए ज़रूरी थी। बम्बई की केमोल्ड गैलरी के केकू गांधी के साथ अहमदाबाद के संस्कार गृह में प्रदर्शन की बात पक्की हुई लेकिन अब सभ्यों में उत्साह नहीं था। नये सभ्यों को जोड़ने के बारे में भी कोई सहमति नहीं बन पायी। आख़िरकार समूह समेटा गया। समूह की शुरुआत में समस्त भारत के कलाकारों का संगठन रचने की, कला-केन्द्रों को स्थापित करने की, सुयोजित प्रदर्शन और प्रकाशन की जो योजनाएँ बनायी थीं, सब मिट्टी में मिल गयीं।

सन् १९६६ में स्वामीनाथन ने लगभग सोलह पन्नों की अँग्रेज़ी की पत्रिका 'कोन्ट्रा' निकाली थी जिसमें दिल्ली की ललित कला अकादेमी के स्थापित हितों के एकहत्थे शासन के सामने

विद्रोह का ब्यूगल बजाया। उस राष्ट्रीय संस्था में जड़मूल से परिवर्तन करके उसके लोकशाहीकरण करने का आन्दोलन मैंने और भूपेन द्वारा १९६९ में शुरू की हुई पत्रिका 'वृश्चिक' द्वारा, सारे देश में गूँज उठा। सरकार ने झुककर जाँच समिति का गठन किया और अन्त में पन्द्रह सभ्य कलाकारों की 'इलेक्टोरल कॉलेज' के द्वारा चुनकर भेजने की परम्परा दाख़िल हुई : स्वामीनाथन, जेराम और मैं चुने गये। हमारे सामने 'ग्रुप १८९०' वाले कई सपने थे जिसमें से मुश्किल से दो–चार साकार हुए थे कि अन्तर्राष्ट्रीय त्रिवार्षिकी (ट्रिएनाल) के भारतीय विभाग में कलाकारों के चयन सम्बन्धी गड़बड़ हुई। चयन समिति को सम्पूर्ण और अबाधित अधिकार दिये होने के बावजूद अकादेमी के नये सदस्यों ने चयन समिति की रिपोर्ट को फेंक दिया। समिति को बर्खास्त कर नयी समिति रचकर कई कलाकारों को समाहित करने वाली नयी चयन को अमल करने की सिफ़ारिश की गयी जिसको लेकर काफ़ी बड़ा विवाद हुआ। उस पल्टे में स्वामीनाथन और जेराम ने नेतृत्व किया। उस ग़ैर–लोकतान्त्रिक निर्णय के विरुद्ध मैंने अपना इस्तीफ़ा दिया। उसके बाद तो अकादेमी में विवाद बढ़ते गये, झगडालु और शैतानी स्वभाव के लोग बढ़े, खटपटें बढ़ीं और स्वामीनाथन भी निकल गये, लेकिन जेराम उन खटपटों में शामिल रहे। चुनाव में गन्दगी पैदा हुई लेकिन जेराम उसे छोड़ नहीं सके। न जाने क्यों वे ऊँचे पद के लोभ को छोड़ नहीं पाये और वर्षों तक उन खटपटों में उलझे रहे। क्या उनका ख़ालीपन इन उलझनों से भरा होगा? मैंने देखा कि शिक्षा में भी उनकी दिलचस्पी कम होने लगी थी इसलिए एक ही कॉलेज में साथ में होने के बावजूद हम एक–दूसरे से दूर रहना पसन्द करते थे। वर्षों बाद मैं रेसिडेंसी के चौथे भाग में रहता था तब मित्रों के बीच मन खोलकर बात हो ऐसे अकादेमी की बात निकली और कुछ टकराव के बाद एक–दूसरे को आघात पहुँचाने की बात पर दोनों ने अपनी संवेदनाओं के आवेग बहाये, उसके बाद सब ठण्डा हुआ।

जेराम के स्वभाव की सख़्ती के साथ कितना नर्म दिल होगा उसका ख़याल उनके दूसरे कलाकारों के साथ के सम्बन्धों से पता चलता है। नीलू तो निश्चित रूप से मानती है कि स्त्रियों की ओर उनका रवैया हमेशा स्नेह और कोमलता से भरा होता। मित्रों में अर्पिता सिंह, हिम्मत शाह और मनु पारेख जैसे उनके काम की ऊर्जा से प्रभावित थे जो उन्हें मन से याद करते हैं। रामकुमार और सतीश गुजराल का बड़ा नाम लेकिन जेराम उनके साथ रचनाओं का विनिमय करते थे। उन दोनों के काम के साथ अर्पिता का भी एक चित्र मैंने उनके घर देखा है। स्त्री मित्रों में मेरे ख़याल में नसरीन उन्नीस सौ साठ के बीच में उनके जीवन में दाख़िल हुई। वह इंग्लैण्ड में पढ़ी थी। दिल्ली के निज़ामुद्दीन इलाक़े में छत की 'बरसाती' में अकेली रहती थी। उस दौरान गीता कपूर और उसकी बहन अनुराधा के साथ मैं नेपाल गया जिसमें जेराम नसरीन के साथ जुड़े थे। १९७१ में नसरीन फाइन आर्ट्स में पढ़ाने बड़ौदा पहुँची जिसके पीछे मूल कारण जेराम ही थे। यह भी वक़्त की बलिहारी समझो कि बड़ौदा आने के बाद नसरीन के काम में मूलभूत रूप से बदलाव आया और आज अन्तर्राष्ट्रीय कला–क्षेत्र में उसका नाम गूँज

रहा है। ज्योति–जयन्त कब दिल्ली से मुम्बई चले गये उसके बारे में कुछ भी पता नहीं लेकिन १९८० के आसपास वे भी बड़ौदा–वासी हुए, वह भी जेराम के कारण ही। उस समय जेराम रेसीडेंसी में ऊपर की मंज़िल को जो सुब्रह्मण्यन् ने ख़ाली किया था, वहाँ ज्योति और जयन्त के साथ रहने गये। साल–दो साल के बाद जयन्त के जाने के बाद ज्योति मृत्युपर्यन्त (१९९६ या १९९८) जेराम के साथ रहीं। बड़ौदावास के दौरान ज्योति ने रेखांकन बनाना शुरू किया और शायद जेराम के जीवन को भी पटरी पर चढ़ाया। नसरीन फतेहगंज में अकेली रहती थी, वह प्रेम दीवानी जेराम के इन्तज़ार में—दिखने में थोड़े ठीक चेहरे वाले—भीमसेन जोशी को बार–बार बजाती–बजाती १९९० में गयी।

ज्योति के जाने के बाद अठारह वर्ष तक जेराम अकेले रहे। नौकरी से निवृत्ति के बाद भटकना कम हुआ। अकेलापन बढ़ा होगा लेकिन उन्होंने काम नहीं छोड़ा। फिर तबीयत ख़राब होने लगी। क़रीबी लोग कम हुए तब फाइन आर्ट्स में एक समय मॉडल का काम करने वाले राजस्थानी लड़के डाह्या ने उनका ध्यान रखना शुरू किया। जब वे व्हीलचेयर में बैठने लगे तब डाह्या ने उनके कारोबार का जिम्मा ले लिया। गैलरी वाले उनके यहाँ चक्कर लगाते लेकिन डाह्या की दख़लन्दाज़ी के कारण वे उन तक नहीं पहुँच पाते। बीच में एक औद्योगिक क्षेत्र के असित शाह ने उनके काम को लेकर प्रदर्शनी आयोजित की थी। कहा जाता है कि उनके संग्रह का दूसरे कलाकारों का काम असित शाह के यहाँ पहुँचा है, हालाँकि यह मात्र अफ़वाह है। आख़िरी दो वर्ष के समय में दिल्ली के किरण नादर म्यूज़ियम के बड़ौदा पढ़ी हुई, कला की इतिहासकार रुबीना कारोड़े ने जेराम को मनाकर असित शाह के साथ सन्धि करके लगभग दो सौ बिन बिकी रचनाएँ बड़ा मूल्य देकर म्यूज़ियम के लिए ख़रीद ली हैं।

जनवरी अठारह को, वापस नहीं लौटने की शर्त पर, जेराम लम्बा भटकने के लिए निकल गये।

२६ अप्रैल, २०१६, डलहौजी
एतद् : २१०

गुजराती से अनुवाद : किरन सिंह

भेरू

भूपेन खख्खर (१९३४-२००३)

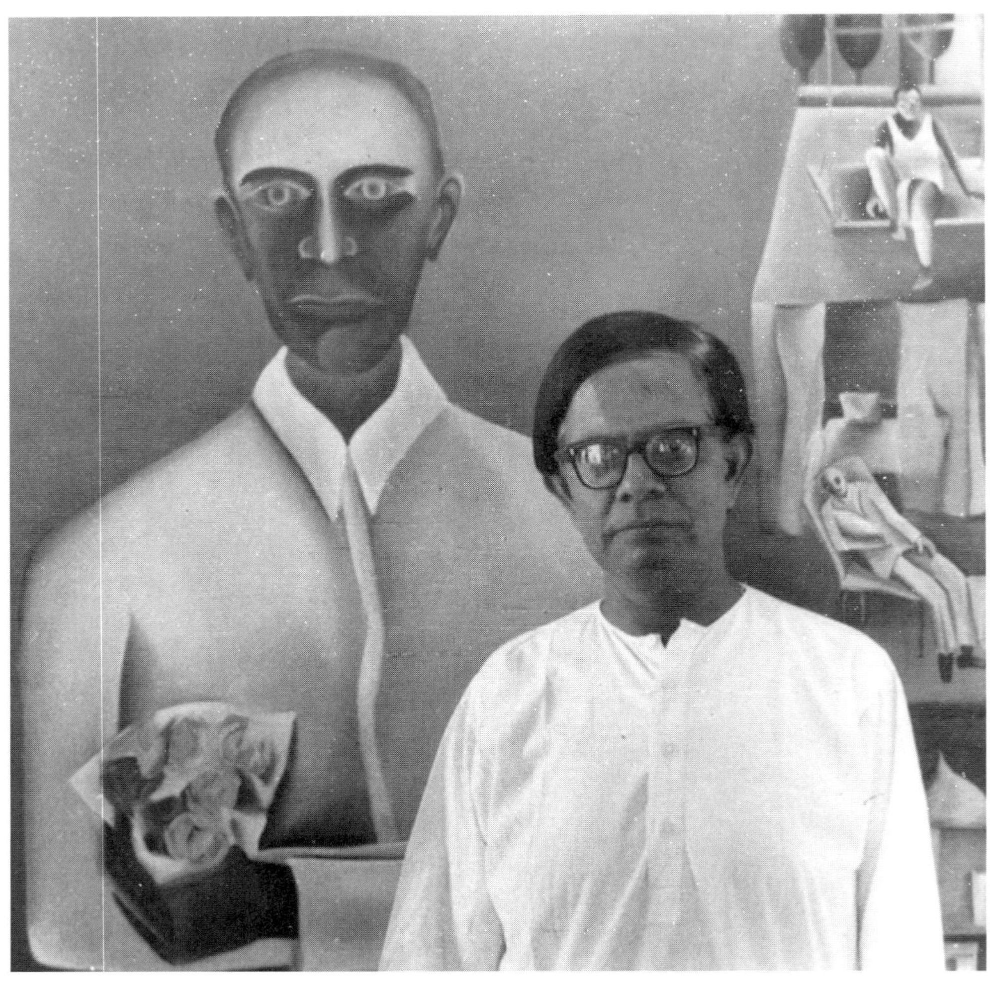

प्लास्टिक के गुलदस्तेवाला आदमी *(१९७६) के सामने भूपेन खख्खर*

तस्वीर : लेखक

पहले-पहल कब मिला याद नहीं; लेकिन १९५९ के दौरान जब बम्बई जाता तब सुनील (कोठारी) और प्रद्युम्न (तन्ना) के परिचय से मिलना हुआ होगा। स्वभाव से शर्मीला, मोटे चश्मे के चलते थोड़ा बुद्धू-सा भी लगा था। वह और सुनील दोनों चार्टर्ड एकाउंटेंट : भूपेन की तो फर्ग्युसन जैसी जानी-मानी कम्पनी में नौकरी थी लेकिन लगभग रोज़ ही वह जे.जे. स्कूल ऑफ़ आर्ट की शाम की कक्षाओं में चित्र-कला सीखने भी जाता था। वहाँ पलशीकर के साथ उसका सम्बन्ध बना था। उस समय कैसे और क्या चित्र बनाता था यह पता नहीं लेकिन मेरी सुनील, प्रद्युम्न के साथ की दोस्ती में तीसरा वह भी जुड़ गया। सुनील के यहाँ भोईवाड़े में चार-पाँच भौंडी-सी सीढ़ियाँ चढ़कर मैं जाया करता वहाँ उसकी पुष्टिमार्गी माँ (बाद में सुनील के कहे मुताबिक़ वे मुझे मुसलमान के चोले में वैष्णव मानती थीं!) प्यार और उत्साह से परोसतीं, खिलाती-पिलाती। प्रद्युम्न के वहाँ भी जाना होता था : उसके परिवार से भी ख़ासा घरोपा था। सुनील बड़बड़िया तो प्रद्युम्न धीमा बोलने वाला : अभी तक जैसी लिखता रहा वैसी ही देशज (ठेठ) बानी में कविता रचता और काठियावाड़ी ग्रामीण लोगों और ढोर-डंगर के 'कुमार' पत्रिका में छपते ऐसे 'गुजराती ढंग' के चित्र बनाता। उसके उकेरने का कसब प्रभावी लगता और भैंसोंवाला एक चित्र 'काला सोना' उस समय अच्छा लगा था। सुनील का जी ही नचैये का। वह ख़ाली बैठता ही नहीं (उसके जोश में आज अस्सी का होने को है तब भी कोई कमी आयी नहीं।) : वह मुझे नृत्य के जलसों में घसीट जाता। एक बार कथकली के गुरु कुंजुकुरूप के केरल कलामण्डलम् का कार्यक्रम था। टिकट या निमन्त्रण नहीं इसलिए हम पिछले दरवाज़े से घुसे, पकड़े गये और बाहर धकिया दिये गये तब भी दोबारा घुसकर उस कार्यक्रम को अलबत्ता देखा। सुनील तो एक कुर्सी को ख़ाली देख आगे की कतार में जा बैठा था। फिर उसी के साथ यामिनी कृष्णमूर्ति का कार्यक्रम देखा था और नृत्यांगना के देह वैभव एवं उसके नृत्य पर लट्टू हुए होने की याद है।

खेतवाड़ी में विशाल खख्खर परिवार का दो-मंज़िला घर। माँ महालक्ष्मी की ज़बरदस्त

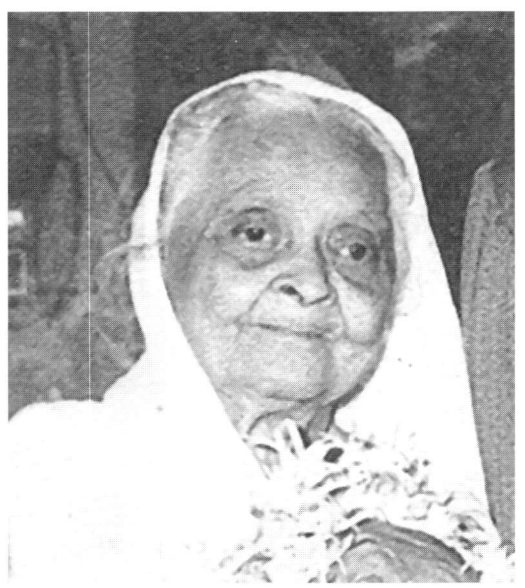

भूपेन खख्खर की मातृश्री महालक्ष्मी

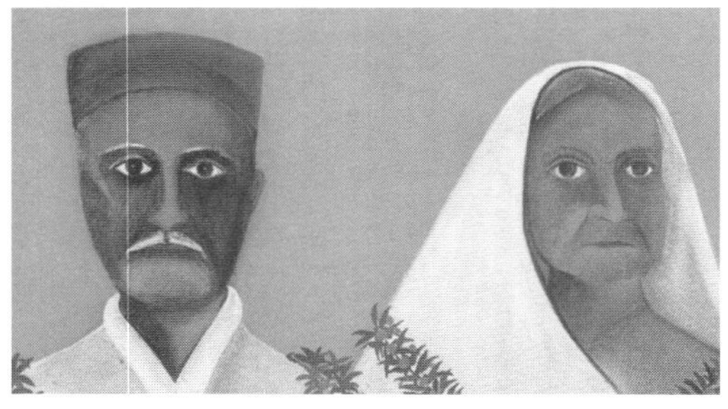

*भूपेन खख्खर, **यात्रा को चले माता-पिता** (१९७१) का एक भाग*

सौजन्य : गैलरी केमोल्ड, मुम्बई

हैसियत। पूरा घर उनकी उँगली पर। उनकी धाक से सन्नाटा छा जाता लेकिन भूपेन के कारण मुझे उनका स्नेह मिला (मातृप्रेम का परचा इन दोनों दोस्तों की माँओं ने दुगुना कर दिया।) : वे भी बड़े प्यार से परोसकर खिलाती थीं। खाना बनाने में इतनी दक्ष कि उँगलियाँ काट खायें। मैं उनके यहाँ जाने वाला होता तो मेरी पसन्द के साबुत, रसेदार बैंगन अचूक बनातीं। (बरसों तक यह रिवाज़ बना रहा।) घर में 'बजार' (ब्रह्मक्षत्रिय परिवार का मछली के लिए खुफिया पर्याय) पकने पर ज़रूर याद करतीं। एक पर्त वाली रोटी भी पहली बार उसी घर में मिली थीं। मुझे लगता है कि माँ तक इतना अधिक पहुँचाने के पीछे भूपेन की परोक्ष मुहिम, उसकी अपनी सी.ए. की नौकरी छोड़कर माँ से वड़ोदरा जाने की हामी भरवाने की थी और हुआ भी ऐसा ही। मेरे आग्रह के चलते वह अपनी प्रतिष्ठित और ऊँचे वेतन वाली नौकरी छोड़कर चित्र-कला सीखने वड़ोदरा आया यह बात माँ को जँची नहीं होगी (परोक्ष रूप से मुझे गरियाया हो तो भी अचरज नहीं) लेकिन मन में खटास रह गयी हो तब भी खेतवाड़ी में किसी ने ऐसा लगने नहीं दिया। भूपेन के वड़ोदरा आने के बाद माँ कई बार आती और लम्बे समय तक रहती और जब वह अपने घर में रहने लगा तो फिर उसके कारोबार को वे ख़ुद सम्भालती, वह मार्च १९८० तक यानी उनके विदा होने तक सँभाला। बड़ी उम्र में चलने-फिरने की और दूसरी भी तकलीफ़ें थीं मगर घर उन्हीं के सुपुर्द रहा। आख़िर के दिनों में चौबीस घण्टे की नर्स और सहेली जैसी एक कोंडीबाई को अपने साथ लातीं और देहरी पर पान की डिबिया लेकर बैठे-बैठे ही चौधराहट चलातीं। शुरू के दिनों में भूपेन का कहीं कोई ठिकाना लग जाय इस आशय की बातें हुआ करती थीं। बेटे की जातीयता की पसन्द का उन्हें पता था कि नहीं, यह थोड़ा संदिग्ध रहा है, क्योंकि भूपेन

के कथनानुसार उनके परिवार में ऐसे उदाहरण अनजाने नहीं थे। शायद असमंजस में रहीं हो। देर से या शादी न करने के पीछे अगर किसी 'अपूर्व सुन्दरी' की तलाश हो तो माँ कहतीं कि : 'जनानी सब एक सी, दिया बुझा दो तो सबकी सब हेमा मालिनी।' देर से घर बसाने के लिए शादी करने की बात को भूपेन ने चाय पीने के लिये चाय की दुकान ख़रीदने जैसा बताया था।

भूपेन सन्दिग्धता की भूमिका को सटीक निभाता था। बाहर से सबके जैसा 'सीधा' होने का स्वाँग धरता और भीतर की एक गुप्त दुनिया। उन्नीस सौ साठ के आरम्भिक दौर में पुरुष-प्रेम की पसन्द को ज़ाहिर करना कठिन ही नहीं, दुनिया सारी को दुश्मन बनाने जैसा; दोहरे जीवन के अलावा कोई रास्ता नहीं। शुरू के सालों में तो उसके दोहरे जीवन से मैं भी अनजान था लेकिन तिरसठ के अरसे में विवान (विवान सुन्दरम) ने मुझे उसके इस 'चलन' को लेकर झकझोरा था। उसके बाद जब मैं तीन साल तक इंग्लैण्ड में रहा तब वह नागजी (पटेल) और कृष्ण (छातपार) के साथ रहा। उस दौरान उन्हें भी पता चला। एक बार उन्होंने उसे किसी अजाने पुरुष की बाँहों में देखा तब पकड़े जाने के डर से 'चोर! चोर!' जैसा हैरतअंगेज़ वाकया बनाकर अपने प्रेमी को भगा दिया था। १९६६ के अक्टूबर में जब मैं वापस लौटा तब वे तीन

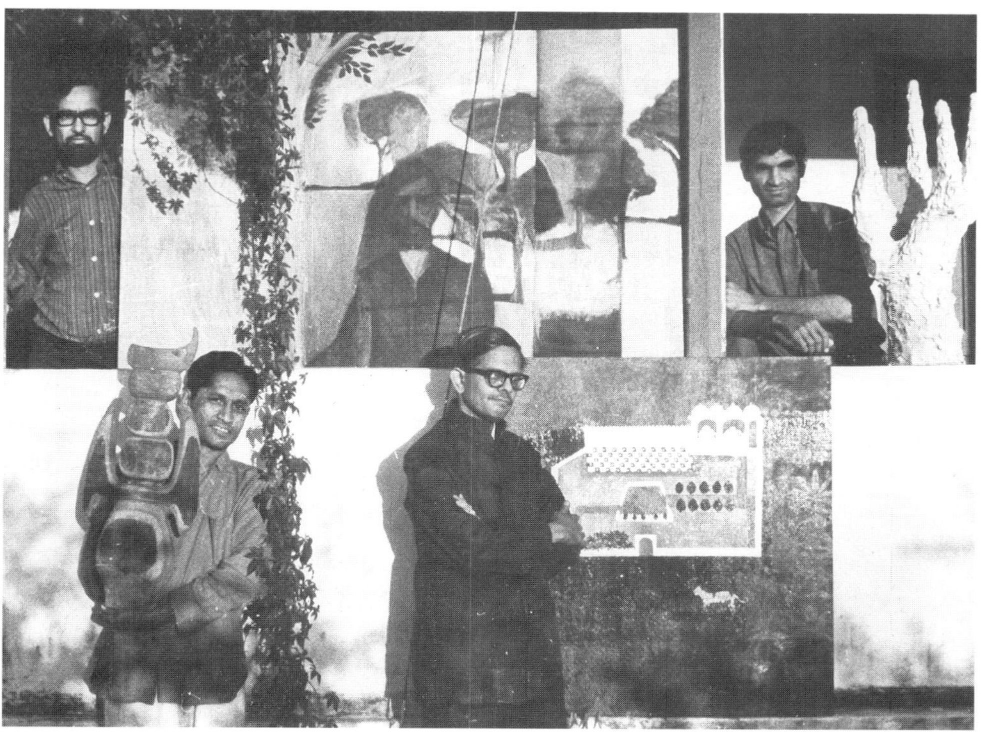

अपनी-अपनी कलाकृति के साथ गुलाममोहम्मद शेख, नागजी पटेल, भूपेन खख्खर और कृष्ण छातपार, शिवमहल परिसर, बड़ोदरा, १९६९-७०

और दूसरे दो (परम्तप मजमूँदार और तन्मय गंगोपाध्याय) शिवमहल के 'आउट हाउस' के कमरों में रह रहे थे, वहाँ मुझे छठवें कमरे में जगह मिली। भूपेन शिवमहल की कुँवरी का हिसाब-किताब कर रहा था इस नाते उसे वहाँ बिना मूल्य चुकाए रहने को मिला होगा। एक कतार में छह अलग-अलग कमरे और सामने चीकू और आम के पेड़। उस समय उसके कमरे में अनजाने लोगों का आना-जाना हम अकसर देखते। कभी-कभी शहर में साथ घूमने निकलते तब 'ऐसा' कोई व्यक्ति रास्ते में टकरा जाता, इस पर से उसकी पसन्द के व्यक्तित्व से हम परिचित हुए। कभी उसकी ग़ैरमौजूदगी में 'उसकी सौन्दर्य की अवधारणा' को लेकर मज़ा भी लेते लेकिन इस बात की ओर अधिक ध्यान नहीं देते। वह अकुलाये नहीं यह सोचकर हम उस बात को छेड़ते ही नहीं थे और उसे सँभालने की ख़ातिर बाहर से इस बात पर मौन रहते। भूपेन भी देर तक इस सन्दिग्धता को बनाये रखने के लिए हमारे वर्तुल की स्त्री मित्रों गीता कपूर और नसरीन मोहमदी के साथ रोमांस का स्वाँग रचता। उस दौरान लिखी गयी उसकी इक्की-दुक्की कविता 'रम्भा, रम्भा, तुम मनोज की कम्पनी छोड़ दो!' मेरे लफड़ों के नाम पर सबको दूसरे रास्ते पर ले जाने का पैंतरा हो तो भी कोई अचरज नहीं। महेन्द्र देसाई ने बरसों तक भूपेन के साथ ज्योति लिमिटेड में नौकरी की थी फिर भी ठेठ १९८० तक भूपेन द्वारा धारण किये गये छद्म वेश के भ्रम में रहा। उस पर किताब लिखने से पहले उसने मुझसे पूछा था, 'ये शादी क्यों नहीं करता?' दोहरे जीवन के, विशेष रूप से गुप्त सम्बन्धों के मामले में सुरेशभाई (जोशी) भी उतने ही रसिया। दोनों जासूसी कथाओं के चाहने वाले और सिमेनोन उनका प्रिय लेखक। सिमेनोन ने बड़ी उम्र में, आप-कथा में कुबूल किया है कि बरसों तक उसने दोहरा जीवन जीया था। सबको चकमा देकर वह रोज़ एक नयी, अनजान स्त्री के साथ शयन करता रहा था। पुस्तक से परिचय करवाने वाले सुरेशभाई से भी भूपेन को उससे ज़बर्दस्त जोश चढ़ा था। उस समय सुना था कि उसकी भी कोई ऐसी खोज फिर रोज़-रोज़ की हो गयी थी। लेकिन उसके प्रेमी के रूप अलग थे। पकी उम्र के या वृद्ध, जिनका जीवन ख़र्च हो चुका हो ऐसे, थकान और नीरसता से सराबोर, कोमलता के भूखे, बहुत ही वध्य-कोमल (vulnerable), अधूरी-इच्छाओं के आतिश को जगाने के लिए किसी अगम चमत्कार की बाट जोहते, विधुर या विवाहित लेकिन यौन जीवन पार कर चुके हों ऐसे और कुछ तो बिलकुल मौत की कगार पर बैठे लोग। आमतौर पर निचले या मध्यवर्ग पर कभी-कभार सम्पन्न भी इसमें शामिल होते। इनमें विदेश से वापस लौटे और बिस्तर से लगे पटेल हों या चाय की दुकान चलाने वाले, स्थानीय राजनीतिज्ञ, निवृत्त अफ़सर हों या सार्वजनिक बग़ीचे का माली। चेहरे-मोहरे से बड़ी उम्र के लेकिन चौड़े मुँह, तीक्ष्ण होंठों, उछलती आँखों वाला वेंकटरमन या मल्लिकार्जुन मंसूर जैसा चेहरा-मोहरा। प्रेमियों की इस कतार में से कुछ सम्बन्ध गहराई तक पैठे, लम्बे अरसे तक चले। सबसे पहले जिन्हें देखा वे थे शंकरभाई पटेल या शंकर काका, फिर रणछोड़ और चन्द्रकान्तभाई और आख़िर में वल्लवदास तथा हीराभाई। दूसरे सब तो छूकर निकल जाने वाले थे—जिनके नाम-पते नहीं, लेकिन खोजने चलें तो सिरा

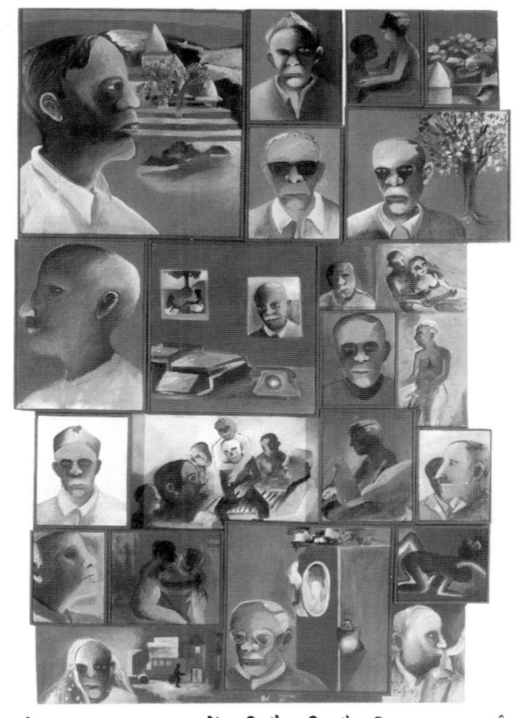

भूपेन खख्खर, ***बदमाशों की गैलरी,*** *तैलचित्र, १९९३ ई.*
सौजन्य : महेश चन्द्र, नयी दिल्ली

उसके चित्रों में मिल जा सकता है। Gallery of Rogues (१९९३) में उसने पूरे आराध्य परिवार को अच्छी तरह से जमाया है। जो उसके संगी-साथी हो जाते उनके प्रेम में वह गले-गले तक डूबा रहता : सेवा भी ऐसी ही करता। ज़रूरत पड़ने पर रुपये-पैसे से भी पहुँच पाता और बीमारी-तिमारी होने पर देखभाल करता, चाकरी भी करता। मेरे एक डाक्टर ने भावुक होकर बताया था कि एक बार भूपेन एक ज़ैफ को कितने जतन और करुणा-भाव के साथ अस्पताल लाया था! "How many hands do I need to declare my love to you?" ("तुम्हारे प्रति अपने प्रेम को प्रकट करने के लिए मुझे कितने हाथ चाहिए?") (१९९४) में बहुल-हस्त प्रेमी साथी के इर्द-गिर्द अनेक हाथों का प्रभामण्डल रचा हुआ है। 'हिए में आदमी' (१९९४) में श्वेतकेशी, नीली (घनश्याम?) देहवाले नतमस्तक प्रेमी के हृदयोदर में प्रेमियों के मुखारविन्द खेलते हैं। 'सुबह' (२०००) में एक प्रेमी के पहलू में पैठते-पैठते दूसरा गर्क होने को है।

ये अलिखित, अज्ञात प्रेमी उसे चारों ओर मिल जाते : ऐसे व्यक्तित्व की भनक पाकर उससे रहा नहीं जाता। रास्ता प्रेमलक्षणा का, न्योछावरी का, समर्पण का; प्रेमी तो आराध्य देवी-जान और देह सब कुछ उसके हवाले। अचानक ऐसे व्यक्ति से भेंट हो जाने पर किसी अदम्य चाहत के सवार हो जाने की तरह, आसपास के सब कुछ को भुलाकर, किसी भी तरह उसका पीछा करता और उसे लपेटे बिना उसे चैन न मिलता। एक बार मैं उसके साथ बस में प्रवास कर रहा था तब बगल की सीट पर बैठे 'ऐसे' पात्र को देखकर वह बहक गया और देखते-देखते तो उसने उसकी बगल में जगह बना ली : लगभग पल भर में ही देह-मुद्राओं और बातचीत के माध्यम से उस अज्ञात व्यक्ति को उसने अपने प्रेमी में बदल दिया। सपरिवार ज़ैफ भी उतना ही पागल हो गया। बीच में बस कहीं खड़ी हुई और हम चाय पीने नीचे उतरे, वहाँ उसने मेरी पहचान कराई। ज़ैफ ने मुझसे कहा, "यह तो देवपुरुष हैं! हैं ना?" ऐसा सब देखकर ओशो और भक्ति की भनक मिलती है। पासोलिनी के 'प्रमेय' 'Theorema' में एक ख़ूबसूरत और अदम्य चुम्बकीय आकर्षण वाला युवक, एक परिवार के हर सदस्य को एक

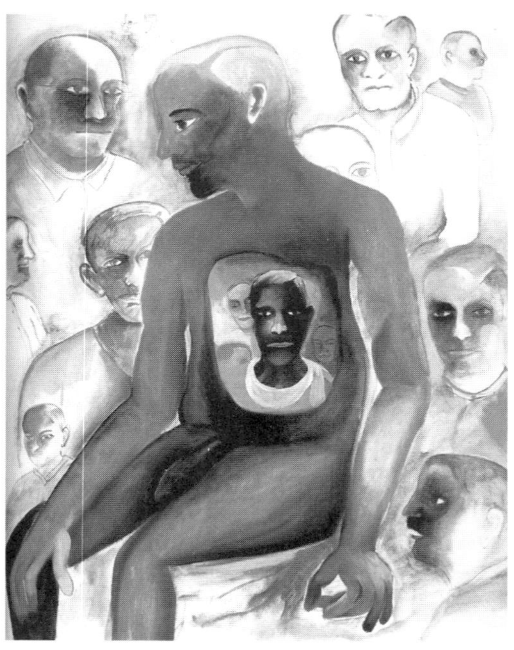

भूपेन खख्खर, **दिल में दोस्त**, तैलचित्र, १९९९ ई.
सौजन्य : रोहित गाँधी, नयी दिल्ली

के बाद एक बाँहों में भरकर, सहचार करके निर्ममतापूर्वक त्याग जाता है तो गृहिणी उसके विरह में पगलाकर रास्ते पर भटकते लोगों के साथ सहचार साधती भटकने लगती है, जवान बेटे और बेटी का दिमाग़ सटक जाता है, बावरा बाप तो मिलान के बाज़ार में कपड़े उतारकर भागता है और पहाड़, समुद्र और रेगिस्तान को फलाँगता हुआ दौड़ा चला जाता है। घर की कामवाली तक आगन्तुक के विरह में रो-रोकर आँसुओं की तलैया भरती है—जिसमें उसकी देह डूबने-डूबने को है। वेनिस फ़िल्म फेस्टिवल में इस फ़िल्म को मसीही (केथोलिक ?) रहस्यवाद के किसी विशेष पहलू को व्यक्त करने के लिए पुरस्कृत किया गया था।* जवान आगन्तुक इसमें मुक्तिदाता ईसा का संकेत देता है।

भूपेन को क्या साध्य था इसका पता नहीं, लेकिन उसकी प्रेम-परिधि में आने वाले बीमार, मरते व्यक्ति के जीवन में नया संचार होता नज़र आता था। चित्रों में इन सभी को जीवनदान मिला और उसके जीवन ने ययातिपर्व का रूप धारण किया : बचपन में चले गये पिता को पुनःप्रसवित करते पिता और प्रेमी एक हुए यह तो बढ़ावे का। शायद यह उसका मुक्तिमार्ग था। फेलिनी की '८-१/२' ('एइट एण्ड अ हाफ') में नायक अपने मरते पिता को क़ब्र में उतारने को हाथ देता है, उसी तरह उसने कइयों को उतारा होगा। शंकरभाई गये तब उसने आक्रन्द करते पत्र लिखे थे। वल्लवभाई जानलेवा बीमारी में पटका गये तब वह भी ख़ुद मौत के बिछौने पर था, उसे बाहर निकलने की, तकलीफ़ उठाने की, कष्ट सहने की और सीढ़ियाँ चढ़ने की मनाही थी लेकिन वह मिलने गया ही गया, सीढ़ियाँ चढ़ा और लगभग महीने भर बाद ही उनके पीछे चलता बना। दिलीप चित्रे को उसकी साधना में गांधी के दर्शन हुए थे (यह सुनकर कुछ लोग अकुलाए और कुछेक मुस्कुरा दिये)। उसके आख़िरी दिनों के दौरान मैंने चित्रे को उसकी बीमारी का वर्णन करते हुए शिकायत के अभाव की बात बतायी तो चित्रे ने उसे स्थितप्रज्ञ कहा था। मृत्यु के कुछ महीने पहले हम कलाकारों के एक शिविर में श्रीलंका गये तब प्रोस्टेट की या दूसरी किन्हीं

* कहते हैं कुछ वर्षों के बाद इस पुरस्कार को वापस ले लिया गया था।

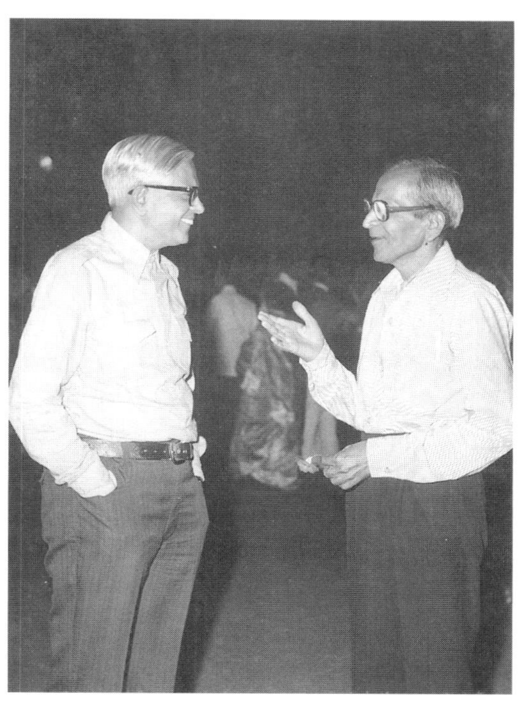

भूपेन खख्खर और वल्लवभाई

तस्वीर : नवरोज़ कॉन्ट्रैक्टर

पीड़ाओं के बारे में उसने एक शब्द भी नहीं बोला था।

मित्र और उसके मिलने वाले उसके चीकूवाड़ी वाले तिकोने मकान में खिंचे चले आते थे। अपनी पसन्द के लोगों को तो उसने असीम प्रेम पिलाया होगा, लेकिन सुना है कि संकट में पड़ने वालों के लिए धन भी भरपूर बहाया था। मूलत: तो उसका जी था ही मौज़-मज़े का : दिन में नौकरी और चित्र बनाना, और फिर बस मौज़-मस्ती। रोज़ाना जलसा। मज़ाक़, ठिठोली और मस्ती तो जैसे घुट्टी में मिले थे। नाटक-चेटक भी कोठे में। 'समंद्र की मछली' वाला बेशउर नाच करता तब झाडू-बुहारी करता हो इस तरह गरबा करता तब हमेशा 'वन्स मोर' होता। नीलू के साथ मिलकर वह 'बॉलडांस' जैसा करता। तरह-तरह के स्वाँग धरके फ़ोटो खिंचवाने की भी बड़ी चाहत। फरासख़ाने के रजवाड़ी कपड़े पहनकर जेम्स बॉण्ड की तरह बन्दूक़ पकड़े या दन्तमंजन के विज्ञापन जैसी तस्वीरें खिंचवाता। एक बार हमें भी अमेरिकन मित्रों—स्टीव और टीना के साथ मुम्बई के पुराने पारसी स्टूडियो में घसीट ले गया था, वहाँ पुरानी तरह के टोपा-टोपी पहनकर सबने 'ग्रुप फ़ोटो' खिंचवाया था। अलग-अलग स्वाँग वाली तस्वीरें वह प्रदर्शनी के अपने केटलॉग में छपवाता : एक बार उसने महानुभावों को पत्र लिखकर उनकी शुभकामनाएँ मँगवाई थीं और उन सबको अपनी स्वाँगधारी तस्वीरों के साथ छपवाया था। ऐसी शुभकामनाओं में प्रधानमन्त्री मोरारजी देसाई का सन्देश भी शामिल था।

यों भी नाटकबाज़ी या नया भेस धारण करने का तो रोज़ का रिवाज। सुबह होते ही फ़ोन बज उठता, उसमें ठिठोली के पटाखे फूटते : नये पात्र प्रकट होते, मानो नया नाटक हो। उसमें मित्रों को नयी-नयी भूमिकाएँ मिलतीं। किसी को 'आतंकवादी' बनाता तो किसी को दूसरे की स्त्री को जलाने के लिए सुन्दरियों की खोज में भटकता छोड़ देता। रोज़मर्रा की बोरियत में गड्ढे खोदने के षड्यन्त्र में जैसी इन कथाओं में सब शामिल होते। एक पात्र जो रचा वह था 'कंजूस काका' का : उसके बाद हममें से पैसे निकालने में जो भी कोई खिट-खिट करता वह 'शान्ति

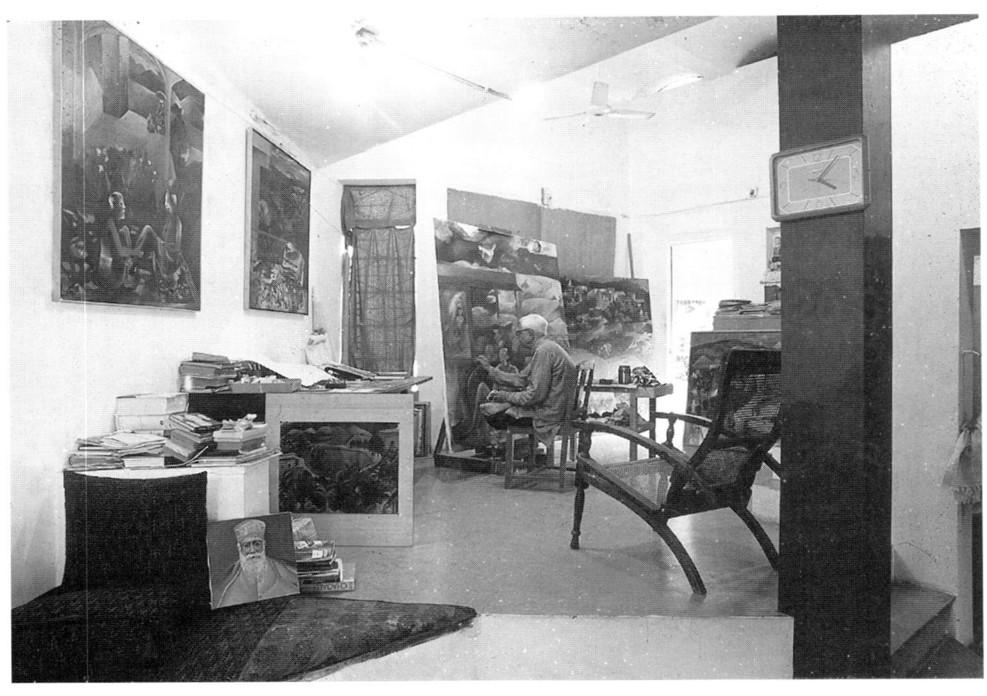

***अपने स्टूडियो में भूपेन खख्खर**, चिकुवाड़ी,*
वड़ोदरा

काका' कहलाने लगा। लम्बी यात्रा पर जा रहे हों तब ट्रेन में अनजाने यात्रियों को अपनी झगड़ालू पत्नी, उसके लफड़े और ग़लत रास्ते पर जा चढ़े बेटे की बातों से उन भोलों को बरगलाता : कई लोग उसकी पीड़ा को टालने के लिए समभाव दर्शाते। कुछ इलाज बताते और खाना भी खिलाते। साथ ही मित्रों के साथ गम्भीर मुँह बनाकर भ्रम न तोड़ने की शर्त इसलिए उन्हें भी डबल रोल करना पड़ता। अतुल (डोडिया) ने कहा है कि हॉलैण्ड के एक म्यूज़ियम में उसने गम्भीर भाव से वहाँ प्रदर्शित वान गॉग के चित्रों को, जेब में जितने पैसे थे वह सब चुकाकर ख़रीदने की ख़्वाहिश जाहिर करके वहाँ के चौकीदार को चकित कर दिया था।

मौज़-मस्ती का कारोबार आख़िर तक बना रहा। रात होने पर 'परमानन्द' प्याऊ--कलारी में बदल जाता। इसमें गाँव के दोस्त और बाहर से आ गये अन्तरंग मित्र जियाफ़त करते। चन्द्रलेखा और सदानन्द मेनन, कुमार शाहानी और गणेश देवी—कभी महाश्वेता देवी को लेकर—आ चढ़ते। सुधीरचन्द्र और गीतांजलिश्री तो मानो वहीं डले-पड़े रहते। करण ग्रोवर के साथ भी घरोपा था। बीमारी के समय तीमारदारी का संचालन करने वाले डॉ. हर्षवर्धन हेगड़े, दूसरे युवा डॉ. विजय वैद्य और डाक्टरों के मित्र अजय देसाई (वेक्सी) भी शाम के साथी हुए। हेगड़े ने, जैसा नीलू कहती है, बेटे की कमी पूरी की (भूपेन की मृत्यु के बाद वे

अचानक कहीं चल दिये थे और मुण्डन भी करवाया था)। ये सब और पंकज मशर और पुरुषोत्तम धुमाल जैसे संगी-साथियों ने विदाई के बरसों को रोशन किया। सुनील भी आ पहुँचता। उन दोनों का नाल-सम्बन्ध था, लगभग जुड़वाँ जैसे। अगर साथ हों तो उन्हें अलगाना मुश्किल। लेकिन जब झगड़ते तो सास-बहू को भी भुला देते। सदा प्रवासी सुनील का अपना कोई घर नहीं था (हालाँकि अब हुआ है) इसलिए सभी मित्रों के घर उसके हवाले। भूपेन के यहाँ पहुँचते ही वह सब कुछ अपने हाथ में ले लेता। सबसे पहले टेलीफ़ोन। फ़ोन से देश-विदेश के नम्बर लगाता, अपनी किताबें चारों ओर फैलाता। घर के चाकर पाण्डु को पसन्द का खाना बनाने के आदेश देता, ड्राइवर ईश्वर को लेकर अपने काम पर निकल जाता। जो पसन्द आ जाता वह ले जाता, हालाँकि बताकर। एक बार लकड़ी के हत्थे वाला छाता वापस लौटाने की शर्त पर ले गया और खो दिया तब भूपेन ने उसके पैसे वसूले थे लेकिन बीमारी के कठिन समय में विवान (सुन्दरम्) मिलने आया तब उसने देखा कि सुनील ने रात-रात भर जगकर गू-मूत साफ़ करने तक की सेवा की थी।

•

दोहरे जीवन का नाटक दशकों पुराना : उसमें गुप्त जीवन के रहस्यों का भण्डार : बाहर की शालीनता के पर्दे के पीछे दबा हुआ या छिपा हुआ जीवन सच्चा, सौ टंच सोना। उसमें अपने आपको उघाड़ने की छूट : इच्छाएँ, कमज़ोरियाँ, आड़ाइयाँ के इकरार। वह जितना अपना उघाड़ता उतना ही उसे दूसरों के गुप्त ख़ज़ाने खुलवाने का इन्तज़ार रहता। कई बार किसी अपूर्व रहस्य का एकान्त में इकरार करता लेकिन बदले में ऐसे ही रसीले रहस्य की उगाही भी। अपने कड़े अनुभवों : प्रेम करते हुए पकड़े जाकर मार खाने का, पहले प्रेम की पीड़ा : मुम्बई के मैदान में, यू.पी. के मेले में, समलिंगी सहचर की अच्छे-अच्छों को भड़का देने वाले, भीतर के ही लोग जानते हों ऐसे ब्योरों को सामने रखता और ऐसा कुछ प्रकट करने के लिए सामने वाले को भी प्रेरित करता। गन्दा माना जाने वाला, बहकाने वाला चारों ओर से जमा करता। रस की इस कुण्डी में अवैध अनैतिक सम्बन्ध, असामान्य यौन बर्ताव या सीमेनोन जैसे खेल के ख़ज़ाने, गर्मागर्म मसाले। उसका गुप्त करके दिया गया गुप्त रहे इसका कोई आश्वासन नहीं : शायद दूसरे दिन की महफ़िल में मसाला बुरककर बाँट भी दिया जाय। अहमदाबाद के एक प्रतिष्ठित, विवाहित सज्जन, रोज़ रात को स्त्री के वेश में घूमते, यह बहुत लोग जानते लेकिन उसके बारे में बोलते नहीं—यह तोहफा भी एक ऐसी ही महफ़िल में मिला था। ऐसी असाधारण वृत्तियों और आचरणों में उसे सांसारिक शृंखलाओं को तोड़कर मुक्तिमार्ग खोजने के कीमिये नज़र आते। इसी वजह से वह बाबाओं, साधु-सन्तों की संगत में भी जाता। कायावरोहण के राजर्षि मुनि से मिलने की बात उसने ब्योरेवार बतायी थी। जूनागढ़ के

शिवरात्रि मेले में जाने के बाद बनाये 'हठयोगी' (१९७८) में जातीयता और आध्यात्मिकता की गुत्थियों के निर्देश हैं।

जो उजागर करता वह एकदम साधारण। यह रस था क्षुद्र और क्षुल्लक का। एकदम सामान्य, दैनन्दिन, फेंक दिया गया या सभ्य समाज या कला जिसे तुच्छ माने, ऐसा, कुरूप माना जाने वाला सब कुछ वह इकट्ठा करता। प्लास्टर के देवता और कचकड़े के खिलौने, फ़िल्म के पोस्टर, फुटपाथ पर बिकते नक़्शे, छपे हुए धार्मिक चित्र आदि सब घर ले आता और उसे मुण्डेर पर या काँच के केबिन में सजाता। उसका क्यूबिस्ट तरह का तिकोना कमरा भड़क उठने वाले नीले रंग से रँगवाकर 'आधुनिक' की अवहेलना करने का दिखावा करता। हिन्दी फ़िल्म के गीत बजाता और जोर से गाता। और उससे भद्र वृत्ति में पड़ने वाली दरारों की गिनती लगाता। लेकिन इस क्षुद्र और क्षुल्लक के खेल के पीछे मूल रस आदमी का, अदने इन्सान का, ज़िन्दगी के चक्कर में, मायाजाल में फँसे, अकेले अधेड़ का। वह जना शहर का, उपनगर का, संसार की रामायण में रमा हुआ। इसमें दर्जी, मोची, चाय का ठेलेवाला, सर्कस के खिलाड़ी, सभी प्रेमी पंक्ति के : जो चित्र बनाता उसमें अच्छे से साकार होते। रेल के दूसरे दर्जे के मुसाफ़िर, घड़ी की मरम्मत करता भींची आँख और नन्हे हाथ वाला कारीगर, टायर में हवा भरने वाला 'नायर' : सारे पात्र प्रेम की परछाईं जैसे अन्तरंग, यौन रंग में रंगे हुए। रोज़ की भटकन में मिलने वाले सारे लोग काम के : उनमें मन्दिर जाने वाले भक्त या मस्जिद के नमाज़ी, राधास्वामी की संगत के साथी (वल्लवभाई भी इस संगत से ही मिले होंगे), बुरे

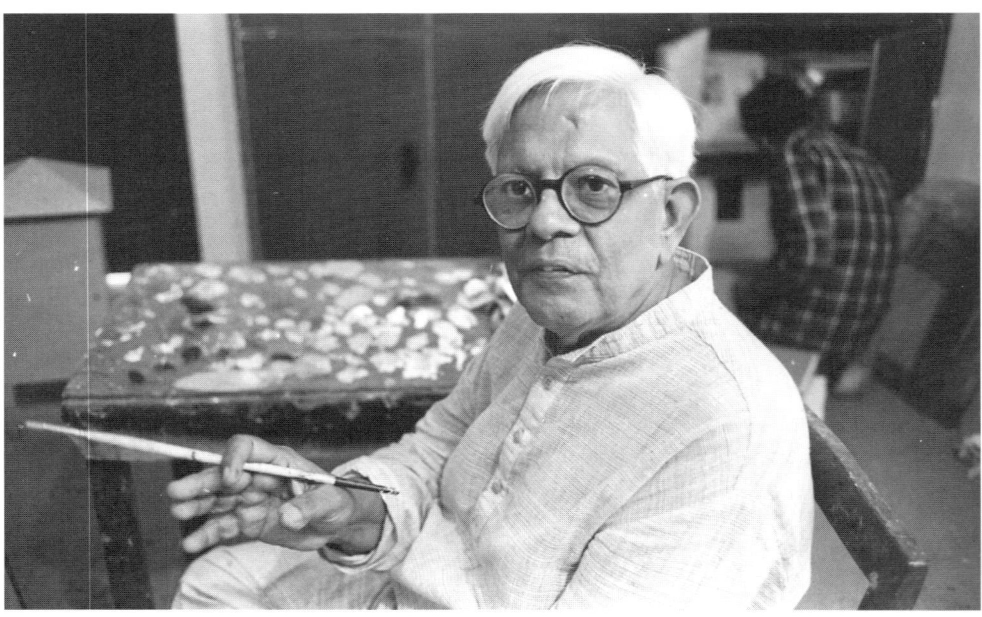

भूपेन खख्खर *चित्र करते हुए* *तस्वीर : नवरोज़ कॉन्ट्रैक्टर*

टोटकों की कानाफूसी करते दोस्त। उसने ऐसे कइयों के जीवन में प्रवेश करके उसे ऊपर-तले भी कर डाला था।

उनके घर-बार की, दुकान या गोदाम की हर मामले की तलाशी। हिसाबनवीस की तरह चीज़ों की गिनती बही जैसी स्कैचबुक में होती, इसमें सलाखें, नकूचे, चादर, बर्तन-भाँड़े, बनावटी फल, जूते-चप्पल, चश्मा सब कुछ मिल जाये। घर हो तो भीतर-बाहर की दीवारें, दरवाज़े, खिड़कियाँ और लोहे की रँगी हुई जालियाँ, दुकान हो तो उसकी अलमारियाँ, चाबी के गुच्छे, और सारा साजो-सामान, बाहर का पटिया या देहरी पर का 'वेलकम' वाला पैरपोंछा। ठेला हो तो स्टोव, कप-रकाबी, डब्बे-डूबले, गोदाम हो तो बिखरे दानों और मज़दूर के साथ बोरे आदि। रास्ते की मरम्मत वाली दुकान हो तो टायर की थप्पी और वायर के गुच्छे। जहाँ जाता, जो देखता वह सब कुछ उतारता। रेल के डब्बों की खिड़कियाँ और सोने-बैठने के पटिये, होटल के सोफ़े, स्टेशन की बैंचें सब कुछ। विदेश जाते समय विमान में बैठा तो उसमें मुसाफ़िरों के चढ़ने के लिए विमान के साथ जुड़ने वाले खोखे का चित्र बनाया। न्यूयॉर्क की टैक्सी और चालक को भी प्रेम से बनाया। तमाम चीज़ों को बरतने वाले लोग जितने प्यार से छूते उतने ही प्यार से वह उनको अंकित करता।

एक बार कलाकार मित्र हावर्ड हॉज्किन के हवाले से उसने कहा था कि रेनेसाँ के कलाकार (उदाहरण के तौर पर पियेरो देल्ला फ्रांचेस्का) मकानों की दीवारों के चित्र बनाता है उसमें संगमरमर में दिखायी देने वाली महीन लकीरों को कितने मज़े से बनाता है! वेलास्केवज के 'सेवील का भिश्ती' ('वॉटर सेलर ऑफ़ सेवील' १६१६-१६२२) में पानी भरी मशक को ऐसा चित्रित किया है कि देखते ही उसकी सतह पर की ठण्डक का अहसास आ जाता है। इसी कलाकार के एक पकते अण्डे के चित्र में सुगन्ध की भनक मुझे भी मिली थी। भूपेन को ऐसा ही कुछ साध्य होगा : हर पदार्थ में छूने की, सूँघने की, चखने की गरमाहट महसूस हो ऐसा। जहाँगीरी समय के चित्रकार बिशनदास के 'शेख फूल का आवास' (१६०५-१६१५) में पात्रों के कपड़ों में पहने गये, दाग़ वाले और नये पहने कपड़ों के विविध रंग, पोत और गन्ध समाहित हैं। गड्डी बनाकर रखे इस्त्री किये कपड़ों को भूपेन का बनाया चित्र मुझे बहुत पसन्द था। इसमें इस्त्री की किनार की धार के साथ थप्पी लगाने वाले के हाथ की भनक है। इस अदने अनुभव की ऊष्मा की झलक का चमत्कार कई कपड़ों में। वो जलेबी खाते अधेड़ और चुटकुला बाँटते दोस्त की कमीज़ की रंगीन धारियाँ, असिस्टेंट अकाउंटेंट आई.एम. शाह को ज़रा कसता कोट, नयी गाड़ी ख़रीदकर उँगली पर चाबी घुमाते अफ़सर की ढीली पतलून—और उस जैफ के गले पर लाल गमछे का गलपटा! इसमें पहने हुए, पहनने के या उतारने के कपड़ों की सावधानी या अनगढ़ता, ऊष्मा और गन्ध, कोमलता या खुरदरापन भरा होता। कपड़े के मामले में आदमी की बात उसने बड़े वेधक ढंग से कही है : कहता है कि उस आदमी ने जो पहनी है वह कमीज़ इतनी घटिया, घिनौनी है—लेकिन जिस चाव से उसने

उसे पहना है वह मुझे द्रवित करता है।

अस्सी की अवधि वह इंग्लैण्ड में रहा उसके बाद जातीयता को वह अधिक स्पष्ट तौर पर व्यक्त करने लगा। मानो कि काया के बन्द कपाट खुलने लगे हों इस तरह पात्रों के अंगोपांगों में और चेहरों में नयी कुलबुलाहट ने प्रवेश किया। कहीं उसकी बढ़ती जा रही यौनकेन्द्रिक आराधना में आर्द्रता और आक्रामकता एक होकर उभरी। 'कलारी में आदमी' (१९७९) में पिये हुए अधेड़ अँग्रेज़ के लटक आये हाथमोज़े में भीतर के अंग का ढीलापन भी शामिल है। ऐसे तैल-चित्रों में रंग की पर्त चमड़ी की पर्त के साथ एकरूप होकर आकृति को स्पर्श की संवेदना से छलका देता है। 'प्लास्टिक के गुलदस्ते वाला आदमी' (१९७६) में पात्र की देह मानो सतह से बाहर उभर आती है और उसकी वेधक दृष्टि देखने वाले की आँखों के आरपार निकल जाती है। 'दूसरी सुबह' (१९९९) में प्रेमियों की पहाड़ जैसी देहयष्टि में बीते समय का वेदनापर्व विराट रूप धारण करता है : इसमें असमलिंगी साहचर्य के ख़िलाफ़ चुनौती की भनक और उदासी का आख़िरीनामा लिखा गया हो ऐसा गहनसंकुल आत्मदर्शन है। इन सबकी तरह विश्वस्तर पर रखे जा सकने लायक 'सोनी' (१९९७) में विषादयोग की परिणति का साक्षात् पूरी तरह से प्रकट हुआ है। यहाँ उसके दिवंगत साथी रणछोड़ से मिलता चेहरा, मिट्टी की सुराही पर मनन करता हुआ झुका है, पीछे बर्तनों के ढेर के पास कुम्हार घड़े जैसा कुछ गढ़ रहा है, थोड़ा आगे कुण्डी में दबाई हुई आग को एक आदमी, सोना गला रहा हो इस तरह फूँकनी से फूँकता है—और इससे थोड़ा आगे बिखरे लोगों के बीच एक इकलौती देह सवा गुनी झिलमिलाती है। (क्या अखा की अग्निपरीक्षा की झलक?)* यहाँ आत्म-खोज और वैराग्य के अद्‌भुत क्षण का परिवेश लाल सुर्ख़ और गहरी नारंगी आभा से वैभवित हुआ है। तैल-चित्रों में जैसा हुआ ऐसी ही संकुल स्पर्शक्षमता पानी के रंगों से बनाये गये चित्रों में भी प्रकट हुई। इनमें से कुछ तो बेजोड़ और अपूर्व। 'सखीभाव' (१९९६) में स्त्री-पुरुष एक-दूसरे में उतर गये हों इस तरह लिंगभेद बिलकुल पिघल गया है और एक वैकल्पिक उभयलिंगी स्वरूप पैदा हुआ है। चित्रों में हुआ उतना ही उसके सिरेमिक शिल्पों में भी भरपूर मात्रा में रंगदेही के रूप में आकारित हुआ है।

●

इंग्लैण्ड के तीन सालों के दौरान मैंने कुछ ख़ास चित्र नहीं बनाये थे। थोड़े चित्र और फिर मित्रों की तसवीरें खींचकर उन्हें कोलाज के तौर पर चित्रित करने का परिश्रम रॉयल कॉलेज की

* सत्रहवीं शती के गुजराती कवि अखो पेशे से सुनार थे। उन्होंने अपनी मुँहमानी बहन के गहने गढ़ते समय अधिक सोना जुटाया था फिर भी उन पर सोने की चोरी का आरोप लगाया गया था और अपनी सच्चाई साबित करने की आपत्ति का सामना करना पड़ा था।

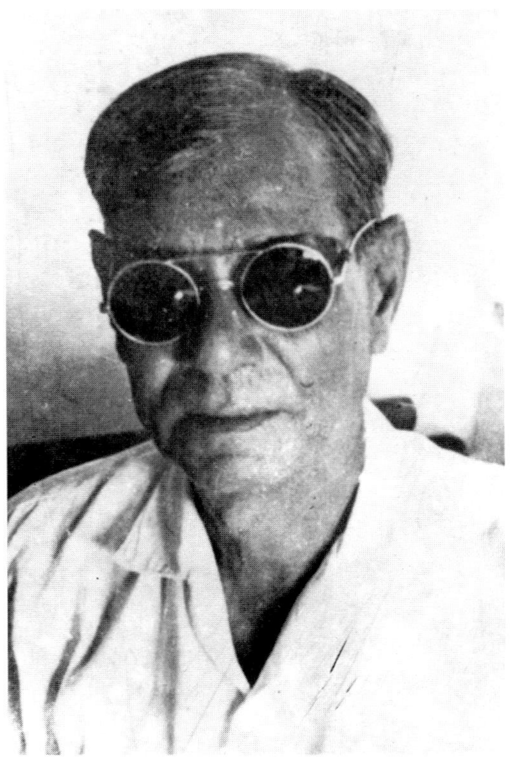

शंकरभाई पटेल

परीक्षा पास करने के लिए किया था। अक्टूबर १९६६ में वापस लौटने पर कुछ नया करने की उतावली और कोई नयी मुहिम के उत्साह से मन तरबतर था। मेरी ग़ैर–मौजूदगी के दौरान गाढ़े लेप वाले 'पोप' कोलाज बनाकर भूपेन भी ऊब गया था। उस समय देश की पिछली पीढ़ी में एक ओर तो 'एक्सप्रेशनिस्ट' और 'एब्स्ट्रेक्ट' चित्रों का और नयी पीढ़ी में 'तान्त्रिक' तरह का 'आध्यात्मिक' प्रवाह प्रवर्तित था। हमारी दिशा शून्यता के उस तबके में दो यात्राएँ हुईं। मैंने रॉयल कॉलेज की परीक्षा के लिए 'कोटा की चित्र–कला' पर बड़ा सा निबन्ध लिखा था, इसलिए कोटा जाने की तलब लगी थी। यही वजह थी कि भूपेन और छातपार को तैयार करके तीनों ने उदयपुर, नाथद्वारा होकर बूँदी–कोटा का चक्कर लगाया और भित्तिचित्र तथा लघुचित्रों को पेट भरके देखा। उन्हीं दिनों चण्डीगढ़ के आर्ट कॉलेज में कला के इतिहास विभाग में अध्यापक पद का विज्ञापन निकला उसके लिये हम दोनों कूद पड़े। उस समय मैं बेकार था और भूपेन हिसाबनवीस की नौकरी से ऊब चुका था। दो में से एक को भी नौकरी मिलने की उम्मीद नहीं थी (और मिली भी नहीं) लेकिन चण्डीगढ़ में कार्बुजिए की इमारतों को देखने का आकर्षण अवश्य था। मुनाफ़ा वहाँ के म्यूज़ियम में लघुचित्रों का संग्रह देखने का। इसलिए दोनों चल पड़े। दिल्ली से चण्डीगढ़ की चार घण्टे की बस की यात्रा करते हुए और वापस लौटते हुए हमारे बीच आदान–प्रदान हुआ उसमें पहले तो एक स्वर से 'एक्सप्रेशनिस्ट' और 'तान्त्रिक' प्रवाहों से उबे होने का इकरार किया। और फिर नयी दिशा, लघु चित्रों की पृष्ठभूमि में खोलने के संघर्ष में दिखायी दी। मेरे मन में पारम्परिक चित्र–भाषा के अंशों को आधुनिक उद्देश्यों के साथ मिलाने की उलझन थी। भूपेन को उन्नीसवीं सदी की 'कम्पनी कला' के नाम से जानी गयी लिपी–पुती मिश्र चित्र–भाषा का आकर्षण था। उसने 'कला विवेचन' में एम.ए. करते समय परीक्षा के लिए जो निबन्ध लिखा था उसमें भी 'कम्पनी कला' के नमूने शामिल किये थे।

ऐसा याद है कि वापस लौटकर बनाये गये चित्र में उसने इण्डिगो रंग की पृष्ठभूमि पर

दीवालघड़ी का चित्र बनाया था और उसके आसपास कुछ लिखा था। फिर उसका निपटारा करके जो शुरू किया वह था 'धर्मशाला में लोग' (१९६८) जिसमें नाथद्वारा के 'मनोरथ' चित्रों की तरह यात्री लोग आराध्य देव के साथ फ़ोटो खिंचवा रहे हों, ऐसा खेल बनाया था। यहाँ फ़ोटोग्राफ़ी और पारम्परिक चित्र-कला के साथ आस्था और दिखावा एक पटे पर बैठे इसके चलते महिमा और हँसी दोनों मिल गये। मैंने 'शिवमहल के निवासी' (१९६६) में अपना संघर्ष, तीन मित्रों (भूपेन, छातपार और नागजी) की आकृतियों पर, आकाश में सीताहरण के छपे चित्र के साथ, उस साल विश्वसुन्दरी का खिताब जीतने वाली भारतीय कुल की रीता फारिया की अख़बार से फाड़ी हुई तसवीर लगाकर—'रीताहरण' करके हल्का कर दिया। उन्हीं दिनों, बरसों तक घोड़ों के चित्र बनाये थे उसका घोड़ाछाप दियासलाई का बॉक्स चित्र पर चिपकाकर, जलाकर तर्पण किया। भूपेन ने एक मज़े का भूमि-दृश्य लघुचित्रों की तरह चित्रित करके, प्रेमी लोग जहाँ आसरा लेते हों ऐसे घटादार पेड़ के नीचे तोप जमाई और परम्परा की फुसलाहट की धज्जियाँ उड़ा दीं। उसके बाद लघुचित्रों का मज़ा लेते और मज़ाक़ उड़ाते चित्र बनाये। गोवा के सुहाने परिवेश में चर्च के बग़ीचे में पानी सींचते माली के नल की टोंटी में लिंग का संकेत देकर बहुतों को झटका दिया।

लघु चित्र-कला ने हमें महीन चित्रकारी करते कर दिये, इससे कला-जगत् के मित्र उलझन में पड़ गये। कुछ को उसमें आधुनिकता को तिलांजलि नज़र आयी, स्थल-समय के बन्धनों से मुक्त विषयवस्तु और आकृतियों के बदले हम जीये जाते जीवन और स्थानीय परिवेश का चित्रण करने लगे वह उन्हें 'इलेस्ट्रेटिव' लगा। बाद में (सत्तर के दशक के अन्त में) अँग्रेज़ी कलाकार मित्र टिमथी हायमन ने हमारे (और उसके एवं ऐसे) चित्रों के लिए 'नेरेटिव' (कथनात्मक) शब्द का प्रयोग किया जिसका बाद में चलन हो गया। शुरू-शुरू में हमारे लिये मनुष्य आकृति और परिवेश की पुनर्खोज प्रमुख उद्देश्य थे और चित्र-भाषा को गढ़ने में लघुचित्र काम आये, उन्हें काम में लगाया। भूपेन और मेरी जुगलबन्दी में परस्पर का प्रभाव प्रविष्ट हुआ क्योंकि कुछ हद तक हमने जो निष्कर्ष निकाला उसके स्रोतों में साम्य था। लेकिन हमारी निजी राहें और उनके स्रोतों का विनियोग एकदम अलग था। 'लाल क़िले

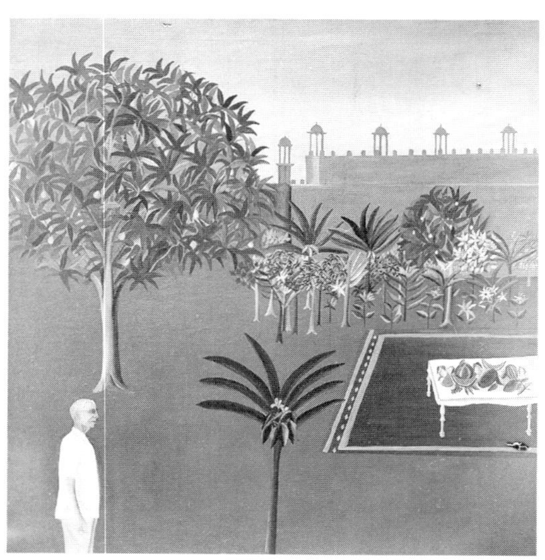

*भूपेन खख्खर, **लाल क़िले के पास शंकरभाई पटेल**, तैलचित्र, १९७२ ई.*

सौजन्य : भूपेन खख्खर संग्रह

के पास शंकरभाई' (१९७१) में भूपेन ने लघुचित्र कला के रचना प्रकार की आजमाइश की है लेकिन साथ-ही-साथ उसमें उसके समलिंगी स्नेह की ओर भी इशारा है। बाद के अदना कारीगरों की शृंखला में उसने शहरी लोक-कला के समकक्ष एक तरेह पैदा की जो कुछ ही समय में 'गुरुजयन्ति' (१९८०) जैसे महाचित्र की अनोखी अवकाश रचना में परिणत हुई। १९६९ के दौरान साम्प्रदायिक दंगों और विश्वव्यापी अनियन्त्रित हिंसा ने मुझे मनुष्य को मनुष्य भर-बाज़ार में जानवर की तरह खेल कराये 'मनुष्य २' (१९७२) जैसे या अणुविस्फोट से भागती, रास्ते में चीख़ती नग्न वियतनामी बालिका 'रास्ता २' (१९७२) जैसे चित्र बनाने की ओर मोड़ा। उसी दौरान मिलकर 'वृश्चिक' निकाला (१९६९-७३), वह शुरू में छह पन्नों का था जो आगे चलकर सोलह पन्नों तक पहुँच गया—जिसमें सन्तवाणी के अनुवाद और अरविन्दकृष्ण मेहरोत्रा की कविताओं के विशेषांक हुए तथा गीता कपूर के रॉयल कॉलेज वाले लम्बे निबन्ध की शृंखला छपी। ललित कला अकादेमी और त्रैवार्षिकी को लेकर कला के सरकारीकरण के ख़िलाफ़ आन्दोलन भी 'वृश्चिक' के रास्ते छिड़ा। भूपेन कहानियाँ लिखने लगा था लेकिन सम्पादन के काम से अलग रहता इसीलिए खिजलाहट होती रहती थी—फिर भी वह चार साल तक चला। अब उसने चित्रों में अपनी सामर्थ्य दिखानी शुरू कर दी थी। 'रास्ते पर चाय की दुकान' (१९७४) के बाद तो उसने पलटकर देखा ही नहीं। पूर्व-रेनेसाँकाल की ख़ासतौर पर सियेना गाँव की चित्र-भाषा से सीखने का हमारा साझा संकल्प उसे काफ़ी फला। सियेना की और अपने लघुचित्रों की परम्पराएँ कला की 'प्रमुख' परम्पराओं से अलग दिशा में मुड़ती थीं। जैसे लघुचित्रों में लघुता को छोटापन नहीं माना जाता था उसी तरह से सियेना में भावुक नज़र दोष रहित आँख से और हलके हाथ से अनुभूत आलेखन करती। भूपेन को भी हलके हाथ से झुककर निरखने की तलब थी। उस दृष्टि में हिये की कोमलता vulnerability तो थी ही लेकिन इसके अलावा आकृति के लिए जीवित पात्र के लिए होता है ऐसा प्रेमाग्रह भी भरा हुआ था। सबसे अधिक तो उसमें आकृति के अंगोपांग प्रेम भाव से आड़े-टेढ़े हो जाये तो ऐसी (ग़लतियाँ) करने की झेंप भी नहीं थी। रेनेसाँ का ज्वार आने के बाद 'यथार्थवाद' का फ़ौलादी पंजा चारों ओर ऐसे घूम गया कि सियेना जैसी जगहों पर जो हुआ वह सब बौना, विचित्र, अधकचरा और 'प्रिमिटिव' माना गया। लघुचित्रों को 'छोटे', 'स्त्रैण' या सजावट के 'नमूने' मानने के पीछे अन्य विकल्पों को 'महान', 'पौरुषेय' या 'मर्दानगी वाले' और 'सच्ची-मुच्ची के' साबित करने का प्रपंच अभी भी प्रचलित है। भूपेन ने सियेना के अद्‌भुत कसबी आम्ब्रोजियो लॉरेंजेत्ती और सिमोने ने मार्टिनी के सक्षम अंशों को 'परिवार में मौत' (१९७८) और 'गुरुजयन्ती' (१९८०) जैसे चित्रों में पिरोये। साझेपथ में मुझे सियेना और लघुचित्रों की राह पर 'घर की ओर' मुड़ने की राह मिली। भूपेन तो चित्र-कला विभाग में प्रवेश न मिलने के कारण ऐसी तालीम से वंचित रहा था इसलिए उसने यथार्थ को खुले हाथों से और मन से ऐसा मोड़ा-मरोड़ा कि जिन लोगों को देखा या पाया उनकी देहयष्टि को मानो छूकर पहचाना हो इतनी अनोखी बनायी।

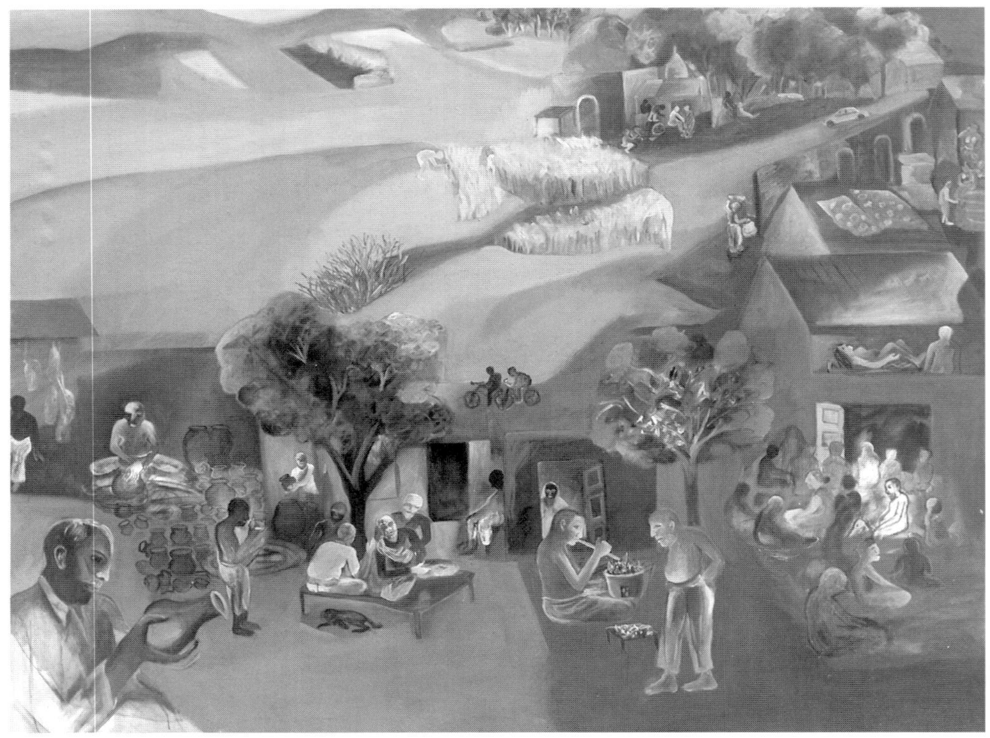

*भूपेन खख्खर, **सुनार**, तैलचित्र, १९९७, रेइना सोफिया संग्रह, माड्रीड, स्पेइन*

•

नये-नये मिले उन सालों में यानी कि लगभग १९६१ के दौरान सुनील, भूपेन और मैं गर्मियों में खण्डाला स्थित खख्खर परिवार की बंगली में सैर करने गये थे। अपने साथ सुरेशभाई से उधार ली दो किताबें भी पढ़ने के लिए ले गये थे : एक आल्फ्रेड जारी का 'ऊबू राजा' (मूल फ्रेंच में 'उबू र्‌वा' यानी कि गंडु राजा) और दूसरा आलाँ रोबग्रिय्ये का 'जेलेसी' (ईर्ष्या)। 'ऊबू' में जारी ने 'मेर्द' (वर्तमान में अँग्रेज़ी में सामान्य माने जाने वाला पर्याय 'शिट्' यानी कि गू) जैसे अभद्र शब्द प्रयोग के माध्यम से पेरिस के भद्र समाज में खलबली मचा दी थी। 'जेलेसी' में ईर्ष्या जैसी ग्रन्थि की उत्कटता को बहलाया गया है। बाद में विचार करने पर मुझे लगने लगा है कि भूपेन के जीवन और सृजन में विद्रोह और अराजकता की जड़ें डालने में इन दो कहानियों ने पुष्टि का काम किया है। या फिर बचपन से झेले गये सजातीय संचरण के निषेध और विजातीय सम्बन्धों की सरजौरी ने उसे ऐसा करने को प्रेरित किया होगा?

साठ के शुरू में वड़ोदरा में काली स्याही के रेखांकनों का चलन था। जेराम (पटेल) और हिम्मत (शाह) के रेखांकनों में मौजूदा सृजन के ख़िलाफ़ प्रतिकार की निशानियाँ थीं। भूपेन

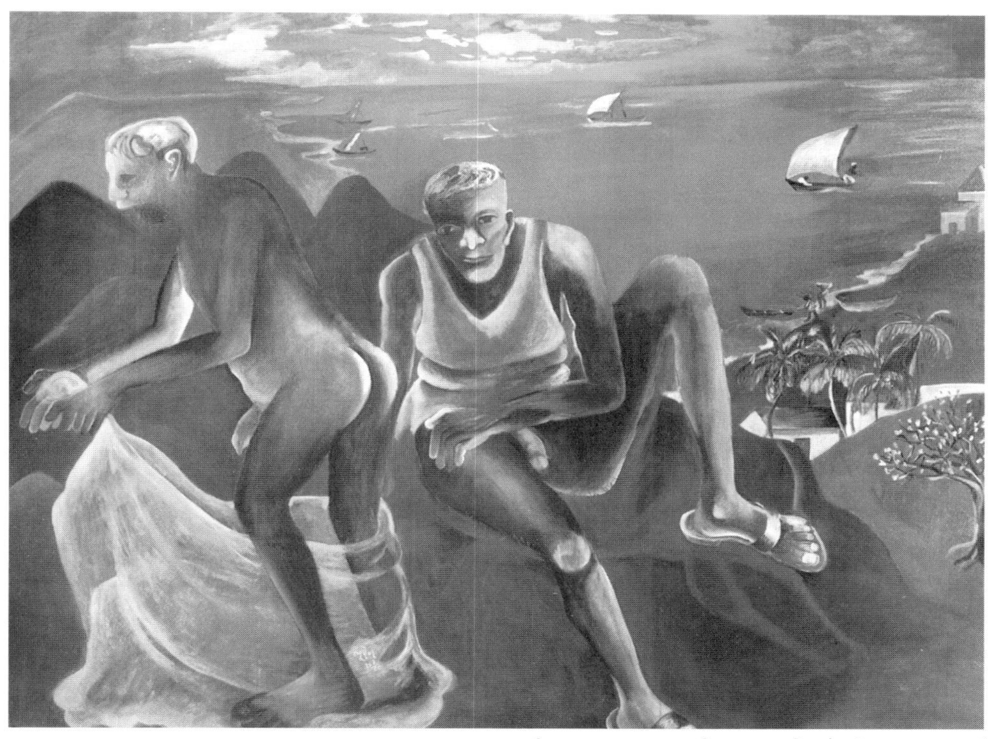

*भूपेन खख्खर, **अगली सुबह को**, तैलचित्र, १९९९ ई.*
सौजन्य : प्रफुल्ल और शिल्पा शाह संग्रह, सूरत

और मैं भी स्याही में लकीरें खींचने लगे। मैं १९६३ में इंग्लैण्ड गया तब सुना था कि उसके सम्भोगरत बिल्लों का रेखांकन फाइन आर्ट कॉलेज की कैंटीन में रखा गया था उसको लेकर भद्र कला जगत् में विवाद छिड़ गया था। उस समय वातावरण में विद्रोह की भनक तो थी ही। अन्तर्राष्ट्रीय क्षेत्र में अमेरिकी 'पॉप' कलाकार रॉबर्ट रोउशेनबर्ग ने एक विशाल कृति में कोलाज के साथ एक सिली हुई भेड़ को खड़ा कर दिया था। जास्पर जॉहन्स ने अमेरिकी ध्वज को तीरन्दाज़ के निशान वाले चक्के पर मढ़ा था। युवा पीढ़ी पुरानी चिटकी हुई चलन को छोड़कर नये विकल्पों की खोज में घर-बार छोड़कर रास्ते पर भटकने लगी थी। 'बिटनीक' कवियों ने बोली जाने वाली बोली में मुक्त छन्द को छेड़ा, उससे भद्र भाषा की चिन्दियाँ उड़ गयी। भूपेन ने 'पॉप' कला में समाहित हो जाने वाले चित्र बनाये, उनमें सड़क पर बिकने वाले चित्रों को फाड़कर चिपकाया, कहीं थाली पर कपड़ा चिपककर ऊपर देव-देवियों की आँख, मुँह बनाये, वर्क लगाये और ऊपर इनेमल के डब्बे के लाल-नीले थक्के बनाकर मोटे अक्षरों में लिखा कि 'यहाँ पेशाब करने की मनाही है'। बम्बई की जहाँगीर आर्ट गैलरी में (१९६५) ऐसे चित्र प्रदर्शित करने को लेकर कुछ नाराज़गी हुई होगी, लेकिन तीन दशकों बाद हुसेन पर

टूट पड़ी साम्प्रदायिकता उस समय भूपेन के लिए बाधक नहीं हुई। मनु पारेख उन दिनों मुम्बई में था। उसके कहने के मुताबिक़ कला की दुनिया में उसकी कल्पनाशक्ति और हिम्मत का बोलबाला रहा। बरसों बाद यह विद्रोह वृत्ति समलिंगी साहचर्य के निखालिस आलेखन में पूरी तरह खिली लेकिन सार्वजनिक तौर पर ऐसा दिखाने में जोख़िम था। 'टू मेन इन बनारस' (१९८२) और 'ययाति' (१९८७) बम्बई की गैलरी में दरवाज़े बन्द करके 'अमुक' दर्शकों को ही दिखाये जाते थे। दिल्ली की नेशनल गैलरी ऑफ़ मॉडर्न आर्ट में डच कलाकारों के तथा भूपेन के 'अश्लील' चित्रों के ख़िलाफ़ कहा जाता है कि कुछ स्थानीय कलाकारों ने ही आपत्ति उठायी थी। अचरज की बात तो यह है कि वड़ोदरा के चिकूवाड़ी इलाक़े में उसके घर के खुले दरवाज़ों से वे चित्र सबको दिखें इस तरह खुले पड़े रहते थे। सफ़ेद बालों में ज़ैफ नज़र आते, मृदुभाषी भूपेन ने आसपास के मध्यवर्गीय पड़ोसियों को इतना मोहित कर लिया था कि कोई उसके भड़काऊ चित्रों से छिड़ा नहीं।

चित्रों में निकला उसका बहुत कुछ निजी अनुभवों के विभिन्न रूपों में प्रकट हुआ। मित्र मण्डली में से प्रद्युम्न तो काफ़ी पहले से ही अलग हो गया था और रोज़ाल्बा से शादी करके इटली में बस गया था। उसके बाद सम्पर्क भी कम ही हुआ। उसके बदले सत्तर की अवधि में एक नयी हस्ती ने मण्डली में प्रवेश किया : शायद भूपेन ही उसे उत्साहपूर्वक घसीट लाया था। हरिदास (पटेल) यों तो मुम्बई की 'कामदार, देसाई एण्ड पटेल' नामक चार्टर्ड एकाउण्टेंट्स की पेढ़ी में हिस्सेदार था लेकिन उसका जी साहित्य और संगीत में था। रसिया की टोली के साथ साल-दर-साल दिन-रात होने वाले संगीत के जलसे में पूना भी चला जाता । मेरी तरह वह भी बेग़म अख़्तर का आशिक इसलिए ढेरों कैसेट बनाकर दीं, जो आज भी सुनता हूँ। कुमार गन्धर्व और मल्लिकार्जुन मंसूर पर भी फिदा। खोज-खोजकर पढ़ता। रिल्के, कुन्देरा और पाज़ के साथ जासूसी जादूगर रेमण्ड शेंडलर को भी। इन सबकी किताबें खार के एक कोने में स्थित अंजलि नामक बंगली के साफ़-सुथरे कमरे में बैठी मिल जाती। उकेरकर निकाले हों ऐसे, तार की तरह मोड़े हुए अक्षर उत्साह और गहराई में डुबकी लगाते हुए लिखे गये गुजराती और अँग्रेज़ी पत्रों में उर्दू शायरी या उन्हीं दिनों में पढ़ी हो उस पुस्तक के वाक्य, अनुच्छेद उद्धृत किये हुए मिलते। मराठी पक्की (शोभा राजाध्यक्ष-डे की बहन मन्दा के प्रेम में, लेकिन यह प्रकरण लम्बा नहीं चला) और स्मृति तेज़। पु.ल. के 'बटाटा ची चाळ' और 'असा मी' की भूमिकाएँ बोलकर, खेलकर कर दिखाता। नगरकर का नाम भी पहले उससे ही सुना था। अब मण्डली के 'परमानन्द' और 'रेसीडेंसी' जैसे डेरों में 'अंजलि' भी जुड़ गया (सुनील तो सबका मेहमान : उसका कोई पक्का पता नहीं)। ज़रूरत पड़ने पर ओवल मैदान के सामने नवनीत पारेख के 'आइवरिन' में उसे जो कमरा मिला था उसमें ले जाता)। टोली में तीन हिसाबनवीसों में फुर्सती हिसाबी सुनील, पढ़ाई सी.ए. की, की लेकिन प्रेक्टिस नहीं की, भूपेन ने गुजारे के लिए (ज्योति लिमिटेड और फिर भारत लिंडनर में) आधे दिन की हिसाबी नौकरी रखी : हरिदास का हिसाब किये बिना गुज़ारा नहीं था। मुझे तो हिसाब या

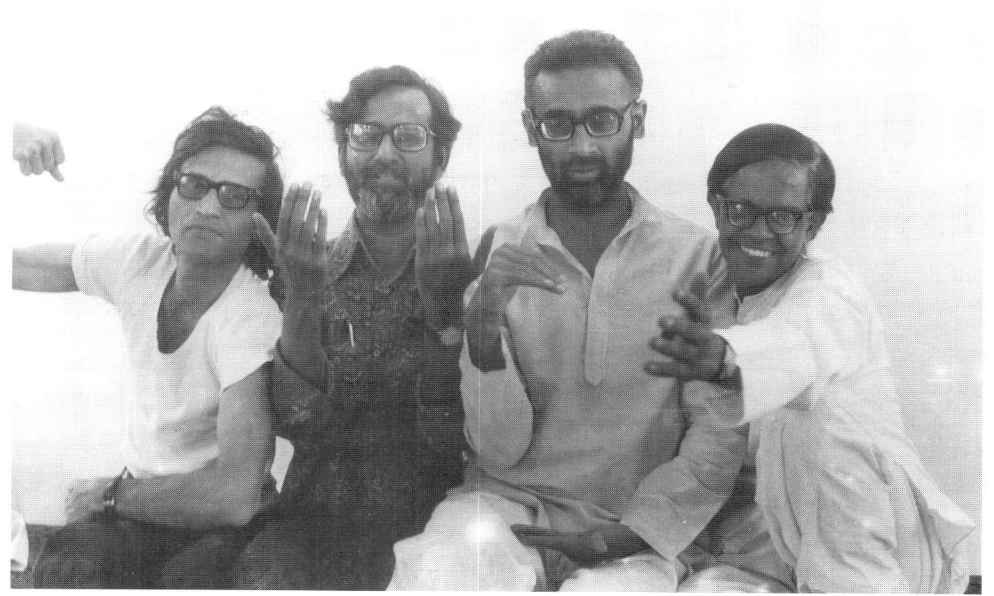

चार दोस्त—सुनील कोठारी, गुलाममोहम्मद शेख, हरिदास पटेल और भूपेन खख्खर, १९८० ई.

गिनती का भी पता नहीं। लेकिन हमारी दो हिसाबी चौकड़ियाँ जमीं। हर्षिले हरिदास की सोहबत में जी चाहा करने की, खाने-पीने की, साथ भटकने की धुन सब पर सवार हुई। फ़िल्मी गीत गाने का चस्का भी सभी को : हरिदास का प्रिय गाना 'ज़िन्दगी और कुछ भी नहीं तेरी-मेरी कहानी है' सब जोर-जोर से गाते। इस मटरगश्ती में कोलियाक के मेले में और केरल के अलेप्पी तक चारों इकट्ठा पहुँचे थे। जहाँ जायें वहाँ मौज़ के साथ-साथ एक-दूसरे को सताने की मस्ती। इसके तहत कोई तीन मिलकर चौथे को सताते, हर बात में उसकी धुलाई होती। सुनील सबको अपने काम में जोत देता इसलिए वह सबसे पहले पकड़ में आ जाता। मेरे जैसे 'मास्टर' और 'बौद्धिक' मित्रों पर भूपेन और हरिदास अचूक बरसते। ढुलमुल सुनील जिस ओर पल्ला झुकता वहाँ बैठ जाता। इसलिए सारी मार मुझ पर। भूपेन हरिदास को सँभालता इसलिए वह उसके कब्ज़े में होता, कभी-कभार सुनील मेरी तरफ़ होता तो हम दोनों उसके जबरन गाने के बहाव को 'नहीं, मैं तो गाऊँगा!' में खपाकर टाँग खींचते तब वह फँस जाता : अगर ग़लती से भी हरिदास हमारे साथ हो जाता तो हम सबको 'साले हलकट'! कहकर गाली देता। बेईमानी में इतना तेज़ कि कभी पकड़ में आता ही नहीं। एक बार धूर्तता में सर्वश्रेष्ठ होने की पदवी उसे सर्वसम्मति से मिली थी।

निजी मजमे में विकसित हुई यह मस्ती समय के साथ इतनी कोठे पड़ गयी कि शैतानी, तीख़ापन और सताना आदि उसके बर्ताव के अंग जैसे हो गये। शैतानी पहचान के तहत पैंतरा

प्रतिस्पर्धियों को पछाड़ने का। साथी कलाकार भी उससे बाहर न रहते और छोटे-बड़े का भेद भी नहीं। प्रसिद्धि का पारा ऊपर गया और घर के मजमे में देश-विदेश का कला-जगत् आने-जाने लगा तब मस्तियाँ बढ़ीं और उसका चाहक-वर्ग भी बढ़ा। रोज़ का छोटा-सा दरबार। ध्यान का केन्द्र बनने के लिए नखरे पर नखरे और प्रपंच। बेतुका बोलकर गम्भीर चर्चा को उलटी पटरी पर ले जाय। सब सहमत होते वहाँ वह उलटा चलता। अमित (अम्बालाल) और अतुल (डोडिया) उसके प्रशंसक लेकिन तमाशा निर्ममतापूर्वक देखते। भूपेन की भजन मण्डली में किसके हाथ में मंजीरा है, कौन बजाता है करताल और कौन माला फेरता है—ऐसे भक्तों की हम गिनती लगाते। एक गैलरीवाला उसे साष्टांग करता उसे हम हड़मान (हनुमान) कहते। जैसा प्रेम में होता वैसा ही मित्रता में। हरिदास को वह पूरा-का-पूरा अपने कब्ज़े में रखना चाहता इसलिए हरिदास अगर ग़लती से भी हमारे घर ठहर जाता तो उसकी और हमारी तो शामत ही आ जाती। अतुल डोडिया को भी उसने अस्सी के अधबीच अपनी जेब में डाल लिया था; उसे दूसरे के हाथ में जाने नहीं देता था लेकिन अतुल ख़ुद उससे ही पैंतरे सीखकर सटक लिया था। ऐसे अपनी पसन्द के लोगों को इकट्ठा करके अँगूठे के नीचे रखता। अगर कोई सटक जाता तो दाँव-पेंच ऐसे लगाता कि उसे दूसरे से अलग करे बिना चैन नहीं मिलता। हरिदास वड़ोदरा में हों तो उस पर चौबीस घण्टे का पहरा : और अगर शक हो जाय तो ईर्ष्यारानी भड़क उठती। सबको ठीक करने के लिए जो कुछ भी उससे बनता, कर गुज़रता : किसी के मन-दुःख की बिना परवाह। छातपार और नागजी को वह मुझसे मिले हुए मानता इसलिए उन्हें सताना कभी नहीं भूलता। अगर चोट करने पर तुला हो तो नागजी खेल को पहचानकर छू हो जाता। छातपार तो उसके चुटकुलों से (या उसकी माँ की खटपट से?) ऐसा घायल हुआ था कि हम सबको छोड़कर एकान्तवास में चला गया। (हालाँकि इसमें और भी वजहें शामिल होंगी)। हमारे बीच भी तड़ाक-फड़ाक हुई लेकिन बड़े पेट वाले हरिदास, सुनील और भूपेन की प्यारी और उतने ही बड़े दिल वाली नीलू बाजी सम्हाल लेती इसलिए आँट नहीं पड़ी।

एक बार ईर्ष्यारानी का अद्‌भुत परचा मिला '९१ के दौर में। सईद मिर्ज़ा अजन्ता के चित्रों पर फ़िल्म बनाने वाला था : इसके लिए गुफा चित्रों को बिजली के प्रकाश से जगमगा देने की मंज़ूरी उसे मिली थी। इस अभूतपूर्व अवसर पर पहुँचने का न्यौता आया तो मैं और नीलू, गीता और विवान् के साथ अजन्ता पहुँचे। वापस लौटने पर लगा कि भूपेन को बुलाया नहीं गया, इसका उसे बुरा लगा था। हमारे अजन्ता प्रवास के दौरान उसने पहाड़ों में गुफाओं (और शिल्पों?) वाला एक बड़ा चित्र बनाया, मानो हमारे गुफा प्रवास का बदला न ले रहा हो! ईर्ष्यारानी को सर्जना के रूप में अवतरित किया तब, अपनी ख़ुशी व्यक्त करने के लिए भूपेन कहता वैसा कहने का मन हुआ कि सारे गुनाह माफ़।

हरिदास की प्यारी बहन थी हंसा, अचानक कैंसर हुआ और वह चली गयी। फिर उसे भी

व्याधि हुई : चमड़ी का जानलेवा रोग, ऐसा फैला कि शरीर सूखकर लकड़ी जैसा हो गया। इलाज तो सब किये, एलोपैथी, फिर होम्योपैथी और केरल के कोट्टकल की आर्यवैद्यशाला में आयुर्वेद का प्रयोग। वहाँ से उसने पत्र लिखा था। उसमें उसने चार जनों के हाथों मालिश में दबते-पिचकते देह की तुलना बातूनी स्त्रियों की ओखली-खरल में पिसते मसाले के लोचे के साथ की थी। भूपेन को ऐसे कड़वे, काले मज़ाक़ से लिज्जत आती थी। वे दोनों कई बार मरने के नये-नये नुस्ख़े के चुटकुले गढ़ते।

पहले '८० में माँ महालक्ष्मी विदा हुईं और फिर हरिदास भी चला गया। ये भूपेन के लिए जानलेवा आघात थे। हमारी चौकड़ी में भी दरार आ गयी। 'परमानन्द' के अड्डे पर नये-नये लोग आने लगे। यों तो (पुरुषोत्तम) धुमाल और पंकज (मशर) बरसों से उसकी निजी देखभाल करने वालों में से थे। नाटक के अनुराग के चलते नौशिल (मेहता) और मनोज (शाह) भी जुड़े। अमित (अंबालाल) का घरोपा बढ़ा इसलिए वह नियमित रूप से अहमदाबाद के चक्कर लगाने लगा। गार्डन सिल्क मिल्क के मालिक प्रफुल्ल शाह के साथ भी सोहबत हुई और बढ़ी। (उसके चित्रों का जो मरणोत्तर ट्रस्ट बना उसके वे अध्यक्ष थे : उन्होंने चित्रों को सूरत मिल के परिसर में जमाया और सम्हाला।) १९९० के दौरान फैली साम्प्रदायिकता के समय मुझ पर आरोप लगे और यूनिवर्सिटी से मेरी हकालपट्टी की माँग हुई तब वह कुछ दूर रहा ऐसा लगा। यों तो साम्प्रदायिकता विरोधी आन्दोलन हुए उनमें वह शामिल हो जाता, तब भी उसका मन ऐसी मुहिम में नहीं होता था। एक बार उसने समलिंगी समाज के साथ होने वाले अन्याय की तुलना में साम्प्रदायिकता विरोधी अभियानों को दिए जाने वाले महत्त्व के सन्दर्भ में प्रश्न उठाया था। २००१ में 'मुस्लिम' सम्बन्धित जो चित्र उसने बनाये उनको लेकर मेरे मन में भी प्रश्न उठे। बीमारी के आख़िरी छह सालों के दौरान मिलना कम हुआ। उसके तमाम चित्रों की प्रदर्शनी लगाने की बात चली तो मैंने, नीलू, विवान् और गीता (कपूर) के साथ मिलकर इसका नियोजन करने का प्रस्ताव रखा। लेकिन यह उसे मंजूर नहीं था। आख़िरकार मरणोत्तर प्रदर्शनी नेशनल गैलरी की मुम्बई शाखा में हुई जिसका नेतृत्व एक निजी गैलरी ने किया था। उसने जो वसीयत बनायी उसमें से भी हम बाहर रहे इसके बावजूद दैनन्दिन लेन-देन में कोई बाधा नहीं आयी। उस समय क्षुब्ध होकर आत्मचिन्तन करते हुए सूझा कि उसके समलिंगी व्यवहार को समय पर परखकर अपना आचरण बदलने में मैं निष्फल रहा था। एक बार विदेश से लिखे पत्रों में उसके समलिंगी जीवन का पूरा स्वीकार न करने के मामले में उसने मेरी ख़बर ले डाली थी और मैं जाग उठा था लेकिन सब कुछ को आचरण में लाने में देर लगी। जब समझ में आने लगा तो फिर विवाहितों को साथ न्यौता देते हैं ऐसे खाने-पीने के और अन्य प्रसंगों पर उसके साथ वल्लवभाई को नियमित बुलाने लगे थे। दूरी और निकटता के आटा-पाटा के खेल में एक बार मैंने 'कला और निषेध' पर दिये अपने व्याख्यान में उसके कई सारे चित्रों को दिखाकर उसने निषेधों से कैसी टक्कर ली

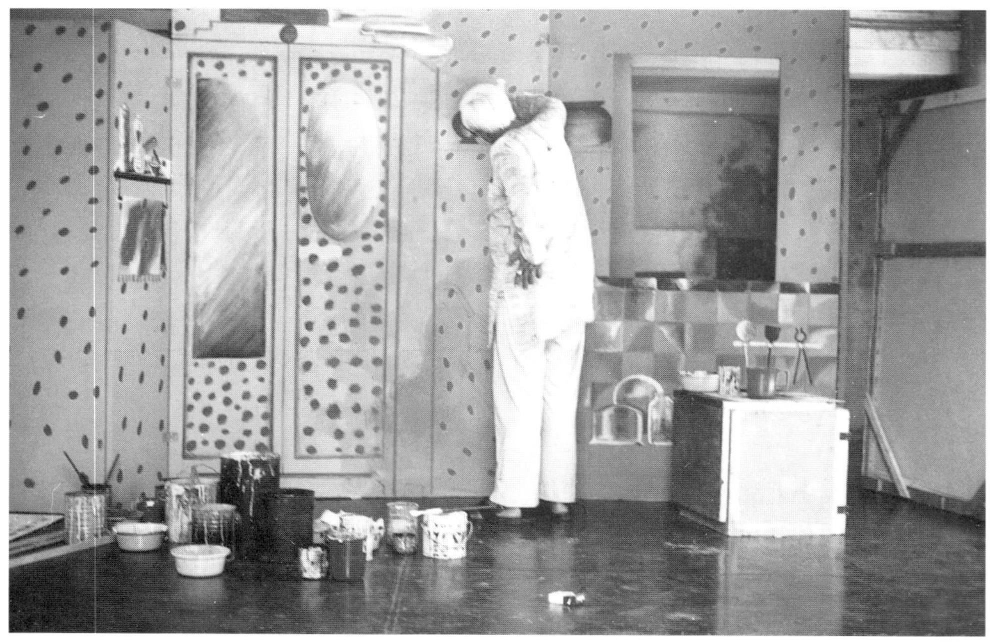

मोजीला मणिलाल नाटक का सन्निवेश बनाते नाट्यलेखक भूपेन खख्खर, मुम्बई, १९८९ ई.

थी, इसका निदर्शन कराया था। व्याख्यान पूरा होने पर ख़ुश होकर उसने मुझे 'सारे गुनाह माफ़!' कहा था। १९९६ में मैंने भोपाल की विधान-सभा के लिए म्यूरल किया तब उसमें थोड़ी नुक्ताचीनी करने के लिए मित्रों को भी न्यौता दिया था। उसने एक कोने में दो अधेड प्रेमी का चित्र बनाया। उपलब्धि और प्रतिष्ठा के उस शिखर समय में 'परमानन्द' कला क्षेत्र के रुतबे वाले लोगों के आने-जाने का एक अड्डा बन गया था। तभी डाक्टरी जाँच में उसके प्रोस्टेट के कैंसर का निदान हुआ। फिर तो डाक्टरों और अस्पतालों के चक्कर, मुम्बई, दिल्ली और फिर वड़ोदरा। किसी ने कहा कि अण्डकोष निकलवा दो, किसी ने कहा कि रेडियेशन करवाओ। जाँच के लिए मुम्बई के कई हफ़्ते गुज़ारने पड़े, दिल्ली में नीलू उसे कैंसर विशेषज्ञों के पास ले गयी लेकिन तीमारदारी के संचालन का सूत्र डॉ. हेगड़े ने सँभाला। दिन की दौड़-भाग के बाद शाम को डाक्टर और उनका मित्र-परिवार 'परमानन्द' में मिलने लगा और रात की महफ़िल में जियाफ़त करते हुए आने वाली दुर्गति के पैगाम को दूर रखा।

रोग ने अपनी राह लेनी शुरू की उस समय भूपेन ने रोगिष्ठता को चित्र की लपेट में लिया। 'सौन्दर्य चमड़ी जितना ही गहरा है' (२००१) की श्रृंखला बनाई। छह फुट के कैनवस पर उसने चार-पाँच फुट की मुख-छबि जैसे विशाल चेहरे बनाये। शरीर शास्त्र के और तिबेटी रोग-निदान चित्रों के रस्ते उसने उधेड़ी गयी चमड़ी के नीचे स्नायुओं और शिराओं का भूगोल रचा। जल-रंगों से बनाये चित्रों में बहते रंग के रेले और थक्के मरीज़ के मुँह पर खुले घावों

की तरह चिपके और लटके। कहीं आँतों का मानो एक्स-रे कर रहा हो इस तरह अन्दर उतरकर चित्रित किया। दाँत खींचते डाक्टर और मरीज़ के मोहरे पर के चित्र 'दाँत का डाक्टर' (१९९८) में करुणा और दर्द के छींटे छिड़क दिये : जिसमें दर्द और मरीज़ की एकरूपता निर्मम आँखों, भारी हृदय और हलके हाथों से अंकित हुई यह एक विरल घटना है। उसी समय के कुछ अनन्य चित्रों में मानो रोग ने पलटकर हिंसा का रूप लिया। 'चमड़ी जितने ही गहरे सौन्दर्य' की शृंखला में से एक में बड़े मुँह के घाव में बॉलीवुड में दिखायी जाने वाली हिंसा की खिल्ली उड़ाती कुरूपता का भयानक दर्शन है। दो जोड़े हुए कैनवस वाले 'पेट में बन्दूक़ की गोली' (२००१) में बायीं ओर एक घायल चेहरा बन्दूक़ को फूँकता है—वह गोली दायीं तरफ़ दूसरे के पेट में पैठ जाती है वहाँ आँतों से लटकते लोचे की उठापटक देखने वाले की आँख में धमाके की तरह फूटती है। ज़िन्दगी भर जिन्हें जाना, जिसका मज़ा उठाया और जिसे चित्रों में ठूँसकर भरा वह देहरूप की, रोग और हिंसा द्वारा की गयी दुर्दशा की वेदना और आक्रोश उसमें बुने हुए हैं। अन्तकाल के उन छह सालों में किये गये 'सोनी' (१९९७), 'दूसरी सुबह' (१९९९) की आन्तरदृष्टि राह बदलकर चर्म देह को फाड़कर बाहर निकली। बीच में २००० के दौरान किये गये 'दर्शन' में उसके प्रेमीजन तथा स्त्रीवेशधारी भक्तों के साथ सुनील, अमित और मुझे श्रीनाथजी की ओट तले किसी अगम्य झाँकी की राह देखते निरूपित किया।

रोग का निदान हुआ तब डाक्टरों ने उसे छह साल की मोहलत दी थी। २००२ में उसकी और मेरी साझा प्रदर्शनी शिकागो की वॉल्श गैलरी में आयोजित हुई वहाँ हम दोनों साथ गये। लम्बी यात्रा में व्हील चेयर के लिए लिखवाया था लेकिन वह उसे टाल देता। फिर भी अगर देर तक चलना पड़ता तो वह बीच-बीच में बैठ जाता। कभी-कभी उसका सामान उठाकर मैं उसे आगे ले जाता या दौड़कर कुछ करता तो वह मुझे टार्जन कहकर नवाजता। यात्रा के दौरान एयरपोर्ट पर राह देखते हुए रेस्तराँ में बैठकर हमने पुराने दिनों की बहुत कानाफूसी कर ली। गैलरी की संचालिका जूली हमारा स्वागत-सत्कार करती इससे वह बड़ा ख़ुश था। उसी साल माड्रीड के प्रसिद्ध रेइना सोफ़िया म्यूज़ियम में उसके जीवन भर के सृजन की महिमा करती एक बड़ी 'Retrospective' प्रदर्शनी आयोजित हुई। साथ ही वहीं अतुल डोडिया की 'रोलिंग शटर्स' वाली प्रदर्शनी भी लगी। वहाँ वह अतुल और अंजु के साथ गया था। मेरे लिये उस प्रसंग पर पहुँचना सम्भव नहीं था लेकिन उसी दौरान मैंने मानचेस्टर आर्ट गैलरी में 'साम्प्रत भारतीय कला' पर एक प्रदर्शनी नियोजित (curate) की थी, उस समय मैंने और नीलू ने माड्रिड का चक्कर लगाया। रेइना सोफ़िया में प्रदर्शनी देखकर हम दोनों अभिभूत हुए, लगा कि उसने जो पहले नज़र नहीं आये थे ऐसे कई शिखरों को सर किया है। विश्व स्तर के म्यूज़ियम में भारतीय कला की और तिस पर दोस्त की सर्जना की महिमा को तृप्त आँखों से देखा।

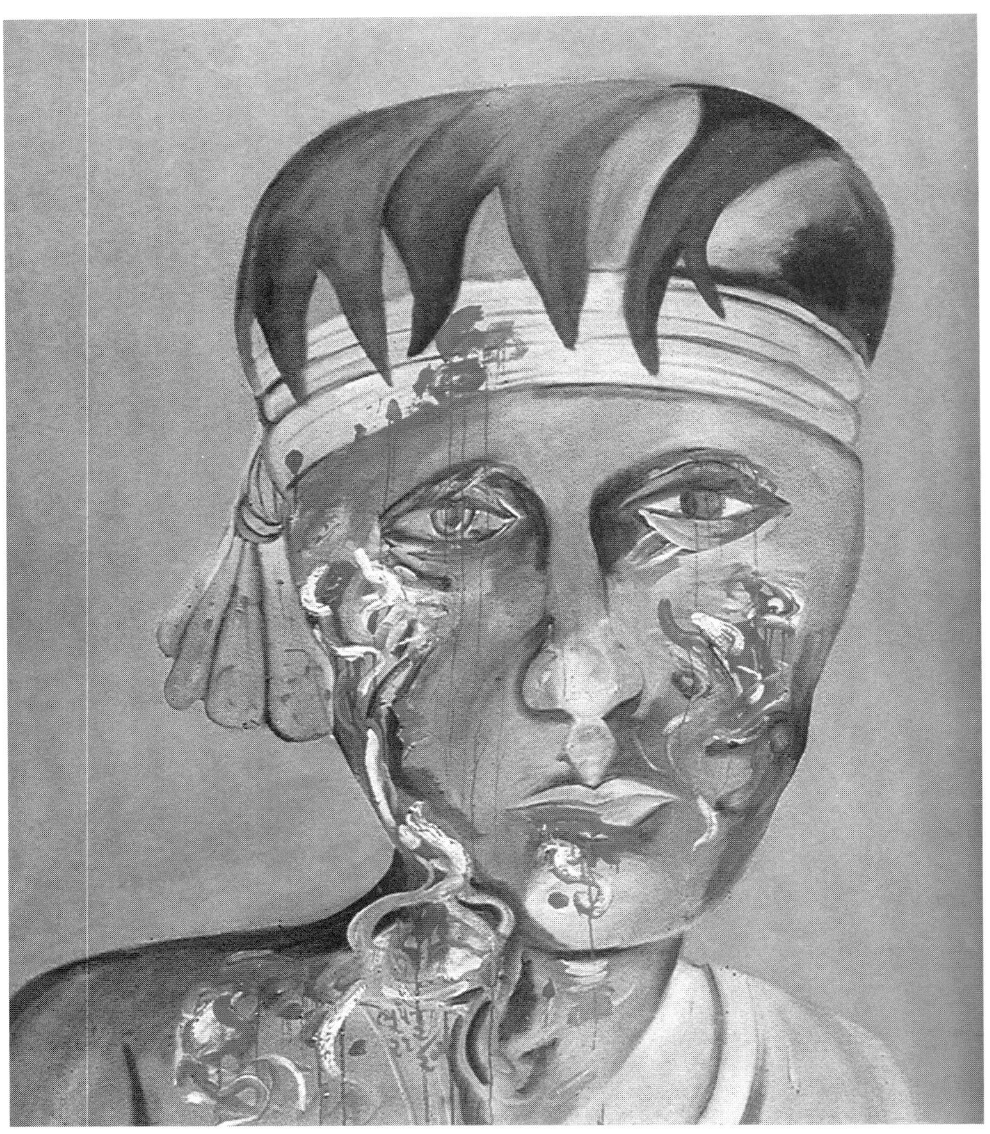

*भूपेन खख्खर, **ख़ूबसूरती चमड़ी जितनी गहरी है,** तैलचित्र, २००१ ई.*

सौजन्य : भूपेन खख्खर संग्रह

२००३ के आरम्भ में मुम्बई की गिल्ड गैलरी ने श्रीलंका की यात्रा आयोजित की। अब शायद उसकी दवाइयाँ और हिफ़ाज़त बढ़ी थी। पेशाब के लिए कैथिटर की थैली हमेशा लगाये रखना पड़ती थी। हालत बड़ी नाज़ुक थी फिर भी उसने हिम्मत की। बस की यात्रा में वह आगे बढ़ता लेकिन पीछे बैठे लोगों को निशाना बनाकर अतुल और अमित के साथ मिलकर मज़ाक़

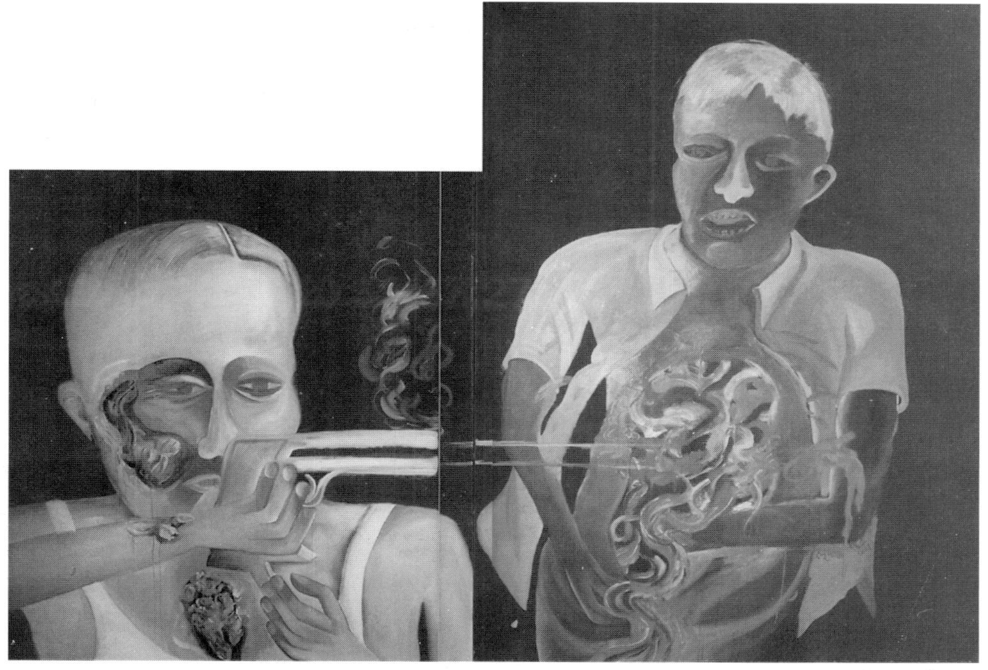

*भूपेन खख्खर, **पेट में बन्दूक की गोली**, तैलचित्र, २००१ ई.*
सौजन्य : भूपेन खख्खर संग्रह,

उड़ाता। सब लोग जब स्मारक देखने जाते तब वह अकेला भीतर बैठा रहता। गलविहार में बुद्ध की निर्वाणमूर्ति का शिल्प देखने का मैंने आग्रह किया लेकिन वह उतर नहीं पाया। सिगिरिया के दीवार-चित्र देखने के लिए पहाड़ी पर चढ़ना था इसलिए वहाँ जाने का तो प्रश्न था ही नहीं। लेकिन दाम्बुला इतना ऊँचा कि कठिन नहीं था, फिर भी उससे वहाँ तक भी पहुँचना नहीं हो पाया। म्यूज़ियम में अद्‌भुत शिल्पों का संग्रह देखना हुआ नहीं। उसने उन तमाम स्थानों के, शिल्पों-चित्रों और स्मारकों के ढेर सारे पिक्चर पोस्टकार्ड ख़रीदे और वापस लौटकर जिन लोगों ने स्वयं जाकर यह सब देखा था उनकी दृष्टियों को पार कर जाने वाले अद्‌भुत जल-चित्र बनाये, और चित्रों की एक किताब भी बनायी। इस श्रीलंका शृंखला श्रेणी में दाम्बुला, गलविहार और श्रीलंका का प्राकृतिक वैभव, बौद्ध साधुओं सहित मानो कि सहसा जीवित हो कर उभर आया है। ईर्ष्यारानी का यह दूसरा अवतार अचम्भित कर देने की हद तक अद्वितीय था।

अब उसकी हालत बिगड़ती जा रही थी। एक नये डाक्टर से मिलने वह मुम्बई गया। दूसरे विकल्पों की तुलना में डाक्टर ने जोर देकर रेडियेशन की सिफ़ारिश की। भूपेन से डाक्टर ने मज़ाक में कहा कि जहाँ बन्दूक़ से काम चलता हो वहाँ तोप का क्या मतलब! अब रेडियेशन

का रास्ता खुल गया। वड़ोदरा के वाघोड़िया स्थित अस्पताल में रेडियेशन का अत्याधुनिक यन्त्र आया था। उसमें कम्प्यूटर के माध्यम से कैंसरग्रस्त हिस्से के अतिसूक्ष्म हिस्से को जलाकर उड़ा देने की क्षमता थी। रेडियेशन के लिए डॉ. हेगड़े और अजय देसाई के साथ मैं वाघोड़िया गया। बड़े भारी कमरे में ज़बरदस्त जानवर जैसा यन्त्र था। उसमें पूरा-का-पूरा आदमी उतार दिया जाता है, जो गोल-गोल घूमता है तब बाहर कम्प्यूटर पर बैठा व्यक्ति मरीज़ के शरीर के ग्रस्त हिस्से को खोजकर उस पर लेज़र किरण डालकर उसे नष्ट करता है। कमरे में यन्त्र चालू होने पर रेडियेशन फैलने लगता है तब वहाँ कोई खड़ा नहीं रह पाता : सारे कर्मचारी बाहर। थोड़ी देर बाद भूपेन बाहर आया और बोला कि ऐसा तो किसी दुश्मन की तकदीर में भी न हों।

अगस्त में हालत और बुरी होने लगी। डाक्टर ने कहा कि अब अस्पताल ले जाइए। मैं सात की सुबह उसके घर गया लेकिन उसे जाने की जल्दी नहीं थी। मानो कि जाना नहीं था इसलिए हर बात में देर करता रहा। वह एकदम ढीला पड़ गया था इसलिए कुछ ख़ास बात नहीं हुई। फिर डाक्टरों ने कहा कि उसके बहुत सारे अंग निष्क्रिय होने लगे हैं : आइ.सी.यू. में ले जाये बिना कोई निस्तार नहीं है। फिर शाम को जब आइ.सी.यू. में गया तो वहाँ बहुत सारे मरीज़ तरह-तरह के उपकरण से बँधे पड़े थे। भूपेन के मुँह पर भी साँस लेने का पारदर्शी यन्त्र का खोखा लगा हुआ था। मैं सामने खड़ा रहा और उसका हाथ पकड़ने का प्रयत्न किया तब एक उदासी-भरी मुस्कान आयी : मानो कह रहा हो कि 'साले हलकट, सटक लिया न!'

मूल गुजराती में : साहचर्य वार्षिकी, में २०१३, पृ. १६-३०
हिन्दी अनुवाद : ज्योत्स्ना मिलन, *पूर्वग्रह*, अंक १४४-४५
जनवरी-जून २०१४, पृ. १७१-१८५

ओस सी कोमल संवेदना

नसरीन मोहमदी (१९३७–१९९०)

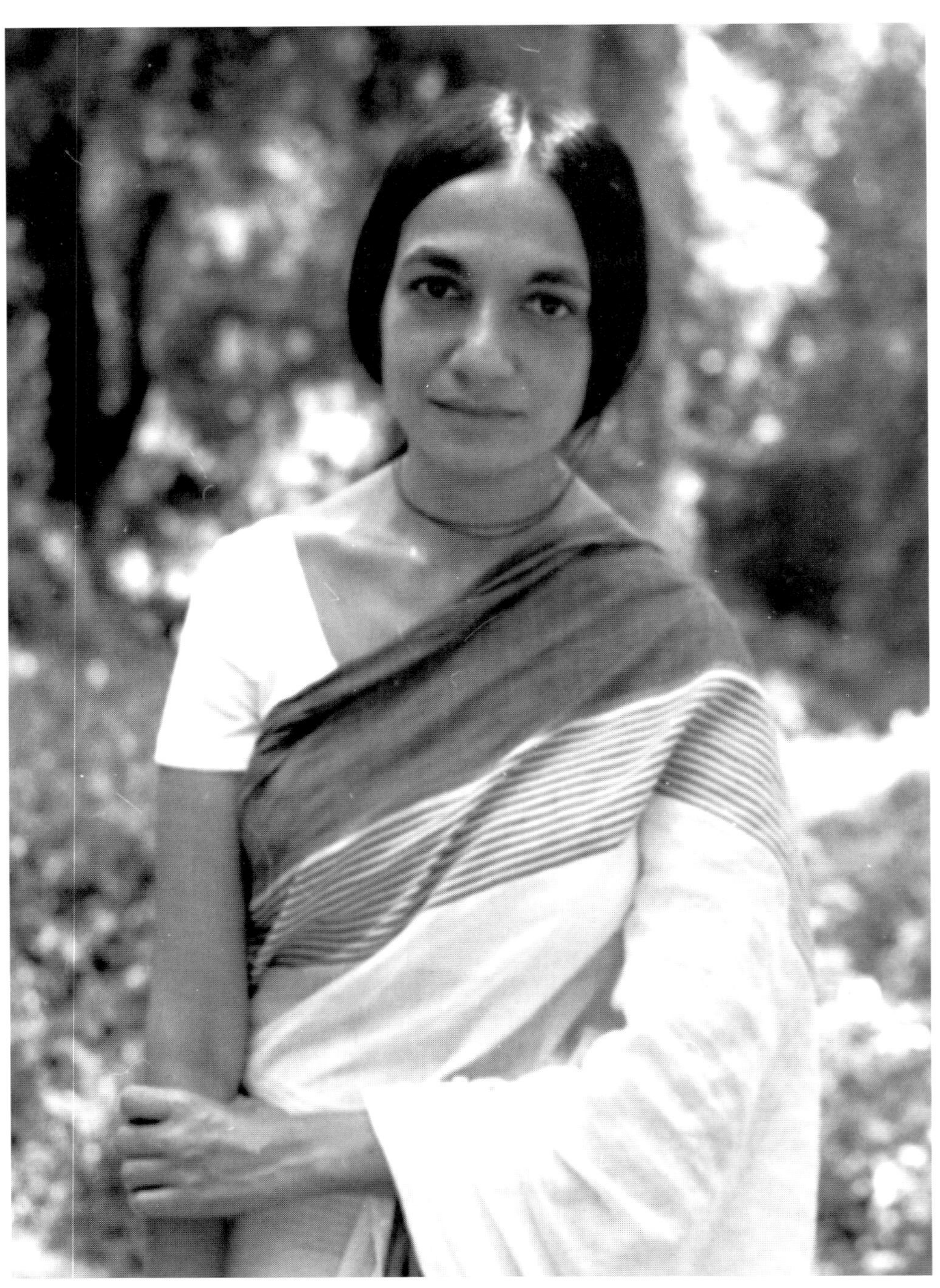

नसरीन मोहमदी, बड़ोदरा, १९७० — *तस्वीर : लेखक*

बड़ौदा की जनता को पता नहीं है कि बीस साल तक उनके बीच रही एक अनोखी हस्ती उनके बीच से सरक गयी है। अनन्या कही जाय ऐसी कलाकार नसरीन मोहमदी ने मई १९९० की चौदह तारीख़ को दोपहर में मुम्बई के पास किहिम के समुद्र के किनारे पर आख़िरी साँसें लीं। कई दशकों तक विश्व को फ़िल्मों का रस चखाने वाले दर्शन फ़िल्म सोसायटी के सूत्रधार मनमौज़ी वास्तुविद् बाबू छाड़वा भी दो साल पहले इसी तरह अकेला निकल पड़ा था। खिड़की के पास बैठे लगातार साधनारत सारस्वत सुरेश जोशी गये, तब लोगों की गर्दनें थोड़ी-सी ऊँची हुई थीं लेकिन शहर उनकी स्मृतियों को सँभाल नहीं पाया है।

नसरीन को तो वैसे भी ढिंढोरा पीटना या दिखावा करने पर उकताहट होती थी। उसके प्रदर्शन का कार्ड भी लगभग कोरा, कैटलॉग तो शायद ही छपवाया होगा और अगर छपवाया भी तो फिर उसमें महीन-महीन लकीरें, बूँदें या मूलाक्षरों की चींटियों जैसी कतारें। उसमें से उसका नाम भी ढूँढ़ना मुश्किल। उसकी जीवन रीति में ही ऐसा कुछ था कि हो सके उतना कम करें और कहें। बदन पर सादा लिबास। ज़्यादातर सफ़ेद, कभी नीली या काली साड़ी, पतली किनारी वाली। ज़ेवर का नाम नहीं। हुआ भी तो गले में घिसी हुई चेन या फिर पुराना ताबीज़। जहाँ-जहाँ रहने गयीं उन सभी घरों को सफ़ेद रंग से धुलवा दिया। खिड़की, झरोखों की जालियाँ, दरवाज़े, स्विच बोर्ड, पंखे सब कुछ सफ़ेद घुप्प। सजावट का सामान न के बराबर। पहले तो चटाई बिछाकर सोया करती थीं, फिर पलंग लायीं और लकड़ी की एक नीचे बैठने वाली पिढ़िया। फ़र्नीचर का तो नाम नहीं, लेकिन जब उसके बूढ़े पिता मिलने आये तो एक-दो कुर्सी बसा लेने को मान गयी। खिड़की पर सरकण्डी जैसी भूरी रेखाओं वाले सफ़ेद पर्दे और पलंग की चद्दर पर काले-सफ़ेद तिकोने। दीवारें नख-शिख कोरी, आँख की पुतली भाँति सफ़ेद और फ़र्श कोटा के पत्थर को को घिस-घिसकर बनाये संगमरमर-सा चमकीला और साफ़-सुथरा। घर में आने वाले को दीवार पर हाथ रखने पर दाग़ पड़ने का डर लगता, बैठकर दीवार के सहारे सिर टिकाने का तो सवाल ही नहीं। अनाड़ी ही उस घर में जूते पहनकर आता।

ऐसा लगता कि चित्रों को भी घिस-माँजकर बेदाग़ रखा करती हों और दिखाती तो फ़र्श पर बिछाकर, दीवार पर लगाकर नहीं। उन्हें देखने के लिए सभी को झुकना या बैठना पड़ता। घर इतना साफ़-सुथरा रखना मुश्किल मगर काम करने वाली जोड़ी शकु और लल्लू के साथ मिलकर वह सब कर लेती। लल्लू को शराब की लत, नसरीन ने उसको सफ़ाई के काम में उलझाकर शराब छुड़वाई और सने हुए को उजला किया।

ऐसा ही कुछ था स्वभाव में भी : सभी का उजलापन बाहर उभारने का। ऑफ़िस के क्लर्क, कॉलेज के चपरासी और सफ़ाई मज़दूर के साथ स्नेह और घरेलूपन का रिश्ता। टेढ़े लोगों से भी प्यार से पेश आती और इस तरह कइयों को वश में कर लेती। रिक्शेवाले के साथ किराये को लेकर खटर-पटर कौन नहीं करता? इसका मानो प्रायश्चित कर रही हो वैसे वह हरेक रिक्शाचालक के साथ ममता से बात करती और बातों-बातों में उसकी कमज़ोर रग को छूकर दिल जीत लिया करतीं। कई रिक्शेवाले उसे लेकर जाने को हमेशा हाजिर, यहाँ तक कि वह घण्टे भर भी खड़ा रखती तब भी बुरा नहीं मानते। वैसे भी उसके साथ झगड़ना मुश्किल था। उससे जलने वाले उसके बारे में बुरा बोलते, उसकी सादगी को दिखावा कहते और उसके अमूर्त चित्र का मज़ाक़ बनाते तब भी वह अपने व्यवहार में अडिग रहती। विद्यार्थियों को कुदरत की रूप-लीला समझाने, पेड़-पौधे दिखाने ले जाती तब कमी ढूँढ़ने वाले व्यंग्य करते कि औरत जात को फूल-पत्तों के अलावा क्या सूझ सकता है मगर यह सुनकर भी वह बुरा नहीं मानती। इसके ठीक उलटा वह उनसे भी चाव से मिलती, लाड करती और उनका मन जीत लेती। वे लोग घर में भी आने-जाने लगते और दाग़-दूग बिना के निर्मल संसार का लगाव बढ़ते वे भी थोड़े पलट जाते। ये लोग घर पर चाहे जैसे रहते हों, मन चाहे ऐसा बरतते हों लेकिन यहाँ वे नसरीन की तरीके से बरतने लगते। घर में आने वालों को नसरीन दूर बिठाती, ख़ुद भी बिलकुल सामने के किनारे बैठती। इस प्रकार बैठने से, आने वाले और बैठने वाले के बीच का विस्तार, अवकाश उभरता नज़र आता। नसरीन को वैसे खुले अवकाश से लगाव था।

आने वालों में कई मितभाषी होता तो वह पगला जाती और कई बार उसकी हाजरी में बोलने वाले भी मानो मौन को सुन रहे हों ऐसे शान्त बैठे रहते। आवाज़ में नसरीन को सबसे ज़्यादा प्यारा था कण्ठ्य संगीत और भीमसेन जोशी की आशिक़। जब साथियों के साथ बैठी हो तब वह अपनी पसन्द के ललित और मियाँ की तोड़ी बजाती और भावविभोर हो जातीं। संगीत में जब (चित्र की तरह) शब्द की लीला का रंग उतरता, सुर कोरा रह जाता और शुद्ध नादरूप ले लेता वह उसके अन्तर्मन को भाता होगा। किसी वक़्त उसने ज़िन्दगी से रंग को तिलांजलि दी थी। मीरा के 'ओढुं हुं काळो कामळो' ('ओढूँ मैं काला कम्बल') की तरह विरक्ति की दीक्षा ली थी या कला जैसा जीवन और जीवन जैसी कला-सा कुछ स्वरूप गढ़ा था। ऐसे ऊँचे आदर्श को लेकर उसने जापानी ज़ेन परम्परा, सूफ़ी सन्तों की मार्मिक वाणी और चीनी चित्रों की एकरंगी कला का साधना-पथ अपनाया था।

करीब तीन दशकों के पहले चित्र बनाने की शुरुआत हुई। बचपन बड़ौदा में बीता, मुम्बई में पली-बढ़ी और बेहरीन में परिवार का व्यापार था। वहाँ के रेगिस्तान की छायाएँ भी उसके चित्त में उतर आयीं। पढ़ाई बम्बई और लन्दन में, और फिर बाद में थोड़े वर्ष दिल्ली आकर रहीं और सन् १९७१ में बड़ौदा आकर बस गयी। उसके बाद तो उसके चित्र देश-परदेश में पहुँचे, और ख़ूब प्रशंसा बटोरी। लन्दन-पेरिस में भारतीय त्रिवार्षिकी में भारतीय कला की चुनी हुई कृतियों में उसकी कृतियों का भी समावेश किया गया था और सन् १९७६ में राष्ट्रीय पुरस्कार मिला।

चित्र में पहले से ही रंग को बाहर रखा था। सफ़ेद कैनवास पर काले तैल रंग बहातीं। तूलिका या रोलर से, पतले या गहरे आवर्तन खड़े करती, कुछ चपटा बना देतीं, बीच-बीच में तूलिका को सुखाकर या कपड़े से रंग उठा लेतीं। कभी उसमें छोटे त्रिकोण और समकोण जोड़ देती। एकतारी संगीत या तबले की धनक जैसा सब कुछ, एक सुर से, एक सूत्र से बँधा हुआ। आकारों का (संगीत की तरह ही) दिखायी देने वाली दुनिया की किसी आकृति के साथ सीधा सम्बन्ध नहीं, लेकिन हरेक पदार्थ के अन्दर बसने वाले चलित, जीवित तत्त्व की खनक नज़र आती और प्रकृति के अन्दर के गोपित जीवों की धड़कनें भी सुनायी देती। जिस तरह परछाइयाँ हल्के-फुल्के 'रंग' से धूल पर, रेत पर, खिड़की-दरवाज़ों, पेड़ पर चढ़तीं, लोटतीं और सृष्टि को पलटा देती हैं या लोगों की पदचाल या हवा के जोर पर हर रोज़ के रास्ते का पट अनोखा रूप धारण करके हैरत पैदा करता है या रात्रि के अँधेरे में दो घर, पेड़ या गली के खम्भों के बीच का कोरा आकाश कुदरत की अगमलीला का ऐलान करता हो ऐसे उसके चित्रों में एक अनूठी, उत्कट, आत्मीय अनुभूति को परखे बिना नहीं रहती। इस सारी लीला में साधना सिर्फ़ सूक्ष्म की, नाटक का ढिंढोरा नहीं। आकृतियाँ ऐसी मानो बाहर आकर आँखों के छूने पर भी लजा जाती हों : पास जाकर धीरे से खोजने पर उभरतीं। कई बार परछाईं में बाल या पानी में काँच ढूँढ़ने जैसा। कभी बहती हवा या पाताल झरने की गतिमयता के सिर्फ़ एहसास।

अन्दर की आकृतियों की तरह उसने चित्रों का ढाँचा भी छोटा कर लिया। चार वर्ग फुट का कैनवास सबसे ज़्यादा पसन्द और अगर बड़ा बनाने की ज़रूरत हो तो दो कैनवास साथ में जोड़ देतीं। उसके बाद तो कैनवास और तैल रंग भी छोड़ दिये और उठाया काग़ज़। शुरुआत में काली स्याही घिसकर, चुपड़कर तरह-तरह के आकार उभारतीं, फिर स्याही वाले काग़ज़ को धोकर और निचुड़े हुए आकार को सुखाकर फिर से बनातीं। धीरे-धीरे वह करना भी छोड़ा और सिर्फ़ सीधी और टेढ़ी लकीरें बनाने का खेल रचा। काग़ज़ पर खुले कोरे सफ़ेद अवकाश के पट्टे में एक ही दिशा में चलती रेखाएँ और काली भौमितिक नक़्क़ाशी। अवकाश को संयोजित करने की शक्ति उड़कर आँखों में आ बसे वैसी। उसके बाद तो काले आकार भी कम हुए और रह गयीं सिर्फ़ लकीरें बस लकीरें। पहले तो लकीरें काली स्याही से किया करतीं थी लेकिन बाद में स्याही में पानी डालती गयीं इसलिए उसमें हल्की-पतली झांईं आयी। और कभी-कभी तो इतनी हल्की हुईं कि बिना रंग के रूप की छाप-सी हो गयी। ऐसे चित्रों के

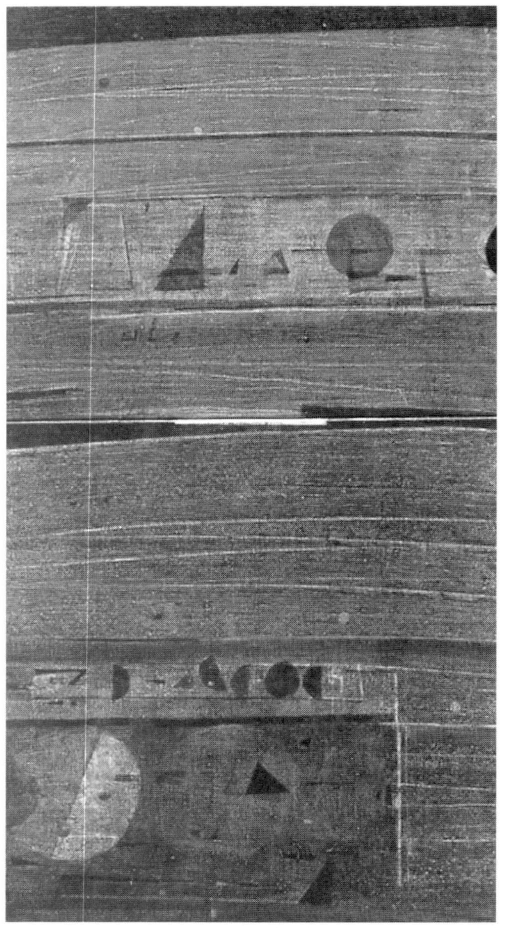

नसरीन मोहमदी, ***बिना शीर्षक****, तैलचित्र, १९७१ ई.*
संग्रह : नीलिमा और गुलाममोहम्मद शेख

लिए कलागुरु सुब्रह्मण्यन् कहा करते थे कि नसरीन की संवेदना ओस की छाया जैसी कोमल है। गांधीजी के पौत्र और प्रसिद्ध तत्त्वचिन्तक रामचन्द्र गांधी को उसमें कुरान की प्राचीन पाण्डुलिपि के अवशेष और इस्लामी अद्वैत के अंश दिखे। आलोचक गीता कपूर ने उसकी साधक दृष्टि की भर-भर के तारीफ़ की। उन चित्रों को देखने वाले जिज्ञासु और जानने वाले दोनों ही उन चित्रों के रसिया बन जाते। 'मानवतावादी' कला के हिमायतियों के हथियार भी उसकी संवेदना की सूक्ष्मता के आगे लुढ़क जाते।

कुछ वर्षों के बाद नसरीन को एक बीमारी लग गयी। उसी बीमारी से उसके दोनों बड़े भाइयों ने पीड़ा झेली थी और बाद में दोनों की मृत्यु हुई थी। डाक्टरों के अनुसार अगर बड़े को यह बीमारी होती है तो छोटों का भी वही हाल होता है। जब पहला भाई गया तब नसरीन बहुत व्यथित हुई थीं। बार-बार उसकी बातें किया करतीं और रो पड़तीं। लेकिन बाद में, दूसरे प्यारे भाई को भी वही बीमारी लगी तो वह लगभग टूट गयीं। उस भाई के जाने से पहले ही मानो ख़ुद ही भाई की व्याधि को उठा लेना चाहती हो वैसे वह भी पीड़ा झेलने लगी। भाई तो गया ही लेकिन उस बीमारी ने नसरीन के बदन में घेरा डाल दिया। धीरे-धीरे बीमारी ने उसके अंगोंपांगों पर असर हुई। हिलने-डुलने और बोलचाल पर से पकड़ जाने लगी। हाथ-मुँह काँपने लगे, चलते-चलते मचका जाती, बोलते हुए जीभ कुचल जाने का डर बना रहता। खाना-पीना भी मुश्किल हो गया, निवाला मुँह में जाता तो हाथ-मुँह साथ नहीं देते। निवाला छूट जाता, लार टपकती और स्नायु अनायास ही हिलते रहते। जबड़ों में कड़ा दर्द, दाँत मसूड़ों और दाढ़ में गड़ जाते। दवा के साथ जबड़े को सँभालने के लिए मुँह में रुई के फाहे रखने पड़ते जिससे गाल या जीभ ग़लती से चबाए न जायें।

इतनी पीड़ा में भी नसरीन का दिल घबराया नहीं। मध्ययुगीन सन्त ग़रीबी और बदहाली को

मालिक की मेहरबानी मानते, वैसे ही उसने व्याधि के अनुरूप रोज़मर्रा का व्यवहार बदलकर सारे कामकाज चालू रखे।

कॉलेज में पढ़ाती तब चार घण्टे मन लगाकर काम करतीं, लेकिन दोपहर में घर जाकर या किसी दोस्त के यहाँ जाकर सो जाया करतीं जिससे शाम को दो-चार घण्टे 'काम' (चित्र) किया जा सके। सभी को लगा कि इसे तो सीधी रेखाएँ बनाने की आदत है, अब हाथ कैसे चलेगा? उसने इसका हल निकाला। इंजीनियर वाला टेबल और सीधी रेखाएँ बनाने के साधन ले आयीं। मानो कहती हों कि दिन में दस-बारह घण्टे हाथ को जितना काँपना हो काँप ले लेकिन दो घण्टे तो सीधी लकीरें किसी भी तरह खींचनी हैं। हाथों को मानो विश्वास में ले लिया हो वैसे चित्र करती रहीं और बीमारी को वश में कर लिया। लेकिन बढ़ती हुई बीमारी और बिगड़ती गयी तब नौकरी से छुट्टी ली और आख़िरकार इस्तीफ़ा दे दिया। आराम का वक़्त बढ़ा दिया लेकिन 'चित्र' बनाना नहीं छोड़ा।

कॉलेज में सभी के साथ उसका स्नेह सम्बन्ध था। कुछ को तो बहुत प्यार से मिला करती थीं। अच्छे-बुरे सभी उसके दोस्त। विद्यार्थियों का एक झुण्ड उसके इर्द-गिर्द घूमा करता। उनमें से कई तो उसके घर ही पड़े रहते। बीमारी में वही उसकी देखभाल भी कर लेते। लेकिन संस्था में तो विद्यार्थी आते-जाते रहते हैं। नौकरी छोड़ने के बाद कुछ साल बीतने पर क़रीबी विद्यार्थी सब चले गये। इन प्यारी जवान हस्तियों का साथ छूटने की पीड़ा भारी गहरी थी। कभी-कभार यूँ ही कॉलेज में आ जातीं और पूछतीं कि थोड़ा पढ़ा दूँ? फिर दो-चार विद्यार्थियों से मिलतीं और बातचीत करती रहतीं। फिर तो गिने-चुने मित्र और परिचित विद्यार्थी रह गये। बीमारी के बढ़ने पर उसका घूमना-फिरना भी कम हो गया इसलिए सभी को उसकी ख़बर पूछने के लिए उसके घर जाना पड़ता। ये सभी भी अपनी अपनी जंजालों में डूबे हुए, कहाँ-कहाँ जायें? कई बार महीनों तक उससे मिलने के लिए कोई भी नहीं आता। कॉलेज से जाने-पहचाने लोग चले गये तब उसे सब पराया लगने लगा। नये विद्यार्थी उसे पहचानते नहीं। मित्रों को लग रहा था कि अब रिश्तेदारों के साथ बम्बई में रह ले तो उसकी देखभाल हो पाये। ऐसे अकेली कब तक रह पायेगी? और अकेली हो और कहीं कुछ हो गया, तो?

लेकिन उसने ज़िन्दगी अकेले ही, बिना किसी के आसरे बितायी थी। मित्रों और विद्यार्थियों को ही परिवार माना था। इसके अलावा लल्लू और शकु तो थे ही। वे दोनों उसकी सेवा में खड़े पैर हाजिर। आख़िरकार दोस्तों ने हल निकाला कि उनमें से दो लोग उसके घर एक के बाद एक रहें तो देखभाल हो पाये क्योंकि किसी भी शर्त पर नसरीन बड़ौदा छोड़कर जाने को तैयार नहीं थीं। उसे डर था कि बम्बई जायेगी तो चित्र बनाना छूट जायेगा। जीवन की राह ही चित्रों से मिली थी उसे कैसे छोड़ी जाय? चित्र और बड़ौदा उसके लिये पर्याय बन गये थे। इसलिए सभी की बात को नज़रअन्दाज़ करके, तकलीफ़ को उठाते हुए भी वह यहाँ ही रहीं। बीमारी बढ़ने लगी पर उसने मन और हाथों को दो घण्टे नहीं तो एक घण्टे के लिए, हर रोज़ नहीं

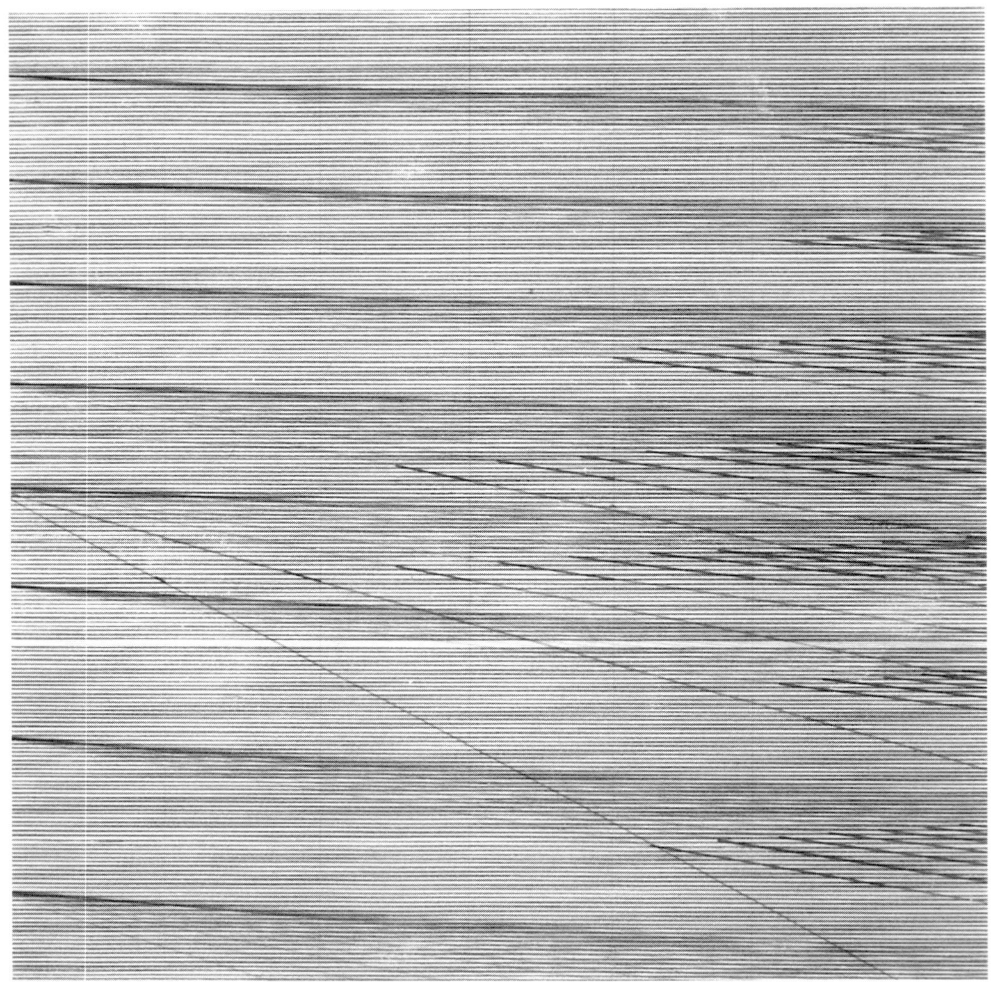

नसरीन मोहमदी, **बिना शीर्षक,** काग़ज़ पर पेन और स्याही, १९७० ई. का दशक
सौजन्य : नसरीन मोहमदी परिवार और तलवार गैलरी, न्यूयॉर्क, अमेरिका

तो एक दिन छोड़कर चित्र में उलझाये रखा। उन्हीं दिनों दिल्ली में उसकी एक बहुत बड़ी प्रदर्शनी का आयोजन हुआ। मित्रों और प्रशंसकों के आग्रह पर उसने सभी पुराने-नये चित्र दिखाने को मान लिया। समग्र जीवन के चित्र-काल का पुनरावलोकन हो ऐसी अनोखी प्रदर्शनी पर गीता कपूर का एक ही चित्रकार पर लिखा लेख 'टाइम्स ऑफ़ इण्डिया' के बीच के पन्नों पर छपा। रामचन्द्र गांधी ने लिखा कि रात को बन्द हो जाने वाली गैलरी में अपनी रोशनी के उजाले में फ़रिश्ते नसरीन के चित्रों को देखने के लिए एक-दूसरे से स्पर्धा करते होंगे।

जैसे-जैसे बीमारी बढ़ती गयी वैसे-वैसे उसकी चित्र बनाने की ख़्वाहिश भी तेज़ होती गयी। वह

किसी भी तरह से हर रोज़ थोड़ा-बहुत चित्र करने की फिराक में रहती, और यह नहीं बन पाता तो गहरी साँसें खींचतीं। बीमारी से लड़ने का उसके पास यही एक नुस्ख़ा था। बर्गमेन की फ़िल्म 'सेवन्थ सील' में मध्ययुगीन सुभट यम को चौसर खिलाकर मौत धकेले रखता है, ठीक उसी तरह नसरीन बीमारी को सफ़ेद काग़ज़ पर जादुई रेखाएँ बनाकर दूर धकेलती रहीं। उस समय उसके सूखते हुए शरीर में अद्‌भुत संचार दिखायी देता। मानो बीमारी को लगाम डालकर काबू में कर लिया हो वैसे वह बिलकुल स्वस्थ लगतीं। और फिर बीमारी कब्ज़ा कर लेती तो वह बेसहारा बच्ची की तरह टूट जाती। मानो सब कुछ हाथ से निकलकर बह जाता। एक बार तो उस हालत में व्याधि या विधि के सामने जूझ रही हो ऐसे पागलों की तरह अंट-संट फटकारने लगी थी। मानो कह रही हो, 'जा जो करना हो वह कर ले, मेरा शरीर तेरे हाथ में है, मन नहीं'।

इस दरमियान वह दवाई लेने के लिए बम्बई गयीं। कह रहीं थी कि वहाँ से वह किहिम के समन्दर के किनारे पहुँचेगी। वहाँ कबीले का घर है, वहाँ रहेगी। कुदरत की गोद में पहुँचने के लिए तो वह हमेशा तैयार ही रहतीं। समन्दर का किनारा, खुली हवा, हल्के-फुल्के पेड़— उसके दिल की गहराई में बसे थे। वहाँ से उसने सभी अपनों को याद करते हुए चिट्ठियाँ लिखीं। हाथ ठीक से चल नहीं रहा था। अक्षर भी टेढ़े-मेढ़े निकलते थे, लेकिन दोनों को फुसलाकर उसने चिट्ठियाँ लिख लीं। पतले काग़ज़ पर काली स्याही से बनी टेढ़ी रेखा वाले अक्षरों में सन्देश यही था : अब मैं ठीक हूँ और अब बहुत 'काम' करना है। लेकिन नियति होगी या उसकी दिली ख़्वाहिश, उसकी क़लम की नोंक से स्याही सूखने को आयी थी; उनमें से टपकने वाले चित्र सिर्फ़ फ़रिश्ते की आँखों के काबिल थे। अब तो जब-जब ओस गिरेगी, उसकी उड़ान भरने को तड़पती संवेदना की बौछार होती रहेगी।

('लोकसत्ता' २३.०५.१९९०)

(सईद मिर्ज़ा डॉक्यूमेन्ट्री बना रहे थे उस मौक़े पर : झिलमिलाती रोशनी में चित्रों को देखकर अजन्ता से वापस लौटते हुए) :

कल रास्ते में बारिश होनी शुरू हुई तो जलगाँव पहुँचे तब तक। फिर तो रात की गाड़ी में भीगी-सीलन वाली हवा और सुबह बम्बई पहुँचे तब देखा कि वहाँ भी बारिश का माहौल है। उसके बाद (नसरीन की बड़ी बहन) रुकय्या की बात सुनते-सुनते वहाँ पहुँचा—जहाँ नसरीन ने आख़िरी साँस ली थी। समन्दर के किनारे, ठीक सामने मोहमदी, लतीफी और अन्य कबीलों के घरों की कतारें हैं, वहाँ बड़े, बूढ़े बरगद, ताड़ के पेड़, नारियल, आम और तरह-तरह के जंगली पेड़-पौधों के झुण्ड हैं। इस परिवार के सालिम अली भी यहाँ छुट्टियों में लिखने आया करते थे और यहाँ के माहौल में छोटी चिड़िया की भाँति घुलमिल जाते होंगे। हाथ-मुँह धोकर हम नसरीन की क़ब्र की ओर चले। हरियाली के झुण्ड के बीच छोटा-सा गाँव है। उनके घर का जवान माली विष्णु घर के बाग़ के फूल लेकर आया है। रुकय्या ने

*नसरीन मोहमदी, **बिना शीर्षक**, काग़ज़ पर पेन और स्याही, १९७० ई. का दशक*
सौजन्य : नसरीन मोहमदी परिवार और तलवार गैलरी, न्यूयॉर्क, अमेरिका

बताया कि उसका पिता यहाँ के मन्दिर का पुजारी है। विष्णु के भौंहों के बीच सिन्दूर इसका साक्षी है। रुकय्या ने फिर बताया कि विष्णु ने ही नसरीन की क़ब्र खोदी थी। दो-दो घर (रुकय्या की बहन का घर पास ही में है जहाँ नसरीन ने आख़िरी साँसें ली थीं) के माली नसरीन के प्यार से इतने तर थे कि जब नसरीन चली गयी तब घर या गाँव की मस्जिद के लोग आकर कुछ करें उसके पहले अन्त्येष्टि का काम उसने हाथ में ले लिया था।

गाँव के अन्दर से निकलते हुए दो-तीन छोटे-छोटे मन्दिर आये; थोड़े घर मगर झाड़ियाँ ज़्यादा,

उसके बाद सरकारी शिविर के तम्बुओं के चारों ओर तार की बाड़ के बाहर एक खुली जगह में चार–पाँच क़ब्र होने का पता आसपास लगे हुए पत्थरों की कतार से लगता था। एक क़ब्र पर रेत बिछी हुई थी और उसके पास एक–दो चम्पा के और दूसरे छोटे पौधे थे। क़ब्र वाला हिस्सा साफ़ किया हुआ था। आसपास जंगली पेड़–पौधे थे। आगे तार की बाड़, उसके बाद किनारे का बाँध, उस पर नारियल के पेड़ों की कतारें। नसरीन को जहाँ सुलाया था वहाँ उसका सर ऐसी जगह होगा जहाँ से बाँध की पारी दिखायी दे। और यह न हो तो भी ऊपर का चमकीला नीला आकाश और सफ़ेद बादल की झांईं तो हैं ही। समन्दर लेटे–लेटे या सोते–सोते तो दिखे नहीं, लेकिन क़ब्र में जाने के बाद तो ऐसे ही खड़े होकर और उठकर जो कुछ भी देखना हो देख सकते हैं। विष्णु ने क़ब्र पर पानी छींटा, खुली धूप में रेत गर्म हो गयी होगी, यह सोचते नसरीन के सूखे शरीर को ताप लगने का भास हुआ। लगा कि ज़रा ज़्यादा पानी डाले तो अच्छा होगा। विष्णु ने ख़ुद ही कहा कि कल फिर से आकर पानी डालेगा। रुकय्या मरने वाले के सर की जगह खड़े होकर छोटी डायरी जैसा कुरान का सिपारा निकालकर मन–ही–मन पढ़ने लगी। मुझे सूझा नहीं कि क्या करूँ। फातेहा पढ़ सकता हूँ लेकिन पूरा याद नहीं, फिर भी जितना आ सकता था उतना सर पर रूमाल डालकर पढ़ा। बाद में रेत के पट पर हमसे रखे गये फूल के हार और गुलाब के सामने रुकय्या का पढ़ना पूरा होने का इन्तज़ार करते हुए वहीं खड़ा रहा। नीलू भी कुछ मेरे जैसी अवस्था में वहीं खड़ी थी। क्रियाकर्म के वक़्त हम दोनों इसी दुविधा में यहाँ–वहाँ करते हुए उलझन में खड़े रह जाते हैं। नीलू को तो मुस्लिम रीति–रिवाज आये कैसे, फिर भी रुकय्या के कारण उसने भी उसी तरह खड़े रहने का निर्णय किया हो वैसे खड़ी रही। बाद में अगरबत्ती जलायी। रुकय्या ने पढ़ना पूरा किया उसी वक़्त पीछे से मोर बोल उठे। हम हलके क़दमों से क़ब्र से दूर हुए। चलते–चलते रुकय्या ने क़ब्र के चारों ओर रखे पत्थरों में से एक को हाथ लगाया। नीलू भी उनके पीछे खड़ी रही। अब उसका चेहरा भर आया था, लाल बनीं आँखें अभी बहने लगेंगी—यह देखकर मेरे मुँह से भी सिसकी रोकने की आवाज़ निकल गयी। नसरीन की एक बात याद आयी। हर बार जाते वक़्त हमेशा वह एक बार पीछे मुड़ती और फिर विदा लेतीं। यह सोचते हुए हम दोनों खड़े रह गये और फिर गाड़ी में बैठे। गाड़ी चली, तब खिड़की से ताड़ के पेड़ों के झुण्ड में से सफ़ेद लिबास में उड़ती हुई नसरीन की हस्ती चित्र की तरह नज़र आयी। गाड़ी और आगे चली तो झाड़ी में से एक काली, भूरी, सफ़ेद धारियों–बूँदों वाली, अंजुरी जितनी बड़ी तितली खिड़की के पास से उड़ती हुई निकली और जैसे–जैसे गाड़ी चलने लगी वैसे साथ–साथ उड़ने लगी मानो गाड़ी से टक्कर ले रही हो। अचानक मैंने नीलू को उँगली से दिखाया। उसने भी देखी थी—इतनी बड़ी, ज़रा भारी–सी तितली और हम दोनों देखते रह गये। और जब गाड़ी की रफ़्तार तेज़ हुई तो तितली गाड़ी के आगे से सामने के विंड स्क्रीन पर होती हुई दूसरी ओर मुड़ गयी। हम दोनों को लगा कि जाते–जाते नसरीन फिर एक बार हमें विदा करने के लिए उड़कर आयी थी। तितली के ग़ायब होने के बाद सारे रास्ते भर हम लगभग चुपचाप ही बैठे रहे। गाड़ी चली

जा रही थी। बीच में एक पुरानी छोटी मस्जिद आयी, बड़े भारी-भरकम पेड़ और पत्ते, पीले और हरे और उसमें से बहती हुई हल्की-हल्की हवा, मैंने नीलू के सामने देखा तो वह बरस रही थी। बीमार, ज़रा मुश्किल लगने वाली नसरीन उसकी और हमारे बड़ौदा शहर के, कॉलेज के गुजराती मध्यवर्ग के टेढ़े और बकवादी समाज में सच्ची सहेली थी। रुकय्या नीलू को मुँह पोंछने के लिए नेपकीन दे रही थी।

वापस घर पहुँचकर समन्दर के किनारे-किनारे चलने निकले। सामने अन्तहीन पानी का पट और दायें छुरी की तरह घुपता हुआ ज़मीन का किनारा, दूर मायानगरी के जगमगाते मकान-महालय। तट के निर्जन पट में भाटा के पानी की लम्बी-लम्बी, कत्थई और हल्की सफ़ेद लकीरों वाली लहरों की नक़्क़ाशी। मैंने नीलू से कहा, देख, नसरीन रेती के रंगों से कुछ बना रही है। बड़ौदा आयी उसके पहले रंग फैलाकर चित्र बनाती थी, कुछ वैसे ही अब इस समन्दर के टेढ़े पट के सामने के कोने पर सो रही है। वहाँ से समन्दर चाहे दिखायी न दे पर रुई के फाहे जैसी उड़ती उसकी रूह ताड़ की कतारें और किनारे के बाँध के पार जहाँ समुद्र रेत को छू रहा है, लकीरें खींचती होगी।

•

अलग काग़ज़ पर लिखा था जो आज यहाँ उतारा। २७.०२.१९९२

(*शब्दसृष्टि*, सितम्बर १९९५, पृ. १०-१५)

गुजराती से अनुवाद : किरन सिंह

दिल्लू-दिलरुबा-मृणालिनी मुखर्जी

(१९४९-२०१५)

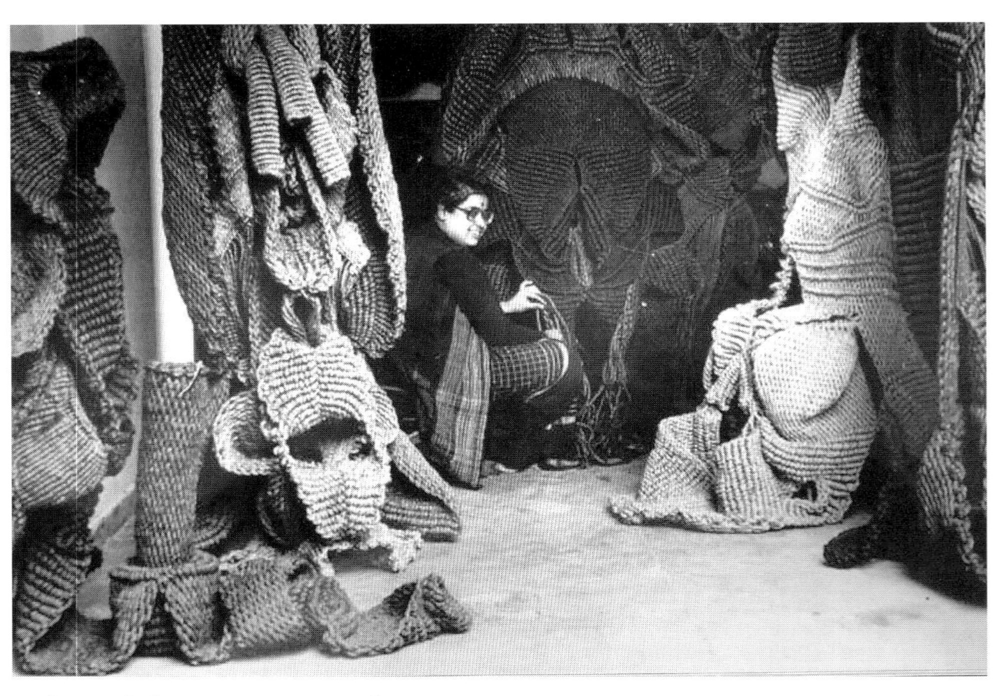

अपने स्टूडियो में, नयी दिल्ली, १९८५ ई.

दिल्लू-दिलरुबा-मृणालिनी मुखर्जी २०१५ की २ फ़रवरी को हमेशा के लिए सो गयी। क़रीब छह दिन पहले उसके जीवनभर की कृतियों से चुने हुए लगभग सौ शिल्प दिल्ली की नेशनल गैलरी ऑफ़ मॉडर्न आर्ट में प्रदर्शित हो रहे थे। तब वह मेक्स अस्पताल में जीवन और मौत के बीच टक्कर ले रही थी। प्रदर्शन की तैयारी के दिनों में आख़िरी वक़्त तक खड़े पैर रहकर उसने शिल्पों को क्यूरेटर पीटर नेगी के साथ मिलकर या सर खपाकर लगवाया था। दवाई की गोलियाँ निगलकर, सिगरेट के कश खींचते हुए उसने बीमारी को हटाए रखा था। प्रदर्शनी खुल जाने के पहले उसे डाक्टर के पास जाना नहीं था क्योंकि उसे पक्की ख़बर थी कि डाक्टर उसे अस्पताल धकेल देगा। अगर ऐसा हुआ तो प्रदर्शनी का काम पूरा नहीं होने का अंदेशा तो था ही पर उससे भी बड़ा अंदेशा इस बात का था कि अगर अस्पताल गयी तो वहाँ से वह वापस नहीं लौटेगी। (भूपेन के साथ भी कुछ ऐसा ही हुआ था न!) लेकिन साँस जब घुटने लगी तो आख़िरकार डाक्टर की शरण लेनी पड़ी। हक़ीक़त में तो डाक्टर अजय सिन्हा ने उसके मित्र कालीदास स्वामीनाथन को फ़ोन करके उसे तत्काल अस्पताल पहुँचाने की इत्तला दी थी।

बड़ौदा में जैसे ही हमें पता चला तो हम तुरन्त रात की फ़्लाइट से दिल्ली पहुँचे। अस्पताल जाकर देखा कि भारी भीड़ के कारण उसे आइ.सी.यू. में जगह नहीं मिली थी। नीलू उसका ध्यान रखने के लिए रात को अस्पताल में ही रुक गयी। डाक्टर ने उसकी तबीयत में सुधार की कोई उम्मीद नहीं दिखायी, लेकिन दिल्लू तो दो-चार दिन में खड़े होकर प्रदर्शनी पहुँचना चाहती थी। लेकिन जाती कैसे? दिल और दिमाग़ कितनी ही दौड़ लगाये पर शरीर साथ न दे तो क्या हो सकता है? बाहर जाने से भी ज़्यादा उसे सिगरेट की तलब थी। कालीदास ने कहा कि वह जब उसे अस्पताल ले जा रहा था और भारी साँस चलने लगी थी, तब भी वह चलती गाड़ी में अपने बैग में सिगरेट टटोल रहीं थीं।

२७ जनवरी की शाम को नेशनल गैलरी के खुले परिसर में कलाकारों, कला रसिकों, कला

समीक्षकों और उत्सुकों की भीड़ जमा हुई थी। एक ही कमी थी, उस कलाकार की, जिसकी कला की प्रदर्शनी लगी थी। नेशनल गैलरी के इतिहास में यह पहला प्रसंग था जहाँ जिसके जीवनभर के सृजन का पुंज छलक रहा हो वहाँ वह कलाकार जीवित होने के बावजूद हाजिर न हो। उद्घाटन की विधि में दिल्लू की कलायात्रा से सम्बन्धित अपना विधान नीलू ने भारी दिल से पढ़ा। पीटर और दूसरे लोगों ने समयोचित वक्तव्य दिये और फिर प्रदर्शनी खुल गयी तो देखने वाले अचम्भित रह गये। कुछ आँखें फाड़कर, कुछ बारीक़ी से, अन्तरंग मित्रों ने नम आँखों से उस अद्‌भुत आविष्कार को निहारा। कइयों ने दिल में बसा लिया। कुछ जाते-जाते कह गये कि ऐसा काम उन्होंने कई वर्षों से देखा ही नहीं है।

दूसरे दिन नीलू और दूसरी सहेलियों—शीला मखीजानी और शिखा त्रिवेदी ने उद्घाटन का सारा ब्योरा दिल्लू तक पहुँचाया। डाक्टरों ने पहले थोड़ा दिलासा दिया, जो तीन-चार दिन टिक पाया लेकिन उसके बाद उसकी हालत बिगड़ने लगी और दिन-ब-दिन बदतर होती चली गयी। डाक्टरों ने कहा कि फेफड़े बिलकुल सड़-गल गये हैं, अस्पताल में लगभग दस साल देर से आयी हैं! आख़िरकार उसे वेंटीलेटर पर रखने की बारी आयी। लेकिन उसने घिसकर ना कह दी। उसकी माँ लीला-दी भी सिगरेट की ऐसी ही शौक़ीन थीं। शायद दिल्लू को उनके आख़िरी दिनों में उन्हें वेंटीलेटर पर रखना याद होगा। इसमें मरीज़ यन्त्र की मदद से ज़िन्दा ज़रूर रहता है लेकिन सब्ज़ी की तरह। आख़िर में नीलू ने प्यार से और डाक्टर ने दूसरा कोई इलाज नहीं होने की चेतावनी देकर समझाया तब वह मानी। लेकिन उसे ऐसे कुछ किये बिना खाट पर पड़े रहना मंजूर नहीं था और दूसरी ही शाम चल बसी।

माँ-बाप ने उसका नाम रवीन्द्रनाथ की पत्नी के नाम से मृणालिनी रखा था लेकिन उसके बाद उसकी नानी माँ मीठी ने उसका नाम दिलरुबा कर दिया तब से वह दिल्लू बन गयी। माँ-बाप लीला मनसुखानी और बिनोद बिहारी मुखर्जी शान्तिनिकेतन में पढ़े और शादी भी वहीं की। बिनोद बिहारी का यश दन्तकथा जैसा है। हिन्दी भवन का भित्तिचित्र 'मध्ययुगीन सन्त' आधुनिक भारतीय कला में सीमा स्तम्भ जैसा माना जाता है और उनकी कला-दृष्टि सबको दंग कर दे ऐसी। उनके शिष्यों में के.जी. सुब्रह्मण्यन् (मणि) और सत्यजीत रे (काफ़ी देर के बाद उन्होंने बिनोद बाबू पर The inner Eye / 'अन्तर्चक्षु' नाम की फ़िल्म बनायी थी) थे। बेटी पहले शान्तिनिकेतन में और फिर जहाँ लीला-दी पढ़ाती थीं उस देहरादून की वेलहेम स्कूल में पढ़ी और ननिहाल में बड़े ही नाज़ों में पलकर बड़ी हुई। कला की समझ के संस्कार तो जन्म-घुट्टी में ही मिले थे। पन्द्रह साल की उम्र में बड़ौदा पढ़ने आयी, तब वहाँ बिनोद बिहारी के पट्ट-शिष्य सुब्रह्मण्यन् और शान्तिनिकेतन में पढ़े हुए शिल्पकार शंखो चौधरी पढ़ा रहे थे। माँ-बाप अकेली सन्तान को इन दोनों के हाथों छोड़कर निश्चिन्त हुए होंगे।

शान्तिनिकेतन की ख़ुशनुमा हवा और हरियाली के संस्कार लेकर दिल्लू बड़ौदा आयी तब उस खुले माहौल में उसे आप-आज़ादी की पहचान हुई। विश्व-कला और आधुनिक कला की

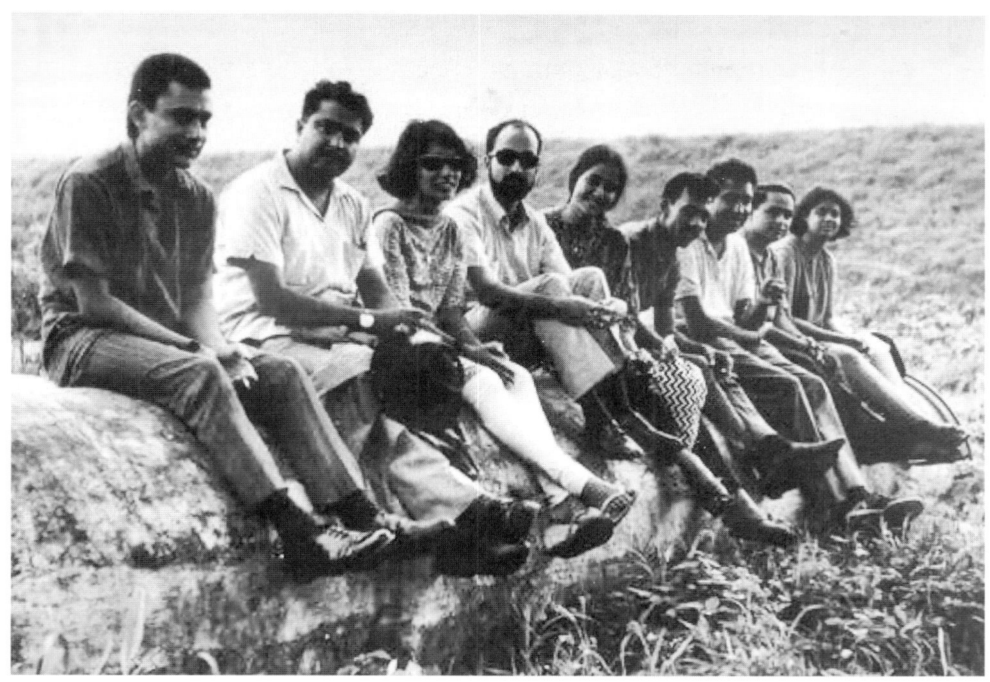

दोस्तों के साथ, बड़ोदरा के पास, सन्तरामपुर, १९६५ ई. के आसपास

ख़ुदी की समझ बढ़ाने की पगडण्डियाँ भी खुलीं। इससे उसकी मनस्विता पनपी हो तो इसमें कोई अचम्भे की बात नहीं। भटकना, पसन्दीदा खाना-पीना और सिगरेट-शराब का शौक़ भी उसी से पैदा हुआ होगा। पढ़ाई के दौरान जयदेव ठाकोर जैसे मनमौज़ी विद्यार्थी से प्रेम सम्बन्ध हुआ जिससे बुज़ुर्ग नाराज़ हुए होंगे पर दिल्लू उसके कारण डिगी हो ऐसा याद नहीं। जयदेव के साथ वह ख़ूब भटकी, आदिवासी क्षेत्रों के गाँवों में और मेलों में घूमकर बहुत कुछ परखा और लोकदेवता के शिल्प देखे, वह सब देर से उसकी कृतियों में संचरित हुआ। मैं और जैमिनी महेता आदिवासी इलाके के छोटा उदेपुर और मथवाड़ के एक दौरे के दौरान उन दोनों के साथ जुड़े थे। चित्र-काम तो सीख लिया लेकिन उसमें ज़्यादा कुछ हासिल नहीं कर पायी। हालाँकि काफ़ी अरसे के बाद उसे रेखांकन और एचिंग में दिलचस्पी लगी, वह उसी के कारण। मैं कला का इतिहास पढ़ाता था लेकिन उसमें भी उसे क्या समझ में आया यह ढूँढ़ना मुश्किल था क्योंकि लिखने की आदत और कामयाबी कम थे (बाद में पता चला कि वह काफ़ी ट्यूटोरियल अपनी सहेली नीलू से मनवाकर लिखवा लेती थी!) लेकिन देर से ही सही जब वह विश्व-कला को ठीक से परखने लगी तब महसूस हुआ कि उसने पढ़ाई से काफ़ी कुछ आत्मसात् कर लिया था।

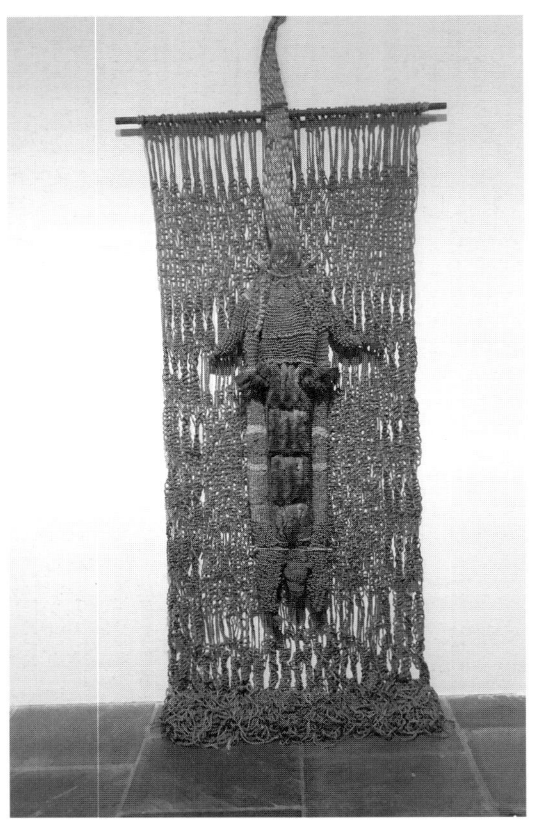

*मृणालिनी मुखर्जी, **गिलहरी**, १९७२ ई.*
संग्रह : किरण नादर कला संग्रहालय, नयी दिल्ली

भित्तिचित्र (म्यूरल) में पोस्ट-डिप्लोमा करते समय उसे सुबह्मण्यन से सीधा सीखने को मिला लेकिन उससे भी ज़्यादा वार्षिक कला मेले में उन्होंने सिखाया उससे सीखा। कला-मेले में शिक्षक और विद्यार्थी कक्षा में दी जाने वाली शिक्षा से कुछ अलग आज़माते। कोई खिलौने बनाता, कोई नाटक के पर्दे तो कोई बच्चों के लिए किताबें लिखता, चित्रित करता और छापता-छपवाता। सुब्रह्मण्यन यह सब करते इसलिए सारे विद्यार्थी उनसे सीखने के लिए मारा-मारी करते। १९६९-७० के दौरान सुब्रह्मण्यन ने रस्सी-डोरियों की गाँठें लगाकर, बाँधकर लटकन ('hanging') बनाना सिखाया। लटकन में अलग-अलग गाँठों की डिज़ाइन, चौकोर और 'क्रोस' जैसे आकार, नीचे झूलते परांदे जैसा और ऊपर लकड़ी के सहारे लटकाने की सुविधा। दिल्लू को तो डोर-रस्सी की गाँठ गठियाकर गूँथना इतना ज़ेहन में उतर गया कि बाद में इसी से अद्‌भुत शिल्पों का सृजन करके गाँठों वाली कारीगरी को ऊँचे दर्जे पर ले गयी। ऐसे तो काठियावाड़ में खाटों की बुनाई काथी (coir) से होती और ऐसी ही डोर से (कच्ची सब्ज़ी लटकाने का) 'शीका' भी बनता। (क्या डोरी गूँथने की कारीगरी बेटी की चोटी गूँथती माँ ने ईजाद की होगी?)

सुब्रह्मण्यन ने उन्नीस सौ साठ की शुरुआत में, जब वे मुम्बई वीवर्स सर्विस सेंटर में थे तब न्यूयॉर्क के विश्व-मेले के लिए एक विशाल अर्ध-शिल्प जैसी रचना गूँथ-गुँथाकर बनायी थी, जिसमें उन्होंने फेंके हुए चीथड़े और डोरियों को गूँथ लिया था। मुझे याद है कि सत्तर के दशक में बड़ौदा में रेसीडेंसी बंगले के ऊपर की मंज़िल वाले घर में उन्होंने लकड़ी के हथकरघे पर किसी जानवर का सर गूँथा-बुना था। आपातकालीन समय में ब्लेक पार्ट्रिज गैलरी के प्रदर्शन के लिए उन्होंने (राष्ट्रीय पक्षी) मोर को लँगड़ा बनाके गूँथा था। लटकन की हवा तो चारों ओर बाद में फैली, लेकिन ये सभी लटकन मात्र दीवार की शोभा बनकर रह गये। इस सन्दर्भ में दिल्लू ने जो डोरियों से बनाया वह दूरगामी दृष्टिवाला था। पहला तो यह कि सुबह्मण्यन

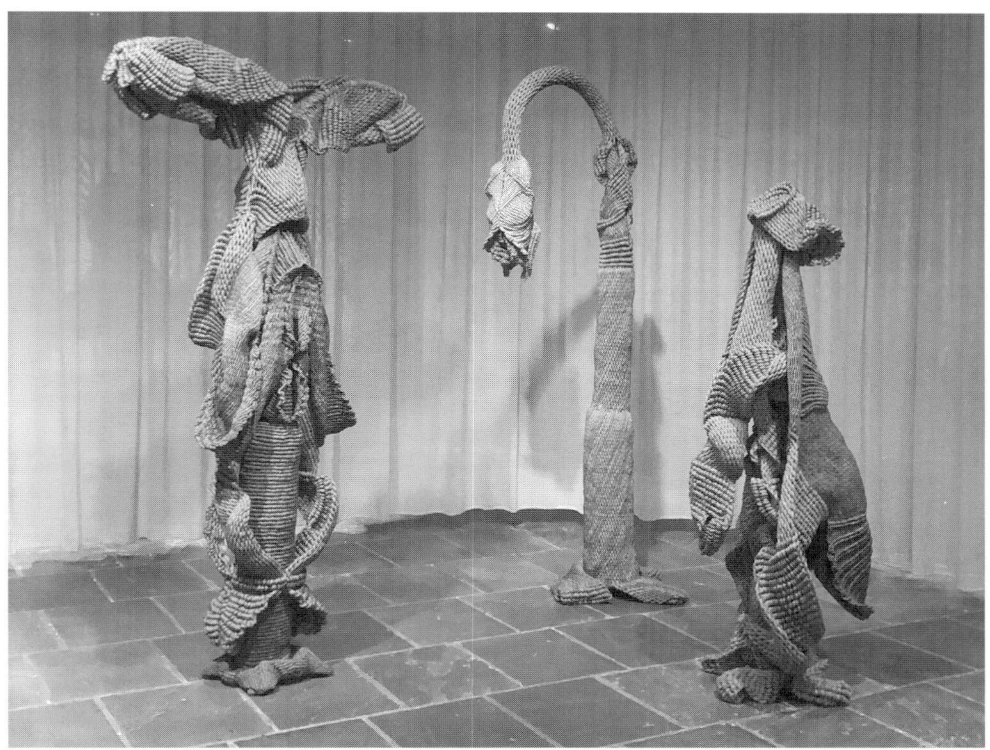

*मृणालिनी मुखर्जी, **वृक्ष-नट**, प्राकृतिक और रंगे हुए सन की डोरियाँ, १९९१-९२ ई. (१८०)*
संग्रह : किरण नादर कला संग्रहालय, नयी दिल्ली

के अलावा डोर से 'शिल्प' सृजन करने का किसी ने सोचा भी नहीं था। दिल्लू ने उस सृजनरीति को आगे बढ़ाया और उसमें नये परिमाण मिलाये। दूसरा यह कि उसने उस परम्परागत विचारधारा को सीधी चुनौती दी जिसमें ऐसा माना जाता था कि शिल्प सिर्फ़ पत्थर, लकड़ी या काँसे जैसे सख़्त और 'स्थायी' पदार्थों से ही बन सकते हैं। तीसरा, शिल्पकला सिर्फ़ मर्दों की ही जायदाद मानकर उसमें 'पौरुषी' तत्त्वों को परखने की जो विचारधारा प्रचलित थी, उस सोच को पलटकर उसमें नारी दर्शन के अनोखे पहलुओं को प्रकट करने की सीधी या अप्रत्यक्ष आकांक्षा दिखाना।

यह सब कुछ हुआ उसमें दिल्लू की अटल 'प्रतिज्ञा' ही नहीं परन्तु एक नयी दृष्टि भी केन्द्र में थी। बड़ौदा की पढ़ाई पूरी होते ही उसने दिल्ली जाकर निज़ामुद्दीन बस्ती की छत पर बनी 'बरसाती' में अकेले हाथ काम शुरू किया। पहले तो बाज़ार में मिलने वाले सारे कुदरती रेशों को खोजकर मूँज, सूतरी और सन की रस्सी और डोर लेकर, उन्हें मोड़-मरोड़कर, बुनकर, गूँथकर गाँठें बाँधीं। अनुभव से पता लगा कि सन का एक प्रकार गाँजा (hemp) सबसे ज़्यादा

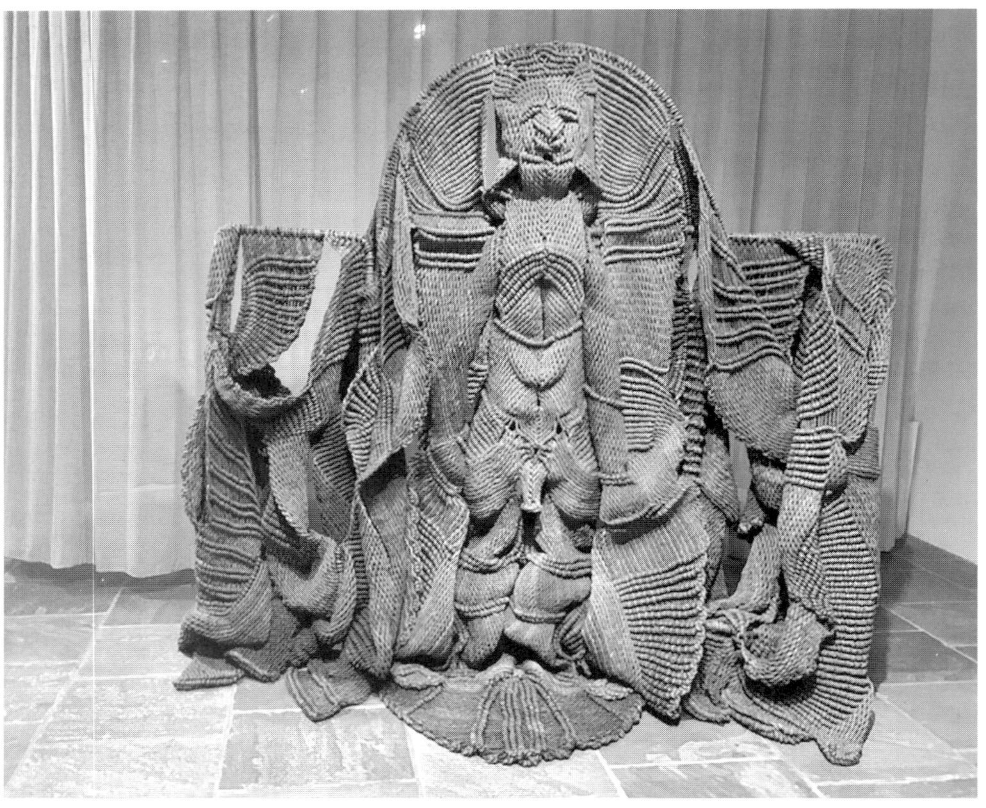

*मृणालिनी मुखर्जी, **वन-राज-२**, ने डाइड हेम्प, १९९१-९४ ई. (१८१)*
संग्रह : किरण नादर कला संग्रहालय, नयी दिल्ली

मजबूत (जिसमें से फाँसी का फन्दा भी बनता है!) है, जिसे ढला, ढाला जा सकता है, उसे आज़माकर देखा और उसे पकड़ रखा। इसके पौधे से निकलने वाले गूदे से गाँजा (cannabis) निकलता है वह नशे के लिए और कैंसर की दवाई के लिए उपयोग में लाया जाता है।* इस डोर को बिना करघे के गाँठ मारकर गूँथने का अनोखा नुस्ख़ा ढूँढ़कर दिल्लू ने सलिया का ढाँचा देकर गूँथन के चौड़े पट्टे बुने। उन पट्टों को अलट-पलटकर ऐसे जोड़ा कि उसमें से चौड़े हाथ या 'पंखुड़ियों' जैसे आकार निकले। और फिर ऐसे संकलित किया कि कहीं लिबास के रूप निकल आये और लम्बी बाँहें लटकीं। फिर उसको चौड़ा बनाकर मोड़ा तो खम्भे से आकार उभर आये और बुनावट और मोड़ की पंखुड़ियों के गढ़े को दबाया तो उसमें से योनी के संकेत निखर आते दिखे। जाने-अनजाने इनमें से बनी अनेक रचनाएँ स्त्री-देह से शृंगारित हुईं। उसके साथ-साथ इन अनगिनत गाँठों और बारीक़, अदृश्य लगने वाले सुराख़ों से 'देह'

* इसकी जानकारी के लिए सुश्री प्रिया रवीश मेहरा का आभार।

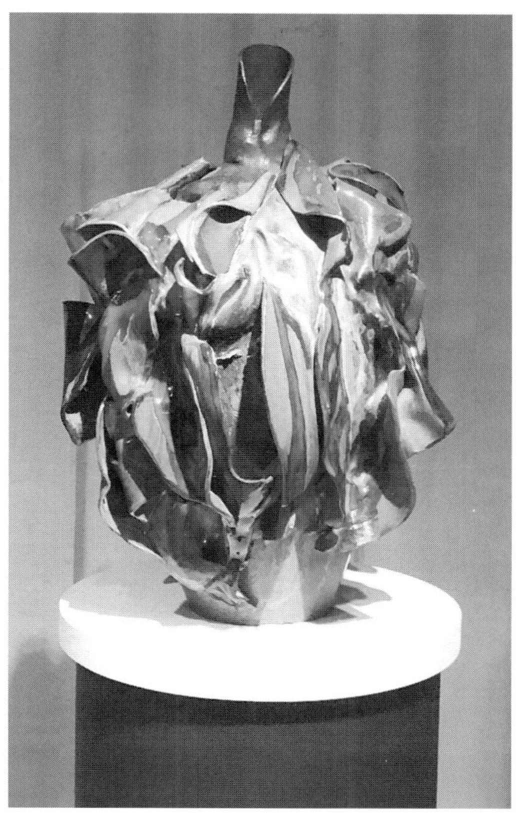

मृणालिनी मुखर्जी, ***बिना शीर्षक***, *सिरेमिक २००२ ई. (२६१)*
संग्रह : अनामी संग्रह

आकारित हुए जिसमें से अज्ञात जीवों के उतर आने के आसार दिखायी दिये। मोहल्ले-गलियों में या गाँवों के किनारे लोग प्लास्टर थोप-थापकर, सिन्दूर पोत कर उभरे हुए आकार पर सुनहरा-रुपहला वरक चढ़ा दें और धरती में बैठे देवता 'दर्शन' दे दे वैसे ही यहाँ भी देवी-देवताओं के (numinous) रूप के संकेत उभरने लगे। कुछ-कुछ कर्नाटक के लक्कड़ 'भूतों' की तरह डरावने भी। उससे भी ज़्यादा तो ऐसा लगा कि इस डोर-डोरियों की अजब-ग़ज़ब गुँथाई में अलाद्दीन के चिराग की बाज़ी भी शामिल है। डोर का छोर खुला छोड़ दो तो आँखों के सामने ज़बरदस्त जिन खड़ा दिखे और खींच लो तो सारी गाँठें छूट जायें और सब कुछ ग़ायब। दिल्लू मन में जो आकार गढ़ती थी वे थे ही सारे वन-वनस्पति के देवी-देवता के रूप। एक छबि में वह अपनी कृतियों के बीच घिरी बैठी है जिसमें घने वन-रूप साक्षात् हुए लगते हैं। उसके परम मित्र जगदीश स्वामीनाथन ने उन कलारूपों को 'आदि पुष्प', 'देवी', 'रुद्र', 'श्री' और 'वनराज' ऐसे नाम दिये थे और आज भी ये कलाकृतियाँ उन्हीं नामों से जानी जाती हैं। उँगलियों से बनी और गोलाइयों में गुँथी हुई इन कृतियों से दो अपूर्व आविष्कार हुए। एक, लोकलक्षी परम्परा जिसमें से यह कारीगरी का जन्म हुआ उसमें ऐसे परिमाणों ने प्रवेश किया जिससे उसके अनेक लक्षी प्रसार के दरवाज़े खुल गये और दूसरा, लड़खड़ाती लोक-परम्परा में आधुनिक चेतना ने ऐसा प्राण फूँका कि रूपों की इस असाधारण रोचक लीला अन्दर पैठे देव-जीवों की कल्पना से ऊपर उठकर ऊँचे शिखर पार कर गयी।

सत्तर के दशक में ही दिल्लू की पहचान इन शिल्पों के स्वरूपों से बँधी। फिर तो उसे ऐसे शिल्प रचना के कई आमन्त्रण मिले। पहले तो एशिया ट्रेड फेयर के लिए, फिर दिल्ली, आगरा और मद्रास के होटलों के लिए बड़े गूँथन-शिल्प बनाये। इसमें सबसे बड़ा था मोरिशस की गांधी मेमोरियल इन्स्टीट्यूट की दीवार के लिए ८० फुट लम्बा और ७ फुट ऊँचा। प्रदर्शनी

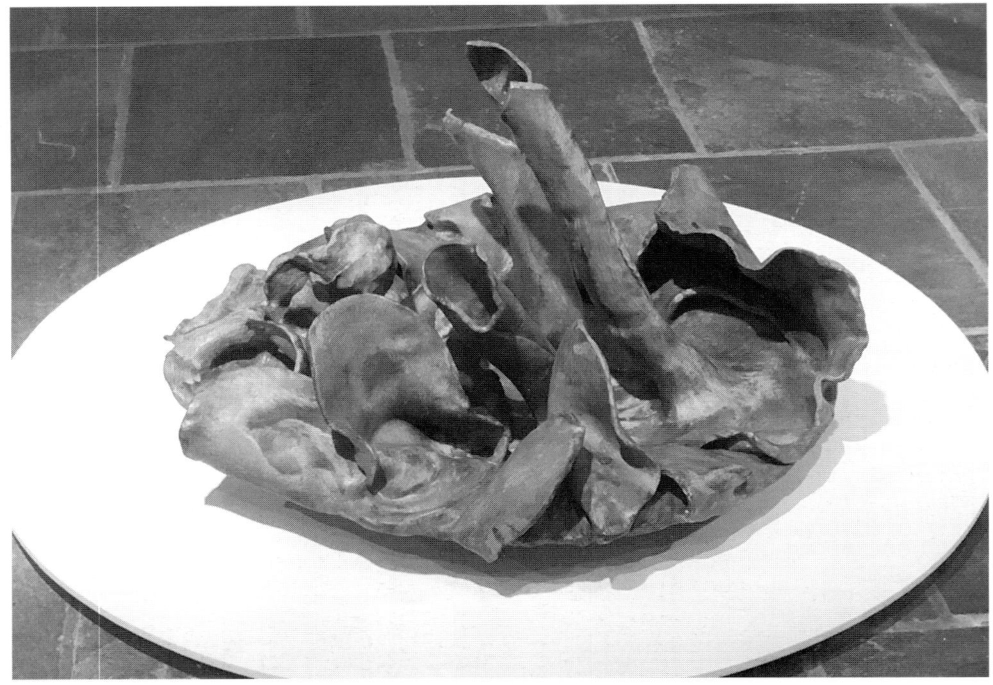

मृणालिनी मुखर्जी, ***रोशनी-२****, सिरेमिक, २००२ ई. (२०९)*
संग्रह : दिल्ली आर्ट गैलरी, नयी दिल्ली

की तो कतारें लग गयीं : पेरिस (१९८०) और सिडनी बिएनाल (द्विवार्षिकी) (१९८६), एकल प्रदर्शन दिल्ली और बम्बई में और १९७७ में ललित कला अकादेमी का राष्ट्रीय पुरस्कार। यह सब लगभग पच्चीस वर्ष तक चला और देश-विदेश में नाम हुआ। लेकिन घर-आँगन में लक्कड़, पत्थर और धातु को चिपके रहने वाले देशी शिल्पियों का वर्ग इस अनोखे रस्सी-शिल्प को पहचान नहीं पाया जिससे दिल्लू भारी नाराज़ रही।

१९९५-९६ के दौरान जैसे कि दूसरी चुनौती दे रही हो, दिल्लू ने दिल्ली के 'संस्कृति' केन्द्र में जाकर सिरेमिस्ट क्रिस्टिन माइकेल के मार्गदर्शन के तहत सिरेमिक में शिल्प बनाने का बीड़ा उठाया। उसके प्रिय मित्र और चित्रकार भूपेन खख्खर ने भी उसी तरह सिरेमिक अपनाकर अद्भुत शिल्प बनाये थे; लेकिन 'संस्कृति' केन्द्र के अलावा उसने होलैण्ड के 'यूरोपियन सिरेमिक वर्क सेंटर' के निमन्त्रण पर वहाँ जाकर, कई बड़े प्रयोग किये थे। भूपेन ने ऐसे रंग-बिरंगी शिल्पों की शृंखला रची कि हलके, 'पेस्टल रंगी' चीनी मिट्टी के बर्तनों का आदी बना हुआ वर्ग चौंक उठा था। चित्र-शिल्प के प्रचलित रूपों को नकारकर उसने सिरेमिक शिल्प के आदमकद चेहरे गढ़े और 'लैण्डस्केप' तक बनाये। दिल्लू भी 'यूरोपियन वर्क सेंटर' में दो बार (१९९५ और २००० में) तीन-तीन महीना रहीं। पहली बार पति रणजीत सिंह ने भी

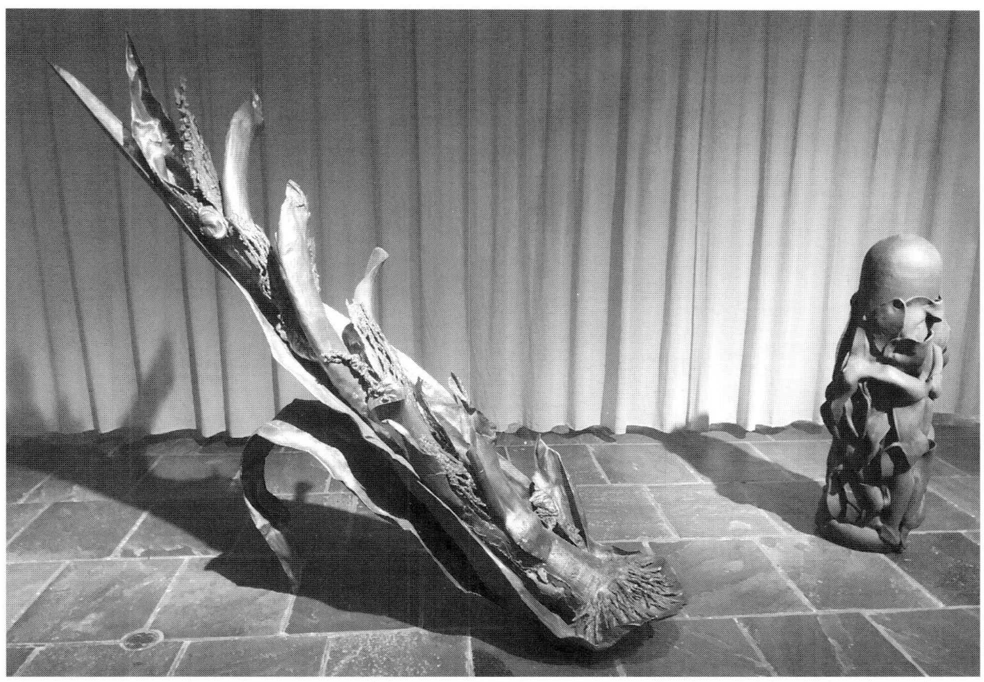

मृणालिनी मुखर्जी, ***पामस्केप-९*** *(Palmscape-9), कांसा, २०१५ ई.*
संग्रह : Leaf Totem II सिरेमिक, १९९६ ई.

साथ दिया था। इस 'सेंटर' का अनोखा तरीक़ा लोगों को अचम्भे में डाल देता है। सामान्यत: ऐसे 'वर्कशॉप' में माध्यम से परिचित कलाकारों को ही न्यौता दिया जाता है लेकिन यहाँ का तरीक़ा बिलकुल उलटा। यहाँ माध्यम से अपरिचित कलाकारों को ही चुना जाता है। कारण यह कि माध्यम से परिचित कलाकार प्रचलित रूपों से घिरे रहते हैं जबकि अनजान कलाकार परम्परागत विधा तोड़कर जैसा चित्र में किया जाता है वैसा करने लगते हैं तब उसमें नये परिमाण पैदा होते हैं। दिल्लू ने भी प्रचलित रूपों को निकाल फेंका। बड़े पाँच-छह फुट के विस्तार के लगभग चार फुट ऊँचे सिरेमिक के शिल्प बनाने शुरू किये। लेकिन यहाँ खेल अलग था : रस्सी की जगह पर मिट्टी, बुनने की जगह पर गढ़ना। इसमें मिट्टी को गोंदकर, दबाकर, मोड़कर, ढालकर ढले ऐसे रूप बनाने थे, जिनको फिर अनोखे रंगों से रंगकर, आग में पकाकर रंगों को पक्का करना था। दिल्लू ने यहाँ पहचाने जा सकें ऐसे आकारों की जगह संकेत से परखे जा सकें ऐसे वनस्पति और जीवित रूपों को लिया। इसमें झिलमिलाते रंगों से वन-रूप उगे और सिन्दूरी देव और मोटी-सी माता जगमगा उठे। रस्सी-रूपों की तरह अन्दर से बाहर खुलते हुए और प्रज्ज्वलित रंगों में जहाँ रखो उस जगह को उजाले से भरकर अनुरणित कर दे ऐसे इन रूपों ने भूपेन की तरह, फिर से रूढ़ियों के तरीकों को तोड़ फेंका।

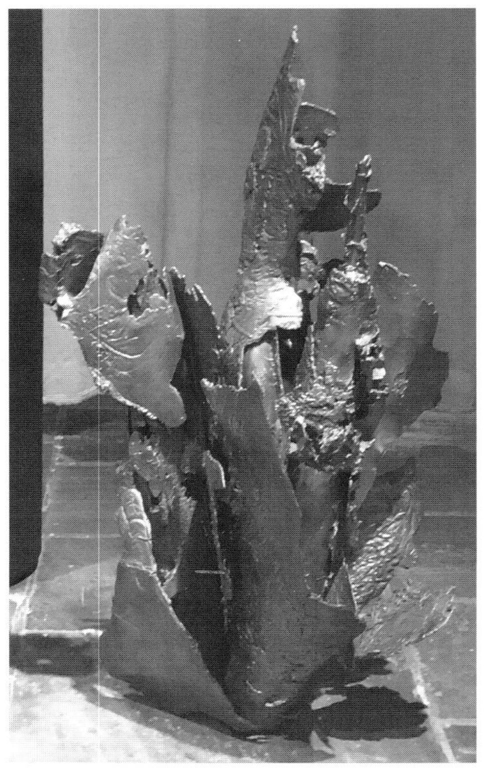

मृणालिनी मुखर्जी, ***समूह-६****, कांसा, २०१५ ई. (२७८)*
संग्रह : मृणालिनी मुखर्जी फ़ाउण्डेशन

इन मिट्टी के रूपों में ग़ज़ब की सिद्धि मिली पर मानो यह काफ़ी न हो ऐसे दिल्लू ने अब काँसे की राह पकड़ी, मानो अपने टीकाकारों को उन्हीं के बाणों से बींधने को बैठी हो। इस बार की बाजी कुछ अलग थी। सिरेमिक की तरह मिट्टी में गढ़ना तो था ही लेकिन उससे भी बढ़कर, यहाँ मोम का साँचा बनाकर उसे धातु में ढालना था। उसने मुझे बताया कि इस बार उसने नया प्रयोग किया है। इसमें मिट्टी में हाथ से गढ़े हुए आकारों की जगह जीवन्त वनस्पति के रूपों, डालियाँ, डण्डियाँ, नारियल या ताड़ के पाँच-छह फुट लम्बे और एक-दो फुट चौड़े पत्तों को सीधा मोम के द्रव में डुबोया। वे आकार दबे और मोम सूखा तो उन आकारों के मोटे-मोटे साँचे निकले। उसने दिल्ली की उत्तर सीमा के बुरारी गाँव में धातु को गलाने और ढालने की भट्ठी वाले बालकृष्ण गुरु (जिन्हें मैं उन्नीस सौ पचास-साठ के दशक के कलाकार के रूप में थोड़ा-बहुत पहचानता हूँ) और उसके जवान बेटे पंकज को पकड़कर यह सब आज़माया। इसके अलावा उसने तरह-तरह के प्रयोग करके ऐसी पद्धति बनायी जिसकी अटपटी जानकारी तो करने वाले ही जानें। मोम के साँचों को फिर काँसे में ढाला तो उसमें से अगणित, अनोखे आकार बने। उसमें से काम आने वाला खोजकर, काटकर, घिसकर, झाल लगाकर जो आकार बने उस पर सुनहरा पानी चढ़ाया। अब इन झालियों, डंठलों और पत्तों का शिल्प-देह सुनहरे हाँडे की तरह झिलमिला उठा। ऐसे अनेक शिल्प हुए जिसमें वनस्पति के साथ नर-नारी या पशु-पक्षी के अंगों जैसे आकार जुड़ते गये और जिन्हें छुए बिना रहा न जाय ऐसी उत्कटता के साथ प्रकट हुए। एक अर्थ में हलके रस्सी रूपों की जगह भारी-भरकम धातु आयी और रंग-बिरंगी सिरेमिक शिल्प से अलग एकरंगी आकार बना, फिर भी ये रूप दूसरे माध्यमों के रूपों की तरह उछलते से, उड़ते-उड़ते बने रहे। और यहाँ तो लम्बे पत्तों पर मानो पंख लगे हों, टहनियाँ, डंठल अवकाश को बींधते हुए ऊपर उठ गये। अग्नि की साक्षी में बने चीनी मिट्टी के शिल्परूप मानो लाल-पीले, ऊष्मा भरे रंगों में थे, तो खौले हुए धातु के रसायन में पले हुए ये रूप ज्वाला की तरह सुनहरे हो गये। एक में झिलमिलाहट

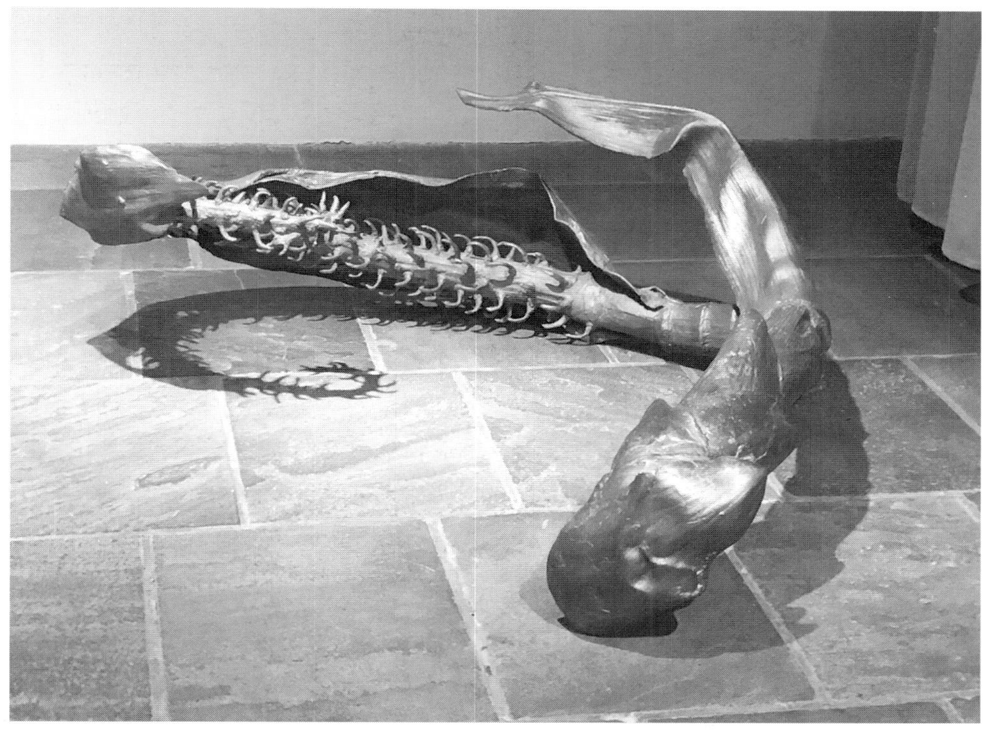

मृणालिनी मुखर्जी, ***पामस्केप-१*** *(Palmscape-1), कांसा, २०१३ ई. (२८९)*
संग्रह : किरण नादर कला संग्रहालय, नयी दिल्ली

तो दूसरे में चकमकाहट लेकिन दोनों ही में कुदरत की करामत की महक। कुदरत के कुछ पहलुओं को बार-बार प्रकट करने में उसके मनपसन्द कलाकार जेराम पटेल और जगदीश स्वामीनाथन की तरह एक ही धुन बार-बार बजाने की ज़िद आकारित हुई। जिस तरह जेराम ने अपनी रचनाओं में जलनलीला के जलद रूपों को ज़िन्दगीभर सँजोये रखा और स्वामीनाथन ने उड़ते हुए पहाड़ पर बैठे पंछी को बार-बार बनाये उसी तरह। और इससे भी बढ़कर सृजन कार्य का छोर लम्बा होकर पहुँचा पिता बिनोद बाबू के प्यार से चित्रित किये बीरभूम की ऊसरभूमि के ताड़ों और खजूर के पेड़ों तक। बेटी ने ताड़ के पत्तों को पंख देकर उन्हें शान्तिनिकेतन पहुँचा दिया।

दिल्ली में पूर्व निज़ामुद्दीन की 'बरसाती' में रहने के दौरान डोर, रस्सी को लपेटने के लिए उसे एक सहायक-सहेली की ज़रूरत थी। तभी उसे देशी कारीगर जैसी एक 'बुढ़िया' मिल गयी। दिल्लू की तरह वह भी मिज़ाजी और मस्त। गूँथते-गूँथते दोनों पूरे गाँव की पंचायत करते और ठहाके मारते, लेकिन ज़रा भी चूक हो जाय तो दिल्लू का दिमाग़ फिर जाता और वह 'बुढ़िया' की जान के पीछे पड़ जाती। 'बुढ़िया' ज़्यादातर उसको दिल की भड़ास

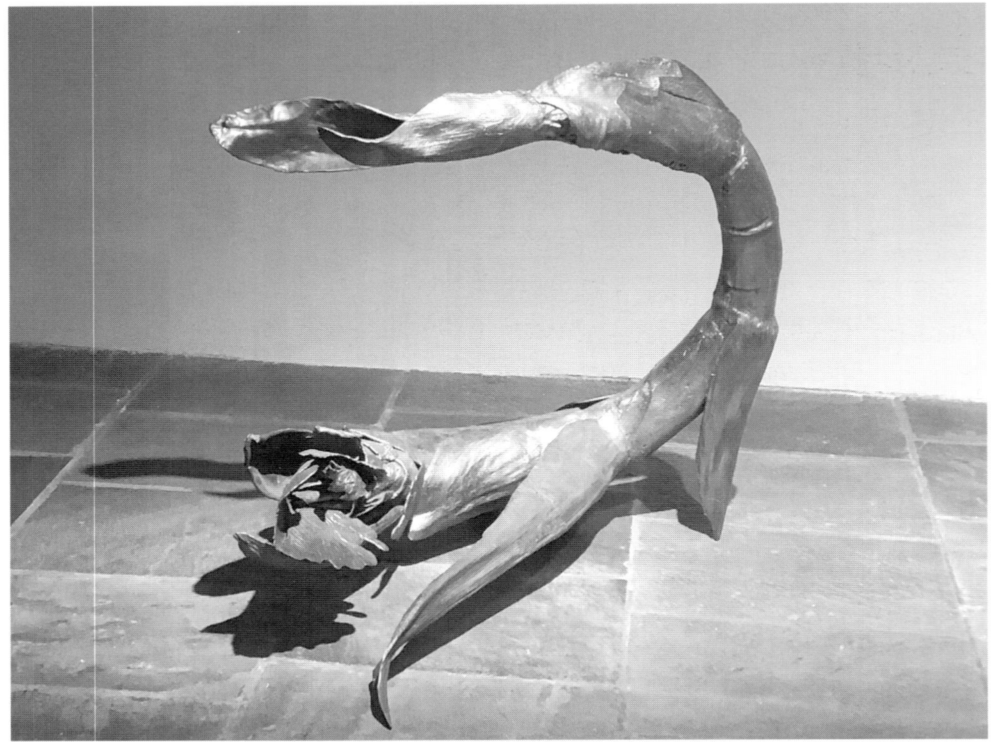

मृणालिनी मुखर्जी, **पामस्केप-२** *(Palmscape-2), कांसा, २०१३ ई. (२१०)*
संग्रह : किरण नादर कला संग्रहालय, नयी दिल्ली

समझकर सँभाल लिया करती लेकिन कभी-कभी उसका दिमाग़ भी खिसकता तो वह काम अधूरा छोड़कर भाग जाती। फिर खोज-बीन, सुलह और लालच के सहारे वापस लौट आती और फिर गाँठें बँधने लगती। उसी दौरान दिल्लू की मुलाकात हुई वास्तुकार सरदार रणजीत सिंह से जो दिल्लू के मित्र राम शर्मा के दफ़्तर में काम करता था। बाद में उसने डेनमार्क सरकार की भारत के साथ सहकार योजना में जुड़कर मकान बाँधने का काम हाथ में लिया था। जिस दौरान दिल्लू के शिल्प ज़्यादा बिकते नहीं थे उस समय उस नौकरी की कमाई उन्हें काम आयी। मिलने के साथ जोड़ी जम गयी और दोनों ने १९८१ में शादी कर ली। दोनों खाने-पीने के भारी शौक़ीन और रणजीत तो ऐसी रसोई बनाता कि खाने वाले उँगलियाँ चाटते रह जाते। उतने ही शौक़ीन थे घूमने के। रणजीत के पास पहले तो मोटरबाइक थी और फिर खड़खड़ाती गाड़ी। दोनों चल देते और सैकड़ों मील पार कर जाते। घर पर होते तो 'बरसाती' में मित्रों का मेला जमता। भूपेन दिल्ली में होता तो दिल्लू की जल्सेनवाज़ी कभी चूकता नहीं। दोनों को गपशप का चस्का था, सारी दुनिया की खिल्ली उड़ाने का। दिल्लू को बात को मज़े-मज़े से दोहराने की आदत थी, किसी का मज़ाक़ या धज्जियाँ उड़ानी हों तो वह ज़्यादा खिल उठती। खिलखिलाती हुई कहती

जाती और लोग हँसते, यह देखकर वह और भी फूलती। नीलू ने जो 'storyteller' (क़िस्सागो) नाम का चित्र बनाया है वह दिल्लू के दरबारी ठाठ का ही है।

सरदार रणजीत सिंह तो मानो भलमनसाहत का जीता-जागता अवतार। वह रसोई बनाकर खाना परोसता, दिल्लू की सिगरेट की डब्बी को वक़्त पर हाजिर कर देता और मोटरबाइक या गाड़ी बिगड़ जाय तो उसे खोलकर मरम्मत करता या करवाता। इसके अलावा 'बुढ़िया' के साथ बैठकर दिल्लू की रस्सी शिल्पों की गाँठें लगाने भी बैठ जाता। सब कुछ भोलेपन से, हलका-सा मुस्कुराते हुए करता। सफ़ेद पगड़ी, लम्बी दाढ़ी और ऊँची देह वाला सरदार रौबीला था। मित्रों को लगता था कि ऐसा 'सेवादार' तो भाग्यशाली को ही मिलता है। इन सबमें न जाने कब, कहाँ बात बिगड़ी या फिर क्या हुआ कि गाड़ी बन्द पड़ गयी। पूरे शहर में जिस 'बरसाती' का बोलबाला था, झगड़े में भर गयी। दोस्त लोगों ने बीच में पड़कर सुलह करवाने के तरीक़े भी आज़माये लेकिन दिल्लू जिसका नाम, वह कहाँ किसी की सुनने वाली थी?

जैसे-जैसे दोस्त दूर होते गये वैसे-वैसे दोनों अकेले पड़े। फिर एक बार तो सरदार घर छोड़कर भाग गया और महीनों तक पहाड़ों में, साधुओं के साथ साधु बनकर छुप गया। उस वक़्त दिल्लू हिल गयी। दोस्त मदद करने के लिए आये, काफ़ी खोजबीन की लेकिन कहीं कोई सुराग़ नहीं मिला। आख़िरकार, थाने में फरियाद लिखवाई और अख़बार में विज्ञापन दिया। महीनों बाद रणजीत अचानक वापस लौटा। और फिर वे दोनों साथ रहने लगे। लेकिन वह सम्बन्ध ज़्यादा दिन तक चल नहीं पाया। आख़िरकार कुछ निजी मित्रों की हाजिरी में दोनों अलग हो गये। चुग़ली करने वालों को मसाला मिला—कहने लगे कि भोला सरदार दिल्लू की चंगुल से छूटा लेकिन दिल्लू के लिए वह छुटकारा नहीं था। एक तो उसके भाग जाने के कारण गुनहगारी का भाव और दूसरा अठारह वर्ष तक साथ रहने की यादें। ज़िन्दगी के चक्करों के लेन-देन में दोनों ही पक्ष अपने आपको सच मानते हैं लेकिन जिसे जिया वह व्यर्थ तो थोड़े न गिना जा सकता है? अठारह वर्ष के सहवास में जिसके साथ राजस्थान, मध्य-प्रदेश और उड़ीसा तक चक्कर लगाये और डेनिश सरकार के काम से वह भूटान गया तो वहाँ के भी फेरे। १९८४ में सिख विरोधी दंगों के दौरान उसे छिपाने के लिए जाने कहाँ-कहाँ रहे और रस्सी से शिल्प बनाने के वक़्त और होलैण्ड में सिरेमिक कर रही थी तब भी वह सहायक बना था और फिर पिता के जाने के बाद सालों माँ की देखभाल की, यह सब कुछ कैसे भुलाया जा सकता है?

१९८० में बिनोद बाबू गये तब दिल्लू ब्रिटिश काउंसिल की छात्रवृत्ति पाकर फार्नहम, इंग्लैण्ड में पढ़ रही थी। उस समय उसके अन्तरंग मित्र टिमथी हायमन ने लिखा है कि बिनोद बाबू की मृत्यु का समाचार सुनते ही वह पीड़ा और अपराध-बोध से टूट गयी थी। उसे एक बात का ज़िन्दगीभर अफ़सोस रहा कि उनका इतना बड़ा नाम (जिन्हें भारत सरकार के द्वारा 'पद्मविभूषण' और विश्वभारती का सर्वोत्तम 'देसीकोत्तम' पुरस्कार मिले थे) और बड़े नामी उनके विद्यार्थी पर वे आर्थिक रूप से ऊपर नहीं उठ पाये। १९४० में शान्तिनिकेतन छोड़ा और

नेपाल जाकर वहाँ के नेशनल म्यूज़ियम को सँवारा। उसके बाद राजस्थान की वनस्थली विद्यापीठ में कला-केन्द्र आज़माया लेकिन वहाँ भी ज़्यादा कुछ हाथ नहीं लगा। १९५२ में मसूरी गये, वहाँ पत्नी लीला पड़ोस में देहरादून की वेल्हम स्कूल में पढ़ा रही थीं। मसूरी में कला के क्लास शुरू किये लेकिन वे भी ज़्यादा नहीं चले! वहाँ से १९५४ में पटना गये। वहाँ से भी खटपट के कारण छोड़कर वापस आ गये देहरादून। वैसे भी उन्हें एक ही आँख थी, सभी बड़े-बड़े भित्तिचित्र और सैकड़ों चित्र उसी आँख से बने। १९५६ में ऑपरेशन विफल हो जाने पर वह भी गयी और आख़िरकार शान्तिनिकेतन में कला के इतिहास को पढ़ाने के लिए मामूली तनख़्वाह पर नौकरी की। उस दौरान भी चित्रों को छोड़ा नहीं। रेखांकन और काग़ज़-कटाई के अलावा कलाकार और प्राध्यापक सोमनाथ होर के आग्रह पर कलाभवन की दीवार पर सिरेमिक 'म्यूरल' भी बनाया। दिल्लू का वह दशक स्मृतियों से भरपूर था। माँ देहरादून और पिता शान्तिनिकेतन में। (नीलू ने कहा है कि) दोनों ही दौर में हरियाली से भरपूर परिसर उसकी कल्पना सृष्टि में गहरे उतर गये और उसके सृजन में खिलकर उभर आये। कभी-कभी माँ-बेटी दोनों छुट्टियों में शान्तिनिकेतन जाती थीं। बिनोद बाबू निवृत्त हुए तब वे लीला के साथ देहरादून आ बसे। उम्रदराज पिता का ध्यान रखने के लिए दिल्लू ने देहरादून जाकर दोनों की ज़िन्दगीभर की बिन-बिकी रचनाओं को सँभाला और बिनोद बाबू के विद्यार्थी और सुप्रसिद्ध टेक्सटाइल डिज़ाइनर रीतेन मजूमदार के साथ मिलकर टोकरे-टोकरी को ट्रक में डालकर दिल्ली ले आयी। माँ सन् २००० तक लम्बा जिये। दिल्लू और लीला-दी का स्वभाव एक-सा, दोनों सिगरेट और पीने की शौक़ीन, झगड़ना भी ज़ेहन में इसलिए दोनों सहेलियाँ-सी बन गयी थीं। लीला-दी शान्तिनिकेतन में चित्र बनाती थीं वह चालू रहा और बिनोद बाबू जब नेपाल रहे, तब उन्होंने देसी नेपाली शिल्पियों से लकड़ी पर नक़्क़ाशी सीख ली, वह भी लम्बी चली। सत्तर के दशक में दिल्ली और देश में शिल्प करने वाली स्त्रियाँ बहुत कम थीं लेकिन लीला-दी अकेले-अकेले भी उसमें लगी रहीं। माँ-बाप के दिल्ली आने के बाद दिल्लू ने निज़ामुद्दीन में एक दूसरा फ़्लैट किराये पर लिया और माँ के जाने के बाद ग्रेटर कैलाश की कालिन्दी में, आख़िर तक रही। एक ज़माने में कलाकार रणबीर कलेका लीला-दी के साथ रहता था, तब मुझे याद है कि गायक/चिन्तक मदनगोपाल सिंह और कलाकार मनजीत बावा उनके यहाँ आये दिन डेरा डालते थे। मदन सूफ़ी संगीत का मज़ा चखाता और मनजीत तबले की संगत देता।

मित्रों को मालूम था कि दिल्लू की पसन्द आला दर्जे की थी और उसे ऐसा असबाब मिल भी जाता। ज़्यादातर बेचने वाले से सौदेबाजी करके अपनी क़ीमत पर साड़ियों और पुराने ज़ेवर ऐसे बटोर लेती कि सहेलियाँ ईर्ष्या से जल उठतीं। उसके घर के बिछौने और पर्दे, टेबल-कुर्सी सब कुछ उत्कृष्ट डिज़ाइन का होता। एक ज़माने में उसकी सहेली मीना बोगा के 'फ़र्नीचर डिज़ाइन' का बोलबाला था। वहाँ से सब कुछ ऊँचे दर्जे का ले आती। इस तरह महँगा इकट्ठा संग्रह करने में किसी को लोभ या स्वार्थ दिखे पर नीलू की नज़र में वह चुनौती

का सामना करने का एक तरीक़ा था। जो प्यारे माँ–बाप को मिला नहीं, वह सब कुछ पाकर बराबर करने का एक पैंतरा। सचमुच तो बराबरी से उसका सरोकार कम था : हमेशा किसी जीवित या काल्पनिक स्पर्धक को हराने की तड़पन। कला के दरबार या बाज़ार में सफल होने के सारे पैंतरे भी आज़मा लेती। कोई गैलरी वाला उससे छल नहीं सकता। पैसा जमा करती लेकिन दोस्तों की मेहमाननवाज़ी में कभी पीछे नहीं हटती। इस मामले में उसका बड़ौदा का साथी शमशाद हुसैन (एम.एफ. हुसेन का बेटा) उसका स्पर्धक था। वह भी दिल्लू की तरह दिल का दिलेर : दोस्तों के लिए जेब ढीली करने के लिए हमेशा तैयार। (वह भी पिछले वर्ष अक्टूबर में चला गया)। मेहमाननवाज़ी के वक़्त अगर ये दोनों इकट्ठे होते तो पहले बिल चुकाने के लिए दोनों में होड़ लग जाती थी।

मित्रमण्डल तो काफ़ी बड़ा लेकिन वर्षों से नीलू, भारती शर्मा और दूसरी सहेलियाँ दिल्लू के जीवन के उतार–चढ़ाव के साक्षी थे। अन्तिम दशक में एनडीटीवी के लिए फ़िल्म कर रही शिखा त्रिवेदी और उसके दिवंगत पति सुरेन्द्र प्रताप सिंह जिन्होंने 'आजतक' की समाचार शृंखला शुरू करवाई और ऊँचे दर्जे पर पहुँचाई, ऐसे ही एक और टीवी के समाचार–प्रस्तुतकर्ता दिबाँग और आख़िरी दशकों में कलाकार शीला मखीजानी साथ रहे। ये सभी बुरे दिनों में, तलाक के वक़्त, लीला–दी बीमार हुईं और चल बसीं तब साथ में खड़े रहे और ढाँढ़स बँधवाई, लेकिन जिसका कहा टाल न सके वैसी सिर्फ़ नीलू। दोनों स्वभाव से बिलकुल अलग पर उनके सम्बन्धों के तन्तु इतने मजबूत बुने थे कि वे आख़िर तक टिके रहे। अपना काम प्रस्तुत करने के लिए या कहीं छपवाने के लिए वह नीलू से पक्का लिखवाये बिना नहीं रहती और नीलू उसकी मनस्विता को डाँट देती पर वह बुरा नहीं मानती। नीलू कहा करती है कि वैसे वह कितनी भी स्वार्थी क्यों न लगे लेकिन प्यार भी उतना और मुसीबतों में हमेशा साथ खड़ी रहती। उसने ही बड़े शौक़ से (हमारी बेटी) समीरा की 'गॉड मदर' बनने का वचन दिया था। ललित कला के गढ़ी स्टूडियो में वर्षों तक काम किया तब से वरिष्ठ कलाकार क्रिशन खन्ना के साथ भी गहरा सम्बन्ध रहा, लेकिन सबसे ज़्यादा स्वामीनाथन के साथ। उनके बेटे कालीदास का कहना है कि पिता को लड़की की कमी थी जो दिल्लू ने पूरी कर दी। दोनों दिमाग़ के फिरे हुए, आत्मजाल में फँसे हुए और थोड़े खटपटी, इसलिए दोनों की जमती थी।

१९९४ में स्वामीनाथन गये वह उसके लिये एक बड़ा धक्का था जिसे वह सह गयी। २००० में माँ गयी, जो उसके लिए दर्द से भरा घाव था, लेकिन अब तक वह काफ़ी दर्द निगल चुकी थी तो उससे भी पार निकल आयी। अब वह बिलकुल अकेली थी इसलिए उसकी मनस्विता सिमटकर उसकी सृजन क्रिया में उतर आयी और जो बाक़ी बची वह स्वभाव में। मित्रों को अनुभव हुआ तो कुछ थोड़े अलग हो गये। लेकिन कला समीक्षक दीपक अनन्त–जो फ्रांस में रहते हैं वह और दूसरे मित्र आख़िरी वक़्त तक साथ रहे। आप ख़ुदी की असर तबीयत पर

हुई। शरीर ऐसे ही मेदस्वी था और उस पर वर्षों तक बैठे-बैठे काम करने का असर यह हुआ कि चलना घट गया और मेद बढ़ता गया। अब उसने काम के अलावा बाहर जाना बन्द कर दिया तो घर पर आने वाले भी कम हो गये। तबीयत ख़राब होने पर डाक्टर के पास जाकर दवाई की पुड़िया ले आती और दर्द होता तो दवाई की फंकी लगा लेती। गढ़ी स्टूडियो में काम करती थी तब सुना था कि कान दुखता तो रस्ते पर बैठे हुए किसी कान साफ़ करने वाले से कान साफ़ करवाती और दाँत दुखता तो ऐसे ही किसी के पास पहुँच जाती।

माँ के जाने के बाद 'मैं और बस मेरा काम' वाली बात हुई तो सुबह ग्रेटर कैलाश के मोड़ पर ठेले वाले से या सुन्दरनगर की ओर होती तो भेलवाले से भेल या चटपटा खाती फिर भरोसेमन्द ड्राइवर सन्तोष के साथ बड़ी-सी गाड़ी में बुरारी गाँव के किनारे पहुँच जाती और वहाँ सारी दोपहर काम में सर खपाना, हर रोज़ की 'टेक्नीकल' और दूसरी समस्याओं का निराकरण का कारोबार लगभग शाम तक। भूख लगने पर कुछ मिलता हो तो मँगवा लेती नहीं तो चाय से काम चला लेती। शाम को वापस लौटकर फ़्लैट की तीन-तीन सीढ़ियां चढ़नी होतीं। फ़्लैट की सोसायटी के ऊपर रहने वालों की टेढ़ेपन के कारण वहाँ लिफ़्ट नहीं लगी। हाँफते-हाँफते चढ़ती होगी और घर में पहुँचते ही पसर जाती होगी। फिर पसन्दीदा 'रम' के घूँट के साथ करीम या ऐसे ही किसी रेस्टोरेंट से मँगाये हुए मसालेदार मटन के साथ खाने का मज़ा लूटती होगी। सिगरेट की डब्बी भी क़रीब। मीठे का मन होता तो चॉकलेट चबा लेती। उसने अब ऐसी गाँठ मारी थी कि पसन्दीदा खाऊँगी, मनपसन्द पिऊँगी, अच्छा लगेगा वही करूँगी, शरीर की ऐसी की तैसी, मन को मरने नहीं दूँगी।

डलहौजी, ३ मई, २०१६,

गुजराती से अनुवाद : किरन सिंह

ज्याँ-लुक गोदार

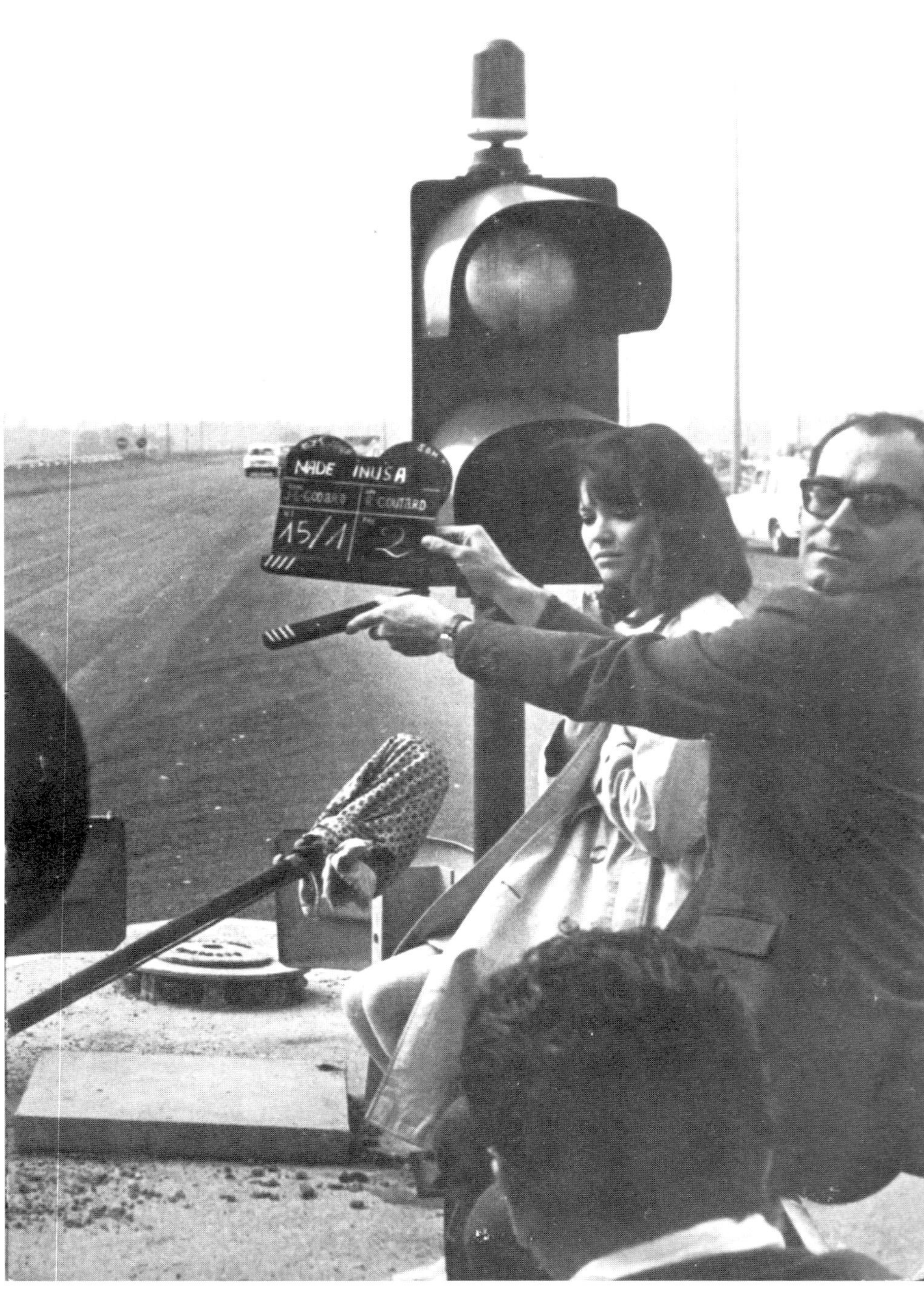
MADE IN USA
COUTARD
15/1
2

जिस युवा समाज में गोदार (Jean-Luc Goddard) की कीर्ति का अभ्युदय हुआ वहीं अब उसके अस्त के चिह्न दिखायी देने लगे हैं, फिर भी फ़िल्म क्षेत्र में उसका योगदान शायद युवा सिनेमाकारों में सबसे ज़्यादा महत्त्वपूर्ण है। Les Carabeniers ('सिपाहियों') से लेकर अभी तक हर वर्ष उसके सृजन-कार्य का दायरा बढ़ता ही रहा है। साथ-ही-साथ, लगभग उसके सारे चित्रों में जो समकालीन संवेदना के साथ ताल मिलाने की तत्परता दिखायी देती थी वह अब थोड़ी-थोड़ी खिन्नता में बदलने लगी है। इसलिए शुरुआत के चित्रों में विरति से प्रकट होने वाली जो गौरवमय उदासीनता दिखायी देती थी उसकी जगह अब विचित्र तरह की उदासी की बू आती है। Pierrot Le fou में इस उदासीनता का उत्कट स्वरूप जीवन के अस्तित्व के बारे में एक तीख़े व्यंग्य में घुला हुआ देखने को मिला था। यह उदासीनता निष्क्रिय (passive) नहीं है। पर हम यह नहीं कह सकते कि इसमें से सिर्फ़ निराशा का ही सुर निकलता है और यह भी नहीं कि यह मनुष्य की वैज्ञानिक प्रगति से जोख़िम में आ रही वैयक्तिकता का निराशावाद है। सटीकता न होना, परिस्थिति और उसकी जटिलता का होना लेकिन उसका कोई उपाय न होना गोदार की फ़िल्मों के लक्षण हैं। इस प्रकार ऊपर-ऊपर से रचनाएँ ग़ैर-उपदेशात्मक या anti-didactic दिखती है। लेकिन अन्त में नैतिक तत्त्व पर जाकर अटकने वाली उसकी फ़िल्मों में जीवन और उसके साथ जुड़ी कला को बचाने की छटपटाहट दिखायी देती है और गोदार में निहित छिपी हुई रोमांटिक हस्ती भी खुलकर उभर आती है।

Alphaville ('प्रथम नगरी') में उसने विज्ञान के प्रताप से निर्मित, अत्यन्त सुविधा सम्पन्न, लेकिन लगभग यन्त्रों के द्वारा चलने वाले एक शहर की कल्पना की थी। विज्ञान की खोजों की भयानकता को दर्शाने के लिए ही शायद उसने किसी भी भविष्यसूचक सेट का उपयोग

*ज्याँ-लुक गोदार, **'मेइड इन यूएसए'** के सेट पर*

सौजन्य : 'गोदार', लेखक : रिशर्ड राउड

करने की जगह आधुनिक पेरिस के मकान, रास्ते और होटल आदि का उपयोग किया था। इस शहर में लोकप्रिय कहानी के नायक बन्दी बनकर सड़ते रहते हैं; धर्म, पुस्तक और शब्दकोष एक-दूसरे के पर्याय के रूप में उपयोग में लाये जाते हैं, (या फिर प्रेम, भावना जैसे शब्दों का इस कोष में अस्तित्व नहीं हैं)। होटल में रूम किराये पर रखते समय जिस श्रेणी का रूम होता है उसी श्रेणी की स्त्री, रूम की चाबी के साथ मिलने की सुविधा उपलब्ध है...आदि। इस शहर में हमारे समाज का एक मनुष्य (जासूस?) पहुँचकर तूफ़ान मचा देता है। होटल के रूम के साथ मिली हुई स्त्री को वह 'प्रेम' 'भावना' आदि शब्द सिखाने लगता है और आख़िर में उसे भगाकर नगर के बाहर ले जाता है, और वह 'मैं तुम्हें चाहती हूँ' ऐसा ख़ूब चबाया जानेवाला वाक्य बार-बार बहुत ही भावपूर्ण रूप से, या भारपूर्वक, फिर भी सजगता से बोलती रहती है। जब उस पुरुष को यन्त्रों के सामने जाँच-पड़ताल करने के लिए खड़ा किया जाता है तब जाँच-यन्त्र के द्वारा पूछे गये सवालों के अपेक्षित हक़ीक़त भरे जवाब देने की बजाय वह कविता बोलने लगता है। यन्त्र मात्र तथ्यों को ही पकड़ने में समर्थ होने के कारण या 'सही' उत्तरों को ही परखने के काबिल होने के कारण कविता की उलट-बानी सुनकर उलझन में पड़ जाते हैं।

इस प्रकार जानी-पहचानी चीज़ को गोदार एकदम खोलकर रख देता है। वह कई बार तो इतनी सजगता से पुरानी बात ऐसे सुनाता है मानो शहर का आदमी, देहाती की भाँति सीधी direct —वाणी में बोलने का प्रयत्न कर रहा हो। इस प्रकार की सपाटता (blandness) उसके चित्रों की अनूठी ख़ासियत है। इसलिए गोदार की फ़िल्मों को श्रेष्ठ अर्थ में दस्तावेज़ी चित्र के रूप में गिना जा सकता है : जानी हुई चीज़ों का एकदम खुला हेवाल। इसके बावजूद उसे कथानक में दिलचस्पी नहीं। उसका इरादा परिस्थिति का, और वह भी सिर्फ़ समकालीन, चित्र प्रस्तुत करना ही है। जैसा कि रोब्ब-ग्रीय्ये ने लिखा है कि वह सिनेमा में हमेशा माध्यम के अनुसार वर्तमानकाल के क्रियापदों का ही उपयोग करता है। (पुरातन रोम पर चित्र बनाने की इच्छा होने के बावजूद वह बनाने के लिए तैयार नहीं क्योंकि इस प्रकार के चित्रों में पात्रों को लेटिन में ही बात करनी चाहिए, और उसे लेटिन भाषा नहीं आती। पिछली शताब्दी की एक फ़िल्म बनाना बन्द करने के पीछे भी यही था कि उसे पिछली शताब्दी की वेशभूषा की समझ नहीं है। इन सबके बावजूद अगर अध्ययन करके वेशभूषा डिज़ाइन कर भी ली जाय पर वह हूबहू तो नहीं बन सकती)।

इसलिए उसकी फ़िल्मों का जगत् है आज का जगत्। विशेष रूप से आज का पेरिस। वह भी उच्च समाज का पेरिस नहीं, लेकिन वह जिसे अन्य मनुष्य का पेरिस कहता है वह। यथार्थ का अत्याग्रह उसे शहर के किनारों पर पड़े लोगों—'आउटसाइडर्स'—की ओर घसीट ले जाता है : परदेशी, गुण्डे, वेश्याएँ, विद्यार्थी। गोदार का कहना है कि सचमुच में ये हस्तियाँ 'आउटसाइडर्स' नहीं हैं, लेकिन जगत् ख़ुद ही 'आउटसाइडर' की भूमिका निभाता है। ये पात्र

तो जीवन को सही रूप में दिखाते हैं। सिर्फ़ जगत् एक ख़राब फ़िल्म जैसा है।

इससे यह फलित होता है कि उसे पहचानी हुई जगहों या कुदरती सौन्दर्य को बताने की भी इच्छा नहीं बल्कि वह इसका विरोधी है। उसकी फ़िल्मों में आने वाली जगहें, रास्ते की लम्बी कतारें, नदियाँ निर्जन लगती हैं। मात्र इन्सानों से उभरता हुआ पेरिस उसे भाता है। पेरिस की या उसके पर्याय जैसे शब्द-जीवन के यथार्थ को दिखाने के लिए वह कई बार बिलकुल आख़िरी ढंग के प्रयोग करने को तैयार हो जाता है। कई फ़िल्मों में उसने स्टूडियो में आवाज़ 'डब' करने की बात को नकार दिया है। 'Vivre sa vie' के कई प्रसंगों को उसने बाहर के स्थानों में सुनायी देने वाली आवाज़ों को पकड़ने का आग्रह रखा था। ऐसे बाहर के स्थानों में कई बार ग़ैरज़रूरी लगने वाली आवाज़ों का विनियोग करने के लिए वह तत्पर रहता है। संवादों के बारे में कई बार वह पात्रों के सामने उस घटना का वर्णन कर, संवादों को बना लेने को कहता हैं। (हालाँकि यह कोई नयी बात नहीं। उसके समकालीन फ्रांस्वा त्रुफो ने ऐसे प्रयोग उसकी शुरुआती फ़िल्मों जैसे 'जुल ए जिम' (Jules et Jim) आदि में किये थे)। पात्रों को, और कई बार टेक्निशियनों को भी अपने आप पर छोड़ देता है : संवाद उसी पल बोले जाते हैं, घटना भी उसी समय घटती है, आवाज़ें भी उसी समय अपेक्षित-अनपेक्षित उसी पल में पैदा होती हैं। रची जा रही पलों की आकस्मिकता पर वह पैगम्बर जैसी आत्मश्रद्धा से भरोसा करके बैठता है। हालाँकि पात्रों के स्वैरविहार की ओर उसकी हल्की मज़ाक़िया मुस्कराहट भी छिपी नहीं रहती क्योंकि संकलन के दौरान काटकूट करके फ़िल्म को आख़िरी स्वरूप देने के उसके उद्देश्य के बारे में उन भोले-भाले पात्रों को कुछ पता नहीं होता और पूरा हुआ चित्र तो उन्हें अचम्भे में डाल देता है।

यथार्थ के आग्रह के कारण उसे 'Alphaville' के एक प्रसंग को बिलकुल अँधेरे में बनाने की और ले गया था। क़ैमरामैन Raoul Coutard ने बताया कि क़ैमरा का मुँह बन्द कर दें तो एकदम अँधेरा आयेगा। गोदार ने ख़ूब तेज़ी की (fast) फ़िल्म का उपयोग कर अँधेरे को क़ैमरा खुला रखकर ही फ़िल्माया था। आश्चर्य की बात है कि 'Alphaville' के ये अँधेरे दृश्य भारी असरदार साबित हुए।

इंगमार बर्गमन (स्वीडिश फ़िल्मकार) के बारे में लिखते हुए गोदार ने कहा था कि यह बात उसकी ख़ुद की फ़िल्मों में वर्तमानकाल की अति-उपस्थिति पर भी लागू होती है; 'बर्गमन की हरेक फ़िल्म में नायक का चित्र मात्र पल भर में ही बनता है। चित्र उभरते ही विचार का जन्म होता है तब पल का चौबीसवाँ भाग रूपान्तरित होकर डेढ़ घण्टे जितना लम्बा हो जाता है। पलक झपकते ही दिल की दो धड़कनों के बीच विषाद और ताली बजाते हुए हाथ के बीच ख़ुशी उभर आती है'। कवि फ्रान्सिस पोंज़ (गोदार जिसका प्रशंसक है) की तरह गोदार को तुच्छ चीज़ या उसके तुच्छ भाग को बहलाना अच्छा लगता है। साबुन का बुलबुला होने और फूटने की प्रक्रिया के साथ विश्व-स्फोट की प्रक्रिया को जोड़ देने की उसकी ख़्वाहिश छिपी

नहीं रहती।

क्षण के अस्तित्व में आने के साथ-साथ होने वाली आकस्मिक दुर्घटना के भावों में छिपे हुए भय, ख़ुशी, आश्चर्य का वह इन्तज़ार करता है। कुछ निश्चित प्रकार के भावों को दिखाने का पक्षपात नहीं होने के बावजूद क्षण-क्षण में बीत जाने वाले समय को, उसकी वर्तमानता को पकड़े रखकर वह नश्वरता का जाने-अनजाने ही विरोध करता रहता है। जैसा कि कोक्तो ने कहा है—'सिनेमा मृत्यु को कार्यमग्न दिशा में पकड़ता है। जिस व्यक्ति की फ़िल्म बनती है वह हर पल मृत्यु की ओर बढ़ता हुआ होने के कारण, फ़िल्म मृत्यु को उसके कार्य क्षणों में जकड़े रखती है, इस अर्थ में फ़िल्म जीवन को नहीं परन्तु मृत्यु को प्रस्तुत करती है।' गोदार के एक चित्र में नायिका नायक से कहती है, 'मैं तुझे मरा हुआ देखने वाली हूँ, रिचर्ड। अब फिर से तुम कौन-सी दूसरी श्रेणी की करुणान्तिका में भूमिका निभाने के लिए मजबूर कर रहे हो?'

आकस्मिक घटना जिससे पैदा होने वाले आनन्द या सुखान्त के स्थान पर मृत्यु का अन्देशा गोदार के कई चित्रों में दिखायी देता है। और चित्र के अन्त में उसका शिकार भी कोई-न-कोई बनता ही है जिनमें ज़्यादातर स्त्रियाँ और निर्दोष पात्र होते हैं। इसलिए 'Alphaville' के आख़िरी दृश्य में जब सुखान्त सूचक शब्द 'मैं चाहता हूँ' के उद्‌गार सुनायी देते हैं तो वे भ्रामक लगते हैं।

'Masculin-Feminin' के एक प्रसंग में उपर्युक्त आश्चर्य, shock और मृत्यु की घटना, लगभग अल्फ्रेड हिचकॉक की याद दिलाते हुए दिखाया गया है :

एक बार में तीन लोग बैठे हैं—मादलीन, एलिजाबेथ और पॉल। थोड़ी देर के बाद दोनों लड़कियाँ वहाँ से चली जाती हैं, सुनहरी बालों वाली एक विचित्र लड़की अचानक पॉल के पास आकर उसे अपने साथ फ़ोटो खिंचवाने के लिए पूछती है। पॉल हाँ कहता है। दोनों थोड़ा चलकर ऑटोमेटिक फ़ोटो बूथ के पास आते हैं। फ़ोटो बूथ के पर्दे के पीछे से संवाद सुनायी देते हैं, जिसमें वह स्त्री पॉल को १५० फ्रांक में अपने स्तन के फ़ोटोग्राफ़ बेचने को तैयार दिखती है। पॉल बूथ के बाहर निकल आता है, थोड़ा भटकता है और फिर आवाज़ रिकॉर्ड करवाने के बूथ में जाकर मादलीन की ओर प्रेम व्यक्त करता हुआ कुछ लय में बोलता है। जाते-जाते वह bowling alley की ओर नज़र डालता है तभी एक आदमी उसकी ओर धँसता हुआ आता है और अपने पेट में चाकू घुसा देता है। शॉट यहीं पूरा होता है।

उसके अनेक चित्रों में जानबूझकर खड़ी की गयी आश्चर्यजनक घटनाएँ दिखती हैं। एक चित्र में अन्ना कारीना रसोई की किताब में पिस्तौल छिपाती है और दुर्घटना के बहाने किसी भी तरह की विसंगति (discrepency) को भी योग्य ठहराती है।

इन सभी 'यथार्थ' का प्रयोजन करने के बावजूद गोदार को यथार्थ का एकसूत्री चित्रण करना पसन्द नहीं। जैसा कि आगे बताया गया है उसे कथानक में कोई रुचि नहीं है। वह तो कहता है : 'मैं अपने आपको निबन्धकार मानता हूँ। उपन्यास के रूप में मैं निबन्ध लिखता हूँ और निबन्ध के रूप में उपन्यास। Cahiers du Cinema में जब आलोचना लिखता था तब से लेकर आज तक मैं आलोचना ही करता रहा हूँ; सिर्फ़ फ़र्क़ इतना ही है कि लिखने की बजाय मैं अब फ़िल्म बना रहा हूँ।' उसको पूरा ख़याल है कि जीवन का हूबहू चित्रण कई कला-क्षेत्रों में हो चुका है। और फ्रांस के ही nouvelle vague (नव प्रवाह) के फ़िल्मकारों ने इस दिशा में कुछ बाक़ी नहीं छोड़ा। उसे यह भी मालूम है कि जीवन को tromp loeil (हूबहू) रूप से दिखाने की अनेक प्रकार की ऊँची-से-ऊँची तरक़ीबें भी आज़मायी जा चुकी हैं, इनके अलावा ग़ैर-यथार्थ, विसंगतियाँ आदि को लक्ष्य में रखकर भी संयोजन हो चुके हैं। अन्तिम-से-अन्तिम अनुभूति के अनुसार अनुभव को किसी भी ढाँचे में बिठाना मुश्किल ही नहीं बल्कि नामुमकिन है, और अलग-अलग अनुभवों की (कला की, जीवन की) परिपाटियों

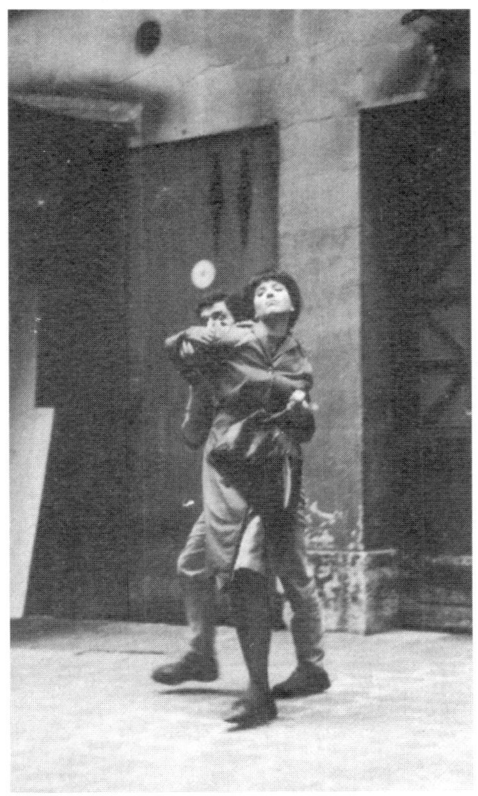

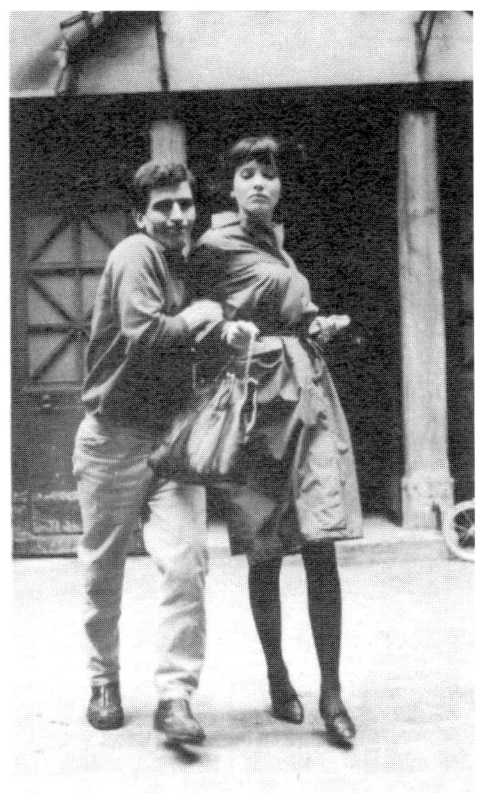

*फ़िल्म '**Vivre sa Vie**' के दृश्य*

सौजन्य : 'गोदार', लेखक : रिशर्ड राउड

को एक पट्टी से आँकने का प्रयत्न भी व्यर्थ है। किसी भी अनुभव के अनगिनत पहलू और जीवन की गहराइयों की अगाध रहस्यमयता तक पहुँच सके ऐसा कोई साधन नहीं है। गोदार को मालूम है कि इन्हीं कारणों से कला में परिवर्तन होते रहे हैं। कला जीवन के अनुभव को नापने की प्रवृत्ति है, इसलिए उस अनुभव को मिल जाने के बाद वह नेति-नेति करती रही है। कला में रिअलिज़म, रोमांटिसिज़म, क्लासिसिज़म, रोमांटिसिज़्म, इम्प्रेशनिज़म, क्युबिज़म और एब्सर्ड आदि वादों की भरमार है। और गोदार को लगता है कि इन सबकी नींव में मानो एक महान ग़ैरसमझ निहित है। इसलिए, इन सब वादों को वह मूल स्वरूप में या मिला-जुलाकर (समय, स्थान बदलकर) दृश्य रूप में, नाट्य रूप में, संवाद या काव्य रूप में प्रस्तुत करता है और उसमें वह कला के अन्तिम-से-अन्तिम प्रवाह के ढाँचे संयोजन में मिला लेता है। यहाँ उसके अन्दर पड़ा हुआ आलोचक बाहर आता है, परिस्थिति का 'सही' स्वरूप प्रस्तुत करने में उसकी टीका या मीमांसा समा जाती है। वह प्रश्नों की ओर सीधा निर्देश नहीं करता। उत्तर बताना तो असम्भव है इसलिए वह हमारी मन:स्थिति की विकलता को परखकर, हमें खुले आकाश में चारों ओर से रस्सी से बाँधकर, झूलता हुआ छोड़कर चला जाता है।

फ़िल्म के क्षेत्र में Melies और Lumiere जैसे प्रथम रचनाकारों से लेकर अभी तक अनेक तरह के प्रयत्न हो चुके हैं। आइज़ेंस्टाइन ने चित्र-कला की तरह फ़िल्म के हरेक दृश्य को संयोजित करके कथानक की नाट्यवस्तु को बहलाया था ('lvan the Terrible'), बुन्वेल ने विसंगत, घृणास्पद और डरावनी घटनाओं को कोलाज की तरह रचकर 'सुवर्णयुग' और 'अन्दालुसियन कुत्ता' बनायी थी, रेन्वार ने हलके विनोद-विषादयुक्त ढंग से घटना को यथार्थ के रूप में उभारा था, फेलिनी ने बुर्जुआ समाज और उसके कारण कला में प्रवर्तित विसंगतियों को, अख़बारों के समाचारों की तरह चिपकाकर प्रस्तुत किया, आन्तोनियोनी ने मनुष्य के मन की गहराइयों की रहस्यमयता को लेकर विचार और प्रवृत्ति की असाम्यता आदि को समय को जमा देने वाली धीमी गति से बताया और आलां रेने (Alain Resnais) ने यथार्थ (nouvelle vague) शैली के चित्रों में प्रयोजित फ़्लेशबैक की पद्धति का उपयोग बनी न हों ऐसी (अघटित ?) घटनाओं और विचारों को दृश्यक्षम बनाने में समय की विभावना को एक नया परिमाण दिया और अभी तक चली आ रही कथा-वार्ता और कथा-वस्तु की ओर के झुकाव के विरुद्ध एक नया ही दृष्टि-बिन्दु प्रस्तुत किया।

आज के यूरोपीय बुद्धिजीवी मनुष्य की मनोभूमिका इन सारे प्रयोगों से खचाखच भरी हुई है : उसे उपर्युक्त फ़िल्मकारों की रचनायें आसानी से देखने को मिलती है। यूरोपीय कला-प्रवाह 'प्रगति' की दिशा में प्रवृत्त होने के कारण हमेशा 'अब क्या ?' ऐसा प्रश्न रटता रहा है। उपर्युक्त दिग्दर्शकों में से कई अभी भी जीवित हैं और फ़िल्में भी बना रहे हैं लेकिन उनके तरीक़े या दृष्टिकोण सम्पूर्ण रूप से नहीं बदले हैं। इन फ़िल्मकारों में से कइयों ने तो अपनी विचारधारा को इतनी दृढ़ता से पकड़े रखा है कि उनकी रचनाओं पर जगत् की, इस शताब्दी

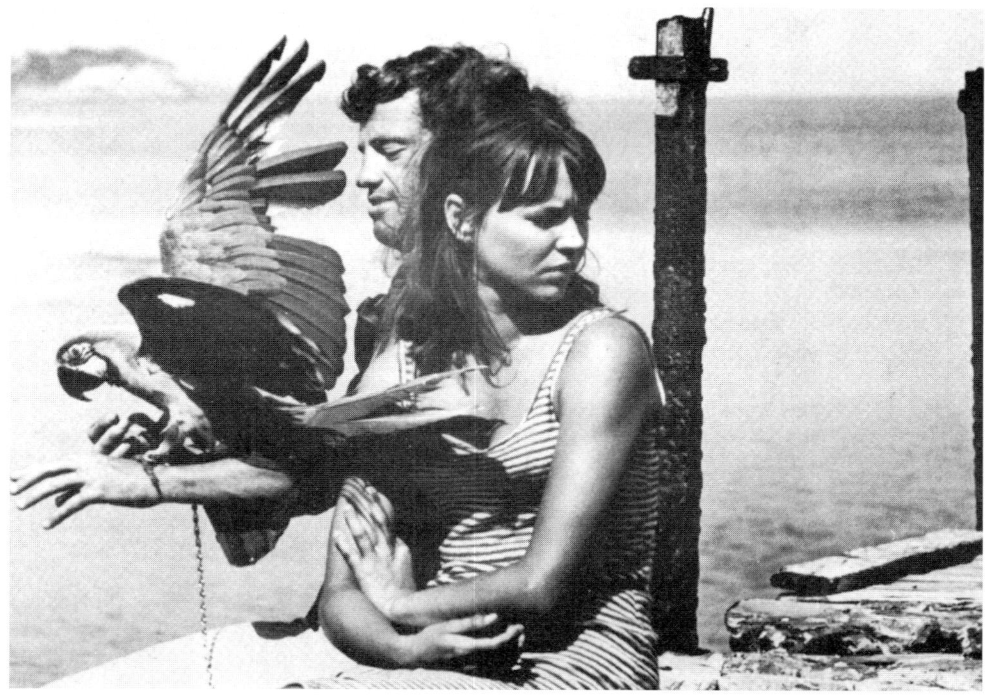

*फ़िल्म '**पिएरो ल फू**' का दृश्य : आन्ना कारीना और ज्याँ पॉल बेल्मोन्दो*
सौजन्य : 'गोदार', लेखक : रिशर्ड राउड

की महान घटनाओं का असर भी नहीं हुआ। गोदार को अपनी फ़िल्मों की विषयवस्तु इन सबमें से मिलती है।

इस तरह के फ़िल्म के इतिहास के प्रयोग मात्र ही उसकी संवेदनशीलता को आकर्षित नहीं करते बल्कि आधुनिक जीवन के नये मूल्य (या मूल्यविहीनता) भी उसके चित्रों की भूमिका का निर्माण करते हैं। युवा-वर्ग का मुक्त जीवन, सहचार, युद्धविरोधी आन्दोलन, पॉप गीत, चित्र, साहित्य जिसके बारे में हमें बार-बार देखने और सुनने को मिलता है उसमें से गोदार को काफ़ी सामग्री मिल जाती है। एक रूप से देखा जाय तो गोदार मानो एक ऐसे मुक्त युवा जैसा जीवन जीना चाहता है : यह स्वैरविहारी युवा जिस प्रकार सचित्र पत्रिकाओं, कविता की किताबें, अख़बार के शीर्षक और फ़िल्म एवं चित्र प्रदर्शनी के पोस्टरों से अक्षर-आकृतियाँ काटकर अपने छोटे से रूम की दीवारों पर जो कोलाज रचता है, वैसे ही गोदार ने भी घटनाओं का कोलाज (फ़िल्म के अर्थ में मोन्ताज) का निर्माण करने की मानो ठान ली है। इस प्रकार के कोलाज में बीटल्स के साथ जोह्नसन या राकेल वेल्च के साथ गुएवारा और हिटलर या मुसोलिनी या माओ की आकृतियाँ जुड़ी होती हैं जिसमें से कई बार अप्रत्याशित विनोद, व्यंग्य पैदा होता है और अर्थ-घटन की अनन्त सम्भावनाएँ प्रकट होती हैं। आकृतियों का शम्भुमेला

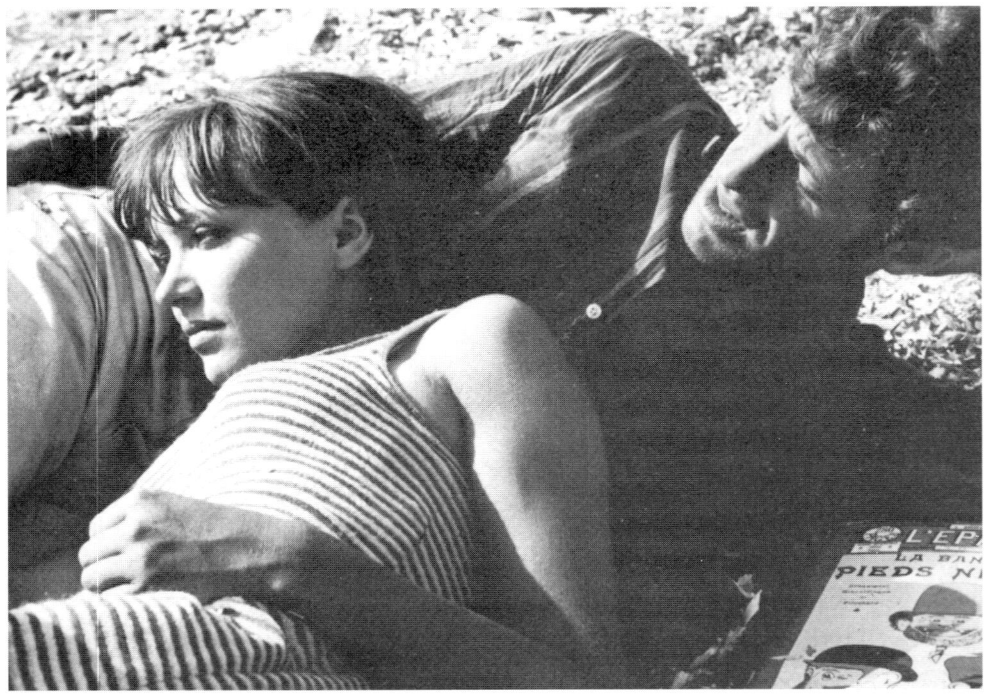

*फ़िल्म '**पिएरो ल फू**' का दृश्य : आन्ना कारीना और ज्याँ पॉल बेल्मोन्दो*
सौजन्य : 'गोदार', लेखक : रिशर्ड राउड

प्रेक्षक को सम्मोहित कर देता है, शब्दों की काट-कूट से बनी concrete कविता का वशीकरण भी वैसा ही होता है। अत्यन्त बुद्धिजीवी मनुष्य को भी शब्दाकृतियों की इस स्वैरलीला में ऐसा रस आने लगता है कि कई बार वह इसके अन्दर की अर्थहीनता, विसंगतता में से नये मूल्यों का सार निकालने में जुट जाता है।

इस प्रकार जान-बूझकर खड़ी की गयी विसंगत सृष्टि में से अर्थ निकालने (और साथ-ही-साथ अर्थ निकालने की क्रिया को अर्थहीन ठहराने का) का ज़बरदस्त दबाव गोदार की फ़िल्मों को देखते समय होता रहता है। कभी अर्थ फिट बैठता है तो कभी उसका उद्देश्य पकड़ा नहीं जाता। 'Pierrot le fou' के प्रथम दृश्य में बेल्मोन्दों बाथटब में बैठकर एक छह-सात वर्ष की लड़की को स्पेनिश चित्रकार वेलास्कवेज़ की चित्र-पद्धति के बारे में पढ़कर सुनाता है। उसके बाद के दृश्य में वह अन्ना कारीना के साथ भाग जाता है, तब उसके फ़्लैट में एक मुर्दा फ़र्नीचर की तरह पड़ा हुआ दिखायी देता है। (जैसे जासूसी चित्रों में नायक के अलावा अन्य पात्रों का अविचारी संहार प्रेक्षक बिना झिझक निभा लेता है वैसे ही)। उसी फ़िल्म के एक दृश्य में बेल्मोन्दों और कारीना (फ़िल्म में 'पियेरो' और 'मारीआन्न') पागल

हो गये प्रेमियों की तरह गीत प्रलाप करते हैं। उनकी बेहूदगी प्रेक्षक को उत्तेजित करने की बजाय (वह गोदार जैसे नव दिग्दर्शक ने किया है इसलिए?) विनोद पैदा करती है। एक दृश्य में थका-माँदा बेल्मोन्दों रेल की पटरी पर बैठ जाता है तब पार्श्व सुर में लोर्का की 'Five in the afternoon' बोली जाती है। अन्ना कारीना एक बौने का उसकी गर्दन में कैंची घुसाकर ख़ून कर देती है। ख़ुद को धोखा देकर भाग जाने वाली मारिआन्न को मारकर पियेरो पूरे शरीर पर डायनामाइट का हार पहनकर दियासलाई लगाने से पहले नीले रंग से अपना मुँह रँगता है। और डायनामाइट फूटने से पहले उसका जीने के लिए आया विचार भी क्षण मात्र में दिखायी दे जाता है।

इन सारे बिम्बों के माध्यम से मानो गोदार चकमक के पत्थर से अलग-अलग पदार्थ के साथ घिसने का प्रयत्न करता हुआ दिखायी देता है। कहीं वह जानबूझकर सचमुच का पत्थर रखता है तो कहीं दो पत्थर के बीच आड़ी कील रखकर चकमक झरने की व्यर्थता दिखाने का मज़ा लेता है। साथ-साथ वह इस बात की भयानकता को भी दिखाता है कि आकस्मिक घटना और अर्थहीनता हमारे जीवन को परछाईं की तरह चिपकी हुई है। वह यह भी एहसास दिलवाता है कि हम, तक और तकदीर के बीच सदा से झूलते आ रहे हैं। लेकिन अगर हम उसके इस चित्र को आख़िरी अन्जाम के रूप में मान लें तो हमारी बेवक़ूफ़ी पर गोदार क्रूरता से हँस देता है। उसके इस हास्य को रोकना या उसकी उपेक्षा करना मुश्किल है, और यह ख़याल आते ही गोदार के चित्रों से प्रकट होने वाली भीषणता का अनुभव होता है। चित्र पूरा होने पर सही-ग़लत का भेद भूल जाना होता है। मात्र, गोदार को अभिनन्दन देने के अलावा हम कुछ नहीं कर सकते।

गोदार पर लिखी गयी एक पुस्तक में Richard Roud ऐसा सिद्ध करना चाहता है (और उसे गोदार का समर्थन भी मिलता है) कि उसकी हरेक फ़िल्म में किसी-न-किसी प्रकार की वेश्यागीरी की ओर अँगुलीनिर्देश किया गया होता है। यह शारीरिक, मानसिक वेश्यागीरी जानबूझकर या अनजाने में हुई हो सकती है। गोदार तो मानो भोलेपन से कहता है कि मनुष्य को अपनी इच्छा के विरुद्ध जो कुछ भी करना पड़े तो वह एक तरह की वेश्यागीरी ही है। और आज का समाज इस वेश्यागीरी से बहुत ज़्यादा पीड़ित है। 'Vivre sa vie' में कारीना वेश्यागीरी की ओर घिसटती चली जाती है। 'Une femme et une femme' (स्त्री तो स्त्री ही है) में वह स्ट्रिपर (stripper) की भूमिका निभाती हैं, और 'Deux ou trois choses que je sais d'elle' (उस स्त्री के बारे में मैं दो या तीन चीज़ें जानता हूँ) नाम के चित्र में पेरिस के उपनगर में रहने वाली एक मध्यम-वर्ग की गृहिणी समाज में अपना रुतबा टिकाये रखने के लिए वेश्यागीरी करके पैसा कमाती हुई बतायी गयी है।

लेकिन वेश्यागीरी की बात एकदम भोली (naive) लगती है, इसलिए गोदार के कहने के बावजूद यह मन्तव्य गले नहीं उतरता बल्कि anti-ism या छल (betrayal) की विषय-वस्तु

उसके हरेक चित्र में देखने को मिलती है, उसी को हम उसके चित्रों का मुख्य लक्षण कह सकते हैं। 'Pierrot le fou' और 'Bout de Souffle' में नायिका नायक को अन्त में दग़ा देती है। 'Alphaville' के सुखान्त में नायिका का 'मैं चाहती हूँ' का पुनरुच्चारण खोखला लगता है और छल की आगाही देता है। 'Une femme mariee' (एक विवाहिता) में पति की ग़ैरहाजिरी में प्रेमी के साथ लम्बा साहचर्य करने वाली नायिका आख़िर में तो दोनों से दूर रहने का (दोनों से नहीं जीते जाने का) भाव पुष्ट करती है। 'Vivre sa vie' में निर्दोष युवती का, संयोगवश क्रूर संहार प्रेक्षक की अनुभूतियों को चोट पहुँचाने के आशय से ही किया गया हो, ऐसा लगता है। एक तरह से देखा जाय तो गोदार (हालाँकि इसके बावजूद, वे अपनी आकस्मिक घटना वाली पद्धति में हमें सावधान करते हैं) प्रेक्षक की अपेक्षाओं को किसी निश्चित दिशा में मोड़कर उसे अचानक (संजोग की ग़लती निकालकर) धोखा देने का इन्तज़ार किये हुए बैठा होता है। हालाँकि ऐसा करने में उसका चातुर्य मन को मोह लेने वाला होता है और इसीलिए कई बार तो प्रेक्षक जानते हुए भी धोखा खाने को तैयार हो जाता है।

उसकी इस चतुराई और स्लैपस्टिक (slapstick) पद्धति ने 'Carabeniers' और 'Pierrot le fou' तक की रचनाओं के दौरान यूरोप और अमेरिका के युवा वर्ग पर अपनी पकड़ कायम कर ली थी। इनके बाद के चित्रों के बाद भी उसका यश और भी बढ़ा। 'La Chinoise' और 'Far from Vietnam' के एक प्रसंग में उसने युवा-वर्ग की समकालीन संवेदनाओं को मूर्त किया है, लेकिन उसने शुरू की हुई अति समकालीन, अति प्रगतिशील, अवाँ गार्द रहने की पद्धति उसके लिये घातक साबित होती जाती है। उसकी पुरानी फ़िल्म उसे अब बीते चरणों की संवेदनशीलता के दस्तावेज़ जैसी लगती है।

फ़िल्म 'उस स्त्री के बारे में दो या तीन चीज़ें जानता हूँ' में घर वापस लौटते हुए पति-पत्नी का संवाद सूचक है :

रॉबर्ट : आख़िर आ गये वापस।

जुलिएट : कहाँ?

रॉबर्ट : घर ही तो।

जुलिएट : और अब क्या करेंगे?

रॉबर्ट : सो जायेंगे, तुम्हें हुआ है क्या?

जुलिएट : फिर?

रॉबर्ट : फिर उठेंगे।

जुलिएट : वही-का-वही। वही क्रम फिर से शुरू करेंगे। जागेंगे, काम करेंगे। खायेंगे...

रॉबर्ट : फिर?

जुलिएट : फिर? फिर मुझे पता नहीं...मर जायेंगे।

रॉबर्ट : और फिर?

(आख़िरी शब्द बोलते हुए पेट्रोल पम्प दिखायी देता है और उसका अटका हुआ डॉयल फिर से घूमने लगता है, बहुत तेज़, गतिपूर्वक, जीवन का अविरत क्रम... जीवन एक गन्दी पैरोडी...)

अब यदि कोई गोदार का नाम फिर से लेगा, तो प्रेक्षक पूछ उठेगा : और फिर?

(*सम्पुट*, फ़रवरी-१९६९, पृ. ४९-६१)

गुजराती से अनुवाद : किरन सिंह

कला में सृजन-प्रक्रिया

सुरेश जोषी के साथ संवाद

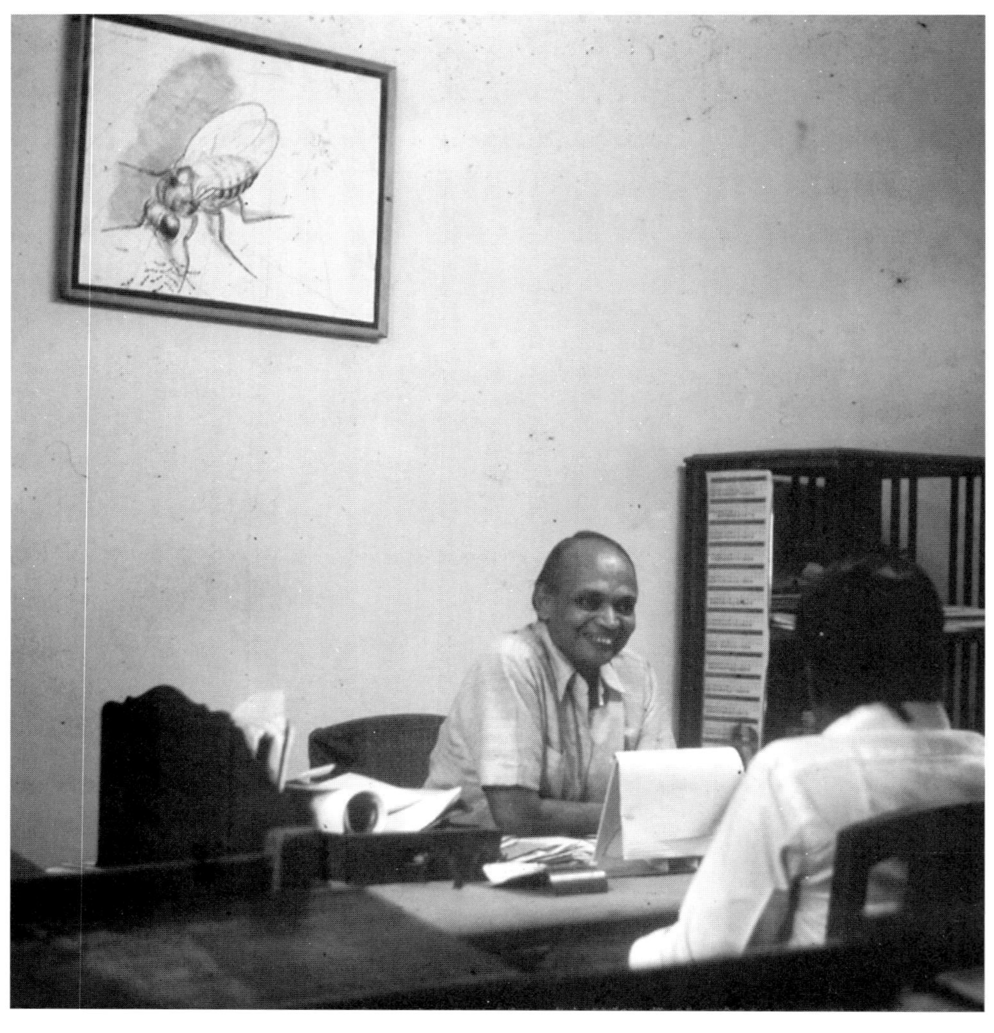

अपने ऑफ़िस में सुरेश जोषी, आर्ट्स फैकल्टी, वड़ोदरा, १९७० ई.
तस्वीर : लेखक

सुरेश जोषी : तुम अभी-अभी महाबलीपुरम होकर आये हो न?

गुलाममोहम्मद शेख : जी हाँ।

वहाँ कुछ स्केच बनाये क्या?

हाँ, स्केच भी बनाये और कविता भी लिखी।

उन स्केच और कविता—दोनों के निमित्त रूप तो वहाँ के शिल्प ही थे न?

हाँ, वहाँ के शिल्प तो निमित्त रूप थे ही, लेकिन जब उसमें से कविता बनती तो वहाँ का वातावरण और उससे हृदय में उठते दूसरे संस्कार और साहचर्य आदि भी उसमें महत्त्वपूर्ण भूमिका निभाते हैं।

हाँ, यह बात सही है। लेकिन किसी विशिष्ट माध्यम का उपयोग एक विशिष्ट प्रकार की संवेदना की अभिव्यक्ति के लिए ज़्यादा अनुकूल होता है क्या?

ऐसा कोई स्थूल नियम तो नहीं होता। अगर मेरा माध्यम रंग और रेखा ही हो तो उसी माध्यम से जितना हो सके उतने सामर्थ्य से मुझे मेरी अभिव्यक्ति को सिद्ध करना चाहिए। आप ही कहते हैं कि कवि किसी संवेदना या विचार को निमित्त के रूप में उपयोग करता है। सर्जक का मुख्य कार्य तो उसके माध्यम की सम्भावनाओं को परखना ही होता है।

हाँ, यह सही है। लेकिन मान लें कि मुझे अन्धकार की अनुभूति को आकार देना है। यदि मैं कवि हूँ तो अन्धकार से होने वाली जटिल अनुभूति को समर्थ रूप से प्रकट

कर सकें ऐसे प्रतीकों और बिम्बों से उसे मूर्त करने का प्रयत्न करूँगा। लेकिन शिल्पी यह कार्य किस प्रकार करेगा?

शिल्पी भी अपनी तरह से उसके प्रतीक बना लेगा। अन्धकार की स्पर्शक्षमता को यानि कि उसकी tactile qualities प्रकट करने की कोशिश करेगा।

तुमने ख़ुद ने भी अन्धकार पर कविता लिखी है और चित्रकार तो हो ही। सर्जक की हैसियत से अपने अनुभव के बारे में कुछ कह सकते हो?

जब मुझे अन्धकार का चित्र बनाना हो तो मुझे अँधेरे की परतों के पतलेपन, गाढ़ेपन और उसके अलग-अलग पोत (texture —बुनावट) की रचना करना अच्छा लगता है। उदाहरण के लिए, कविता में मैंने एक बार अन्धकार को गले हुए वृक्ष की गुखाल में दबाकर-ठूँसकर भरे कपड़े जैसा ठूँसा हुआ या सुबह तक सोये रहने वाले केकड़े की पीठ पर चिपका हुआ निराधार दर्शाया था। अन्धकार का ऐसा ही विनियोग मुझे चित्र में भी करने का दिल होता है और ऐसा हो भी सकता है। इसलिए सृजन-प्रक्रिया में शायद ज़्यादा फ़र्क़ नहीं पड़ेगा। लेकिन माध्यम और तकनीक का फ़र्क़ अन्धकार के अलग स्वरूपों को अलग-अलग कला में प्रकट करता है। मैं जब चित्र करने बैठता हूँ, तब मन में ऐसा नहीं होता कि मुझे ऐसा या वैसा अन्धकार बनाना है। कई बार तो मैं अन्धकार के विरुद्ध सफ़ेद रंग से पूरे फलक को भर देता हूँ। और रंगों की परत-दर-परत लगाता हुआ—रंग ही एक-दूसरे के सम्बन्ध में आने के कारण जो नया रूप पाते हैं उसे आयोजित करते हुए—और मेरे उस समय के मूड के अनुसार उसे बदलता जाता हूँ। अर्थात् मैं चित्र को पूरा करूँगा वह अन्धकार का ही होगा ऐसी सीमा में मैं उसे बाँधता नहीं। आप तो जानते ही हैं कि मैंने अभी तक जो चित्र बनाये उसमें विषय घोड़े के ही रहे हैं। और तब अश्व भी अंधकार को नये स्वरूप में प्रकट करने के वाहन के रूप में ही प्रयोजित होता है। मैं जब चित्र बनाने की शुरुआत करता हूँ तब उसमें आंशिक रूप में घोड़े के अंग को परखा जा सकता है, हालाँकि बीच में वह कहीं मिट जाता है, लेकिन आख़िर में, जब तक वह अचानक, जिस अन्धकार का या उसके जैसा कुछ मैं बनाना चाहता था उसकी एनकाउंटरिंग नोट (encountering note) जैसा आ कर खड़ा नहीं हो जाता तब तक चित्र पूरा नहीं होता।

अन्धकार यहाँ भी दृश्य या स्पर्श रूप से प्रकट होता है और उसकी परतें भी ऐसी होती हैं जिसे परखा जा सके। यह कविता में भिन्न-भिन्न बिम्ब के रूप में प्रकट होता है इसलिए वह समय के sequence की फ्रेम बनाता है, लेकिन यहाँ ऐसा नहीं होता, बल्कि वह अवकाश के खण्डों में फैलता है। समय और अवकाश के माध्यम का अलग-अलग विनियोग और अलग माध्यम में अलग ही तकनीक आज़माने की अनिवार्यता के कारण अन्धकार के दोनों प्रकारों की अनुभूति अलग ही तरह की हो जाती है।

तुम जो कह रहे हो उससे मुझे वालेरी की एक संज्ञा याद आ रही है। चित्रकार को सिक्वेन्स ऑफ़ सरफेसज अर्थात् सतहों के क्रम को एक परिमाण के फलक पर खड़ा करना होता है, ठीक उसी तरह कवि भाषा के माध्यम से लेयर्स ऑफ़ मीनिंग यानि अर्थों की परतों को सिद्ध करता है। तो इस प्रकार कवि और चित्रकार दोनों ही अपने-अपने विशिष्ट तरीक़े से समय और अवकाश की नयी अभिज्ञता को प्रकट करते हैं। कविता में इस अभिज्ञता को प्रकट करने के लिए कवि बिम्बों और प्रतीकों का उपयोग करता है। ये बिम्ब श्रुति के परिमाण के होते हैं, दृष्टि के परिमाण के भी और यह सब कृति में रसायण पाकर एक रस होकर इस अभिज्ञता को प्रकट करते हैं। इस प्रकार सर्जन की प्रक्रिया तो आख़िर में रचना की प्रक्रिया यानी तकनीक ही बनी रहती है। उसका स्वरूप माध्यम की विशिष्टता के अनुसार बदलता रहता है। ये समय और अवकाश काव्य से भिन्न रूप में चित्र-कला में किस प्रकार सिद्ध किये जाते हैं?

ऐसा प्रयोग क्यूबिस्ट चित्रकारों ने किया है। पिकासो के 'गर्ल लुकिंग इन द मिरर' मानव मुख को दो अलग-अलग दृष्टिकोणों से देखा हुआ साथ में दिखाया है। ऐसे हम समय के सिक्वेन्स या क्रम के बिना किसी भी आकृति के दो स्वरूप एक साथ देख नहीं पाते—इसीलिए इन चित्रों में लम्बाई-चौड़ाई और आभासी घनता या कोलाज से सतह को उभारकर लाये गये तीसरे परिमाण के अलावा एक नया, समय का परिमाण भी जुड़ता है। जैसी कि हमने पहले बात की थी उसके अनुसार लेसिंग की पल को जमा देने वाली एक दृष्टि यहाँ नहीं रहती। और इम्प्रेशनिष्ट भी और क्या करते थे? क्यूबिस्ट चित्रों में, हम पदार्थ को चार या ज़्यादा दिशाओं में घूमकर ही नहीं बल्कि अन्दर प्रवेश करके भी देख सकते हैं, इससे स्थगित अवकाश में भी हम पदार्थ के अलग-अलग रूपों और भागों को देखते हुए समय के नये परिमाण का भी अनुभव करते हैं।

यहाँ एक दूसरा सवाल भी मन में उठता है। जब हम संगीत और नृत्य जैसी कला के बारे में सोचते हैं, तब 'दशावतार' का कोई काव्य लिखता है और उसमें वह अवतारों का जिस बारीक़ी से वर्णन करता है, ऐसा वर्णन करना या उसे अभिव्यक्त करना नृत्यकार के लिए सम्भव नहीं होता। वह तो एक सूचक मुद्रा का आधार लेकर उस मुद्रा के द्वारा उस अवतार की समग्रता को प्रकट करने का प्रयत्न करेगा। अगर कोई युवती कल्कि के अवतार की मुद्रा करती है तब वह ख़ुद के युवती होने का तिरोधान, अपनी कला के द्वारा ही सिद्ध कर देती है। इस प्रकार का तिरोधान और इस प्रकार की इकोनोमी कला में जैसे-जैसे ज़्यादा सिद्ध हुई वैसे-वैसे कला ज़्यादा समर्थ बनी है, ऐसा तुम्हें नहीं लगता?

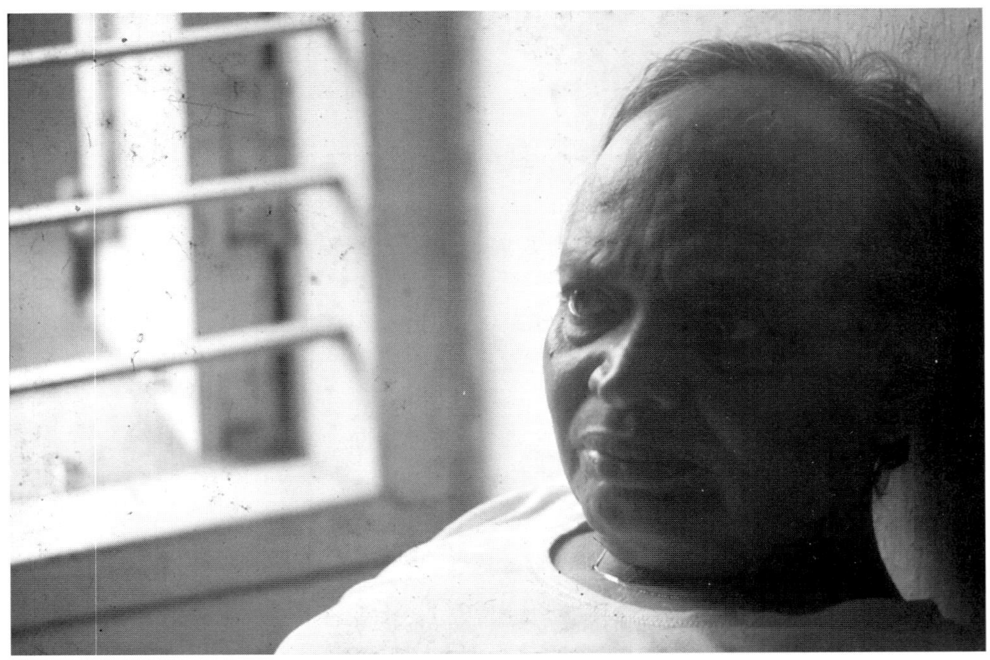

अपने घर में सुरेश जोषी, १९८० ई.

आपका कहने का अर्थ यह लगता है कि जो माध्यम ऐसे तिरोधान को ज़्यादा अनिवार्य बना दे या जो माध्यम ऐसे संयम को, तिरस्कार-पुरस्कार के विवेक को ज़्यादा सूक्ष्म रूप से निभाने के लिए मजबूर कर दे तो वह अभिव्यक्ति के लिए ज़्यादा समर्थ होता है। शायद यह बात पूर्ण रूप से सही नहीं है।

हाँ, यह पूर्ण रूप से सच नहीं है। मैं कुछ स्पष्ट करूँ। कवि के पास काफ़ी शब्द हैं। यदि वह वर्णन करता ही रहे तो उसे कोई रोक नहीं सकता। लेकिन उसकी रचना ख़ुद उस पर नियन्त्रण करने वाली होनी चाहिए। मान लो कि मुझे अकेलेपन के अनुभव का आलेखन करना है। मैं संवेदनशील बनकर लम्बा-लम्बा लिखता जाऊँ तो वह रचना के लिए घातक ही साबित होगा। लेकिन एकमात्र सामर्थ्यपूर्ण बिम्ब से यह सिद्ध होता हो तो मुझे ज़्यादा वाणी विलास करने की ज़रूरत क्या है? इसलिए अकेलेपन की अनुभूति प्रकट करने के लिए जब रिल्के ने कहा है कि 'I am like a flag surrounded by distance' 'मैं दूरियों से घिरी हुआ ध्वजा हूँ' या लोर्का ने इस अकेलेपन के साथ मिली विषाद की तीव्रता प्रकट करने के लिए उतने ही सामर्थ्य से कहा कि 'मैं अपने आँसू की विराट परछाई हूँ 'I am an immense shadow of my tear' तब इन बिम्बों के द्वारा शब्द की माध्यम के रूप में शक्ति कैसे प्रकट

हुई ? इसलिए ऐसा नहीं है कि कुछ माध्यम ही सामग्री के विनियोग के प्रति संयम को अनिवार्य बना देते हैं। कलाकार मात्र के लिए ऐसा संयम अनिवार्य ही बन जाता है।

इसके बावजूद कुछ अंश में कला कला के बीच जो भेद रहता है उस पर भी विचार किया जाना चाहिए। उदाहरण के लिए, कविता में 'शुद्ध कविता' का मालार्मे जैसे ने आग्रह रखा था। संगीत में 'शुद्ध' विशेषण लगाने की ज़्यादा ज़रूरत नहीं रहती।

जिसे 'प्रोग्राम म्यूज़िक' कहा जाता है उसमें ज़रूर थोड़ी मिलावट हो जाती है।

यह बात सही है, लेकिन जितने अंश तक काव्य का शुद्ध काव्य बनने का आग्रह रखा जाता है उतने अंश में उपन्यास शुद्ध उपन्यास बन सके ऐसा आग्रह हमारे यहाँ नहीं रखा जाता यह भी एक हक़ीक़त है।

हाँ, तुम्हारी यह बात सही है। इसी 'शुद्धता' या 'प्यूरिटी' को ही अमेरिकी कवि विलियम कार्लोस विलियम्स ने 'फंडामेन्टल न्यूडिटी' (मूल नग्नता) कहा है और वालेरी ने इसी बात को दूसरे ढंग से कहा है। उनका कहना है कि कला मात्र में विषय का सम्पूर्ण रूप से तिरोधान और अन्त में उसका विलोपन सिद्ध होना चाहिए। इसके लिये वे एक बढ़िया उदाहरण देते हैं। शीशे के पीछे लगाये गये पारे के कारण हम अपना प्रतिबिम्ब वापस प्राप्त कर पाते हैं, लेकिन सर्जन की प्रक्रिया ऐसी है कि जैसे-जैसे काव्य की रचना आगे बढ़ती जाती है वैसे-वैसे वह पारे को दूर करती जाती है। और अन्त में वह पारा बिलकुल दूर हो जाने पर आख़िर में निरी पारदर्शिता ही रह जाती है। इसलिए सामाजिक चेतना, कवि का दर्शन या ऐसा कुछ भी उसमें से निचोड़ने की ज़रूरत नहीं रह जाती।

इसलिए हम यह कह सकते हैं कि माध्यम कोई भी हो उसका विनियोग करने की कलाकार की दृष्टि ऐसी होनी चाहिए कि जिससे रसानुभाव के लिए अनुपकारक ऐसे अप्रस्तुत और अवान्तर विवरण का परिहार हो सके।

हाँ, और इसीलिए किसी भी माध्यम से होने वाले रसानुभाव में उच्चावचता का सम्बन्ध नहीं रहता। हरेक रसानुभाव अपने ढंग से अद्वितीय होता है।

सुरेश भाई, आपने एक बार ऐसा कहा था कि चित्रकार जिस तरह रंग का उपयोग करता है उसी तरह कवि को शब्दों का उपयोग करना चाहिए। सही है न ?

> हाँ, तुम वो बात जानते हो न! देगा का माध्यम तो रंग और रेखा थे लेकिन उसके मन में काफ़ी विचार आते थे। इसलिए उसे लगा कि चलो इतने सारे विचार आते हैं तो मैं भी उसमें से कविता बनाऊँ। लेकिन वह कविता लिख नहीं पाया। तब उससे फ्रांस के एक प्रसिद्ध कवि ने कहा था कि : poetry is not written with ideas, it is written with words. कविता विचारों से नहीं लिखी जाती, शब्दों से लिखी जाती है, और इन शब्दों को उसे इस तरह उपयोग करना है जैसे चित्रकार रंगों का उपयोग करता है। शब्द व्यवहार का भी साधन है इसलिये कवि को उस साधन से अलग, रसानुभव के माध्यम के रूप में उसका उपयोग करना है। इसलिए जैसा कि मालार्मे ने कहा है वैसे शब्द के रूढ़ संकेत को बिलकुल उलीच कर पहले तो कवि को शून्य का सृजन करना होता है और फिर उसके नये संकेत को प्रकट करना होता है।

कला और कला के बीच, साहित्य और ललित कला के बीच के सम्बन्धों की और उससे जुड़ी आलोचना की कुछ समस्याओं का निराकरण इस प्रकार सोचने से लाया जा सकता है।

> लेकिन हमारी मुश्किल यह है कि हम साहित्य की आलोचना में लय, पोत आदि शब्दों का उपयोग भी करते हैं लेकिन ललित कलाओं के परिशीलन के प्रति हमने ज़्यादा रुचि विकसित नहीं की है। इसलिए सृजन-प्रक्रिया के समय चित्र हमारे सामने खड़ा नहीं होता।

संस्कृत अलंकार शास्त्रियों ने चित्रकाव्य को अचल कहा था लेकिन उन्हें जो चित्रात्मकता उद्दिष्ट थी उससे अलग प्रकार की चित्रात्मकता, still life (स्थिर जीवन) के जैसी रचना आज काव्य में विरल गुण रूप में गिनी जाने लगी है।

> हाँ, इसलिए हम यदि सृजन-प्रक्रिया यानी रचना-प्रक्रिया ऐसा अर्थ निकालते हैं तो माध्यम की विशिष्टता के अनुसार उसका रूप बदलता है, लेकिन उससे होने वाला रसानुभाव अलग स्वरूप का नहीं होता।

१९६३, आकाशवाणी के सौजन्य से।
(*क्षितिज*, मई, १९६३, पृ. ७९५-८०१

गुजराती से अनुवाद : किरन सिंह

कला से जीवन की ओर

गीव पटेल के साथ संवाद

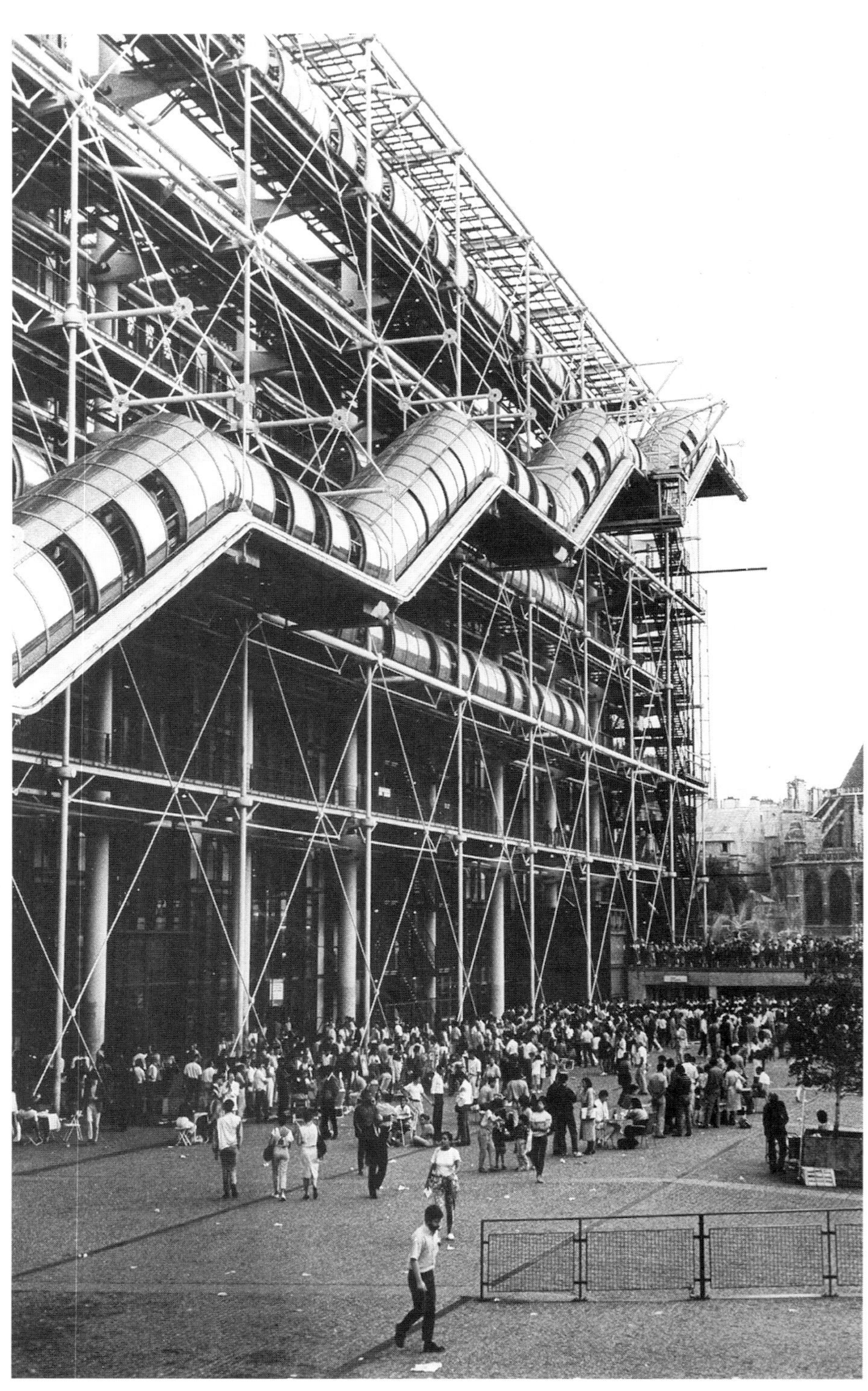

गीव पटेल : चित्रकार के रूप में तुम्हें किन विशिष्ट समस्याओं का सामना करना पड़ा या फिर वे वर्षों तक घुटती रहीं और आख़िर में कुछ आशयों का सिद्ध करने में काम आयीं?

गुलाममोहम्मद शेख : समस्याओं की तो कोई सीमा नहीं। सबसे पहले तो समस्या थी आदेशों का सामना करने की। यह कर सकते हो और यह नहीं, ऐसे चारों ओर से आने वाले आदेश। कुछ कला शिक्षण के द्वारा आये, कुछ आलोचना ग्रन्थों से और कुछ प्रसार माध्यमों से। सबसे बड़ी समस्या थी उस जुएँ (धूँसरी : उस रस्सी का फन्दा जो बैल के गले पर लगाया जाता है) को उतार फेंकने के संघर्ष की।

चलिए, खुल के बात करता हूँ। कला-शाला में मुख्य रूप से प्रचलित सोच की सीख दी जाती है। आधुनिक कला का काफ़ी बड़ा घूँट पिला देने के बाद 'पूर्वी' और 'पश्चिमी' तथा 'पारम्परिक' और 'आधुनिक' में से किसी एक को पसन्द करने का आग्रह रखा जाता है। मैं यह नहीं कहता कि इस तरह की अभिरुचि के पीछे की सोच सही नहीं है। यह स्पष्ट है कि इसके कारण ऐतिहासिक हैं। मैं तो सिर्फ़ इतना कहना चाहता हूँ कि मुझे उससे छुटकारा पाना था।

मैं बड़ौदा की कला-शाला से सन् १९५५ में जुड़ा, उस समय एक प्रकार के नव-घनवाद (neo-cubism) और अमूर्त शैली का प्रचलन था। हम सब 'आधुनिकता' की बारात में बाराती बनकर बैठे थे। उस समय के प्रचलित, ठण्डे और विश्लेषणात्मक कहे जा सके ऐसे प्रकारों से कोई राहत मिली नहीं इसलिए मैंने अपने आसपास देखना शुरू किया। देखते-देखते अपने से बुज़ुर्ग समकालीन, विशेषकर मुम्बई वाले, कलाकारों में अभिव्यक्तिवाद की एक तराह दिखायी दी। मैं जिसे खोज रहा था ऐसे छुटकारे के संकेत उसमें दिखायी दिये।

पोंपीदू सेन्टर, पेरिस

तस्वीर : लेखक

उसमें से कोई सन्तोषजनक परिणाम मिला क्या?

नहीं, वह तराह भी बाँधने वाली ही थी। लेकिन इसी अरसे में मुझे इंग्लैण्ड पढ़ने जाने का मौक़ा मिला, वहाँ 'मिनिमल' चित्रों को देखा और 'अमूर्त' की हवा कम होने के बाद प्रवर्तित प्रवाह भी देखे। मुझे उसमें से कुछ पर हाथ आज़माने का मन हुआ इसलिए कि शायद उसमें से कुछ काम का मिल जाय और दूसरा, मेरे चित्त–तन्त्र से पिघलकर बाहर बह जाय। लेकिन मैंने देखा कि उन विकल्पों में अल्पकालीन समाधान था, इसलिए उन सबको छोड़ने के अलावा और कोई चारा नहीं था। धीरे–धीरे यह स्पष्ट होने लगा कि मैं जिसे खोजता हूँ उसका सुराग़ शायद भारतीय और पश्चिमी चित्र–परम्पराओं में मिल सकने की सम्भावना है। उसके बाद मैं काफ़ी भटका। देश, विदेश में। मुझे विश्वास होने लगा कि मैंने जिन विकल्पों को आज़माया उनकी सीमाएँ मर्यादित थीं पर परम्पराओं में पसन्दगी बेशुमार थी। उस रास्ते पर जीवन का अवलोकन करने के नये परिमाण भी मिले। इसलिए उसके बाद का मेरा सफ़र कला के आरपार निकलते जीवन की ओर हुआ।

हमें जो पारम्परिक भारतीय चित्र–कला की खुराक मिली है वह चटाकेदार खाने की तरह है : आदर्श प्रेमी, नायक और नायिका, स्वर्ग के समान प्रकृति दृश्यों की लिज्जत वग़ैरह। मैं काँगड़ा शैली का मूल्य कमतर नहीं आँकता लेकिन मुँह को बिंठ दे ऐसे मीठे का घूँट भी ज़रा ज़्यादा ही है। धीरे–धीरे टटोलने पर पता लगा कि परम्परा और उसकी आजमाइश एक परिमाणी, संकुचित या सीमित नहीं है। उसके कई पहलुओं को विद्वानों ने नज़रअन्दाज़ किया है। उदाहरण के लिए हम्ज़ानामा के चित्र : उसमें ख़ूनी, घातक हिंसा का चित्रण हुआ है। उसका जोड़ कला के इतिहास में मिलना मुश्किल है। यह तो मात्र एक पहलू की बात हुई। ऐसे अनेक पहलू हमारी जानकारी के बाहर रह गये हैं। ये पहलू हमें फिर से जीवन की ओर मोड़ देते हैं और दूसरा बहुत कुछ प्रकट करते हैं।

हमारे देश में एक ही साथ अनेक स्थल–काल में विचरण करना कोई आश्चर्य की बात नहीं, क्योंकि प्रागैतिहासिक या मध्ययुगीन युग के संस्कार अभी भी जीवित हैं और हमारे जीवन में बुन गये हैं। पश्चिम की तरह यह सब संग्रह–स्थानों में गाड़ नहीं दिया गया पर यह सब कुछ हमारे चारों ओर छाया हुआ है। पश्चिम की तुलना में हमारी भूतकाल की विभावना भी निराली है। उस विभावना में औपनिवेशिक काल की अनुभूतियाँ भी गुँथी हुई हैं—जिस काल ने हमारी पहचान के प्रश्न पर हमें हिलाकर रख दिया था। सचमुच में तो हम ये सारी समझ या सम्वित्ति को सोख करके ही जीते हैं। हालाँकि इसका अर्थ यह नहीं कि ऐसी सम्वित्तियों और अनुभूतियों के सभी निष्कर्ष को हम स्वीकार कर लें। इसीलिए मुझे हमेशा लगा रहता है कि यदि हम उस सम्वित्ति के किसी भी अंग का विच्छेद कर दें तो मानो हम जीवनरूपी देह के किसी अंग को काट रहे हैं।

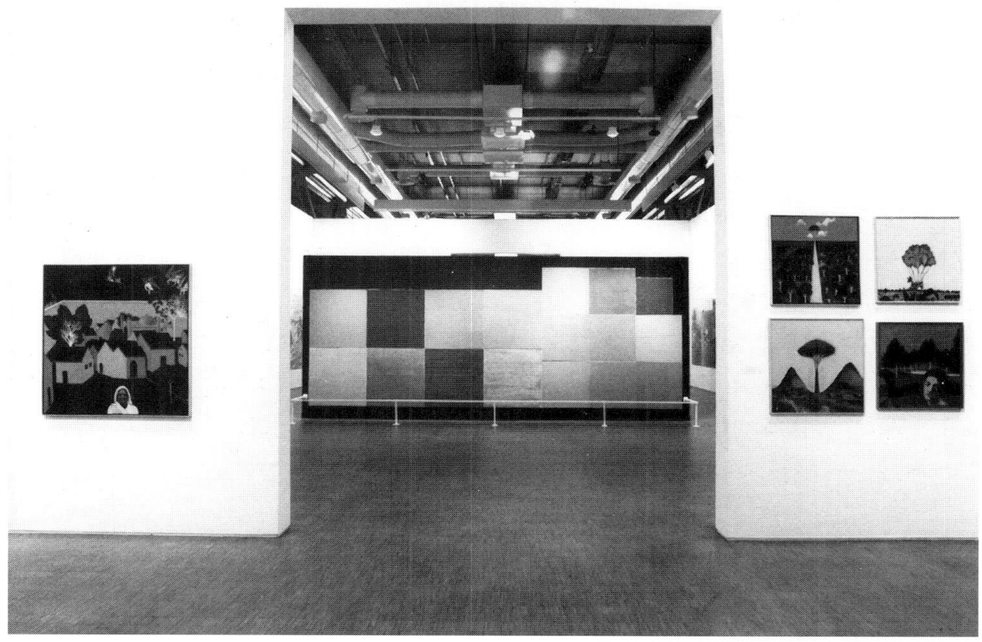

लेखक की चित्र प्रदर्शनी का दृश्य, पोंपीदू सेन्टर, पेरिस, १९८५ ई.

जब मैं चित्र बनाता हूँ तो ऐसे विचार मेरे मन में घुमड़ते रहते हैं। कई बार तरह तरह के भूत सर पर चढ़ बैठते हैं, कभी दायीं ओर कब्ज़ा जमाते हैं या कभी बायें को दबा लेते हैं। उनमें राजनीति के भूत भी मिले हुए होते हैं। इन विचार, अभिगमों में से कुछ एक को सँभाल रखना और दूसरों को छोड़ने या तिरस्कार करने का उपक्रम मुझे पसन्द नहीं। मुझे इतिहास की धूल को झाड़कर उजला नहीं होना। मैं किसी बख़्त की—फिर वह चाहे उपनिवेशकाल की हो चाहे और कोई भी—सम्विित्ति को निचोड़कर निकालना। नहीं चाहता, पूर्व और पश्चिम के तथाकथित अन्तिमों में से एक को पसन्द करने की जी-हुजूरी को भी मैं सहना नहीं चाहता।

> तुमने अभी तक जो कुछ भी कहा उसका प्रभाव तुम्हारे फ़िलहाल के चित्रों में दिखायी देता है। क्या तुम्हें ऐसा लगता है कि कलाकार एक अवधि में अनुभूति की बहुलता को ग्रहण करके उसका आकलन करता है और दूसरी में अनुभूतियों को गलाकर या शुद्ध करके उसके अर्क़ तक पहुँचने में प्रवृत्त होता है?

हाँ, ऐसे दोनों प्रकार की समयावधि आती है। हालाँकि मैं उनमें से ज़्यादा दूषित या सनी हुई अनुभूति का पक्षधर हूँ। (हँसते हुए) हमारे वख़्त में शुद्धता की बात हो सकती है क्या?

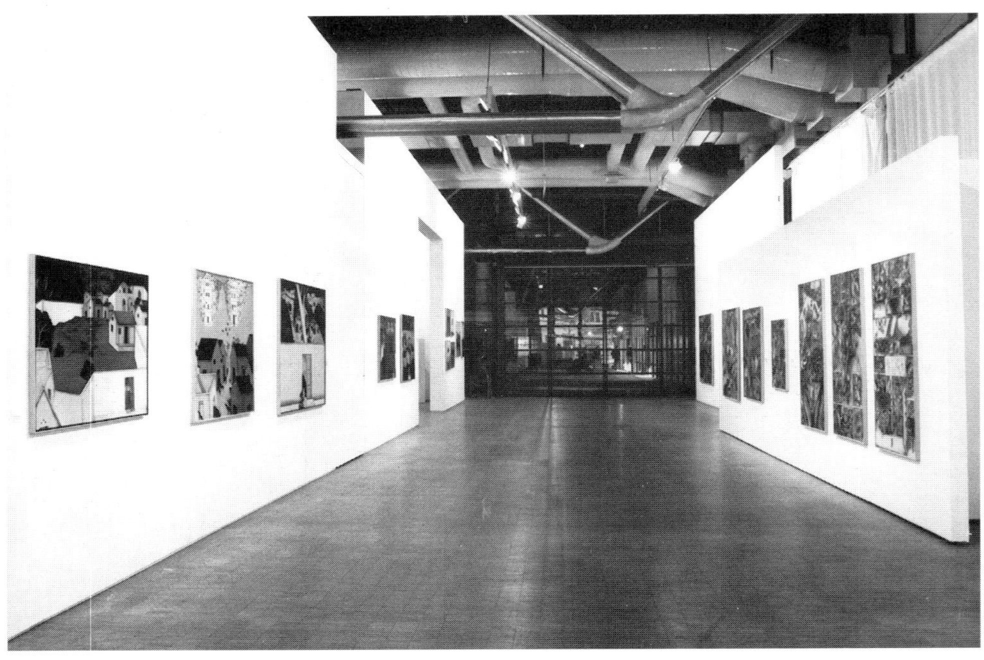

लेखक की चित्र प्रदर्शनी का दृश्य, पोंपीदू सेन्टर, पेरिस, १९८५ ई.

> चलो, उदाहरण के रूप में, तुम्हारे प्रिय कलाकार पियेरो देल्ला फ्रांचेस्का की बात करें। वे जब भीड़ का आलेखन करते हैं तब मुखाकृति के विचलनों से आगे बढ़कर विलक्षण मुख-मुद्रा सिद्ध करने की कोशिश करते हैं। सचमुच में देखा जाय तो बार-बार उपयोग में लायी जा सके ऐसी एकविध मुख-मुद्रा। ऐसा करने में कलाकार को कौन-सा बल संचरित करता होगा? मुझे लगता है कि तुमसे यह प्रश्न पूछा जा सकता है क्योंकि तुम अपने चित्रों में चेहरों के लिए किसी विलक्षण मुद्रा को सिद्ध करने का प्रयास करते रहे हो।

तुमने एक अहम बात की ओर इशारा किया है। यह बात सही है कि पियेरो एक विलक्षण मुख-मुद्रा या टाइप खोजता था लेकिन उसे उतनी ही रुचि ग़ैर-विलक्षण आकृतियों को बनाने में भी थी। उसने 'Resurrection' (मरणोत्तर उत्थान) में बने प्राकृतिक दृश्य को अपने निवास-स्थान आरेत्सो के परिवेश में ही बनाया हो ऐसा लगता है और सोये हुए सैनिकों में से एक के मुँह पर अपना ही चेहरा रख दिया है। भूपेन खख्खर ने उससे भी विशेष ग़ैर-विलक्षण प्रयोग के बारे में मेरा ध्यान आकर्षित किया था वह याद रखने जैसा है। पियेरो, जिसे नगण्य कही जा सकें, ऐसी बारीकियों में अपना मन लगाता है और दीवार पर जड़ित संगमरमर की सतह पर के निशान को बनाने में डूब जाता है। और यह भी महलों की भव्यता को दिखाते

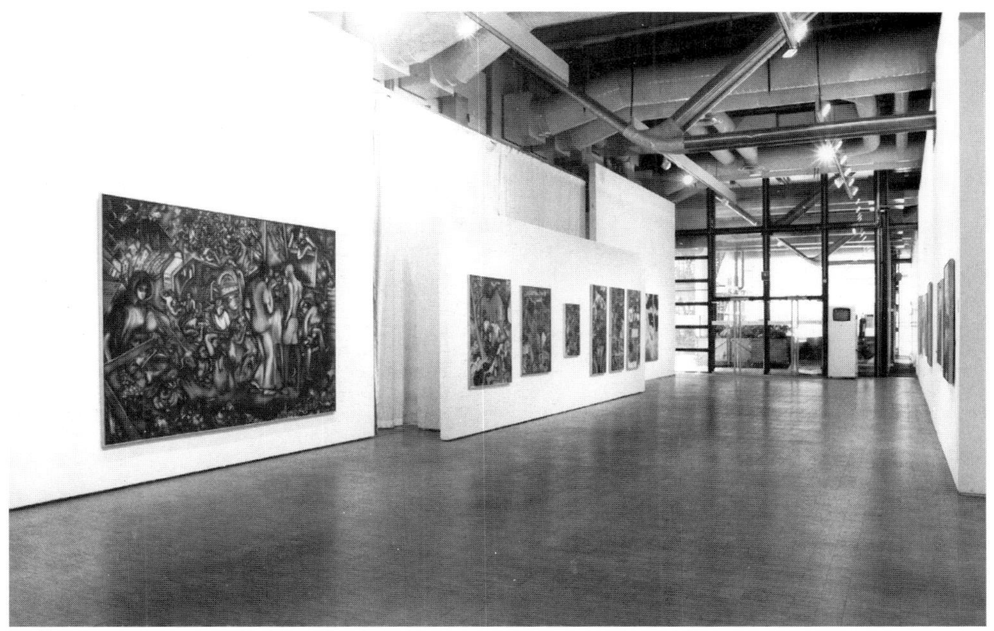

लेखक की चित्र प्रदर्शनी का दृश्य, पोंपीदू सेन्टर, पेरिस, १९८५ ई.

समय। कहने का अर्थ यह है कि अनेक मुख–मुद्राओं का आकलन करके विलक्षण और बार–बार चित्रित की जा सके ऐसी मुख–मुद्रा की खोज के साथ–ही–साथ वह अति–सामान्य पदार्थ को भी उतनी ही गम्भीरता से प्रायोजित करता है।

हाँ, मैं भी मुख–मुद्रा की विलक्षणता या टाइप खोजने में दिलचस्पी रखता हूँ लेकिन उस मुख–मुद्रा के अनेक उद्‌गम स्थान हैं। ऐसा चेहरा कि जिसे कला–शालाओं में प्लास्टर कास्ट का उपयोग करके बनाया जाता है वैसा या फिर सिनेमा दिखाती है वैसी वेश्या या गुण्डे के चेहरे जैसा। लेकिन मूल खोज तो विलक्षण देहाकृति की ही रहती है। सचमुच में भारतीय देहाकृति की यानी कि हमारे देश में लोग देह का जिस तरह से इस्तेमाल करते हैं उसमें से प्रकट होने वाली विलक्षणता की खोज। कोई ऐसा न माने कि मेरा आशय किसी आदर्श देहाकृति खोजने या पैदा करने का है। और मैं यह भी कहना चाहूँगा कि मेरे द्वारा बनायी गयी देहाकृति में उसकी आलोचना भी समायी हो।

तुम्हारी पहले की रचनाओं में प्रकृति–दृश्य आदर्श और विशिष्ट दोनों में दिखायी देता है। शुरुआत में वृक्षों और पहाड़ियों की विशिष्टता आकलन के रूप में प्रकट हुई लेकिन बाद के चित्रों में स्थान–विशेष की ओर रुझान बढ़ा, क्या यह बात सही है?

हाँ, लेकिन उन दृश्यों को मैं प्राकृतिक दृश्य या 'लैण्डस्केप' के रूप में नहीं देखता। मुझे तो प्रकृति में संचित या गोपित अद्‌भुत का संचार (numinous enigma) पाने की तड़प है। मैं जब झाँसी के प्रदेशों में घूम रहा था तब वहाँ घूमते-देखते ऐसे अद्‌भुत की अनुभूति हुई थी। चलती हुई बस में प्रकृति को निरखते हुए कोई वृक्ष अचानक पहाड़ियों और ढलानों के ऊपर उठता हुआ नज़र आया। ऐसा एक बार नहीं अनेक बार हुआ। कभी सोचा न हो अचानक पहाड़ी उभरने लगे या ढलान भी ऊपर चढ़ आये। प्रकृति में होने वाले ऐसे अचानक होते अद्‌भुत का आविर्भाव रोमांचित करने देने के लिए काफ़ी है। मैंने जो चित्रित किया उसमें आशय कुछ उस तरह की अनुभूति के अंश को प्रकट करना था। दूसरी बात, मैं प्रकृति के दृश्य को मात्र प्रकृति के रूप में नहीं देखता। मुझे तो जीवित रूपों के देह और धरती के रूप एक-दूसरे में गूँथकर नये रूप का सृजन करें उसकी चाहत है। खजुराहो के शिल्पों की प्रचुरता की सुगबुगाहट में जैसे वृक्षों की डालियाँ और बरगद की शाखाएँ अंगों को गुँथकर रच दे ऐसा। यहाँ कोई साहित्यिक रूपक रचने का आशय नहीं है, मात्र देह और वनस्पति के बीच के संवाद की समृद्धि की ओर इशारा है। उसके बाद के चित्रों में बारीकियों की ओर का झुकाव विपुलता के रूपक की तरह आया। बारीक़ी से चित्रित करने में नीम या चम्पा के पत्ते-पत्ते को छूने का उपक्रम था—जिसमें प्रकृतिवाद की पद्धति काम आयी। यहाँ एक घटक को संचरित-जीवित रूप से प्रयोजित करके समग्र को संचारित करने का आशय समाया हुआ है।

उन चित्रों में रंगों की पसन्दगी...

प्रकाश... मुझे लगता है कि रंग और तापमान का सीधा सम्बन्ध है। हम इन्द्रियों के द्वारा जिस तरह प्रकाश को निरखते हैं और पाते हैं, वह प्रक्रिया बेहद जटिल है : उसका हल रंगों को हल्के या गहरे या काले या सफ़ेद में बाँट देने से नहीं मिल सकता। हमारी परम्परा में कलाकार आकाश में हरे रंग को छिड़क देता है या धरती को सिन्दूरी रंग से लाल करे तब इस जटिलता के कुछ पहलू प्रकट होते हैं। इसमें वह कोई कल्पना के घोड़े नहीं दौड़ाता लेकिन प्रकृति को पाने की एक उत्कट अनुभूति का विशिष्ट रूप प्रकट करता है।

हाँ, जब कलाकार दुनिया को आँखों से दिखते रंगों से अलग, प्रकृतिवाद से विपरीत रंगों में दिखाता है तब उसके पीछे कोई सबल कारण होता है—किसी एक तीव्र अनुभूति की जो साक्षी बनकर खड़ी रहे।

हाँ, मैं यह निश्चित रूप से मानता हूँ लेकिन ऐसे भी अनुभव होते हैं जिसमें यह सब कुछ प्रकृति से सीधा उतर आया हो। ईरान में शिराज़ से तेहरान जाते हुए अनुभव किया है कि ईरानी चित्रकार धरती को गुलाबी, जामुनी या चमकीले गुलाबी (rose, magenta and mauve) रंग से क्यों रँगते हैं। यह मुझे वहाँ की धरती पर देखने को मिला, फिर भी ऐसा नहीं है कि धरती

में गुलाबी रंग देखा तो उसे गुलाबी रंग से ही बनाया जाय। मेवाड़ी चित्रकार धरती को लाल रंग से रँगता है इस पर से यह मान लेने की ज़रूरत नहीं है कि वहाँ की धरती लाल ही होगी। वह जो कुछ भी दिखाता है उसमें धरती को सर्व इन्द्रियों से पाने की अनुभूति है।

हमारी इन्द्रियाँ तो समग्र परिवेश को तापमान, गन्ध और अन्न के स्वाद के रूप में ग्रहण करती हैं। कलाकार जिन रंगों का आयोजन करते हैं उनमें ये सारे संवेदन घुले हुए होते हैं।

हाँ, बिलकुल सही है। इसी वजह से पारम्परिक भारतीय चित्र बार-बार मज़ा ले सके ऐसे आस्वाद्य हो जाते हैं। इसके अलावा उनमें अवकाश का आलेखन भी उतना ही विलक्षण होता है। वह अवकाश जिसे चलते हुए, घुड़सवारी करते हुए, ऊँट पर चढ़कर या अनेक बिन्दुओं से अनुभव किया है ऐसा अवकाश। और आगे बढ़कर कहा जाय तो यह सिर्फ़ मानवीय अवलोकनों तक सीमित नहीं है : इसमें अन्य जीवों, प्राणियों की दृष्टियों के अंश भी समाये हुए हैं। जैसा कि वैज्ञानिक बताते हैं कि मेढ़क, मछलियाँ दुनिया को जैसा देखते हैं, पाते हैं वह हमारे अवकाश के निरीक्षण से निराला है। तो फिर 'सच्चा' निरीक्षण कौन-सा है? ऐसे पौधे भी होते हैं जो बढ़कर जन्तु को हड़प कर जाते हैं : आँखों के बिना, इन्द्रियों की मदद से वह अवकाश को ग्रहण करते हैं। इस बात को और आगे नहीं बढ़ाऊँगा लेकिन इतना ज़रूर कहूँगा कि हरेक चित्र हमारे निरीक्षण की सीमाओं का विस्तार करता है। ऐसा पुनरुत्थानकाल से पहले की पश्चिमी कला में कई बार हुआ था लेकिन पुनरुत्थानकाल में भी हुआ और पूर्वी परम्पराओं में तो यह भरपूर हुआ। (बीच में विराम...थोड़ा सोचते हुए)

काठियावाड़ के एक छोटे से शहर में मेरा जन्म हुआ और वहीं बड़ा हुआ। मेरे पिता एक धर्मनिष्ठ मुसलमान थे और इस्लाम के नियमों का पूरा आचरण करते थे लेकिन उनका अपना एक विशिष्ट विश्व था, और उनके उस विश्व में दूसरे विश्व के अनुभव भी शामिल थे। मुसलमान हिन्दू उत्सवों में भाग लेते। मेरी स्कूल में एक एंग्लो-इण्डियन शिक्षक भूगोल पढ़ाते थे और हमारे चारों ओर जैन धर्मी छाये हुए थे। मुझे अनुभव से यह पता लगा है कि मैं उस बहुलबाहु और बहुदेही जीवन की उपज हूँ।

वह छोटा-सा काठियावाड़ी गाँव सबसे पहले 'Returning Home' (घर जाते हुए) में दिखायी दिया, सही है न?

हाँ, सही है। उसी चित्र से आरम्भ हुआ और उसी विषय पर लिखा और चित्रित भी किया। शब्दों और रंगों की दुनिया एक-दूसरे में बहने लगी। १९६९ में शुरू किया वह चित्र चार वर्ष के बाद १९७३ में पूरा किया जिसमें काफ़ी कुछ इकट्ठा हुआ। एक काल्पनिक घरों का झुण्ड और स्मृति में बसी हुई दीवार, आँखों देखा पीपल का एक पेड़ और दूसरा मुग़ल चित्र से उतारा

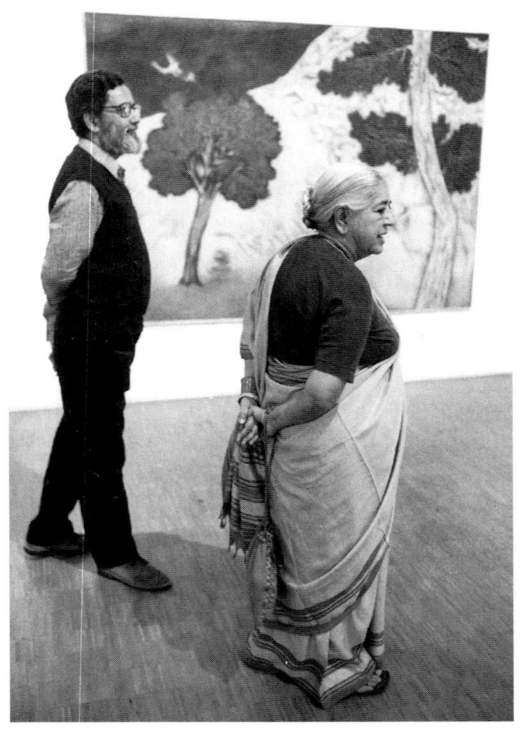
प्रदर्शनी में पुपुल जयकर के साथ लेखक, पोंपीदू सेन्टर, पेरिस, १९८५ ई.

हुआ चिनार का पेड़। पैगम्बर और फ़रिश्ते ईरानी चित्र से उधार लिये और मेरी माँ का चेहरा मैंने खींचे फ़ोटो में से लिया। इस प्रकार इसमें अनेक चित्र समाये और फैले। इसके अलावा उसमें वर्तमान और भूतकाल भी इकट्ठे हुए, यथार्थ और 'ग़ैर-यथार्थ', काल्पनिक भी जुड़े। सचमुच में चित्र बनाने की अनेक शैलियाँ एक साथ आज़मायीं, किसी भी तरह के गुनाहित भाव के बिना।

लेकिन 'City for sale' ('यह शहर बेचने का है') में केन्द्र स्थान पर हिन्दू-मुस्लिम दंगों को रखा गया है हालाँकि उस कृति की जटिल रचना में दूसरे कई सन्दर्भ प्रस्तुत हैं।

हमारी मान्यताओं, विचारों की श्रेणियों को और जीवन-शैलियों की विविधताओं को तरह-तरह के माफियाओं की टोलियों ने तहस नहस कर दिया है। जिस समृद्ध बहुरंगेपन से सकारात्मक प्रक्रिया जन्मी उसने मिश्र समाज का एक अद्भुत रूपान्तर का सृजन किया था, उसमें ऐसी ताक़तों ने अवरोध, अन्तराल पैदा कर दिये। मेरे चित्र में उस जंगलीपन की विसंगति का वक्रोक्ति रूप में आलेखन है। मेरा हाल का वतन बड़ौदा भी उसी जंगलीपन का शिकार है। उस जंगलीपन से छूटने के लिए आजकल लोग सिनेमा की पनाह लेते हैं जो ख़ुद ही इतनी बड़ी विसंगति है लेकिन अब हमें विसंगति की आदत-सी हो गयी है।

> चित्र के ठीक बीच में तुमने सभागृह में एक बड़े लोक-समूह को 'सिलसिला' नाम की फ़िल्म देखते हुए बताया है।

हाँ, उसमें सिनेमा का पोस्टर बनाता हुआ एक आदमी फ़िल्म की नायिका की आँख की पुतली बना रहा है। इसमें 'चक्षुदान' या 'दृष्टिदान' कहा जा सके ऐसे वींटा-चित्र का निर्देश है। बंगाल के पारम्परिक पट चित्रकार (या पटुआ) अपने पास एक पुरुष और एक स्त्री का टेढ़े

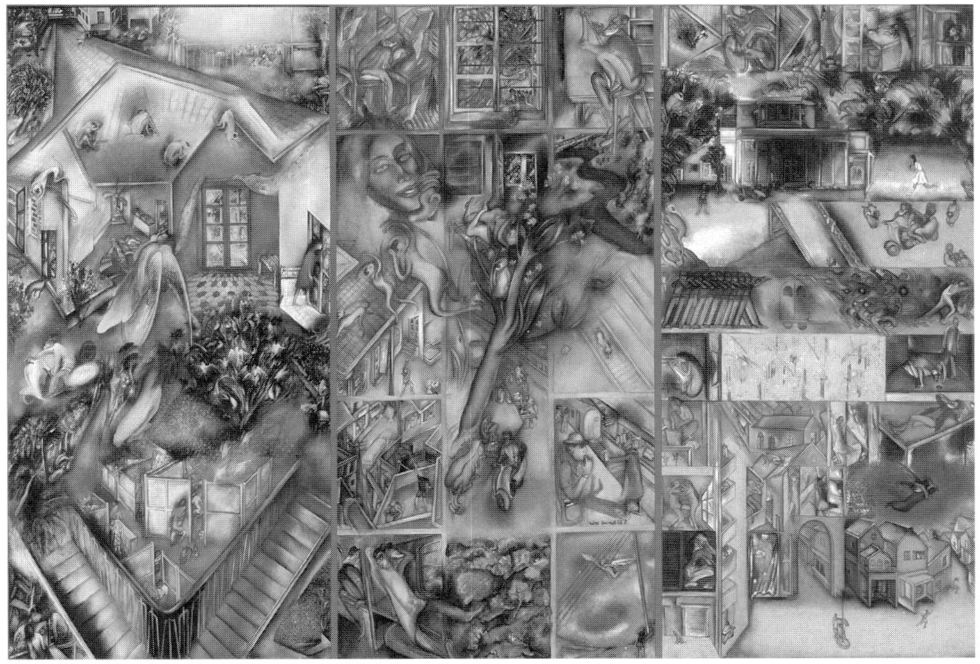

गुलाममोहम्मद शेख, तीन चित्रों का समूह, दायें से पहला : ***कहानी के आर-पार,*** *(बीच में)* ***घुमक्कड़ फ़रिश्ता,*** *(अन्तिम)* ***एक ज़िन्दगी***

सौजन्य : पिबडी ऐसेक्श संग्रहालय, सेलम, अमेरिका

चेहरे वाला (profile) चित्र रखते हैं जिसमें पुतली के अलावा सब कुछ होता है। चित्रकार उस चित्र को लेकर जहाँ कहीं किसी की मौत हुई होती है वहाँ पहुँच जाते हैं। इसके पीछे ऐसी मान्यता है कि मृतात्मा ने दृष्टि खोयी है और वह वैतरणी में भटकता है इसलिए चित्रकार चित्र में पुतली बनाकर मृतात्मा को यातना से छुटकारा दिलवाने का प्रस्ताव रखता है। यह हुआ चक्षुदान। मेरे चित्र में मैंने उसका उपयोग रूपक के रूप में किया है। यहाँ नायिका की आँख में पुतली नहीं है इसलिए आँख फोड़ने की और चित्रकार की तूलिका पुतली बनाती है जिसमें दृष्टिदान की—दोनों परिस्थितियों को निर्देशित करने का प्रयत्न है।

> मुझे लगता है कि उस चित्र में चीज़ें मानो एक-दूसरे में ढुलती हुई दिखाती देती हैं—दंगे कराने वाले समूह इमारतों के बीच के अवकाश में और नीचे सब्ज़ी की रेहड़ी वृक्षों में ढुल रही है। सिनेमा देख रहे लोग मानो एक सलामत सुराख में ढुलते हुए लग रहे हैं। उसमें कई जगहों पर किसी निश्चित अनुभूति के आसार नज़र आते हैं। गली-कूचों में मानो हमले से घिरे लोगों के भाग निकलने के लिए पगडण्डियाँ दिखती हैं जो कहीं अचानक खुलती हैं वहाँ उम्मीद बँधती है लेकिन साथ-ही-साथ

ऐसी जैसे भूलभुलैयाँ को पार करते समय तनाव का पारा ऊँचा उछलता हो वैसी।

तुमने यह सब कितने अच्छे ढंग से कह दिया! मैं चित्र किसी एक बात से शुरू करता हूँ फिर मानो दूसरे विवरण में वह बहने लगता है इसलिए अवकाश खुलता-बन्द होता रहता है। तब किसी स्थान पर एक विवरण दूसरे विवरण से टकराता है तब दोनों के बीच दीवार बनानी पड़ती है और अवकाश को अलग ख़ाँचे में बैठाना पड़ता है। यह सब धीरे-धीरे होता है और उसी में से अवकाश की संरचना (structure) के रास्ते खुलते जाते हैं।

संरचना का यह रस अभी का है, क्यों सही है न?

हाँ, ऐसा ही कुछ। मैंने इस वक़्त तय किया कि मुझे अनुभूति के अर्क़ या सत्व के स्थान पर अनुभूति के पहलुओं को सम्पूर्ण रूप से प्रयोजित करना है। मन में जो कुछ भी पड़ा हुआ है वह आने देना है। इसलिए कैनवास के एक बिन्दु से चित्र बनाने की शुरुआत करके उसी रास्ते पर विवरणों को जोड़ता हुआ आगे बढ़ता जाता हूँ। जैसे काव्य में कवि शब्द के साथ शब्द को जोड़ता चला जाता है ठीक वैसे। इसके पीछे का उद्देश्य यह है कि चित्र की आकृति स्तम्भित (static) रहने के स्थान पर गतिमान बने। ये गतिमानता के परिमाण देखने वालों को बिम्बों को एक साथ जोड़ने के लिए तैयार करता है। सचमुच में, 'City for Sale' की रचना ऐसे की है कि देखने वाला ख़ुद गति करता हुआ देखता चले और चित्र के अवकाश का अपनी गति से विस्तार करे। ऐसी अपेक्षा भी है कि चित्र में आलेखित प्रसंगों के अवकाश-खण्ड एक-दूसरे में बहने लगें। इसमें देखने वाले की भागीदारी की ज़रूरत है। चित्र में कहाँ विहार करना उसका रास्ता वह ख़ुद ढूँढ़े और वही कथात्मक प्रसंगों और अवकाश-खण्डों को जोड़ने का भी तय करे।

मतलब कि देखने वाला हरेक निरीक्षण के दौरान अलग-अलग रास्तों से गुज़रें?

हाँ, उस स्तम्भित अवकाश के चौकट से निकल जाय तो उसमें से नये वैचारिक भूगोल के रास्ते निकल सकते हैं। मुझे इस प्रकार की गतिमानता के प्रयोजन में नये के साथ, जिसे पूर्ण रूप से समझा नहीं गया है ऐसे पुराने प्रचलन को भी समा लेने का हिला है। उदाहरण के लिए, अभी जो मैंने बनाये उन तीन चित्रों के सम्पुट (triptych) में, एक में प्रवाही गति का निर्देश है जबकि दूसरे में समकोण पट्टे बनाये हैं जैसे कि बाज़ारू चित्रों में होते हैं लेकिन वे भी एक-दूसरे में प्रवेश कर सकें ऐसे हैं। तीसरे में 'चन्दायन' और भोजपत्र पर बनाये हुए जैन चित्रों की तरह आड़ी (horizontal panels) पट्टियों में प्रसंगों को बनाया है, लेकिन उन्हें पारम्परिक चित्र जैसे क्रम (sequence) में नहीं लगाया।

अब हम समकालीन भारतीय कला की ओर रुख़ करते हैं। तुम भी तो उसका एक हिस्सा ही हो न! आख़िर के दो दशकों से हमारे कलाकार विलक्षण स्थितियों में काम करते आ रहे हैं : उसके किसी पहलू की चर्चा करें।

हाँ, अब हमारा कलाकार अपने मनपसन्द, भारतीय या पराये प्रदेश के स्त्रोतों से प्रेरणा लेने लगा है। हमारा कृति-कर्म मिश्र रूप का है। थोड़े वर्षों पूर्व पहले जिसे 'खिचड़ी' कहकर नकार दिया जाता था उस दृष्टिकोण के बचाव की अब कोई ज़रूरत नहीं रही। हमने देखा और अनुभव किया है कि पश्चिमी कला और कला की विभावनाएँ ऊँचे शिखरों को पार करती चली हैं। हमारी कला का विकास चारों ओर से ग्रहण करते हुए हुआ है। विश्व कला के सांस्कृतिक केन्द्रों में आस्था रखने वालों को अगर लगे कि हम उस प्रगति में पीछे या पिछड़े रह गये हैं तो कोई आश्चर्य की बात नहीं है लेकिन यह निश्चित तौर पर बताना ज़रूरी है कि हमने जहाँ से जो भी ग्रहण किया वह किसी की परवाह किये बिना लिया है और दूसरा फेंक दिया है। यह दृष्टिकोण भारतीय मनोवृत्ति का द्योतक है। मुग़लकाल में हमारे कलाकारों ने फ्लेमिश कृतियाँ देखीं तब उसमें से प्रकृतिवाद के कुछ लक्षणों को ग्रहण किया, लेकन foreshortening और दृष्टिगत परिप्रेक्ष्य (perspective) को निकाल करके। पश्चिमी कला में जिसे केन्द्र स्थान पर गिना जाता है उन परछाइयों को बनाना भी टाला और चेहरे में नाटकीय मुख-मुद्रा को भी नहीं जोड़ा। कहने का आशय इतना ही है कि हम ख़ुद ही विचारों और वृत्तियों की पसन्दगी करते आ रहे हैं। आधुनिक समय में अन्तर्राष्ट्रीय क्षेत्र में आगे की पंक्ति में स्थान पाने की मारामारी को नकारने के पीछे भी यही दृष्टिकोण निहित है। अब तो उस अगली पंक्ति के (avant garde) आन्दोलन के बारे में पश्चिम में भी प्रश्न उठ रहे हैं। हक़ीक़त में तो इसकी जड़ें तथाकथित प्रगतिवाद में निहित हैं और आगे रहने की प्रतिस्पर्धा में आर्थिक दबाव और यन्त्रविज्ञान की विभावना का बहुत बड़ा योगदान है। ये सभी बल कला की अन्तर्मुखी साधना को अपनी पकड़ में रखने के लिए जूझ रहे हैं।

और कला समीक्षकों और व्यावसायिक गैलरियाँ मिलकर कलाकार पर चाबुक लेकर सवार हो, ऐसी परिस्थिति भी हमारे यहाँ नहीं बनी।

सचमुच में तो हमारे यहाँ परिस्थिति का पूरा जायजा ले सके, ऐसे संवेदनशील कला-आलोचकों का अभाव है। कला विषयक पुस्तकें भी कम हैं। आज आधुनिक भारतीय कला पर अभ्यास क्रम बनाया जाय तो विद्यार्थी किन किताबों का सहारा लेंगे ? हालाँकि एक बात की ओर ध्यान देना ज़रूरी है : कलाकार स्वयं भी इस मामले में निष्क्रिय नहीं रहे। अवनीन्द्रनाथ टेगोर, बिनोद बिहारी मुखर्जी से लेकर अमृता शेरगिल, सुब्रह्मण्यन्, स्वामीनाथन और तुम ख़ुद (गीव पटेल) उस कमी को कुछ अंशों में कम कर सके हो।

> तुम्हारे कृति-कर्म पर वापस लौटते हुए एक आख़िरी सवाल पैदा होता है कि इतने सालों की प्रवृत्ति में तुम्हें कोई सबल आस्था (conviction) पैदा हुई ? यदि उसे पाया हो, तो बताओ।

हमें यह सिखाया जाता है कि हमारे सभी कृति-कर्म का स्त्रोत जीवन में है, कला उसका आनुषंगिक अंग या कभी परिशिष्ट मात्र होती है। समाजशास्त्री और इतिहासकार कला को सामाजिक आविर्भाव का एक छोटा हिस्सा मानते हैं, लेकिन जो कला के आरपार निकले हैं उन्हें जीवन की विभावना कला से ही मिली है। आज हमने पाया है कि स्थूल विवरण का ढेर लगा दे ऐसे इतिहास के मुक़ाबले साहित्यिक सम्वित्ति और चेतना विश्व का अनोखा और गहरा निरूपण करते हैं। उसी तरह रंग से रचा हुआ विश्व, कला की अनुभूति में जीवन को फिर से सजीवन करता है।

(फार्बस गुजराती सभा, त्रैमासिक, अक्टूबर-दिसम्बर, १९८५, पृ. २९१-२९८)

गुजराती से अनुवाद : किरन सिंह

पुनर्लिखित हस्तप्रत

कविता सिंह के साथ संवाद

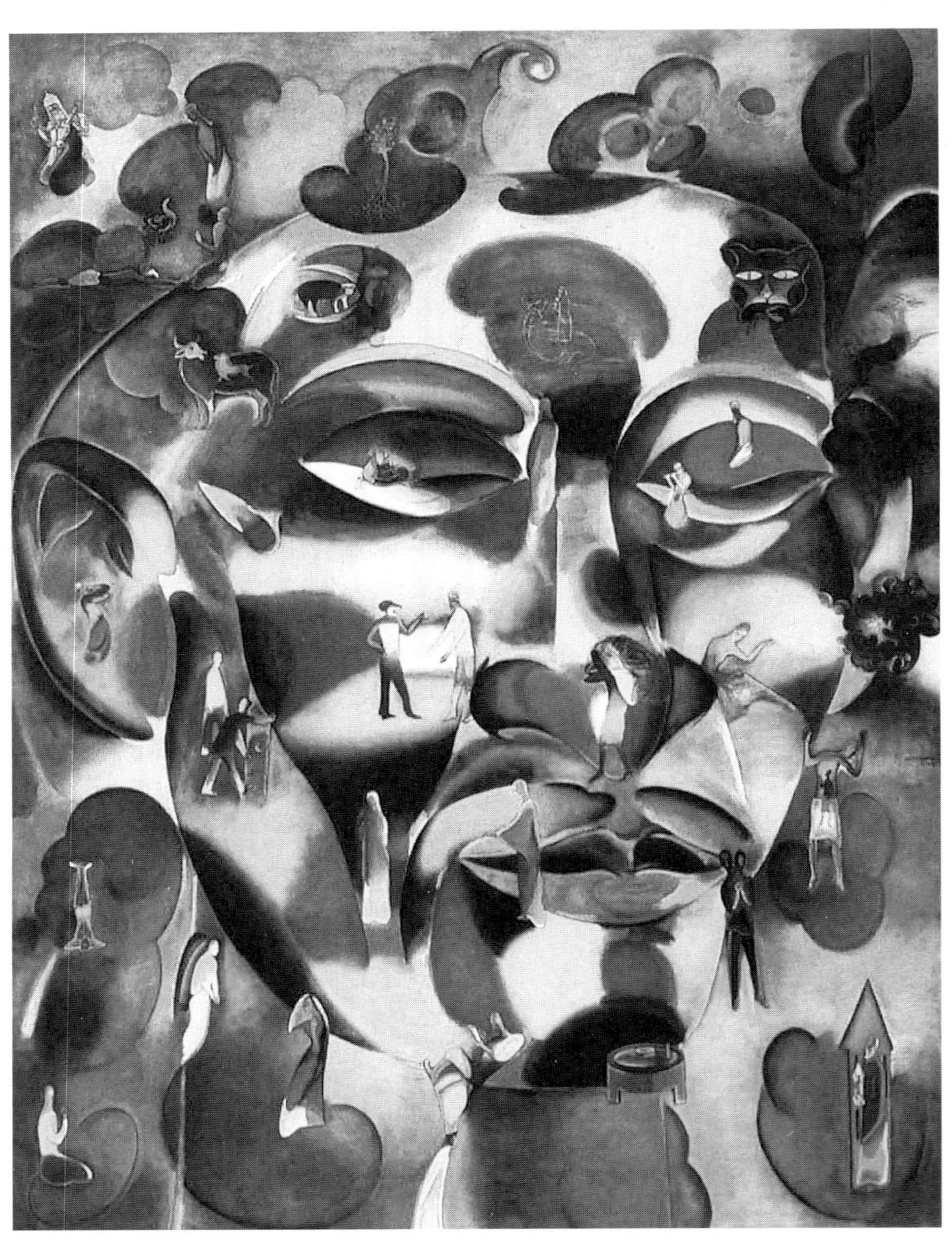

गुलाममोहम्मद शेख, ***कहत कबीर (एक अचम्भा देखा रे भाई)****, तैलचित्र, २००१ ई.*

सौजन्य : ज्योति लिमिटेड, वड़ोदरा

कविता सिंह : दो वर्ष पहले आपकी दिल्ली में एक प्रदर्शनी हुई थी : 'कहत कबीर'। अब फिर से यह प्रदर्शनी 'Palimpsest खाक़े*' में भी कबीर हाजिर है...। कबीर की विचारधारा, कबीर के शब्द और बिम्ब भी शामिल। सन्तों में आपकी संवेदना को कबीर ही इतना ज़्यादा छूता है, इसके बारे में कुछ कहेंगे?

गुलाममोहम्मद शेख : स्कूल में पढ़ता था तब से मैं कबीर का प्रशंसक हूँ। इसके पीछे कई कारण हैं। एक तो यह है कि कबीर ने हमेशा व्यक्ति की बात की है। 'तेरा साईं तुझ में, जाग सके तो जाग'। जैसा कि हम जानते हैं कि कबीर उपदेशक नहीं थे, वे सम्प्रदायों का विरोध करते थे। मगर लोगों ने कबीर के नाम से सम्प्रदाय बनाये हैं तो इसमें कबीर का कोई कर्तृत्त्व नहीं है। और अगर कुछ धार्मिक पन्थ कबीर को अपना गिनाते हों तो इसके पीछे भी कबीर जिम्मेदार नहीं हैं। उन्होंने ख़ुद ऐसा न कुछ कहा है और न किया है। यह सही है कि कबीर का जीवन और काव्य अनेकता का प्रतिनिधित्व करता है। उसमें कहीं भी एक धर्म, एक विचारधारा, एक पद्धति या एक सोच नहीं बल्कि अनेक धर्म, सोच और मान्यताएँ समाई हुई हैं। मेरे ख़याल से १५वीं और १६वीं सदी में ग़ैर-साम्प्रदायिकता (सेक्युलरिज़्म) और धार्मिकता के बीच ऐसे भेद नहीं थे जो हाल के समय में दिखायी देते हैं। हक़ीक़त में इन दोनों का एक-दूसरे में समावेश होता था और ऐसा नहीं कि यह धार्मिकता सिर्फ़ मन्दिर या मस्जिद में ही बसी हो। गाना भी भक्ति की अभिव्यक्ति और चित्र-कला भी भक्ति का ही एक प्रकार।

कबीर अपने समय से लेकर आज तक एक बेहद मौलिक और प्रभावशील विभूति के रूप में गिने जाते हैं और लोग उनके शब्दों और विचारों के साथ जीते हैं। हमारे यहाँ तो ऐसा काव्यस्वरूप भी है जिसमें कोई अन्य कवि काव्य लिखकर अन्त में 'कहत कबीर' या 'मीरा के प्रभु' जोड़ दे। ये नये, क्षेपक अंश रखने वाले पद अगर अच्छे हों और कबीर और मीराबाई

* 'Palimpsest ख़ाके' प्रदर्शन २००१ की स्मरणिका के अँग्रेज़ी के वार्तालाप पर आधारित।

की विचारधारा के साथ सुसंगत हों तो वे अपने आप ही कबीर या मीराबाई के काव्य बन सकते हैं, अर्थात् कबीर और मीराबाई का ऐसा विनियोग हो सकता है और मुझे लगता है कि यह बात कबीर और मीराबाई के लक्ष्य से दूर नहीं है। लक्ष्य यह हो कि आवाज़ ऐसी बने जो समस्त प्रजा के शब्द बन जायें। उनकी कविता में बाँटने की महिमा है, प्रसाद की तरह।

वर्षों से कबीर बार-बार मेरे सामने आते रहे हैं। विविध रूपों से, कभी-कभी संगीत के द्वारा। कुमार गन्धर्व जब कबीर गाते हैं तब शब्द पिघल जाते हैं। कुमार गन्धर्व के भजन कई बार सुने तब मुझे लगा कि यदि वे कबीर गा सकते हैं तो मैं कबीर के चित्र क्यों नहीं बना सकता? मुझे कबीर को चित्रों में आलेखित करने की इच्छा तो लम्बे अरसे से थी लेकिन उसे अमल में लाने की क्षमता का अनुभव पिछले दो सालों में हुआ...मैं अपने बिम्ब और कबीर के शब्द के बीच के सम्बन्ध को लक्ष्य में रखकर कार्यरत हूँ, ऐसा सम्बन्ध जो चित्र-कला और लेखन-कला के बीच हो। पिछले वर्ष मैंने इस सम्बन्ध को 'बाराखड़ी श्रेणी' (वर्णमाला शृंखला) में प्रयोजित किया था। सामान्य रूप से देखने को मिलते वर्णमाला के चार्ट के साथ यह एक खेल आज़माया था या फलक से एक उड्डयन भी था। पाठ्यपुस्तकों में इतिहास को तोड़-मरोड़कर उसका पुनर्लेखन करने के उपक्रम पर यह एक व्यंग्य भी कहा जा सकता है।

आपके लिये यह एक लम्बे समय से चलता रहा है। सही है न?

हाँ, लम्बे समय से उसमें मग्न हूँ। लेखन और चित्र-कला के बीच का सम्बन्ध बहुत अर्थपूर्ण है जिसमें गहरे पैठने की ज़रूरत है। इस सन्दर्भ में हमारी चित्र-परम्परा काफ़ी समृद्ध रही है, लेकिन अब हमने जिसे 'शुद्ध' किया जा सके ऐसा दृष्टिकोण ऐसे अपनाया है जिसमें इन दोनों को अलग कर दिया है। यह तो ऐसा हुआ कि देखते हैं तब कान बन्द रखें और सुनते हैं तब आँख बन्द कर दें। सच में हम ऐसा कर सकते ही नहीं। जो इन्द्रिय-बोध की प्रक्रिया को पहचानता है वह यह ज़रूर कहेगा कि जब चित्त में शब्द का उद्‌भव होता है तब तत्काल एक बिम्ब बनता है और उसी तरह जब-जब चित्त में कोई बिम्ब प्रकट होता है तब तुरन्त ही उसके नाम की पहचान भी होती है...दो साल पहले जब मैंने अर्धपारदर्शी जलरंगी चित्र (gouaches) बनाये थे, वे किन्हीं काव्य को केन्द्र में रखकर नहीं बनाये थे। उसमें कबीर को समग्रता में निरखने का प्रयत्न था। अभी के चित्र एकाध दोहे या किसी भजन से सीधे जुड़े हैं। मेरे रस के विषयों में थोड़ा-सा भाषाशास्त्र भी है, इसलिए दृश्य-भाषा के साथ थोड़ी क्रीड़ा भी उसमें शामिल है।

कबीर की विचारधारा मूर्तिभंजक और सुधारवादी थी; जब कबीर ने कहा कि कोई भी व्यक्ति स्वतन्त्र रहकर आध्यात्मिक विकास साध सकता है तब धार्मिक समुदायों ने उन्हें निरर्थक ठहराया। कबीर अपनी एक लाक्षणिक साहित्यिक प्रयुक्ति के लिए प्रसिद्ध हैं—उलटबाँसी—परावृत्त बिम्ब—जिसमें सब कुछ उलटा दिखायी देता है।

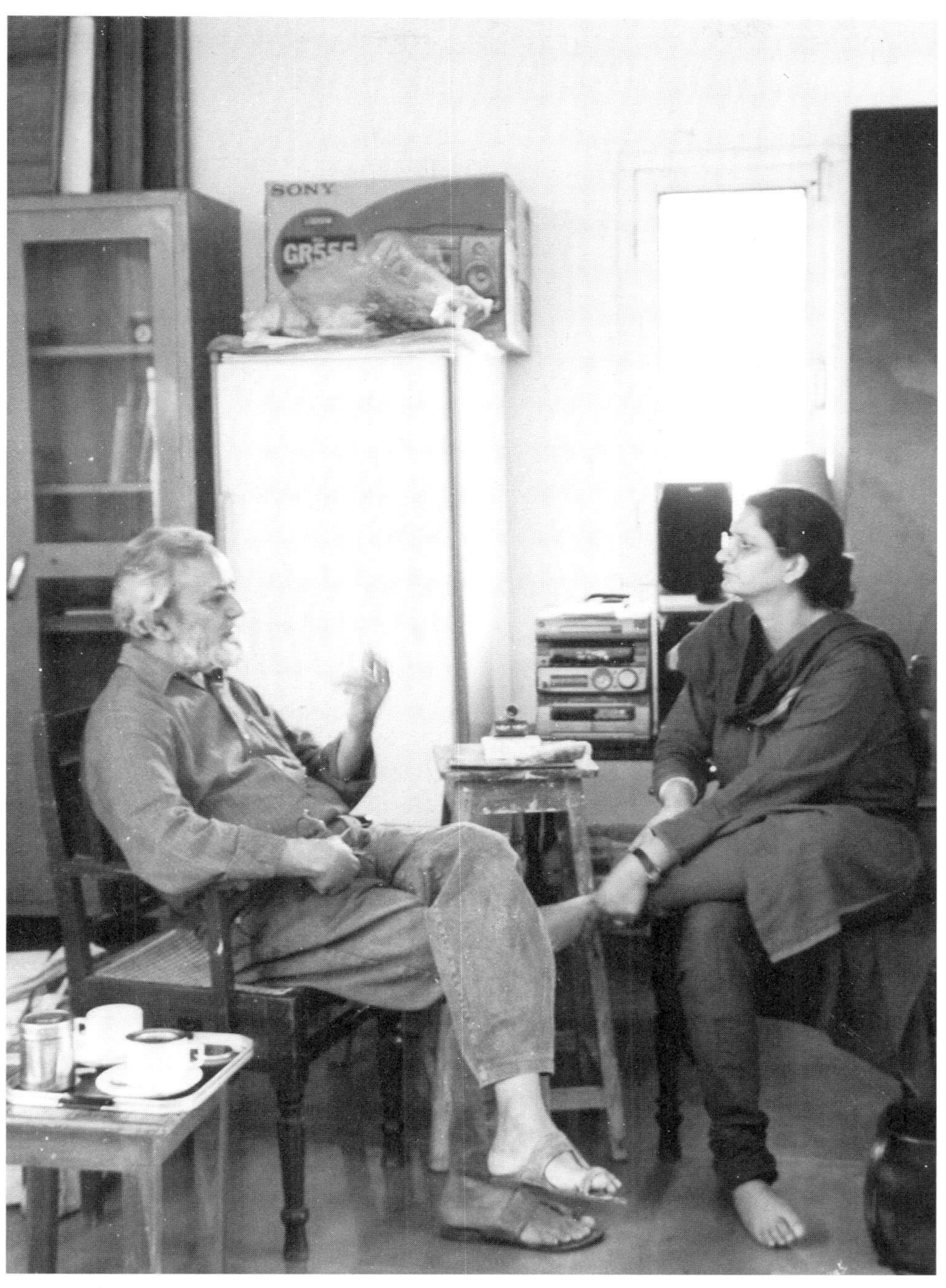

कविता सिंह के साथ लेखक

तस्वीर : सौमेन दास

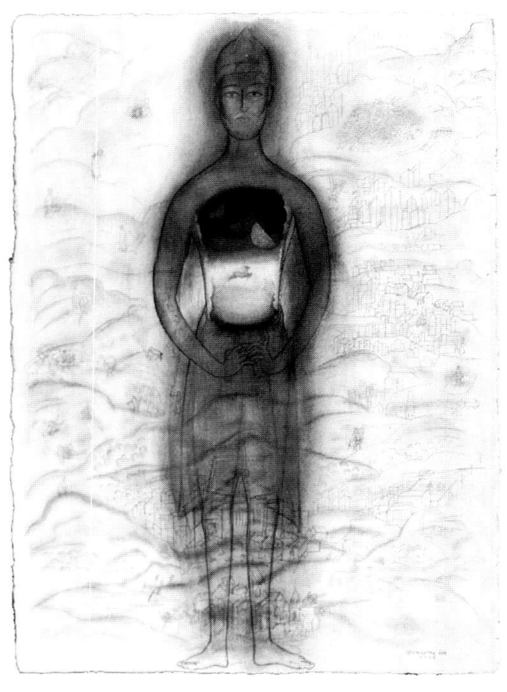

गुलाममोहम्मद शेख, ***कहत कबीर (या घट भीतर सूर चन्द है),*** *काग़ज़ पर जलरंग, १९९७ ई.*
सौजन्य : प्रफुल्ल और शिल्पा शाह संग्रह, सूरत

जिसमें जगत् की असंगति खुल जाती है। कुमार गन्धर्व ने उनका जो भजन गाया है, 'गगन में आवाज़ हो रही झीनी-झीनी...' उसमें इसी प्रयुक्ति का उपयोग है। 'गूँगा ज्ञान विज्ञान प्रकाशे'... और पंगु' पहाड़ चढ़ जाता है... मुझे लगता है कि कबीर के इन लक्षणों में से यह एक आपको ज़्यादा आकर्षित करता है।

यह 'उलटबाँसी' जैसी अभिव्यक्ति कबीर के समय में और आज भी उतनी ही प्रासंगिक है...यह लगभग परावास्तव जैसी प्रयुक्ति है, चित्र-विचित्र और विस्फोटक। मानो शैतान धर्मग्रन्थ टंकित करता हो ऐसी। कबीर ने इस उलटबाँसी का उपयोग दम्भ और धार्मिक जड़ता को खोलकर रख देने के लिए भारी सामर्थ्य से किया है। मधुप मुद्गल ने एक भजन गाया है, 'एक अचम्भा देखा रे भाई, ठाड़ा सिंह चरावै गाई' (एक बहुत अचरज की बात देखी कि शेर गाय को चरा रहा है)। मुझे लगा कि मैं इस स्त्रोत का उपयोग करूँ और इसे बनाने की प्रक्रिया के दौरान अन्य बिम्ब भी सामने आये, जिसके कई अर्थ-घटन हो सकते हैं। इस चित्र का शीर्षक यही है 'एक अचम्भा देखा रे भाई'।

> इससे पहले के आपके चित्रों में भूलभुलैया जैसा अवकाश देखने को मिलता था अब आपके पात्र ऐसे स्वप्न-दृश्य से जुड़े नहीं हैं लेकिन शरीर पर आलेखित होते हैं। कबीर के चेहरे को लैण्डस्केप के रूप में चित्रित करके—विचारों और काव्यों के आधार पर बिम्बों का सृजन करके—आपने जिस प्रकार इस चेहरे पर आलेखित किये हैं, क्या आप उस पर कुछ प्रकाश डालेंगे? और इन दोनों चेहरों के रंगों के बारे में भी...

मैंने बिम्बों की रचना के लिए जिन स्त्रोतों का उपयोग किया है उसके बारे में बता सकता हूँ। हम एक बिम्ब पर दूसरा बिम्ब बैठाने के विचार से अपरिचित नहीं हैं। मैं देहाकृति पर बिम्ब आलेखित करना चाहता था। मेरे मन में हलके नीले रंग की एक पिछवाई थी—अमित अम्बालाल के संग्रह में 'कमलन की पिछवाई' है—जो उनकी किताब के आवरण पर भी है। यदि मुझे

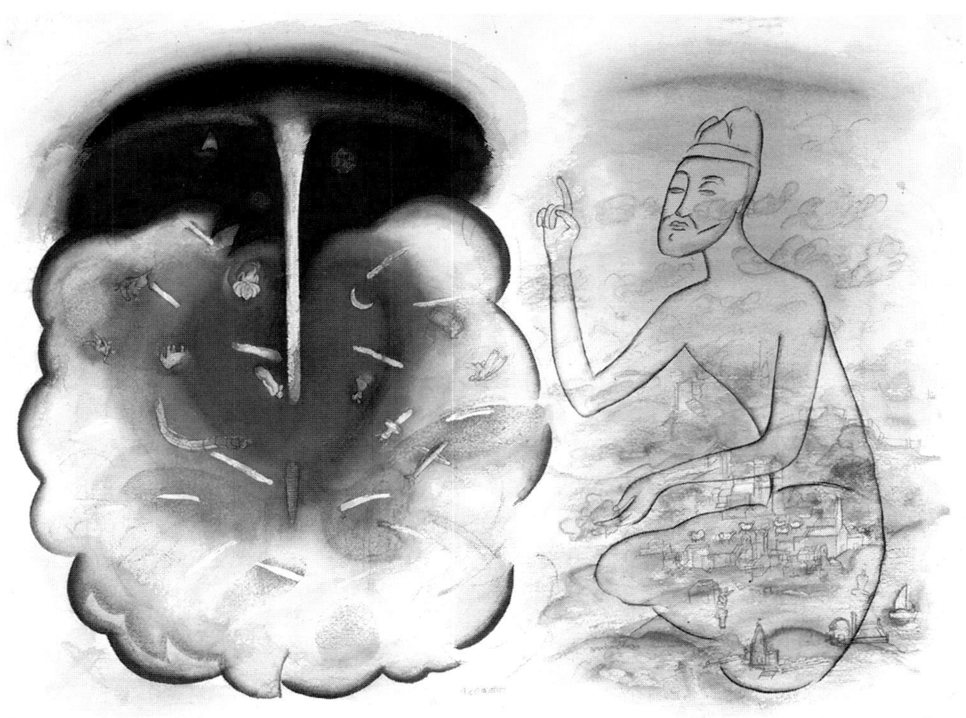

गुलाममोहम्मद शेख, ***कहत कबीर (सूर और शब्द),*** *काग़ज़ पर जलरंग, १९९६ ई.*
सौजन्य : ललित नरुला, नयी दिल्ली

कबीर को केन्द्र में रखकर पिछवाई बनाना हो तो मैं क्या कर सकता हूँ ? दूसरे चित्र 'हिरना' में गहरे नीले रंग पर रेखाओं से चित्रण है। यहाँ हिरन के सन्दर्भ पर हलका प्रकाश है। जिस हृदयस्पर्शी ढंग से कुमार गन्धर्व गाते हैं उस भजन का उल्लेख भी यहाँ है। यह चित्र एक रूप से कुमार गन्धर्व को मेरा प्रशस्ति-उपहार है।

> अगर मैंने ठीक समझा है तो हिरन आत्मा है और काव्य आत्मा के सामने आते हुए भय-स्थान के बारे में है।

हाँ, हिरन आत्मा या चेतना या जीव या व्यक्ति है। जैसा कि भजन में आता है जंगल में बसते विभिन्न शिकारी हिरन के लिए ख़तरा हैं। मैंने शिकारी और लोगों की आकृतियों को परम्परागत भारतीय चित्र-कला और गोया के एक चित्र से लिये हैं। एक बिम्ब वियतनाम में प्वाइन्ट ब्लेंक हत्या का है। चित्र में ऊपर की ओर जिसका हिंसाचार मोहक लग सकता है ऐसे किराये के सैनिक, रॉक स्टार या फ़िल्मी सितारे का चित्रण है। लेकिन इन वर्णनात्मक उल्लेखों के

साथ मूलरूप से चेहरे के फलक पर जीव की यात्रा ने मुझे इस सारे संयोजन के लिए प्रेरित किया। आगे एक चित्र 'भूखण्डों के पार' (अक्रोस द कोंटिनेंटस) में विविध परम्पराओं से बिम्ब लिये थे और उसे तैरती हुई मानव आकृति पर बनाये थे।

> यहाँ हिरन दो मस्तकवाला, रामायण के मायामृग जैसा है। लेकिन 'मरीचिका' शीर्षक वाले चित्र में राम जिस मृग को बींधना चाहते हैं उसका एक ही मस्तक है।

इसका कारण यह है कि राम और हिरन की आकृतियाँ अवतरण पर आधारित हैं और उसके मूल आधार में हिरन का एक ही मस्तक है। वास्तव में तो पूरा चित्र ही अवतरणों की श्रृंखला है...उसके हार्द में मैंने समूह माध्यम से दो तस्वीरें ली थीं—बाबरी मस्जिद और उसका ध्वंस हो रहा था तब की। उसके बाद राम ने मारीच का पीछा पकड़ा हो वह आलेखन... यह चित्र अयोध्या पर एक कथन है, एक निवेदन। मैं उसे 'मरीचिका' या 'mirage' (मृगजल) कहूँगा।

> सार्वजनिक जीवन में धर्म राजकीय मुद्दा बना है और सदुद्देश्य से कई कलाकार और बौद्धिक इसके विरोध में खड़े हुए हैं। आपके सृजन में राजकीय मुद्दे हैं ही, गहराई से अनुभव किये हुए और स्पष्ट। उसके साथ तमाम धार्मिक अनुभूतियाँ राजकीय क्षेत्र में समा जायें ऐसा स्वीकार करने की फ़र्ज़ के सामने आपका आक्रोश महसूस होता है। मानो आध्यात्मिक अनुभूतियाँ आपके लिये ठोस हैं और आप कबीर के रास्ते पर चलने के लिए मुक्त नहीं इसलिए आप व्यग्र हैं।

तुमने काफ़ी विस्तृत सवाल पूछा! हाँ, मुझे लगता है कि हमारी पसन्दगी को बेहद मर्यादित कर दिया गया है। जहाँ तक हमसे सम्बन्ध है, धर्म को नहीं छेड़ने में ही समझदारी समझी जाती है। जो कारक इस दिशा में हमें धकेलते हैं वे परोक्ष हैं और अलग-अलग दिशाओं से आते हैं। उदाहरण के तौर पर बात अगर धर्म का मुद्दा छेड़ती है तो उसे कट्टरपन्थी के घेरे में फेंक दिया जाता है। उस घेरे में उसे ठहरना नहीं है तो सबसे परे हो जाती है। एक दूसरा इलाक़ा है उदारवादियों का, धर्मनिरपेक्ष—ग़ैर-साम्प्रदायिक, धर्म-संलग्न पवित्रता से यह प्रदेश अलग है। राजकीय रूप से उदारवादी है : कुछ भी धार्मिक हो उसके साथ सर नहीं खपायेगा। तीसरा कारक है धमकी का। धर्म का तो नाम ही नहीं लेना या फिर हमारे धर्म के बारे में ख़बरदार पंचायत की है...यदि ऐसा करेंगे तो...यह नयी कार्यसूची है...

यह अलगाव, धार्मिकता को 'क्वोरन्टिंन' (संगरोध) करना— उसके निधन पर नहा लेना यह सब कुछ अंशों में नेहरूशाही विरासत है। हमने समग्रतावादी दृष्टिकोण की ढेरों बातें कीं लेकिन हमारी शिक्षा-पद्धति ने हमारी विचारों के झुकावों को विभाजित कर रखा है। अलगाव और बाड़ेबँधी की तालीम इतनी हद तक पहुँच गयी है कि हमारे भीतर पड़ी न जाने कितनी

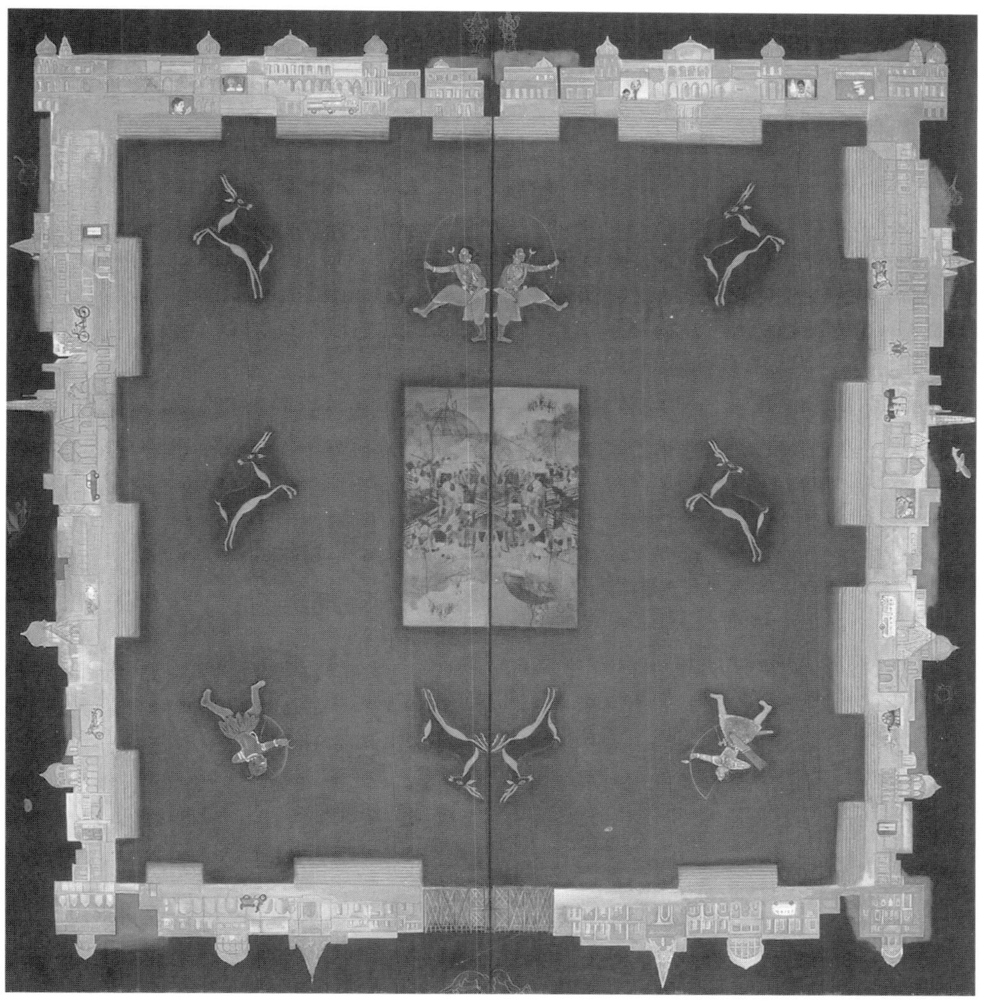

गुलाममोहम्मद शेख, ***मृगजल,*** *तैलचित्र, २००१ ई.*
सौजन्य : रवि खन्ना, लन्दन

चीज़ों की ओर हम नज़र भी नहीं डालते! हमारे गृहस्थ जीवन में धर्म का स्थान होगा, शैक्षणिक प्रतिष्ठानों में, कला के इतिहास में धर्म के बारे में पढ़ेंगे, यह भी सुनेंगे कि भारतीय कला तत्त्वत: धर्माधीन है—हालाँकि सचमुच में यह सच्चाई नहीं है—लेकिन कला-शाला के ग़ैर-साम्प्रदायिक और मुक्त वातावरण में भी आप धर्म के विषय पर चित्र नहीं बना पायेंगे। आप जिसमें श्रद्धा रखते हैं वैसा चित्र आप कभी भी नहीं बनायेंगे। इसकी चर्चा करनी ज़रूरी है कि हम कितने विषयवस्तु के चित्र बनाते हैं। इससे पता चल जायेगा कि कला के लिए सुयोग्य माने जा सकने वाले विषय बहुत कम ही हैं। जिसे कोई शायद ही पसन्द करे, ऐसे

विषय के चित्र बनाने में मेरी दिलचस्पी बढ़कर रही है।

> यह काम तो आप कर ही रहे हैं, जैसे कि बाबरी मस्जिद के ध्वंस का आलेखन आपने किया है। मुझे पता है कि इस दौरान आपको भेदभाव और कटुता का सामना करना पड़ा था, वातावरण काफ़ी साम्प्रदायिक बनता जा रहा है। मैं भी उस अल्पसंख्यक समुदाय से आती हूँ जिन्हें अपनी विशिष्ट समस्याओं के सामने जूझना पड़ता है। और मुझे लगता है कि आपने जिन कारणों का उल्लेख किया है उन कारणों से मैं उन मुद्दों पर कुछ बोलने में झिझक और क्षोभ महसूस करती हूँ। कट्टरवाद या रूढ़िवाद के साथ जुड़ने की या किसी जटिल या मुसीबत भरी स्थिति में आ पड़ने की अनिच्छा तो है ही। जब आप इस प्रकार के मुद्दों को छूने की कोशिश करते हैं तब क्या आप अपने अन्दर ही किसी निश्चित राजनैतिक स्थिति के साथ असहमति और अपनी ही कवचविहीन व्यक्तिगत दशा के मिश्रण का अनुभव या भय महसूस करते हैं?

भय तो हम पर छापा मारने के लिए तैयार ही बैठा है। यह डर आता कहाँ से है? ऐसे कारक कि जिसकी हुकूमत चलती है वे क़ौमों में खलबली मचा सकते हैं। और यह कोई ऐसा मात्र व्यक्तिगत अनुभव की ही बात नहीं; ज़्यादा व्यापक स्तर का अनुभव है। ज़्यादातर लोग यह नहीं समझते कि ये आक्रमण जो हो रहे हैं ये मात्र अल्पसंख्यक पर नहीं हैं, यह तो स्वतन्त्रता पर आक्रमण है। जो मुक्ति पर विश्वास रखता हो ऐसे हर मंतव्य पर हमला है। इस दृष्टि से अयोध्या या अमृतसर अल्पसंख्यकों के प्रश्न नहीं हैं। ये हमारी सबकी समस्याएँ हैं, उनका हमारे साथ सम्बन्ध है। आज के अल्पसंख्यक समुदाय धर्म पर आधारित हैं और जब जीवन में भय पैठ गया हो तो हम काफ़ी कुछ कहना या करना टाल देते हैं। ऐसा काफ़ी कुछ जो सुसंगत है वह बाहर नहीं आता। आख़िर में हम कुछ नहीं करते या कुछ करने का उद्देश्य भी नहीं रखते क्योंकि भय ऐसा मन में बैठ गया है कि हम ऐसा कुछ करने की कोशिश भी नहीं करते। इसके बावजूद बोलना तो चाहिए, बार-बार कहते रहना चाहिए, जो भी कोई युक्ति-प्रयुक्ति हाथ लगे, उसका उपयोग करते हुए, ऐसा करते रहना चाहिए। कलाकारों की और स्वतन्त्रता प्रेमियों की जिम्मेदारी पहले कभी इतनी बड़ी नहीं थी जितनी आज है। जो कहना है वह कह देना—किसी के या किसी चीज़ के विरुद्ध नहीं—लेकिन हम जो मानते हैं उसे कह देना—उत्तरोत्तर ज़्यादा-से-ज़्यादा कठिन होता जा रहा है। हमारे समय के लिए, इस युग के लिए, एक आदर्श मूर्ति की ज़रूरत है। मेरा मानना है कि कबीर एक ऐसे आदर्श हैं। कबीर को चित्रित करने के मेरे उद्देश्यों में एक उद्देश्य है, एक आदर्श को एक नायक को प्रस्तुत करने का। अभी हमारे पास हैं ऐसे सरल, सपाट नायक नहीं...

> दो मानव आकृतियों वाला चित्र अभी अधूरा है लेकिन मुझे अभी उसके बारे में जानने की उत्सुकता है। उसके कुछ अंश पहले के 'वाटर एण्ड अर्थ' शीर्षक वाले चित्र

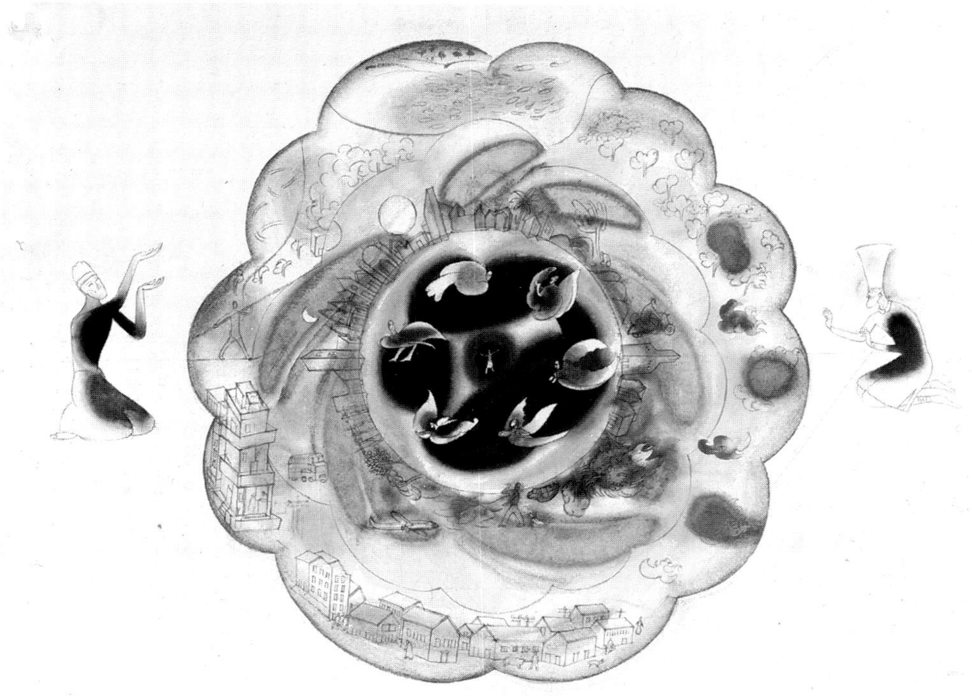

गुलाममोहम्मद शेख, ***कवि और जादूगर****, काग़ज़ पर जलरंग, १९९८ ई.*
सौजन्य : डॉ. टी. राजगोपाल, मुम्बई

में भी थे। क्या यहाँ कोई निश्चित सन्दर्भ है?

एक तो भ्रमणप्रेमियों का, जो लगातार घूमते रहते हैं, जो कोई निश्चित जगह के नहीं हैं, सेन्ट जोह्न द बेप्टिस्ट या डेजर्ट फादर्स जैसे, ज़ेन भिक्षु, योगी, यति, दरवेश या साधु, वैरागी और फ़क़ीर जैसे। मैं इन सभी को संवाद में इकट्ठा करना चाहता हूँ। इस सुमेल का विचार मेरे काम के केन्द्र में है—व्यक्ति के भीतर निहित विसंवादी और द्वन्द्वात्मक प्रवाह, उसी के अन्दर एक साथ अन्तर्निहित और परस्पर लगातार सम्पर्क रखने वाले तनाव और सन्धि की ओर दूरबीन लगाये बैठने का—किसी एक चित्र में जब मैं द्वन्द्वात्मक तत्त्वों के बारे में कहता हूँ तो दूसरे में जो अपूर्ण है उसमें इन दोनों को आपस का सम्बन्ध, जुगलबन्दी जैसा—सहगान जैसा। इस समय मेरे मन में कबीर और मीराबाई हैं। ऐतिहासिक दृष्टि से ज़रूरी नहीं होने के बावजूद कबीर और मीराबाई हमें साथ ही याद आते हैं। हम तो यह भी नहीं जानते कि वे दोनों एक-दूसरे से परिचित थे या नहीं। इसके बावजूद हमने उन्हें आपस में जोड़ लिया है। हमें हमारे इतिहास का अर्थ-घटन करना है। वस्तुओं को अलग करते हुए और एक या दूसरी पसन्दगी

चुनने का का दबाव लाते हुए इतिहास के मलबे के नीचे हम दबे हुए हैं, उसमें से उस समन्वयवादी इतिहास को खोदकर बाहर निकालना है।

इस प्रकार का इतिहास जो लिखे हुए को घूँटने के ख़िलाफ़ है।

हाँ, ऐसा ही। जिसके साथ मुझे काम लेना है ऐसे दूसरे विषय की जोड़ाजोड़ भाषा में मुझे दिलचस्पी है उसको भी छू लेना चाहता हूँ। ज़्यादातर लोग भाषा और शैली में भेद नहीं समझते। शैली को ही भाषा मान लेते हैं। लकड़ी को पेड़ मान ले ऐसा। सामान्य रूप से जाहिर है कि भारत में हरेक बच्चा तीन भाषा बोलता है। इसका अर्थ यह हुआ कि बच्चा एक साथ तीन संस्कृतियों में जी रहा है। वह एक संस्कृति से दूसरी संस्कृति में संक्रमण किस प्रकार करता है? हम सभी ऐसा करने की क्षमता रखते हैं। उसी तरह हम जिसके साथ जी रहे हैं उस दृश्य-संस्कृति की व्यापकता भी चकित कर दे ऐसी है। गलियों से गुज़रते वक़्त परिचित विश्व के अल्पकालीन रूप नज़र आते हैं पर युगों-युगों से मिली शिल्प, स्थापत्य और चित्र-कला की सजगता के साथ हम जीते हैं। आर्ट स्कूल की शिक्षा और प्रवास भी दृष्ट दुनिया की व्यापकता की ओर हमारी दृष्टि खोल देते हैं। ऐसे बहुत सारे स्त्रोत हमारे पास हैं।

फिर भी हम ऐसा कहते रहते हैं कि मिलावट-मिश्रण होने देने या करने की ज़रूरत क्या है? या तो इस रीति से या फिर दूसरी रीति से, एक ही पद्धति वाली शुद्ध भाषा में काम करना श्रेष्ठ है। मिली हुई भाषाओं को हम नकार देते हैं; हमने अपने आप पर तरह-तरह के स्मृतिलोप लाद लिये हैं। हम शैलीवाद की चर्चा करेंगे लेकिन भाषा का सुराग़ पाने की कोशिश नहीं करेंगे। मेरा उद्देश्य यहाँ एक प्रश्न पूछना भी है : लोकोक्ति के अनुसार भारतीय बच्चे की तरह मैं भी तीन भाषा की व्यापकता में जीता हूँ कि नहीं? मैं शैली के परिमाणों के पार जा सकता हूँ कि नहीं? 'Talisman', 'Numen' और 'Wanderer' नाम की पैनलों में मेरा आशय कुछ ऐसा रहा है। बीच वाली पैनल में ऐसा भी सोचा कि मैं क्या किसी और का बनाया हुआ चित्र फिर से बना सकता हूँ कि नहीं।

मैं एक लम्बे अरसे से घेराड़ों स्टार्निनी के चित्र 'Thebaid' का प्रशंसक हूँ। वह फ्लोरेन्स की उफित्ज़ी गैलरी में लगा हुआ है और उसका लैण्डस्केप ऐसा है कि जिसमें भरपूर मात्रा में मठवासी अपने कक्षों के इर्द-गिर्द दिखायी देते हैं। मेरा उद्देश्य उसकी संरचना या भूमिका को लेकर एक अलग चित्र बनाना था। स्टार्निनी का चित्र लेकर मैंने उसमें तीर्थ स्थानों की—इस्ताम्बूल, समर्रा, रावेन्ना, द्वारका, अयोध्या की शृंखला दाख़िल करके एक अलग विश्व बनाया। इसमें मैं जिस भाषा का उपयोग करता हूँ वह दूसरे किसी की भाषा है, किसी की उपयोग में लायी गयी भाषा, साथ-साथ मेरी अपनी भाषा—भाषा जो विविध भाषाओं का सम्मिश्रण है। मैं जब काम करता हूँ वह प्रक्रिया ऐसी है, जिसमें मात्र अन्त में ही निर्णय कर पाता हूँ कि मेरा प्रयोग सफल हुआ है या नहीं। यदि उसमें सफलता मिलती है तो वापस क़दम

भरकर देखता हूँ कि सफलता का कारण क्या है? सामान्यत: निषेधात्मक आग्रह होता है कि मिलावट न करें, ग्रहणशील न बनें—इससे मुझे कोई मतलब नहीं। देखा जाय तो मुग़ल और राजस्थानी कलाकार क्या करते थे? बहुविध भाषाकीय प्रवाहों में से वे विचारों का समावेश करते थे। हक़ीक़त में मैंने भी सभी भाषा प्रकारों को साथ में लिया और एक अलग भाषा रची।

आमने-सामने की दो पैनलों में फिर से अवतरण हैं; दूसरे बिम्बों के सन्दर्भ, दूसरी कलाएँ जिनका मेरे लिये कुछ मतलब है। मैं मानता हूँ कि हम जो उठाईगीरी करते हैं वह हमारे अन्दर ही सुप्त पड़ा होता है। आपका अगर किसी चीज़ पर गहरा झुकाव, अगर वह आपको अच्छी लगे तो उसके पीछे कारण यह है कि आपके अन्दर उसके लिये जगह है ही और उस चीज़ से उसे परिपूर्ण होने की प्रतीक्षा भी। नहीं तो आप उसके बारे में इतना गहरा लगाव क्यूँ दिखाते? जब फ्रा एंजेलिको के चित्र ने मुझे हिलाकर रख दिया तब उसमें से मुझे जो मिला, वह शायद एंजेलिको को भी मिला न हो। लेकिन उस चित्र को फिर से अपनी आँखों के सामने खड़ा करता हूँ तब दूसरा ही चित्र मेरे सामने आवर्तित होता है, जो मुझसे, मेरी स्मृति से और मेरी आत्मलक्षिता से ही अंकित किया हुआ होता है।

(फार्बस गुजराती सभा त्रैमासिक, जुलाई-सितम्बर २००१, पृ. १३८-१४३)

मूल अँग्रेज़ी : Palimpsest—ख़ाके, Vadehra Art Gallery, New Delhi, 2001)

गुजराती से अनुवाद : किरन सिंह

व्यापक सन्दर्भ के साथ संवाद का संकल्प

रमण सोनी के साथ संवाद

रमण सोनी : सन् १९६०-६२ के आसपास आपकी कविता 'क्षितिज', 'विश्वमानव', 'कुमार' जैसी अलग-अलग मुद्रावाली और विभिन्न सम्पादकीय दृष्टिकोण वाली पत्रिकाओं में प्रकाशित हुआ करती थी। उन दिनों साहित्य की इन पत्रिकाओं के बारे में आप क्या सोचते थे? गुजराती साहित्य में संक्रान्ति से गुज़र रहे 'आधुनिक' के सन्दर्भों ने उस समय कैसी आबोहवा रची थी?

गुलाममोहम्मद शेख : 'कुमार' पत्रिका ने गीत-आकार वाले' 'खोरडुं' जैसे दो काव्य प्रकाशित किये थे। उसके बाद मुक्त रूप से लिखी गयी रचनाएँ न 'कुमार' में छपीं और न ही 'संस्कृति' में। रचनाएँ भेजी भी होंगी, तो वापस आ गयी होंगी। भोगीभाई का दृष्टिकोण 'विश्वमानव' में नयी कविता छापने के लिए उत्साहवर्धक था और 'क्षितिज' में सुरेशभाई ने सम्पादन कार्य सँभाला उससे पहले प्रबोध चोकसी भी नयी कविता छापने के लिये तैयार रहते थे। उन दोनों पत्रिकाओं को एक साथ मिला लें, तो साहित्य, कला और समाजशास्त्रीय विषयों में हुई नयी चलन के सत्कार की पहल हुई थी।

'क्षितिज' और 'विश्वमानव' की तासीर हालाँकि अलग थी, लेकिन वे एक-दूसरे की पूरक थीं। 'विश्वमानव' में अनेक विषय शामिल किये जाते थे इसलिए (सुरेश जोषी के सम्पादन में) 'मात्र साहित्य' को समर्पित 'क्षितिज' जैसा दृष्टिकोण अभिप्रेत नहीं था। वहाँ कला के इतिहास से सम्बन्धित या रसास्वादन जैसे लेख लिख पाया वह भोगीभाई के आग्रह के बिना होना सम्भव न था। 'क्षितिज' में प्रयोग के लिए उसकी ज़िल्द मेरे हाथ में थी, (भोगीभाई ने कभी मुझे ऐसा सौंपा नहीं; ऐसा लगता कि नयी कला के बारे में उन्हें कहीं गहरा संशय रहा होगा) इसलिए उसमें अनेक भारतीय कलाकारों के हाथ से बनाये हुए लिनोकट वग़ैरह छपे। सुरेशभाई उन चित्रों के बारे में क्या सोचते थे यह ढूँढना मुश्किल था लेकिन ज़िल्द देखकर ख़ुश तो होते थे। सन् १९६३ में दृश्य कला विशेषांक करवाने के पीछे भी उन्हीं का हाथ था।

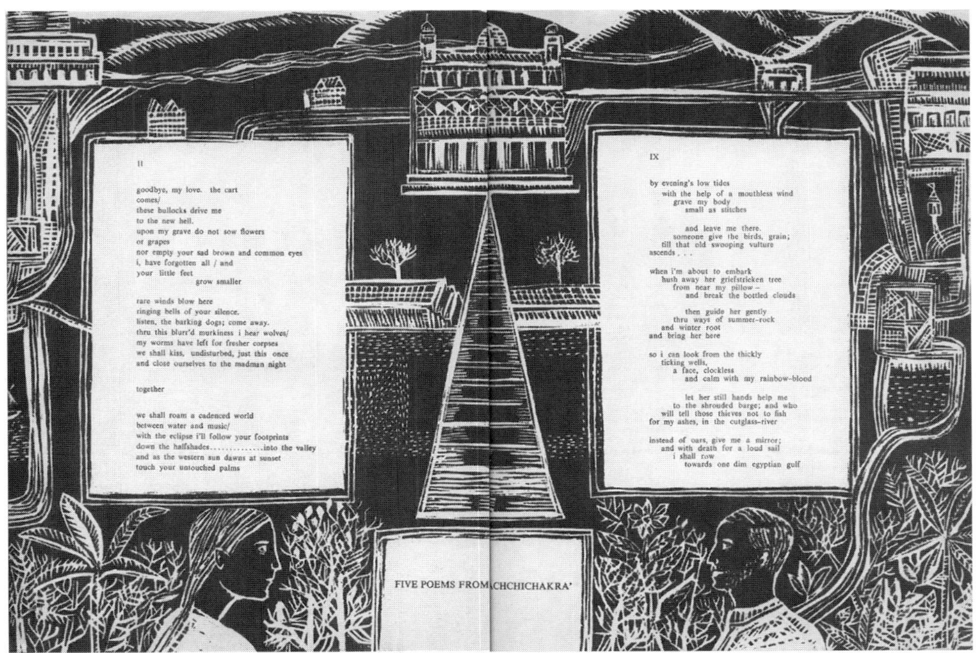

भूपेन खख्खर, ***अरविन्द कृष्ण मेहरोत्रा की कविता के लिए लिनोकट में एक चित्र,*** *वृश्चिक, अंक ११-१२ : जुलाई-अगस्त १९७०*

इस प्रकार छूट से करने और करने देने के अनुभव के कारण अन्य पत्रिकाओं के (विशेष रूप से 'कुमार', 'संस्कृति') घिसे-पिटे रहने को देखकर आश्चर्य होता और आक्रोश भी। उन पत्रिकाओं की पहुँच लम्बी थी और प्रसार भी भारी था इसलिए डर भी लगता लेकिन भोगीभाई, प्रबोधभाई और सुरेशभाई की त्रिपुटी ने नवोन्मेषक हवा जमाई इसलिए आधुनिक का स्वास्थ्य सँभला रहा और नयी पगडण्डियाँ निकल आयीं।

उस दृष्टिकोण का मूल उद्देश्य गुजरात को नव प्रयाणों से परिचित करवाना था, इसलिए बहुत सारे अनुवाद हुए और यह कहना ग़लत नहीं होगा कि प्रकाशन के उस साहित्य वर्ग ने एक नयी पीढ़ी को पढ़ाया।

> आपको सुरेश जोशी एक सर्जक और आलोचक के अलावा 'वाणी', 'क्षितिज' आदि के सम्पादक के रूप में उन दिनों कैसे लगे? उनके दृष्टान्त से, क्या 'साहित्य पत्रिका' की किसी विशेष 'भूमिका' ने आपको प्रभावित किया है? उन दिनों को, उस माहौल को आज आप कैसे देखते हैं?

सुरेश जोशी को सर्वांगी साहित्य हमेशा से अभिप्रेत रहा है : सम्पादन या स्वलेखन में सृजन और

*विनोदराय पटेल, '**वृश्चिक' का मुखपृष्ठ,** वर्ष १, अंक १ : १० नवम्बर, १९६९*

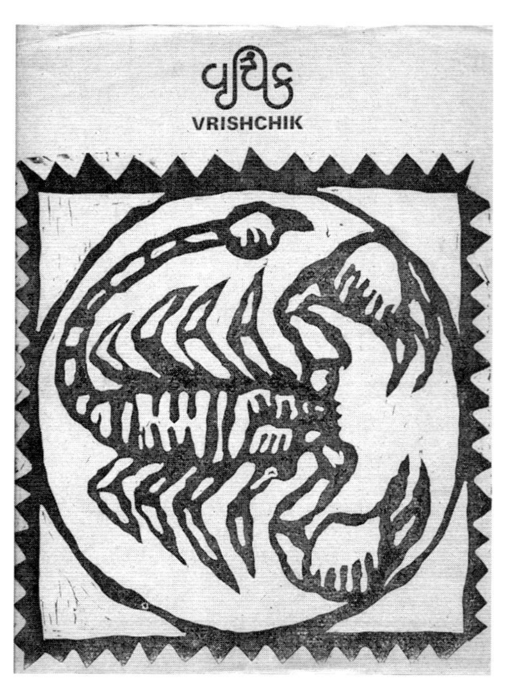

आलोचना के बाड़े को मिटाने में वे हमेशा प्रवृत्त रहे। कला, साहित्य, विज्ञान और समाजदर्शन में भी वे नवोन्मेष को नवाजते रहे। 'साहित्य-पत्रिका' के प्रति उनके अनुराग को सभी जानते हैं : पत्रिका के बिना मानो वे अकेले पड़ जाते थे : पत्रिकाएँ ही उनके संसार-परिवार थे।

उनका एक गुण जो मुझे प्रभावित करता था कि वे हमेशा कार्यरत रहते थे। लेखकों को पत्र, लेखों की पसन्दगी, प्रकाशकों के साथ सिरपच्ची में उनका काफ़ी समय जाता होगा, लेकिन उसका उल्लेख वे कभी भी नहीं करते थे। बात मात्र रचना की, उसकी गुणवत्ता की, उसमें अन्तर्निहित नवोन्मेष की ही करते थे। आज ऐसा कम देखने को मिलता है। वे तो लगभग साहित्य की ही साँस लेते थे और पत्रिकाओं के माध्यम से साहित्य समुदाय के साथ दूर-नज़दीक की डोर बाँधे रखते थे।

ऐसा नहीं कहा जा सकता कि उनके मन में पूर्वग्रह नहीं होंगे। निरंजन भगत, उमाशंकर जोशी के लेख यहाँ कम ही छपते थे, लेकिन 'रे' मठ के आक्रमणों के बावजूद उन कवियों की रचनाओं को छापने का उपक्रम वे नहीं छोड़ते। आज वातावरण बदला है और नयी और अच्छी पत्रिकाएँ प्रकाशित हो रही हैं लेकिन उसमें सर्वांगी (होलिस्टिक) दर्शन की कमी महसूस होती है।

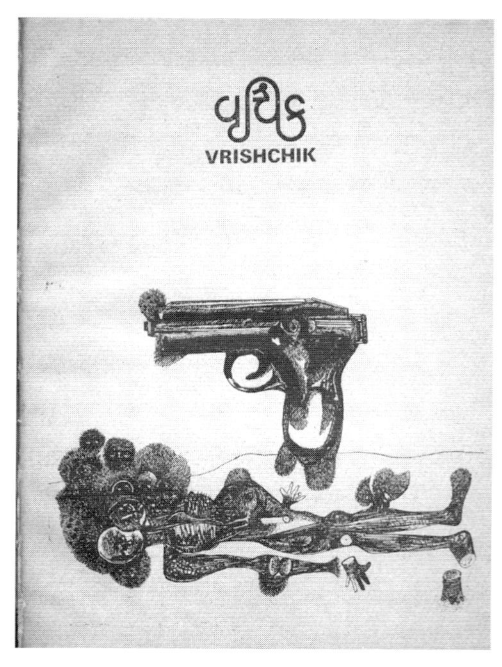

*जेराम पटेल, '**वृश्चिक' का मुखपृष्ठ,** वर्ष १, अंक ६ : १० अप्रैल, १९६९*

सन् १९६३ से तीन–चार वर्ष आप लन्दन में रहे, उसी दौरान आप इटली गये। उन दिनों चित्र–कला से सम्बन्धित, उनकी कला और एकेडेमिक वातावरण के अलावा साहित्य सम्बन्धी वातावरण से क्या आप प्रभावित हुए थे? उन्हीं वर्षों में आपको चित्र–कला के सन्दर्भ में भारतीय परम्परा की खोज की अनिवार्यता महसूस हुई थी? गुजराती कविता की उन दिनों की लाक्षणिक आधुनिकता के सन्दर्भ में आपके मन में ऐसा कोई विचार आया था?

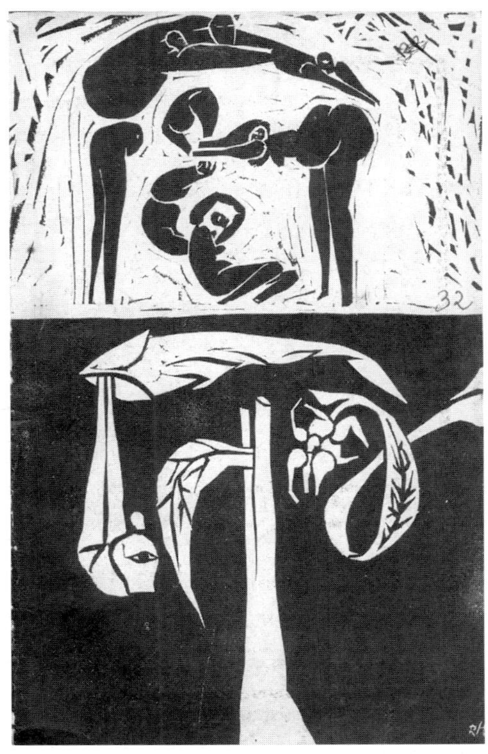

*रॉबर्ट हान्सेन, **'क्षितिज' का मुखपृष्ठ**, फरवरी १९६२*

यूरोप में घूमते हुए या लन्दन में रहते हुए मैं साहित्य से जुड़ा रहा लेकिन अँग्रेज़ी कवियों से मिलना बहुत कम हो पाया। एक बार डी.जे. एनराइट से मिलना हुआ था। इसके पीछे मेरा अँग्रेज़ी साहित्य से अपरिचितता का भय भी जिम्मेदार हो सकता है। हालाँकि एलियट, प्लाथ, जेनिंग्स की रचनाओं का मज़ा मैं उठाता था लेकिन मेरा नयी अमेरिकन कविता (गिन्सबर्ग, फर्लिंगेट्टी आदि) और यूरोपीय कविता की ओर ज़्यादा झुकाव था। यूरोपीय रचनाओं को पढ़ने के लिए अनुवाद का ही सहारा था और उन दिनों अनुवाद बहुत कम हुआ करते थे, इसलिए परिचित कवियों से आगे जाना मुश्किल था। हालाँकि वोझनेसेन्स्की को नाटकीय अन्दाज़ में पठन करते हुए सुना था और रॉयल अल्बर्ट हॉल में कविता के एक बड़े मुशायरे में नेरुदा, गिन्सबर्ग आदि को सुनते हुए रोंगटे खड़े हो गये थे।

विक्टोरिया एण्ड अल्बर्ट म्यूज़ियम में हमारे पोथी–चित्रों को देखकर लगा था कि भारतीय परम्परा जिन संस्कारों को पैदा करती थी उसमें कविता के स्थानीय परिवेश की खनक अप्रत्यक्ष रूप से जिम्मेदार थी। कला में आधुनिकता समस्याओं से घिरी, प्रगति के शिखरों को पार करती हुई शून्य की दीवार पर सर पटक रही थी। फेलिनी, बुन्वेल और पासोलिनी की आधुनिक और प्राचीन, आरपार बींधने वाली त्रस्त संवेदना इस 'वाद्य' को विशेष रूप से भाई। मात्र प्राचीन या पूर्व का मोह सृजन के ऋत को ग्रसित करने वाला, भयावह लगता लेकिन परम्परा और उसकी विविधता के अभी भी खनकते हुए सुरों को बार–बार सुनने की तीव्र इच्छा भी पैदा हुई। उस खोज की भाषा

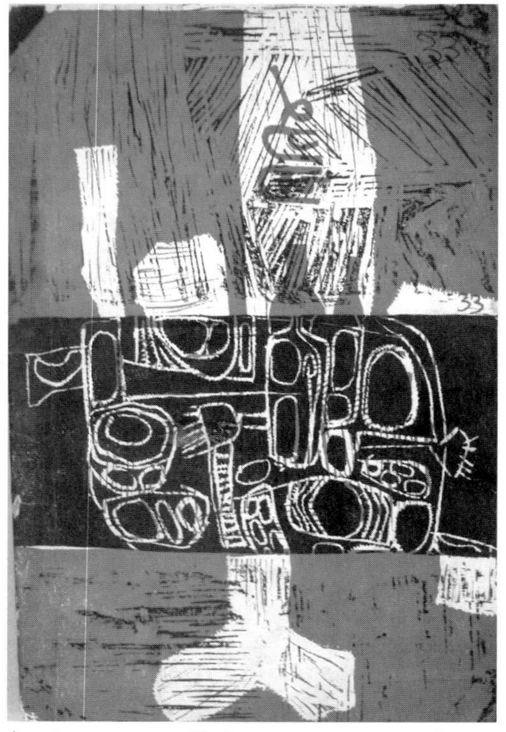

के. जी. सुब्रह्मण्यन्, ***'क्षितिज' का मुखपृष्ठ***, *मार्च १९६२*

की तलाश गुजराती में आज भी जारी है लेकिन गद्य में 'घर जाते' के माध्यम से प्रयोग किये हैं जिसमें अनेक कालों में एक साथ विचरण करने की ख्वाहिश है।

साहित्य और कला से सम्बन्धित पत्रिकाओं के सम्पादन के साथ जुड़ना कैसे हुआ ? किस ज़रूरत ने आपको इस प्रकार की गतिविधि में सक्रिय बनने के लिए प्रेरित किया ?

भोगीभाई और सुरेशभाई के समागम के कारण ही ऐसे संयोग पैदा हुए। मेरा भी दृढ़ संकल्प उन विषयों में जागृति फैलाने का अर्थात् शैक्षणिक ही था। उस समय पढ़ाना शुरू किया तो कला से सम्बन्धित लेख और सम्पादन में उस दृष्टिकोण का विस्तार हुआ।

'सायुज्य' के कला-विभाग के सम्पादक के रूप में और 'एतद्' और 'ऊहापोह' के साथ परोक्ष रूप में आप जुड़े थे। क्या आप उसके किसी विशिष्ट अनुभव के बारे में बता सकते हैं ?

'सायुज्य' का कला-विभाग बहुआयामी रखने की ख़्वाहिश कुछ अंशों में पूरी होती। 'एतद्', 'ऊहापोह' में तो ज़िल्द बनाने या बनवाने के अलावा दूसरा काम शायद ही सम्भव था। ऐसे भी हमारे यहाँ कला के बारे में बहुत कम ही लिखा जाता है, इसलिए सम्पादन के दौरान अनुवाद पर आधार रखना पड़ता था। अनुवाद भी सहज नहीं होते इसलिए समस्याएँ बढ़ जाती हैं। मूलतः कला माध्यम से परिचय कम और लेखन में यान्त्रिकता ज़्यादा इसलिए काफ़ी कुछ संक्षेप में या व्यवस्थित करके रखना पड़ता था। इसके अलावा इस तरह के लेखन का पाठक-वर्ग बिलकुल नगण्य, साहित्यकार भी अन्य कलाएँ, विशेष रूप से दृश्य-कला से सम्बन्धित लेखन की ओर ध्यान नहीं देते इसलिए प्रयत्न हमेशा आकाश पर साधे हुए तीर की तरह प्रश्नसूचक बना रहता। सुरेशभाई ने नयी हवा फैलायी इसलिए साहित्य में सुगबुगाहट हुई जिससे नयी पीढ़ी ने नये साहित्य को पहचानना शुरू किया। चित्र को आँख के साथ कान से भी देखने की आदत पड़े, तो कला विषयक लेखन का कोई लक्ष्य साधित हो सकता है।

आपके 'वृश्चिक' पत्रिका की शुरुआत के पीछे क्या भूमिका थी? उसे अँग्रेज़ी में क्यों किया गया था? आपके एक सम्पादक के रूप में, उसके विशेष दृष्टिकोण, सम्पादन रीति, मुसीबतें और प्रसन्नता के बारे में—मूलतः एक व्यापक 'सम्पादक अनुभव' कैसा रहा?

कलाकारों के बीच आदान-प्रदान के अभाव को 'वृश्चिक' के प्रकाशन की भूमिका के रूप में रखा जा सकता है। उसमें समग्र भारत के और अन्य परिवेश को शामिल करने के कारण अँग्रेज़ी माध्यम रखना ज़रूरी था। उसी के कारण मौलिक कविता (अरविन्द कृष्ण मेहरोत्रा का संग्रह) और सन्त कविता के अनुवादों का लक्ष्य भी पूरा हुआ। मुख्य रूप से कला की गतिविधियों पर केन्द्रित रहने का सोचा था इसलिए गीता कपूर के 'आधुनिक भारतीय कला' के अध्ययन लेखों को शृंखलाबद्ध रूप से छापने की शुरुआत की। फिर उसी से राष्ट्रीय ललित कला अकादेमी और अन्तर्राष्ट्रीय त्रिवार्षिकी से सम्बन्धित विवाद और उन दोनों के बहिष्कार से आन्दोलन भी खड़ा हुआ।

उनका लक्ष्य ग़ैरव्यावसायिक, छोटे स्तर पर लेकिन स्वयं-आधारित बने रहने का था फिर भी थोड़ा अंशदान और मित्रों के अनुदान भी मिलते थे। सादे काग़ज़ पर छपता और सम्पादन से लेकर डाक टिकट तक चिपकाने का काम सब कुछ साथियों के साथ मिलकर कर लेते इसलिए आर्थिक प्रश्न रुकावट नहीं बनते थे। अन्त में जब संचालन के कार्य से साथी सटक गये वैसे-वैसे काम का बोझ बढ़ा तब उसे बन्द किया। लेकिन ऐसा तो सब जगह होता ही होगा न?

'वृश्चिक' के सम्पादन के पीछे के दृष्टिकोण को कलाकार, साहित्यकार मित्रों के साथ पत्र-व्यवहार करना भी कहा जा सकता है : इस प्रकार का सम्पर्क और लिखित संवाद उस समय की माँग थी। उसी के साथ कला और साहित्य के अलावा साम्प्रत गतिविधियों पर टिप्पणी करने का भी लक्ष्य था और दूसरे ही अंक में साम्प्रदायिकता की ज्वार पर लिखना हुआ और उसके बाद वियतनाम में 'जी-आई' (GI) कहे जाने वाले अमेरिकी सैनिकों के आत्मदर्शन वाले पत्रों के अनुवाद भी छापे। जेराम पटेल ने उस अंक के लिए विशेष रेखांकन किया। उसके बाद प्रवर्तित हिंसा के विरुद्ध कलाकारों के द्वारा किये गये लिनोकट छाप का विशेषांक प्रकाशित किया गया। अकादेमी का संविधान बदलने के लिए और लोकशाही के अनुसार कलाकारों को चुना जाय ऐसी पद्धति का दृष्टिकोण संगठन द्वारा ही सँभाला जाय इसके लिये पत्रिका काम आयी। व्यापक सन्दर्भ के साथ संवाद का और उसके माध्यम से सांस्कृतिक क्षेत्र में हस्तक्षेप का संकल्प सम्पादन की नींव में हो सकता है यह सम्पादन करते हुए उभर आया होगा या विस्तृत हुआ होगा।

सम्पादन का किसी निश्चित दृष्टिकोण पूर्वनिर्णित हो ऐसा याद नहीं है : हाँ, विवेक और सन्तुलन के सर्वसामान्य आदर्श ज़रूर थे। काम करते-करते पद्धति पैदा हुई और कार्य-पद्धति आर्थिक भण्डार या कला के किसी भी प्रकार या संस्था पर आधारित नहीं होने के कारण तरल

और लचीली रही। चारों ओर नज़र घूमती रहती। जो कुछ भी छपता, लिखा जाता, दिखायी देता वह सब कुछ सम्पादक—स्वार्थ से बटोर लेने के लिए दृष्टि सतेज़ हो जाती। मूल रूप से तत्कालीन परिस्थिति में परिवर्तन लाने की वृत्ति ही सम्पादन का ध्येय बनी रहती थी। जिस दिन पत्रिका प्रकाशित करने का निर्णय लिया गया उस दिन बैठे हुए लोग ज़्यादा वृश्चिक राशि के थे इसलिए उसका नाम 'वृश्चिक' रखा गया। देश-विदेश की कला संस्कृति के साथ जुड़े व्यक्तियों को वह पहुँचायी जाती थी इसलिए ऐसा भी परिवार बना। कुछ छोटी विदेशी पत्रिकाओं के साथ आदान-प्रदान भी हुआ और 'वृश्चिक' के बन्द होने के बाद पाँच वर्ष तक वहाँ से पत्रिकाएँ आती रहीं। यह पत्रिका न्यूयॉर्क पब्लिक लाइब्रेरी में भी पहुँची है इसलिए उसे सुरक्षित रखा गया होगा।

पत्रिका को जीवन्त रखने के लिए सम्पादक को अच्छा-ख़ासा समय निकालना पड़ता है, प्रेस के चक्करों से लेकर लेखन को, चित्रों को सही ढंग से छापने की जिम्मेदारी (और कमियों के बारे में कड़े शब्दों को सहने की शक्ति आदि) में थकान और परेशानी उठानी होती है। लेकिन छपकर प्रकाशित हुए ताज़े अंक की महक आते ही और अच्छे अंक के निकलते ही फिर से उत्साह बन जाता है और तकलीफ़ों को उठाने की ताक़त भी पैदा हो जाती है।

> सुरेश जोशी ने 'क्षितिज' आदि पत्रिकाओं से साहित्य के नये सन्दर्भों से परिचय बढ़ाना तय किया था और साथ-साथ चित्र, शिल्प, संगीत आदि अन्य ललित कलाओं की अभिज्ञता बढ़ाने, उसके आस्वाद की भूमिका खड़ी करने के लिए भी थोड़े-बहुत प्रयास किये थे, तो क्या आपको ऐसा लगता है कि इस प्रकार के प्रयासों का थोड़ा-बहुत भी प्रभाव पड़ा हो ? यदि नहीं, तो आप बतायें कि कम-से-कम क्या किया जा सकता था ? क्या वह कार्य अभी भी किया जा सकता है ?

प्रकाशनों के पीछे के उत्साह में कलाकार समुदायों के बीच हो रही चर्चा और विचार करने की हवा ही जिम्मेदार थी, लेकिन यह बात दु:ख के साथ स्वीकारनी पड़ती है कि गुजरात में ऐसी हवा जम नहीं पायी। कला-शिक्षा के बावजूद भी कला पर लिखने वाले बहुत ही कम निकले, और इस बात से दु:ख और निराशा दोनों ही होते हैं कि साहित्यकारों का रुझान और दृष्टि दोनों ही कला की ओर विकसित नहीं हो सके। आज भी गुजराती कला पर स्वतन्त्र रूप से विचारों को प्रस्तुत करने का उपक्रम भूमिका के अभाव में पैदा नहीं हो सकता। गुजराती में कला के बारे में वाचकों, लेखकों और सचमुच में तो कला रसिकों की कमी है।

इसके लिये कलाकार और साहित्यकार मिलजुलकर कोशिश करें तो उचित वातावरण सर्जित हो सकता है। पत्रिकाओं में चित्र, शिल्प छपने लगें तो हवा खड़ी हो सकती है और यदि मौलिक न मिले तो अनूदित लेख भी छापे जा सकते हैं।

लोक-कला, यथार्थ की आराधना करने वाले चित्रों, शिल्पों की या 'कुमार' में छपते हैं ऐसे बंगाल शैली के गुजराती क़लम के चित्रों की रुचि थोड़ी-बहुत प्रवर्तित है। उसमें यदि विश्व-कला की विविधता का प्रचलन हो तो सभी के लिए विभिन्न रस के आस्वाद की भूमिका खड़ी होगी, लेकिन उसके लिये कमर कसने की ज़रूरत है।

अभी गुजराती में जो साहित्यिक पत्रिकाएँ निकल रही हैं उसके बारे में आप क्या सोचते हैं ? आप उनसे क्या अपेक्षा रखते हो ?

गुजराती में कई समर्थ पत्रिकाएँ हैं। उसमें रचे जा रहे साहित्य और आलोचना की अभिदृष्टि की प्रतिध्वनि होती है। आलोचना में कहीं-कहीं आत्माग्रहों का प्रमाण बढ़ता हुआ दिखायी देता है और सृजन में एकविधता प्रवेश करती हुई दिखायी देती है, जितना साधित किया उसी से तुष्ट हो जाने का भाव भी प्रकट होता है और यही इसके भय स्थान है। भाषा भी जितने स्तर पर समाज में प्रयोजित होती है उसकी प्रतिध्वनि भी इसमें कम पड़ती है, लेकिन ये समस्याएँ पत्रिकाओं की नहीं अपितु साहित्य की हैं। पत्रिकाएँ नयी-नयी भाषा-प्रक्रिया और प्रवृत्ति के निदर्शन अनुवाद के माध्यम से कर सकती हैं। विश्व के श्रेष्ठ साहित्य को साथ-साथ छापा जाय तो कमियाँ देखने का उपक्रम बन सकता है और नयी दिशाएँ भी खड़ी होती हैं। अनुवाद पश्चिम के अलावा पूर्व के साहित्य में से और विशेष रूप से भारतीय भाषा में से हो तो नये-नये लक्ष्यों के प्रति नज़र जायेगी। संगीत, सिनेमा, कला के नवोन्मेष का संसर्ग भी साहित्य के बन्द कमरे में नयी हवा ला सकता है। हालाँकि ऐसा नहीं है कि इस तरह का कार्य बिलकुल ही नहीं होता है, लेकिन जो होता है वह काफ़ी नहीं है।

('*प्रत्यक्ष*', जुलाई-दिसम्बर १९९५, पृ. १२१-१२४)

गुजराती से अनुवाद : किरन सिंह

‘यदि समाज में कहीं आशा दिखायी देती है तो वह कला में...’

प्रमोद गणपत्ये के साथ संवाद

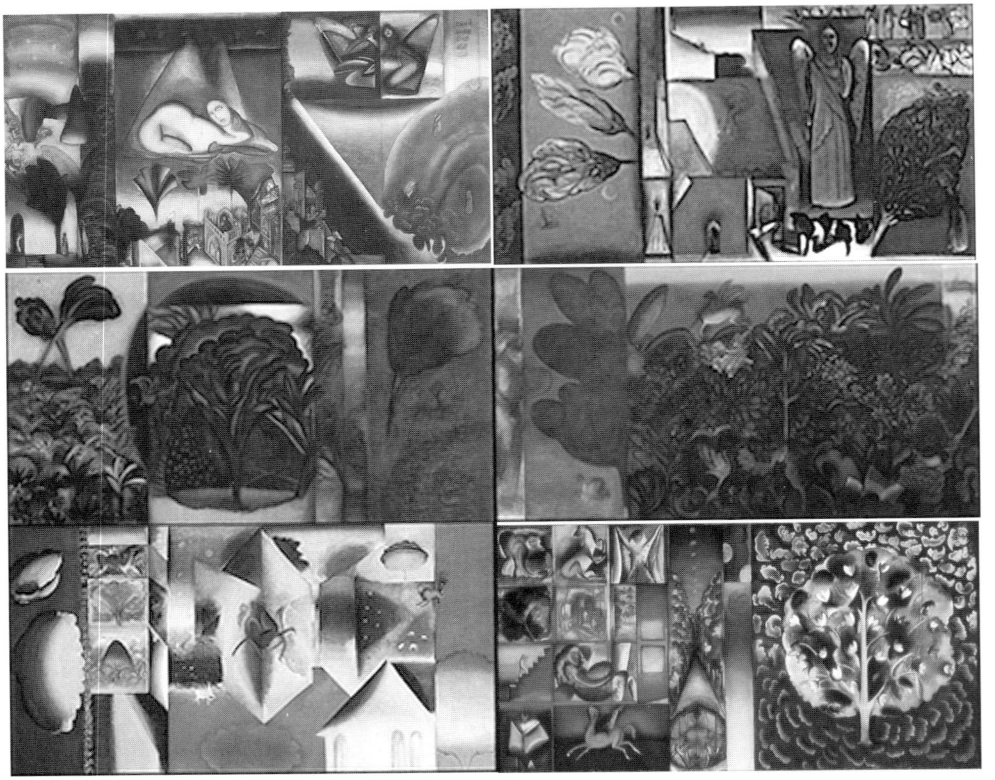

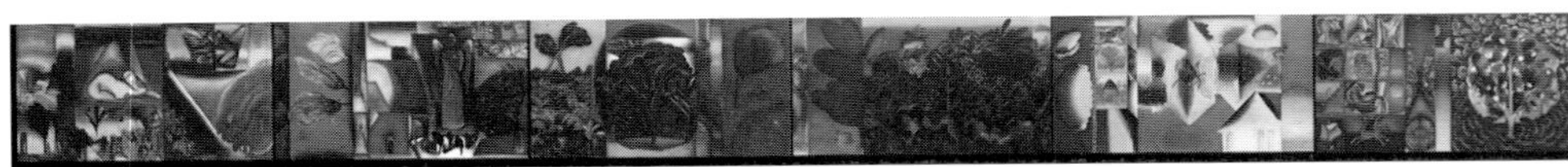

गुलाममोहम्मद शेख, चित्रों का समूह : ***पथ-विपथ****, तैलचित्र, १९९१ ई.*

सौजन्य : टाईम्स ऑफ़ इण्डिया, नयी दिल्ली

प्रमोद गणपत्ये : आपके चित्रों का ताना-बाना मिनियेचर जैसा लगता है।

गुलाममोहम्मद शेख : मैं मिनियेचर नहीं बनाता। मैंने कभी छोटी पेंटिंग और जलरंगों का उपयोग मिनियेचर करने वाले चित्रकारों की तरह नहीं किया।

मेरा सवाल मिनियेचर की बुनावट और संयोजन से है, क्या आप पर उसका प्रभाव नहीं है?

मैं मात्र मिनियेचर से ही नहीं बल्कि संसार की सभी सर्जनात्मक कलाओं से प्रभावित हूँ। चित्र हो या वास्तुकला—इन सभी में ऐसा कुछ होता है कि जो प्रभावित करता है। मिनियेचर की अपनी पकड़ है, मैं उसका ताना-बाना आज के सन्दर्भ में भी देख पाता हूँ...मिनियेचर शब्द भी ठीक नहीं है। वास्तव में, ये पुस्तकों के चित्र/पोथीचित्र हैं। मिनियेचर में हम अनेक पर्स्पेक्टिव एक साथ एक ही चित्र में देख सकते हैं। यह भ्रम हटाने और स्मृतियों को जागृत करने की युक्ति है।

भ्रम कहने के पीछे आपका आशय क्या है?

मैं भ्रम को पर्स्पेक्टिव के साथ जोड़ता हूँ। पर्स्पेक्टिव क्या है? कोई चीज़ किसी निश्चित दूरी से कितने अंश पर कैसी लगेगी? दूर से चीज़ छोटी दिखायी देती है लेकिन सचमुच में वह छोटी नहीं होती; लेकिन ऐसा भ्रम होता है। हमारी कला में ऐसी 'भ्रामक' दृष्टि के स्थान पर सभी पदार्थों को एक ही धरातल पर समान रूप से प्रस्तुत किया जाता था।

इसे आप विस्तार से बतायेंगे?

आँख अकेले क्या देख सकती है? उसकी अपनी मर्यादा है। उससे पैदा हुए भ्रम को अलग-अलग पर्स्पेक्टिव में प्रस्तुत करने का प्रयत्न हमारी कला में हुआ है। देखने के लिए मात्र आँख

काबिल नहीं है। समस्त ज्ञात और अज्ञात इन्द्रियाँ इसमें लगी हुई हैं, तब जानी और अनजानी स्मृतियाँ आँख के निमित्त से जगती हैं। कहीं हवा बहती है तो आँख के लिए हवा-हवा ही है, लेकिन शरीर का रोम-रोम बता सकता है कि हवा कौन से पेड़ की है, उसकी ख़ुशबू कैसी है और उसके चलायमान होने के कैसे संकेत हैं। आँख के पीछे जो और इन्द्रियाँ हैं इनके कारण आँख आँख है, इसके बिना तो वह एक यन्त्र ही गिनी जायेगी।

आपने बताया कि मिनियेचर के ताने-बाने को वर्तमान के सन्दर्भ में देखा जा सकता है। पर कैसे?

मिनियेचर में हम एक बिन्दु पर खड़े रहकर अनेक बिन्दु से देख सकें ऐसे पर्स्पेक्टिव की सम्भावना बनी है। हमारे देश में हम एक ही साथ अतीत और वर्तमान में जीते हैं : आज भी प्रागैतिहासिक, मध्ययुग और बीसवीं सदी में लोग एक ही साथ जीते हैं, और ऐसे जिया जा सकता है। यदि आप बस्तर या छोटा उदेपुर जाओ तो आप देखेंगे कि लोग वहाँ अपनी परम्परा को बनाये रखते हुए, इस युग में रहकर भी वे उस युग में भी जी रहे हैं। जबकि पश्चिम में आप बीता हुआ समय संग्रह-स्थान, अजायबघर और पुस्तकों में क़ैद हुआ पायेंगे, जीवन मात्र वर्तमान के साथ जुड़ा हुआ रहता है। हमारे यहाँ सब कुछ संयुक्त है; वर्तमान, अतीत और परम्परा के साथ-साथ भविष्य भी।

आपके अनुसार कला क्या है? समाज का दर्पण या इतिहास का दस्तावेज़?

नहीं, ऐसा मैं नहीं कह सकता। न ही यह दर्पण है और न ही दस्तावेज़। कला में इन्सानों की साँसें हैं, उसके दिल की धड़कनें हैं। चित्र सिर्फ़ रंग, कैनवास, घटनाएँ और स्मृतियों से नहीं बनता, रंग तभी ही अर्थपूर्ण हो सकते हैं जब उसके पीछे साँसें, संवेदनशीलता, संस्कार, जीवन के आयाम और भावदशा समाये हों और उनके बीच तालमेल हो। कला इतिहास नहीं है, मरी हुई चीज़ नहीं है। कला हमें अवर्णनीय स्मृतियों में और विशिष्ट प्रकार की भावदशा में ले जाती है। वह जीवन्त चीज़ है। एक समय से दूसरे समय में बहा ले जाती है। और हमेशा हमें सफ़र में रखती है। इसमें रोमेन्टीक होने की ज़रूरत नहीं है, कहने का मतलब यह कि रंग या केन्वस अकेले कुछ नहीं करते। उनके साथ बहुत कुछ जुड़ा हुआ होता है : जब हम 'रेड' या 'येलो' कहते हैं तब हमारे मन में कौन-से बिम्ब खड़े होते हैं? कौन-से रंग सामने आते हैं? वही, जो आपने कहा, लेकिन जब उनमें हल्दी और सरसों के गुणधर्म शामिल हो जाते हैं तब उनकी स्मृति और ख़ुशबू भी उसमें उतर आती है। इसलिए मुझे लगता है कि कला को मात्र दस्तावेज़ के रूप में नहीं देखा जा सकता।

कला समय के साथ जीवन्त रखने के अलावा और क्या कर सकती है?

कला संस्कार गढ़ती है, अनुभवों की सरहदों को पार कर जाना, उन्हें बढ़ाना, नये आयामों को जगाना चित्र का काम है। हमारी शिक्षा के तरीक़े सही नहीं है। हमने पढ़ाई में विषयों को एक-दूसरे से अलग करके स्पेशलाइजेशन को ज़्यादा महत्त्व दिया, मैं 'वन-टू-वन रिलेशन' को भूल मानता हूँ।

आपकी शिक्षा कैसे वातावरण में हुई?

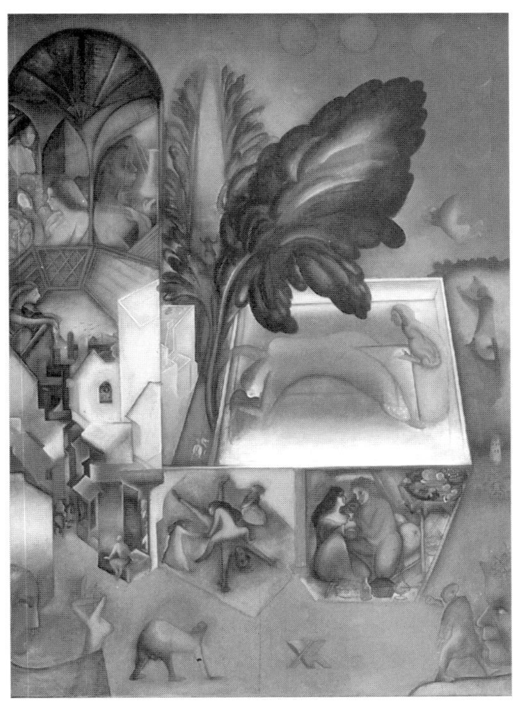

गुलाममोहम्मद शेख, ***क़िस्सा अज़ीज़ और अज़ीज़ा का,*** *तैलचित्र, १९८९ ई.*
सौजन्य : देविन्दर और कंवलदीप साहनी, मुम्बई

कविता और चित्रों के साथ मेरा बचपन से ही रुचि-सम्बन्ध था। बड़े भाई काँच पर चित्र बनाया करते थे, पिता धार्मिक थे, दिन में पाँच बार नमाज़ पढ़ते थे। मैं घर पर कुरान की आयतें पढ़ा करता था और स्कूल में गुजराती और संस्कृत। हमारे गाँव में एक लाइब्रेरी थी, वहाँ जाया करता था। गुजरात के कलागुरु रविशंकर रावल किसी कारण से हमारे शहर आये और उन्होंने मुझे प्रेरित किया। पिता की आर्थिक स्थिति अच्छी नहीं थी, लेकिन रविभाई ने ही मुझे सौराष्ट्र सरकार की छात्रवृत्ति दिलवाई। बाद में, बड़ौदा जाना हुआ, और उसके बाद इंग्लैण्ड गया—दूर जाने से काफ़ी कुछ समझ में आया उसी तरह वहाँ रहकर भारतीय कला को देखा, परखा।

उस समय यूरोप की कला किस स्थिति में थी?

वहाँ कला उस मोड़ पर पहुँच गयी थी कि चित्र नाम का पदार्थ कला से मिट गया था। उन्होंने ऐसा रास्ता लिया था, जिससे कला जीवन से ग़ायब होने लगी थी। हम हमारी सर्जनात्मकता को ख़ुद ही नाश करें इससे भयानक बात और क्या हो सकती है? मुझे कला में विश्वास था। भारतीय कला के नमूने देखकर वह विश्वास, सघन तथा मजबूत हुआ और लगा कि जीवन में चित्रकार होना ज़रूरी है। मुझे लगता है कि समाज में आज कोई आशा बची है, तो वह कला में ही है।

गुजराती से अनुवाद : किरन सिंह

('*कंकावटी*', मई, १९९१, पृ. २०-२४)

मध्य प्रदेश विधान परिषद्, भोपाल : प्रवेश–द्वार चित्र

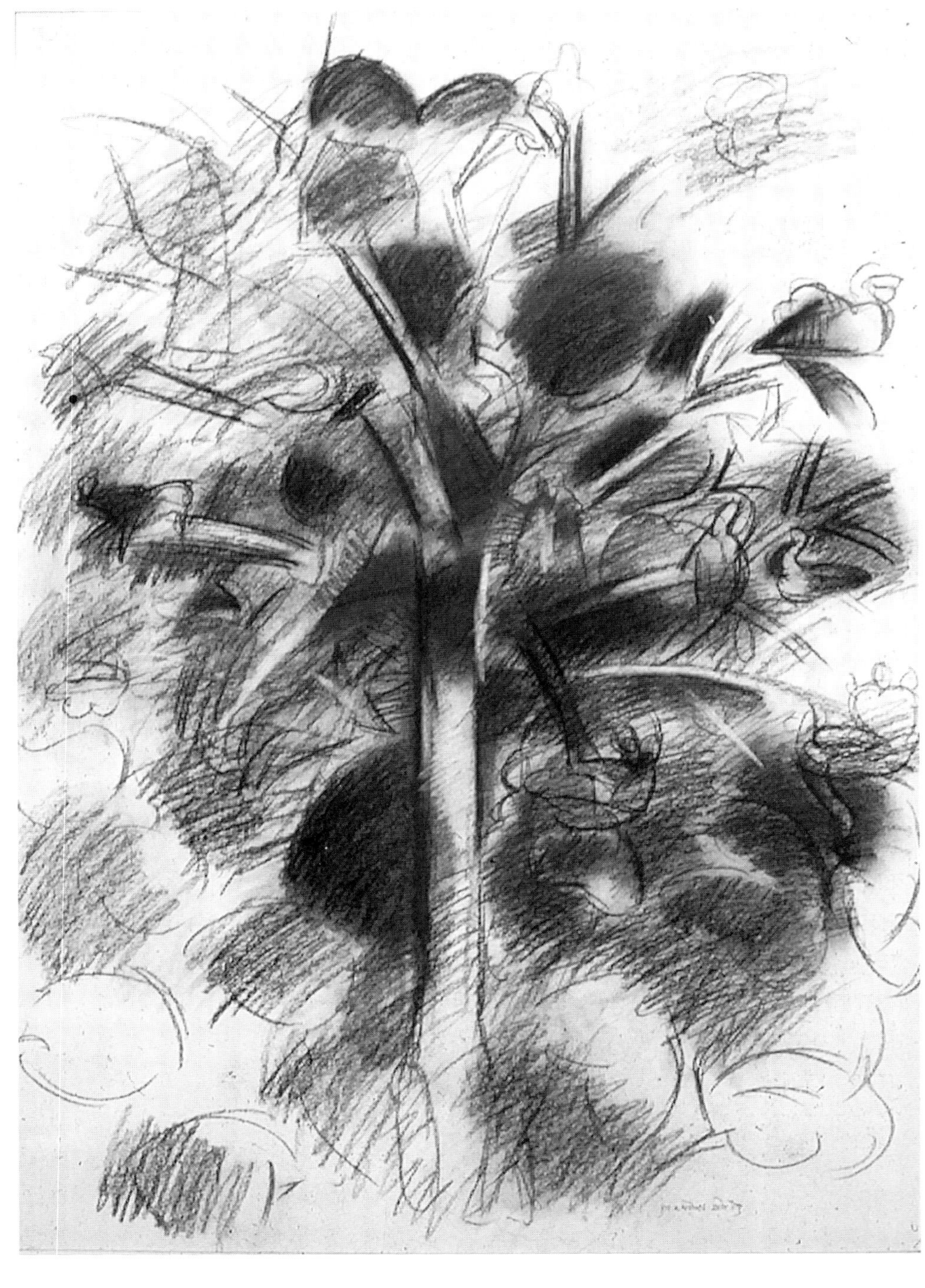

जनवरी, १९९६ से बज रहा था कि नयी विधान-सभा के लिए मुझे म्यूरल बनाना है। मई में आमन्त्रण मिला, तब भोपाल में म्यूरल की जगह और परिवेश देखने का मन हुआ। आख़िरकार चार्ल्स कोरिया की हाजिरी में अशोक होटल में महेश बुच के साथ पक्का हुआ। उन्होंने कहा चार महीने का समय है, मैंने मना किया तो छह महीने तक बढ़ा दिया। यह बात भी मान ली कि लिखित निमन्त्रण मिलने के बाद अगर और समय की ज़रूरत हो तो चर्चा-विचारणा द्वारा समय बढ़ाने की बात हमारे मध्यस्थ श्री ज्योतीन्द्र जैन के द्वारा तय की जायेगी। मैंने यह सब मेरी लिखित शर्तों में रखा, उसमें यह भी स्पष्टता की कि आकृति और विषय दोनों ही कलाकार के ही अधीन रहेंगे, किसी की भी दख़लन्दाज़ी नहीं रहेगी।

जून में रेखांकन बनाये, जलरंग भी आज़माये, इम्पीरियल साइज में चारकोल-क्रेयोन भी घिसी। अभी बात पक्की होने की पूर्व भुगतान की राशि नहीं मिली थी, लेकिन मेरा विचार-चक्र चालू हो गया था। इस राज-द्वार पर, जिसमें नीचे सचमुच में दरवाज़ा है उसमें कैसी, कौन-सी आकृति बनायी जाय उसका विचार-क्रम भी शुरू हुआ। छोटे रेखांकनों में पंखों वाली आकृतियाँ नज़र आने लगीं। मानो कि विधान-परिषद् के द्वार पर महाकाय फ़रिश्ते-देवदूत उतर आये हों। एक बार तो दरबान-देवदूत जैसा बनाया भी। उड़ते हुए, पंखवाले या बिना पंखवाले पेड़ भी उभर आये। मन में आया कि एक ही आकृति सारी दीवार पर बिछा दूँ तो कैसा। साथ में यह भी हुआ कि एक ही पेड़ बना दूँ तो याद आया कि यह तो बरसों पुरानी ख़्वाहिश : पेड़ जितना बड़ा पेड़ बनाने की। बीच-बीच में दोनों ओर घरों की कतारें भी बनायीं। फिर जब सरकारी पत्र और क़िस्त की राशि आयी, तब लगा अब पक्का है और तेज़ी से काम चलाया। कई बार पेन की लकीरों में नये विचार उभरते, लेकिन जैसे ही जलरंग

***जीवनवृक्ष के लिए रेखांकन**, काग़ज़ पर चारकोल, क्रेयोन, पेस्टल, १९९५ ई.*
संग्रह : राम रहमान, नयी दिल्ली

शुरू करने जाता कि उसी आकृति से मन हट जाता। चारकोल-क्रेयोन के घिसौटे किये पर उनकी बुनाई नहीं हो रही थी। कहीं बीच का दरवाज़ा आड़े आ जाता तो कहीं एक आकृति पर मन लगाने की जगह अलग-अलग प्रयोग के लिए मन उड़ता रहता। हालाँकि सब कुछ पेड़ पर टिका हुआ था, इसलिए 'बोलते पेड़' को ही कोशिश करके पकड़े रखा। लगा यही इसकी विषयवस्तु रहेगी। घर में कैनवास पड़े थे जो लगभग म्यूरल की दीवार की आकार के बराबर, खड़े (वर्टिकल) आकार के थे, उनमें से एक को लेकर उस पर एक के बाद एक रंग चढ़ाना शुरू किया। पहला कैनवास छोटा था उसमें इण्डिगो से रेखांकन करते बादल की तरह उड़ते आकारों वाला पेड़ निकल आया। गहरे अन्धेरे वाले पेड़ में पंखों वाली आकृतियाँ, पेड़ और छोटे-छोटे मनुष्य रूप। ऊपर के सिरे में खड़ी पट्टियों के अन्तरालों में घर-पेड़-आकाश का, रात की बेला का दृश्य या पेड़ या बादलों से आकार। नीचे पेड़ की जड़ लगभग सफ़ेद, उसके चारों ओर ऊपर बनाये वैसे पट्टे-अन्तराल खड़े किये। उसी में बायें के बीच में कोई आकार उभर आया। आख़िरकार उसमें नोआखली में घूमते हुए गांधीजी को बनाया। यह सब ख़ूब तेज़ी से लगभग सटासट बनता चला गया। जवान चित्रकार मित्रों को अब मुझे 'बोल्ड स्ट्रोक' में काम शुरू करते देख ख़ुशी हुई होगी। कुछ ने तो बताया भी कि उन्हें वह चित्र उस चरण में पसन्द आया था। मैं उन्हें यह कहकर निराश नहीं करना चाहता था कि मैं पूरा चित्र अच्छी तरह बनाना चाहता हूँ। यहाँ सवाल स्ट्रोक या चिकनी सतह का नहीं था, आकृति की विषयरचना का था। लगा कि पेड़ तो हर कोई बनाता है तो इसमें कौन-सी बड़ी बात है ? ऊपर से सन्तुलित बनावट का बीच में बनाया हुआ पेड़ उबाऊ भी लग सकता है। नादिर थरानी एक बार चित्र देखने आया था और उसने सन्तुलित रेखांकन एक ओर रख दिये थे। सभी को असन्तुलित रचना अच्छी लगती है। उस समय तक गहरा नीला चित्र बनना शुरू हो गया था, लेकिन मुझे लगा रहता था कि इसमें कुछ या बहुत कुछ कमी है। पेड़ तो हो गया पर इस चित्र के आधार पर अगर बीस-तीस फुट का पेड़ बने तो वह बिलकुल ख़ाली लगेगा। उसमें कोई विषय, विचार, आकृति के सत्व होने चाहिए। दो-चार दिन चित्र को देखकर अलग रख दिया और उससे बड़े क़द का कैनवास उठाया। इस बार पेड़ की घटा चौड़ी बनायी, तने को नीचे तक रखा—और बीच में तो था ही—लेकिन उसे ज़्यादा पतला नहीं बनाया। लाल-पीला नीला रंग पोतकर या पोंछकर, घिसकर लगाया। विषय संयोजन, तिरछी दिशाएँ—सब कुछ तड़क-भड़क। यह काम आधे पहुँचा होगा तभी नादिर फिर से आया : उसने आधे चित्र पर उसकी क़ीमत भी पूछी थी। फिर कई दिनों तक वह चित्र भी सामने पड़ा रहा। नीलू का मौन सूचक था। जब वह कुछ कहती नहीं तब मान लेना कि कुछ कमी है। उसका मौन चुभता था। चित्र में क्या रखना उसके विचार से ही सर झन्नाता रहता, कभी-कभी चकराता, थककर कुर्सी पर बैठे-बैठे झपकी ले लेता, उठता, चाय पीता, यहाँ-वहाँ चक्कर लगाता, टेबल पर रखी चीज़ों को उलट-पलट करता और मन में कोसता रहता कि इस तरह कैनवास पर काम करने की जगह मैं यूँ ही वक़्त बर्बाद कर रहा हूँ। फिर मन में आया कि चलो कहीं

तो शुरू करूँ, विचारहीनता का अन्त तो कभी-न-कभी होगा ही न, ऐसे ही धीरे-धीरे रास्ता निकल आयेगा, कुछ तो निपटेगा। आख़िरकार एक के ऊपर एक रंग लपेटने से अलग-अलग, कुछ जानबूझकर बनाया, कुछ अज्ञात-सा उभरकर आया। पंखों वाला जानवर (बुराक ?), द्विमुखी हिरन (मारीच ?) और पीछे तीर से निशाना लिये एक मनुष्याकृति। बीच में घर, गलियाँ निकलीं, कहीं मोटर बाइक सवार दिखायी दिये, एक गायक की आकृति भी झाँक गयी। ऊपर सूर्य-चन्द्र-नक्षत्र के रंग-बिरंगी गोले, कुछ अवकाश की रंग लपेटे। फिर तो वे सारे आकार एक-दूसरे में पिरोते चले गये। कहीं पट्टे बनाये तो कहीं आकृतियों को पट्टे के उस पार कूदती हुई बनायी। ऐसा भी लगे कि मारीच-मृग आगे-पीछे दौड़ता हुआ भागता ही जाता है। पीछे राम जैसी आकृति आधी नक्षत्र जैसी तो आधी रवि वर्मा जैसे चित्रकार ने बनाये हो ऐसे मांसल, भरावदार देह वाली। मृग और शिकारी को ऊपर और नीचे, दो बार बनाये। मृग को दो-चार गति में दो-चार बार दिखाया। ठीक बीच में ऐसी आकृतियाँ बनायीं मानो वे गुरु को सुन रही हों, उन्हें रखा, मिटाया और फिर से बनाया। बैठी हुई बुराक दृष्टिभ्रम के कारण स्फिंक्स की तरह दिखे और फिर गुम हो जाय ऐसी दिखी, वह अच्छा लगा। दूसरा तो बहुत कुछ आया। कहीं सिर्फ़ माथे या चेहरे, कहीं हस्ति, कहीं भूमि-दृश्य जिसमें आकृतियाँ दिखें-न-दिखें, थोड़ा-सा निगेटिव-पोज़िटिव इस कारण अभी नज़रों के सामने, अभी नज़रअन्दाज़। इन सभी की भरमार। पेड़ मानो तरह-तरह की बोलियों से भर गया। लेकिन मैं सामान्य रूप से चित्र बनाता हूँ उससे ज़्यादा जल्दी से बनाया हो ऐसा लग रहा था, जिससे नीलू खिन्न लगी। उस खिन्नता से मैं भी खिन्न। लेकिन मैं पेड़ को ऐसा बनाना चाहता था कि जब वह तीस फुट ऊँचा हो तब संयोजित लगे और थोड़ा अर्थपूर्ण भी क्योंकि वह विधान-परिषद् के दरवाज़े पर रहने वाला था इसलिए उसके अर्थ परिवेश को प्रकट या प्रस्फुटित करे ऐसा। यह 'बोलता पेड़' में ऐसा नहीं था। अर्थ की दृष्टि से आकृतियाँ अकस्मात् ही फूट निकली हों ऐसी अलग और बिखरी हुई जिसे विधान-परिषद् जैसी जगह से कोई लेना-देना नहीं। नीलू को पूरा चित्र रिज़ोल्व होता हुआ नहीं लगा। कहा कि थोड़ी जल्दी हो गयी है। वह सच ही कह रही थी। मेरी उलझन वह समझती थी और मेरी ग़लतियाँ भी वह निकालती रहती या फिर वह बिना बोले ही कुछ कमी रह जाने का अव्यक्त प्रतिभाव दिया करती थी। ये सारी बातें सताती थीं, उसके बावजूद तब भी मैंने मेहनत से उस चित्र को पूरा किया। और CIMA का लन्दन में 'चमत्कार' शीर्षक वाली प्रदर्शनी थी, वहाँ भेज दिया। वह पूरा हो उससे पहले, पेड़ के दूसरे रेखांकन हो रहे थे। आख़िर में पेड़ में सब कुछ शामिल किया जा सके ऐसी विषय-वस्तु की खोज शुरू कर दी। मध्य-प्रदेश की लोककथाएँ पढ़ीं। ज्योतीन्द्र (जैन) से मध्य प्रदेश की परम्परा के मिथक रूपों की जानकारी माँगी। उसने मृगनयनी, बैजू बावरा, स्वामी हरिदास, तानसेन (?), उस्ताद हाफ़िज़ खान आदि के बारे में बताया। मुझे लगा कि कुमार गन्धर्व, मुक्तिबोध, हज़ारी प्रसाद द्विवेदी को भी शामिल करूँ। फ़ोटो की खोज चली। कविताएँ पढ़ी। कुमार गन्धर्व को वैसे भी हर रोज़ सुना ही करता था। 'हिरना' वाला भजन

सुनते-सुनते ही मैंने अगले चित्र के भागते हुए मृग को बनाया था। उनकी आवाज़ जब गूँजती तो ख़ालीपने में कोमलता निखर आती, भारी सिर हलका होकर डोलने लगता, मैं गाने भी लगता और विश्व पल दो पल बैरी हो जाता वह फिर प्यारा लगने लगता और फिर उनकी और कबीर जैसे कवि की पुकार से माया की तरह पराया भी बन जाता। चित्र बनाने और लिखने का हौसला बनता और कारीगर की तरह काम पर भी चढ़ जाता। लगा कि चल, उन्हें भी अवकाश के अन्तराल पर बिठा दूँ। चित्र शुरू किया। बीच में पेड़ की घटा के केन्द्र में उत्सारित/और घूमती हुई शाखाएँ जैसी लेकिन पहिये के सलिए जैसी लकीरें बनायीं। घटाएँ फैलती और चारों ओर लहराती दिखीं। उसमें बाज़ बहादुर और रूपमती को घोड़े पर बिठाया, कुमार गन्धर्व जैसे आकारों को दायें छोर के बीच में। सलिए जैसी लकीरों में शहर जैसे घरों के चौखटे बनाये। पहले तो एलिफंट साइज के काग़ज़ पर चारकोल और क्रेयोन के बाद रंगीन पेस्टल से दो-तीन चित्र बनाये, उनमें से एक सीधी लाइन पर चढ़ता हुआ दिखायी दिया, तब उसी के आधार पर तीसरे, बड़े कैनवास पर चारकोल से रेखांकन करके तेल से घिसा और ऊपर से लाल रंग भर दिया। ऊपर भाग में चौकोर बनाकर उसमें चाँद, सूरज, नक्षत्र जैसा बनाया और दूसरे चौकोर में क्या भरना है यह सोचने के लिए ख़ाली रखा। तने के नीचे म्यूरल की दीवार पर दरवाज़े का आकार अलग बनाया, लेकिन दरवाज़ा भी रंगाकारों से भर देना हो, वैसे उस पर बहते हुए पानी के मोड़, वृक्षाकार और उड़ती आकृतियाँ, यह सब कुछ बनाया। लगा कि यह चित्र म्यूरल के लिए काम आयेगा, लेकिन अभी भी उसमें पेड़ और दो-चार आकृतियों के अलावा कोई सत्वार्थ नहीं था। यह सब तो ढूँढ़ना बाक़ी था। लेकिन इतना करते हुए अगस्त महीना पूरा होने को आया था। अक्टूबर में चार महीने हो जाते और दिसम्बर में छह। एक तो मूल चित्र और उससे चार गुना बड़ा म्यूरल। कैसे हो? लगा, अभी ही युवा साथियों को काम पर लगा दूँ। प्रमोद, सौमेन, अजय आने लगे। यूनुस कभी आता, कभी नहीं और फिर उसे दूसरा काम मिला तो वह उसमें व्यस्त हो गया और इस काम से फ़ारिग हुआ। साथियों से कहा कि बाज़ बहादुर-रूपमती का मुग़ल चित्र है उसका बड़ा रेखांकन बनाओ। फिर ठीक उसी तरह तानसेन और कबीर के सन्दर्भ चित्र दिये। मूल रूप में तानसेन का मुँह दायीं ओर था, उसे उलटा बायीं ओर करवाया। उसी तरह कबीर का भी। फिर विक्रम को उठा ले जाती हुई परियों का चित्र लिया। सोचा कि विक्रम को बेताल उठा ले जा रहा हो ऐसे बनाया जाय। रेखांकन शुरू किये। अब वृक्ष में आकृतियाँ भरनी शुरू हो गयी थीं। सवाल हुआ कि घटा में जनजीवन, उसमें भी मध्य प्रदेश की इमारतें गुँथी जायें। माण्डू में रूपमती की अटारी, और ग्वालियर के क़िले जैसा कुछ। फिर से मध्य-प्रदेश गया तब वहाँ जाकर छोटी-छोटी पुस्तिकाएँ और पुस्तकें लीं। और दूसरा तो अगस्त में प्रमोद को मध्य-प्रदेश घूमने और फ़ोटो खींचने भेजा था उसमें से मिलेगा। उन लगभग बारह फ़िल्मों में भोपाल, माण्डू, साँची, उज्जैन, इन्दौर, ग्वालियर के जनजीवन और इमारत के दृश्य थे। वह कुछ प्रकाशित सामग्री भी लाया था, जिसमें से काफ़ी कुछ मिल सकता था। फ़ोटो की नक़ल निकलवाई, बड़ी

करवाई। माण्डू के लिए मोलिना के पास जो फ़ोटो थे उसके भी प्रिन्ट्स करवाये। कहीं और जगह से छपे हुए चित्र भी मिले। इन्दौर और ग्वालियर के बारे में प्रवासन साहित्य से सामग्री मिली। बाईसन-शिंग जाति के नृत्य का भी विवरण मिला। डॉम मोराईस की मध्य-प्रदेश के बारे में लिखी हुई पुस्तक काम आयी। जिसमें काफ़ी कुछ सोचने लायक सामग्री थी। वृक्षों के लिए मैंने मेरी सास (डॉ. लीला ढांडा) से पूछा। महुए के पत्ते बनाये। मृग और भैंसे के आकार, बाघ वग़ैरह के बारे में सोचते हुए आख़िरकार सूची तैयार की और उसके आधार पर आकार बनाये। फिर लगा कि मध्य-प्रदेश यानी जंगल और नर्मदा जैसी नदी (अमृत लाल वेगड की नर्मदा परिक्रमा की पुस्तक पहले पढ़ी थी), प्राचीन और नये शहर, आदिवासी और शहरी प्रजा, विक्रम की कहानियाँ भी उज्जैन के साथ जुड़ी हुई। उदयगिरी के वराह काम में लगेंगे? पहले चित्र में ऐसा बनाया भी था। यदि चौसठ योगिनियों में से एकाध बिठाया जाय तो? बौद्ध परम्परा से कुछ रूपक नहीं मिल सकते क्या? कई सन्दर्भ ग्रन्थों, और 'मार्ग' के अंकों को पलटा। काम आ सकते थे ऐसे चित्रों की बड़ी फ़ोटोकॉपी करवाई, जिसमें उपर्युक्त सन्दर्भों के अलावा भीमबैठका और बाघ के चित्र भी जोड़ दिये। ऐसा और इतना सारा? यह तो मानो पर्यटन-मसाला इसलिए काफ़ी कुछ निकाल दिया। लगा कि जो खोजा है उसकी भी छँटनी कर लूँ और काम का एक ओर रख दूँ। हर रोज़ कैनवास सामने रखकर बैठता रहा। सोचता रहा कि कैसा बोलता हुआ पेड़ बने जिसमें मध्य-प्रदेश की आकृतियाँ पिरोई गयी हों पर वह वर्णनात्मक न बन जाय, ऐसा हो जिससे वृक्ष को नया अर्थ मिले। उलझन तो वैसे भी गाँठ बँधी हुई है, यहाँ इस बार उसकी धार कहीं और निकली। ऐसा भी मन में आ गया कि यह सब कुछ होगा वक़्त पर? एडवांस में पैसे ले रखे हैं और यह हो नहीं पाया तो? सिर्फ़ मन को मनाने या पैसों के लिए पूरा करना हो तो आकृतियों को इधर-उधर बिठाकर पूरा कर दें पर क्या ऐसा हो सकता है, ऐसा किया जा सकता है? यान्त्रिक रूप से काम करते-करते चित्र में कमियाँ रह जायें तो कैसे चलेगा? लेकिन चित्र ठीक से बनाने के लिए, सोचने के लिए भी समय चाहिए। पहली बार, अप्रैल के महीने के दौरान बात हुई थी तब नीलू ने कहा था कि इतना बड़ा काम चार या छह महीने में पूरा करने की जिम्मेदारी नहीं लेनी चाहिए। मैं भी असमंजस में था। लेकिन फिर नीलू ने एपीटी (APT) के बारह चित्रों के पर्दे और ऊपर का केनोपी/चन्दवा, सब कुछ चार महीने में पूरा कर दिया था। मात्र वर्ग फुट का ही हिसाब लगाया जाय तो वह सब म्यूरल से डेढ़ गुना ज़्यादा था और उसकी चित्र बनाने की गति मेरे से तेज़ नहीं थी। इसलिए मैंने सामने सवाल किया कि 'मैडम, आपने चार महीने में चमत्कार किया तो क्या हमें ऐसा हक़ नहीं?' यह बात सुनकर वह चुप हो गयीं। लेकिन मन में मेरी उलझन और चिन्ता को लेकर वह उलझ भी गयीं। हम दोनों को एक-दूसरे की ऐसी चिन्ता करने की आदत है और सत्ताईस साल के वैवाहिक जीवन के बाद थोड़ी हथौटी-सी आ गयी है। मैंने उसे कहा कि, 'देख, इतना बड़ा चित्र बनाने का ऐसा मौक़ा बार-बार नहीं मिलता। अब मैं साठ का होने वाला हूँ, और फिर किस मौक़े का इन्तज़ार करूँगा? और अगर ना कह

दूँ, तो बाद में ऐसा मौक़ा खोने का पछतावा जीवन भर कुरेदता रहेगा।' वह कुछ बोली नहीं। वैसे तो उसे मेरे लिये अन्दर से विश्वास तो होगा ही, ऐसा मैं मानता हूँ और इसी आधार पर हम टिक पाये हैं। उसे लगा होगा कि करने दो, देखा जायेगा। सितम्बर तक मूल चित्र आगे बढ़ नहीं रहा था तब उलझन और आपाधापी के समय यह सब बार-बार साक्षात् हुआ। कभी-कभी विफलता के विचार भी आ जाया करते थे। चित्र के अलावा कई उलझनें उसकी उलझनों को और गहरी कर देती थीं। लेकिन सभी चित्रों में जिस तरह अज्ञात रास्ते खुलते जाते हैं वैसे ही इसमें भी हुआ, लेकिन उससे पहले म्यूरल की योजना बनाना शुरू कर दिया। अधूरे चित्र में बनाये गये विभागों के अनुसार बड़ा हो तो कितने भाग का होगा यह गिनती भी कर ली। तीस और बीस मीटर के नाप से बाइस भाग बनाये। एक भाग लगभग हाथ से उठाया जा सके इतना बड़ा जिससे कि दीवार पर लगाना मुश्किल न हो। उसके लिये मिस्त्री को बाइस स्ट्रेचर बनाने के लिए रोक लिया और तय किया कि जब तक हम भोपाल में म्यूरल लगायें तब तक साथ ही रहना होगा। बंसीलाल ने कबूल किया। अभी वर्ष-डेढ़ वर्ष से वह लकड़ी का काम करता रहा है। उसका और उसके कारीगरों का हाथ अच्छा है लेकिन स्ट्रेचर बनाने का अनुभव नहीं होने की वजह वह ग़लतियाँ करता था। उसे दिवंगत मिस्त्री मोहनलाल के पुराने स्ट्रेचर दिखाते हुए हिदायत दी कि काम ऐसा ही चाहिए। इतना बड़ा काम करने की जगह कहाँ से मिले? नागजी ने बताया कि रेसिडेन्सी वाला घर ख़ाली पड़ा है, अगर मिले तो काम हो जाय। हॉस्टल में रहने वाले सौमेन और अजय के लिए भी नज़दीक होगा। रात में भी काम हो सकता है। बीच का पैंतीस फुट का लम्बाई वाला चौकोर कमरा है, जिसमें बड़ी पैनल भी आ सकती हैं। उसके आस-पास कोई रहता नहीं इसलिए आवाज़ भी हो तो किसी को कोई दख़ल नहीं पहुँचेगी। मिस्त्री दिन-रात काम कर सकेगा। यूनिवर्सिटी की कुलपति पद्मा रामचन्द्रन से पूछा तो उन्होंने बताया कि उस इमारत की मरम्मत करवानी है। प्रो. वाइस चान्सलर वीणा मिस्त्री ने न तो हाँ कही और न ही ना। यह कह दिया कि अर्ज़ी कर दो। मैंने तुरन्त ही रजिस्ट्रार को विनती करता हुआ पत्र लिखा और लिखा कि यूनिवर्सिटी जो किराया तय करेगी वह ख़ुशी से दे दूँगा। रजिस्ट्रार की ग़ैरहाजिरी में प्रतिमा देसाई कार्यभार सँभाल रही थीं। उनसे पूछा तो उन्होंने बताया कि निर्णय लिया जाना बाक़ी है। आख़िरकार वीणा मिस्त्री को पूछने पर उन्होंने यह कहते हुए मना कर दिया कि इस तरह जगह देने से ग़लत उदाहरण खड़ा होगा। अब दूसरी जगह ढूँढ़नी थी। कहीं किसी फ़ैक्टरी जैसी जगह मिल जाय तो? चिरायु, मालिका, ज्योतिबेन के कानों में बात डालें तो कोई उपाय निकले। इससे पहले बाल-भवन के बारे में सोचा था। क्योंकि नीलू ने एपीटी (APT) के लिए बीस फुट की लम्बाई का चौकोन 'चाँदनी' चन्दवा वहीं बनाया था। उस कमरे के अलावा उसमें नाट्यगृह का एक बड़ा कमरा भी था। इसलिए चन्द्रा अग्निहोत्री से सम्पर्क किया। उसने कहा कि लम्बे अरसे के लिए चाहिए तो ट्रस्टियों को पूछना पड़ेगा और काफ़ी किराया लगेगा। आख़िरकार यही पक्का हुआ और बाल-भवन की पहली मंज़िल पर तीस फुट लम्बाई वाले

कमरे में काम शुरू हुआ। सितम्बर तक भारत-आस्ट्रेलिया के कलाकारों की शिविर के भाग के रूप में सुरेन्द्रन और जॉन कट्टप्पन उस कमरे का उपयोग कर रहे थे इसलिए हमें थोड़ा इन्तज़ार करना पड़ा। बाद में, उनका काम पूरा हो उससे पहले ही नाट्यगृह में काम करने की तैयारियाँ शुरू कर दीं। और जब शिविरार्थी ने कमरा ख़ाली किया, तब हम सब घुसे। मिस्त्री स्ट्रेचर बनाने लगा। हमने चित्र को बड़ा बनाने की गिनती करते हुए बाइस स्ट्रेचर तय किये। मूल चित्र अभी तक आगे नहीं बढ़ा था लेकिन धीरे-धीरे जैसे-जैसे सूझता गया आकृतियाँ रखते गये। बाईस स्ट्रेचर पर कैनवास चढ़वाए। केम्लिन ने कैनवास तैयार करने में ढाई महीना निकाल दिया। लक्ष्मण श्रेष्ठ ने ऐसी जानकारी दी थी कि केम्लिन फफूँद को रोक सके ऐसा रसायन मिलाकर कैनवास का अस्तर तैयार कर देते हैं इसलिए ऐसे अस्तर वाले वींटा के लिए बड़ौदा के कल्पना ट्रेडर्स की ओर से केम्लिन से माँग की। अब केम्लिन ने विन्सर न्यूटन के तैल रंगों की ट्यूब्स भी बेचना शुरू किया है, उसे भी मँगवाया। यह सब मँगवाने के लिए ढेरों टेलीफ़ोन और फ़ैक्स करने पड़े और सामग्री वक़्त पर नहीं पहुँच पाने के कारण समय बढ़ता गया। आख़िरकार उसके मैनेजर सुभाष दाण्डेकर को शिकायत भेजी। उन्हें जो फ़ैक्स भेजा था वह उन्हें शायद मिला नहीं। अन्त में, कुरियर द्वारा भेजा हुआ पत्र और साथ ही भेजने के लिए सामग्री की बहुत बड़ी सूची भी शामिल की, जो उन्हें मिली। तब जाकर दाण्डेकर का फ़ोन आया कि सब कुछ वक़्त पर मिलेगा और भविष्य में ऐसा नहीं होगा। अभी मूल चित्र बन रहा था फिर भी उसकी छबि लेकर उसे चार गुना बड़ा करने के लिए क्या करना चाहिए उसकी गिनती शुरू कर दी। अब गिनती के मामले को सौमेन ने अपने हाथ में लिया और बाईस कैनवास पर, बड़ा होने पर कौन-सी आकृति कहाँ आयेंगी, यह लगभग तय किया गया। उससे पहले नागजी को लगा कि इन सारी पैनलों को दीवार पर लगाने के लिए कैसे क्लेम्पों (क्लेम्प्स) की ज़रूरत पड़ेगी, उसका अन्दाज़ भी निकालना चाहिए और नमूने के लिए नौ छोटी पैनल बनाकर उससे ट्रायल लेना चाहिए। बाईस पैनल बनाने के पीछे यह उद्देश्य था कि हरेक पैनल को आसानी से उठायी और उतारी जा सकें। उसी अरसे में रवि कश्यप को भी टेक्निकल बातों की जानकारी लेने के लिए शामिल किया। उसका परिचय हिमांशु पहाड़ ने करवाया था। जब भोपाल पैनल लगाने जायें तब वास्तुकार जैसा कोई साथ में हो तो अच्छा रहेगा यह मानकर रवि को नागजी के साथ टेक्निकल बातें पूछने के लिए रोका। शुरुआत में तो उसे उलझन हुई होगी। पेनलों को दीवार पर लगाने के लिए उसने विदेश से आयात होने वाले connectors या संयोजकों का सुझाव दिया जिसके बारे में चार्ल्स (कोरिया) के ऑफ़िस में काम करने वाले मनोज शेट्टी ने बताया था। हमने troxi कनेक्टर्स मँगवाए लेकिन नागजी को उससे सन्तोष नहीं हुआ और वे काम के भी नहीं लगे। अन्त में नागजी ने आठ इंच के लोहे के पट्टे गेल्वेनाइज करवाये और उसे पेनल्स के पीछे लगवाकर जड़ने का तय किया।

इन सारी बातों के बीच म्यूरल के लिए मूल चित्र बनाने की मेरी उलझन काफ़ी बड़ी थी। 'बोलता हुआ पेड़' के दो चित्र बनाने का अभ्यास हो गया था इसलिए रेखांकन करते वक़्त

जिन सन्दर्भों का पहले उल्लेख किया जा चुका है उसके आधार पर शुरुआत होने लगी थी। केन्द्र में विस्तारित होती हुई, चक्र के सलिए जैसी शाखाएँ मानो वृक्ष घटाओं में छा गयी हों और उसका तना लगभग प्रवेश-द्वार के बीच से निकलता हो वैसा मूल आकार तो उद्दिष्ट ही था इसलिए सारी शुरुआत उसी के चारों ओर की। घटा के केन्द्र में जनजीवन को आलेखित करने के लिए इमारतों के ढाँचे रखे और उसमें बिठाये लोग। बायें वृक्ष, पशु, पंछी, दायें वृक्ष के झुण्ड और बाज़ बहादुर-रूपमती बिलकुल छोर पर। वृक्ष घटा के ऊपर के चौकठे में सूर्य-नक्षत्र, उन्मादित आकृति, बुराक और मौलाना दाउद (मालवा की पाण्डुलिपि के चित्र के आधार पर), दायीं किनारी पर ऊपर चढ़ रहे सूर्य को मिलता हुआ जल प्रवाह, बीच में एक चौकठे में उड़ता हुआ किन्नर, तीन गन्धर्व। बायीं ओर दाउद, नीचे तानसेन, मुग़ल चित्र में से मिले उन्हें बायीं से दायीं ओर पलटे। नीचे छोटे से पट्टे में साँड़ के साथ जूझती हुई मृगनयनी। घटा में केन्द्र-स्थान पर इमारतें आयीं जिसमें महाकाल मन्दिर का शिखर और ताजुल मस्जिद और वहाँ से सीधी रेखा में देखें तो शिशु को दूध पिलाती हुई माँ। इस आकृति में कालीघाट काम आया। घर, इमारतें किताब की तरह खुलती-बन्द होती हुई, वृक्ष और जल राशि भी मानो खुलते-छिपते हों। दायें बाज़बहादुर-रूपमती के ऊपर माण्डु की इमारत, ग्वालियर का क़िला और इन्दौर का राजवाड़ा आया। फिर तो बनाते-बनाते दुकान आयी (इत्र और फलों की), घर आये, प्रेमी युगल, मोहल्ले में खेलते हुए बच्चे, ऊँची इमारतों में डूबती हुई और निकलती गायें और मोटर गाड़ियाँ और आख़िर में कम्प्यूटर में देखता हुआ आदमी भी बनाया, साथ ही घाट पर पौड़ियों की कतार—ऐसा सब बनाने में मज़ा आया। घरों और इमारतों के बीच रास्ते और कमान, जिसमें से एक में सूर्य से झिलमिलाते आकाश का पीला टुकड़ा भी शामिल किया। दायें घटा में वृक्ष सांकेतिक, पशु-पक्षी भी कुछ उसी तरह के और उनके जोड़ने से जो आकृतियाँ बनीं जिसमें काफ़ी कुछ छूट गया और काफ़ी कुछ निर्मित हुआ। कुमार गन्धर्व को शामिल नहीं किया जा सका लेकिन मुग़ल चित्र के सन्दर्भ में कबीर को खड़े-खड़े आलेखित किये—व्यासपीठ पर बैठे हुए संशयात्मा के साथ संवादरत। वह संशयात्मा जो कबीरजी का साक्षात्कार चाहता, कलाकार ही तो है न! बायें, ऊपर इमारत के ऊपर, विक्रम-बेताल को लटकते हुए दिखाने की कल्पना की, उसके ठीक नीचे विधान-सभा भवन की इमारत के दरवाज़े से दिखायी देने वाले इस म्यूरल का संकेत दिखाने के बारे में एकदम आख़िर में सोचा पर बना दिया। विक्रम के बाद, उस घटा के बाहर के चौकठे जिसमें पहले थका हुआ यात्री बनाना शुरू किया था जो अन्त में अचानक उठकर पीछे देखती हुई आकृति में मिल गया। उसका दर्शन था पंखों वाली आकृति का : उस प्रकाश जैसी विभूति (जैसी कि ज्योत्तो के सन्त फ्रान्सिस को मिली हुई प्रभु-प्रभा में है उसका आधार लेकर) आकृति में सुपरमेन के थोड़े अंश को भी जोड़ दिये। घटना के नीचे के हिस्से पर नगर जनजीवन के प्रवेश-द्वार पर कुम्हार बनाया, भिखारी बनाया था जिसे बदलकर मोची बनाया, एक चौकठे में कुमार गन्धर्व के अंशवाला गायक, फिर अन्दर के कमरे में लेखक और छत

से झूलते पंखों वाला जनाकार। जनजीवन में मुक्तिबोध की आकृति बनायी पर सफल नहीं हुई, आख़िरकार उसे बदल दिया। अलाउद्दीन ख़ाँ का आकार भी बैठ नहीं पाया। हज़ारीप्रसाद का भी चेहरा कहीं फिट नहीं हो पा रहा था लेकिन अचानक दूसरा विचार कौंध गया। मंजरी (चन्द्रशेखर) से 'मेघदूत' का अनुवाद पढ़ने के लिए लिया था, उसी के आधार पर आड़ी-खड़ी आकृतियों को मेघदूत का रूप दिया। घटा के बाहर एक पहाड़ पर यक्षाकृति परछाईं जैसी बनाकर, जनजीवन को निरखते हुए, निरूपित करते, निखारते हुए मेघदूतों को लेखक के घर की छत पर, नवजात शिशु को स्तनपान करा रही माता के दरवाज़े पर और अन्त में, काँगड़ा से उद्धृत रूठी हुई नायिका की आकृति तक उड़ाते हुए आलेखित किये। अन्त में पशु-पक्षी जगत् को कहानी सुनाते हुए गुणाढ्य को घटा की दायीं ओर नीचे रखा और वहाँ भी एक मेघदूत भेजा। घटा के नीचे, प्रवेश-द्वार पर तराजू के पलड़े बायें रखे थे, उसके आकार में मनुष्य धड़ बन रहा था, जो धीरे-धीरे अदृश्य हुआ, लेकिन पलड़ों के चारों ओर आकारों में विधायकों को विचार-विमर्श के मुद्दों की तरह रखा। यहाँ भूपेन से छोटी आकृति बनाने के लिए कहा। उसने सजातीय प्रेम की तरह साफ़-साफ़ बनाना शुरू किया तो उलझन खड़ी हो गयी, आख़िरकार एक वृद्ध आदमी की आकृति बनी रखी। सुरेन्द्रन और रेखा से भी कुछ पदार्पण करने को कहा था लेकिन वे माने नहीं। नीलू ने म्यूरल पूरा होने के दौरान काफ़ी सक्षम योगदान दिया, लेकिन आकृतियों की बात रह गयी। प्रवेश-द्वार के दोनों ओर मध्य-प्रदेश के स्थान-विशेष, जल राशि, आदिम जातियाँ और उनके नृत्य ऐसा बहुत कुछ शामिल किया। उसी में विधायकों की तीन-तीन आकृतियों के दोनों छोर पर दायें-बायें रखीं पर फिर बड़ा बदलाव आया। दो औरतें, चार छोटे-बड़े पुरुष म्यूरल में कैसे दिखायी देंगे, उसे देखने-समझने के लिए उस आकार में कोयले से रेखांकन किये। इस प्रकार काफ़ी कुछ विषय-वस्तु की दृष्टि से स्पष्ट हो रहा था और प्रवेश-द्वार पर वृक्ष के तने की दायीं ओर विधान परिषद् को लक्ष्य में रखकर सत्तासन बनाया था। उसे सचोट बनाने के लिए उलझन हो रही थी तभी 'सिंहासन-बत्तीसी' का विचार आया। स्टूडियो में उसकी हिन्दी आवृत्ति थी उसे पढ़ते समय सब कुछ उसमें बैठने लगा। सत्तासन पर सिंह की त्रिमूर्ति बनाकर उसके चारों ओर उड़ती हुई सोलह परियाँ समा गयीं। और बाक़ी की सोलह को प्रवेश-द्वार के दोनों ओर लगाया।

यह सब इसी क्रम में हुआ हो ऐसा नहीं है पर कुछ एक के बाद एक और कुछ साथ-साथ होता चला गया। मूल चित्र पूरा होते-होते—सिंहासन-बत्तीसी तक पहुँचते-पहुँचते—अक्टूबर या नवम्बर आ गया। बाईस बड़ी पैनल्स पर रंग का अस्तर लगाने का काम तो सितम्बर से चालू था। आकृतियों को छबि द्वारा खाने बनाकर पैनल पर बनाने का भी काम चालू था। तभी ऐसा लगा कि बाईस पैनल बहुत ज़्यादा हैं, इसलिए फिर से गिनती की और कम-से-कम कितनी हो यह सोचते-सोचते यह संख्या आख़िरकार तेरह हुई। उसमें भी बीच के हिस्से में आड़ी पैनल्स ठीक बीच में कट रही थीं और पहुँच रही थीं नीचे वृक्ष के बिलकुल तने तक—उस ख़ाँचे को दूर करने के लिए बीच की चार पैनलों में बाहर की दो खड़ी करके अन्दर की

दो पैनल आड़ी लगायीं, जिससे वह काट टल गया। फिर काम आगे बढ़ा। जिसमें सौमेन, प्रमोद ने मूल चित्र को बड़ा करने के लिए रेखांकन की गिनती में भारी मेहनत की। सौमेन तो अपनी गिनती और चित्र-पद्धति के कारण सबसे अलग उभरकर आया। उससे मैंने कलकत्ता से छह इंच चौड़ी कूँचियाँ (हॉग-हेर) मँगाई थीं, उसी से मैंने उन सारी पैनलों पर दो-एक अस्तर लगाकर काम करना शुरू किया। सुबह दस बजे शुरू होता और तीन बजे नाश्ते के लिए या फिर छह के आसपास शाम के भोजन के लिए घर जाता। फिर रात को नौ बजे काम शुरू होता तो रात को बारह या एक बजे तक जारी रहता। मेरे साथी कई बार रात के दो-तीन बजे तक काम करते रहते। ऐसी व्यवस्था थी कि बनायी हुई आकृतियों पर एकाध अस्तर लगाकर रखें और फिर बाद में ज़रूरी सुधार किया जा सके। फिर ठीक से आकार बन गये हों ऐसा लगे तब दूसरा अस्तर—उसके बाद मैं सब कुछ दो-तीन अस्तर लगाकर पूरा करता। बड़े क्षेत्र के लिए जितना ज़रूरत के अनुसार ठीक था, उतना रंग बड़ी बोतलों में भर दिया। बड़ी-छोटी कूँचियों के तीन-चार सेट तैयार किये, लिक्विन में टर्पेन्टाइन मिलाकर बोतलें बनाकर तैयार रखीं। हर रोज़ के काम की गिनती की, रात में काम करने के लिए ज़रूरत के अनुसार लाइटें, एक्स्टेन्शन लिये जिसमें राजेश ने ख़ूब सहायता की। सभी को खाना खाने के लिए टिफिन की व्यवस्था की, इसलिए काम हर रोज़ नियमित रूप से दिन-रात चल पाया। दो-एक बार बाल भवन के कार्यक्रमों के कारण काम रुका। केम्लीन के कैनवास में कमी निकली (कैनवास का आठ रोल का जत्था खामीयुक्त था) तब एक सप्ताह तक चार लोगों ने बनायी हुई पैनल रद्द कर दी और तभी अड़चनें खड़ी हो गयीं। आख़िर में अहमदाबाद-बड़ौदा की सभी दुकानों से कैनवास मँगाकर जाँचा तो पता चला कि केम्लीन का काम ही कमी वाला है। इसलिए कम कमी वाले के साथ काम चालू रखा। केम्लीन के डायरेक्टर को पत्र, फ़ैक्स, फ़ोन किये लेकिन उसका कोई मतलब नहीं निकला। (बहुत दिनों के बाद फिर से शिकायत की तब उन्हें लिखने की फुर्सत मिली)।

बाल भवन के बच्चों को देखने से मन हलका हो जाता था। रात को जब सब कुछ बन्द होता था, तब संगीत चलता था। नुसरत की कव्वाली, मल्लिकार्जुन, कुमार गन्धर्व, या फिर यान गार्बारेक बजते रहते। सौमेन ने परीक्षा की तैयारी के कारण दिसम्बर से छुट्टी ले ली इसलिए बैंगलोर से जगदीश को बुलाया। बीच में परीक्षित बरुआ एकाध महीना काम करके चला गया। उसकी जगह आलोक बाल आया। अजय गया फिर हितेश झाला आया जो आख़िर तक रहा। बीच-बीच में जब भी ज़रूरत होती तो सौमेन आता रहता। प्रमोद पहले से आख़िर तक साथ रहा। पहले तो अगस्त महीने से मध्य प्रदेश में सन्दर्भ चित्रों के लिए फ़ोटो खींचने के लिए तीन सप्ताह तक घूमता रहा और आख़िर तक म्यूरल की प्रक्रिया के फ़ोटो भी लेता रहा। व्यवस्था में भी उसका योगदान अच्छा-ख़ासा था। फ़ोटो-कॉपी करने भी वही जाता था, और खाने-पीने के इन्तज़ाम में भी वह उतना ही आगे था। हफ़्ते में एक-दो बार ज्याफत तो पक्की ही होती। घर से चिकन या ऐसा कुछ आ जाया करता था। एक बार चिराग किसी ढाबे से

मछली ले आया था। मिठाई आदि की व्यवस्था प्रमोद आदि करते रहते थे।

म्यूरल में सभी साथियों का साथ स्मृति के रूप में रह गया है। दिखती हुई आकृतियों में हितेश ने मोची के रेखांकन बनाये, यक्ष की पहाड़ी के नीचे अमरकंटक के मन्दिर को आलोक (या परीक्षित ने) बनाया जो लगभग वैसे ही रखे गये। जगदीश ने दायें वृक्ष, पशु, पक्षी, बड़ी मेहनत और जतन से बनाये और उन्हें वापस सँभालकर चित्रित किया। सौमेन और प्रमोद के हाथ की सीधी कोई छाप तो नहीं है लेकिन काफ़ी कुछ उन्होंने बनाया और रंग भी भरे। नीलू आख़िर में आयी और उसने सबसे पहले बारीक़ काम को हाथ में लिया। एक तो रक्ताकाश में किन्नर और नीचे बेताल का चेहरा, फिर तानसेन और मौलाना दाउद को भी अच्छी तरह सुधारा और काँगड़ा की यक्ष नायिका का सफ़ेद रेखा में रेखांकन भी किया। विधायकों की आकृतियों में दोनों स्त्रियों के चेहरों को भरा और बायीं ओर वाली आकृति के धड़ को भी सुधारा। दायीं ओर के दाढ़ी वाले पात्र को और उसके ऊपर के पात्र को भी उभारा। कई आकृतियों के हाथ के बनावट की बारीकियों को भरा। इसमें से काफ़ी कुछ मैंने ऊपर अपने हाथ से बनाया और भरा भी। इसमें से कुछ रहने दिया और कुछ बदला भी। लेकिन बायें हाथ की मुख्य नारी आकृति की देह-छटाएँ जो मैंने अपने अलग-अलग रूपों और प्रकारों में बनायी थीं उसके आधार पर उत्तुंग धड़ और गरिमामय चेहरे में उसके हाथ की तासीर रहने दी। बड़ी आकृतियों के ऊपर वाले हिस्से को ठीक करने के लिए मैंने उसकी पद्धति आज़मायी। साथियों के हाथों से बने हुए को अपने हाथ से फिर से बनाने में या सुधारने में काफ़ी कुछ बदला भी होगा क्योंकि म्यूरल के लगभग पचानवे प्रतिशत जितनी सतह पर मैंने अपने हाथ से ही काम किया है।

(*'समीपे'* २, दिसम्बर २००५, पृ. १९-३१)

गुजराती से अनुवाद : किरन सिंह

सन्दर्भ

चार्ल्स कोरिया : विधान-सभा के वास्तुकार

महेश बुच : मध्य-प्रदेश सरकार के लिए नयी विधान-सभा को पूर्ण करने की जिम्मेदारी निभाने वाले वरिष्ठ प्रशासनिक राजपत्रित अधिकारी।

ज्योतीन्द्र जैन : लोक-कला मर्मज्ञ, प्राध्यापक, जवाहरलाल नेहरू यूनिवर्सिटी, नयी दिल्ली।

नादिर थरानी : वास्तुकार मित्र, ज़ाम्बिया का निवासी।

सास : डॉ. लीला ढांडा, वनस्पति जगत् की मर्मज्ञ और अध्ययनकर्ता।

नीलू : नीलिमा शेख।

नागजी : नागजी पटेल, शिल्पी

जोन कट्टप्पन : मेल्बर्न वासी आस्ट्रेलियन कलाकार

सुरेन्द्रन नायर, रेखा रोडविटिया : बड़ौदा स्थित चित्रकार

रवि कश्यप : वास्तुकार

हिमांशु पहाड़ : छबिकार

मनोज शेट्टी : चार्ल्स कोरिया के सहायककर्ता

डॉम मोराइस : कवि, लेखक

वेगड़ : अमृतलाल वेगड़

मौलाना दाऊद : 'चन्दायन' के रचनाकार

यूनुस खिमाणी : चित्रकार, छबिकार

राजेश : राजेश परमार, सहायक

लक्ष्मण श्रेष्ठ : मुम्बई स्थित चित्रकार

प्रमोद कुमार (सिंह), सौमेन दास, अजय शर्मा, जगदीश, परीक्षित बरुआ, आलोक बाल, हितेश झाला : सहायक युवा कलाकार

विधान-सभा : राज्य का लोक-सभा के समान, नीचे का गृह

विधान-परिषद् : राज्य का राज्य-सभा के समान, ऊपर का गृह

'बोलकुं झाड़' (बोलता हुआ पेड़) : 'सिकन्दरनामा' में भारत में आते हुए सिकन्दर की 'Speaking Tree' या 'वक्-वक्' वृक्ष से मुलाकात का वर्णन है। इस वृक्ष की डालियों से प्रकट होने वाली जन-जानवर वाली आकृति भारत की बहुरंगी संस्कृति के रूपक के रूप में प्रयोजित होती है।

बुराक : पैगम्बर की दैवी-यात्रा का वाहन, स्त्रीमुखी घोड़ी।

CIMA : Centre for International Modern Art.

APT : Asia Pacific Triennial : ब्रिसबेन (आस्ट्रेलिया) में आयोजित होने वाला त्रिवार्षिक प्रदर्शन।

एलिफन्ट साइज : तैयार काग़ज़ का नाप : 28"×36"

इम्पीरियल साइज : तैयार काग़ज़ का नाप : 22"×30"

स्ट्रेचर : कैनवास मढ़ने के लिए उपयोग में लाया जाने वाला चौकठा।

लिक्विन : linseed oil की जगह उपयोग में लाया जाने वाला रंग को मिलाने के लिए नया तैल माध्यम।